古代帝範文獻薈要解題

肆

天津師範大學馬克思主義學院學術文庫

主編　翟雙萍　周延良

學苑出版社

本册目録

皇明寶訓

（明）吕本　陳治本等　編輯

解題

周延良

《皇明寶訓》，四十卷，明萬曆年間，武英殿大學士呂本、南京禮部郎中陳治本等編纂，自『太祖高皇帝』至『穆宗莊皇帝』，凡十朝『寶訓』，明神宗（萬曆）以後未收。

此編據明萬曆三十年（一六〇二），秣陵周氏大有堂刻本影印。

是書半葉十一行，行二十二字，版心槧書名、篇名及卷數、頁碼。白口，單魚尾，四周單欄。每朝『寶訓』卷首著後代皇帝『序文』，次爲目録，次爲正文，如《太祖高皇帝寶訓》卷首有明成祖朱棣于永樂十六年（一四一八）五月所作序，次爲目録，次爲正文，十朝『寶訓』悉類此。

是書文字雋秀，墨色粲然，無缺損或漫漶者，版本上佳。

關于『呂、陳本』[一]《皇明寶訓》的纂修

明代纂修『寶訓』之制由明太祖朱元璋承襲宋代纂修『寶訓』舊例而爲，明代的幾種重要文獻中都有記載，如明黄佐的《翰林記》專列《修〈日歷〉〈寶訓〉》門，明項篤壽《今獻備遺》，廖道南《殿閣

[一] 下簡稱『呂、陳本』。

詞林》均有纂修『寶訓』的相同記載，而且具有與『吕、陳本「寶訓」』相同的書名——《皇明寶訓》。明代，最早的『寶訓』自然是太祖朱元璋的，當時，即稱爲《皇明寶訓》。明正統六年，楊士奇主編的《文淵閣書目》卷一《天字號第一厨書目》首列『國朝』，其中『寶訓』三種：『《大明寶訓》一部一册，完全、《皇明寶訓》一部十册，完全、《皇明寶訓》一部五册，完全，一匣。』〔二〕楊士奇《文淵閣書目》中著録的『寶訓』均屬明太祖朱元璋的御批、詔命、訓示之類語録。明代館臣錢溥，此後著録《皇明寶訓》一種〔三〕，亦當明太祖時期之書。又，明代張萱、孫能傳、秦焜、郭安民等在明萬曆三十三年編修的《内閣藏書目録》〔三〕著録《大明寶訓》一種，《皇明寶訓》兩種，據其著録之文可知，皆明太祖時期的『寶訓』，非『吕、陳本《寶訓》』，吕本、陳治本等編纂的《皇明寶訓》未著録。

吕本等編修《皇明寶訓》是明代十朝『寶訓』的合集，故每朝『寶訓』便以皇帝的廟號相别，如明太祖朱元璋的『寶訓』稱爲『大明太祖高皇帝寶訓』，明成祖朱棣的『寶訓』稱爲『大明太宗文皇帝寶訓』，它則類推。『十朝寶訓』在吕本等編爲合集之際，仍有單本流通，萬曆間藏書家祁承㸁在其家藏書目《澹生堂藏書目》卷三〔四〕中著録的『十朝寶訓』均爲單本，又明代焦竑編《國史經籍志》卷一亦著録『十朝寶訓』單行本，唯卷數稍有出入。

〔二〕據清嘉慶四年，顧修刊《讀畫齋叢書》本。案，《四庫全書》亦收《文淵閣書目》，所著録明代『寶訓』，其文字略有不同。
〔三〕見《秘閣書目·本朝》，著爲：『《皇明寶訓》十。』（據清抄本）案，錢溥，明正統間進士，曾入東閣爲史官，有機會閲讀文淵閣書。
〔三〕參見民國年間刊《適園叢書》本。
〔四〕據清光緒間徐氏刻《紹興先正遺書》本。

關于『呂、陳本』《皇明寶訓》著録中編纂者之异

呂本、陳治本等編纂的《皇明寶訓》，明代主要文獻中不曾著録，清初編修的《明史》亦未著録。最早著録是書者蓋清初黄虞稷撰《千頃堂書目》，黄氏在《千頃堂書目》的《國史類》載曰：

《寶訓》一百二十二卷，自洪武至隆慶，凡十朝。萬曆初，大學士呂本彙刊，一作三十九卷。（據文淵閣《四庫全書》本卷四）

黄氏著録《寶訓》即是本編的《皇明寶訓》。這裏存在著卷數之差。黄氏説『一百二十二卷，……一作三十九卷』，『三十九卷』比今本少一卷，按照《四庫存目提要》之説爲『一百一十三卷』，『此本四十卷，（陳）治本等所合并』。《千頃堂書目》著録《寶訓》與《存目》卷數有差。又，清代乾隆時期編纂的『别史』始爲著録。清嵇璜、劉墉、曹仁虎等主編《欽定續通志·藝文略》：

《明寶訓》四十卷。明陳治本、呂允昌、朱錦同編。（卷一百五十八）

又，清嵇璜等《欽定續文獻通考·經籍考·雜史》：

陳治本、呂允昌、朱錦《明寶訓》四十卷。治本官南京禮部郎中，允昌官工部郎中，錦官禮部主事。三人里貫，俱未詳。（卷一百六十三）

所謂《明寶訓》，實即《皇明寶訓》，清代官修圖書諱『皇明』，故唯稱『明』。此所著録者，與刊行

的『呂、陳本』實爲一書，只是編者中的『呂本』作『呂允昌』，復加『朱錦』。這與《四庫全書總目提要》的『存目』著録大抵相同。《四庫全書總目提要·雜史類存目》著録：『《明寶訓》四十卷。明萬歷壬寅，南京禮部郎中陳治本、工部郎中呂允昌、禮部主事朱錦等所刊。蓋裒合歷朝官撰之本以爲一編者也。……』（卷五十四）此所説『明萬曆壬寅』即萬曆三十年，與『呂、陳本寶訓』刊行之年合。

呂、陳本《寶訓》輯于明神宗萬曆年間，具體年份，今已無考，而其刊行爲萬曆三十年。關于呂本與陳治本的生平行狀，《明史》無傳。其行事、仕履，雜著略有記載。

呂本，亦作李本，李本蓋因明初更定圖籍誤『呂』爲『李』，後奏復原姓。明王世貞《弇州續稿·太傅呂文安公傳》載曰：

……公居相位仍李姓，而即其所居水，自號曰『南渠』，天下熟其爲李南渠先生者，而至是始疏復姓『呂』，而更其號曰『期齋』。……（卷七十一）

按照王世貞之説，呂本在相位上仍以『李』姓示人，自天下人熟知『李南渠先生』始請恢復原姓。呂氏家世，至唐，其先呂延之爲浙東節度使而顯，及宋，呂誨以宏業直氣重天下乃益顯。呂誨之孫呂億從朝廷南渡，移居紹興，以此八傳至于呂貴義徙居浙江餘姚，遂籍焉。在呂本六世祖呂德玉之世，明太祖下紹興，訂定版籍，誤『呂』爲『李』。其父呂改，其母楊氏。呂本，字汝立，號南渠，又號期齋，浙江餘姚人。嘉靖壬辰（嘉靖十一年，一五三二年）進士，得故相李文康薦，充經筵展書官，校對皇家列聖文集，再充廷試受卷官。後擢少詹事兼翰林學士，續修《明倫大典》充總裁官，爲東閣大學士以來，進兼禮部尚書再加太子太保兼文淵閣大學士，進少保兼武英殿大學士加太子太傅再加少傅，卒年八十四，謚文安[一]。《四庫全書·〈期齋集〉提要》說：

（吕）本，字汝立，號南渠，又號期齋，餘姚人。初冒姓李，晚乃歸宗。嘉靖壬辰進士，官至武英殿大學士，謚文安。本在位不久，即遭憂以歸，遂不復出。家居數十年，以亭館花竹之勝擅名一時。……（據《欽定四庫全書總目·集部三十·别集類存目四》卷一百七十七）

此載所説「初冒姓李」，是在吕本八世祖吕德玉「高皇帝下紹興，悉更定其版籍，而籍『吕』者，訛爲『李』，遂仍之不復。」[二] 又，明王世貞撰《弇山堂别集·内閣輔臣年表叙》載曰：

李本，字汝立，浙江餘姚人。由嘉靖壬辰進士，二十八年以少詹學士入，四十年以少傅武英殿學，丁憂，卒年八十四。（卷四十五）

此載「李本」即爲「吕本」。在明代有兩位「李本」和兩位「吕本」，王世貞《弇山堂别集·大臣姓名同》載：「兩『李本』：一成化南京禮部尚書，一嘉靖少傅、大學士；兩『吕本』：一洪武吏部尚書、建文外大父、懿文太子妃父也，一即『李本』改姓。」（卷十六）此謂兩「李本」，其中一位即是冒姓「李」的「李本」；此謂兩「吕本」，其中一位即是復原姓的「吕本」。

吕本爲人端正，處當時朝廷大臣權争日熾而不阿附，不屈從，泰然中立。王世貞《弇州續稿·太傅吕

[一] 參見明王世貞《弇州續稿·太傅吕文安公傳》（據文淵閣《四庫全書》本卷七十一）。
[二] 引語見明王世貞《弇州續稿·太傅吕文安公傳》。

文安公傳》贊曰：

公之謚曰『文安』。文者，其官也；安之誼則好和不争云。公在政府日，余守尚書郎，見嚴、徐二公若水火。嚴之焰日熾，而爲忮日益甚，徐公日自危，所以防之者百端，即大僚往來兩家，亦惴惴，而公坦然其間，信心而行，衝口而決，人人自謂得公歡也。所謂好和不争者，非耶。然公于上有所論執，不曲意阿徇，上亦有聽有不聽，然卒無所疑。……（據文淵閣《四庫全書》本卷七十一）

吕本在朝之際，嚴嵩父子得寵專權，勢焰日盛，也是嚴嵩與徐階明争暗鬥時期，吕本不倚不附，不卑不亢，終至全身而退，『家居數十年，以亭館花竹之勝擅名一時』，謂之端明清正，不過也。吕本傳世的著述有《期齋集》十四卷[一]。

陳治本，生履不詳，清嵇曾筠等纂修《浙江通志·選舉·明·進士》萬曆二十年壬辰科，翁正春榜載：『陳治本，餘姚人，布政使參政。』（卷一百三十三）此所謂『陳治本』或許即是預修『吕、陳本』《皇明寶訓》的人。

[一] 最早的刊本是明萬曆三年鄭雲鎣等刻，曰《期齋吕先生集》，作『十四卷』。

關于『呂、陳本』《皇明寶訓》的體制與内容

《皇明寶訓》輯集十朝『寶訓』之書，其目爲：《大明太祖高皇帝寶訓》六卷，由明成祖朱棣爲《序》。《太宗文皇帝寶訓》五卷，由明宣宗朱瞻基爲《序》。《大明仁宗昭皇帝寶訓》二卷，由明宣宗朱瞻基爲《序》。《大明宣宗章皇帝寶訓》五卷，由明英宗朱祁鎮爲《序》。《大明英宗睿皇帝寶訓》三卷，由明憲宗朱見深爲《序》。《大明憲宗純皇帝寶訓》三卷，由明孝宗朱佑樘爲《序》。《大明孝宗敬皇帝寶訓》三卷，由明武宗朱厚照爲《序》。《大明武宗毅皇帝寶訓》二卷，由明世宗朱厚熜爲《序》。《大明世宗肅皇帝寶訓》九卷，由明神宗朱翊鈞爲《序》。《大明穆宗莊皇帝寶訓》二卷，由明神宗朱翊鈞爲《序》。明神宗以後，闕收。

如前所述，《皇明寶訓》之名在明太祖朱元璋之世就出現了，明洪武六年以後即始纂修《日歷》《寶訓》[一]，與《皇明祖訓》《祖訓録》等等内容具有諸多類同，均以輯録或記載皇帝的詔命、訓戒、批示爲主體而形成的文獻。呂本、陳治本等編輯的《皇明寶訓》淵源有自。『呂、陳本』《皇明寶訓》，分門别類，以内容爲經，以時間爲緯，有條有理，順序秩然；『寶訓』記事明確，綱目清楚，尋綱得目，綱舉目

[一] 見明黄佐撰《翰林記·修〈日歷〉〈寶訓〉》等文獻記載。

張。『寶訓』所用材料與實録同，均出于『起居注』『實録』或『日歷』，是研究明朝皇帝言行、政體及重大國事非常有價值的史料。

吕、陳本《皇明寶訓》所涉及的問題，大抵類爲如下内容：一、尊天與禮法，二、祭祀與禮法，三、治國與仁政，四、民風與道德，五、家風與孝悌，六、育才與用人，七、輕賦與節儉，八、武備與邊防，九、儲君與諸王，十、求言與納諫，十一、戒讒佞與防賄賂，十二、節操與忠誠，十三、儒學與教育，十四、禮樂與世風，十五、賞功與罰罪，十六、尊祖與敬宗等等。每朝『寶訓』雖不盡同，但大致不出以上的内容範圍。以《太祖寶訓》爲例，卷一：論治道、敬天、孝思、謹好尚、謙德、經國、封建、興學；卷二：尊儒術、聖學、褒功臣、教太子諸王、正家道、厚俗、議禮、興禮樂、崇教化；卷三：任官、守法、求言、納諫、去讒佞、却貢獻、勤民、理財、節儉；卷四：戒奢侈、勵忠節、報功、警戒、弭灾异、屏异端、評古、仁政；卷五：求賢、恤刑、賞罰、寬賦、恩澤、賑貸、保全功臣、禮前代、禮臣下、訓將士；卷六：諭群臣、武備、馭夷狄、懷遠人、辨邪正、育人才、務實等共五十一目。爲有明一代寶訓開宗明義，創建體例，明太祖之後所輯『寶訓』，均依此體法式，唯子目或有增删者。到清代宫廷編輯此類，雖改『寶訓』目爲『聖訓』，但其體式不易。

明朝諸帝，優劣判分，明太祖以馬上開基，明成祖以殺伐創業，但尚勤于政務，勞于國事。仁、宣二朝亦可謂『守成（仁宣之治）』，弘治之朝號『中興』，稍有建樹，諸帝言論，或多可取，亦有較高的史料價值。至武宗、世宗、神宗、熹宗諸朝，荒政怠國，言行殊别。所謂『寶訓』，未盡其實，『寶訓』所載者，不可盡信。又，明朝皇帝訓言、敕諭、批文，均多白話，所見『寶訓』之用雅言，蓋史官潤飾者也。

『帝學』是古代帝王治國之術的學問，『寶訓』是『帝學』中的稱名，它的起始，究其實與上古時期『君舉必書』的史官職責有著重要的關聯。宋代以來，皇帝的『起居注』『實録』『日曆』等等與『寶訓』有直接的取材關係。换言之，『寶訓』是以『起居注』『實録』『日曆』等文獻爲資從中摘録有關皇帝『詔諭』『批示』『訓示』之文彙集成書，在當世，可以爲法令，及于後世，可以爲施政參考（清代稱爲『聖訓』，是當朝皇帝每日晨起必讀之書）。此類文獻，專以『寶訓』命名者，始于宋代，明代襲其舊，也作『寶訓』故爾。

大明太祖高皇帝寶訓序

朕命儒臣纂集
皇考太祖聖神文武欽明啓運俊德成功
統天大孝高皇帝寶訓恒伏讀之足為萬世龜鑑子孫臣
庶克敬守之永保天下國家於悠久可無替矣朕日臨
萬幾一言一行必放而行焉不敢有違仰惟
皇考天生聖智受命以主宰天下凡行一事發一語必合
於道故言中若蓍龜事成若素定誠由創業艱難勞心
焦思籌之詳而慮之審自古帝王行事載之於書謂之
經書於紀傳謂之史經以載道史以載事皆以為後世
法也然事即道道即事但揆諸於理何如耳惟於理或

有違則非所謂道矣此堯舜禹湯文武之書有典謨訓
誥誓命之名史臣錄之訓於當時而垂於萬世天下後
世用之則治不用則亂此治亂之機在於用不用耳於
乎遠法於古近法於我
皇考則夫精一執中之要孰有逾於斯乎書曰監於先王
成憲其永無愆詩曰不愆不忘率由舊章孟子所謂遵
先王之法而過者未之有也凡為子孫臣庶者尚敬之
哉尚敬之哉
永樂十六年五月初一日

大明太祖高皇帝寶訓序終

大明太祖高皇帝寶訓目録

大明太祖高皇帝寶訓目錄終

大明太祖高皇帝寶訓卷之一

光祿大夫柱國少傅兼太子太傅禮部尚書武英殿大學士臣呂　本謹校
南京禮部祠祭清吏司郎中臣陳治本
南京兵部職方清吏司主事臣朱　錦謹閱
南京工部虞衡清吏司郎中臣呂胤昌

論治道

○戊戌十二月癸巳辟儒士范祖幹葉儀既至祖幹持大學以進

太祖問治道何先對曰不出乎此書

太祖命祖幹剖析其義祖幹以為帝王之道自脩身齊家以至於治國平天下必上下四旁均齊方正使萬物各得其所而後可以言治

太祖曰聖人之道所以為萬世法吾自起兵以來號令賞罰一有不平何以服衆夫武定禍亂文致太平悉此道也甚加禮貌命二人為諮議儀以疾辭祖幹亦以親老辭

太祖皆許之

○丙午三月甲辰

太祖語太史令劉基起居注王禕曰天下兵爭民物創殘今土地漸廣戰守有備治道未究甚切于心基對曰戰守有備治道必當有所更革也

太祖曰喪亂之後法度縱弛當在更張使紀綱正而條目

舉然必明禮義正人心厚風俗以為本也褘對曰昔湯
正桀之亂而修人紀武王正紂之亂而叙彛倫
主上之言誠脗合於前古也
○吴元年十月癸丑右御史大夫鄧愈等各言便宜事
太祖覧之謂愈等曰治天下當先其重且急者而後及其
輕且緩者今天下初定所急者衣食所重者教化衣食
給而民生遂教化行而習俗美足衣食者在於勸農桑
明教化者在於興學校學校興則君子務德農桑舉則
小人務本如是為治則不勞而政舉矣今卿等所言皆
國家之不可闕者但非所急卿等國之大臣於經國之
道庶民之術尚當為予盡心焉

○洪武元年正月丁丑
太祖御奉天殿大宴羣臣宴罷因召羣臣諭之曰朕本布
衣以有天下實由天命當羣雄初起所在剽掠生民惶
惶不保朝夕朕見其所為非道心常不然旣而與諸將
渡江駐兵太平深思愛民安天下之道自是十有餘年
收攬英雄征伐四克賴諸將輔佐之功尊居天位念天
下之廣生民之衆萬幾方殷朕中夜寢不安枕憂懸予
心御史中丞劉基對曰往者四方未定勞煩
聖慮今四海一家宜少紓其憂
太祖曰堯舜聖人處無為之世尚且憂之矧德匪虞唐治
非雍熙天下之民方脫創殘其得無憂乎夫處天下者

當以天下為憂處一國者當以一國為憂處一家者當
以一家為憂且以一身與天下國家言之一身小也所
行不謹或致顛蹶所養不謹或生疢疾況天下國家之
重豈可頃刻而忘警畏耶
○戊寅
太祖諭中書省臣曰成周之時治掌於冢宰教掌於司徒
禮掌於宗伯政掌於司馬刑掌於司寇工掌於司空故
天子總六官六官總百執事大小相維各有攸屬是以
事簡而政不紊故治秦用商鞅變更古制法如牛毛暴
其民甚而民不從故亂卿等任居宰輔當振舉大綱以
率百寮贊朕為治

○四月丙辰
太祖謂侍臣曰吾見史傳所書漢唐末世皆為宦官敗蠹
不可拯救未嘗不為之惋歎此輩在人主之側日見親
信小心勤勞如呂強張承業之徒豈得無之但開國承
家小人勿用聖人之深戒其在宮禁止可使之供洒掃
給使令傳命令而已豈宜預政典兵漢唐之禍雖曰宦
官之罪亦人主寵愛之使然向使宦官不得典兵預政
雖欲為亂其可得乎
○七月辛巳
太祖與侍臣論及創業之難
太祖曰朕賴將帥之力掃除禍亂以成大業今四海漸平

朕豈不欲休養以自娛然所畏者天所懼者民苟所為一有不當上違天意下失民心馴致其極而天怒人怨未有不危亡者矣朕每念及之中心惕然

○十月己卯民有告富人謀反者命御史臺臣刑部勘問皆不實臺臣言告者事在赦前宜編戍遠方刑部言當抵罪

太祖以問秦裕伯對曰元時凡告謀反不實者罪止杖一百以開來告之路

太祖曰不然姦徒若不抵罪天下善人為所誣多矣自今凡告謀反不實者抵罪有司著為令

○洪武二年正月庚子

太祖御奉天門召元之舊臣問其政事得失馬翼對曰元有天下以寬得之亦以寬失之

太祖曰以寬得之則聞之矣以寬失之則未之聞也夫步急則蹶弦急則絕民急則亂居上之道正當用寬但云寬則得衆不云寬之失也元季君臣耽於逸樂循至淪亡其失在於縱元實非寬也大抵聖王之道寬而有制不以廢棄為寬簡而有節不以慢易為簡施之適中則無弊矣

○洪武四年六月庚戌

太祖御奉天門謂吏部尚書詹同曰論行事於目前不若鑒之往古卿儒者宜知古先帝王為治之道試為朕言之同對曰古先帝王之治無過於唐虞三代可以為法也

太祖曰三代而上治本於心三代而下治由於法本於心者道德仁義其用為無窮由乎法者權謀術數其用益有時而窮然為治者違乎道德仁義必入乎權謀術數甚矣擇術不可不慎也

○洪武十一年三月壬午

太祖謂禮部臣曰周書有言人無於水鑒當於民監人君深居獨處能明見萬里者良由兼聽廣覽以達民情胡元之世政專中書凡事必先關報然後奏聞其君又多昏蔽是致民情不通尋至大亂深可為戒大抵民情幽

隱猝難畢達苟忽而不究天下離合之機係焉甚可畏也所以古人通耳目于外監得失於民有見於此矣爾禮部其定奏式申明天下

○洪武十二年三月己巳

太祖與禮部尚書朱夢炎論治民之道

太祖曰君之於民猶心於百體心得其養不為淫邪所干則百體皆順令矣苟無所養為衆邪所攻則百病生焉為君者能親君子遠小人朝夕納誨以輔其德則政教修而恩澤布人固有不言而信不令而從者矣若或於憸壬荒於酒色必怠於政事則君德乖而民心離矣天下安得而治夢炎對曰

陛下所諭甚切實帝王為治之要
○十一月己亥
太祖御奉天門視朝畢顧謂翰林待制吴沈曰人主治天下進賢納諫二者甚切要事也沈對曰誠如
聖諭但求之於古能行者亦鮮是以亂日常多治日常少
太祖曰使其真知賢者能興其國何有不好真知諫者在於患已何有不納唯其知之不真是以於已難入若誠能好賢則不待招徠而賢者自至誠能納諫則不待旌賞而諫者必來沈對曰
陛下此言誠國家興治之要
○洪武十三年六月庚申朔

皇明寶訓　洪武一卷　六

太祖謂侍臣曰人主能清心寡欲常不忘博施濟衆之意庶幾民被其澤侍臣對曰
陛下此心即天地之心也惟人主之心無欲故能明斷萬事萬事理則天下生民受其福
太祖曰人之不能明斷者誠以欲害之也然明斷亦不以急遽苛察為能苟見有未至反損人君之明求之太過則虧人君之量
○洪武十四年十一月乙巳蘇州府民有上治安六策者
太祖覽之以示近臣曰此人有忠君愛國之心但於理道未明耳蓋人主之心當以愛物為主治國之道當以用賢為先致治在得人不專恃法今此人首言用法不知務矣
○洪武十七年三月甲辰
太祖諭侍臣曰天下無難治惟君臣同心一德則庶事理而兆民安矣唐虞三代之時君臣同心一德故能致雍熙太和之盛後世庸主治不師古君臣之間動相猜疑以致上下乖隔情意不孚君有所為而臣違之臣有所論而君拂之如此欲臻至治何可得也朕今簡用賢能以任天下之政思與卿等同心一德協於政治以康濟斯民卿等勉之以副朕懐羣臣皆頓首謝
○七月戊戌
太祖御東閣翰林待詔朱善等侍

皇明寶訓　洪武一卷　七

太祖曰人君能以天下之好惡為好惡則公以天下之智識為智識則明又曰人之常情多矜以能多言人過君子則不然揚人之善不矜已之善責人之過不責已之過又曰萬事不可以耳目察惟虚心以應之萬方不可以智力服惟誠心以待之善等頓首稱善
○八月丙寅朔
太祖謂廷臣曰治天下者不盡人之財使人有餘財不盡人之力使人有餘力斯二者人皆知之至於不盡人之情使人得以適其情人或未知也夫使人得以適其情者不以吾之所欲而妨人之所欲蓋求得吾之所欲者所求必得而所禁必行如此則人有不堪於是求有所

不得禁有所不止則下之本上者其情竭而上之待士
者其情疎矣上下之情乖而國欲治者未之有也
○十一月乙丑
太祖御東閣從容謂侍臣曰責難之辭人所難受明君受
之為無難諂諛之語人所易從昏主信之為易入朕觀
唐虞君臣賡歌責難之際氣象雍容後世以諂諛相勸
如陳後主江總輩汙濊簡策貽譏千古此誠可為戒右
春坊右賛善董倫對曰誠如
陛下所論惟明主則能慎擇
太祖曰責難不入於昏君而諂諛難動于明主人臣以道
事君惟在守之以正若患得患失則無所不至矣

○洪武十八年九月庚午
太祖御華蓋殿命文淵閣太學士朱善講周易至家人
太祖曰齊家治國其理無二使一家之間長幼內外各盡
其分事事循理則一家治矣一家既治達之一國以至
天下亦舉而措之耳朕觀其要只在誠實而有威嚴誠
則篤親愛之恩嚴則無閨門之失善對曰誠如聖諭
○洪武十九年正月己巳
太祖與侍臣論治道
太祖曰治民猶治水治水者順其性治民者順其情人情
莫不好生惡死當省刑罰息干戈以保之莫不厭貧喜
富當重農時薄賦歛以厚之莫不好佚惡勞當簡興作
節傜役以安之若使之不以其時用之不以其道但抑
之以威迫之以力強其所不欲而求其服從是猶激水
過顙非其性也
○洪武二十二年三月壬辰
太祖御謹身殿觀大學之書謂侍臣曰治道必先於教化
民俗之善惡即教化之得失也大學一書其要在於修
身身者教化之本也人君身修而人化之好仁者恥於
為不仁好義者恥於為不義如此則風俗豈有不美國
家豈有不興苟不明教化之本致風陵俗替民不知趨
善流而為惡國家欲長治久安不可得也
○洪武二十五年七月庚辰朔

太祖御右順門與侍臣論治道因及理亂
太祖曰為治之道有緩急治亂民不可急急之則益亂撫
治民不可擾擾之則不治故烹鮮之言雖小可以喻大
治繩之說雖淺可以喻深侍臣對曰誠如聖諭
洪武二十七年正月辛酉
太祖退朝顧謂翰林學士劉三吾曰朕歷年久而益懼者
恐為治之心有懈也懈心一生百事皆廢生民休戚係
焉故日慎一日惟恐弗及如是而治效猶未臻甚矣為
治之難也自昔先王之治必本於愛民然愛民而無實
心則民必不蒙其澤民不蒙其澤則衆心離於下積怨
聚於上國欲不危難矣朕每思此為之惕然

○三月辛丑
太祖謂侍臣曰人主之聰明不可使有壅蔽一有壅蔽則耳目聾瞽天下之事俱無所達矣翰林學士劉三吾對曰人君惟博采衆論任用賢能則視聽廣而聰明無所蔽若信任憸邪隔絶賢路則視聽偏而聰明為所蔽矣
太祖曰人主以天下之耳目為視聽則是非無所隱而賢否自見昔唐玄宗内惑於聲色外蔽於權奸以養成安史之亂及京師失守倉皇出幸雖田夫野老皆能為言其必有今日者玄宗雖恍然悔悟亦已晩矣夫以田夫野老皆知而玄宗不知其蔽於聰明甚矣使其能廣視聽任用賢能不為邪佞所惑則亂何從生矣

敬天

○洪武元年正月甲戌
太祖將告祀南郊戒飭百官執事曰人以一心對越上帝毫髮不誠怠心必乘其机瞬息不敬私欲必投其隙夫動天地感鬼神惟誠與敬耳人莫不以天之高遠鬼神幽隱而有忽心然天雖高所鑒甚邇鬼神雖幽所臨則顯能知天人之理不二則吾心之誠敬自不容於少忽矣今當大祀百官執事之人各宜慎之

○洪武二年三月戊戌翰林學士朱升等奉勑撰齋戒文
上曰凡祭祀必先齋戒而後可以感動神明戒者禁止其外齋者整齊其内沐浴更衣出宿外舍不飲酒不茹葷不問疾不弔喪不聽樂不理刑名此則戒也專一其心嚴畏敬慎不思他事苟有所思即思所祭之神如在其上如在其左右精白一誠無須臾間此則齋也大祀齋戒七日前四日為戒後三日為齋中祀戒五日前三日為戒後二日為齋既進覧
太祖曰凡祭祀天地社稷宗廟山川等神是為天下生靈祈福宜下令百官一體齋戒若自有所禱於天地百神不關於民者恐百官齋戒不致專精則不下令又謂省部臣曰朕每祭享天地百神惟仰吾感戴之忱禱祈福祉以佑生民未嘗敢自徼惠也且齋戒所以致誠誠之至與不至神之格與不格皆係於此故朕每致齋不敢

有一毫懈怠今定齋戒之期大祀以七日中祀以五日不無太久大抵人心久則易怠怠心一萌反為不敬可止於臨祭齋戒三日務致精專庶幾可以感格神明矣命太常著為令

○五月癸卯夏至祀皇地祇于方丘禮成
太祖御便殿謂侍臣曰上天之命朕不敢知古人有言天命不易又曰天命無常以難保無常之天命付驕縱淫佚之庸主豈有不敗朕嘗披覧載籍見前代帝王當祭祀時誠敬或有未至必致非常妖孽天命亦隨而改每念至此中心惕然

○十一月己巳冬至祀昊天上帝于圜丘奉

仁祖淳皇帝配位禮成

太祖御奉天殿百官行慶成禮既畢出御奉天門謂羣臣曰祭祀在乎誠敬不在乎物之豐薄物豐矣而誠有未至神不享焉物雖薄而誠至神則享之所謂東隣殺牛不如西隣之禴祭嘗聞以德受福未聞以物徼福者也昔陳友諒服袞冕秉玉輅豐牲帛而行郊祀之禮彼恣行不道毒虐生靈積惡於己而欲徼福於天可乎朕九致祭其實為國為民非有私求之福苟誠意未至徒尚禮文而欲徼福於己豈不獲罪于天耶

○洪武四年十一月丙辰冬至祀昊天上帝于圜丘禮成

太祖謂羣臣曰帝王奉天以君臨兆民當盡事天之道前

代或三歲一祀或歷年不舉今朕歲以冬至祀圜丘夏至祀方丘遵古典禮將以報覆載之大德惟夙夜寅畏冀精神昭格庶陰陽和風雨時以福斯民羣臣咸頓首曰

陛下敬天勤民古未有也

○洪武十年十月壬子觀心亭成

太祖親幸焉召致仕翰林學士承旨宋濂語之曰人心易放操存為難朕日酬庶務罔敢自暇自逸況有事於天地廟社尤用祗惕是以作為此亭名曰觀心致齋之日端居其中吾身在是而吾心即在是却慮凝神精一不二庶幾無悔卿為朕記之傳示來裔

○洪武二十年正月甲子大祀天地于南郊禮成天氣清明

聖情悅豫侍臣進曰此

陛下敬天之誠所致

太祖曰所謂敬天者不獨嚴而有禮當有其實天以子民之任付於君為君者欲求事天先必恤民恤民者事天之實也即如國家命人任守令之事若不能福民則是棄君之命不敬孰大焉又曰為人君者父天母地子民此職分之所當盡祀天地非祈福於己也寔為天下蒼生也

孝思

○甲辰四月乙未中書省臣進宗廟祭享及月朔薦新禮儀

太祖御白虎殿覽畢退自殿西步自戟門東忽悲愴流涕謂宋濂孔克仁曰吾昔遭世艱苦飢饉相仍當時二親俱在吾欲養而力不給今賴祖宗之佑化家為國而二親不及養追思至此痛何可言因命并錄

皇考妣忌日歲時享祀以為常

○吳元年四月辛亥

仁祖忌日

太祖詣廟祭畢退御便殿泣下不止起居注詹同侍側再三慰之

太祖曰往者吾父以是月六日亡兄以九日亡母以二十二日亡一月之間三喪相繼人生值此其何以堪終天之痛念之罔極愈嗚咽不勝左右皆不能仰視

○丁卯

仁祖后忌日

太祖詣廟祭畢退御便殿謂侍臣朱升曰昔吾母終時吾年甫十七侍母病晝夜不離側吾次兄經營家事母遺呼與偕來嗚曰我今病度不起汝兄弟善相扶持以立家業言訖而終今大業垂成母不及見語猶在耳痛不能堪也因悲咽泣下羣臣莫不感惻

○洪武元年正月乙亥追尊

四代考妣祭訖

太祖顧謂李善長曰朕荷先世積累之勤慶及予躬撫臨億兆今遵行令典尊崇先代齋肅一心對越神靈所謂焄蒿悽愴若或見之善長對曰

陛下誠孝感通達于幽顯

太祖曰奉先思孝祭神如在誠敬無間神靈其依苟或有間非奉先思孝之道也

○二月壬子定宗廟時享之禮既而太常又進宗廟月朔

薦新禮

太祖覽畢謂羣臣曰宗廟之祀所以隆孝思也然祭之於後不若養之於先朕今不及矣嘗聞為人子者願為人兄其意謂為兄待膝下之日早於養之日也朕於子為人弟親存而幼不能以養及長而富有天下則親殁矣雖欲以天下養其可得乎因悲嘆久之命以月朔薦新儀物著之常典俾子孫世承之

○洪武二年四月乙亥

太祖因侍臣言及醫者吮癰事曰朕嘗思人子於其親一體而分者也思念之篤精誠之至必相感通朕思遭兵亂母后之墳為兵所發朕收遺骸失一指骨於墳近地徧求不可得忽得一骨然未敢必其是聞世有以指血驗之者遂齧指滴血其上果透入其中及以他骨驗之則血不入乃知親之氣血相感如是與他人自不同也

故古人有母搤臂而子即心痛理有之矣今人父子兄弟一遇利害或悖戾不相顧者獨何心哉

○九月己酉

太祖聖誕日朝罷退御便殿謂侍臣曰朕昔喪親適值艱難之際今富有天下不能為一朝之養此終身之痛也朕昨夢見吾親聚處之歡一如平生蓋父母子孫本同一氣精神所格有感必應孰謂幽明異途耶侍臣曰此

陛下孝誠感通形諸夢寐非偶然也

○洪武四年正月己巳命建奉先殿

太祖謂禮部尚書陶凱曰朕聞事死如事生朕祖考陟遐已久不能致其生事之誠然於追養之道豈敢怠忽復

感嘆曰養生之樂不足於生前思親之苦徒切於身後今歲時祭享則於太廟至於晨昏謁見節序告奠古必有其所爾其考論以聞

○洪武八年三月丙寅命皇太子及諸王往鳳陽祭
皇陵
太祖惻然曰吾祖宗去世既遠吾父母又相繼早亡每念劬勞鞠育之恩惟有感痛而已今日雖尊為天子富有四海欲致敬盡孝為一日之奉不可得矣哀慕之情昊天罔極今鳳陽陵寢所在特命爾等躬詣致祭以代朕行孔子曰事死如事生事亡如事存爾等敬之因悲咽不自勝太子諸王皆感泣

○洪武三十一年四月己丑享
太廟畢
太祖步出廟門徘徊顧立指桐梓謂太常臣曰往年種此今不覺成林鳳陽陵樹當亦似此因感愴泣下又曰昔
太廟始成遷主就室禮畢朕退而休息夢朕
皇考呼曰西南有警覺即視朝果得邊報祖考神明昭臨在上無時不存爾等掌祭祀宜加敬慎旦暮中使供洒掃奉神主恐有不虔當以時省視務宜齋潔以安神靈

謹好尚

○洪武元年閏七月丁卯
太祖謂侍臣宋濂等曰自古聖哲之君知天下之難保也故遠聲色去奢靡以圖天下之安是以天命眷顧久而不厭後世中材之主當天下無事侈心縱欲鮮克有終至如秦始皇漢武帝好尚神僊以求長生疲精勞神卒無所得使移此心以圖治天下安有不理以朕觀之人君清心寡欲勤於政事不作無益以害有益使民安田里足衣食熙熙皥皥而不自知此即神仙也功名垂於簡冊聲名流於後世此即長生不死也夫恍惚之事難憑幽怪之說易惑在謹其所好尚耳朕常夙夜兢業圖天下之安其敢游心於此濂對曰
陛下斯言足以祛千古之惑

○洪武六年正月辛酉

太祖謂儒臣詹同曰朕嘗思聲色乃伐性之斧斤易以溺人一有溺焉則禍敗隨之故其為害甚於鴆毒朕觀前代人君以此敗亡者不少蓋為君居天下之尊享四海之富靡曼之色窈窕之聲何求而不得苟不知遠之則人乘間納其淫邪不為靡惑者幾人焉況創業垂統之君為子孫之所承式尤不可以不謹同對曰不邇聲色昔成湯所以垂裕後昆
陛下此言乃端本澄源之道萬世子孫之法也

○洪武十六年四月乙亥
太祖謂侍臣曰人君不能無好尚要當慎之蓋好功則貪名者進好財則言利者進好術則游談者進好諛則巧

佞者進夫偏於好者鮮有不累其心故好功不如好德
好財不如好廉好術不如好信好諛不如好直夫好得
其正未有不治好失其正未有不亂所以不可不慎也
○洪武二十年八月戊申朔
太祖謂侍臣曰人君一心當謹嗜好不爲物誘則如明鏡
止水可以鑑照萬物一爲物誘則如鏡之受垢水之有
滓昏翳汩濁豈能照物侍臣對曰
陛下謹嗜好正心之道莫過於此
太祖曰人亦豈能無好但在好所當好耳如人主好賢則
在位無不肖之人好直則左右無諂佞之士如此國無
不治苟好所不當好則正直疎而邪佞進欲國不亂難

矣故嗜好之間治亂所由生也
○洪武二十九年四月丙申
太祖謂侍臣曰朕觀古人於聲色之好亦不能無如公劉
之於貨太王之於色好之不過其度也若太康之盤遊
桀紂之内嬖秦漢以下眈於宮室苑囿及畋獵綺祠奇
伎淫巧之類此好之失其度也好失其度所以敗亡要
之不邇聲色不殖貨利惟成湯得其正也
○十一月乙卯朔
太祖御武英殿謂侍臣曰夫好憎者人情所不能無也然
好得其正憎得其實斯不陷于一偏至於喜怒莫不皆
然一有所偏則人得而中之矣大抵人能不偏於好憎
喜怒則此心廓然太公不爲物累是以耳目聰明志氣
如神矣

謙德

○甲辰正月丙寅朔羣臣以
上功業日隆屢表勸進
太祖曰戎馬未息瘡痍未蘇天命難必人心未定若遽稱
尊號誠所未遑昔武王克商戢干戈櫜弓矢歸馬于華
山之陽放牛于桃林之野大告武成然後與民更始爲
當遽自稱尊今日之議且止天下大定行之未晚羣臣
固請不已乃即吳王位
○吳元年七月甲申相國李善長勸

太祖即帝位
太祖未之許善長等力請曰殿下起濠梁不階尺土遂成
大業四方羣雄剗削殆盡遠近之人莫不歸心誠見天
命所在願早正位號以慰臣民之望
太祖曰我思功未覆于天下德未孚于人心一統之勢未
成四方之塗尚梗若稱大號未愜輿情自古帝王之有
天下知天命之已歸察人心之無外猶且謙讓未遑以
俟有德常咲陳友諒初得一隅妄自稱尊志驕氣傲卒
致亡滅貽譏于後吾豈得更自蹈之若天命在我固自
有時無庸汲汲也
○十二月丙寅宣國公李善長預進儀衛

太祖見仗内旗有天下太平皇帝萬歲字顧謂羣臣曰此誇大詞也古者九旗之制各有其屬若日月蛟龍熊虎鳥隼龜蛇之類所以昭儀物辨等威若太平萬歲之名此直誇耳莫若以天佑邦家海宇康寧易之庶幾順理既而復諭之曰此亦近誇宜併去之

○洪武四年二月癸巳淮安寧國揚州台州府并澤州各獻瑞麥共二十本羣臣皆賀

太祖曰朕為民主惟思修德致和以契天地之心使三光平寒暑時五穀熟人民育為國家之瑞蓋國家之瑞不以物為瑞也昔堯舜之世不見祥瑞曾何損於聖德漢武帝獲一角獸産九莖芝當時皆以為瑞乃不能謙抑

自損撫輯民庶以安區宇好功生事卒使國内空虚民力困竭後雖追悔已無及矣其後神爵甘露之侈致山崩地震而漢德于是乎衰由是觀之嘉祥無徵而灾異有㣲可不戒哉

○十月甲戌甘露降于鍾山羣臣稱賀

太祖曰休咎之徵雖各以類應朕德涼薄烏足以致斯翰林應奉睢稼對曰聖人之德上及太清下及太寧中及萬靈則膏露降

陛下恭敬天地輯和人民故嘉祥顯著起居注魏觀曰帝王恩及於物順於人而甘露降

陛下寛租賦減徭役而百姓歡豫神應之至以此故也翰林侍讀學士危素曰王者敬養耆老則甘露降而松栢受之今甘露降于松栢乃

陛下尊賢養老之所致也宜告于宗廟頒示史館以永萬億年無疆之休

太祖曰卿等援引載籍言非無徵然朕心存警惕惟恐不至烏敢當此一或忘鑑戒而生驕逸安知嘉祥不為灾異之兆乎告諸宗廟頒之史館非所以垂示於天下後世也羣臣皆頓首謝

○洪武三年五月丁巳鳳翔府寳雞縣進瑞麥一莖五穗者一本三穗者一本二穗者十有餘本

太祖謂廷臣曰向者鳳翔飢饉朕閔其民故特遣人賑䘏

曾未數月遽以瑞麥來獻借使鳳翔民未粒食雖有瑞麥何益苟其民皆得所養雖無瑞麥何傷朕嘗觀自古以來天下無金革鬭爭之事時和歲豐家給人足父慈子孝夫義婦德兄愛弟敬風俗淳美此足為瑞若此麥之異特一物之瑞耳非天下之瑞也

○八月丁丑禮部尚書陶凱等言進膳舉樂

太祖曰古之帝王功業隆盛治洽生民上下之間熙然太和雖日舉樂未為過也今天下雖定人民未蘇北征將士尚在暴露之中此朕宵旰憂勤之不暇豈可忘將士之勞而自為佚樂也哉俟大兵凱還士卒無戰伐之勞人民罷轉輸之苦然後以樂侑膳未晚也

○洪武四年閏三月壬午
太祖閲翰林所撰武臣誥文有佐朕武功遂寧天下之語
即改作輔朕戒行克奮忠勇因諭詞臣諭之曰卿此言
太過堯舜猶病博施大禹不自滿假朕何敢自侈大之
言乎自今措詞務在平實毋事誇張
○洪武五年六月癸卯句容縣民獻嘉瓜二同蒂而生
太祖御武樓中書省臣率百官以進禮部尚書陶凱奏曰
陛下臨御同蒂之瓜產於句容句容
陛下祖鄉也寔為禎祥蓋由聖德和同國家協慶故嬰瓜
聯蒂之瑞獨見於此以彰
陛下保民愛物之仁非偶然者

太祖曰草木之瑞如嘉禾並蓮合歡連理兩岐之麥同蒂
之瓜皆是也卿等以此歸德於朕朕否德不敢當之縱
使朕有德天必不以一物之禎祥示之苟有過必垂象
以譴告使我克謹其身以保其民不至於禍殃且草木
之祥生於其土亦惟其土之人應之於朕何預若盡天
地間時和歲豐乃王者之禎故遂為賛并賜其民錢而
遣之
○洪武八年十一月甲戌甘露降于南郊羣臣咸稱賀獻
歌詩以頌德
太祖曰人之常情好祥惡妖然天道幽微莫測若恃祥而
不戒祥未必吉睹妖而能懲妖未必皆凶蓋聞災而懼
或者蒙休見瑞而喜以致咎何則凡人惧則戒心常生
喜則侈心易縱朕德不逮惟圖修省之不暇豈敢以此
為己所致哉
○洪武十八年四月乙未五色雲再見禮部請率百官表
賀
太祖諭之曰天下康寧人無災害祥瑞之應固和氣所召
昔舜有卿雲之歌在當時有元愷岳牧之賢相與共治
雍熙之治朕德不逮治化未臻豈可遽以是受賀前代
帝王喜言祥瑞臣下從而和之往往不知省懼以至災
異之來不復能弭蓋誇侈之心生則戒懼之志怠故鮮
克終可以為戒

○洪武二十一年五月乙酉五色雲見翰林學士劉三吾
進曰雲物之祥徵乎治世舜之時形于詩歌宋之時以
為賢人之符此寔聖德所致國家之美慶也
太祖曰古人有言天降災祥在德誠使吾德靡悔災亦可
弭苟爽其德雖祥無福要之國家之慶不專于此也
○洪武二十八年七月戊戌河南汝寧府確山縣野蠶成
繭羣臣賀表
太祖曰人君以天下為家使野蠶成繭足以衣被天下之
人朕當受賀一邑之内偶然有之何用賀為
○洪武二十九年正月乙丑
太祖罷朝從容問左右民間事禮部尚書門克新對曰

聖澤深廣天下之民各安生業守家至治
太祖曰雖堯舜在上不能保天下無窮民若謂民皆安業
朕恐未然何得遽言至治克新對曰
聖德謙虛不自滿假則天下之民受福無窮矣

經國

○壬寅六月戊寅元中書平章察罕帖木兒遣使前來致書
太祖謂左右曰予觀察罕書詞婉而媚是欲啗我我豈可以甘言誘哉況徒以書來而不送我使者其情偽可見吾觀天下事勢若天未厭元而彼之所為有以厭服人心則事未可知今其所為違天悖理豈能有成且人謀

不如天從天與人人不得違人負天天必不與我之所行一聽於天耳夫天下猶器也衆人爭之必裂一人持之則完今張士誠據浙西陳友諒據江漢方國珍陳友定又梗於東南天下紛紛未有定日予方有事之秋未暇與較姑置不答

○甲辰正月戊辰
太祖還朝謂左相國徐達等曰卿等為生民計推戴予然建國之初當先正紀綱元氏昏亂紀綱不立主荒臣専威福下移由是法度不行人心渙散遂致天下騷亂今將相大臣輔相於我當鑒其失宜協心為治以成功業毋苟且因循取充位而已又曰禮法國之紀綱禮法立則人志定上下安建國之初此為先務吾昔起兵濠梁見當時主將皆無禮法恣情任私縱為暴亂不知馭下之道是以卒至於亡今吾所任將帥皆昔時同功一體之人自其歸心於吾即與之定名分明號令故諸將皆聽命無敢有異者爾等為吾輔相當守此道無謹於始而忽於終也

○乙巳四月庚子
太祖謂孔克仁曰漢高祖起自徒步終為萬乘何也克仁對曰由其知人善任使
太祖曰卿言漢高止此乎克仁對曰然
太祖曰周室陵夷天下分裂秦能一之弗能守之陳涉作

難豪傑蜂起項羽矯詐南面稱孤仁義不施而自矜功伐高祖知其強忍而承以柔遜知暴虐而濟以寬仁卒以勝之及羽死東城天下傳檄而定故不勞而成帝業譬猶羣犬逐兔高祖則張置而坐獲之者方今天下用兵豪傑非一皆為勍敵我守江左任賢撫民伺時而動若徒與之角力則猝然難定

○五月乙亥平章常遇春取安陸克之先是
太祖命遇春往取安陸及襄陽諭之曰安陸襄陽橫據上流跨連巴蜀控扼南北自古所必爭之地今置不取將貽後憂汝往取之夫堅城之下難以猝攻緩之則頓二軍之銳氣急之恐驅人以冒矢石宜相机招徠以輯寧

其民復調江西行省右丞鄧愈為湖廣行省平章政事
領兵繼其後使人謂愈曰今遣遇春取安陸襄陽汝當
以兵繼之凢得州郡汝宜駐兵以撫降附近聞王保保
集兵汝寧彼之所為如築堤壅水惟恐滲漏汝之往也
能愛軍恤民則仁聲義聞被於遠近人心之歸猶水走
下正如穿穴其堤使所聚之水洩漏用力少而成功多
也若襄陽未下則令遇春分兵半集沔陽半集景陵汝
居湖廣使聲援相應以遏寇之奔軼愈奉命遂行至是
遇春攻安陸遂克其城
○丙申四月癸亥
太祖謂侍臣孔克仁等曰壬辰之亂生民塗炭中原諸將

孛羅帖木兒擁重兵犯城闕亂倫干紀行已夷滅擴
廓帖木兒挾太子以動兵是以子抗父且急於私雠無
敵愾之志靡爛其民終無成就李思齊張思道輩固碌
碌不足數然竊據一方民受其敝他如張士誠外假元
名內蓄寇心反覆兩端情狀可見明王珍父子據有巴
蜀僭稱大號喜于自用而無遠謀觀其所為皆不能有
成中原擾擾孰為拯之予揆天時審人事有可定之机
令師西出襄樊東踰淮泗首尾相應擊之必勝而九事
可定伐敵制勝貴先有謀謀定事舉敵無不克矣然中
原固不難定但民物彫喪千里丘墟既定之後生息猶
難方勞思慮耳

○庚午
太祖謁陵還郎舍謂博士許存仁等曰吾昔微時自謂終
身田野間一農民耳及遭兵亂措身行伍亦不過為保
身之計不意今日成此大業自吾去鄉里十有餘年今
始得歸省陵墓復與諸父老子弟相見追思曩時誠可
感也然吾向在軍中見當時群雄皆縱令其下奪人妻
女掠人財物心常非其所為及吾自率兵渡江克取諸
郡禁戢士卒不許剽掠務以安輯為心上天鑒之幸底
成事耳存仁等曰
主上一念之仁故天人為之屬心今歸故鄉顧念桑梓撫
諭親故眷眷不舍雖漢高之待沛中父老恩義不是過

也
○吳元年四月丁未
太祖以兵革未弭生民未遂蘇息顧侍臣嘆曰軍旅未息
供饋不休生民之勞甚矣起居注王禕對曰
主上威德昭著遠近之人延頸傒蘇民雖勞而無怨正當
乘勢長驅廓清中原乃得休息
太祖曰建大事者必勤遠略不急近功故高山之高非簣
土可成江河之廣由勺水所積天下之大非一日可定
也自古帝王之興皆上察天運下順民心從容待成昌
當急遽予用兵征討十有餘年開基江左命將四征今
雖西平陳友諒而擴廓帖木兒駐兵河南王信父子竊

據沂州諭右丞貊高輩各假息州郡若遽欲長驅顧張
士誠未下東吳未平靜觀元臣依違者十八九假檄侯
為名惟擁廓帖木兒耳又為諸將所沮勢不能展久不
進兵必生疑閒況其下皆四集之民師老于外人心離
合之閒稍有不利衆必瓦解將不過一匹夫耳而彼尚
拘吾信使撓我邊境豈識時務者哉中原數子吾未暇
與較姑置之度外但所念者彼土之民尚阻兵革未得
休息也

○正月甲寅諸將言陳友定竊據閩中擅作威福宜乘勢
取之若因循日久便得自固則難為力矣
太祖曰吾固知之然方致力姑蘇而張氏降卒新附未可

輕舉且陳友定據閩已久積糧負險以逸待勞若我師
深入主客勢殊萬一不利進退兩難兵法貴知彼知己
用力不此萬全之策吾前已計之審矣徐而取之未晚
也

○九月壬寅
太祖謂太史令劉基學士陶安曰張氏既滅南方已平宜
致力中原平一天下基對曰土宇日廣人民日衆天下
可以席卷矣
太祖曰土不可以恃廣人不可以恃衆吾起兵以來與諸
豪傑相逐每臨小敵亦若大敵故能致勝今王業垂就
中原雖板蕩豈可易視之苟或不戒成敗係焉基曰近

滅張氏彼聞而落膽乘勢長驅中原孰吾禦者所謂迅
雷不及掩耳
太祖曰深究事情方知通變彼方將角相為犄援豈得遽
云長驅必憑一戰之功乃乘破竹之勢若謂天下可以
徑取他人先得之矣且當觀之彼有可亡之機而吾執
可勝之道必加持重為萬全之舉豈可驕忽以取不虞
也

○十月乙巳
太祖御戟門與給事中吳去疾等論政務因謂之曰吾以
布衣起兵與今李相國徐相國湯平章皆鄉里所居相
近遠者不過百里君臣相遇遂成大功甚非偶然今掃

除羣雄撫有江南人免離亂之苦每終夜思之不能安
枕人心難安而易動事机難成而易壞苟撫之失宜施
之不當亂由是生今中原未平正焦勞之日豈能坐守
一方而忘遠慮乎正當練兵選將平定中原諸將小心
忠謹者惟徐達聽受吾言可任斯寄常遇春果勇有為
可以佐之其餘或有偏裨或以守城皆有可用之才天
若輔吾諸將足以了之去疾對曰知臣莫如君
皇上知人善任使平定之功不難矣

○庚申
太祖將命諸將北伐謂信國公徐達等曰自元失其政君
昏臣悖兵戈四興民墜塗炭予與諸公仗義而起初為

保身之謀莫有奠安生民者出豈意大難不解為衆所附乃率衆渡江與羣雄相角逐遂平陳友諒滅張士誠閩廣之地將以次而定念中原擾攘人民離散山東則有王宣父子狗偷鼠竊反側不常河南則有王保保名雖尊元實則跋扈擅爵專賦上疑下叛關隴則有李思齊張思道彼此猜忌勢不兩立且與王保保互相嫌隙元之將亡其機在此今欲諸公北伐計將如何鄂國公常遇春對曰今南方已定兵力有餘直擣元都以我百戰之師敵彼久逸之卒挺竿而可以勝也都城既克有破竹之勢乘勝長驅餘皆建瓴而下矣

太祖曰元建都百年城守必固苟如卿言懸師深入不能

即破頓於堅城之下餽餉不繼援兵四集進不得戰退無所據非我利也吾欲先取山東撤其屏蔽旋師河南斷其羽翼拔潼關而守之據其戶檻天下形勢入我掌握然後進兵元都則彼勢孤援絕不戰可克即克其都鼓行而西雲中九原以及關隴可席卷而下諸將皆曰善

太祖顧謂信國公徐達曰兵法以廟算勝者得算多也卿其識之

○洪武元年六月庚子朔大將軍徐達自河南至行在

太祖勞之曰將軍率師征討勤勞于外古人所謂忠爾忘身國爾忘家誠將軍之謂也朕聞河朔之民日夕望吾師至將軍宜與諸將乘時進取而安輯之朕觀天道人事元都可不戰而克大丈夫建功立業各有其時投時之會不失事機在將軍等勉之達頓首謝既退

太祖復召問達今取元都計將安出達對曰臣自平齊魯下河洛王保保逡巡太原徒為觀望今潼關又為我有張思道李思齊失勢西竄元之聲援已絕臣等乘勢擣其孤城必然克之

太祖據圖指示曰卿言固是然北平土曠利於騎戰不可無備宜選偏裨提精兵為先鋒將軍督水陸之師繼其後下山東之粟以給饋餉由鄴趨趙轉臨清而北直擣元都彼外援不及內自驚潰可不戰而下達又曰臣慮

進師之日恐其北奔將貽患于後必發師追之

太祖曰元起朔方世祖始有中夏乘氣運之盛理自當興彼氣運既去理固當衰其成其敗俱係于天若縱其北歸天命厭絕彼自澌盡不必窮兵追之但出塞之後即固守疆圉防其侵擾耳達乃受命而還

○洪武三年十一月戊戌

太祖大宴諸功臣宴罷因曰創業之際朕與卿等勞心苦力艱難多矣今天下已定朕日理萬幾不敢斯須自逸誠思天下大業以艱難得之必當以艱難守之卿等今皆安享爵位優游富貴不可忘艱難之時人之常情每謹於憂患而忽於晏安然不憂患之來常始於宴安也

明者能燭於未形昧者猶蔽于已著事未形猶可圖患
已著則無及矣大抵人處富貴欲不可縱欲縱則奢情
不可佚情佚則淫奢淫之至憂危乘之今日與卿宴歡
極歡恐久而忘其艱難故相戒勉也明日魏國公徐達
率諸將詣闕謝
太祖退御華蓋殿賜達等侍坐從容宴語
太祖曰今成一統之業皆爾諸將功勞達等頓首曰臣等
起自畎畝際風雲之會每奉承筭出師征伐討用兵次
第如指諸掌及其成功不差毫髮此天賜
陛下聖智非臣等所能與也
太祖曰曩者四方紛亂羣雄競起朕與卿等初起鄉土本

圖自全非有意於天下及渡江以來觀羣雄所為強者
縱於暴橫弱者不能自立荒淫者迷於子女貪殘者躭
於貨寶奢侈者溺於富貴剽賊者專於戰鬬惡數者無
救患之心徒為生民之患若張士誠尤為巨蠹士誠恃
其財富侈而無節友諒恃其兵強暴而無恩朕無所恃
惟不嗜殺布信義守勤儉所恃者卿等一心共濟艱危
故來者如歸嘗與二寇相持人有勸朕先擊士誠以為
士誠切近友諒稍遠若先擊友諒則士誠先乘我後此
亦一計然不知友諒剽而輕士誠狡而懦友諒之志驕
士誠之器小志驕則好生事器小則無遠圖故友諒有
鄱陽之役與戰宜速吾知士誠必不能踰姑蘇一步以

為之援也向使先攻士誠則姑蘇之城併力堅守友諒
必空國而來我將撤姑蘇之師以禦之是我疲於應敵
事有難為朕之所以取二寇者固自有先後也二寇既
除兵力有餘鼓行中原宜無不如志或勸朕還平羣寇
乃取元都若等又欲直走元都兼舉隴蜀皆未合朕意
所以命卿等先取山東次及河洛者先聲既震幽薊自
傾且朕親駐大梁止潼關之兵者知張思道李思齊王
保保皆百戰之餘未肯遽降急之非北走元都則西走
隴蜀并力一隅未易定也故出其不意反旆而北元衆
膽落不戰而奔然後西征李張二人望絕勢窮故不勞
而克惟王保保猶力戰以拒朕師向使若等未平元都

而先與之角力彼人望未絕困獸猶鬬聲勢相聞勝負
未可知也事勢與友諒士誠又正相反至於閩廣傳檄
而定區區巴蜀恃其險遠此特餘事耳若等可以少解
甲冑之勞矣於是達等皆頓首謝
○洪武四年閏三月乙丑命吏部定內官監等官品秩
太祖謂侍臣曰古之宦豎在宮禁不過司晨昏供役使而
已自漢鄧太后以女主稱制不接公卿乃以閹人為常
侍小黃門通命自此以來權傾人主及其為患有如城
狐社鼠不可以去朕謂此輩但當服事宮禁豈可假以
權勢縱其狂亂吾所以防之極嚴但犯法者必斥去之
不令在左右戒履霜堅氷之意也

○八月庚午

太祖因與侍臣論用將曰秦裕伯嘗言古者帝王之用武臣或使愚使貪其說雖本於孫武然其言非也夫武臣量敵制勝智勇兼盡豈可謂愚攻城戰野捐軀徇國豈可謂貪若果貪愚之人不可使也

○洪武九年三月乙卯朔

太祖謂羣臣曰智力雖足以取天下而不足以得人心朕每憶斯言竟夕不寐静觀往事無不皆然朕當取天下之初論智不如張士誠之狡論力不如陳友諒之衆而朕一以誠心待之未嘗以詐力加人然二人卒為吾所擒者要之智力有窮惟至誠人自不能違耳羣臣稽首

稱善

○洪武十七年七月丁酉朔勅內官毋預外事凡諸司毋與內官監文移往來

太祖謂侍臣曰為政必先謹內外之防絕黨比之私庶得朝廷清明紀綱振肅前代人君不鑒於此縱宦寺與外臣交通覘視動靜夤緣為奸假竊威權以亂國家其為害非細故也間有發奮欲去之者勢不得行反受其禍延及善類漢唐之事深可歎也夫仁者治於未亂智者見於未形朕為此禁所以戒未然耳

○丁未河南吏人上書言利民事所言鄙陋又多摭拾陳言

太祖謂羣臣曰謀國之道習於舊聞者當適時宜狃于近俗者當計遠患苟泥古而通今溺近而忘於遠者皆非也故凡政事設施必欲有利於天下可貽於後世不可苟且惟事目前盖國家之事所係非小一令之善為四海之福一令不善有無窮之患不可不慎也

封建

○洪武三年四月辛酉以封建諸王告

太廟禮成宴羣臣于奉天門及文華殿

太祖諭廷臣曰昔者元失其馭羣雄並起四方鼎沸民遭塗炭朕躬率師徒以靖大難

皇天眷佑海宇寧謐然天下之大必建藩屏上衛國家下

安生民今諸子既長宜各有爵封分鎮諸國朕非私其親乃遵古先哲王之制為長久長治之計羣臣稽首對曰

陛下封建諸王以衛宗社天下萬世之公議

太祖曰先王封建所以庇民周行之而久遠秦廢之而速亡漢晉以來莫不皆然其間治亂不齊特顧施為何如耳要之為長久之計莫過於此

興學

○洪武二年三月戊午詔增築國子學舍初即應天府學為國子學至是

太祖以規制未廣諭中書省臣曰太學育賢之地所以興

禮樂明教化賢人君子之所自出古之帝王建國君民以此為重朕承困弊之餘首建太學招徠師儒以教育生徒今學者日衆齋舍卑隘不足以居其令工部增益學舍必高明軒敞俾講習有所游息有地庶達材成德者有可望焉

○十月辛巳

太祖諭中書省臣曰學校之教至元其弊極矣使先王衣冠禮樂之教踈為夷狄上下之間波頹風靡故學校之設名存實亡況兵變以來人習於戰鬬惟知干戈莫識俎豆朕恒謂治國之要教化為先教化之道學校為本今京師雖有太學而天下學校未興宜令郡縣皆立學

禮延師儒教授生徒以講論聖道使人日漸月化以復先王之舊以革汙染之習此最急務當急行之

○洪武六年正月庚申禮部奏增廣國子生

太祖曰須先擇國子學官師得其人則教養有效非其人增廣徒多何益蓋瞽者不能辨色聾者不能辨聲學者而無師授亦如聾瞽之於聲色朕覩前代學者出為世用雖由其質美實亦得師以造就之後來師不知所以教弟子不知所以學一以記誦為能故卒無實今民間俊秀子弟可以充選者雖衆苟無端人正士為之模範求其成材難矣故曰務學不如務求師今祭酒之人鄉等宜為朕詢求天下名士通今博古才德兼備宜為人師者以名聞

○洪武八年三月戊辰命御史臺官選國子生分教北方

太祖諭之曰致治在賢風俗本乎教化教化行雖閭閻可使為君子教化廢雖中材或墮於小人近北方喪亂之餘人鮮知學欲求方聞之士甚不易得今太學諸生中年長學優者卿宜選取俾往北方各郡分教庶使人知務學人材可興於是選國子生林伯雲等三百六十六人給廩食賜衣服而遣之

○洪武十五年四月丙戌詔天下通祀孔子賜學糧增師生廩膳

太祖諭禮部尚書劉仲質曰孔子明帝王之道以教後世

使君君臣臣父父子子綱常以正彝倫攸敘其功參于天地今天下郡縣廟學並建而報祀之禮止行京師豈非闕典卿與儒臣其定釋奠禮儀頒之天下學校令以每歲春秋仲月通祀孔子

○洪武一十一年十一月壬子命禮部給賜國子生鈔北平陝西山西山東廣東廣西四川福建之人在監三年以上者人五錠二年人二錠俾製冬衣俟命工部於國子監前造別室一區凡百餘間具灶釜牀榻以處諸生之有疾者令膳夫二十人給役侍臣進曰

陛下作興學校推心惻下無所不至從古未有

太祖曰諸生去鄉土離親戚遠來務學日久衣必敝或有

疾無人具湯藥朝廷作養之必使之得所然後可必其成材蓋天生人材皆為世用人君育材當有其實惟能有以作養之則未有不成材者也

○洪武二十四年六月戊寅命禮部頒書籍于北方學校

太祖諭之曰農夫舍耒耜則無以為耕匠氏舍斤斧則無以為業士子舍經籍則無以為學朕嘗念北方學校缺少書籍士子有志於學者往往病無書讀向嘗頒與四書五經其他子史諸書未賜予宜於國子監印頒有未備者遣人往福建購與之

大明太祖高皇帝寶訓卷之二

光祿大夫柱國少傅兼太子太傅禮部尚書武英殿大學士臣呂　本謹校
南京禮部祠祭清吏司郎中臣陳治本
南京兵部職方清吏司主事臣朱　錦謹閱
南京工部虞衡清吏司郎中臣呂胤昌

尊儒術

○洪武元年二月丁未詔以大牢祀先師孔子于國學仍遣使詣曲阜致祭使行

太祖謂之曰仲尼之道廣大悠久與天地相並故後世有天下者莫不致敬盡禮修其祀事朕今為天下主期在明教化以行先聖之道今既釋奠國學仍遣爾修祀事于闕里爾其敬之

○四月戊申元國子監祭酒孔克堅來朝先是大將軍徐達至濟寧克堅稱疾遣其子希學見達于軍門達送希學赴京希學奏言臣父久病不能令臣先入見

太祖乃以敕往諭之曰朕聞爾祖孔子垂教于世扶植綱常孔子非常人等也故歷數十代往往作賓王家豈獨今日哉胡元入主中國蔑棄禮義彝倫攸斁天實厭之以喪其師朕率中土之士奉天逐胡以安中夏以復先王之舊雖起自布衣實承古先帝王之統且古人起布衣而稱帝者漢之高祖也天命所在人孰違之聞爾抱風疾果然否若無疾而稱疾則不可諭至思之會克堅

亦自來朝行至淮安遇勅便拜命惶恐兼程而進既至
召對謹身殿
太祖從容慰問曰爾年幾何克堅對曰臣年五十有三
太祖曰爾年雖未耄而疾嬰之今不煩爾官但爾家先聖之後為子孫者不可以不務學朕觀爾子資質温厚必能承家爾更加誨諭俾知進學以振揚爾祖之道則有光於儒教克堅頓首謝即日賜宅一區馬一匹月給米二十石又明日復召至諭之曰爾祖明先王之道立教經世萬世之下君君臣臣父父子子實有賴焉故爾孔氏高出常人常人且知求聖賢之學况孔氏子孫乎爾宜勉爾族人各務進學因顧謂羣臣曰朕不授孔克堅以官者以其先聖之後特優禮之故養之以祿而不任之以事也

○洪武二年四月己巳命博士孔克仁等授諸子經功臣子弟亦令入學
太祖諭之曰人有積金必求良冶而範之有美玉必求良工而琢之至於子弟有美質不求明師教之豈愛子弟不如金玉耶蓋師所以模範學者使之成器因其才力各俾造就朕諸子將有天下國家之責功臣子弟將有職任之寄教之之道當以正心為本心正則萬事皆理矣苟導之不以正為衆欲所攻其害不可勝言卿等宜輔以實學毋徒效文士記誦詞章而已

○洪武六年九月庚戌詔禁四六文詞先是
太祖命翰林儒臣擇唐宋名儒表箋可為法者翰林諸臣以柳宗元代柳公綽謝表及韓愈賀雨表進
太祖命中書省臣録二表頒為天下式因諭羣臣曰唐虞三代典謨訓誥之詞質實不華誠可為千萬世法漢魏之間猶為近古晉宋以降文体日衰駢麗綺靡而古法蕩然矣唐宋之時名儒輩出雖欲变之而卒未能盡变近代制誥表章之類仍蹈舊習朕甞厭其彫琢殊異古體且使事實為浮文所蔽其自今凡告諭臣下之詞務從簡古以革弊習爾中書宜播告中外臣民凡表箋奏疏毋用四六對偶悉從典雅

○洪武十四年三月辛丑頒五經四書于北方學校
太祖謂廷臣曰道之不明由教之不行也夫五經載聖人之道者也譬之菽粟布帛家不可無人非菽粟布帛則無以為衣食非五經四書則無由知道理北方自喪亂以來經籍殘缺學者雖有美質無所講明何由知道今以五經四書頒賜之使其講習夫君子而知學則道興小人而知學則俗美他日收效亦必本於此也

○洪武十五年五月乙丑
太祖詣國子監謁先師孔子釋菜禮成諭學官曰中正之道無踰於儒上古聖人不以儒名而德行實儒後世儒之名立雖有儒名或無其實孔子生於周末身儒道行

立儒教率天下後世之人皆欲其中正惜乎魯國君臣無能用之者當時獨一公父文伯之母知其賢責其子之不能從則一國之君臣可愧矣卿等為師表正當以孔子之道為教使諸生咸趨于正則朝廷得人矣俄命取尚書大禹臯陶謨洪範親御講說反覆開諭羣臣聞者莫不悚悅

○十一月壬戌

太祖命禮部臣修治國子監舊藏書板諭之曰古先聖賢立言以教後世所存者書而已朕每觀書自覺有益嘗以諭徐達達亦好學親儒生囊書自隨蓋讀書窮理於日用事物之間自然見得道理分明所行不至差謬書

之所以有益於人也如此今國子監舊藏書板多殘缺其令諸儒考補仍命工部督匠修治之庶有資於學者

○洪武十八年十月甲辰

太祖謂工部臣曰孟子傳道有功名教歷年既久子孫甚微近有以罪輸作者朕聞即命釋之假令朕不知之或致死亡則賢者之後寖以微滅是豈禮先賢之意哉爾等宜加詢問凡有聖賢之後在輸作者依例釋之

○洪武二十年正月己未詔修闕里孔子廟宇

太祖曰春秋之世人紀廢壞孔子以至聖之資刪述六經使先王之道晦而復明萬世永賴功莫大焉夫食粟則思樹藝之先衣帛則思蚕繅之始皆重其所出也孔子之功與天地並立故朕命天下通祀以致崇報之意而闕里又啟聖降神之地廟宇廢而不修將何以妥神靈詔來世爾工部其即為修理以副朕懷

聖學

○丙申五月庚寅

太祖嘗命有司訪求古今書籍藏之秘府以資覽閱因謂侍臣詹同等曰三皇五帝之書不盡傳於世故後世鮮知其行事漢武帝購求遺書而六經始出唐虞三代之治始得而見武帝雄才大略後世罕及至表章六經開闡聖賢之學又有功於後世吾每於宮中無事輒取孔子之言觀之如節用而愛人使民以時真治國之良規孔子之言誠萬世之師也

○吳元年四月庚戌

太祖至白虎殿見諸子有讀孟子書者顧問許存仁曰孟子何說為要對曰勸國君行王道施仁政省刑薄賦乃其要也

太祖曰孟氏專言仁義使當時有一賢君能用其言天下豈不定于一乎

○洪武二年三月乙未朔

太祖與儒臣論易至天地養萬物聖人養賢以及萬民

太祖曰人主職在養民但能養賢與之共治則民皆得所養然知人最難若所養果賢而使之治民則國無虛祿

民獲實惠苟所養非賢反厲其民何補於國哉故人主
養賢非難知賢為難
○辛丑
太祖與翰林待制秦裕伯等論學術
太祖曰為學之道志不可滿量不可狹意不可矜志滿則
盈量狹則驕意矜則小盈則損驕則惰小則卑陋故聖
人之學以天為準賢人之學以聖為則苟局於小而拘
於凡近則亦豈能充廣其學哉裕伯對曰誠如
聖言
○洪武三年二月辛酉
太祖御東閣翰林學士宋濂待制王褘等進講大學傳之

十章至有土有人濂等反覆言之
太祖曰人者國之本德者身之本德厚則人懷人安則國
固故人主有仁厚之德則人歸之如就父母人心既歸
有土有財自然之理也苟德不足以懷衆雖有財亦何
用哉
○洪武五年十二月己卯
太祖謂禮部侍郎曾魯曰朕求古帝王之治莫盛於堯舜
然觀其授受其要在於允執厥中後之儒者講之非不
精及見諸行事往往背馳魯曰堯舜以此道宰制萬事
如執權衡物之輕重長短自不能違而皆得其當此所
以致雍熙之治也後世鮮能此道於處事之際欲求其

一一至當難矣
太祖曰人君一心治化之本存于中者無堯舜之心而欲
施之於政者有堯舜之治決不可得也魯又曰堯舜之
道載之典謨者無以加矣至于修身理人本末次第具
在大學一書
太祖曰大學平治天下之本其可舍此而他求哉
○洪武七年十二月甲辰御註道德經成
太祖對儒臣舉老子所謂五色令人目盲五音令人耳聾
與聖人去甚去奢去泰之類曰老子此語豈徒託之空
言於養生治國之道亦有助也但諸家之註各有異見
朕因為註以發其義

○洪武十七年四月庚午
太祖謂侍臣曰朕觀大學衍義一書有益於治道者多矣
每披閱便有儆省故令儒臣日與太子諸王講說使鑑
古驗今窮其得失大抵其書先經後史要領分明使人
觀之容易而悟真有國之龜鑑也
○洪武十八年五月辛酉朔
太祖御華蓋殿文淵閣大學士朱善進讀心箴畢
太祖曰人心道心有倚伏之幾蓋仁愛之心生則忮害之
心息正直之心存則邪詖之心消羞惡之心形則貪鄙
之心絕忠懿之心萌則巧僞之心伏故人常持此心不
可為情欲所蔽則至公無私自無物我之累矣

○洪武十九年二月己丑
太祖坐東閣因與侍臣論仁智
太祖曰聖人篤於仁賢者不舜智若姑息之仁不爲愛物
姦欺之智足以禍身又論天人相與之際
太祖曰天人之理無二人當以心爲天論儉
太祖曰不可儉者祭祀然祭不可瀆不可儉者賞賚然賞
不可濫
○洪武二十年五月丁卯
太祖御華蓋殿侍臣進講因論人之善惡感召亦有不得
其常者
太祖曰爲惡或免於禍然理無可違之惡爲善或未蒙福

然理無不可爲之善人惟修其在己者禍福之來則聽
於天彼爲善而無福爲惡而無禍者特時有未至耳
○洪武二十一年三月乙亥朔
太祖與侍臣觀史因論田子方貧賤驕人之說
太祖曰富貴者固不可驕人貧賤者又豈可驕人夫驕凶
德也富貴而驕人則不足以得天下之士貧賤而驕人
適足以取辱於己要之君子當以恭敬爲本子方之言
抑揚太過蓋有所激而言侍臣對曰誠如
聖諭
○辛巳
太祖召考試官陳宗順等坐武英門賜食諭之曰今日觀

列子隣人竊鈇之事因思人之信疑皆生於心信心常
出於忠厚疑心必起於偏私夫信其所好疑其所惡乃
人之常情是故不可不察也君之於臣好而信之讒言
雖至而不入惡而疑之毀謗不召而自來苟能以太公
至正之心處己待人則自無獨信偏疑之私其或反乎
公道而不得好惡之正未有不流于一偏者也惟能好
其所當好惡其所當惡信其所當信而疑其所可疑則
人無浸潤之譖形似之責矣又論五性之德
太祖曰小忠非仁小節非義足恭非禮苛察非智諒而不
貞不可謂之信遂給紙筆令諸儒譔疑信論
褒功臣

○吳元年二月甲戌大將軍徐達遣人自軍中來請事
太祖勅勞之曰古者帝王之興必有命世之士以爲輔佐
成周伐罪鷹揚奮興炎漢伏義羣策畢舉所以克集大
勳啓基隆祚者也將軍自昔相從忠義出乎天性然且
沉毅有謀端重有武故能遏絕亂略消弭孽慝建無前
之功雖古豪傑之士不能過也今尅期來所請事悉欲
禀命而行此賢臣事君之道吾甚嘉之但所請事多可
便宜行者而識慮周詳不肯造次有違誠社稷之慶邦
家之福然將在外君不御乃古道也自後軍中緩急將
軍從宜行之
○十月丁巳

太祖宴功臣于西樓既罷諭諸將曰自古豪傑開基創業
非用賢能何以集事吾起于布衣賴諸將相化家為國
但累歲征伐跋涉戎馬間其勞甚矣近討張氏始不復
親行陣大將軍平章遇春等能出死力擒王縛將以成
厥功為一代元勛光著史冊名垂不朽吾推心腹以任
之彼竭心膂以佐吾上下一心故能至此往年陳友諒
既滅惟誅其首惡餘有才者悉用之豈但待以不死雖
剖心與語而終自懷疑間有英雄見與語即復輸心
出入左右待之如一無間新舊使側旬安又若張氏
之臣不思為國盡力惟貪金帛子女以肥其家一旦摧
敗萬事瓦解此近事明鑒也及張氏既滅惟大將軍於

貨寶無所取婦女無所近其深謀遠略蓋謂中原未平
民未蘇息豈可遽恃為安乎爾等當如大將軍所存共
圖大勳康濟宇內於是諸將皆頓首謝

敕太子諸王

○吳元年八月丙寅

太祖祀山川畢出齋次頒胙于羣臣將還宮顧謂諸子曰
人情貴則必驕逸則忘勞聖人所以戒盈滿而謹怠荒
夫貴而不驕逸而知勞智周萬物心体衆情斯為人上
之道故天道下濟而歲功成人道克敏而德業盛歷觀
往古取法于上而治化于下者皆由于此今國家初定
民始息肩汝能知其勞乎能諳人情則不至驕惰今甲

士中夜而起扈從至此皆未食汝可步歸諳勞逸他日
不至驕惰諸子趨至衛士聞之莫不感悅

○十月乙丑

太祖遣世子標次子樉往臨濠謁陵墓因諭之曰世稱商
高宗周成王為賢君者汝知之乎高宗舊勞于外知民
疾苦成王早聞無逸之訓知稼穡之艱難故其在位不
敢暇逸能修勤儉之政為商周令主汝諸子生於富貴
未涉艱難人情習于宴安必生驕惰況汝他日皆有國
家不可不戒今使汝等於旁近郡縣遊覽山川經歷田
野因道塗之險易以知鞍馬之勤勞觀小民之生業以
知衣食之艱難察民情之好惡以知風俗之美惡即祖

宗陵墓之所訪求父老問吾起兵渡江時事識之於心
以知吾創業之不易也於是命中書擇官輔導以行

○十一月甲午

太祖沐浴出觀圜丘顧謂起居注熊鼎等曰此與古制合
否對曰小異也

太祖曰古人於郊掃地而祭器用匏陶以示儉朴周有明
堂其禮始備今予創立斯壇雖不必盡合古制然一念
事天之誠不敢頃刻怠矣鼎對曰
主上創業之初首被郊丘之祀既斟酌時宜以立一代之
制又始終盡誠敬此誠前代之所未及

太祖曰郊祀之禮非尚虛文正為天下生靈祈福予安敢

不盡其誠時世子從行
太祖因命左右導之徧歷農家觀其居處飲食器用還謂
之曰汝知農家之勞乎夫農勤四體務五穀身不離畎
畝手不釋耒耜終歲勤動不得休息其所居不過茅茨
草榻所服不過練裳布衣所飲食不過菜羹糲食而國
家經費皆其所出故令汝知之凡一居處服用之間必
念農之勞取之有制用之有節使之不至于飢寒方盡
為上之道若復加之橫歛則民不勝其苦矣故為民上
者不可不體下情復指道旁荊楚謂之曰古者用此為
扑刑蓋以其能去風雖傷不至過甚苟用他物恐致殞
生此古人用心之仁亦宜知之

○洪武元年正月戊寅劉基陶安言於
太祖曰適聞中書及都督府議倣元舊制設中書令欲奏
以太子為之
太祖曰取法于古必擇其善者而從之苟惟不善而一槩
是從將欲望治譬猶登高岡而却步渡長江而面楫豈
能達哉元氏胡人事不師古設官不以任賢惟其類是
與名不足以副實行不足以服衆豈可取法且吾子年
未長學未充更事未多所宜尊禮師傅講習經傳博通
古今識達機宜他日軍國重務皆令啟聞何必倣彼作
中書令乎乃命詹同取東宮官制觀之謂同等曰朕今
立東宮官取廷臣勳德老成兼其職老成舊人動有典

則若新進之賢者亦選擇參用夫舉賢任才立國之本
崇德尚齒尊賢之道輔導得人人各盡職故連抱之木
必以授良匠萬金之璧不以付拙工同對曰
陛下立法垂憲之意寔深遠矣於是以李善長等皆兼東
宮官乃諭善長等曰朕於東宮官屬不別設府寮而以
卿等兼之者蓋軍旅未息朕若有事于外必留太子監
國若設府寮卿等在內事當啟聞太子或有聽斷不明
而與卿等意見不同卿等必謂府寮導之嫌隙將由是
而生朕所以特置賓客諭德等官以輔成太子德性且
選名儒為之賓友昔周公教成王告以克詰戎兵召公
教康王告以張皇六師此居安慮危不忘武備蓋繼世

之君生長富貴泥於安逸軍旅之事多忽而不務一有
緩急罔知所措二公所言不可忘也
○丙戌
太祖御文樓太子侍側因問近與儒臣講說經史何事對
曰昨講漢書七國叛事遂問此曲直孰在對曰曲在七
國
太祖曰此講官一偏之說宜言景帝為太子時嘗投博局
殺吳王世子以激其怒及為帝又聽鼂錯之說輕意黜
削諸侯土地七國之變寔由於此若為諸子講此則當
言藩王必上尊天子下撫百姓為國家藩輔以無撓天
下公法如此則為太子者知敦睦九族隆親親之恩為

諸子者知央輔王室以盡君臣之義
○十月乙未以梁貞王儀為太子賓客秦鏞盧德明張易
為太子諭德
太祖諭之曰範金琢玉所以成器尊師重傳所以成德朕
命卿等輔導太子必先養其德性使進於高明於帝王
之道禮義之教及往古成敗之迹民間稼穡之事朝夕
與之論說日聞讜言無非僻之干積久以化他日為政
自然合道卿等勉之
○洪武二年五月丙午
太祖召孔克仁等賜坐因曰昨到鍾山令侍御僕從先往
中有一小僮亦前趨記其姓名今日召至以示諸子曰

此小僮與爾等年相若已能奔走服役爾曹不可恃年
幼怠惰不學當朝夕勤勵可也朕之意惟恐居富貴耽
逸樂耳克仁對曰
陛下此言即無逸之戒也
○九月己亥
太祖諭皇太子曰自古帝王以天下為憂者惟創業之君
中興之主及守成賢君能之其尋常之君不以天下為
憂反以天下為樂國亡自此而始何也帝王得國之初
天必授于有德者然頻履憂患而後得之其得之也難
故其憂之也深若守成繼體之君常存敬畏以祖宗憂
天下之心為心則能永受天命苟生怠慢危亡必至可

不畏哉
○洪武三年四月丙寅
太祖召東宮官屬及王府官屬諭之曰輔導之臣循法度
之器先必正己而後正人蓋德義者正人之法度善惡
者修身之衡鑑汝等輔導諸子必匡其德義明其善惡
使知趨正而不流于邪如此則能盡輔導之職觀之梓
匠雖有材木必加繩削乃能成器太子諸王必得賢輔
開導贊助乃能成德朕擇爾等為宮僚各宜盡心又加
經史中古人已行之事可為鑒戒者采摭其事編次成
集朝夕觀覽以廣智識亦有助于輔導羣臣頓首受命
而退又諭秦王右相鄭九成等曰朕封建諸子選用傳

相委託匪輕凡與王言當廣學問以充其行義陳忠孝
以啟其良心事有弗善必求其善政有未美必求其美
使其聰明無蔽上下相親庶幾道德有成以弘長世之
業而輔相者亦克盡其職矣復顧劉基等曰朕觀古聖
賢之君雖治平之世不忘修省誠以富貴易至於驕奢
必至於荒縱未有荒縱而無顛覆者故嘗戒太子諸王
以為士不能正身修德則殃及身家為士且然況於為
君為王者乎基頓首對曰
陛下此言萬世之福也
○七月戊子
太祖謂皇太子曰天子之子與公卿士庶人之子不同公

卿士庶人之子係一家之盛衰天子之子係天下之安
危爾承主器之重將有天下之責也公卿士庶人不能
修身齊家取敗止於一身一家若天子不能正身修德
其敗豈但一身一家之比將宗廟社稷有所不保天下
生靈皆受其殃可不懼哉可不戒哉
○十二月辛巳禮部尚書陶凱請選人專任東宮官屬罷
兼領之職庶於輔導有所責成
太祖曰古者不備其官惟賢能是用朕以廷臣有才望勳
德者兼東宮官非無謂也嘗慮廷臣與東宮官屬有不
相能遂成嫌隙或主姦謀離間骨肉其禍非細若江充
之事可為明鑑朕今立法令省臺都督府官兼東宮贊
皇明寶訓 洪武二卷 十六
輔之職父子一體君臣一心庶幾無相搆之患也
○洪武四年閏三月己未
太祖諭省臺臣曰朕諸子日知務學必擇端謹文學之臣
兼宮僚之職日與之居講說經史蓄養德性博通古今
庶可以承藉天下國家之重但人之相與氣習易移與
正人處則日習於正如行康衢自不為偏岐所惑若與
邪人處則日習於邪如由曲徑往而不返不覺入荊棘
中矣省臣對曰知人最難邪正未易辨
太祖曰尊德樂義斯為正也便佞褻慢斯為邪也故驕奢
淫佚鮮不由於褻慢而端莊中正必皆本於好德
○洪武六年五月壬寅朔祖訓錄成
太祖因謂侍臣曰朕著祖訓錄蓋所以垂訓子孫朕更歷
世故創業艱難常慮子孫不知所守故為此書日夜以
思具悉周至紬繹六年始克成編俾後世子孫守之則永
保天祿苟作聰明亂舊章是違祖訓矣侍臣對曰自古
創業之主其慮事周詳立法垂訓必有典則若後世子
孫不知而輕改鮮有不敗故詩云不愆不忘率由舊章
太祖曰日月之能久照萬世不改其明堯舜之道不息萬
世不改其行三代因時損益者其小過不及耳若一代
定法有不可輕改荒墜厥緒幾于亡夏顛覆典刑幾于
亡商後世子孫當思敬守祖法
○九月己酉以侍御史文原吉為秦府右相國子助教朱
皇明寶訓 洪武二卷 十七
復為
燕府叅軍諭曰王今長宜朝夕左右輔養其德三二年後
遣王之國汝等宜盡心所事取鑑于古何者為善何者
為不善采摭古人仕為王臣孰能以正輔導之以為不能
編次成集朝夕覽觀遇有所行則擇其善而[illegible]其不善
務引王于當道爾等與王言侍臣下則以議 撫民人
則以仁恕勸耕耨以省餽餉禦外侮以藩[illegible] 如此則
能盡其職矣又曰汝爾職事清簡非朝廷劇任之比若
文武全才更可演習武事發舒精神若素儒生但謹守
禮法陳善閉邪而已苟巧詐無實欺蔽諂諛此招咎之
道所宜戒也汝其慎之

○乙卯命諸司今後常事啟皇太子重事乃許奏聞
太祖謂皇太子曰人君統理天下人情物理必在周知然
後臨事不惑吾自起田里至于今日凡治軍旅理民事
無不盡心恒慮處事未當故嘗思念古人為治必廣視
聽凡言之善者吾即行之不善者吾雖不行亦思繹至
再果不可行然後置之夫慮事貴明處事貴斷庶幾不
眩况爾生長宮掖未涉世故若局於見聞則視聽不廣
且目雖能視所見不踰于閾耳雖能聽所聞不越于庭
而欲區區智識決天下之務能一一當理難矣汝宜親
賢樂善以廣聰明逆己之言必求其善順己之言必審
其非如此則是非不混理欲判然天下之事可得而治

矣汝其敬之毋忌朕訓
○壬戌
太祖謂秦府右相文原吉等曰蓄藥所以防病積貨所以
防貧用賢所以輔德朕為諸子擇賢以為之輔爾等居
左右宜朝夕規誨以成其德人情於大事或能謹之而
常忽於細微夫細行不謹大德必虧姑息小過大愆必
至故塞水者必於其源源塞而絕伐木者必於其根根
斷而木拔矣設王有所違失爾若曰所失者小可勿言
也則是大失將至俟其大失將至然後規之救有所弗
及矣夫善雖小可以成名惡雖小足以亡身凡歷代賢
王著名方冊其臣亦皆賢者故能同濟其美爾等職在
輔導宜盡心所事
○洪武七年正月乙亥
太祖召太子宮臣諭之曰汝知所謂重器乎對曰豈非商
彝周鼎乎
太祖曰汝所謂商彝周鼎者此非重器乎太子者天下之
重器人有彝鼎尚知寶愛太子承主器之重豈得不寶
愛之乎寶愛之者必擇端人正士以為輔翼朝夕與居
使其熟聞善言不邇詖行自然漸漬以成其德若惟委
之於便嬖近習是委重器於塗而不可寶愛之矣汝等
日輔太子講論誦說之時必導之以正使其道明德立
才器充廣庶幾他日克勝重任則可以副朕所望

○洪武九年正月丁巳太子諸王侍
太祖顧謂之曰汝等聞修德進賢之道乎太子對曰每聞
儒臣講說知其略矣未領其要
太祖曰藻率雜佩為身之容恭遜溫良為德之容見于外
者可以知其內也古之君子趨蹌有節升降有數周旋
而不淫於矩矱者由其德充於內而著乎外也所
以器識高明而善道日躋惡行不見而邪僻益遠已德
既修自然足以服人賢者彙進而不肖者自去能修德
進賢則天下國家未有不治不知務此者鮮不取敗夫
貨財聲色為戕德之斧斤讒佞諂諛乃杜賢之荊棘當
拒之如虎狼避之如蛇虺苟溺于所好則必為其陷矣

汝等其慎之

○洪武十年六月丙寅命羣臣自今大小政事皆先啟皇

太子處分然後奏聞

太祖謂皇太子曰人君治天下日有萬幾一事之得天下蒙其利一事之失天下受其害自古以來惟創業之君歷涉勤勞達於人事周於物理故處事之際鮮有過當守成之君生長富貴若非平日練達臨政少有不謬者故吾特命爾日臨羣臣聽斷諸司啟事以練習國政惟仁則不失於躁暴惟明則不惑於奸邪惟勤則不溺于安逸惟斷則不牵于文法凡此皆以一心為之權度則未有不失其當今有人指石以為玉當辨之曰果玉乎

果石乎知其為非玉乃石也如此則的然莫敢吾欺若信其言以為玉則是非之心不明失其權度矣况人雖有明敏之資自非歷練臨事率意而行未免有失知悔而改亦已晚矣吾自有天下以來未嘗暇逸于諸事務惟恐毫髮失當以負

上天付託之意戴星而朝夜分而寢日有未善寢亦不安此爾所親見也亦能體而行之天下之福吾無憂矣

○洪武十一年三月是月

太祖訓諸子曰昔有道之君皆身勤政事心存生民所以保守天下至其子孫廢棄厥德色荒于內禽荒于外政教不修禮樂崩弛則天棄于上民離于下遂失其天下

國家為吾子孫者當取法于古之聖帝哲王兢兢業業日慎一日鑒彼荒淫勿蹈其轍可以長享富貴矣

○洪武十二年三月戊辰朔

太祖御華蓋殿皇太子侍

太祖問曰比日講習何書對曰昨看書至商周之際

太祖曰看書亦知古人為君之道否因諭之曰君道以事天愛民為重其本在敬身人君一言一行皆上通於天下係於民必敬以將之而後所行無不善也蓋善天必鑒之不善天亦鑒之一言而善四海蒙福一行不謹四海罹殃行言如此可不敬乎汝其識之

○洪武十六年二月庚辰

太祖諭皇太子諸王曰凡聽訟貴明不明則刑罰不中罪加良善人心怨咨有傷天和或有大獄必當詳審庶免搆陷之非鍛鍊之弊又曰凡賞功要當則人心常服蓋賞與罰二事治天下之大權也

○十二月甲午

太祖謂皇太子諸王曰純良之臣國之寶也殘暴之臣國之蠹也自古純良者為君造福而殘暴者為國致殃何謂純良處心公忠臨民愷悌雖材有不逮者亦不至于傷物所謂日計不足月計有餘者也何謂殘暴恣睢擊搏遇事風生鍛鍊刑獄掊克聚斂雖若快意一時而所傷甚多故武帝任張湯而政事衰光武褒卓茂而王業

盛此事甚明可為深鑒

○洪武二十四年三月癸卯

太祖謂皇太子諸王曰人君之有天下者當法天之德也天之德剛健中正故運行不息人君體天之德孜孜不倦則庶事日修若怠惰侈肆則政衰教弛虧損天德而欲長保天位者未之有也昔元世祖東征西討混一華夏是能勤於政事至順帝偷惰荒淫天厭人離遂至喪滅詩曰殷鑒不用在夏后之世爾等當克勤克慎他日庶可永保基業

正家道

○洪武元年正月乙亥冊

皇后馬氏

太祖謂侍臣曰昔漢光武勞馮異曰倉卒蕪蔞亭豆粥滹沱河麥飯厚意久不報君臣之間始終保全朕念皇后起布衣同甘苦嘗從朕在軍倉卒自忍飢餓懷糗餌食朕比之豆粥麥飯其困尤甚昔唐太宗長孫皇后當隱太子搆隙之際內能盡孝勤承諸妃消釋嫌猜朕數為郭氏所疑朕徑情不恤將士咸以服用為獻后先獻郭氏慰悅其意及欲危朕后輒為彌縫卒免于患殆又難于長孫皇后者朕或因服御詰怒小過輒為朕曰主忘昔日之貧賤耶朕復為之惕然家之良妻猶國之良相豈忍忘之

○三月辛未朔命翰林儒臣修女戒

太祖謂學士朱升等曰治天下者修身為本正家為先正家之道始於謹夫婦后妃雖母儀天下然不可使干政事至於嬪嬙之屬不過備職事侍巾櫛若寵之太過則驕恣犯分上下失序故歷代宮闈政由內出鮮有不為禍亂者也夫內嬖惑人甚于鴆毒惟賢明之主能察之于未然其他未有不為所惑者卿等為我纂述女戒及古賢妃之事可為法者使後世子孫知所持守

○洪武十三年二月辛未

太祖諭皇太子諸王曰吾持身謹行汝輩所親見吾平日無優伶瞽近之狎無酣歌夜飲之娛正宮無自縱之權

妃嬪無寵幸之昵或有浮詞之婦察其言非即加詰責故各自修飭無有妬忌至若朝廷政事稽于衆論参決可否惟善是從或燕閒之際一人之言尤加審察故言無偏聽政無阿私每旦星存而出日入而休慮患防危如履薄氷茍非有疾不敢怠惰以此自持猶恐不及故與爾等言之使知持守之法

厚風俗

○洪武四年六月戊申

太祖退朝御東閣從容與羣臣論及禮樂之事謂廷臣曰世之治亂本乎人情風俗故忠信行則民俗淳朴佻巧作則習尚詐偽京師天下之統會萬民之瞻仰四方所

取則者也而積習之弊卒以奢侈相高淫蕩相誘情日
肆而俗日偷非所以致理也禮部尚書陶凱對曰仲尼
有云道之以政齊之以刑令欲整齊風俗使俳巧不得
作必以政刑先之然後教化可行
太祖曰教化必本諸禮義政刑豈宜先之苟徒急于近効
而嚴其禁令是欲澄波而反汩之也凱頓首稱善
○洪武八年正月癸酉淮安府山陽縣民有父得罪當杖
請以身代
太祖謂刑部臣曰父子之親天性也然不親不遜之徒親
遭患難有坐視而不顧者今此人以身代父出於至情
朕為孝子屈法以勸勵天下其釋之

○洪武二十年閏六月甲寅
太祖謂禮部尚書李原吉曰尚齒所以教敬事長所以教
順虞夏商周之世莫不以齒為尚而養老之禮未嘗廢
是以人興于孝弟風俗淳厚治道隆平曩者朕詔天下
行養老之政凡耆民年八十以上鄉黨稱善貧無產業
者月給米三斗肉五斤九十以上歲加帛一疋綿一斤
若有田產能自贍者止給酒肉絮帛其應天鳳陽二府
富民九十以上賜爵社士八十以上賜爵里士咸許冠
帶復其家尚慮有司奉行不至爾禮部以朕命諭之
○洪武二十一年五月乙未太平府民有兄弟相訐告者
刑部奏請罪之

太祖曰兄弟骨肉至親豈有告訐之理此一時愚昧或因
貨利或私妻子爭長競短怨氣相加遂至此耳然人心
天理未嘗泯滅姑繫之俟待其忿息善心復萌必將自
悔明日刑部奏二人果哀求改過
太祖曰此彼之真情發見也俱釋之兄弟和好如初
○洪武二十四年七月乙巳龍江衛吏以過罰書寫值毋
喪乞守制吏部尚書詹徽不聽吏擊登聞鼓訴之
太祖召徽切責之曰吏雖罰役天倫不可廢使其母死不
居喪人子之心終身有憾夫與人為善猶恐其不善若
有善而沮之何以為勸詩曰孝子不匱永錫爾類乃獨
不然耶徽大慚吏遂得終喪

○洪武二十五年正月甲辰天策衛卒吳英父得罪繫獄
英詣闕陳情願沒入為官奴以贖父罪
太祖諭英曰汝之情固有可矜但汝平時何不勸諫汝父
使不犯法今罪不可貸然念汝愛父之至特曲法宥之
汝自今凡遇父有不善當即諫止若不聽必再三言之
使不陷于非義斯為孝也又顧謂侍臣曰此卒非知書
者能如此亦可謂難矣故特曲法以宥其父將以勵天
下之為人子者
○洪武二十八年二月己丑
太祖諭戶部臣曰古者風俗淳厚民相親睦貧窮患難親
戚相救婚姻死喪鄰保相助近世教化不明風俗頹敝

鄉隣親戚不能周卹甚者強淩弱衆暴寡富吞貧大失
忠厚之道朕即位以來恒申明教化于今未臻其效豈
習俗之固未易變耶朕置民百戶為里一里之間有貧
有富凡遇婚姻死喪富者助財貧者助力民豈有窮苦
急迫之憂又如春秋耕穫之時一家無力百家代之推
此以往百姓寧有不親睦者乎爾戶部其諭以此意使
民知之

議禮

○洪武元年十一月丙午中書及禮部定奏天子親祀圜
丘方丘宗廟社稷若京師三皇孔子風雲雷雨聖帝明
王忠臣烈士先賢等祀則遣官致祭郡縣宜立社稷有

司祭里社土穀之神及祖父母父母并得祀竈載諸祀
典餘不當祀者並禁之
太祖因諭羣臣曰凡祭享之禮載牲致帛交於神明費出
己帑神明歆之如庶人陌錢瓣香皆可格神不以菲薄
而不享者何也所得之物皆己力所致也若國家倉廩
府庫所積乃生民脂膏以此尊醪俎饌充實神庭徼求
福祿以私於身神可欺乎惟為國為民禱祈如水旱疾
疫師旅之類是也

○癸亥
太祖欲舉行耕籍田禮諭廷臣曰古者天子籍田千畝所
以供粢盛備饋饎自經喪亂其禮已廢上無以教下無
以勸朕莅祚以來悉修先王之典而籍田為先故首欲
舉而行之以為天下勸時監察御史有歷班而言曰耕
籍田則力本者知所重矣
太祖曰欲財用之不竭國家之常裕鬼神之常享必也務
農乎故后稷樹藝稼穡而生民之詩作成王播厥百穀
而噫嘻之頌興有國家者其可棄是而不講乎遂命以
來春舉籍田禮行之

○洪武二年六月庚午
太祖讀叔孫通傳至魯兩生不肯行因謂侍臣曰叔孫通
雖云竊禮之糠粃然創制禮儀於煨燼之餘以成一代
之制亦可謂難矣如兩生之言不無迂耶若禮樂必待

百年而後可興當時朝廷之禮廢矣朕聞先王之禮因
時制宜孔子亦曰朞月三年必世蓋亦因時制宜之謂
必待百年則誠迂矣

○洪武三年正月癸巳先是
太祖以天下初定欲通羣下之情日詔百官悉侍左右詢
閭民情諮訪得失或考論古今典禮制度故雖小官亦
得上殿至有踰越班次者
太祖乃謂宰臣曰朝廷之上禮法為先殿陛之間嚴肅為
貴朕始欲諮訪庶事故令百官入侍左右至班序失次
非所以肅朝儀也自今文武百官入朝除侍從中書省
大都督府御史臺指揮使六部尚書侍郎等官許上殿

其餘文武官五品以下並列班于丹陛違者糾儀官舉
正之
○八月庚申
太祖諭廷臣曰古者帝王之治天下必定禮制以辨貴賤
明等威是以漢高初興即有衣錦繡綺縠操兵乘馬之
禁歷代皆然近世風俗相承流于僭侈閭里之民服食
居處與公卿無異而奴僕賤隸往往肆于鄉曲貴賤
無等僭禮敗度此元之失政也中書其以房舍服色等
第明立禁條頒布中外俾各有所守
○洪武五年三月辛亥
太祖謂禮部臣曰禮者所以美教化而定民志成周設大
皇明寶訓[redacted]洪武二卷　二十八
司徒以五禮防萬民之偽而教之中夫制中莫如禮修
政莫如禮齊家莫如禮故有禮則治無禮則亂居家有
禮則長幼叙而宗族和朝廷有禮則尊卑定而等威辨
元興以夷變夏民染其俗先王之禮幾乎熄矣而人情
狃於淺近未能猝变今命爾稽考典禮合于古而宜于
今者以頒布天下俾習以成化庶幾復古之治也
○洪武六年三月甲辰禮官上所定禮儀
太祖謂尚書牛諒曰禮者國之防範人道之紀綱朝廷所
當先務不可一日無也自元氏廢棄禮教因循百年而
中國之禮变易幾盡朕即位以来夙夜不忘思有以振
舉之以洗汙染之習故嘗命爾禮部定著禮儀今雖已

成宜更與諸儒參詳考議斟酌先王之典以復中國之
舊務合人情永為定式庶幾愜朕心也
○九月丙午禮部奏定百官常朝班次及奏事等禮儀
太祖謂中書省臣曰朝廷之禮所以辨上下正名分不以
賤加貴不以卑踰尊百官在列班序有倫奏對雍容不
失其度非惟朝廷之尊抑亦天下四方瞻仰所在也今
文武百官朝參奏事有未閑禮儀者是禮法不嚴於殿
陛何以肅朝廷乎自今凡新任官及諸武臣於禮儀有
不閑習者令侍儀司官日於午門外演習之且命御史
二人監視有不如儀者糾舉之百官入朝失儀者亦糾
舉如律
皇明寶訓[redacted]洪武二卷　二十九
○洪武七年十二月壬戌朔孝慈錄成先是貴妃薨勅禮
官定喪服之制禮部尚書牛諒等奏曰周禮儀禮父在
為母服期年若庶母則無服
太祖曰父母之恩一也而喪服低昂若是其不近于人情
甚矣因勅翰林學士宋濂曰養生送死聖王之大政諱
忘忌疾衰世之陋習三代喪禮節文尤詳而散失於衰
周厄於暴秦漢唐以降莫能議此夫人情有無窮之變
而禮為適变之宜得人心之所安即天理之所在爾等
其考定喪禮於是濂等考得古人論服母喪者凡四十
二人願服三年者二十八人服期年者十四人奏之
太祖曰三年之喪天下之通喪今觀願服三年喪比服期

年者加倍則三年之喪豈非天理人情之所安乎乃立
爲定制
○洪武十二年正月己卯合祀天地于南郊大祀殿禮成
勑中書省臣曰立綱陳紀治世馭民斯由上古之君立
至今相承而法則焉凡有國者必以祀事爲先祀事之
禮起以古先聖王其周旋上下進退奠獻莫不有儀然
儀必貴誠而人心叵測至誠者少不誠者多暨誠者或
有之若措禮設儀文飾太過使禮煩人倦而神厭弗享
非禮也故孔子曰禘自既灌而往者吾不欲觀之矣朕
周旋祀事十有一年見其儀太煩乃以儀更其儀式合
祀社稷既祀神乃歆今十二年春始合天地大祀而上

下悅若有肸蠁答於朕 心爾中書下翰林令儒臣紀其
祀事以彰
上帝皇祇之昭格而錫黔黎之福朕與卿等尚夙夜無怠
以答
神明之休祐焉
○洪武二十年七月丁酉禮部奏請如前代故事立武學
用武舉仍祀太公建昭烈武成王廟
太公曰太公周之臣封諸侯若以王祀之則與周天子並
矣加之非禮必不享也至於建武學用武舉是析文武
爲二途自輕天下無全才矣三代之上士之學者文武
兼備故措之于用無所不宜豈謂文武異科各求專習

者乎卽以太公之鷹揚而授丹書仲山甫之賦政而式
古訓召虎之經營而陳文德豈比於後世武學專講韜
略不事經訓專習干戈不閑俎豆拘於一藝之偏之陋
哉今欲循舊用武舉立廟學甚無謂也太公之祀止宜
從祀帝王廟遂命去王號罷其舊廟
○洪武二十一年二月甲寅詔以歷代名臣從祀帝王廟
先是禮官奏以風后力牧皋陶夔伯夷伯益伊尹傅說
周公旦召公奭太公望方叔召虎張良蕭何曹參周勃
鄧禹諸葛亮房玄齡杜如晦李靖郭子儀李晟趙普曹
彬韓世忠岳飛張浚博爾忽博爾朮赤老溫伯顔阿术
安童凡三十六人皆宜從祀于帝王廟

太祖曰古之君臣同德者終始一心載在史傳萬世不滅
國家祀典必合公論不可徒觀其迹而不究其實也若
宋趙普負太祖爲不忠不可從祀元臣四傑木華黎爲
首不可以其孫從祀而去其祖可祀木華黎而罷安童
既祀伯顔其阿术亦不必祀如漢陳平馮異宋潘美皆
節義兼善始終可從廟祀於是定以風后力牧皋陶夔
龍伯益伯夷伊尹傅說周公旦召公奭太公望召虎方
叔張良蕭何曹參陳平周勃鄧禹馮異諸葛亮房玄齡
杜如晦李靖李晟郭子儀曹彬潘美韓世忠岳飛張浚
木華黎博爾忽博爾朮赤老溫伯顔凡三十有七人從
祀歷代帝王廟

○洪武二十五年四月丁卯命禮部右侍郎張智申覆朝
儀
太祖謂之曰禮儀者朝廷之表有虞之時羣后德讓百僚
師師卿其申諭百官景行古人無敗禮失度以取咎責
興禮樂
○吴元年七月乙亥先是命選道童俊秀者充樂舞生至
是始集
太祖御戟門召學士朱升范權領樂舞生入見設雅樂閱
試之
太祖親擊石磬命升辨識五音升不能審以宮音為徵音
太祖曰升每言能審音至辨石音何乃以宮作徵耶起居
注熊鼎對曰八音之中石聲最難和惟后夔能和磬聲
故書曰於予擊石拊石百獸率舞

太祖曰石聲固難和然樂以人聲為主人聲和即八音諧
和矣因命樂生登歌一曲
太祖復嘆曰古者作樂以和民聲格神人而與天地同其
和近世儒者鮮知音律之學欲樂和顧不難耶鼎復對
曰樂音不在外求寔在人君一心君心和則天地之氣
亦和天地之氣和則樂亦無不和矣
○洪武四年六月戊申吏部尚書詹同禮部尚書陶凱製
宴享九奏樂章成上之其曲一曰本太初二曰仰大明
三曰民初生四曰品物亨五曰御六龍六曰泰階平七
曰君德成八曰聖道成九曰樂清寧先是
太祖厭前代樂章率用諛詞以為容悅甚者鄙陋不稱乃
命凱等更製其詞既成
太祖命協音律者歌之謂侍臣曰禮以道敬樂以宣和不
敬不和何以為治元時古樂俱廢惟淫詞豔曲更唱迭
和又使胡虜之聲與正聲相雜甚者以古先帝王祀典
神祇飾為舞隊諧戲殿廷殊非所以尊中和崇治體也
今所製樂章頗協音律有和平廣大之意自今一切流
俗諠譊淫褻之樂悉屏去之
○洪武十四年二月丁丑命禮部申明鄉飲酒禮
太祖謂禮官曰鄉飲之禮所以序尊卑別貴賤先王舉以

教民使之隆愛敬識廉恥知禮讓也朕即位以來雖以
舉行而鄉閭里社之間恐未徧習今時和年豐民間無
事宜申舉舊章其府州縣則令長官主之鄉閭里社則
賢而長者主之年高有德者居上高年淳篤者次之以
齒為序其有違條犯法之人列于外坐同類者成席不
許雜於善良之中如此則家識廉恥人知禮讓而父慈
子孝兄友弟恭夫和婦順之道不待教而興所謂宴安
而不亂和樂而不流者也孔子曰吾觀於鄉而知王道
之易易政謂此也
○洪武十七年六月庚午
太祖御奉天門諭羣臣曰治天下之道禮樂二者而已若

通於禮而不通於樂非所以淑人心而出治道達於樂而不達於禮非所以振紀綱而立大中必禮樂並行然後教化醇一或者曰有禮樂不可無刑政朕觀刑政二者不過輔禮樂為治耳苟為治徒務刑政而遺禮樂在上者雖有威嚴之政必無和平之風在下者雖存苟免之心終無格非之誠大抵禮樂者治平之膏梁刑政者救弊之藥石卿等於政事之間宜知此意毋徒以禮樂為虛文也

○甲午

太祖諭禮部臣曰近命製大成樂器將以頒天下學校俾諸生習之以祀孔子朕思古人之樂所以防民欲後世

之樂所以縱民欲其故何也古樂之詩章和而正後世之歌詞淫以夸古之律呂協天地自然之氣後世之律呂出人為智巧之私天時與地氣不審人聲與樂聲不比故雖以古之詩章用古之器數亦乖戾而不合陵犯而不倫矣手擊之而不得于心口歌之而非出于志人與樂判然為二而欲以動天地鬼神豈不難哉然其流已久救之甚難卿等宜究心於此俾樂成而頒之諸生得以肄習庶幾可以復古人之意

崇教化

○洪武二年二月庚午先是

太祖問戶部天下民孰富產孰優戶部臣對曰以田稅之多寡較之惟浙西多富民巨產

太祖曰民富多豪強故元時此輩欺陵小民武斷鄉曲人受其害宜召之來朕將勉諭之至是諸郡富民至入見

太祖諭之曰汝等居田里安享富稅者汝知之乎古人有言民生有欲無主乃亂使天下一日無主則強凌弱衆暴寡富者不得自安貧者不能自存矣今朕為爾等立法更制使富者得以保其富貧者得以全其生爾等當循分守法能守法則能保身矣毋陵弱毋吞貧毋虐小毋欺老孝敬父兄和睦親族周給貧乏遜順鄉里如此則為良民若效昔之所為非良民矣衆皆頓首謝於是賜酒食而遣之時翰林學士宋濂詹同及待制王禕起

居注陳敬等侍左右

太祖顧謂之曰朕諭此輩欲勉之為善耳禕對曰自古帝王皆兼君師之任三代而下為人主者知為治而不知為教今

陛下訓諭之不啻嚴師之教弟子恩至厚也誠所謂兼治教之道

○六月辛巳令民間立義塚

太祖諭禮部臣曰古者聖王治天下有掩骼埋胔之令推恩及於朽骨近世狃于胡俗死者或以火焚之而投其骨于水孝子慈孫於心何忍傷恩敗俗莫此為甚其禁止之若貧無地者所在官司擇近城寬閒地為義塚俾

之葬埋或有宦遊遠方不能歸葬者官給力費以歸葬之

○洪武十七年十一月庚午

太祖謂禮部臣曰近命遼東立學校或言邊境不必建學夫聖人之教循天也天有風雨霜露無所不施聖人之教亦無往不行昔箕子居朝鮮施八條之約故男遵禮義女尚貞信管寧居遼東講詩書陳俎豆飾威儀明禮讓而民化其德曾謂邊境之民不可以教乎夫越與魯相去甚遠使越人而居魯久則必魯矣魯人而居越久則必越矣非人性有魯越之異風俗所移然也況武臣子弟久居邊境鮮聞禮教亦恐漸移其性今使之誦詩書習禮讓非但可以造就其才他日亦可資用

○洪武二十三年五月己酉播州貴州宣慰使司幷所屬宣撫司官各遣其子來朝請入太學

太祖勅國子監官曰移風善俗禮為之本敷訓導民教為之先故禮教明于朝廷而後風化達于四海今西南夷土官各遣子弟來朝求入太學因其慕義特允其請耳爾等善為訓教俾有成就庶不負遠人慕學之心

○洪武二十七年三月癸亥有儒士初授知縣陛辭

太祖問之曰試言蒞民之道何先對曰教化為先曰教化何施對曰獎勸之

太祖曰治民固以教化為本而身又為教化之本長一邑則係一邑之望民率視己以為則己身不正民將何法雖多為獎勸彼不見信故曰以身教者從以言教者訟爾其試之

大明太祖高皇帝寶訓卷之二終

大明太祖高皇帝寶訓卷之三

光祿大夫柱國少傅兼太子太傅禮部尚書武英殿大學士臣呂　本謹校
南京禮部祠祭清吏司郎中臣陳治本
南京兵部職方清吏司主事臣朱　錦謹閱
南京工部虞衡清吏司郎中臣呂胤昌

任官

○甲辰十一月辛酉

太祖謂中書省臣曰立國之初致賢為急中書百司綱領總率羣屬須擇賢者與之共理但任人之道小大輕重各適其宜若委重於輕是以栱桷而為梁棟委大於小是以鍾庾而盛斗筲省臣對曰人有才者施於任使宜

無不可

太祖曰莫邪之利能斷犀象以之斵石則必缺麒麟之駛能致千里以之服耒則必蹶要必處之得其宜用之盡其才可也

○丙午正月是月命中書省臣錄用諸司劾退官員省臣傅瓛等曰今天下更化庶事方殷諸司官吏非精勤明敏者不足以集事此輩皆以迂緩不稱職為法司劾退豈宜復用

太祖曰人之才能各有長短故治效亦有遲速夫質朴者多迂緩狡猾者多便給便給者雖善辦事或傷於急促不能無損於民迂緩者雖於事或有不逮而於民則無所損也

○吳元年十二月是月

太祖以山東郡縣既下命官往撫輯之諭之曰百姓安否在守令守令之賢者以才德有才則可以應變集事有德則足以善治為治之道亦有難易當天下無事民狃於奢縱治化為難及更喪亂斯民凋敝撫綏尤難元之所以致亂者雖上失其操柄亦州郡官吏不得其人懦者不立流於縱弛強者急遽發於暴橫又皆以胡人為之長不惟尸位而已反為奸吏愚弄假威竊權以生亂階今山東郡縣新附之民望治猶負疾者之望良醫醫之為術有攻治有保養攻治者伐外邪保養者扶元氣

今民出喪亂是外邪去矣所望休養生息耳休養生息即扶元氣之謂也汝等今有守令之寄當體予意以撫字為心毋重困之

○洪武元年正月辛丑天下來朝府州縣官陛辭

太祖諭之曰天下初定百姓財力俱困譬猶初飛之鳥不可拔其羽新植之木不可搖其根要在安養生息之然惟廉者能約已而利人貪者必浚人而厚已況人有才敏者或泥於私善柔者或昧於欲此皆不廉害之也爾等當深戒之

○四月癸亥山東行中書省調江西參政汪廣洋為山東參政以翰林學士陶安為江西參政

太祖因謂安曰朕渡江之初卿首率父老見於軍門為朕
敷陳王業論當世之務深合朕心由是朝夕相近幕府
軍旅之事裨益良多繼入翰林益聞讜論令調汪廣洋
為山東參政而江西乃上游都會可以代之者宜莫如
卿其為我撫治之安對曰臣以微陋叨蒙甄錄俾居左
右幸望過矣今復委以重任恐付託不効有負
上恩
太祖曰躬擐甲冑決勝負於兩陣之間此武夫之事非儒
生所能至若承流宣化綏輯一方之衆此儒者之事非
武夫所能也朕之用人用其所能不強其所不能卿才
宜膺是任故以授卿我豈私卿一人而不愛一方乎安
乃頓首受命

皇明寶訓　洪武三卷　三

○閏七月辛酉廣東何真率其官屬入朝詔授真江西行
省參政
太祖諭之曰天下紛爭所謂豪傑有二易亂為治者上也
保民達變識所歸者次也負固偷安流毒生民身死不
悔斯不足論矣頃者師臨閩越卿即輸誠來歸不煩一
旅之力使兵不血刃民庶安堵可謂識時達變者矣真
叩頭謝曰昔者武王伐暴救民諸侯不期而會者八百
今
主上除亂以安天下天命人歸四海景從臣本蠻邦之人
始者逢亂不過結聚鄉民為保生之計實無他志今幸
遇
大明麗天無幽不燭臣愚豈敢上違天命
太祖曰夫能不賈禍於生靈者必世享其澤朕嘉以忠誠
念江西地近廣東是用特授爾江西行省參政以表來
歸之誠古云令名德之輿也卿令名已著尚懋修厥德
以輔我國家
○八月丙子
太祖謂中書省臣曰任人之道因材而授職譬如良工之
於木大小曲直各當其用則無棄材夫人亦然有大器
者或乏小能或有小能不足以當大事用之者在審察
其宜耳驊騮之材能歷險致遠若使攫兔不如韓盧鉛

皇明寶訓　洪武三卷　四

刀之割能破朽腐若解全牛必資利刃故國家用人當
各因其材不可一律也不能則人材不得盡其用而朝
廷有乏人之患矣
○洪武二年二月庚寅
太祖謂廷臣曰累黍可以成寸積善可以成德故小善可
以成大善小惡必至成大惡又曰積善如積土久而不
已則可以成山積惡如防川微而不塞必至於滔天卿
等皆時之俊乂與朕康濟天下雖有小善朕必錄之若
有不善勿吝速改人能改過遷善如鏡之去垢光輝日
增不然則終身蒙蔽罪惡日積災咎斷至矣可不戒哉
○五月癸丑置福建行省以福汀漳泉建寧邵武興化延

平八府隸之命中書省參政蔡哲為參政
太祖諭之曰君子立身行已莫先於辨義利夫義者保身
之本利者敗名之源常人則惟利是趨而不知有義君
子則惟義是守而竟忘乎利此所以異於常人者也福
建地瀕大海民物富庶番舶往來私交者衆往時官吏
多為利誘陷於罪戾今命卿往必堅所守毋蹈其罪哲
對曰臣以菲薄叨承恩命敢不盡公以報
太祖曰公即無私義之謂也私即亡公利之謂也要公之
一字亦未易言此心如止水明鏡無分毫私意累之然
後揆事度物廓然無滯若使胸中微有芥蔕即不得為
公矣卿宜勉之

○八月己巳
太祖令吏部定內侍諸司官制諭之曰朕觀周禮所記未
及百人後世至踰數千卒為大患今雖未能復古亦當
為防微之計古時此輩所治止於酒漿醯醢司服守祧
數事今朕亦不過以備使令非別有委任可斟酌其宜
毋令過多又顧謂侍臣曰此輩自古以來求其善良千
百中不一二見若用以為耳目即耳目蔽矣以為腹心
即腹心病矣馭之之道但當戒飭使之畏法不可使之
有功有功則驕恣畏法則檢束檢束則自不為非也
○洪武四年正月己卯御史臺進擬憲綱四十條
太祖覽之親加刪定詔刊行因謂臺臣曰元時任官但貴
本族輕中國之士南人至不得入風憲豈是公道朕之
用人惟才是使無間南北風憲非朕耳目任得其人則
自無壅蔽之患殿中侍御史唐鐸對曰臣聞元時遣使
宣撫百姓初出之日四方驚動及至畧無所為而出百
姓為之語曰奉使宣撫問民疾苦來若雷霆去若敗鼓
至今傳以為笑今
陛下一視同仁任官惟賢尤重風憲明立法度所以安百
姓興太平天下幸甚臣等敢不精白一心欽承
聖意
○四月辛卯
太祖謂中書省臣曰或言刑名錢穀之任宜得長於吏材

者掌之然吏多狡獪好舞文弄法故悉用儒者且自古
以來典禮樂定制度光輔國家成至治之美皆本於儒
儒者知古今識道理非區區文法吏可比也然今所用
之儒多不能副朕委任之意何也豈選任之際不得實
材歟朕每遇事無不究心近調兵北征沙漠西取川蜀
兵未出門連夜不寢身雖不往而心則往矣惟恐委任
非當或規畫未善不能了事卿等為朕股肱於銓材授
任亦當夙夜究心苟非其材勿輕選任
○五月丁巳以李守道詹同為吏部尚書諭之曰吏部者
衡鑑之司鑑明則物之妍媸無所遁衡平則物之輕重
得其當蓋政事之得失在庶官任官之賢否由吏部任

得其人則政理民安任非其人則瘝官曠職卿等居侍
衡秉鑑之任宜在公平以辨别賢否毋但庸庸碌碌充
位而已
○洪武七年正月庚午吏部奏主事員多欲改主事王性
任戶部
太祖不許曰自古設官分職以理庶務政有煩簡故官有
多寡當因時制宜豈得盡拘一律乎況初入仕者政非
素習事何由治職何由稱哉自今六部官毋得輕調如
有年老者就本部陞用
○六月戊午汰北方府州縣官
太祖命吏部臣曰古稱任官惟賢材凡郡得一賢守縣得

一賢令足以致治如潁川有黃霸中牟有魯恭何憂不
治今北方郡縣有民稀事簡者而設官與煩劇同祿入
供給未免疲民可量減之於是吏部議減北方府州縣
官三百八人
○洪武九年六月乙未莒州日照縣知縣馬亮考滿入覲
州上其考曰無課農興學之績而長於督運吏部以聞
太祖曰農桑衣食之本學校風化之原皆守令先務不知
務此而曰長於督運是棄本而務末豈其職哉苟任督
責以為能非愷悌之政也為令而無愷悌之心民受其
患者多矣宜黜降之使有所懲
○庚戌山西汾州平遥縣主簿成樂官滿來朝本州上其

考曰能恢辦商稅吏部以聞
太祖曰地之所產有常數官之所取有常制商稅自有定
額何俟恢辦若額外恢辦得無剝削於民主簿之職本
佐理縣政撫安百姓豈以辦課為能若止以辦課為能
其他不見可稱則失職矣州之考非是爾吏部其移文
訊之
○洪武十年七月甲申置通政使司掌出納諸司文書敷
奏封駁之事時官制初立
太祖重其任頗難其人刑部主事曾秉正新擢陝西參政
未行
太祖遂命秉正為通政使以應天府尹劉仁為左通政諭

之曰壅蔽於言者禍亂之萌專恣於事者權姦之漸故
必有喉舌之司以通上下之情以達天下之政昔者虞
之納言唐之門下者皆其職也今以是職命卿等官以
通政為名政猶水也欲其常通無壅遏之患卿其審命
令以正百司達幽隱以通庶務當執奏者勿忌避當駁
正者勿阿隨當敷陳者無隱蔽當引見者無留難毋巧
言以取容毋苛察以邀功毋讒間以欺罔公清直亮以
處厥心庶不負委任之意秉正等頓首謝曰臣等駑鈍
幸蒙
聖眷膺茲重任敢不盡心圖報萬一
○洪武十一年正月是月徵天下布政使司官及各府知

府來朝
太祖謂廷臣曰古者帝王治天下必廣聰明以防壅蔽今
布政使司官即古方伯之職各府知府即古刺史之職
所以承流宣化撫安吾民者也然得人則治否則瘝官
曠職病吾民多矣朕今令之來朝使識朝廷治體以警
其玩愒之心且以詢察言行考其治績以觀其能否苟
治效有成即為賢材天下何憂不治廷臣對曰
皇上憂民之切任官之重此堯舜詢事考言之道
○三月丁丑河間府知府楊冀安等考績來朝
太祖命吏部曰考績之法所以旌別賢否以示勸懲令官
員來朝宜察其言行考其功能課其殿最第為三等稱

職而無過者為上賜坐而宴有過而稱職者為中宴而
不坐有過而不稱職者為下不預宴序立於門宴者出
然後退庶使有司知所激勸
○洪武十六年六月辛巳
太祖與侍臣論用人之道
太祖曰人主以明為治而不自用其明當取衆人之見以
為明夫爝火之光豈勝於烈炬衆人之見必廣於一人
故用天下之賢材以為治使天下之情幽隱畢達則明
無不照而治道成矣苟自作聰明而不取衆長欲治道
之成不可得也
○洪武十三年九月丙午始置四輔官告太廟以王本杜
佑龔斅為春官杜斅趙民望吳源為夏官勑曰昔之耕
莘者為政社稷永安築巖者在朝君仁民康二臣繼出
於殷商致君六百年之大業是賢者雖處同出異其忠
君濟民之道則一朕政有未周化有未洽訪近臣而求
士故召爾等來朝命為四輔官兼太子賓客位列公侯
都督之次必欲德合天人均調四時以臻至治其敬慎
之
○十二月是月吏部奏天下郡縣所舉聰明正直孝弟力
田賢良方正文學才幹之士至京者八百六十餘人
太祖命各授以官因諭之曰人之才能少得全備如寬厚
慈祥者使之長民勤敏通達者使之集事量能授官庶

有成績若使才不稱職位不達才國家雖有褒德録賢
之名而無代天理物之實非所以圖治也爾其審之於
是授職各有差
○洪武十四年十一月甲辰
太祖召吏部兵部臣諭之曰三代學者無所不集習故其
成材文武兼備後世九流判立士習始分服逢掖者或
不閑於武略被介冑者或不通於經術兼之者其惟達
材乎三代而下若諸葛孔明羊祜杜預李靖輩文武兼
資雖槩以一律夫木直者可以中繩曲者可以中矩人
有學問則亦何事不可為也今武臣子弟朕嘗命之講
學其間豈無聰明賢智有志於學者若槩視為武人不

用則失之矣師等其審擇用之
○洪武十五年四月癸卯以儒士吳顒爲國子監祭酒
太祖諭之曰國學者天下賢材所萃而四方之所取正必師道嚴而後模範正師道不立則教化不行天下四方何所取則卿宜崇重道義正身率下俾諸生有所模範若徒以文辭爲務記誦爲能則非所以教矣爲夫鐘鼓揚則聞於遠德義著則人樂從爾其慎之勉副朕意
○洪武十七年七月壬子吏部奏考滿官二員績最當遷

太祖曰任官之法考課爲重唐虞成周之時所以野無遺賢庶績咸熙者用此道也若百司之職賢否混淆無所懲勸則何以爲政故鑑物必資於明鏡考人當定以銓衡爾等考覈務存至公分別臧否必循名責實其政績有異者即超擢之庶幾賢者在位而人有所勸矣
○洪武十八年八月丙辰
太祖御華蓋殿與群臣論及治天下之道文淵閣大學士朱善進曰古者人主致治重在任人蓋擇衆賢爲耳目則聰視周乎四海任衆智爲計慮則利澤施於萬民今天下太平惟選任賢材宜留
聖慮

太祖曰然任人之道當嚴於簡擇簡擇嚴則庸鄙之人不進當專於任使任使專則茍且之意不行然必賢者乃可以專任之非賢而專任者必生姦也是以任人爲難然人亦有謹於始而怠於終者亦有過於前而改於後者則固不能保始終惟終始如一者其懷忠報國之心堅如金石安得不任之若臣詐似信懷姦若忠者決不可任也
○洪武二十一年正月戊寅召前諸城知縣陳允恭於雲南
太祖諭吏部臣曰爲國以任人爲本作姦者不以小才而貸之果賢者不以小疵而棄之姦者必懲庶不廢法甯

過而用則無棄人陳允恭前任諸城以簿書之過謫戍雲南比有言其治縣時能愛民夫長民者能愛民雖有過可用也於是召允恭還復其官
○洪武二十二年九月戊辰
太祖御奉天門廷臣有言比來儒士起自田里而擢用驟峻非朝廷愛重名爵之意
太祖曰朝廷爵祿所以待士彼有卓越之才豈可限以資格朕但期得賢名爵非所悋若曰起自田里不當驟用如伊尹在莘野孔明在隴中一旦舉之加於朝臣之上遂至建功立業何嘗拘於官職朕所患不得賢耳誠得賢而任之品秩非所限也

○洪武二十三年八月辛酉給事中有薦士者
太祖問宜何官對曰宜牧民又問其所長對曰其人才高年力少勇於敢為
太祖曰才高者多過中勇敢者少循理遽使牧民未見其可夫素操刀者乃可使割善製錦者乃可使裁素未學而欲使入政可乎後生年少未嘗歷練恃才輕忽用其血氣之勇鮮有不生事擾民者且令就學以養其德性變化氣質俟學成用之

○洪武二十四年七月甲寅
太祖與群臣論治道諭之曰構大廈者必資於衆工治天下者必賴於群才然人之才有長短亦猶工師之

藝有能否善斲木者不能攻石善斲輪者不能為舟若任人之際量能授官則無不可用之才矣卿等皆朕股肱耳目宜為朕廣求賢才以充任使毋求備于一人可也
太祖諭吏部臣曰用人之道在於隨材任使則天下無棄人矣又曰觀人之法有數等材德俱優者上也材德不及者其次也材有餘而德不足又其次也苟二者俱無此不足論也矣若逐勢變移好作威福言是而行非此小人不可用也

守法

○甲辰三月丁卯
太祖謂廷臣曰剽悍驕暴非人之性也習也苟有禮法以一之則剽悍者可使善柔驕暴者可使循帖若馳騁之馬調御有道久則自然馴熟屬兹草創苟非禮法人無所守故必當以此洗滌漸染之習然制禮立法非難遵禮守法為難人知遵禮自無暴悍能守法則不至暴悍夫三尺童子至弱也遇強暴而不敢欺者以有禮法故耳方今所當急者此為先務不可後也

○吳元年十一月壬寅
太祖謂省臺官曰近代法令極繁其弊滋甚今之法令正欲得中毋襲其弊如元時條格煩冗吏胥緣出入為姦所以其害不勝且以七殺言之謀殺故殺鬬毆殺既皆

死罪何用如此分析但誤殺有可議者要之與戲殺過失殺亦不大相遠今立法正欲矯其舊弊大槩不過簡嚴簡則無出入之弊嚴則民知畏而不敢輕犯爾等其體此意

○十二月甲辰
太祖諭群臣曰讀書所以窮理守法所以持身故吏之稱循良者不在於威嚴在於奉法循理而已卿等既讀書於律亦不可不諳大抵人之犯法者違理故也君子守理故不犯法小人輕法故蹈重刑今卿等各有官守宜知所謹

○洪武二十八年二月戊子刑部臣奏律條與條例不同

者宜更定俾所司遵守
太祖曰法令者防民之具輔治之術耳有經有權律者常經也條例者一時之權宜也朕御天下將三十年命有司定律久矣何用更定

求言

○戊戌十二月庚辰

太祖自宣至徽召故老耆儒訪以民事有儒士唐仲實姚璉者來見
太祖問之曰喪亂以來民多失業其心望治甚於飢渴吾深知之仲實對曰自大軍克復民獲所歸矣又問曰鄧愈築城百姓怨否仲實對曰頗怨

太祖曰築城以衛民何怨之有必愈所爲迫促以失人心即命罷之又問爾能博通今古必諳成敗之迹若漢高祖光武唐太宗宋太祖元世祖此數君者平一天下其道何如仲實對曰此數君者皆以不嗜殺人故能定天下于一
主公英明神武兼數君之長驅除禍亂未嘗妄殺出民膏火措之於衽席之上開創之功超於前代然以今日觀之民雖得所歸而未遂生息
太祖曰此言是也我積少而費多取給于民甚非得已然皆爲軍需所用未嘗以一毫奉已民之勞苦恒思所以休息之曷嘗忘也仲實對曰誠如是民之生息可待矣
太祖曰有不便者盍盡言之仲實等皆拜謝乃賜諸父老布帛撫慰之而去

○甲辰四月庚子

太祖謂徐達等曰人之行事固欲盡善然一時智慮未周及既行之後思之有未盡善亟欲更之已無及矣與其追悔於既往曷若致謹於初大抵更涉世故則智明久歷患難則慮周近日紀綱法度粗若有緒其間有未盡善者諸公宜執正論亟爲更張庶幾上下之間各得其便苟有不善豈徒予之過亦汝等之責也

○六月戊戌

太祖謂廷臣曰治國之道必先通言路言猶水也欲其長流水塞則衆流障遏言塞則上下壅蔽今予以一人而酬應上下之務非兼聽廣詢何以知其得失詩曰先民有言詢于芻蕘夫芻蕘至賤者也古人尚取於其言況左右前後之人與共事者豈無一得之長乎諸公有所建明當備陳之

戊午

太祖謂諭朝臣曰國家政治得失生民之休戚繫焉君臣之間各任其責所行未當速改不宜有所隱避若隱避不言相爲容默既非事君之道於己亦有不利自今宜各盡乃心直言毋隱

○洪武元年正月壬午
太祖諭群臣曰忠臣愛君讜言為國蓋愛君者有過必諫
諫而不切者非忠也為國者遇事必言言而不直者亦
非忠也比来朕每發言百官但唯諾而已其間豈無是
非得失而無有直言者雖有不善無由以聞自今宜盡
忠讜以匡朕不逮若但唯唯非人臣事君之義也
○二月己未
太祖諭侍御史文原吉等曰比来臺臣久無諫諍豈朝廷
庶務皆盡善抑朕不能聽受故爾嘿嘿乎爾等以言為
職所貴者忠言忠言日聞有益於天下國家若君有過
舉而臣不言是臣負君臣能直言而君不納是君負臣

朕每思一介之士於萬乘之尊其勢懸絶平居能言奏
對之際或畏避不能盡其詞或倉卒不能達其意故嘗
霽色以納之惟恐其不盡言也至於言無實者亦略而
不究蓋見秦漢以来季世末主護短惡諫誅戮忠直人
懷自保無肯為言者積咎愈深遂至不救夫日月之行
猶有薄食人之所為安能無過惟能改過便可成德原
吉對曰
陛下此心即大禹好聞善言成湯不吝改過之心也言而
無實略之不究尤見天地之量
太祖曰有其實而人言之則當益勉於善無其實而人言
之則當益戒於不善但務納其忠誠何庸究其差謬

洪武七年八月辛丑北平按察司副使劉崧言宛平驛
當要道而驛馬之數與非要道之驛同宜減他驛馬以
增宛平驛
太祖可其奏顧謂侍臣曰驛傳勞逸不均甚為民弊崧以
為言民獲惠矣朕以一身任天下之事聞見計慮豈能
周偏爾等宜體此竭心為朕訪察民間利病何事當興
何事當革具為朕言朕當行之毋為容默但保禄而已
侍臣對曰
陛下樂從直言天下之福也
○洪武九年六月壬寅
太祖諭侍臣曰舍己從人改過不吝帝王之美事故大禹

以五聲聽治為銘於筍簴曰教我以道者擊鼓教我以
義者擊鍾以事者振鐸以憂者擊磬以獄者揮鞀禹聖
人也虚己求言如此之切故聞善言則拜朕樂聞嘉謨
屢勑廷臣直言無諱至今少有以啟沃朕心者侍臣對
曰
陛下聰明天縱孜孜為治事無缺失群臣非不欲言但無
可言者
太祖曰朕日總萬幾安能事事盡善所望者左右之臣盡
忠補過耳如卿所言非朕所望也侍臣頓首謝
○十二月丙辰
太祖諭群臣曰朕每事必詳審而後行既行而又有相妨

者以一人之智慮欲周天下之事情固知其難當事機
叢脞左右之人能竭盡誠意相與可否豈不事皆盡善
人受其惠若固位偷安默而不言自謂得計殊不知百
世之下難逃清議如張禹孔光之徒豈不惜哉群臣皆
頓首

○洪武十年六月丁巳
太祖諭中書省臣曰清明之朝耳目外通昏暗之世聰明
内蔽外通則下無壅遏内蔽則上如聾瞽國家治否實
關於此朕常患下情不能上達得失無由以知故廣言
路以求直言其有言者朕皆虛心以納之尚慮微賤之
人敢言而不得言疏遠之士欲言而恐不信如此則所

知有限所聞不廣其令天下臣民凡言事者實封直達
朕前

○洪武二十三年十一月戊午
太祖諭兵部試尚書茹瑺等曰朕虛心待人汝等當思盡
言不宜容默天下之事一人慮之不足衆人計之有餘
苟惟依阿承順無所建明非有利於天下也瑺等皆頓
首謝

納諫

○辛丑七月甲子
太祖視事東閣時天熱坐久汗濕衣左右更衣以進皆經
澣濯者參軍宋思顏曰臣見
主公躬行節儉舊衣皆澣濯更進禹之惡衣服誠無以加
矣真可以示法於子孫也臣恐
主公今日如此而後或不然願始終如此
太祖喜曰思顏之言甚善他人能言或惟及於目前而不
能及於久遠或能及其已然而不能及於將然今思顏
見我能行於前而慮我不能行於後信能盡忠於我也
乃賜之幣以彰其直復謂思顏曰汝在前朝頗有善舉
為主者不能知汝及歸於我數進讜言斯固可嘉思顏
又曰近句容有虎為害
主公既遣人捕獲之今豢養民間飼之以犬無益
太祖欣然即命取二虎并一熊皆殺之分其肉賜百官

○甲辰二月戊辰
太祖御戟門省臣以所定官制班次圖進
太祖覽畢因論及選諫議之官曰論道經邦輔弼之臣折
衝禦侮將帥之職論思獻納侍從之任激濁揚清臺察
之司此數者朝廷之要職也至於繩愆糾繆拾遺補過
諫諍之臣尤難其人抗直者或過於矯激巽懦者又無
所建明必國爾忘家忠爾忘身之士方可任之不然患
得患失之徒將何所賴也

○洪武元年正月己卯
太祖諭群臣曰吾觀史傳所載歷代君臣或聰明之君樂
聞忠讜而臣下循默姦諂不盡其誠者有之或臣下不

欺能抗言直諫而君上昏愚驕暴飾非拒諫者有之臣不諫君是不能盡臣職君不受諫是不能盡君道臣有不幸言不見聽而反受其責是雖得罪於昏君然有益於社稷人民也若君上樂於聽諫而臣下善於進諫則政事豈有不善天下豈有不治乃知明良相逢古今所難

○洪武六年三月乙卯

太祖謂群臣曰昔唐太宗謂人主自賢臣不匡正欲不危敗豈可得也朕觀湯以從諫弗咈而興紂以飾非拒諫而亡興亡之道在從諫與咈諫耳大抵自賢者必自用自用則上不畏天命下不恤人言傲僻邪侈不亡何待從諫者則樂善樂善則正人日親憸人日遠號令政事

必底于善故未有不興若太宗英傑之主有見乎此納言如流小大必採故能致貞觀之治朕於卿等深有所望勿懷顧忌而忘盡言

○洪武八年五月庚申朔

太祖謂侍臣曰人君深居高位恐阻隔聰明過而不聞其過闕而不知其闕故必有獻替之臣忠諫之士日處左右以拾遺補闕言而是也有褒嘉之美言而非也無譴責之患故人思盡職竭其忠誠無有隱諱如此則嘉言日聞君德日新令聞長世允為賢明至若昏庸之主各一己之非拒天下之善全軀保祿之臣或緘默而不言或畏威而莫諫塞其聰明昧於治理必至淪亡而後已由此觀之能受諫與不能受諫之異也

○洪武九年六月甲申朔

太祖諭侍臣曰朕觀往古任智自用之君飾非拒諫多取滅亡成湯改過不吝故為三代盛王唐太宗屈己從諫亦能致貞觀之治此皆後世罕及也人君苟能虛己以受言人臣能盡忠以進諫則何事業不可成哉

○洪武十五年八月己丑山東肥城縣知縣許好問言報國莫如薦賢獻忠莫如進諫臣既不能薦賢以報國敢不進言以獻忠周有天下八百年秦併周為正統合四十餘年而漢興漢有天下四百餘年隋平陳混一天下甫二十九年而唐興唐有天下二百八十八年元起沙

漠入主中國混一天下八十餘年而
聖朝隆興先儒云凡能混一天下不及百年皆為迭興之閏位乃知秦為漢閏隋為唐閏元為國朝之閏亦已明矣伏願
陛下慎刑罰昭勸懲緩差徭容直諫致中和以丕顯文明之治則
皇祚傳之萬世 聖子神孫承繼於無窮矣豈特八百年而已哉

太祖曰治亂相因盛衰有時雖出於氣運一定之數然亦由人事之所致也其間保民致治國祚靈長未有不由創業垂統為子孫繼述之基本其所以速致亂亡者必

反是鑒之往古事有可徵要之祈天永命固有其道修
德慎罰亦一端耳好問所言頗合朕意

去讒佞

○吳元年正月乙未有省局匠告省臣曰見一老人語之曰
吳王即位三年當平一天下問老人為誰曰我太白神也
言訖遂不見省臣以聞
太祖曰此誕妄不可信也若太白神果見當告君子豈與
小人語邪今後凡事涉怪誕者勿以聞

○九月乙未
太祖諭群臣大丈夫有志於功業者必親賢以廣德蓋正
直相親則善日聞讒邪相近則惡日染如王保保所信

多非正人有傳顏陽者專為前察細事甚張威福一增
略不相禮陰譖殺之信讒如此豈持久之道乎為人上
者最忌偏聽所謂偏聽生姦誠有是也信任姦邪假發
勢以濟其愛憎之私何所不至使人離心離德功業豈
能成立

○洪武元年二月癸卯
太祖御奉天門謂侍臣曰凡人之言有忠諫者有讒佞者
忠諫之言始若難聽然其有益如藥石之能濟病讒佞
之言始若易聽然其貽患不可勝言夫小人之為讒佞
也其設心機巧漸漬而入始焉必以微事可信者言於
人主以探其淺深人主苟信之彼他日復有言必以為

其嘗言者可信將不復審察彼讒佞者因得肆其志而
妨賢病國無所不至自古若此者甚多而昏庸之君卒
莫之悟由其言甘而不逆於耳故也惟剛明者審擇於
是非取信於公論不偏信人言則讒佞之口杜矣

○八月甲午有御史上言陶安隱微之過
太祖曰朕素知安安豈有此且爾何由知之對曰聞之於
道路
太祖曰御史但取道路之言以毀譽人以此為盡職乎命
中書省臣黜之省臣進曰御史當言路言之有失乞容之
太祖曰不然植桂木者必去蟫蠹長良苗者必芟狼莠任
正士者必絕邪人凡邪人之事君必先結以小信而後

逞其大詐此人嘗有所言朕不疑而聽之故今日乃為
此妄言夫去小人當如撲火及其未盛而撲之則易為
力不然害滋大矣竟黜之

○洪武三年十二月己巳儒士嚴禮等上書
太祖退朝御西閣因覽禮所上書謂侍臣曰汝等知古今
達事變且言元氏之得天下與所以失之之故或言世
祖君賢臣忠以得之後世君暗臣諛以失之或言世祖
能用賢而得之後世不能用賢而失之或言世祖好節
儉而得之後世尚奢侈而失之
太祖曰汝等所言皆未得其要夫元氏之有天下固有世
祖之雄武而其亡也由委任權臣上下蒙蔽故也今禮

所言不得隔越中書奏事此正元之大弊人君不能躬覽庶政故大臣得以專權自恣今創業之初正當使下情通達於上而猶欲效之可乎杭州白塔乃元時佞臣所作以諂媚朝廷今禮欲修之陷顏之有祠堂因其初入臨安市不易肆有德於民故廟食焉今禮欲毁之宋之都杭僻居一隅非得已也朕都建康撫定四方經營方始今禮又欲朕建都於杭失居重馭輕之宜皆妄言耳朕訪求人才欲得識時務俊傑而用之今觀禮所奏誠未達時務者也

○洪武十年五月是月有内侍以久事内廷從容言及政事

太祖即日斥遣還鄉里命終身不齒遂諭群臣曰自古賢

明之君凡有謀為必與公卿大夫謀諸朝廷而斷之於已未聞近習嬖幸之人得與謀者況閽寺之人朝夕在人君左右出入起居之際聲音笑貌日接乎耳目其小善小信皆足以固結君心而便僻專恣其本態也苟一為所惑而不之省將必假威福竊權勢以干與政事及其久也遂至於不可抑由是而階亂者多矣朕嘗以是為監戒故立法寺人不過侍奉灑掃不許干預政事今此宦者雖事朕日久不可姑息決然去之所以懲將來也群臣頓首稱善

○洪武十三年五月辛丑侍臣有言近御史周其上言興利之事此人心術不正宜明正其罪

太祖曰然朕已命黜之嘗思君子得位欲行其道小人得位欲濟其私欲行道者心存於天下國家欲濟私者心存於傷人害物夫知人為難而知言亦不易故聽納之際不可不審

○洪武十六年六月戊子

太祖諭廷臣曰讒人之能害國猶稂莠之能害苗故善治田者必去稂莠善治國者必去讒邪稂莠始生似真及其盛也則苗不能勝矣讒邪始言似忠及其久也則正人不能勝矣讒邪勝正人非國家美事人君知其然當力去之不然則根柢日深為害不淺矣

○戊戌

太祖御謹身殿東閣大學士吳沉等進講周書國則罔有立政用憸人

太祖曰甚矣國家不可有小人有小人必敗君子故唐虞任禹稷必去四凶舜用仲尼必去少正卯沉進曰書言去邪勿疑所以深致其戒

太祖曰國家不幸有小人如人蓄毒藥不急去之必為身患小人巧於悦上忍於賊下人君若但喜其能順適已意任其所為而不問以為怨將在彼譬如犬馬傷人人不怨畜犬馬者乎況曰小人中懷姦邪而其所言甚似忠信不可不察

太祖曰然小人善於逢迎彼知人主所樂為者不顧非義

乃牽合傳會曰是不可不為知人主不樂為者不顧有
益於天下國家亦牽合傳會曰是不必為此誠國之賊
也自古以知人為難而知言亦不易也
○洪武十七年四月乙丑
太祖謂諫議大夫唐鐸曰人有公私好惡不齊故其言有
邪有正正言務規諫邪言務謗訕謗言近於忠訕言近
於愛惟不惑於謗言則聽日聰而讒人自去不眩於訕
言則智益明而佞人自絕矣鐸對曰聽言之難從古為
善然惟不為所眩惑則讒佞自遠
陛下聖諭深得其情
太祖曰朕日總萬機所行有得失非資人言何由以知故

廣開言路以來衆言言有善者則獎而行之言之非實
亦不之罪惟讒諂而訕者決不可容也
○洪武二十一年三月丙申
太祖謂侍臣曰朕昨觀史見前代帝王好聽讒言者必致
敗亂蓋國有讒佞忠賢之害也賢者之事君必以正初
若落落難合終實有益讒佞之人愉巧善承人主之意
人主不察多為其所惑始若無害終實可畏其妨賢病
國可勝道哉是以人君圖治須保賢哲而去讒佞
○洪武二十七年三月丁未
太祖諭侍臣曰毀譽之言不可不辨也人固有卓然自立
不同於俗而得毀者亦有諂媚卑昵同乎污俗而得譽
者夫毀者未必真不賢而譽之者未必真賢也第所遇
有幸不幸耳人主能知其毀者果然為賢則誣謗之言
可息而人亦不至於受抑矣知其譽者果然不肖則偏
陂之私可絕而人亦不至於倖進矣問君子於小人小
人未必能知君子鮮有不致毀問小人於小人其朋黨
阿私則所譽者必多矣惟君子則處心公正然後能得
毀譽之正故取人為難而知言為尤難也
却貢獻
○辛丑三月戊寅方國珍遣檢校燕敬以金玉飾馬鞍轡
來獻
太祖曰吾方有事四方所需者文武材能所用者穀粟布

帛其他寶玩非所好也却其獻
○洪武元年四月辛丑朔蘄州進竹簟
太祖謂中書省臣曰古者方物之貢惟服食器用故無耳
目之娛玩物之失今蘄州所進竹簟固為用物且未有
命而來獻若受之恐天下聞風皆爭進奇巧則勞民傷
財自此始矣命却之仍令四方非朝廷所需毋得妄有
所獻
○洪武六年二月庚辰海賈回回以番香阿刺吉為獻阿
刺吉者華言薔薇露也言此香可以療人心疾及調粉
為婦人容飾
太祖曰中國藥物可療疾者甚多此特為容飾之資徒啓

番靡耳却其獻不受
○十一月甲寅山西汾州官上言今歲本處旱朝廷已免
民租秋種足收民有願入賦者請徵之
太祖謂侍臣曰此人蓋欲剥下益上以覬恩寵所謂聚斂
之臣此真是矣民既遇旱後雖有收僅足給食况朝廷
既已免其租豈可復徵之昔孔子論治國寧去食不可
無信若復徵之豈不失信乎夫違理而得財義者所恥
厲民以從欲仁者不為遂不聽
○己未潞州遣官貢人參
太祖諭之曰朕聞人參得之甚艱豈不勞民今後不必進
如用當遣人自取因謂省臣曰往年金華貢香米朕命
止之遂於苑中種田數十畝每耕耔刈穫之際親往觀
之足以自適及計所入亦足供用朕飲酒不多太原歲
進葡萄酒自今亦令其勿進國家以養民為務豈以口
腹累人哉嘗聞宋太祖家法子孫不得遠方取珍味甚
得於詒謀之道也
○洪武七年七月己卯朔西番兆日之地舊有造葡萄酒
戶三百五十家至是其酋長勘卜監藏羅古羅思南哥
監藏等以所造酒來獻
太祖謂中書省臣曰飲食衣服貴乎有常非常有而求充
乎一己之欲者則必有無窮之害昔元時造葡萄酒使
者相繼於途勞民甚矣豈宜效之且朕素性不喜飲况

中國自有秫米供釀何用以此勞民遂却之使無復進
賜酋長文綺襲衣遣還
○洪武二十三年閏四月乙丑廣西布政使司奏安南國
遣使入貢
太祖謂禮部尚書李原吉曰安南遠居海濱率先效順方
物之貢歲以為常朕念彼嚮慕中華服我聲教豈在數
貢故嘗以海外諸國歲一貢獻轉運之煩實勞民力已
命三年一朝今安南不從所諭又復入貢爾禮部其速
令廣西遣還必三年乃來也

勤民

○戊戌二月乙亥遣元帥康茂才為營田使兼帳前總制
親軍左副都指揮
太祖諭茂才曰比因兵亂隄防頹圮民廢耕耨故設營田
司以修築隄防專掌水利今軍務實殷用度為急理財
之道莫先於農春作方興慮旱潦不時有妨農夫故命
爾此職分巡各處俾高無患乾卑不病潦務在蓄洩得
宜大抵設官為民非以病民若但使有司增飾館舍送
迎奔走所至紛擾無益於民而反害之非付任之意
○甲辰三月己卯廷臣張昺等上疏勸
太祖淵默以怡養神氣
太祖曰汝等所言知常而不達變天下無事端拱玄默守
道無為此固可以保養神氣顧今喪亂未定軍旅方殷

日給不暇此豈淵默怡養之日耶諸公之言固愛我但
未達時宜耳
○丙午正月辛卯
太祖謂中書省臣曰為國之道以足食為本大亂未平民
多轉徙失其本業而軍國之費所資不少皆出於民若
使之不得盡力田畝則國家資用何所賴焉今春時和
宜令有司勸民農事勿奪其時一歲之中觀其收穫多
寡立為勸懲若年穀豐登衣食給足則國富而民安此
為治之先務立國之根本卿等其行之
○吳元年四月是月應天府句容縣耆民施仁等獻瑞麥
太祖下令諭民曰自渡江以來十有三載境內多以瑞麥

來獻丙申歲太平府當塗縣麥生一榦兩岐丁酉歲應
天府上元縣麥生一莖三穗寧國府寧國縣麥生一莖
二穗今句容縣又獻麥一莖二穗蓋由人民勤於農事
感天之和以致如斯爾民尚盡力畎畝以奉父母育妻
子永為太平之民共享豐年之樂起居注詹同進曰昔
在成周嘉禾同穎漢張堪守漁陽麥秀兩岐今
主上撥亂世而反之正功德大矣雖戎馬之際亦修農務
故斯民得脫喪亂盡力田畝天降瑞麥非偶然也
太祖曰天不可必人事則當盡為國家者豈可恃此而自
怠乎
○七月是月

太祖諭群臣曰古之賢君常憂治世而古之賢臣亦憂治
君然賢臣之憂治君者君常安而明主之憂治世者世
常治今上宇日廣斯民日蕃而予心未嘗一日忘其憂
何也久困之民未盡蘇息撫綏之方未盡得宜卿等能
同予之憂乎能同予憂庶幾格天心而和氣可致矣若
徒竊位苟祿於生民之利病漫不加省卒之禍敗隨至
不可得而救矣可不懼哉
○洪武元年二月乙丑
太祖以立國之初經營興作必資民力恐役及貧民乃命
中書驗田出夫於是省臣奏議田一頃出丁夫一人不
及頃者以別田足之名曰均工夫遇有興於農隙用之

太祖諭中書省臣曰民力有限而徭役無窮當思節其力
毋重困之民力勞困豈能獨安自今凡有興作不獲已
者暫借其力至於不急之務浮汎之役宜罷之
○洪武三年六月戊午朔先是久不雨
太祖謂中書省臣曰君天下者不可一日無民養民者不
可一日無食食之所恃在農農之所望在歲今仲夏不
雨實為農憂禱祠之事禮所不廢朕已擇明日詣山川
壇躬為禱之爾中書各官其代告諸祠且命
皇后與諸妃親執爨為昔日農家之食令太子諸王供饋
于齋所至是日四鼓
太祖素服草履徒步出詣山川壇設藁席露坐晝曝于日

頃刻不移夜臥于地衣不解帶皇太子捧榼進疏食雜
麻麥菽粟凡三日既而大雨四郊霑足
○洪武五年五月戊午夏至祭皇地祇于方丘禮畢駕還
乾清宮
皇后妃嬪見
太祖曰方農時天久不雨秧苗尚未入土朕恐民之失望
也甚憂之汝等宜皆蔬食自今日始俟雨澤降復常膳
如故於是宮中自后妃而下皆蔬食是夜大雨詰旦水
深尺餘
○洪武十年五月乙未登州衛奏充拓新城請令民築之
太祖諭工部臣曰凡興作不違農時則民得盡力于田畝

令耕種甫畢正當耘耔遽令操版築之役得無妨農乎
且築城本以衛民若反以病民非為政之道也其令俟
農隙為之
○洪武十二年八月丁亥遣使賚勅諭宋國公馮勝時勝
督工建周王宮殿于開封府將以九月興役
太祖以其時民當種麥勅諭之曰中原民食所恃者二麥
耳近聞爾令有司集民夫欲以九月赴工正當播種之
時而役之是奪其時也過此則天寒地凍種不得入土
來年何以續食自古治天下者必重農時朕封建諸子
將以福民今福未及施而先奪農時朕恐小民之怨咨
也勅至其即放還俟農隙之時赴工未晚也

○洪武十五年二月乙亥
太祖諭群臣曰朕統一天下於今十有五年夙夜靡寧誠
以天下之大生齒之衆庶事之繁日決萬幾苟有怠忽
或一言不當貽四海之憂或一事有失為天下之患豈
可不盡心乎朕與卿等共理當各勤乃事體朕至懷
○七月庚戌
太祖謂翰林學士宋訥曰朕每觀尚書至敬授人時嘗嘆
敬天之事後世中主猶能知之敬民之事則鮮有知者
盖彼自謂崇高謂民皆事我者分所當然故威嚴日重
而恩禮寖薄所以然者只為視民輕也視民輕則與己
不相干而畔渙離散不難矣惟能知民與己相資則必
無慢視之弊故曰可愛非君可畏非民衆非元后何戴

后非衆罔與守邦古之帝王視民何嘗敢輕故致天下
長久者以此而已
○洪武十六年正月壬申北平按察司言高陽諸縣嘗被
水三皇廟分司廨宇圮壞請修治
太祖曰災害之餘居官者當卹民不可勞民今北平水患
方息民未寧居風紀之司正當問民疾苦以撫卹之若
有修造俟歲豐足然後為之庶得先後緩急之宜今不
卹民而以廨舍祠廟為先失其序矣遂命停止
○八月甲戌
太祖諭僉都御史詹徽等曰民之休戚係於牧民者之賢

否而咨詢得失激濁揚清則係乎風紀之職近來人情習於故常政事安於苟且上下相蒙彼此無憚乃至閫都連歲不聞有所激勸或者乃云吏稱民安豈知善惡貴於旌別舉措在於得宜今有司受牧民之寄者豈皆舉職宜有以考察之其令御史及按察司官巡歷郡縣凡官吏之賢否政事之得失風俗之美惡軍民之利病悉宜究心若徇私背公矯直沽名妄興大獄苛察瑣細遺姦不擒見善不舉皆為失職卿其宣布朕意令其知之

○洪武十七年正月癸卯陝西秦州衛奏修理城隍請兼軍民為之

太祖諭都督府臣曰修治城隍借用民力蓋權時宜役之於曠閑之月耳今民將治田之時而欲兼用民力失權宜之道止用軍士修理毋得役民

○九月己未給事中張文輔言自九月十四日至二十一日八日之間內外諸司奏劄凡一千六百六十計三千三百九十一事

太祖諭廷臣曰朕代天理物日總萬幾安敢憚勞但朕一人處此多務豈能一一周徧苟致事有失宜豈惟一民之害將為天下之害豈惟一身之憂將為四海之憂卿等能各勤厥職則庶事未有不理

○洪武十八年三月辛巳

太祖諭兵部尚書溫祥卿曰天下所以不治者皆由上下之情不通故也若使君德下流民情上達有不利便即與更張天下豈有不治近聞北方遞運車每輛服三牛寒冬雨雪行路甚艱一牛有損一車遂廢有司責民償牛倍增其價民受其害宜令每車加給一牛以備倒死毋重傷吾民也

○五月戊寅

太祖謂侍臣曰朕夙興視朝日高始退至午復出迨暮乃罷日間所決事務恒默坐審思有未當者雖中夜不寐籌慮得當然後就寢侍臣對曰

陛下勵精圖治天下蒼生之福但聖體過勞

太祖曰吾豈好勞而惡安向者天下未寧吾饑不暇食倦不暇寢獎勵將帥平定禍亂今天下已安四方無事高居宴樂亦豈不可顧自古國家未有不以勤而興以怠而衰者天命去留人心向背皆決於是甚可畏也安敢暇逸

○七月戊寅

太祖問近臣天下百姓安否左春坊贊善劉三吾對曰賴

陛下威德四方無虞盜賊屏息歲比豐登民皆安樂

太祖曰天下人民之衆豈能保其皆安朕為天下主心常在民惟恐其失所故每加詢問未嘗一日忘之三吾對曰聖心拳拳若此恩德之及民者深矣

太祖曰恩德亦非汎然譬如吏徧不施藥石疾不自瘳匠如公輸不施繩墨木不自正君如堯舜無紀綱法度之施而曰恩德所謂徒善不足以為政也

○九月是月

太祖諭户部臣曰人皆言農桑衣食之本然棄本逐末鮮有救其弊者先王之世野無不耕之民室無不蠶之女水旱無虞饑寒不至自什一之塗開奇巧之技作而後農桑之業廢一農執耒百家待食一女事織而百夫待衣欲人無貧得乎朕思足食在於禁末作足衣在於禁華靡爾宜申明天下四民各守其業不許遊食庶民之家不許衣錦繡庶幾可以絶其弊也

○洪武十九年四月丁亥詔遣御史蔡新給事中宮俊往河南檢覈被水人民有賑濟不及者補給之

太祖諭之曰民之被水旱者朝夕待餔已遣人賑濟朕恐有司奉行不至有賑濟不及者不得粒食瀕於死亡深用閔念特命爾往彼覈實有未賑濟者即補給之又曰君之養民如保赤子恒念其飢寒為之衣食故曰元后作民父母爾等其體朕至懷

○洪武二十年二月乙未躬耕籍田遣官享先農禮成宴群臣于壇所

太祖曰耕籍田古禮也一以供粢盛一以勸農務本也朕即位以来恒舉行之惟欲使民知勸盡力於田畝以遂其生養非事虛文也今禮成與爾群臣享胙于此豈徒為宴飲之樂正欲群臣知重農之意群臣皆頓首謝

○洪武二十二年四月己亥命湖杭温台蘇松諸郡民無田者許令往淮河迤南滁和等處就耕官給鈔户三十錠使備農具免其賦役三年

太祖諭户部尚書楊靖曰朕思兩浙民衆地狹故務本者少而事末者多苟遇歲歉民即不給其移無田者於有田處就耕庶田不荒蕪民無遊食靖對曰去年

陛下念澤潞百姓衣食不足令往彰德真定就耕今歲豐足民受其利

太祖曰國家欲使百姓衣食足給不過因其利而利之然

在處置得宜毋使有司侵擾之也

○洪武二十三年四月庚子武定侯郭英奏睿王墳塋成惟享堂周垣未備請築之

太祖謂工部尚書秦逵曰事有不急者毋用勞民也方當耕種之時而英請築堂垣此豈使民以時之道英武人不學惟知築垣為急而不知奪農時為重也遂止之

○洪武二十七年三月庚戌命天下種桑棗

太祖謂工部臣曰人之常情安於所忽飽即忘饑暖即忘寒不思為備一旦卒遇凶荒則茫然無措朕深知民艱百計以勸督之俾其咸得飽暖比年以来時歲頗豐民庶給足田里皆安若可以無憂也然預防之計不可一

日而忘爾工部其諭民間但有隙地皆令種植桑棗或
遇凶歉可為衣食之助
○洪武三十年二月壬辰
太祖罷朝因與羣臣論民間事
太祖曰四民之業莫勞於農觀其終歲勤勞少得休息時
和歲豐數口之家猶可足食不幸水旱年穀不登則舉
家饑困朕一食一衣則念稼穡機杼之勤爾等居有廣
厦乘有肥馬衣有文繡食有膏粱當念民勞大抵百姓
足而後國富百姓逸而後國安未有民困窮而國獨富
安者爾等其思佐政裕民之道庶幾食祿無愧
理財

○丙午四月己未
太祖謂太史令劉基起居注王禕曰兵戈未靖四方凋瘵
軍旅之需一出於民吾欲紓其力柰何基對曰今用師
之日必資財用出民所供未可紓也
太祖曰我謂紓民之力在均節財用必也制其常賦乎國
家愛養生民正猶保抱赤子惟恐傷之苟無常制惟掊
歛以朘其膏脂雖有慈父不能收愛子之心今日之計
當定賦以節用則民力可以不困崇本而杜末則國計
可以恒舒基對曰臣愚所不及此上下兼足之道仁政
之本也
○洪武七年正月庚午中書省奏國初改鑄洪武通寶小

錢皆用廢錢及舊銅器鑄之然廢錢銅一斤較舊多鑄
錢十五文舊器銅一斤較舊多鑄錢十三文請令寶源
局及各行省放此為例
太祖曰鑄錢當以輕重為準豈得以多寡為則盖錢輕則
多錢重則少理勢必然若違輕重而較其多寡則工匠
不堪難為定例
○洪武十年三月戊戌增置滁陽儀真香泉六合天長五
牧監
太祖謂中書省臣曰自古有天下國家者莫不以馬政為
重故問國君之富者必數馬以對周禮六卿夏官以司
馬為職特重其事也後世掌以太僕今仍其舊又設羣

監以分其責任庶名實相副民不勞而孳息蕃但恐所
司不為究心民又怠惰馬政不修則督責之令行豈不
因馬而疲民國以民為本若因馬而疲民非善政也其
下太僕及諸牧監各令修職毋怠所事
○洪武十二年十一月甲午朔
太祖觀漢武帝紀顧謂翰林待制吳沈曰人君理財之道
視國如家可也一家之内父子不異貲其父經營儲積
未有不為子計者父子而異貲家必隳矣君民猶父子
也若惟損民以益君民衣食不給而君獨富豈有是理哉
○洪武十四年正月丁未近臣有言國家當理財以紓國
用者言之頗悉

太祖曰天地生財以養民故為君者當以養民為務夫節
儉當薄稅斂猶恐損人況重為徵歛其誰不怨咨也近
臣復言自天子至於庶人未有不儲待而能為國家者
太祖曰人君制財與庶人不同庶人為一家之計則積財
於一家人君為天下之主當貯財於天下豈可塞民之
養而陰奪其利乎昔漢武帝用東郭咸陽孔僅之徒為
聚歛之臣剝民取利海内苦之宋神宗用王安石理財
小人競進天下騷然此可為戒於是言者愧悚自是無
敢以財利言者
○洪武十七年九月庚申
太祖命户部以山東之塩召商中賣聽民買食尚書郭桓

言青萊等府塩歲收課鈔動以萬計今若從民買食
必虧課額
太祖曰天之生財本以養民國家禁防以制其欲息其爭
耳苟便於民何拘細利求以利官必致損民宜從其便
○洪武十九年三月戊午
太祖諭户部臣曰善理財者不病民以利官必生財以阜
民前代理財竊名之臣皆罔知此道謂生財裕國惟事
剥削蠹餌窮錙銖之利生事要功如桑弘羊之商販楊
炎之兩税自謂能盡理財之術殊不知得財有限而傷
民無窮我國家賦税已有定制樽節用度自有餘饒減
省徭役使農不廢耕女不廢織厚本抑末使游惰皆盡不

力田畝則為者衆而食者寡自然家給人足積蓄富盛
爾户部政當究心毋為聚歛以傷國體
節儉
○丙午四月乙卯
太祖閲古車制至周禮五輅曰玉輅太侈何若止用木輅
詹同對曰昔顔淵問為邦孔子答以乘殷之輅即木輅
是也孔子以其朴素渾堅質得中故取焉
太祖曰以玉飾車考之古禮亦惟祀天用之若常乘之車
只宜用孔子所謂殷輅然祀天之際玉輅或未備木輅
亦未為不可參政張昶對曰木輅戎輅也不可以祀天
太祖曰孔子萬世帝王之師其斟酌四代禮樂為萬世之

法乘木輅何損於祭祀况祀事在誠敬不在儀文也昶
頓首謝
○十二月己巳典營繕者以宫室圖來進
太祖見其雕琢奇麗者即去之謂中書省臣曰宫室但取
其完固而已何必過為雕斲昔堯之時茅茨土階采椽
不斲可為極陋矣然千古之上稱盛德者必以堯為首
後世競為奢侈極宫室苑囿之娯窮輿馬珠玉之玩欲
心一縱卒不可遏亂由是起矣夫上崇節儉則下無奢
靡吾嘗謂珠玉非寶節儉是寶有所締構一以朴素何
必極雕巧以殫天下之力也
○洪武元年八月是月有司奏造乘輿服御諸物應用金

若命皆以銅代之有司言費小不足靳
太祖曰朕富有四海豈吝於此然所謂儉約者非身先之
何以率下小用不節大費必至開奢泰之原啟華靡之
漸未必不由於小而至大也
○十月庚辰
太祖朝罷召宿衛武臣諭之曰朕與爾等起布衣歷戰陣
十五六年乃得成功朕今為天子卿等亦任顯榮居富
貴非偶然也當四方豪傑並起互相攻奪朕提孤軍應
敵危亦甚矣然每出師必戒將士毋妄殺毋焚民居此
心簡在
上帝故有今日卿等亦思曩時在民間視元之將帥輕衆

肥馬氣燄赫然何敢望之然彼之君臣不思祖宗創業
之艱驕淫奢侈但顧一身逸樂不恤生民疾苦一旦天
更其運非特不能保其富貴遂致喪身滅名今曆數在
朕朕何敢驕怠常恐政事廢缺日慎一日自非犒賞將
士宴百官享勞外使未嘗設宴為樂爾等亦須勤身守
法勿忘貧賤之時勿為驕奢淫佚之事則身常榮而家
常裕矣卿等勉之毋忘朕言
○十二月己巳
太祖退朝還宮皇太子諸王侍
太祖指宮中隙地謂之曰此非不可起亭館臺榭為遊觀
之所今但令內使種蔬誠不忍傷民之財勞民之力耳

昔商紂崇飾宮室不恤人民天下怨之身亡國滅漢文
帝欲作露臺而惜百金之費當時民安國富夫奢儉不
同治亂懸判爾等當記吾言常存儆戒
○洪武三年正月甲午
太祖持黃金一錠示近臣曰此表箋袱盤龍金也令宮人
洗滌銷鎔俾之又出雜紵絲小片縫成如毯者曰此製
衣裳所遺用緝為被猶勝棄遺也
○七月丙辰
太祖閱內藏慨然謂臣下曰此皆民力所供蓄積為天下
之用吾何敢私苟奢侈妄費取一己之娛殫耳目之樂
是以天下之積為一己之私也今天下已平國家無事

封賞之外正宜儉約以省浮費
○十月丙辰朔朝退雨二內使着乾靴行雨中
太祖召責之曰靴雖微皆出民力民之為此非旦夕可成
汝何不愛惜乃暴殄如此命左右杖之因謂侍臣曰嘗
聞元世祖初年見侍臣有着花靴者責之曰汝將完好
之皮為此豈不廢物勞人此意誠佳大抵為人嘗歷艱
難則自然節儉若習見富貴未有不侈靡者也因勅百
官自今入朝遇雨雪皆許服雨衣
○洪武五年十二月庚子內使奏增飼虎肉
太祖曰養牛以供耕作養馬以資騎乘養虎欲以何用而
費肉以飼之命以虎送光祿他禽獸悉縱之

○洪武七年五月甲午禮部尚書牛諒上所考定進膳禮奏言古禮凡大祀齋之日宰犢牛以為膳以助精神

太祖曰太牢非常用致齋三日而供三犢所費太侈夫儉可以制欲滲可以順性若無節制惟事奢侈徒增傷物之心何益事神之道諒曰周禮是古人所定非過侈也

太祖曰周官之法不行於後世多矣惟自奉者乃欲法古其可哉

○洪武九年五月丙寅命中書省臣作親王宮得飾硃紅大青綠餘居室止飾丹碧中書省臣言親王居室飾大青綠亦無過度者

太祖曰惟儉養性惟侈蕩心居上能儉可以導俗居上而

侈必至厲民獨不見茅茨甲宮堯禹以崇聖德阿房西苑秦隋以失人心諸子方及冠年去朕左右豈可使靡麗蕩其心

○洪武十六年七月庚戌

太祖謂侍臣曰自古王者之興未有不由於勤儉其敗亡未有不由於奢侈前代得失可為明鑑後世昏庸之主縱欲敗度不知警戒卒瀕於危亡此深可慨嘆大抵處心清淨則無欲無欲則無奢縱之患欲心一生則驕奢淫佚無所不至不旋踵而敗亡隨之矣朕每思念至此未嘗不惕然于心故必身先節儉以訓于下侍臣頓首曰

陛下戒慎如此使後世守而不替長久之福也

○八月辛巳

孝慈皇后小祥先是禮部臣奏令天下諸司致祭

太祖曰此固禮也但儀物百費皆出於民道里往來亦甚勞煩且

皇后在時嘗問朕曰天下之民安乎朕曰爾問甚善然事不在爾后曰

陛下為天下父妾忝為天下母天下之民皆子女也其安與否豈可不知今言猶在耳而欲以小祥費天下民財甚非后心其止之

大明太祖高皇帝寶訓卷之四

光禄大夫柱國少傅兼太子太傅禮部尚書武英殿大學士臣呂本謹校
南京禮部祠祭清吏司郎中臣陳治本
南京兵部職方清吏司主事臣朱錦謹閱
南京工部虞衡清吏司郎中臣呂胤昌

戒奢侈

○甲辰三月庚午江西行省以陳友諒鏤金牀進

太祖觀之謂侍臣曰此與孟昶七寶溺器何異以一牀工巧若此其餘可知陳氏父子窮奢極靡焉得不亡即命毁之侍臣曰未富而驕未貴而侈此所以取敗

太祖曰既富豈可驕乎既貴豈可侈乎人有驕侈之心雖

富貴豈能保乎處富貴者正當抑奢侈弘儉約戒嗜欲以厭衆心猶恐不足以慰民望況窮天下之技巧以為一巳之奉乎其致亡也宜矣然此亦足以示戒覆車之轍不可蹈也

○吳元年九月癸卯新内成

太祖命博士熊鼎編類古人行事可為鑒戒者書于壁間又命侍臣書大學衍義於兩廡壁間

太祖曰前代宮室多施繪畫予用此以備朝夕觀覽豈不愈於丹青乎是日有言瑞州出文石琢之可以甃地

太祖曰敦崇儉朴猶恐習奢好尚華靡豈不過侈爾不能以節儉之道事予乃導予以侈麗夫豈予心哉但構為宮室已覓作之者勞況遠取文石能不厲民乎言者大慚而退

○洪武元年十月甲午司天監進元主所製水晶宮刻漏備極機巧中設二木偶人能按時自擊鉦鼓

太祖覽之謂侍臣曰廢萬幾之務而用心於此所謂作無益害有益也使移此心以治天下豈至亡滅命左右碎之

○洪武四年十一月庚申時將士居京衛閑暇有以酣飲費貲者

太祖聞召諭之曰勤儉為治身之本奢侈乃喪家之源近聞爾等躭嗜於酒一醉之費不知其幾以有限之資供

無厭之費歲月滋久豈得不乏且男不知耕女不知織而飲食衣服必欲奢靡夫習奢不已入儉良難非保家之道自今宜量入為出裁省妄費寧使有餘毋令不足

○洪武八年九月辛酉詔改太内宮殿

太祖謂廷臣曰唐虞之時宮室朴素後世窮極侈麗習尚華夷去古遠矣朕今所作但求安固不事華麗凡雕飾奇巧一切不用惟朴素堅壯可傳永久使吾後世子孫守以為法至於臺榭花囿之作勞民費財以事遊觀之樂朕決不為之其飾所司如朕之志

○洪武九年五月壬午

太祖謂侍臣曰澹泊可以養心儉素可以養德縱欲敗度

奢侈移性故技巧哇淫遊幸畋獵皆役心損德之具是以高臺深池帝主攸亡卑宮陋室聖主攸興朕觀元世祖在位躬行儉朴遂成一統之業至庚申帝驕淫奢侈飲梁肉於犬豕致怨怒於神人故遁豫未終敗亡隨至此近代之事可為明鑑朕常以此訓諸子使知所警戒則可長保國家矣

太祖以大內宮殿新成制度不侈甚喜因謂侍臣曰人主嗜好所繫甚重躬行節儉足以養性崇尚侈靡必至喪德朕常念昔居淮右頻年饑饉艱於衣食鮮能如意今富有四海何求不遂何欲不得然檢制其心惟恐驕盈不可復制夙夜兢惕弗遑底寧故凡有興作必量度再

三不獲已而後為之為之未嘗過度宮壼之閒皇后亦能儉以率下躬服浣濯之衣皆非故為矯飾實恐暴殄天物剝傷民財不敢不謹侍臣對曰奢侈者常情同欲節儉者富貴所難

陛下安行節儉無所勉強誠宜為萬世子孫之法

太祖曰節儉二字非徒治天下者當守治家者亦宜守之爾等歲祿有限而日用無窮一或過度何從辦集侵年剝削皆原於此須體朕懷共崇節儉庶幾無悔

勵忠節

○吳元年十月辛亥

太祖勅禮官曰自古忠臣義士舍生取義身歿而名存有以垂訓於天下後世若元右丞余闕守安慶屹然當南北之衝援絕力窮舉家皆死節義凜然又若江州總管李黼身守孤城力抗強敵臨難死義與闕同轍自昔忠臣義士必見褒崇於後代益以勵風教也宜令有司建祠肖像歲時祀之

○十二月丁卯

太祖諭山東所俘揚右丞等曰古之忠臣良將臨大事當大任者身貴而愈謙權盛而愈下敵勝而愈戒故能立功於當世流芳於無窮王保保本一孺子承李察罕餘烈驟得重權恢復山東河南北諸郡遂襲王爵遂萌驕縱之心豈有豪傑之見使其能知禮義欲為一代中興

名將則必盡忠於元凡閫外生殺之權專之可也至於選法錢糧必歸之朝廷重兵在手攻戰守禦必盡其心若夫成敗利鈍一聽於天以此存心足為忠臣使其不能出此分兵以守要地多任賢智去其憸邪釋其私忿一心公忠凡事稟於天子不失君臣之禮功成名立此又其次也今王保保不此之務自除官職其麾下稱左右丞參政院官者不可勝數而各處錢糧皆收入軍中不供國用此與叛亂何異名雖為元實則跋扈若一旦為敵國所敗天下後世將謂何如是遺臭也古之賢哲寧如是乎

報功

○甲辰四月丙申命建忠臣祠于鄱陽湖之康郎山
太祖謂中書省臣曰崇德報功國之大典自古兵爭忠臣
烈士以身徇國英風義氣雖死猶生予與陳友諒戰于
鄱陽湖將臣效忠死敵昭然可數然有功不報何以慰
死者之心而激生者之志哉爾中書其議行之
○洪武二年正月乙巳命立功臣廟于雞籠山勅中書省
臣曰元末政亂禍及生靈朕倡義臨濠以全鄉曲繼率
英賢渡大江遂西取武昌東定姑蘇北下中原南平閩
廣越十六載始克混一每念諸將相從捐軀戮力開拓
疆宇有共事而不睹其成建功而未食其報追思功勞
痛切朕懷人孰無死死而不朽乃為可貴若諸將者生

建忠勇之節死有無窮之榮身雖殁而名永不磨矣其
命有司立功臣廟于雞籠山序其封爵為像以祀之
○十月甲子賞平章廖永忠所部征南將校
太祖諭之曰論功行賞國之常典但府庫之積皆民所供
是為天財君特主之以待有功者耳不敢分毫妄用也
今爾等為國効力摧暴靖亂以安天民故出此以酬爾
勞非私恩也爾等攻城略地戰鬪於矢石之下勤苦固
多然今日成功而受賞亦可謂榮矣
○洪武三年十二月戊辰封右丞薛顯為永成侯賜文綺
及帛六十匹俾居海南時顯有專殺之罪
太祖召諸將臣諭之曰自古帝王有天下必爵賞以酬功

刑罰以懲惡故能上下相安以致治也朕倣古帝王以
制爵命卿等明德朕言昔漢高祖非有功不侯所以重
封爵也而功臣不免於誅戮侯君集有功於唐犯法當
誅太宗欲宥之而執法者不可卒以見誅非高祖太宗
忘功臣之勞也由其恃功驕恣自冒于法耳今右丞薛
顯始自盱眙來歸朕撫之厚而待之至推心腹以任之
及其從朕征討皆著奇績自後破慶陽追王保保戰賀
宗哲其勇略意氣迥出衆中可謂奇男子也朕甚嘉之
然其為性剛忍朕屢戒飭終不能悛至於妄殺胥吏殺
獸醫殺火者及殺馬軍此罪難恕而又殺天長衛千户
吳富此又不可恕也富自幼從朕有功無過顯因利其

所獲孳畜殺而奪之師還之日富妻子服衰絰伺之於
途牽衣哭罵且訴究於朕朕以欲加以極刑恐人言天
下甫定即殺將帥欲宥之則富死何辜今仍論功封以
侯爵謫居海南分其祿為三一以贍富之家一以贍所
殺馬軍之家一以養其老母妻子庶幾功過不相掩而
國法不廢也若顯所為卿等宜以為戒諸將臣皆頓首
○丁丑
太祖諭魏國公徐達等曰卿等連年征伐犯霜露冒矢石
臨危決機之際死生以之今天下既定卿等宜少休息
可自今或三日五日一朝有大事則召卿等議之達對
曰臣等荷

陛下威靈仰奏成筭遂翦羣雄顧臣等愚陋犬馬微勞何
足齒錄伏蒙
聖恩特加優禮擬之於心實深惶悚豈敢自逸
太祖曰朕固知卿不忘恭敬之意但念卿等久勞于外思
有以慰卿之勞耳達等復固辭弗許
○洪武十七年四月庚寅
太祖諭兵部臣曰曩以雲南諸蠻恃險阻弗遵聲教擾
我疆埸納我逋逃邊鄙之民苦罹其害遂命將出師討
其不臣今西南諸夷悉已平定凡從征將士已各加封
賞酬其勲勞獨念死者永違鄉土不得收瘞誠可哀憫
爾兵部即移文有司凡征南將士有死者悉為收其遺

骸具棺葬之
○洪武十八年二月庚申太傅魏國公徐達既薨
太祖輟朝悒然不樂謂羣臣曰朕起自徒步大將軍為朕
股肱心膂戮力行陣東征西討削平羣醜克濟大勲今
邊胡未殄朕方倚任為萬里長城之寄而太陰屢犯上
將朕不意遽殞其命一旦至此大故天何奪吾良將之
速朕夜來竟夕不寐欷歔流涕思盡心國家為社稷之
重安得復有斯人乃欲有以報之無所用其情耳但著
其勲烈宣宇金石永垂不朽使後世知斯人為國之元
勲也
○洪武二十年七月庚辰詔凡內外武臣之家如子孫已
襲替而亾再無應襲者給全俸以贍之及有子孫坐事
謫充軍者亦宥之令自立勲仍給贍其家兵部請以半
俸給之
太祖曰內外武臣昔皆捐軀相從百戰以定天下念其勞
績未嘗暫忘其家有不得其所者朕深憫之夫厚祿所
以報功廣惠所以惇仁故給之全俸使有所贍爾心必
曰全祿費財半祿節用夫當予而予則費不過度當節
而節則用為適中優以全祿未為過也
○洪武二十九年九月乙亥大賚天下致仕武臣
太祖諭之曰元末兵爭中原鼎沸人不自保爾諸將臣奮
起從朕效謀宣力共平禍亂勤勞備至天下既定論功

行賞使爾等居官任事子孫世襲永享富貴朕思起兵
時與爾等皆少壯今皆老矣久不相見心恒思之故召
爾等來所賜薄物以資養老爾等還家撫教子孫以終
天年諸將叩首謝
太祖因歎曰同歷艱難致有今日顧朕子孫保有無窮之
天下則爾等子孫亦享有無窮之爵祿諸將臣無不感
激至有墮淚者

警戒

○甲辰三月戊辰歸德侯陳理同羣臣朝
太祖深憐之理退因謂羣臣曰陳氏之敗非無勇將健卒
由其上下驕矜法令縱弛不能堅忍恃衆寡謀故至於

此使其持重有謀上下一心據荊楚之富守江漢之險跨豫章連閩越保其民人以待釁會則進足窺中原退足以抗衡一方吾安得而取之乘措一失遂致土崩此誠可為鑒戒者也

○丙午八月壬子命博士許存仁進講經史存仁講尚書洪範篇至休徵咎徵之應

太祖曰天道微妙難知人事感通易見天人一理必以類應稽之往昔君能修德則七政順度雨暘應期災害不生不能修德則三辰失行旱潦不時災異迭見其應如響箕子以是告武王以為君人者之儆戒今宜體此下修人事上合天道然豈特為人上者當勉為人臣者亦

當修省以輔其君上下交修斯為格天之本

○吳元年十月丙午

太祖謂侍臣曰吾自起兵以來凡有所為意向始萌天必垂象示之其兆先見故常加儆省不敢逸豫侍臣曰天高在上其監在下故能修省者蒙福不能受禍

太祖曰天垂象所以警乎下人君能體天之道謹而無失亦有變災而為祥者故宋公一言熒惑移次齊侯暴露甘雨應期災祥之來雖曰在天實由人致也

○洪武元年正月丙子

太祖謂侍臣曰朕念創業之艱難日不暇食夜不安寢侍臣對曰

陛下日覽萬幾未免有勞

聖慮

太祖曰汝曹不知創業之初其功實難守成之後其事尤難朕安敢懷宴安而忘艱難哉

○丁丑

太祖御奉天殿大宴群臣三品以上者皆升殿餘悉列宴于丹墀宴罷因召群臣諭之曰朕本布衣以有天下實由天命當群雄初起所在摽掠生民惶惶不保朝夕朕見其所為非道心常不然既而與諸將渡江駐兵太平深思愛民安天下之道自是十有餘年收攬英雄征伐四克賴諸將輔佐之功尊居天位念天下之廣生民之

眾萬幾方殷朕中夜寢不安枕憂懸于心御史中丞劉基對曰往者四方未定勞煩

聖慮今四海一家宜少紓其憂

太祖曰堯舜聖人處無為之世尚猶憂之矧德匪虞唐治非雍熙天下之民方脫於創殘其得無憂乎夫處天下者當以天下為憂處一國者當以一國為憂處一家者當以一家為憂且以一身與天下國家言之一身小也所行不謹或至顛蹶所養不謹或生疢疾況天下國家之重豈可須臾而忘警戒哉

○丁亥

太祖御東閣御史中丞章溢學士陶安等侍因論前代興

已之事
太祖曰喪亂之源由於驕逸大抵居高位者易驕處逸樂
者易怠驕則善言不入而過不聞怠則善道不立而行
不顧如此者未有不亡今日聞卿等論此深有儆於予
心古者今之鑑豈不信歟
○四月戊申
太祖命畫古孝行及身所經歷艱難起家戰伐之事為圖
以示子孫謂侍臣曰朕家本業農祖父偕祖母世承忠
厚積善餘慶以及於朕今圖此者使後世觀之知王業
艱難也齊同等頓首曰
陛下貽德垂訓莫此為切

太祖曰富貴易驕艱難易忽久遠易忘後世子孫生長深
宮惟見富貴習於奢侈不知祖宗積累之難故示之以
此使朝夕覽觀庶有所警也
○洪武三年六月壬申百官上表賀平沙漠
太祖諭之曰卿等試言元之所以亡與朕之所以興劉基
進曰自古夷狄未有能制中國者而元以胡人入主華
夏幾百年腥羶之俗天實厭之又况末主荒淫無度政
令墮壞民困於貪殘烏得不亡
陛下應天順人神武不殺救民於水火所向無敵安得不
興
太祖曰當元之季君宴安於上臣跋扈於下國用不經征

歛日促水旱災荒頻年不絕天怒人怨盜賊蠭起羣雄
角逐竊據州郡朕不得已起兵欲圖自全及兵力日盛
乃東征西討削除渠魁開拓疆宇當是時天下已非元
氏有矣向使元君克畏天命不自逸豫其臣各盡乃職
罔敢驕橫天下豪傑曷得乘隙而起朕取天下於羣雄
之手不在元氏之手今獲其遺胤朔漠清寧非天之降
福何以致此詩曰商之孫子其麗不億上帝既命侯於
周服天命如此其可畏哉
○洪武四年七月辛亥朔存心錄成
太祖覽之謂諸儒臣曰朕觀歷代賢君事神之道罔不祗
肅故百靈效祉休徵類應及乎衰世之君罔知儆敬違

天慢神非惟感召災譴而國之禍亂亦由是而致朕為
此懼每臨祭必誠必敬惟恐未至故命卿等編此書欲
示鑒戒夫水可以鑒形古可以鑒今是編所以彰善惡
豈惟行之於今將俾子孫永為法守
○壬子
太祖謂丞相汪廣洋曰朕觀前代人君多喜佞諛以飾虛
名甚至臣下詐偽瑞應以恣驕誣至於天災垂戒厭聞
于耳如宋眞宗亦號賢君初相李沆日聞災異其心猶
存警惕厥後澶淵既盟大臣首啓天書以侈其心羣臣
曲意迎合而圖媚悅致使言祥瑞者相繼於途獻芝草
者三萬餘本朕思凡事惟在於誠况為天下國家而可

以儆乎爾中書自今凡祥瑞不必奏如災異及煌旱之
事即時報聞廣洋叩首曰
陛下敬天勤民孰大於此非惟四海蒼生蒙福誠爲
聖子神孫萬世之謨訓也臣謹奉詔旨
○洪武五年九月丁巳靖海侯吴禎自遼東遣人送故元
平章高家奴知樞密高大方同僉高希古張海馬遼陽
路總管高斌等至京
太祖謂羣臣曰昔元都既平有勸朕即取遼陽者朕謂力
不施於所緩威不加於所畏遼地雖遠不必用兵天下
平定彼當自歸已而元遼陽行省平章劉益果以其地
來降尚存一二桀驁徘徊顧望朕亦不問今高家奴等

又相繼而至不勞寸兵坐底平定朕思彼皆故元之臣
天運已革故來納款然自古興亡之道與治亂相尋書
云與治同道罔不興與亂同事罔不亡元末君臣荒怠
紀綱廢墜造亂之徒相煽而起一旦天命不保此輩遂
爲朕臣僕向使其君知天命可畏兢兢業業夙夜罔懈
何至淪喪卿等宜鑒前轍小心慎德以匡朕不逮凡朕
有所爲勿以事小不言使朕忽於所警也羣臣皆頓首
曰
陛下敬天勤民
聖德日新而拳拳不忘警戒誠
宗社萬世之福

○十一月辛未靖海侯吴禎還京師先是禎督餉定遼因
完城練卒盡收遼東未附之地至是乃還
太祖曰海外之地悉歸版圖固有可喜亦有可懼禎曰
陛下威德加於四海夫復何憂
太祖曰自古人君之得天下不在地之大小而在德之修
否元之天下地非不廣及末主荒淫國祚隨滅由此觀
之可不懼乎禎對曰
聖慮深遠臣愚不及此
○洪武六年三月癸卯朔製中都城隍神主成
太祖自爲文遣兵部尚書樂韶鳳奉安之
太祖謂宋濂曰朕立城隍神使人知畏人有所畏則不敢

妄爲朕則上畏天下畏地中畏人自朝達暮恒兢惕以
自持夫人君父天母地而爲民父母者也苟所爲不能
合天地之道是違父母之心不能安斯民於宇内是失
天下之心如此者可不畏哉濂頓首曰願
陛下終始此心則天下幸甚　是日聪鑒錄成以頒賜諸
王
太祖謂秦王傅文原吉等曰朕於諸子常切諭之一舉動
戒其輕一言笑斥其妄一飲食教之節一服用教之儉
恐其不知民之饑寒也嘗使之少忍饑寒恐其不知民
之勤勞也嘗使之少服勞事但人情易至於縱恣故令
卿等編輯此書必時時進説使知所警戒然趙伯魯之

失簡漢淮南之招客過猶不及皆非朕之所望也
○洪武七年九月己卯翰林院奏進回鑾樂歌先是
太祖以祭祀還宮宜用樂舞前導命翰林儒臣撰樂章以
致敬慎監戒之意諭之曰古人詩歌辭曲皆寓諷諫之
意後世樂章惟聞頌美無復古意夫常聞諷諫則使人
惕然有警若頌美之辭使人聞之意怠而自恃之心生
蓋自恃者日驕自警者日强朕意如此卿等其撰述毋
有所避
○洪武九年十一月辛巳朔
太祖與侍臣論及古之女寵外戚宦官權臣藩鎮夷狄之
禍侍臣曰自古末世之君至於失天下者常於此然所

以召之者有漸也女寵之禍常始於干政外戚之權常
始於蒙蔽至於國勢不振漢唐以下覆轍可鑒矣
太祖曰木必蠹而後風折之體必虛而後病乘之國家之
事亦猶是已漢無外戚閹宦之權唐無藩鎮夷狄之禍
國何能滅朕觀往古深用為戒然制之有其道若不惑
於聲色嚴宮闈之禁貴賤有體恩不掩義女寵之禍何
自而生不牽於私愛惟賢是用苟干政典裁以至公外
戚之禍何由而作閹寺便習職在掃除供給使令不假
其兵柄則無宦寺之禍上下相維大小相制防耳目之
壅蔽謹威福之下移則無權臣之患藩鎮之設本以衛
民使財歸有司兵必合符而調豈有跋扈之憂至於御

夷狄則修武備謹邊防來則禦之去不窮追豈有侵暴
之虞凡此數事常欲著書使後世子孫以時觀覽亦社
稷無窮之利也侍臣頓首曰
陛下此言誠有國之大訓萬世之明法也願著之常典以
垂示將來
○洪武十年九月戊寅
太祖謂侍臣曰前代庸君暗主莫不以垂拱無為藉口縱
恣荒寧不親政事孰不知天下者無逸然後可逸若以
荒寧怠政為垂拱無為帝舜何為曰耄期倦于勤大禹
何以惜寸陰文王何以日昃不食且人君日理萬幾怠
心一生則庶務壅滯貽患不可勝言朕即位有年常以

勤勵自勉未旦即臨朝晡時而後還宮夜卧不能安席
披衣而起或仰觀天象見一星失次即為憂惕或量度
民事有當速行者即次第筆記待旦發遣朕非不欲暇
安但祗畏
天命不敢故爾朕言及此者但恐羣臣以天下無事便欲
逸樂股肱既惰元首叢脞民何所賴書云功崇惟志業
廣惟勤爾羣臣皆頓首受命
○洪武十二年八月丁卯
太祖御華蓋殿與侍臣論治身之道
太祖曰人之害莫大於欲欲非止於男女宮室飲食服御
而已凡求私便於己者皆是也然惟禮可以制之先王

制禮所以防欲也禮廢則欲肆為君而廢禮縱欲則毒
流于民為臣而廢禮縱欲則禍延於家故循禮可以寡
過肆欲必至滅身
○十一月丁酉
太祖與翰林侍制吳沉論持身保業之道
太祖曰人當無所不謹事雖微而必慮行雖小而必防不
慮於微終貽大患不防於小終虧大德謹小行而無已
者則可以成大善忽細事而不戒者則必至成大惡常
人且然況人君乎沉對曰
聖慮及此誠社稷永安之道
太祖曰安生於危危生於安安而不慮則能致危危而克
慮則能致安安危治亂在於能謹與否耳

○洪武十八年五月戊子
太祖覽輿地圖侍臣有言今天下一統海外蠻夷無不向
化輿地之廣誠古所未有
太祖曰地廣則教化難周人衆則撫摩難徧此正當戒慎
天命人心惟德是視紂以天下而亡湯以七十里而興
所繫在德豈在地之大小哉
○十一月甲子
太祖諭侍臣曰保國之道藏富於民民富則親民貧則離
民之貧富國家休戚繫焉自昔昏主恣意奢欲使百姓
困乏至於亂亡朕思微時兵荒饑饉日食藜藿今日貴
為天子富有天下未嘗一日忘于懷故宮室器用一從
朴素飲食衣服皆有常供惟恐過奢傷財害民也
○洪武二十二年六月庚子
太祖退朝與侍臣論及守成之道
太祖曰人常處危乃不蹈危常慮患乃不及患車行於峻
坂而仆於平地者慎於難而忽於易也保天下亦如御
車雖治平何可不慎
○洪武二十四年十二月辛巳
太祖御武英殿觀書至惠迪吉從逆凶顧謂學士劉三吾
曰凡人遭罹凶咎皆已有以取之及事窮勢迫則僥倖
百端冀求苟免於患害何益三吾對曰如此者亦當體

命於天
太祖曰心無所愧可聽之於天若其自取於天何預
○洪武二十七年四月癸未
太祖謂太子少保唐鐸曰帝王之於天下體天道順人心
以為治則國家基業自然久安朕每思前代亂亡之故
未有不由於違天道逆人心之所致也天之愛民故立
之君以治之君能安生民則可以保天眷卿與朕共
事者久夙夜左右資弼良多凡朕之事天子民有弗至
者卿即以為言使知有所警苟謂已安不以為意治亂
繫焉鐸頓首曰
陛下敬天恤民之心拳拳如此臣雖老悖敢不盡心

○洪武二十八年十一月癸亥侍臣進講尚書無逸篇
太祖曰自昔有國家者未有不以勤而興以逸而廢勤與
逸理亂盛衰所繫也人君當常存惕厲不可少怠以圖
其終成王之時天下晏然周公輔政乃作是書反覆開
諭上自天命之精微下至民生稼穡之艱難以及閭里
小民之怨詛莫不具載周公之愛君先事而慮其意深
矣朕每觀是篇必反覆詳味求古人之用心嘗令儒臣
書于殿壁朝夕省閱以爲鑒戒今日講此深愜朕心聞
之愈益警惕

弭災異

○吳元年六月戊辰大雨先是
太祖因久旱日減膳素食宮中皆然俟天雨復膳既而雨
羣臣請復膳
太祖曰亢旱爲災實吾不德所致今雖得雨然苗稼焦損
必多縱肉食奚能甘味廷臣對曰昔武王克商屢獲豐
年詩人頌之曰綏萬邦屢豐年
主上平海内拯生靈上順天心下慰民望而憂勤惕厲感
兹甘雨豐年之祥其有兆矣
太祖曰人事通天道遠得乎民心則得乎天心今欲弭災
但當謹於修己誠以愛民庶可答天之眷乃詔免民今
年田租
○洪武元年八月壬申

太祖謂中書省臣曰近京師大四方水旱相仍朕夙夜不
遑寧處豈刑罰失中武事未息徭役屢興賦斂不時以
致陰陽乖戾而然耶卿等同國休戚宜輔朕修省以消
天譴參政傅瓛對曰古人有言天心仁愛人君則必出
災異以譴告之使知變自省人君遇災而能警懼則天
變可弭今
陛下修德省愆憂形于色居高聽卑天實鑒之顧臣等待
罪宰輔有戾調燮貽憂
聖衷咎在臣等
太祖曰君臣一體苟知警懼天心可回卿等其盡心力以
匡不逮
○洪武四年十月庚辰朔
太祖謂省臣曰祥瑞災異皆上天垂象然人之常情聞禎
祥則有驕心聞災異則有懼心朕嘗命天下勿奏祥瑞
若災異即時報聞尚慮臣庶罔體朕心遇災異或匿而
不舉或舉而不實使朕失致謹天戒之意中書其行天
下遇有災變即以實上聞
○洪武十四年九月丙午
太祖諭四輔臣王本等曰天道福善禍淫不言而見君有
德則降祥以應之不德則降災以警之故天之於君猶
父之於子子不善而父警之安敢不懼益謹懼無違猶
慮有非常之災若恣肆不戒豈能免當然之禍朕與卿等

皆當慎之

屏異端

○洪武元年正月癸巳

太祖與諸儒臣論學術翰林學士陶安對曰道之不明邪說害之也

太祖曰邪說之害道猶美味之悅口美色之眩目人鮮不為所惑自非有豪傑之見不能即去之也戰國之時縱橫捭闔之徒肆其邪說遊說諸侯當時諸侯急於功利者多從其說往往事未就而國隨以亡此誠何益夫邪說不去則正道不興正道不興天下焉得而治安曰

陛下所言深探其本

皇明寶訓　洪武四卷　二十一

太祖曰仁義治天下之本也賈生論秦之亡不行仁義之過夫秦襲戰國之餘弊又安得知此

太祖頗聞公侯中有好神仙者悉召至諭之曰神仙之術以長生為說而又謬為不死之藥以欺人故前代帝王及大臣多好之然卒無驗且有服藥以喪其身者蓋由富貴之極惟恐一旦身歿不能久享其樂是以一心好之假使其術信然可以長生何故四海之內千百年間曾無一人得其術而久住於世者若謂神仙混物非凡人所能識此乃欺世之言切不可信人能懲忿窒欲養以中和自可延年有善足稱名垂不朽雖死猶生何必枯坐服藥以求不死況萬無此理當痛絕之

○洪武五年五月乙卯中書右丞建昌王溥遣人來言近督工取材木建昌蛇舌巖衆見巖上有衣黃衣者歌曰龍蟠虎踞勢岧嶤赤帝重興勝六朝八百年終王氣復重華從此繼唐堯其聲如鐘歌已忽不見

太祖曰明理者非神怪可惑守正者非讖諱可干漢之文成五利足以為戒事涉妖妄豈可信耶

○洪武二十八年七月戊午有道士以道書獻

太祖卻之侍臣請留觀之或有可取

太祖曰彼所獻書非存神固氣之道即煉丹燒藥之說朕焉用此朕所用者聖賢之道所需者治術將躋天下生民於壽域豈獨一己之長生久視哉苟一受其獻迂誕怪妄之士必爭來矣故斥之毋為所惑

皇明寶訓　洪武四卷　二十二

評古

○甲辰四月甲午朔

太祖退朝與孔克仁等論前代成敗因曰秦以暴虐寵任邪佞之臣故天下叛之漢高起自布衣能以寬大駕馭羣雄遂為天下主今天下之勢不然元之號令紀綱已廢弛矣故豪傑所在蜂起然皆不知修法度以明軍政此其所以無成也因感歎久之又曰天下用兵河北有孛羅帖木兒河南有擴廓帖木兒關中有李思齊張良弼然有兵而無紀律者河北也稍有紀律而不振者河南也道途不通饋餉不繼者關中也江南則惟我與張

士誠耳士誠多奸謀而尚間諜其御衆尤無紀律我以
數十萬之衆固守疆土修明軍政委任將帥俟時而動
其勢有不足平者克仁頓首曰
主上神武當定天下于一今其時矣
○壬戌
太祖與起居注詹同等論三國時事因言孫權題諸葛子
瑜於驢而與其子恪諧謔
太祖曰君臣之間以敬為主敬者禮之本也故禮立而上
下之分定分定而名正名正而天下治矣孫權蓋不知
此輕與臣下戲狎狎其臣而褻其父失君臣之禮恪雖
機敏有口才不能正言自處招辱於父失孝敬之心一

諧謔而君臣父子之道虧舉動如此何以示訓大抵人
君言動之際不可不謹
○五月丙子
太祖朝罷退御白虎殿閱漢書侍臣宋濂孔克仁等在側
太祖顧謂濂等曰漢之治道不能純乎三代者其故何也
克仁對曰王霸之道雜故也
太祖曰高祖創業之君遭秦滅學之後干戈戰爭之餘斯
民憔悴甫就蘇息禮樂之事固所未講獨念孝文為漢
令主正當制禮作樂以復三代之舊乃逡巡未遑遂使
漢家之業終於如是夫賢如漢文而猶不為將誰為之
帝王之道貴不違時有其時而不為與無其時而為之

者皆非也三代之王蓋有其時而能為之漢文有其時
而不為耳周世宗則無其時而為之者也
○九月戊寅
太祖坐便殿問侍臣石勒符堅孰優詹同對曰石勒雖不
學而豪爽脫略料敵制勝舉無遺策苻堅窮兵黷武不
量己力淝水敗後身為俘虜以此言之石勒為優
太祖曰不然石勒當晉室初亂不逢勍敵故易以成功苻
堅當天下爭戰日久智勇相角故難以為力夫親履行
陣戰勝攻克堅固不如勒量能容物不殺降附勒亦不
如堅然堅聰察有餘而果斷不足故馴致石季龍之禍
勒聰敏不足而寬厚有餘故養成慕容氏父子之亂俱

未再世而族類夷滅所謂匹夫之勇婦人之仁也
○乙巳正月壬申
太祖問起居注詹同曰孫武殺吳王二寵姬以教兵其事
何如同對曰此事載太史公書或有之
太祖曰夫以吳國之衆豈無數十百人與武習兵乃出宮
人與之試此闔閭之非也當時武欲試其能何必婦人
哉且其教吳王兵法取勝之道果何在同對曰春秋載
柏舉之戰楚一敗之後遂有吳入郢之師此其效也
太祖曰不然太宰嚭伍員皆楚人先已在吳其欲報怨於
楚者非一日矣故有入郢之師豈孫武教兵之效哉若
謂入郢之師為武之功何故不旋踵秦救楚而有稷之

畋要之殺寵姬之事亦司馬遷好奇之論也至其十三
篇恐非自武作抑亦有所授也
○八月辛卯
太祖御左閣觀宋史至趙普說太祖收諸將兵權謂起居
注詹同曰普誠賢相使諸將不早解兵權則宋之天下
未必不五代若也史稱普多忌刻只此一事功施社稷
澤被生民豈可以忌刻少之
○丙午三月戊戌
太祖與國子博士許存仁等論用人
太祖曰一代之興必有一代之臣嘗觀漢高之興首資三
傑光武之興寇鄧耿賈以為之佐歷代以來莫不皆然
皇明寶訓　洪武四卷　二十五
天之生才以為世用甚不偶也孟子言五百年必有王
者興其間必有名世者古之帝王君聖臣賢可以當之
漢唐以下君臣可以當之否起居注詹同對曰三代以
下稱漢唐宋其間名世之臣亦可以當之
太祖曰三代而上純乎道德三代而下雜乎霸術其間雖
有名世之臣要之如皋夔稷契伊尹太公者鮮矣吾方
有事海內憑賴英賢輔翼成功天下紛紛未定于一者
何也存仁對曰
主上聖智神武天生不世之資以平禍亂今羣賢畢出佐
隆大業猶之于曆自宋太祖至今正當五百年之數矣
天下于一斯其時矣

○九月乙巳
太祖問侍臣曰漢高祖唐太宗孰優侍臣對曰太宗雖才
兼文武而於為善未免少誠高祖豁達大度規摹弘遠
先儒嘗論漢大綱正唐萬目舉以此觀之高祖為優
太祖曰論高祖豁達大度世咸知之然其記丘嫂之怨而
封其子為羹頡侯內多猜忌誅夷功臣顧度量亦未弘
遠太宗規摹雖不及高祖然能駕馭羣臣及大業既定
卒皆保全此則太宗又為優矣
○吳元年十一月戊寅
太祖閱漢書謂侍臣曰漢高以追逐狡兔比武臣發蹤指
示比文臣譬喻雖切而語則偏重矣朕謂建立基業猶
皇明寶訓　洪武四卷　二十六
構大廈剪伐斲削必資武臣藻繪粉飾必資文臣用文
而不用武是斧斤未施而先加黝堊用武而不用文是
棟宇已就而不加塗墍二者均失之為天下者文武相
資庶無偏陂
○丙申
太祖御戟門與侍臣論及郊祀因言慕容超郊祀之時有
赤鼠大如馬之異太史成公綏占之以為信用奸佞殺
害賢良賦斂太重所致是則妖孽之召實由人與我嘗
以此自警如公孫五樓之輩吾安肯用之起居注熊鼎
等頓首曰慕容超信用奸佞故賢良退而奸佞附之今
主上明聖所用皆賢良公孫五樓之徒何從至哉

太祖曰汝等宜勉之苟有所見毋隱也

○洪武元年閏七月戊辰

太祖與侍臣觀古帝王畫像因歷論其賢否得失至漢高祖唐太宗宋太祖則展玩再三諦視久之至隋煬帝宋徽宗則速閱而過曰亂亡之主不足觀也至後唐莊宗笑曰所謂李天下者其斯人歟上下之分瀆至於此安得不亡

○洪武二年二月壬辰

太祖謂翰林侍讀學士詹同曰以仁義定天下雖遲而長久以詐力取天下雖易而速亡監於周秦可見矣故周之仁厚可以為法秦之暴虐可以為戒若漢唐宋之政治亦互有得失但當取其所長而舍其所短若槩曰漢

唐宋而不審擇於是非取舍則得失混淆矣

○洪武四年九月甲寅

太祖與侍臣論孫子或曰武之書自易以及難其法先粗而後精其言約而要故叩之而不窮求之而益隱或曰武之術其高者在於用常而知變若實在彼則變而為虛虛在此則變而為實機玅莫測此用武之權衡千古不可易也或又曰武之術以詭道勝至於終篇而用間曰計以情而生情以間而得苟遇不可間之君無可乘之隙將何以得其情哉人各持其說

太祖曰以朕觀之武之書雜出於古之權書特未純耳其曰不仁之至非勝之主此說極是若虛實變詐之說則淺矣苟君如湯武用兵行師不待虛實變詐而自無不勝然虛實變詐之所以取勝者特一時詭遇之術非王者之師也而其術終亦窮耳蓋用仁者無敵恃術者必亡觀武之言與其術亦有相悖蓋武之書必有所授而武之術則不能盡如其書也

○九月丙辰

太祖觀大學衍義至鼂錯所謂人情莫不欲壽三王生之而不傷真德秀釋之曰人君不窮兵黷武則能生之而不傷顧謂侍臣曰鼂錯之言其所該者廣真氏之言其所見者切古人云兵者凶器聖人不得已而用之朕每

臨行陣觀兩軍交戰出沒於鋒鏑之下呼吸之間創殘死亡心甚不忍嘗思為君恤民所重者兵與刑耳濫刑者陷人於無辜黷兵者驅人於死地有國者所當深戒也

○洪武十六年二月乙亥

太祖觀唐太宗帝範謂侍臣曰此十二篇者雖非帝王精微之道然語意備至曲盡物情使唐之子孫克守其言亦足為訓自後女主竊柄有乖君體骨肉少恩有乖建親諂諛竝進有失求賢忠諫者忌之讒佞者悅之驕奢縱佚罔知戒懼賞罰政令不行於天下閹豎小人朋比於國中卒召藩鎮之禍而唐祚遂衰有國家者其可不守祖宗之法乎

○三月庚戌
太祖與侍臣論歷代創業及國祚修短侍臣皆曰前代祚
運之長莫逾成周其次莫如漢諫議大夫唐鐸進曰三
代以後起布衣而有天下者惟漢高帝及
陛下而已
陛下
祖宗積德累善至於
陛下遂膺天命以臣觀之非漢高所及漢高除秦苛法雜
伯道而不純
陛下去胡元弊政一復中國先王之舊所謂撥亂世反之
正漢高帝不事詩書

陛下留心聖學告諭萬方自為制命卓然與典謨訓誥相
表裏漢高初欲都洛陽聞婁敬之言始都關中
陛下一渡江即以金陵為定鼎之地萬世之基固肇於此
故非漢高所及
太祖曰周家自公劉后稷世積忠厚至文王三分有二武
王始有天下若使其後君非成康臣非周召益修厥德
則文武之業何能至八百歲之久乎書曰皇天無親惟
德是輔使吾後世子孫皆如成康輔弼之臣皆如周召
則可以祈天永命國祚綿昌侍臣頓首曰
陛下之言宗社萬年之福也
○洪武十八年三月癸亥
太祖與侍臣論漢之諸帝侍臣有言明帝亦聰明之主
太祖曰人主不以獨見為明而以兼聽為聰通於人情明
於是非則聰明得其正矣若屑屑於細故則未免苛察
上苛察則下急迫反有累於聰明也
○六月庚戌
太祖閱漢書謂侍臣曰漢文恭儉玄默則有之矣至於用
人益未盡其道初將相大臣迎文帝立之自代邸入即
位首拜宋昌為衛將軍張武為郎中令而將相列侯宗
室大臣不先及之非以示至公也有一賈誼而不能用
至使憂鬱憤懣而死竇廣國賢有行欲相之以其皇后
弟不可曰恐天下以吾私廣國夫以廣國之賢其才可

任為相何避私嫌乎此皆有未盡善人君之於天下當
示人以至公不可存一毫私意也
○八月己酉以賜進士出身方昇同進士出身梁德遠凡
六十七人為六科給事中六部試主事
太祖諭之曰忠良者國之寶奸邪者國之蠹故忠良進則
國日治奸邪用國日亂觀唐太宗之用房杜則致斗米
三錢外戶不閉之效玄宗之用楊李則致安史之亂有
蒙塵播遷之禍此可監矣
○洪武十九年八月乙酉
太祖覽宋史見太宗改封樁庫為內藏庫顧謂侍臣曰人
君以四海為家因天下之財供天下之用何有公私之

别太宗宋之賢君亦復如記他如漢靈帝之西園唐德
宗之瓊林大盈庫不必深責也宋自乾德開寶以來有
司計度之所鈌者必籍其數以貸於內藏俟課賦有餘
則償之凡有司用度乃國家經費何以貸為鈌而許貸
貸而復償是猶為商賈者自與其家較量出入及內藏
既盈乃以牙籤別名其物參驗帳籍晚年出籤示真宗
曰善保此足矣貽謀如此何足為訓書曰愼厥終惟其
始太宗首開私財之端及其後世困於兵革三司財帛
耗竭而內藏積而不發間有發緡錢數十萬以佐軍資
便以為能行其所難皆由太宗不能善始故也

○洪武二十四年二月丙寅

太祖閱漢書賜民爵之令謂侍臣曰漢高帝立社稷施恩
惠賜民之爵子孫相承以為法或遇有事輒賜民爵至
二級者又聽民轉移與子甚無謂也夫爵所以命有德
禮曰以賢制爵爵豈可濫及乎且天下之人無賢不肖
槩賜以爵則賢人君子何以為勸高帝貽謀若此誠未
盡善

○八月乙卯

太祖與侍臣論漢高帝聽張良之言即銷六國印
太祖曰高祖聞一善言即能感悟如此者安得不興後之
為君者少有及之侍臣曰漢高以後若唐太宗亦能從
善故其為治亦有可稱

太祖曰凡人有善不可自矜自矜則善日削有不善不可
自恕自恕則惡日滋太宗常有自矜自恕之心此則不
如漢高也

○洪武二十七年六月癸酉

太祖燕閒與侍臣論古
太祖曰昔楚莊王謀事而當羣臣莫能逮朝而有憂色魏
武侯謀事而當羣臣莫能逮朝而有喜色夫一喜一憂
得失判焉以此見武侯之不如楚莊也夫喜者矜其所
長憂者憂其不足矜其所長則志滿志滿則驕驕則怠
佚敗日至矣憂其不足者則志下志下必能虛心以受
人則人孰不樂告以善道故莊王卒伯諸侯以興楚國

武侯侵暴隣國而魏業日衰以此觀之人君當遜志以
納善人臣當直道以事君君臣之間各盡其道則天下
之事無不濟矣

○洪武二十八年六月辛卯

太祖謂侍臣曰論禮樂者必原於德此至論也蓋德盛者
禮樂明備否德則禮樂不興三代之德盛故禮樂達乎
天下後世德不如古禮樂有其名而無其實王通云如
有王者出三十年而後禮樂可稱此本孔子必世而後
仁之說朕居位已三十年矣禮樂之文粗備而政治不
能如古揆德涼薄侍臣對曰
陛下武定禍亂文致太平天下翕然同風咸歸至化所謂

十年平之十年當之十年和之眞有其效矣而
聖德謙沖不有其有此其跨越於前代也
○洪武二十九年丙寅
太祖觀唐書至宦者魚朝恩恃功玩忽無所憚謂侍臣曰
當時坐不當使此曹掌兵政故肆恣暴横然其時李輔
國程元振及朝恩數輩勢皆極盛代宗一旦去之如孤
雛腐鼠大抵小人竊柄人主苟能決意去之亦有何難
但在斷不斷爾又曰漢末之時宦官雖號驕縱尚無兵
權故凡所為不過假人主之名以濁亂四海至唐世以
兵柄授之馴至權勢之盛刼脅天子廢興在其掌握大
抵此曹只充使令豈可使之當要路執政操權擅作威

福朕深鑒前轍自左右服役之外重者不過俾傳命四
方而已彼既無威福可以動人豈能為患但遇有罪必
罰無赦彼自不敢驕縱也

仁政

○甲辰八月是月平章常遇春兵至贛州熊天瑞固守不
下
太祖令平章彭時中以兵會遇春等共擊之又命中書右
司郎中汪廣洋往參謀遇春軍事諭廣洋曰汝至贛如
城未下可與遇春等言熊天瑞困處孤城猶籠禽阱獸
豈能逃遁但恐破城之日殺傷過多要當以保全生民
為心一則可為國家用一則可為未附者勸且如漢鄧
禹不妄誅殺得享高爵子孫昌盛此可為法向者鄱陽
湖之戰陳友諒既敗生降其兵至今為我用縱有逃歸
者亦我之民我前克湖廣禁軍士毋入城故能全一郡
之民苟得郡無民何益廣洋至贛見遇春等傳
太祖命時天瑞拒守益堅遇春乃浚濠立柵以困之
○乙巳正月己巳
太祖聞遇春克贛不殺喜甚遣使褒之曰予聞仁者之師
無敵非仁者之將不能行也今將軍破敵不殺是天賜
將軍隆我國家千載相遇非偶然也捷書至予甚為將
軍喜雖曹彬之下江南何以加之將軍能廣宣威德保
全生靈予深有賴焉

○丙午五月壬午
太祖還自濠州諭中書省臣曰吾昨往濠州所經州縣見
百姓稀少田野荒蕪由兵興以來人民死亡或流徙他
郡不得以歸鄉里骨肉離散生業蕩盡此輩寧恐嗟怨
嗟之起皆足以傷和氣爾中書其命有司徧加體訪俾
各鄉土仍復舊業以遂生息庶幾斯民不致失所
○洪武元年正月乙酉
太祖謂劉基曰曩者群雄角逐生民塗炭死亡既多休養
難復今國勢已定天下次第而平思所以生息之道何
如基對曰生息之道在於寬仁
太祖曰不施實惠而槩言寬仁亦無益耳以朕觀之寬仁

必當聚民之財而息民之力不節用則民財竭不省役則民力困不明教化則民不知禮義不禁貪暴則民無以遂其生如是而曰寬仁是徒有其名而民不被其澤也故養民者必務其本種樹者必培其根基頓首曰
陛下盡心如此民其有不受惠者乎傳曰以仁心行仁政實在於今日天下之幸也

○三月甲申征虜大將軍徐達等奏所下山東州縣時近臣因進言山東舊有銀場可興舉者
太祖曰銀場之弊我深知之利於官者少而損於民者多況今凋瘵之餘豈可以此重勞民力昔人有拔茶種桑民獲其利者汝豈不知言者慚而退

○四月丁未博興等縣民人高翼等五十二人來謝恩先是詔免山東郡縣租稅至是翼等來謝
太祖召至前諭之曰朕以爾民勞困且逢饑饉艱於衣食故免租稅三年欲爾民安也今若等遠來跋涉良苦是以所安爾者反勞爾也豈朕之本心爾歸見鄉里長老其以朕意告之但心在朝廷足矣不必來謝命禮部各給道里費而遣之仍止其未來者

○七月辛卯
太祖將發汴梁大將軍徐達等自陳橋入辭
太祖諭之曰朕與公等率衆渡江誓除禍亂以安天下尒士卒舍父母妻子戰鬬於矢石之間百死一生久未休息朕每念之惕然于心然非得已也中原之民久為羣雄所苦死亡流離徧于道路天監在茲朕不敢怠故命爾等帥師北征廓清中原拯民艱苦昔元起沙漠其祖宗有德天命入主中國將及百年今其子孫怠荒罔䘏民艱天厭棄之君則有罪民復何辜前代革命之際兵戈相加視如仇讎肆行屠戮違天虐民朕實不忍爾諸將帥當以為戒克城之日毋虜掠毋焚蕩毋妄殺人必使市不易肆民安其生凡元之宗戚皆善待之庶幾上荅天心下慰人望以成朕伐罪救民之志有不尊命者必罰無赦諸將皆感激拜辭而退相謂曰
主上愛民若此吾屬敢不欽承

○八月壬午大將軍徐達克元都表至羣臣上表稱賀禮畢侍臣進曰自昔革命之際以臣取君者多惟漢高祖取秦起自民間今
陛下不階尺土一民以定天下元主遁歸沙漠兵不黷武跨越千古
太祖曰朕思三代及漢唐宋歷年多者皆其祖宗仁厚結於人心植本深固人不能忘故也元自世祖混一天下寬䘏愛人亦可謂有仁心矣但其子孫無承藉之德不能以仁愛守之故至於此他日吾子孫能持仁厚之心守而不替社稷之福也

○洪武二年三月丙午

太祖謂翰林侍讀學士詹同侍制秦裕伯等曰往者四方鼎沸生民之禍極矣天道厭亂人心思治故作難者皆底滅亡今疆宇雖定然中原不勝凋弊東南雖已甦息而錢穀力役又皆仰之果何時可以休息也同對曰
陛下撫念創殘憂勞於心誠天下蒼生之福也
太祖曰苦寒者思溫執熱者思濯今民之思治甚於寒之思溫熱之思涼正當有以濟之
○五月乙巳
太祖幸鍾山歸由獨龍岡步至淳化門始騎而入謂侍臣曰朕久不歷農畝適見田者冒暑而耘甚苦因憫其勞從步不覺至此農為國本百需皆其所出彼辛勤若是

皇明寶訓 八 洪武四卷 三十七

為之司牧者亦當憫念之乎且均為人耳身處富貴而不知貧賤之艱難古人嘗以為戒夫衣帛當思織女之勤食粟當念耕夫之苦朕為此故不覺惻然于心也
○洪武三年二月壬戌
太祖行後苑見巢鵲卵翼之勞喟然歎曰禽鳥劬勞若是況人母子之恩乎乃令羣臣有親老者許歸養時故元鎮撫陳興被俘來京恩待甚厚興言有母在嵩州年八十餘欲求歸養即賜白金衣帽遣之興辭
太祖顧謂侍臣曰孝弟之性天下皆同陳興雖武夫聞朕言即愴然思歸朕始不知其有母若知之肯令其違遠耶人壽不過百歲今其母年已八十餘萬一不得相見興有無窮之痛與歸母子相見其樂宜何如侍臣曰
陛下以孝治天下推惻人情無微不燭非惟一家之老者得所天下之惸獨鰥寡皆蒙其惠矣
太祖曰人情莫不愛其親必使之得盡其孝一孝而衆人皆趨於孝此風化之本也故聖王之於天下必本人情而為治
○八月乙酉
太祖謂中書省臣曰往者四方爭鬭民不得其死者多矣中原草莽遺骸徧野朕聞之惻然于心宜遣人循歷水陸悉收瘞之中書省臣曰
陛下仁及朽骨聖王之善政也

皇明寶訓 八 洪武四卷 三十八

太祖曰先王之世人得以養生送死者上得其道下無夭閼元季政荒民困干戈加以饑饉相尋故死亡者衆朕荷
天命為億兆主顧茲失所者豈忍使之暴露哉
○洪武四年三月戊申贛州民有止宿逃囚者初不知其因刑部逮問坐之罪
太祖曰刑者聖人設防於天下耳深文重法仁者不為故凡斷獄貴得其情緣情而論罪則刑當而民服彼不知其為囚舍宿者人情之常也何為罪之如汝議行路之人將無止宿矣遂命釋之給道里費遣歸
○五月辛巳

太祖與廷臣論刑法御史中丞陳寧對曰法重則人不輕犯吏察則下無遁情

太祖曰不然法重則刑濫吏察則政苛鉗制下民而犯者必衆鉤索下情而巧僞必滋夫壘石之岡勢非不峻而草木不茂金鐵之溪水非不清而魚鱉不生古人立法置刑以防惡衛善故唐虞畫衣冠異章服以爲戮而民不犯秦有鑿顚抽脅之刑參夷之誅而囹圄成市天下怨叛所謂法正則民慤罪當則民從今施重刑而又委之察吏則民無所措其手足矣朕聞帝王平刑緩獄而天下服從未聞用商韓之法可致堯舜也寧慚而退

○洪武五年六月壬寅

太祖以征西將軍馮勝等師征甘肅命中書省臣預送戰襖三萬鞋六萬八千輛以給之因諭之曰甘肅苦寒未冬而雪非南方之比朕居京師每當隆冬時衣重裘尚覺體寒況軍士暴露邊庭衝冒風雪有裂膚墮指之患豈能堪也衣鞋宜預給之

○十月丁酉

太祖念驛傳重繁故元之民有役馬夫而至破家者乃諭兵部臣曰善治者視民猶已愛而勿傷不善者徵斂誅求惟日不足殊不知君民一體民旣不能安其生君亦豈能獨安厥位乎譬之馭馬者急銜勒厲鞭策求騁不已鮮不顚蹶人獨能無傷乎元之末政寬者失之縱猛者失之暴觀其驛傳一事盡百姓之力而苦勞之此與馭馬者何異也豈可蹈其覆轍耶自今馬夫必以糧富丁多者充之庶幾其力有餘無損有司務加存撫有非法擾害者罪之

○十二月甲申時修浚京師城濠

太祖幸三山門觀之見有役夫裸行水中若探物狀

太祖令人問之則督工吏擲其鋤水中求之未得

太祖命別取償之且復問之曰此類汝鋤乎對曰類但比所擲者差短耳因命壯士赴水求得之果如所言

太祖曰農夫供役月餘手足皴裂亦甚勞矣尚恐加害乎即捕吏杖之顧謂丞相汪廣洋曰今日衣重裘體猶覺

寒況役夫貧困無衣其苦何可勝道命罷其役仍命臨濠行工部惟留窯冶及燒石灰匠其餘匠悉遣還家

○洪武六年三月乙卯廣西衛卒王昇因差遣還沂州覓親舊私遺衛官以違法併逮其親舊三十四人送都督府奏罪之

太祖曰人歸故鄉孰無親故慰勞餽贈人情之常命皆釋之因謂侍臣曰近來諸司用法殊覺苛細如大河衛百戶姚旺因運糧偶見舊日僮僕收之至濟寧民有言是其生不見已十年百戶即以僕還之因受絹一匹此皆常情法司亦以論罪用法如此使人舉動即罹刑網甚失寬厚之意

○九月丙辰賜臨濠造作軍士七千五百人衣米
太祖諭中書省臣曰愛人者常體其心愛人者毋惜其力
朕嘗親軍旅備知其疾苦凡有興造未免資軍民之力
土木之工亦甚難集朕每進一膳即思天下軍民之饑
服一衣即思天下軍民之安今臨濠營造之宜各給米
五石衣一襲庶不至饑寒也
○十月癸巳
太祖謂兵部臣曰攘外者所以安内練兵者所以衛民凡
中國之民安於畎畝衣食而無外侮之憂者有兵以為
之衛也因思邊地八九月中天已雨雪況今十月其寒
可知朕為天下主每聞一夫之饑食嘗為之不美一民

一民之寒寢嘗為之不安其塞上士卒宜趣軍裝以給
之勿緩也
○洪武八年正月癸酉命中書省令天下郡縣訪窮民無
告者月給以衣食無所依者給以屋舍仍諭之曰天下
一家民猶一體有不獲其所者當思所以安養之昔吾
在民間目擊其苦鰥寡孤獨饑寒困踣之徒常自厭生
恨不即死如此者宛轉於溝壑可坐而待也吾亂離遇
此心常惻然故躬提師旅誓清四海以同吾一家之安
今代天理物已十餘年若天下之民有流離失所者非
惟昧朕之初志於天之工亦不能盡也爾等為輔相當
體朕懷不可使天下有一夫之不獲也

○洪武九年五月壬戌命工部給物故工匠棺櫝
太祖諭之曰今所作宮殿但欲朴素堅固不事華飾不築
苑囿不建臺榭如此經營費已鉅萬乘危負重工匠甚
勞有不幸而死者憂懸朕心爾工部可各給棺櫝令國
子生送致其家賜鈔以葬蠲其家役三年復為文遣官
即龍光山祭之曰昔君天下者務在安民然有不得已
而勞民者營造之類是也比者營建宮殿工匠有因疾
而死者有被傷而死者有冒危險而死者已勅官為棺
櫝送至于家今復壇遣官以牲醴賜祭爾等有知咸諭
朕意仍賜見役工匠鈔凡六萬三百六十餘錠
○洪武十年二月辛酉

太祖勅兵部臣曰天下衛所軍士皆四方之人鄉里既遠
貧乏者多月給廩米僅足自給其有死亡棺斂之費不
能舉者必多使其死無所歸或至暴露甚非憫下之道
朕聞文王埋朽骨天下歸仁況吾之壯士當宣力効勞
豈可使之失所乎自今凡軍士死亡家貧不能舉者為
給棺葬之所司著為令
○五月丙午人有誣山西之民從故元四大王為寇者捕
獲至京法司以聞
太祖曰刑罰所以威惡施之必當其罪則刑不濫而人心
服彼四大王以元之遺孽竄匿山谷聚逋逃以為民患
山西之民邊其巢穴者往往被其驅掠迫脅為盜皆不

得已豈眞為盜者古人云得其情則哀矜勿喜此之類也令民相捕獲將延蔓不已是助之立黨而激之為亂也其釋之各給道里費遣還鄉里

○洪武十五年四月庚辰廉州巡檢王德亨上言家本階州界於西戎有水銀坑冶及青綠紫泥願得兵取其地以歸於朝

太祖謂戶部臣曰盡力求利商賈之所為開邊啓釁帝王之深戒今珍奇之產中國豈無朕悉閉絕之恐此塗一開小人規利勞民傷財為害甚大況控制邊境貴於安靖苟用兵爭利擾攘不休後雖悔之不可追矣此人但知趨利不知有害豈可聽也

○四月癸巳工部尚書趙俊奏飾東宮殿宇及公主府所用青綠請令民採辦

太祖曰姑隨所有用之勿勞民也俊曰庫藏所貯恐不足用且令其採納以價值給之亦不傷民

太祖曰青綠產於深山窮谷民豈能自採必待販鬻而後得之爾但知給以價值不知有司急於取辦所費況貨殖之人乘時射利高價以售民受驅迫者急於應辦轉相借貸其弊百端為害滋甚豈可以彩飾之故而重擾民乎

○五月丙子廣平府吏王允道言磁州臨水鎮地產鐵元時嘗於此置鐵冶都提舉司總轄沙窩等八冶爐丁萬五千戶歲收鐵百萬餘斤請如舊置爐冶鐵

太祖曰朕聞治世天下無遺賢不聞天下無遺利且不在官則在民民得其利則利源通而有益於官官專其利則利源塞而必損於民今各冶鐵數尚多軍需不乏而民生業已定若復設此必重擾之是又欲驅萬五千家於鐵冶之中也杖之流海外

○洪武十六年九月甲辰勅諭戶部曰數年以來頗致豐稔聞民間尚有衣食不足者其故何也豈徭役繁重而致然歟抑吏緣為奸而病吾民歟今歲豐而猶如此使有荒歉又將何如四民之中惟農最苦有終歲勤謹而不得食者其令有司務加存撫有非法苛刻者重罪之

○洪武十七年十月壬申廣東都司械送蠻寇餘黨九十餘人至京法司請治其罪

太祖曰蠻夷之人相煽為非一時詿誤若悉治其罪情有可矜然既戮其首惡者脅從之人不必窮治其宥之又曰南人不耐寒命悉給冬衣而遣之

○洪武十八年三月壬戌

太祖諭戶部臣曰善為政者賦民而民不困役民而民不勞故民力紓財用足今天下有司能用心於賦役使民不至於勞困則民豈有不足田野豈有不安爭訟豈有不息官府豈有不清如此則民豈有不受其福者乎民既受福為官長者亦得以享其福矣近來有司不以民

為心動即殃民殃民者禍亦隨之苟能憂民之貧而慮民之困使民得以厚其生此可謂善為政者爾等勉之

○洪武二十年正月丙子府軍前衛老校丁成言河南陝州地有上絞下絞上黃塘下黃塘者舊產銀礦前代皆嘗採取歲收其課今錮閉已久若復採之可資國用。

太祖謂侍臣曰君子好義小人好利好義者以利民為心好利者以戕民為務凡言利之人皆戕民之賊也朕嘗聞故元時江西豐城之民告官採金其初歲額猶足取辦經久民力消耗一州之民卒受其害蓋土地所產有時而窮民歲課成額徵取無已有司貪為已功而不以言朝廷縱有恤民之心而不能知此可以為戒豈宜勅

之

○四月丁酉工部右侍郎秦逵言寶源局鑄錢請令郡縣收民間廢銅以資鼓鑄

太祖曰鑄錢本以便民今欲取民廢銅以鑄錢朕恐天下廢銅有限斯令一出有司急於奉承小民迫於誅責必至毀器物以輸官其為民害甚矣姑停之

○四月壬寅北平布政使司請以敍折鹽糧而每斗加五升

太祖謂戶部臣曰以敍代穀者為其輕可以便民然敍亦穀也而又加之益損民矣夫權變者當究其實拯弊者當探其源不知權變而昧其源不幾於救跛而成痿乎

○五月癸酉

太祖謂兵部臣曰軍士月給米一石僅可充食身亡之後即罷給或父母老無所依或兒女幼無所賴將何以自存困而不恤者匪仁勞而不報者匪義爾兵部悉閱軍衛凡軍士死亡父母年老兒女幼小無所依者竝優給之毋令失所

○九月癸未

太祖諭左軍都督府臣曰前所遣囚徒往充遼東驛卒者今天氣尚寒恐道途凍餒此輩本宥之以全其生若不免死是徒宥耳且令就濟寧暫住待春暖遣行

○洪武二十二年正月丁亥

太祖御奉天門退朝召五軍都督府臣諭之曰軍士有從征亾歿者有疾病而歿者其父母妻子老弱無依雖已優給然遠違鄉里終無所託其有願還鄉依親者悉遣其去人給鈔五錠為道里費

○十一月乙丑

太祖御謹身殿翰林院學士劉三吾侍因論治民之道三吾言南北風俗不同有可以德化有當以威制

太祖曰地有南北民無兩心帝王一視同仁豈有彼此之間汝謂南方風氣柔弱故可以德化北方風氣剛勁故當以威制然君子小人何地無之君子懷德小人畏威施之各有攸當烏可槩以一言乎三吾悚服頓首而退

○洪武二十三年正月戊子中軍都督僉事蕭用左都御史詹徽等奏湖廣茶陵衛城庫隘周圍四里宜循城西排柵舊趾開拓之以壯一方形勢

太祖曰凡事有可已而不必為者有不得已而必須為者要皆合於時宜今茶陵城池足以容衆軍民相安亦事之可已者何用開拓倘隳壞必須修理亦俟秋成

○洪武二十四年四月癸亥太原府代州繁峙縣奏逃民三百餘戶累歲招撫不還乞令衛所追捕之

太祖諭戶部臣曰民窘於衣食或迫於苛政則逃使衣食給官司無擾雖驅之使去豈肯輕遠其鄉土今逃移之民不出吾疆域之外但使有田可耕足以自贍是亦國家之民也即聽其隨地占籍令有司善撫之若有不務耕種專事末作者是為遊民則逮捕之

○七月戊申禁罪人誣引良善

太祖謂刑部尚書楊靖曰善與惡異趨廉者必不同貪公者必不濟私然惡或誣善事雖可白不免受辱必嚴禁之使有所勸懲繼今犯法者不許誣引良善違者所誣雖輕亦坐以重罪爾刑部其揭諭之

○洪武二十五年五月庚戌

太祖御右順門有近臣奏廐馬暴斃請罪主典者

太祖曰凡有血氣者必有死也今廐馬自斃何可罪人得無輕人而重馬乎其勿問

○洪武二十七年三月甲子陝西有士人上仁政書

太祖覽之謂侍臣曰既言仁政則必當愛民何故所言皆勞民傷財之事自相悖戾彼山林儒生不深究事體然亦言有嘉也不必指摘瑕玼以杜言路

○十月己丑罷建岷王宮殿

太祖諭工部臣曰遐境土木之工必度時量力順民情而後為之時可為而財不足不為也財有餘而民不欲不為也必有其時有其財而民樂於趨事然後為之則事易集今雲南之曠民稀軍餉轉輸民力甚勞若復加以興造之役非惟時力未可於民情亦有所不欲岷府姑為棕亭以居俟十五年後民富力紓作之未晚

大明太祖高皇帝寶訓卷之五

光禄大夫柱國少傅兼太子太傅禮部尚書武英殿大學士臣呂　本謹校
南京禮部祠祭清吏司郎中臣陳渠
南京兵部職方清吏司主事臣朱　錦讎閱
南京工部虞衡清吏司郎中臣呂胤昌

求賢

○甲辰十二月丁巳

太祖謂廷臣曰元本胡人起自沙漠一旦據有中國混一海内建國之初輔弼之臣率皆賢達所進用者又皆君子是以政治翕然可觀及其後也小人擅權奸邪競進舉用親舊結為朋黨中外百司貪婪無耻由是法度日弛紀綱不振至於土崩瓦解卒不可救今創業之初若不嚴立法度以革奸弊將恐百司因循故習不能振舉故必選用賢能以隆治化爾等有所薦引當慎所擇

○吴元年十一月戊戌

太祖謂侍臣曰吾昨觀輿地圖所得州縣天下三分已有其二若得材識賢俊之士布列中外佐吾致治吾以一心統其紀綱羣臣以衆力賛襄庶政使弊革法彰民安物阜混一之業可以坐致古語云國無仁賢則國空虛爾等其各舉賢才以資任用

○洪武元年十一月己亥遣文原吉詹同魏觀吴輔趙壽等分行天下訪求賢才

太祖諭之曰天生人材必為世用然人之材器有不同明鋭者質或剽輕敦厚者性或迂緩辯給者行或不逮沉默者德或有餘卿等宜加精鑒同對曰

陛下昭德四海正賢俊丕應之日臣等敢不盡心

太祖曰人材不絶於世朕非患天下無賢患知人之難耳苟所舉非所用為害甚大卿等慎之於是各賜白金遣行

○洪武二年九月壬辰

太祖謂廷臣曰知人固難今朕屢勑百司訪求賢才然至者往往名實不副豈非舉者之濫乎廷臣對曰請自今令百司薦舉必具其人已行之善庶無冒濫之失

太祖曰觀人之法即其小可以知其大察其微可以見其著視其所不為可以知其所為但嚴舉措之法則冒濫自革矣

○洪武六年四月辛丑命吏部訪求賢才於天下

太祖曰世有賢才國之寶也古之聖王恒汲汲於求賢若高宗之於傅説文王之於吕尚二君者豈其智之不足也而遑遑於版築鼓刀之徒蓋賢才不備不足以為治鴻鵠之能遠舉者為其有羽翼也蛟龍之能騰躍者為其有鱗鬛也人君之能致治者為其有賢人而為之輔也今山林之士豈無德行文藝之有稱者宜令有司採舉備禮遣送至京朕將任用之以圖至治

○洪武八年七月庚申
太祖御右順門謂侍臣曰棟大器者不可以獨運居大業者不能以獨成是故擇賢任能列布庶位安危協心盛衰同德昔殷周之興也用伊尹周公諸賢故卜世永久歷祚靈長秦隋之季棄羣策於漢高委英雄於唐主獨任其智未幾而亡蓋根踈者易拔源淺者易涸人君欲弘其德惟當廣覽兼聽博達羣情則治益盛隆道益光大矣

○二月丙辰
太祖御奉天門與侍臣語及用人之道
太祖曰金石之有聲擊之而後鳴舟航之能運操之而後

動動賢者之有才用之而後見然人之才智或有長於彼而短於此者若因其短而併棄其長則天下之才難矣今令天下求才其長於一藝者皆在選列俟至而觀之其廉讓也可以知其仁其善謀也可以知其智其果斷也可以知其勇若唯見其人之小節未觀其大端而輒置之乃有天下無賢之歎雖有稷契之才亦難見矣

○洪武十二年十二月是月徵天下博學老成之士皆應
詔至京師先是
太祖謂禮部臣曰為天下者譬如作大厦非一木所成必聚材而後成天下非一人獨理必選賢而後治故為國得賢不如薦賢朕自臨御以來十有二年思得賢士以興庶績然山林幽遠博學老成之士匿德藏光甘於窮處非招徠之不肯輕出宜下有司悉心推訪禮送于朝朕將顯用之

○洪武十三年四月己丑命羣臣各舉所知
太祖諭之曰天下賢才未嘗乏也謂皐夔稷契不復生方叔召虎不再出是薄天下之士也但世有升降故才有等差為人上者能　量才授職則無施不可蓋士之進退係乎國之治否吾以一人之智豈足以盡理天下必賴天下之賢然後足以有為爾等宜體此意各舉所知以聞

○十月戊辰
太祖諭吏部臣曰天下之務非賢不治求賢之道非禮不

行故湯致伊尹由於三聘漢徵申公安車束帛近朝臣為朕舉賢朕皆徵用之所舉者多名實不稱徒應故事而已夫披沙將以求金掘井在於得泉薦士期於得賢今所舉皆非豈昧於識人耶抑賢才之果難得也爾吏部其以朕意再諭天下有司盡心詢訪必求真材以禮敦遣

○洪武十五年正月庚戌命天下朝覲官各舉所知一人
太祖諭之曰古之薦舉者以實不以名後世薦舉者徇名而遺實故往往治不如古朕效倣古制舉用賢才各因其器能而任使之庶幾求其實効今爾等來朝其各舉

所知凡有一善可稱一才可録者皆具實以聞朕將隨
其才以擢用之無有所隱
○八月己卯有廣東儒士上治平策者
太祖覽之顧謂侍臣曰此人不識道理豈有涉數千年論
治平而不及用賢天下之大欲朕一人自理之乎雖有
至聖之君猶以用人為重曷嘗謂人無足用也蓋獨智
自用所見者狹資賢而任則所及者廣學士宋訥對曰
誠如聖諭但賢才之在天下在上豈能周知必賴羣臣
薦舉然得賢與否係乎舉之者何如耳
太祖曰小人舉未必為君子君子所舉未必為小人故觀
其舉者即可知其人之賢否矣

○九月戊申吏部以徵至天下儒士選其經明行修者列
其等第上聞
太祖曰賢才固不乏也今賢人君子出為時用大小器使
當隨其能毋使有其才而不盡用也
○洪武十七年十二月己亥
太祖諭侍臣曰孔子云十室之邑必有忠信朕屢勅有司
薦舉賢才而所薦者多非其人豈山林巖穴真無賢者
乎特在位者弗體朕意濫舉以塞責耳昔常何薦馬周
唐太宗喜其有知人之明今薦舉者若能致一馬周朕
豈愛爵賞惜無以副朕望者是以延佇之心朝夕不忘
○洪武十九年七月癸未詔舉經明行脩練達時務之士

年七十以下者郡縣禮送京師
太祖諭禮部郎中鄭居貞曰古之老者雖不任以政至於
咨詢謀謨則老者閱歷多而見聞廣達於人情周於物
理有可資者居貞對曰人至六十精力衰耗則不能勝
事請六十以上者不遣
太祖曰政為比来有司不體朕意士有耆年便置不問豈
知老成古人所重文王用呂尚而興穆公不聽蹇叔而
敗伏生雖老猶足傳經豈可槩以耄而棄之也若年六
十以上七十以下者當置翰林以備顧問四十以上六
十以下者則於六部及布政司按察司用之
○洪武二十五年十二月丙辰安慶府知事周昌言臣見

士人或因小過罷斥然其才有堪用而於例不得舉宜
垂寬宥令有司得薦起之吏部奏言有罪復用無以示
懲昌言不可聽
太祖曰良工琢玉不棄小玭朝廷用人必赦小過故改過
遷善聖人與之錄長棄短人君務焉苟因一事之失而
棄一人則天下無全人矣昌之言誠是其令有司凡士
人因小過罷黜及遷謫遠方者知其才德果優並聽舉
用

恤刑

○戊戌三月己酉命提刑按察司僉事分巡郡縣錄囚凡
笞罪者釋之杖者減半重囚杖七十其有贓者免徵有

司有所稽遲重者從輕典輕者原之武將征討有過者
皆宥之左右或言去年釋罪囚今年又從末減用法太
寬則人不懼法法綱弛無以為治
太祖曰用法如用藥藥本以濟人不以斃人服之或誤必
致戕生法本以衛人不以殺人用之太過則必致傷物
百姓自兵亂以來初離創殘今歸于我正當撫綏之況
其間有一時誤犯者寧可盡法乎大抵治獄以寬厚為
本少失寬厚則流入苛刻矣所謂治新國用輕典刑得
其當則民無冤抑若執而不通非合時宜也
○吳元年六月甲戌
太祖謂憲臣曰任官不當則庶事不理用刑不當則無辜

受害譬之薙草萊者施鎛不謹必傷良苗繩奸慝者論
法不當必傷善類故刑不可不慎也夫置人於箠楚之
下屈抑頓挫何事不伏何求不得古人用刑蓋不得已
懸法象魏使人知而不敢犯夫水火能焚溺人狎之則
必傷遠之則無害水火能生人亦能斃人刑本以生人
非求殺人也苟不求其情而輕用之受枉者多矣故欽
恤二字用刑之本也
○九月戊寅
太祖謂中書省臣李善長傅瓛楊憲等曰法有連坐之條
謂侵損傷人者吾以為鞫獄當平恕非大逆不道則罪
止及其身先王之政罪不及孥罰弗及嗣忠厚之至也
自今民有犯法者毋連坐參政楊憲對曰先王用刑世
輕世重自元政姑息民輕犯法非重治之則犯者益衆
太祖曰民之為惡譬猶衣之積垢加以澣濯則可以復潔
汙染之民以善導之則可以復新夫威以刑戮而使民
不敢犯其為術也淺矣且求生於重典是猶索魚於釜
欲其得活難矣
○十月甲寅命中書省定律令初
太祖以唐宋皆有成律斷獄惟元不倣古制取一時所行
之事為條格胥吏易為奸弊自平武昌以來即議定律
至是臺諫已立各道按察司將巡歷郡縣欲頒成法俾
內外遵守乃命丞相李善長等詳定諭之曰立法貴在

簡當使言直理明人人易曉若條緒繁多或一事而兩
端可輕可重使奸貪之吏得以夤緣為奸則所以禁殘
暴者反以賊良善非良法也務去適中以去煩弊夫網
密則水無大魚法密則國無全民卿等宜盡心參究凡
刑名條目逐日來上吾與卿等面議斟酌之庶可以為
久遠之法
○十月乙卯
太祖謂臺憲官劉基章溢周禎等曰紀綱法度為治之本
所以振紀綱明法度者則在臺憲凡揭紀綱法度以示
百司猶射者之有正鵠也百司庶職操弓矢以學射者
以臺憲爭取法故審己不可以不慎茍不知其本察於

小物而昧於大體終非至正之道爾等執法上應天象
少有偏曲則紀綱法度廢壞而民不得其安況或深文
以為能苛察以為智若寗成郅都周興來俊臣之徒巧
詆深文恣為酷虐終亦不免若于公陰德子孫乃致貴
顯天道昭然深可畏也
○十一月己亥中書參政傅瓛言應天府有滯獄當斷決
者
太祖曰淹滯幾時矣曰逾半歲
太祖愓然曰京師而有滯獄郡縣受枉者多矣有司得人
以時決遣安得有此瓛頓首曰臣等不能統率庶寮是
臣罪也

太祖曰吾非不愛其民而民尚爾幽抑近且如此遠者何
由能知自今獄囚審鞫明白須依時決遣毋使淹滯
○洪武元年正月辛丑
太祖謂宰臣曰朕每燕居思天下之事未嘗一日自安蓋
治天下猶治絲一絲不理則衆緒棼亂故凡遇事必精
思而後行惟恐不當致生奸弊以殃吾民以此不敢頃
刻安逸至於刑法尤所關心然此非一人所能獨理卿
等皆須究心庶幾民無冤抑刑獄清省漢宣帝言獄者
所以禁暴止奸養育羣生甚得用法之意卿等宜體之
無忽也
○洪武二年八月戊子監察御史睢稼言周官有懸法象

魏之文禮經載鄉飲讀法之說皆導民知禮法而遠刑
辟也今新律頒布天下鄉井細民猶有不通其說者宜
倣古人讀法之典命府州縣長吏凡遇月朔會鄉之
老少令儒生讀律解析其義使之通曉則人皆知畏法
而犯者寡矣
太祖曰威人以法者不若感人以心敦信義而勵廉恥此
化民之本也故羞惡之心生則非僻之私格外防之法
密則苟免之行興卿言讀律固可禁民為非若謂欲使
民無犯要當深求其本也
○十二月己酉復以廣東行省參政周禎為刑部尚書
太祖諭之曰刑以輔治唐虞所不免觀舜命皋陶之辭始

雖曰明刑終期於無刑皋陶告舜亦曰與其殺不辜寧
失不經當時君臣莫不以恤刑為重而民亦自不犯所
以能致雍熙之治朕嘗觀此深有所契爾其體之
○洪武四年二月戊午以刑部郎中劉惟謙為尚書
太祖諭之曰膏粱所以充饑藥石所以療病使無病之人
舍膏粱而餌藥石適足以害身仁義者養民之膏粱也
刑罰者懲惡之藥石也故為政者若舍仁義而專務刑
罰是以藥石毒民非善治之道也今擢爾為刑官之長
爾於用法之際當體古人欽恤之意則張釋之于定國
皆可為矣爾其勉之
○洪武六年正月辛酉江西行省商民坐沮壞鹽法刑官

擬以亂法罪當死
太祖曰愚民無知而犯法猶赤子無知而入井見者莫不
怵惕豈宜遽以死罪論之法司執奏不已
太祖曰有罪而殺國之常典然有可以殺可以無殺彼愚
民沮壞鹽法原其情不過為貪利耳初無他心乃悉免
死輸作臨濠
○洪武八年二月甲午勅刑官自今凡雜犯死罪者免死
輸作終身徒流罪限年輸作官吏受贓及雜犯私罪當
罷職役者謫鳳陽屯種民犯流罪者鳳陽輸作一年然
後屯糧
太祖復諭刑官曰天道好生人情惡死朕御天下夙夜靡

寧常懼刑罰失中以乖天道所以特降寬宥之典凡雜
犯死罪皆令輸作屯種以全其生且與其悔罪改過復
為善人爾等宜體朕此意務求公平使刑罰得中下無
冤抑則不負朕委任矣
○洪武九年十月辛酉
太祖覽大明律謂中書左丞相胡惟庸御史大夫汪廣洋
等曰古者風俗厚而禁網踈後世人心澆而刑法密是
以聖王貴寬而不貴急務簡而不務煩國家立法貴得
中道然後可以服人心而傳後世昔蕭何作漢律九章
甚為簡便後張湯猶得以私意亂之況未盡善其能久
無弊乎今觀律條猶有議擬未當者卿等可詳議更定
務合中正仍具存革者以聞於是惟庸廣洋等復詳加
考訂釐正者凡十有三條
○洪武十四年五月丙申刑部奏決重刑
太祖諭之曰朕嘗命汝等凡有重獄必三覆奏以人命至
重恐不得其情則刑罰濫及而死者不可復生也故必
欲詳審今汝等槩以重刑來奏其間固有瀆倫亂法罪
不可原者亦有一時過誤情有可矜者必當分別若一
槩言之則輕重不分矣自今凡十惡非常赦所原者則
云重刑其餘雜犯死罪許聽收贖者毋槩言也
○九月辛丑勅刑部尚書胡禎等曰帝王撫臨百姓皆欲
其從化至于刑罰不得已而用之故唐虞之法罪疑惟

輕四凶之罪止于流竄今天下已安法令已定有司既
不能宣明教化使民無犯及有小過或加以苛刻朕甚
閔焉夫上有好生之德則下有為善之心改過者多則
輕生者少自今惟十惡真犯者決之如律其餘雜犯死
罪皆減死論
○洪武十五年五月乙卯監察御史雷勵坐失入人徒罪
太祖責之曰朝廷所以使頑惡懾伏良善得所者在法耳
少有偏重民無所守爾為御史而執法不平何以激濁
揚清伸理冤枉且徒罪尚可改正若死罪論決可以再
生乎命法司勵罪以戒深刻者
○十月丙申命刑部都察院斷事等官審錄囚徒

太祖曰錄囚務在情得其眞刑當其罪大抵人之隱曲難
明獄之疑似難辯故往往有經審錄尋復反異蓋由審
刑者之失以至此耳故善理獄者在推至公之心擴至
明之見則巧偽無所隱疑似無所惑自然訟平理直枉
者得伸繫者得釋苟存心不公聽斷不明是猶舍衡以
求平捨鑑以索照欲何由得理事何由能直今命爾等
審錄囚徒務以公破私明辯惑毋使巧為繁滋而疑讞
不決生者拘幽於囹圄死者受冤於地下非惟負朕愼
刑之心實違上天好生之意凡錄囚之意際必預先稽
閱前牘詳審再三其有所訴卽與辯理具實以聞
○洪武十六年正月庚戌民有子犯法當死其父以財求

免事覺監察御史奏欲幷置於法
太祖曰生死人之大故父子人之至親彼愛根於心但知
求其子之生不顧理之所不可爾論法欲幷罪其父然
於情可恕其赦之
○正月壬子
太祖諭刑部尚書開濟都御史詹徽等曰凡論囚須原其
情不可深致人罪蓋人命至重常存平恕之心猶恐失
之況深文乎昨民有子犯法當死者其父行賄求免御
史執之幷欲論罪朕以父子至親其死而救人之情也
故但論其子而赦其父自今凡有論決必再三詳讞覆
奏而行毋重傷人命

○四月庚寅刑部尚書開濟議法巧密
太祖覽而惡之曰刑罰之設本以禁民為非使之遠罪耳
非以陷民也汝張此密法以罔加無知之民無乃用心
太刻夫竭澤而魚害及鯤鮞焚林而田禍及麛㲉巧密
之法百姓其能免乎此非朕所以望于汝也濟大慚
○六月甲戌刑部尚書開濟等官議定五六日旬時三審
五覆之法
太祖曰天下之事不可徇名而失實當因名而責實近聞
審覆之法但應旬時之名無曰今是昨非但謂大同小
異審覆者未必盡其心告訴者未必盡其情朕深知其
弊爾宜戒之

○七月辛亥遣監察御史往浙江等處錄囚陛辭
太祖諭之曰古人有言議獄緩刑又曰無敢折獄人命至
重必在詳審不敢輕也夫刑當其罪猶在可矜若濫及
非辜豈可復悔草木微物有仁心者方長不折況於人
而可忽乎爾往愼之
○洪武十七年閏十月癸丑命天下諸司刑獄皆屬刑部
都察院詳議平允又送大理審覆然後決之其直隸諸
府州刑獄自今亦準此令庶幾民無冤抑因謂刑官曰
刑者人君用之以防民君之於民如天之於物天之道
春生秋斂而論天之德則曰生君之道仁育義制論君
之德則曰仁夫王良善御豈在於策周公善治豈在於

刑所謂刑者輔治之具是以用之不可不詳故每令三
審五覆無非求其至而已
○洪武十九年十二月戊申都察院左都御史詹徽上言
陛下之於刑獄每存欽恤之意蓋欲期於無刑而頑民狎
玩犯者不止臣愚以為莫若嚴刑以制之使知所畏而
重犯法
太祖覽之曰刑不可使縱弛亦不可使過嚴縱弛則為惡
者無所畏過嚴則為善者或濫及用刑之道但貴得中
則刑清失中則刑亂刑亂而政衰矣如爾所言恐流於
濫其可哉
○洪武二十年四月己酉都察院左都御史詹徽奏有軍

人犯罪當杖其人嘗兩得罪幸宥免矣今復不悛信非
良善宜併論前罪誅之以懲餘者
太祖曰前罪既宥今復論之則不信矣用刑而不信使人
何所措手足且其罪至死而縱之則為縱惡不至死而
誅之則為濫刑今罪未至于死而輒欲殺之在爾有故
入之罪在朕無恤刑之仁皆不可也仍杖而遣之
○洪武二十三年十二月癸亥
太祖諭刑部尚書楊靖等曰自今惟犯十惡并殺人者論
死餘死皆令輸粟北邊以自贖力不給者或二人或三
人併力輸運仍令還家備貲以行翰林學士劉三吾等
曰聖心仁恕垂念及此罪人受更生之恩矣

太祖曰愚民犯法如啗飲食嗜之而不知止設法以防其
犯而犯者益多推恕以行吾仁而仁或可濟三吾曰三
代而上刑罰常簡本仁恕也三代而下刑罰常濫以嚴
刻也
太祖曰善為國者惟以生道樹德不以刑殺立威
○洪武二十四年六月壬午陞大理寺丞周志清為卿
太祖諭之曰大理之職卽古之廷尉歷代任斯職者獨漢
清稱張釋之于定國唐稱戴冑蓋有由其處心公正議
法平恕獄以無寃故流芳後世今命爾為大理卿當推
情定法毋為深文務求明允使刑必當罪庶幾可方古
人不負朕命也

○洪武二十六年十月乙亥大理寺奏四川民以輸粮違
期及移易者坐法當誅
太祖曰四川水陸險峻輸輓良難故有失期彼移易者或
兩取便利求無逋欠可矣豈得遽論以死甚非愛民之
心其悉宥之仍給道理費遣還病不能至者遣內官就
道給賜稅粮未足者令就本處輸之
賞罰
○甲辰三月辛未
太祖御西樓有軍士十餘人自陳戰功以求陞賞
太祖諭之曰爾從我有年爾才力勇怯我縱不知將爾者
必知之爾有功于豈遺爾爾無功豈可妄陳有功不賞

是謂吝無功求賞是謂貪吝則失衆貪則踰分夫有超
人之才能者必有超人之爵賞爾曹不見徐相國耶今
貴為元勳其同時相從者猶在行伍予亦豈忘之乎以
其才智止此弗能過人故也今爾曹自陳戰功以求陞
賞國家名爵烏可幸得耶爾曹苟能繩勉立功異日爵
賞我豈爾惜但患不力耳於是皆慙服而退自是無有
復言者

○乙巳三月辛巳常遇春平贛州軍還
太祖御戟門頒賞勞之曰將軍勤勞于外南平諸郡兵不
失律民無所擾自嶺以南望風降附是能奉揚威武克
定邦家報功之典予奚敢後今錫以布帛文綺用彰厥

功以答三軍之用命夫賞以酬功爵以旌德俟海宇寧
謐恩數有加將軍其獎率三軍更圖後舉茂建偉烈益
著厥光以副予所托將軍其勗之哉遇春曰臣奉
主上成算所至輙克非臣所能
太祖善其對

○吳元年九月辛丑平吳師還論功行賞
太祖諭諸將曰自兵興以來天下豪傑紛起予將兵渡江賴
上天之靈將士之力拓地開疆削平敵國如陳友諒兵衆
地大已先摧滅張士誠兵強積富今亦就擒非爾將士
用命何以致此今論功行賞以報勞勤如王國寶等歿
於王事而不得與吾甚惜之自古帝王多以征戰而得
天下皆有名世之將以佐輔之爾等今日之功亦何忝
於古之名將乎但從軍在外與經營布置在內者任雖
不同其勞則一馮宗異留守京城軍府之事獨任其勞
亦宜受賞然江南既平當北定中原以一天下毋狃於
暫安而忘永逸毋足於近功而昧遠圖大業垂成更須
努力達等頓首曰臣等叨承
主上成算幸獲成功敢不益盡心力以圖尺寸明日達等
入謝
太祖語之曰公等還第置酒為樂否對曰荷
主上恩德皆置酒相慶
太祖曰吾寧不欲置酒與諸將為一日之歡但中原未平

非宴樂之時公等不見張氏所為乎終日相與酣歌逸
樂今竟何如宜深戒之

○洪武二年七月癸丑監察御史謝恕巡按松江以欺隱
官租逮繫一百九十餘人至京師多有稱冤者治書侍
御史文原吉等以其事聞
太祖命召數人親問之曰悉得其情乃責恕曰御史耳目
之官當與民辨是非明曲直不使冤抑方為稱職今爾
為御史不能為民伸冤理枉反陷民於無辜朝廷耳目
將何賴耶於是盡釋其人以恕下吏原吉等能不蔽
聰明賞綵幣有差

○洪武五年正月己丑

太祖召魏國公徐達曹國公李文忠宋國公馮勝各賜文
趾弓五十彤弓百因謂之曰古者諸侯有四夷之功則
賜之弓矢卿等宣力四方克著勲勞故有此賜達等謝
曰臣等賴
陛下威靈獲效微勞豈足齒錄而寵恩屢降何以當之
太祖曰古人有言善有章雖賤賞也惡有衅雖貴罰也況
卿等開國之臣其章大矣故賜以此不為過也
○洪武七年正月乙亥蘭州捌里麻民郭買的叛誘番兵
入寇詔立賞格購捕之蘭州衛遣其兄着沙與其弟火
石歹往招之郭的買不從着沙火石歹夜斬其首以歸
本衛以其事聞請賞之

太祖曰買的罪固當死然為兄弟者告之不從執之而已
乎自刃之有乖天倫若賞之非所以令天下也但以其
所獲牛馬給之耳
○洪武十年五月戊寅朔
太祖謂侍臣曰賞罰者國之大權人君操賞罰之權以御
天下一本於至公故有公者雖所憎必賞有罪者雖所
愛必罰賞以當功上不為德罰以當罪下不敢怨不以
小嫌而妨大政不以私意而害至公庶有以服天下之心
○洪武十三年正月乙巳
太祖謂侍臣曰人言天子居至尊之位操可致之權賞罰
予奪得以自專朕則不然凡出一言行一事兢兢業業
惟恐上違天命下拂人情況賞罰予奪國之大柄一有
愛憎忿戾於其間則非大公至正之道是以此心斯須
不敢忽也侍臣對曰
陛下持心若此太平長久之道也
○洪武十四年正月丙申
太祖諭禮部臣曰人君操賞罰之柄以御天下必在至公
無善而賞是謂私愛無過而罰是謂私罰惡此不足以
為勸懲朕觀漢高帝斬丁公封雍齒唐太宗黜權萬紀
李仁發而賞魏徵之直皆至當可以服人所謂賞一君
子而人皆喜罰一小人而人皆懼朕於賞罰未嘗敢輕
若一時處分或有未當卿等宜明白執論寧使賞厚于

罰但不可濫及使小人僥倖耳
○洪武二十三年十一月己丑朔人有上書言申明善惡
以勸懲天下
太祖覽之以示廷臣曰好善惡惡人之常情彼上書者言
此亦知為政之道夫旌善則善人勸懲惡則惡人息朕
往令天下立申明旌善亭正為此也數年以來有司奉
行不謹致令廢弛甚失勸懲之意今言者深合朕心宜
再申明使天下遵守

寬賦

○吴元年正月戊戌
太祖謂中書省臣曰予嘗親歷田野見人民凋弊土地荒

蕪失業者多蓋因久困兵革生息未遂譬之觸熱者思
得清涼冒寒者思就溫煖為之上者固當念之且如太
平應天宣城諸郡乃吾渡江開創之地供億先勞之民
其有租賦宜與量免少甦民力省臣傅瓛對曰䘏民王
者善政
主上念之及此真發政施仁之本也民之受賜如大旱之
時霖雨其喜當何如
太祖因嘆曰吾昔在軍中嘗乏粮空腹出戰歸得一食雖
甚粗糲食之甚甘今尊居民上飲食豐美心未嘗忘之
況吾民居于田野所業有限而又供需百出豈不重困
於是免太平府租賦二年應天宣城等處租賦一年

○洪武元年正月甲申詔遣周鑄等一百六十四人往浙
西覈實田畝謂中書省臣曰兵革之餘郡縣版籍多亡
田賦之制不能無增損征斂失中則百姓咨怨今欲經
理以清其源無使過制以病吾民夫善政在于養民養
民在於寬賦今遣周鑄等往諸府縣覈實田畝定其賦
稅此外無令有所妄擾復諭鑄等曰爾經理第以實聞
毋踵襲前弊妄有增損曲徇私情以病吾民否則國有
常憲各賜衣帽與之
○洪武十一年二月辛未
太祖謂中書省臣曰人君視天下猶一家一家之內一人
不安則事為之廢天下之廣尺土不寧則君為之憂近
者雷州府海康遂溪二縣田地為潮水所漬斥鹵不收
租稅從何而出其令有司覈實免之
○洪武十三年三月壬辰朔命户部減蘇松嘉湖四府重
租粮額
太祖謂之曰天地生物所以養民上之取民不可盡其利
也夫民猶樹也樹利土以生民利食以養養民而盡其
利猶種樹而去其土也比年蘇松各郡之民衣食不給
皆為重租所困民困於重租而官不知䘏是重賦而輕
人亦猶虞人反裘而負薪徒惜其毛不知皮盡而毛無
所傅豈所以養民哉其賦之重者宜悉減之
○六月戊寅

太祖諭户部臣曰曩者奸臣聚斂深為民害稅及天下纖
悉之物朕甚恥焉自今如軍民嫁娶喪祭之物舟車絲
布之類皆勿稅爾户部其榜示天下使其周知
恩澤
○己丑三月丁巳方國珍遣郎中張本仁以溫台慶元三
郡來獻且以其子關為質
太祖曰古者慮人不從則為盟誓盟誓變而為交質子此
衰世之事豈可蹈之凡人之盟誓交質者皆由未能相
信故也今既誠心來歸便當推誠相與當如青天白日
何自懷疑而以質子為哉乃厚賜關而遣之關後改名
明完

○丙午四月戊辰
太祖幸濠州父老經濟等來見
太祖與之宴謂濟等曰吾與諸父老不相見久矣今還故
鄉念父老鄉人遭罹兵難以來未遂生息吾甚閔焉濟
等對曰久困兵爭莫獲寧居今賴
主上威德各得安息勞
主上憂念
太祖曰濠吾故鄉父母墳墓所在豈得忘之諸父老宴飲
極歡
太祖又謂之曰諸父老皆吾故人豈不欲朝夕相見然吾
不得久留此父老歸宜教導子弟為善立身孝弟勤儉

養生鄉有善人由家有賢父兄也濟等頓首謝
太祖又曰鄉人耕作交易且令無遠出濱淮郡邑尚有寇
兵恐為所抄掠父老等亦宜厚自愛以樂高年於是濟
等皆歡醉而去
○洪武元年正月戊寅方國珍至京師
太祖諭之曰汝獻款已久何為反側復勞征伐國珍頓首
曰臣遭時多艱逃死海上終期歸附聖明以全首領不
意又勞王師然此非出臣心實為群小所誤是以至此惟
陛下哀其愚昧赦其死罪
太祖曰草昧之時英雄角逐人孰不欲有為亦誰能識帝
王之有眞者其為去就不能無所齟齬爾之所為亦何

足責朕推赤心待人汝其自安勿用懷疑國珍頓首謝
遂賜第居京師
○十一月丙寅
太祖謂中書省臣曰吾念將士征戰而死者其父母妻子
尤可念也死者既不可見所可見者惟生存者耳其即
為優恤之凡遇時節預給薪米錢物使其死者受祭生
者有養則吾君臣於歲時宴樂心亦少安省臣對曰
陛下推廣仁愛徧及於下而存歿感蒙恩惠
太祖曰始者將士皆從皆望成功以取富貴今天下已定
生者既膺爵賞而死者不可復作吾未嘗忘之故優恤
其家以見不忘同濟艱難之意

○洪武四年正月癸卯
太祖謂中書省臣曰今日天寒有甚於冬京師尚爾況北
邊荒漠之地氷厚雪深吾守邊將士甚艱苦爾中書其
以府庫所儲布帛製綿襖運赴蔚朔寧夏等處以給將
士省臣對曰守邊將士衣襖歲有常供無庸再運
太祖曰將士有常供朕固知之特以今天寒異於常特故
命加給耳古人一夫不獲引咎在躬況守邊將士尤朕
所知深念者其給之無緩
○洪武七年三月己丑燕山都衛獲元故官及來降之人
送至京師中途逃竄者
太祖曰勑諭邊將曰元運既終天命歸我中華凡其遺民

皆吾赤子今既來歸又輙逃去蓋彼生長之日深而此撫綏之意淺故去之耳自今凡有來歸者爾等善撫綏之有欲就彼住者擇善地以居之便其畜牧有欲來京者擇善人以送之毋令失所

○洪武十八年七月丙子時州縣父老有詣闕上言縣官善政當罷任而舉留者

太祖賜手勑獎勵復饑加賜衣幣侍臣曰縣令撫民職所當然

陛下加以厚恩待之至矣

太祖曰郡縣之治自守令始朕向在民間常見縣官由儒者多迂而廢事由吏者多奸而弄法蠹政厲民靡所不

至遂致君德不宣政事日壞加以凶荒弱者不能聊生強者去而為盜此守令不得其人之故也今縣官能為吾拊循百姓達吾愛養斯民之意得其歡心豈不深可嘉尚且為政以得民心為本以得民心則其去也民豈得不愛而留之不才者民疾之如仇讐惟恐其去之不速豈肯留也即此可以知其人之賢否矣使守令皆能撫民天下何憂不治賞而勸之非濫恩也

賑貸

○洪武元年七月庚寅

太祖謂中書省臣曰中原兵難之後老稚之孤貧者多有所失宜遣人賑卹之省臣以國用不足為對

太祖曰得天下者得民心也夫老者民之父母幼者民之子弟恤其老則天下之為子弟者悅恤其幼則天下之為父母者悅天下之老幼咸悅矣其心有不歸者寡焉茍視其困窮而不之恤民將憮然曰惡在其為我上也故周窮乏者不患無餘財惟患無是心能推是心何憂不足今日之務此最為先宜速為行之

○洪武三年正月丁巳西安鳳翔二府飢耆民宋昇等來言

太祖即命戶部往賑之戶部奏彼民飢須運粟以濟之

太祖惻然曰民旦暮待哺如涸魚之欲水若待運粟濟之死者多矣况今東作方興民無食而廢耕將見其患益甚即令戶部主事李亨馳驛往賑之戶給粟一石計三

萬六千八百八十九石

太祖謂戶部侍郎楊靖曰夫代天理民者君也代君養民者守令也今使者還言青州民飢有司不以聞是豈有愛民之心哉亟遣人馳驛往賑之就逮治其官吏於是所賑人戶凡二十一萬四千六百為鈔五百三十六萬錠有奇

保全功臣

○甲辰四月乙巳

太祖聞諸功臣家僮僕多有橫肆者乃召徐達常遇春等諭之曰爾等從我起身艱難成此功勛匪朝夕所致比聞爾等所畜家僮乃有恃勢驕恣逾越禮法此不可不

治也小人無忌不早懲治之他日或生釁隙寧不為其
所累我資將臣共濟大業同心一德保全始終豈宜有
此故與爾等言此輩有横肆者宜速去之如治病當急
去其根若隱忍姑息終為身害
○洪武三年十二月甲子
太祖退朝從容與諸將論興兵以來征伐之事謂中山侯
湯和等曰朕賴諸將佐成大業今四方悉定征伐休息
卿等皆爵為公侯安享富貴當保此祿位傳子孫與國
同休然須安分守法存心謹畏則自無過舉朝廷賞罰
一以至公朕不得而私也昔尉遲敬德見唐太宗危迫
單騎入王世充陣中與單雄信力戰翼衛太宗以出其

功大矣及太宗宴羣臣敬德與任城王道宗爭長擊其
目幾眇太宗怒欲寘之法非羣臣力諫太宗肯惜其功
而貸其罪乎又如長孫無忌文德皇后親弟也嘗佩刀
入禁門監門者失於覺察后請治以法太宗特命釋之
帝室親姻有罪猶不可免況其他乎卿等能謹其所守
則終身無過失矣
○洪武四年十一月壬申
太祖御武樓下指揮使郭英等侍側
太祖顧謂英等曰朕嘗思保天下汝能思保身與家乎英
曰臣性至愚嘗念及此
太祖曰朕命軍士往臨濠造宮殿汝等又役之為私室豈
保身與家之道哉英等駭懼頓首請罪
太祖曰朕未忍加罪汝當內省於心朕與汝等分雖君臣
恩同父子一子被責而衆子知懼則家可保矣如楊憲
等其罪當死朕雖宥之亦竄之遠地使衆人知懼不至
廢法傷恩朕思所以保汝輩之道汝乃不思保其身誠
愚也既又曰昔朕
皇考嘗言凡人守分植財如置田地稼穡收穫歲有常利
用之無窮若悖理得財如貪官汙吏獲利雖博有喪身
亡命之憂今汝俸祿有如力田歲享其利無有已時比
於貪饕所得用之有盡猶潢汙之水朝盈而夕竭矣汝
等有勳於國朕既酬以爵祿能守而勿失則子孫永有

所賴汝其識之英等頓首謝曰
陛下訓飭臣等切至銘刻不敢忘也
○十二月甲申時諸勳臣所賜公田莊佃多倚勢冒法凌
暴鄉里而諸功臣不禁戢
太祖乃召諸勳臣諭之曰古人不虧小節故能全大功不
遺細行故能成大德是以富貴終身聲名永世今卿等
功成名立保守晚節正當留意而所有莊佃常倚汝之
勢挾威以凌鄉里卿等何可不嚴戒約之彼小人耳戒
之不嚴必漸自縱自縱不已必累爾之德也

禮前代

○洪武三年六月丁卯左副將軍李文忠遣人送故元諸

孫買的里八剌等至京師及以其寶册來獻省臣楊憲
等請以買的里八剌獻俘於廟寶册令百官具朝服進
太祖曰寶册貯之庫不必進也古者雖有獻俘之禮武王
伐殷曾用之乎憲曰武王事殆不可知唐太宗嘗行之矣
太祖曰太宗是待王世充若遇隋之子孫亦恐不行此禮
元雖夷狄入主中國百年之内生齒浩繁家給人足朕
之祖父亦預享其太平雖古有獻俘之禮不忍加之只
令服本俗衣以朝朝畢賜以中國衣冠就令謝復謂憲
曰故國之妃朝於君者元有此禮不必效之亦令衣本
俗服於中宮朝見見畢賜之中國服亦令就謝

○巳巳買的里八剌朝見

太祖謂省臣曰朕見前代帝王革命之際獲其后妃往往
不以禮遇欺孤虐寡非盛德所為朕甚不取今元脫忽
思后在此北狄但知食肉飲酪且不耐暑其飲食居第
務適其宜若其欲歸當遣還沙漠

○洪武四年正月庚寅

太祖謂侍臣曰推誠心以待人路人可使如骨肉以嫌猜
而御物骨肉終變為仇讐朕遇前元親族如高昌岐王
等皆授以顯職仍令帶刀侍衛一無所疑朕待之如此
彼豈肯相負哉侍臣對曰
陛下此心實古帝王一視同仁之心也

○洪武七年九月丁丑

太祖謂廷臣曰草木無心遇春而長茂遇秋而零落氣之
所感猶如榮悴況於人乎崇禮侯買的里八剌南來已
五載今既長成豈無父母鄉土之思宜遣之還於是厚
禮而歸之遣老成宦者咸禮袁不花帖木兒二人送其
行復還其父愛猷識理達臘織金文綺及錦衣各一襲
買的里八剌辭
太祖諭之曰爾本元君子孫國亡就俘曩即欲遣爾歸以
爾年幼道理遼遠恐不能達今既長成朕不忍令爾
久客於此故特遣歸見爾父母親戚遂骨肉之愛又謂
二宦者曰此是故元之嗣也不幸至此長途跋涉爾善
視之

○洪武十一年六月壬子遣使致祭故元幼主於沙漠

太祖命禮部臣曰曩者元運既終其末帝能知天命遁歸
沙漠今聞其子愛猷識理達臘歿於彼可遣使弔祭禮
部臣對曰道里遼遠使者難至況彼久離中華已變異
俗非典禮所加
太祖曰帝王以天下為一家彼不出覆載之外何遠之有
彼雖異俗其愛憎之情未嘗不同敬其主則其臣悅況
典禮所加其孰得違德舍禮哉於是自為文祭之
禮臣下

○洪武元年七月丙子勑諭新授北方守令曰牧民之任
當愛其民況新附之邦生民凋瘵不有以安養之將復

流離失所望矣爾宜體朕意善撫循之毋加擾害簡役
省費以厚其生勸孝勵忠以厚其俗能如朕言不但民
受惠於汝汝亦獲循良之名矣乃命中書給賞以厲其
廉恥

諭將士

○巳亥春正月乙巳
太祖既撫定寧越欲遂取浙東未下諸郡集諸將諭之曰
仁義足以得天下而威武不足以服人心夫克城雖以
武而安民必以仁吾師比入建康秋毫無犯故一舉遂
定今新克婺城民始獲甦政當撫恤使民樂於歸附則
彼未下郡縣亦必聞風而歸故取天下以不殺為本吾

每聞諸將下一城得一郡不妄殺人輒喜不自勝蓋師
旅之行勢如烈火火烈則人必避之故鳥不萃鷹鸇之
林獸不入網羅之野民必歸寬厚之政為將者能以不
殺為心惟國家之利在已亦蒙其福為之子孫者亦必
昌盛爾等從吾言則事不難就大功可成矣

○癸卯九月壬申
太祖平陳友諒還告廟飲至論功行賞賜常遇春廖永忠
田餘將士金帛有差因與諸將論鄱陽之戰諸將請曰
自古水戰必得天時地利乃為可勝若周瑜之破曹操
因風水之便乃能勝之陳友諒兵據鄱陽先處上流而
待我是得地利矣況我勞而彼佚今勝之誠未喻也

太祖曰汝不聞古人所謂天時不如地利地利不如人和
陳友諒兵雖衆强人各一心上下猜疑矧用兵連年數
敗而無功不能養威俟時今日適勞於東明日又馳鶩
於西失衆心也夫兵貴時動動則威威則勝我以時動
之師威不震之虜將士一心人百其勇如鷙鳥搏擊巢
卵俱覆此所以為吾破也諸將皆歎服

○十二月戊午
太祖閱武于雞籠山還坐西苑召指揮華雲龍等諭之曰
今日所閱騎士汝能知其數否對曰不知
太祖曰陣勢或圓或方或縱或横斂合布散倏往忽來使
人莫測善用兵者以少為衆以弱為强逸已而勞人伐

謀而制勝運乎陰陽行乎鬼神雖有勇者莫能施其力
智者莫能用其謀斯為妙矣大抵兩敵相對在審其强
弱識其多寡以正應以奇變奇正合宜應變弗失百戰
百勝之道也汝等其識之

○甲辰三月己巳句容儒士戎簡見
太祖與語及陳氏之事簡曰
主上向者敗陳氏于九江其衆既潰何不乘勝直抵武昌
而乃引還今雖克之費力亦多矣
太祖曰汝儒者豈不聞覆巢之下有完卵乎況事有緩急
兵貴權宜當陳氏兵敗我豈不知乘勝以躡之兵法曰
窮寇勿追若乘勝急追彼必死鬭殺傷必多吾故縱之

遣偏師綴其後防其奔逸料彼創殘之餘人各偷生喘
息不暇豈復敢戰我以大軍臨之故全城降服一者我
師不傷二者生靈獲全三者保全智勇所得不亦多乎
簡大悅服他日
太祖與諸將論用兵方畧因謂諸將曰汝等非不善戰然
臨事決機智或不足宜親近儒者取古人之書聽其議
論以資智識前者我簡所言吾雖非之然當時將校亦
有勸我邀之下流而以全師蹙之武昌賊衆可以全獲
軍中皆以為奇謀不知簡亦能言之然皆非吾意也汝
等當思之勿以吾不用簡言而遂輕儒者
○甲辰五月丙寅

太祖諭諸將曰汝等所統軍士雖有衆寡不同要必皆識
之知其才能勇怯何如緩急用之如手足相衛羽翼相
蔽必無喪失若但知其名數不識其能否猝臨戰陣何
以應敵且人家有僮僕亦須知其能否矧為將率而不
知士卒可乎夫能知人則勇者効力智者効謀鮮有不
盡心者苟一槩視之則勇者退後而智者韜策矣汝等
其識之
○乙巳春正月乙酉
太祖將經理淮甸親閱試將士命鎮撫居明率軍士分隊
習戰勝者賞銀十兩其傷而不退者亦勇敢士賞銀有
差且犒給酒饌勞之仍賜傷者醫藥因諭之曰刃不素
持必致血指舟不素操必致傾溺弓馬不素習而欲攻
戰未有不敗者吾故擇其汝等練之今汝等勇健若此
臨敵何憂不克爵賞富貴惟有功者得之顧謂起居注
詹同等曰兵不貴多而貴精多而不精徒累行陣近聞
軍中募兵多冗濫者吾特為戒之冀得精銳庶幾有用
也
○辛丑命千户夏以松守臨江張信守吉安單安仁守瑞
州悉屬江西行省節制將行
太祖召以松等諭之曰汝皆吾親故有功之人故命以專
城之寄夫守一郡必思所以安一郡之民民安則汝亦
安矣昔者喪亂未免有事於征戰今既平定在於安輯

之而已凡守城者譬之守器當謹防損傷若防之不固
致使缺壞則器為廢器守者亦不得無責矣吾不以富
貴而忘親故汝等勿以親故而害公法庶幾上下之間
恩義兼盡生民享安全之福汝等亦有無窮之美矣
○九月丙辰
太祖諭諸將校曰近平章常遇春克襄陽軍還之日極稱
先鋒張煥勇智兼人小心畏法予聞甚喜若其始終如
一不易所守異日用將一軍未嘗不可大抵人有才能
者不失於粗鄙則失於驕蹇若煥既有如是之能而小
心畏法此其所以可喜也汝等當壯盛之年正當發奮
以取功名豈可碌碌隨衆進退我之用人一善皆錄不

捲其能毋謂雜處於衆人之中而我不汝知譬如良金在沙而淘者識之美玉在璞而琢者取之若果能建立奇勳即有超人爵賞苟畏怯無能而希慕賞功猶不稼穡而欲望有秋其可得乎

○丙午四月癸亥淮安降將梅思祖等至建康

太祖諭之曰汝等多故趙均用部曲往往皆授重名繼歸張氏復食其祿今來歸我寧無舊主之思乎諸將對曰草昧之際誠欲擇豪傑以自附今幸去彼而從

主上猶出昏暗覩天日豈敢有反覆耶

太祖曰汝豈真知我之可附哉諸將曰臣觀

主上豁達大度英明果斷推赤心以任人輟衣食以賞士

令行禁止真命世之主臣等誠得所歸

太祖曰爾等既無二心當戮力建功以保富貴諸將皆頓首謝

○七月丁未

太祖以淮安諸郡既平遂議討張士誠召中書省及大都督府臣謂曰張士誠據姑蘇數侵擾吾近皆為吾境内之寇不可不討諸公其熟計之右相國李善長對曰張氏宜討久矣然以臣愚觀之其勢雖屢屈而兵力未衰土沃民富又多儲積恐難卒拔宜候隙而動

太祖曰彼昏淫益甚挑釁不已今不除之終為後患且彼疆域日蹙長淮東北之地皆為吾有吾以勝師臨之何憂不拔況彼敗形已露何待觀隙徐達進曰張氏驕横暴殄奢侈此天亡之時也其所任驍將如李伯昇呂珍之徒皆齷齪不足數徒擁兵衆為富貴之娛耳其居中用事者黄蔡葉三參軍輩迂闊書生不知大計臣奉

主上威德率精銳之師聲罪致討三吳可計日而定

太祖喜顧達曰諸人局於所見獨爾合吾意事必濟矣

○八月辛亥命中書左相國徐達為大將軍平章常遇春為副將軍帥師二十萬伐張士誠

太祖御戟門集將佐諭之曰古人立大功於天地間者必因其時以立其志如伊尹佐湯以伐桀呂望佐武王以剪商皆得其時而志在於天下蒼生也自大亂以來豪

傑並起所在割據稱名號者不可勝數江南亂雄西有陳友諒東有張士誠皆連地千里擁衆數十萬吾介乎二人之間相與抗者十餘年觀二人所為其志豈在於民不過貪富貴聚淵藪劫奪寇擾而已友諒敗滅獨士誠據有浙西北連兩淮恃其強力數侵吾之疆場賴諸將連歲往討克取兩淮之地今惟浙西姑蘇諸郡未下故命卿等討之卿等宜戒飭士卒毋肆虜掠毋妄殺戮毋發丘隴毋燬廬舍聞張士誠母葬姑蘇城外慎勿侵毀其墓汝等毋忘吾言諸將帥務在輯睦勿縱左右欺凌軍士凡為將之功必資士卒善撫恤之大抵克敵者必以成功為効樹德者必以廣恩為務卿等勉之諸將

皆再拜受命
○吴元年七月戊寅
太祖諭諸將曰兵以戢亂非為亂也若假兵以逞志仁者所不為曩者元季兵興羣雄角逐恃威憑陵者非止一人其間有以貨財而貪戾者有以聲色而淫暴者有因仇讐而報復者有因忿怒而加誅者提兵貪旅求快意於一時而不知傷人害物有不勝其荼毒朕往往行師之際必申嚴號令以戢貪暴汝等從事征討宜體此意若曹彬曹翰之事可為勸戒矣吾嘗以此諭徐達為將之道雖務威嚴要之以仁愛為本達能聽吾言攻城下邑不肆殺戮可謂善將矣汝等其勉勗之

○九月甲戌命參政朱亮祖帥浙江衢州金華等衛馬步舟師方國珎
太祖曰方國珎魚鹽負販嘯聚偷生觀望從違志懷首鼠今出師討之勢當必克彼無長策惟有泛海遁耳三州之民疲困已甚城下之日毋殺一人於是亮祖頓首受命而行
○戊子
太祖御戟門閱試將士因諭千戶趙宗等曰軍士行伍不可不整進退不可無節雖營壘廬舍亦必部伍嚴整遇有調發易於呼名不致失次自今居營者必以總旗為首小旗次之軍人又次之列屋而居凡有出征雖婦女在家亦得互相保愛臨敵之時亦如前法居則部伍不亂行則進退有節加之將有智謀不戰則已戰則必勝復簡閱騎士弓弩各為部分諭之曰汝等知弓力乎其力但能至百步百步之外又加五步焉不能入矣故善射者求中於百步之内則弓無敗折之患馭馬亦然其力能至百里百里之外加十里焉則馬力疲矣故善馭馬者常使其力有餘而不盡則馬無蹶傷之失況攻戰之際馬力居多平原曠野馳驟上下無不從志克敵追奔所向無前皆在馬力若不善於調養使其力乏則臨陣之際必至敗事無以成功矣因下令將士不得私乘戰馬及載他物違令者罪之

○十月甲子命中書右丞相信國公徐達為征虜大將軍中書平章掌軍國重事鄂國公常遇春為征虜副將軍率甲士二十五萬由長淮入大河北取中原中書平章胡廷瑞為征南將軍江西行省左丞何文輝為副將軍率吉安寧國南昌袁贛滁和無為等衛軍由江西取福建以湖廣參政戴德隨征湖廣平章楊璟左丞周德興參政張彬率武昌荆州益陽常德潭岳衡灃等衛軍取廣西
太祖召諸將諭之曰征伐所以奉天命平禍亂安生民故命將出師必在得人今諸將非不健鬬然能持重師有紀律戰勝攻取得為將之體者莫如大將軍達當百萬

之衆勇敢先登摧降陷陣所向披靡莫如副將軍遇春
然吾不患遇春不能戰但患其輕敵耳吾前在武昌觀
見遇春纔遇數騎挑戰卽輕身赴之彼陳氏如張定邊
者何足稱數尚據城指揮遇春為大將顧與小校爭能
甚非所望切宜戒之若臨大敵遇春須領前鋒或敵勢
强則遇春與參將馮宗異分為左右翼各將精銳以擊
之左丞薛顯參政傅友德皆勇畧冠諸軍可各領一軍
使當一面或有孤城小敵但遣一將有膽畧者付以總
制之權皆可成功達則專主中軍策勵羣帥運籌決勝
不可輕動古云將在軍君不與者勝汝等其識之又謂
達曰閫外之事汝實任之茲行必自山東次第進取山

東古云十二山河之地師行之際須嚴部伍明分數一
衆心審進退之機適通變之宜使戰必勝攻必取我虛
而彼實則避之我實而彼虛則擊之將者三軍之司命
立威者勝任勢者强威立則士用命勢重則敵不敢犯
吾嘗與諸豪傑並觀其取敗者未有不由威不立而勢
輕也汝其愼之諭友德曰此行汝當努力昔漢高祖與
項羽爭衡彭越宣力於山東今用師自山東始汝其勉
之諭廷瑞曰汝以陳氏丞相來歸事吾數年忠實無過
故命汝總兵往取福建何文輝為爾之副湖廣參政戴
德從汝調發二人皆吾親近之人勿以此故廢軍政凡
號令征戰一以軍法從事吾昔微時在行伍中見將師

統御無法心竊鄙之及後握兵柄所領一軍皆親附之
士一日驅之野戰有二人犯令卽斬以徇衆皆股栗莫
敢違吾節度人能立志何事不可為閩汝往年嘗攻閩
中必深知其地里險易今總大軍進往凡攻圍城邑必
擇便利可否為之進退無失機宜克定之功全賴於汝
於是達等辭出

○是日大將軍徐達等與諸將各率兵啟行

太祖復大召諸將士諭之曰今命爾諸將各率所部以定
中原汝等師行非必畧地攻城而已要在削平禍亂以
安生民凡遇敵則戰若所經之處及城下之日勿妄殺
人勿奪民財勿毁民居勿廢農具勿殺耕牛勿掠人子

女民間或有遺棄孤幼在營父母親戚來求者卽還之
此陰隲美事好共為之復諭楊璟等曰南方之地皆入
版圖惟北山東尚未寧一兩廣八閩尚未歸附已命丞
相徐達平章常遇春等北定中原平章胡廷瑞等分道
南征以取八閩俟八閩既定就以其師航海趨廣東故
命爾等率荆湘之衆進取廣西兩軍合勢何征不克何
堅不摧爾其務靖亂止暴撫綏順附使遠人畏服懋建
乃勖毋替予命諸將皆頓首受命各引兵發

○十二月辛亥

太祖遣人諭大將軍徐達副將軍常遇春曰聞將軍已下
齊彖諸郡中外皆慶予獨謂勝而能戒者可以常勝安

而能擊者可以常安戒者雖勝若始戰擊者雖安若傾危夫屢勝之兵易驕久勞之師易潰能慮于敗乃可以無敗能慎于成乃可以有成必須周防謹密常若臨敵勿生懈怠為人所乘慎之慎之

○洪武元年正月丙子征南將軍湯和移師進攻延平

太祖遣使賫勅諭和曰軍中之事難於執一惟當以德服人必其負固弗順然後威以震之凡推德必先邇者邇者遠之所瞻示威必先大者大者小之所憑邇服則遠來大懾則小懼又曰若欲人不違己當使之以信欲人成功當任之以專不信則令不一不專則權有所分矣凡此皆汝所短故特諭之

○三月甲戌

太祖諭武臣曰汝曹從朕起兵攻城畧地多宣勞力然近日新降附者亦有陞擢居汝輩之上而爾反在其下非棄舊取新今天下一家用人之道至公無私彼有智謀才畧克建功勛故居汝輩之上夫有兼人之才出衆之智乃有超人之爵賞汝輩苟能日親賢士大夫以廣其智識努力以建業不患爵位之不顯也於是皆頓首感激各賜繡衣以慰勉之

○乙酉

太祖御奉天門與劉基論兵事

太祖曰克敵在兵而制兵在將兵無節制則將不任將非人則兵必敗是以兩軍之間決死生成敗之際有精兵不如良將基對曰臣荷

聖上厚恩得侍左右每觀廟筭初謂未必皆然及至摧鋒破敵動若神明臣由是知任將在

陛下將之勝不若主之勝也然臣觀

陛下常不拘古法而勝此尤所難也

太祖曰兵者謀也因敵制勝豈必泥於古哉朕嘗親當矢石觀戰陳之事闔闢奇正頃刻變化猶風雲之無常勢要在通其變耳亦何暇論古法耶

○洪武二年正月丙申

太祖御奉天殿受朝賀大宴羣臣宴罷

太祖見諸功臣進退有禮名前諭之曰朝廷之間以禮為主人之有禮如衣之有章朕聞元世祖命伯顏阿木二人平江南班師之日世祖遣儒臣許衡齋酒郊迎之兩人推讓莫肯先飲伯顏曰阿木之功當先酌阿木曰伯顏之功當先酌相讓者久之衡歎曰賢矣哉古有拔劍擊柱而爭功者視此何如今觀卿等雖出身行陣而進退周旋不失禮度朕為之喜卿等能始終如此何患後世無稱道之者

○三月丙申命京衛將士練習武藝是時諸將率師平定中原入關陝而將士之留京師者多安逸

太祖諭之曰凡事必預備然後有濟先時浚流臨旱免憂

已涸而汲汎焦沸及汝等當閒暇之日宜練習武藝不可謂無事便可宴安也夫溺於宴安者必至於危亡安而慮危者乃可以常安又曰成功非易保祿尤難今國家之用人正如用車前有齟齬不行即移載他車矣汝等其戒之諸將皆頓首謝

○戊戌

太祖諭指揮同知袁義曰爾所統軍士多山東健兒勇而好鬭若加訓練悉是精兵然當推恩意以懷之嚴號令以一之庶幾臨敵之際得其死力今新陞武職者多不知訓練之法不思今日富貴皆自戰功得之且智超百人為百人之長智超千人為千人之長智超萬人為萬

人之長昔平章俞通海與陳氏戰鄱陽湖陳氏以巨艦壓通海舟勢危急其所統軍士皆奮勇力以首觝艦鐵帽盡壞而後得脫非通海訓練有素恩威兼濟安能得其死力若此爾等宜効之慎毋怠惰廢事

○庚子

太祖諭諸將校曰自古帝王居安慮危處治思亂今天下初定豈可遽以為安而忘警戒朕觀爾等智慮多不及此唯知享富貴取娛樂於所統軍士懵然不知簡練倘一旦有警將安用之朕昔下金華時館于廉訪司有給掃除老兵數人能言元時點兵事使者問其主將曰爾兵有乎曰有使者曰何在主將舉所佩繫囊出片紙指其名曰盡在此矣其怠弛如此及天下亂無兵可用乃集農夫驅市民為兵至不能彎弓發一矢駢首就戮妻子為俘國之亡者實此輩亡之矣汝等可不戒哉

○洪武三年六月庚辰以大都督府都督僉事張溫兼陝西行都督府僉事溫先從大將軍攻蘭州有功及是入謝

太祖諭之曰蘭州之捷可謂奇功夫將帥之道有功不伐則功益顯恃功驕恣則名益隳是故惟仁者不矜其功而智者克成其名仁智兼全所向無敵若乏仁寡智雖有勇敢之士百萬不足恃也古者仁智之將撫摩安輯見情達變坐而制勝以樹勳立名於當時者國家莫不倚重之功名始終萬古不朽其餘悍驕恣橫者及其成

功之後即復縱肆以致敗亡此蓋勇力有餘而仁智不足故也傳曰高而不危滿而不溢又曰功蓋天下守之以謙爾能守此為戒則可以長保富貴矣

○十一月辛丑

太祖朝罷退坐東閣召諸武臣問之曰爾等退朝之暇所務者何事所接者何人亦嘗近親儒生乎往在戰陣之間提兵禦敵以勇敢為先以戰鬭為能以必勝為功今居閒無事勇力無所施當與儒生講求古之名將成功立業之後事君有道持身有禮謙恭不伐能保全其功名者何人驕淫奢侈暴橫不法不能保全始終者何人常以此為鑒戒擇其善者而從之則可與古之賢將並矣

○十二月戊午

太祖聞指揮有笞虐軍士者乃召羽林衛指揮使龔昇等諭之曰爾等指揮之職乃五千人之長也簡閱士伍當示以恩信撫而教之不可恃威勢輒加凌虐且居京師治軍與閫外行軍之法不同彼號令不嚴則失機誤事在京唯當勤操練善撫綏而已近聞指揮多以細故箠楚軍士爾輩獨不念所得名爵皆軍士之力也今天下無事爾既各享富貴軍士無預乃不加撫恤反凌虐之大失人心汝等其戒之若復爾罪必不宥

○己未

太祖謂諸武臣曰治定功成頒爵授祿爾等享有富貴致

皇明寶訓 ■ 洪武五年 四十五

當與賢人君子講學以明道理以廣見聞通達古今之務以成遠大之器豈可苟且自足止於武夫而已夫位隆而不知學徒長驕傲之心生今而不知古豈識成敗之跡古之良將皆文武相資爾等不可以為兩途有識者必然吾言其次在從違之間其下者耳若不聞吾言諄切爾等其勉識之

○洪武五年十一月壬申命賞征甘肅京衛軍士一萬四百三十五人白金四萬四千兩時公侯都督指揮千百戶以匿所獲馬騾牛羊不賞

太祖因諭之曰為將者不私其身況於物乎昔祭遵為將憂國奉公曹彬平南唐所載惟圖書汝等能法古人則令名無窮今之不賞汝等當省躬以思補過諸將皆叩頭謝罪而退

○洪武六年三月戊申

太祖親閱武于教場既罷諭諸將臣曰畜兵所以衛民勞民所以養兵兵民相資彼此相利今爾等無耕耨之勞而充其食無織紝之苦而足其衣是皆出於民也較於民之勤苦而衣食常有不足然無知之徒不知扞禦之道橫起凌虐之心以害其民民受其害而至於困弊者是自損其衣食之本也不仁甚矣爾等勤勞建功皆已榮顯宜戒其縱恣之心體朕恤下之意且貴能思賤富能思貧者善處富貴也要能同其憂樂能同其樂者必

皇明寶訓 ■ 洪武五年 四十六

體眾情也不違下民之欲斯能合上天之心合乎上天之心斯可以享有富貴矣

○洪武七年四月壬寅永道桂陽諸州蠻寇竊發命金吾右衛指揮同知陸齡率兵討之

太祖諭之曰蠻夷梗化自作不靖今命卿等討之軍旅之事以仁為本以威為用申明號令不可姑息號令明則士有勵心姑息行則人懷怠志士心勵雖少必濟人志怠雖眾弗克所謂仁者非姑息所謂威者非殺伐仁以撫眾威以振旅則鮮有不克齡受命行皆討平之

○洪武十二年十二月丁亥

太祖御奉天門謂左都督丁玉曰爾近征威茂諸州幸已

成功然閫閫在軍中謀士甚少間有之又待之不得其心夫爲將必先智謀智謀必在用士故推誠待人則人爲我用若待之不誠亦孰肯盡心効用哉蓋得士者勝失人者弱苟不知此惟力之是尚何足以制敵固有獨萬人之力以應敵而不足有用一人之智以制敵而有餘此用智力之殊也觀往之功幸爲有成後將有命宜審於此

○洪武二十年十月乙酉

太祖與諸將論兵政

太祖曰國家用兵猶醫之用藥蓄藥以治疾不以無疾而服藥國家未寧用兵以戡定禍亂及四方承平只宜脩

甲兵練士卒使常有備也蓋兵能弭禍亦能召亂若恃其富強喜功生事結怨啓釁適足以召亂耳正猶醫家妄以瞑眩之藥強進無病之人縱不殘軀隕命亦傷元氣故爲國者但當常講武事不可窮兵黷武爾等皆有軍旅之寄宜深體朕意庶幾無失

○洪武二十一年六月是月

太祖閔世襲武臣有苛刻不恤軍士者特勑諭之曰爾今居位食祿者豈爾之能哉皆由爾祖父能撫恤軍士流慶於爾也朕觀國初諸老成將官初起兵時收撫士卒或一二十人或一百人二百人至四五百人必以恩撫之親如兄弟愛如骨肉故攻戰之際諸士卒爭先効力奮身不顧以此所向克捷人皆稱其善戰而不知由其善撫士卒故能如此甚至疾患扶持服勞奔走一如子弟之於父兄無不盡心至論功定賞大者爲公侯小者爲千百户若以一人之身無士卒之助能敵幾何人哉今爾等承襲祖父之職罔思富貴由士卒而來或苦虐之使強者致訟弱者懷怨衆心不輔遇攻戰則先退避患難則棄走上以敗國事下以喪身家此何異農夫種田援其嘉苗致饑以死也夫爲人之長而虐其下不仁敗國之事不忠亡先人之業不孝爾等何不思之其賢父母兄弟妻子及鄉黨朋友知事者亦各以朕言互相勸戒守法度恤軍士則永享太平安樂之福矣

○洪武二十一年七月丙戌賜天下武臣大誥令其子弟肄習

太祖謂兵部左侍郎沈溍等曰曩因武臣有違法厲軍者朕嘗著大誥昭示訓戒格其非心開其善道今思其子孫世襲其職若不知教他日承襲撫馭軍士或蹈覆轍必至害軍不治則法不行治之又非保全功臣之意蓋導人以善行如示之以大路訓人以善言如濟之以舟楫爾兵部其申諭之

大明太祖高皇帝寶訓卷之六
光祿大夫柱國少傅兼太子太傅禮部尚書武英殿大學士臣呂　本謹校
南京禮部祠祭清吏司郎中臣陳治本
南京兵部職方清吏司主事臣宋　儀謹閱
南京工部虞衡清吏司郎中臣王三讓書
諭羣臣
太祖召諸將諭之曰諸公久從吾勞苦若至矣然職其學
國其安逸若農之耕勤苦於春夏至秋乃獲由其用力
於前而取穫於後今日之事正猶是也所以必戀乎暇
豫故勞者逸之本否若春之穡吾與諸公先國其勞而
後其逸如農之望歲於是乎可待至於有旱涂發賸之
皇明寶訓　洪武六・春　乙
不足若此則係乎天時有非勤怠之所致耳
○三月丁丑
太祖諭中書省臣曰先王之世不施賞而民勸於善不施
罰而民不為非若是何也有仁義以為之本也夫聖人
統馭四海而宰制萬物者仁以居之義以行之故賢者
樂有仁義而不肖者有所覩戒焉是故商受乎夏周受
乎商而仁義未嘗改也天之生民治亂相繼亙萬世而
不易者其惟此乎故湯武用是而興桀紂忽是而亡今
天下紛紜靡有底定彼恃夫智力之私而戕賊於民者
豈復知有仁義哉卿等職居樞要所以輔吾者舍是則
無以為治國之本也卿等勉之

○乙巳六月乙卯以儒士滕毅楊訓文為起居注
太祖諭毅曰吾見元末大臣門下之士多不以正是處惟
務諂諛以圖苟合見其人所為非是不相與正救及其
敗也卒陷罪戾爾從徐相國幕下久而無過故擢爾是
職宜盡心所事勿為苟容苟事有差謬皆足為己之累
譬之良玉一有瑕疵即為棄物不能成器矣諭訓文曰
起居之職非專事紀錄而已要在輸忠納誨致主於無
過之地而後為盡職也吾平時於百官所言有善者尋
繹不已今爾在吾左右可不盡言且爾素稱謹厚當始
終一致苟易其所守則惡必生矣譬如馳馬能戒於險
阻則不墜肆意於平曠則顛蹶吾每以此自警故以爲
皇明寶訓　洪武六・春　二
爾等也他日復令訓文說集古無道之君若夏桀商紂
秦皇隋煬帝所行之事以進曰往古人君所為善惡皆
可以為鑑戒吾所以觀此者正欲知其喪亂之由以為
之戒耳
○七月丁巳命降將元僉院張德山歸襄陽招徠未附山
寨諭之曰自古豪傑識察於未形故夏將亡而終古先
奔於商殷將亡而向義先歸於周不待其迹之著見待
其迹之著見而後來歸者此常人非豪傑也汝能審存
亡之幾推誠歸我實有可嘉汝之才如美箭利鏃必求
善射者用之庶不枉其才若付之於不善射者豈不重
可惜哉今令歸襄陽招徠未附當曉以大義告以成敗

之由若彼不審其幾而恃險以爲固終非自全之計爾
往諭之俾知所以圖存能全衆而來功亦不細矣因厚
賜而遣之
○辛酉以王天錫爲湖廣行省都事諭之曰汝往襄陽贊
助鄧平章設施政治當參酌事宜修城池練甲兵撙節
財用撫綏人民庶事貴於果斷御衆必以鎮靜密以防
奸謹以待敵敵至則堅壁清野以乘其弊切不可輕犯
其鋒方鎮之寄固在將帥贊畫之助實資幕僚恪盡厥
心毋負吾委任之意
○丙午正月是月命按察司僉事周湞等定議按察司事
宜條其憲綱所當務者以進諭之曰風憲紀綱之司惟

在得人則法清弊革人言神明能行威福鬼魅能爲妖
禍爾等若能興利除害輔國裕民此即神明若陰私詭
詐蠹國害民此即鬼魅也凡事當存大體有可言者勿
緘默不言有不可言者勿沽名賣直苟察察以爲明苛
刻以爲能下必有不堪之患非吾所望于風憲矣
○三月丁未
太祖諭羣臣曰嘗聞昔者聖人不出戶庭而天下治蓋由
政成而化洽也治天下能使政成而化洽故不令而民
從不施而民悅吾甚慕之今師旅未休民未甦息政化
何以能若是也起居注王禕對曰政化修否係乎在上
之人

主上此心拳拳何憂政化之不成也
○六月癸亥
太祖諭羣臣曰國家休戚我與卿等同之曩者羣雄並起
東西角立孰不欲成大業然不數年徐氏以奢縱誠陳
氏以剛暴亡今惟張氏存來者咸謂其政事縱弛視昵
奸回上下蒙蔽民心離怨而費用無經士卒困敝而征
調不息此將亡之時也夫察於亡者然後可以圖存審
於危者然後可以求安彼昧乎存亡安危之幾而能有
成者鮮矣若吾之君臣儆急不戒亦終蹈其覆轍宜不
可憚卿等宜竭忠盡力以匡予不逮欽哉毋怠
○吳元年七月丙子除郡縣官二百三十四人諭中書省

臣曰新授郡縣官多出布衣到任之初或假貸於人或
侵漁百姓不有以養其廉欲其奉公難矣遂賜予道里
費明白各郡縣官既受賜入謝
太祖諭之曰自古生民之衆必立之君長以統治之不然
則强者食强弱者無弱紛紜吞噬亂無寧日矣然天下
之大人君不能獨治必設置百官有司以分理之鋤强
扶弱獎善去奸使民樂遂其所安民得其安然後可以
盡力田畝足其衣食輸租賦以資國用予今命汝等爲
牧民之官以民所出租賦爲爾等俸祿爾當勤於政事
盡心于民民有詞訟當爲辨理曲直毋苟尸位素餐貪
冒壞法自罹憲網爾往其愼之

○八月戊申有夫交贓人發其事吏赴井死
上聞之諭羣臣曰彼知利之利而不知利之害徒知愛利
而不知愛身人之愚孰有甚於此者君子聞義則喜見
利則恥小人則舍生為利所為相反然其人既死有不
足恤但其事可以為世之貪污者戒
○九月己丑張士誠既死
太祖謂羣臣曰張士誠吾本欲生全之但其為人剛愎無
識天命予奪之際豈可以力爭吾初定建康各守境土
未嘗有意攻伐彼誅誘吾將士自開兵釁戰鬭連年卒
為我擒使其早能省覺外睦鄰國內撫百姓豈易破之
乃驕侈自娛不念民艱其下又無忠良卒以詭詐取敗
其死也吾甚憐之

○壬寅
太祖視朝戟門召浙西來歸諸將諭之曰汝等舊事張氏
為將領兵計窮勢屈始降于我吾待以厚恩列于將校
吾所用諸將皆濠泗汝穎壽春定遠諸州之人勤苦儉
約不知奢侈非比浙江富庶耽於逸樂汝等亦非素富
貴之家一旦為將握兵多取子女玉帛非禮縱橫今既
歸于我當革去舊習如吾濠泗諸將庶可以保爵位人
莫不樂富貴然既富貴易保富貴難汝等誠能盡心效
職從大軍除暴平亂使大業早定非獨已受富貴子孫
亦得以世享爵祿若肆志一時慮不顧後雖暫得快樂
旋復棄敗何足為真富貴乎此皆汝等所親見者不可
不戒也
○十月壬子以湯和為左御史大夫鄧愈為右御史大夫
劉基章溢為御史中丞文原吉范顯祖為治書侍御史
安慶為殿中侍御史錢用壬為經歷何士弘吳去疾等
為監察御史基仍兼太史院使
太祖諭之曰國家新立惟三大府總天下之政中書政之
本都督府掌軍旅御史臺糾察百司朝廷紀綱盡繫於
此卿等當思正己以率下忠勤以事上蓋己不正則不
能正人是故治人者必先自治能自治則人有所瞻仰
毋徒擁虛位而漫不可否毋委靡因循以縱奸長惡毋

假公濟私以傷人害物詩云剛亦不吐柔亦不茹此大
臣之體也卿等勉之又諭御史大夫湯和曰卿以武臣
而處文職當求儒者講論自古人臣立身行己事君治
人之道盡心所事以成功業他日名書史冊垂耀千載
豈不美哉和頓首謝
○十一月乙未冬至文武官朝賀如常儀是日太史院使
劉基及其僚高翼進戊申大統曆
太祖覽之謂基曰此眾人之為乎基曰是臣二人詳定
太祖曰曆數者國之大事帝王敬天勤民之本也天象之
行有遲速古今曆法有疏密一不得其要不能無差春
秋之時鄭國為一詞命必裨諶草創世叔討論子羽修

飾子產潤色然後用之故少有闕失辭命尚如此而况
於造曆乎卿等推步須各盡其心必求至當庶幾副朕
敬授民時之意基等頓首而退乃復以所錄再加詳較
而後刊之
○十二月癸卯
太祖御白虎殿諭羣臣曰自古忠賢之士大槩有三輔國
安邦孜孜圖治從容委曲勸君為善君雖未聽言必再
三人君感悟而聽用之則朝廷尊安庶務咸理至於進
用賢能使野無遺逸黜退邪佞處置當法而人不敢怨
此上等之賢也博習古人之言深知已成之事其心雖
忠於輔國而胷中無機變之才是古非今膠柱鼓瑟而

强人君以難行之事然觀其本情忠鯁亦可謂端人正
士矣屢遷斥辱其志不怠此亦忠於為國乃中等之賢
也又有經史之學雖無不通然泥於古人之陳迹不識
經濟之權衡胷中混然不能辯別每揚言高論以為進
諫竟不知何者宜先何者宜後何者可行何者不可行
凡其謀事自以為當而實不切於用人君聽之則以之
自高不聽則謂不能行其言既無益於國家徒使人君
有拒諫之名然其心亦無他不識時達變耳此下等之
賢也予今諭此三者有識者自見耳
○戊辰
太祖諭中書省臣曰自古聖賢之君不以祿私親不以官
私愛惟求賢才以治其民所以示天下至公也元朝出
於沙漠惟任一己之私不明先王之道所在官司輒以
蒙古色目人為之長但欲私其族類羈縻其民而已非
公天下愛民圖治之心也况奸吏從而蒙蔽之舞文弄
法朝廷之上賄賂公行苟且之政因循歲月上下同風
不以為怪末年以來其弊尤甚以致社稷傾危而卒莫
之救卿等宜以為戒選官之際愼擇其人而用之勿循
其弊也
○洪武元年正月癸未
太祖諭省府臣曰爾諸大臣既受封爵進職位可謂尊顯
矣當同心輔國以享祿位朕嘗思古之君臣居安不忘

儆戒盈滿常懼驕縱兢兢業業一愼一日故能始終相
保不失富貴大抵開基創業之主待功臣非不欲始終
盡善如韓信彭越自不能保全其功深可惜也至承平
之後舊臣多有獲罪者究其所以蓋其事主之心日驕
富貴之志日滛以致于敗古人置欹器於坐側正以戒
其驕盈耳汝等宜戒愼之又謂都督府臣康茂才等曰
汝等今成大功豈汝一人之能哉非軍士同心効力曷
能致此切不可挾功驕恣輕忽下人若此則鮮有不敗
者朕故拳拳為爾等言之古之人主待其臣下往往以
權術駕馭不以至誠相感故易生猜疑今吾以直言告
汝常相警戒非止在於汝身汝又當以朕意訓汝子孫

則可與國同其久長矣時皇太子侍側
太祖指謂之曰太子年幼未歷世故朕嘗以此意誨之使
他汝子成立與吾兒共享太平常如今日則子子孫孫
有無窮也羣臣皆拜謝而退
○八月戊寅
太祖將復幸北京諭六部官曰自古帝王肇造之初所用
人材率資於前代如漢唐宋元皆用隋五代宋金舊人
朕始定中原卿等多前代良材悉歸於朕既設六部選
用卿等各任其事凡銓選錢穀典禮軍政刑名役作等
事須用心經理勿使委人盖任人弗當不能無失朕將
北巡卿等留守京師宜體朕意以供厥職毋或廢怠

十二月辛卯以宋冕為開封府知府
太祖諭之曰元以六事責守令徒具虛文今喪亂之後中
原草莽人民稀少所謂田野闢户口增此正中原今日
之急務若江南則無此曠土流民矣汝往治郡務在安
輯民人勸課農桑以求實效勿學迂儒但能談論而已
○洪武二年二月丙寅朔詔修元史
太祖諭廷臣曰近克元都得元十三朝實錄元雖亡國事
當紀載况史紀成敗示勸懲不可廢也乃詔中書左丞
相宣國公李善長為監修前起居注宋濂漳州府通判
王褘為總裁徵山林遺逸之士汪克寬胡翰宋禧陶凱
陳基趙壎魯高啓趙汸張文海徐尊生黄箎傅恕王錡
傅著謝徽十六人同為纂修開局於天界寺復取元經
世大典諸書以資參考諸儒至
太祖諭之曰自古有天下國家者行事見於當時是非公
於後世故一代之興衰必有一代之史以載之元主中國
殆將百年其初君臣朴厚政事簡略與民休息時號小
康然昧於先王之道酣溺胡虜之俗制度疎濶禮樂無
聞至其季世嗣君荒淫權臣跋扈兵戈四起民命顛危
其間雖有賢智之臣言不見用用不見信天下遂至土
崩然其間君臣行事有善有否賢人君子或隱或顯其
言行亦多可稱者今命爾等修纂以備一代之史務直
述其事毋溢美毋隱惡庶合公論以垂鑒戒

○甲午
太祖諭羣臣曰昔元時不重名爵或以私愛輒授以官職
名雖易得實無益於事徒擁虛名而已朕今命官必因
其才官之所治必盡其事所以然者天祿不可虛費也
又嘗思昔在民間時見州縣官吏多不恤民往往貪財
好色飲酒廢事凡民疾苦視之漠然心實怒之故今嚴
法禁但遇官吏貪汙蠹害吾民者罪之不恕卿等當體
朕言若守己廉而奉法公猶人行坦途從容自適苟貪
賄罹法猶行荊棘中寸步不可移縱得出體無完膚矣
可不戒哉
○洪武三年正月癸巳以駙馬都尉王恭為福建行省參

政
太祖諭恭曰國家用人惟才是與使省暫無間於疏遠使
不肖何䘏於親昵福建從當廣元來因於弊政殘剝
尤甚民病未蘇今命汝往撫綏之汝無恃親故以生驕
縱貽患於民國家政令一本至公爾不能守法朕人臣
之道朕亦豈敢撓法違天下公議汝其欽哉
○甲午各道按察司官來朝
太祖因召御史臺臣并諭之曰風憲之任本以祈姦邪理
寃抑糾正庶事肅清紀綱以正朝廷而元末臺憲每假
公法挾私憤以相傾排今日彼傾此之親戚明日此傾
彼之故舊譬猶蛇蝎自相吞噬卒致敗亡而後已如此
則何以為臺諫也今卿等司風紀當以大公至正為心

揚善遏惡辯別邪正不可循習故常挾公以濟私苟或
如此不惟負朕委任亦失其職守矣
⊙洪武四年閏三月庚辰改兵部尚書劉貞為治書侍御
史
太祖諭之曰臺憲之官不專於糾察朝廷政事或有遺闕
皆得言之人君日理萬幾聽斷之際豈能一一盡善若
臣下阿意順旨不肯匡正則貽患無窮今擢卿為侍御
史居朝廷之上當懷謇諤之風以為百司表率至於激
濁揚清使奸邪屏跡善人衆進則御史之職舉矣
○四月壬辰

太祖諭羣臣曰凡事勤則成怠則廢思則通昏則窒故善
持其志者不為昏怠所乘是以業日廣德日進聖人初
無異於常人而常人不能如聖人者以弗勤弗思爾昔
日孜孜為所以成大功不遑暇食文王所以開王業後
人之未勤庶政先為優逸若元之季世上下晏安驕奢
淫縱政事不理民窮不恤卒以此失天下可不戒哉
○洪武五年二月己卯
太祖諭羣臣曰凡居官者任之大小雖不同要皆盡其職
而已昔范文正公居位凡日之所為必求與食相稱或
有不及明日必補之其心始安賢人君子於國家盡心
如此朝廷豈有廢事天下安得不治元之將亡內外諸

官皆安於苟且不修職事惟日食肥甘圖諧度日凡生
民疾苦政事得失略不究心由是紀綱廢弛民心日離
遂致土崩此皆近事可為明鑒朕每夜不安寢未明視
朝常恐天下之事或有廢怠不舉民受其弊卿等當體
朕懷夙夜盡心能修厥職則無負國家異日全名青史
豈不美哉
○壬午
太祖諭羣臣曰朝廷設官各有定分上不淩下下不諂上
恪守乃職是為正人昔寇準在相位丁謂為參政嘗會
食食汙準鬚謂起拂之準正色曰豈有身為執政親為
宰相拂鬚耶謂慚而退是謂以諂事準準以正待之君

子小人可見矣又聞前元國初風憲體制甚嚴嘗有憲臣寢疾椽吏往候之憲官力疾强起扶杖而行因以杖搜吏吏拱手却立不受如是者再三憲官悟其意乃止明日見吏遜辭謝之吏曰然某爲吏屬非公家僮不敢避勞慮傷禮體爾以此觀之則憲吏亦正人也爾等宜鑒于此耶者戒之正者効之可也

○八月戊子

太祖召諸勳臣諭之曰難成者功難得者爵卿等損軀以從朕百戰以有功豈非成之難乎然因功以定爵高出等倫豈非得之難乎知成之難則思所以保之知得之難則思所以守之保守之道惟敬謹而已不以功大而

有驕心不以爵隆而有怠心故能享其榮盛延及後世大抵敬謹爲受福之本驕怠爲招禍之原惟知道者可以語此

○洪武六年正月己巳

太祖諭來朝守令曰朕設置百官各司厥職以分理庶務惟郡守縣令爲牧民之官凡賦斂傜役訴訟皆先由縣次方至府若縣令賢明則賦斂平傜役均訴訟簡一縣之事既治則府可以無憂矣苟縣官貪虐以毒民或怠弛以廢事民間利病尸坐不聞不惟民受其殃府亦受其弊矣爲府官者知其弊能繩其奸貪去其闒茸請吏賢者而任之則上下皆安矣若知而不一上下蒙蔽雖

苟且一時終必爲其所累智人君子必能察於此矣爾等勿謂身居遠外朕不能知異日政績有聞必有嘉賞顧爾等爲政何如耳命賜以酒食明日陛辭

太祖復諭之曰慈祥愷悌身之德也刻薄殘酷德之賊也君子成其德而去其賊故惠及於人小人養其賊而悖其德故殃流於衆是人莫不有是德君子守之不失故天理恒存小人舍而不爲故私欲恒蔽朕之任官所用惟賢舉廉與孝惟欲厚俗崇德勸善惟欲成化若僞爲慈祥必無仁愛之實僞爲愷悌必無樂易之誠爾等宜勉修厥職廣施惠政以副朕懷

○丙辰

太祖諭御史臺臣曰爲人不可太剛亦不可太柔剛則傷物柔則廢事二者相濟始克有成往見貪饕之徒常執謙下不拂人意蓋緣所守不正恐舉動其奸故爲此取媚之態人喜其媚已以爲賢則墮其術中矣其不貪者自謂操守廉潔無敢誰何故與人言議稍有不合輒起爭端此雖剛强人惡其拂已以爲不肖則失人矣夫以中而處剛則必無矯激之情以正而處柔則必無畏怯之態修其在已人亦豈得而是非之也

○四月甲戌以工部尚書黄肅刑部尚書高萬傑爲廣西行省參政刑部郎中高暉磨勘司令吕宗藝爲福建行省參政

太祖諭之曰方面之任責在廉明而戒於苛察責在剛果而戒於急暴貴在有禮而戒於諂諛貴在有仁而戒於姑息凡行欲當理事欲成功上足以分朝廷之憂下足以慰郡邑之望為一道之福星如古之君子垂德聲於不朽豈不偉哉卿等其勉之

○戊子

太祖御謹身殿諭省臣曰朕觀唐太宗言賈胡剖身以藏珠惟知財利不惜性命譬如貪官污吏惟知好賂犯法而不愛身命其與賈胡剖身藏珠何異若使官吏愛身守廉安得有喪身之患只為任情恣欲重利輕身以致禍敗耳

○七月丁卯以户部侍郎陳則為大同府同知陞辭

太祖諭之曰大同居邊塞之間昔之有司不能自立多為守將迫脅以壞法廢事而罹刑罪者比比有之爾往毋蹈彼覆轍當守法奉公不為阿私如邊將妄有所求當告以朝廷法度阻其非心則汝可以遠罪而邊將亦得以保全其功

○洪武七年三月戊辰以兵部尚書劉仁刑部主事鄭九成為廣東行省參政陞辭

太祖諭之曰嶺海在京師數千里之外方面之寄必得重臣以授之庶可以輯寧其人玆特命卿等以往凡政事之施宜恩威兼濟若為政一以恩而無威則寬而無制事不立矣若徒以威而不仁則嚴而無恩民不堪矣惟恩不流於姑息威不傷於刻暴則政事自舉民生自遂使下之為郡縣吏者轉相視效雖海嶺之遠朝廷可無憂矣

○五月壬辰以兵部員外郎楊基為山西按察司副使監察御史答祿與權為廣西按察司僉事呂本為北平按察司僉事

太祖諭之曰風憲之設本在整肅紀綱澄清吏治非專理刑爾等往修厥職務明大體毋徒效俗吏拘拘於繩墨之末至於處事之際毫忽須謹善雖小為之不已將為全德過雖小積之不已將為大憝豈不見干雲之臺由寸土之積燎原之火本一爝之微可不慎哉

○洪武九年九月辛巳

太祖諭羣臣曰水趨下則流人法上則哲故希賢者不已可以齊賢希聖者有恒可以齊聖古之人知成身之難恒兢兢焉以自勉惟恐善名之不立故卒能顯名於天下後世今之任官者多圖苟安不顧清議而甘為碌碌之人身没而名隨以泯爾等宜勉之毋自棄也

○十月甲寅

太祖諭羣臣曰書云惟辟作福惟辟作威惟辟玉食臣無有作福作威玉食君臣之分如天尊地卑不可踰越故春秋有謹始之義詩有凌分之譏聖人著之於經所以

垂訓天下後世者至矣爾在廷羣臣以道事朕當有鑒
于彼毋擅作威福踰越禮分庶幾上下相保而身名垂
于不朽也
○洪武十年七月是月詔遣監察御史巡按州縣入辭
太祖諭之曰近日山東王基言事不務正論乃用財利之
術以惑朕聽甚乖朕意今汝等出巡天下事有當言者
須以實論列勿事虛文凡為治以安民為本民安則國
安汝等當詢民疾苦廉察風俗申明教化處事之際須
據法守正務得民情惟專志以立功勿要名以取譽朕
深居九重之中所賴以宣布條章申達民情者皆在汝
等汝其慎之

○十一月是月新除有司官
太祖諭之曰近者天下有司奏鈌官朝廷以時選補比除
未久有司又復奏鈌是何犯罪罷黜者之衆也若移其
作奸之心以為善亦何不可國家俸祿如井泉汲而不
竭彼皆不思守法以保之欺人欺天肆為贓利雖積錢
充屋一旦事覺皆非已有夫丈夫立志為善功業不難
矣苟念慮一失淪于不善迷而不悟遂不可救夫不知
為善者愚人也能為善者賢人也至於為惡若乃下愚
無顧忌之人也然為善為惡特在人之存心何如耳聖
賢之教率性修道而已人能推行之終身用之不盡夫
人幼不識事長則知孝友此乃天賦善若以此道日日
行之即是率性之道我為善事而他人有志者効之是
修道之教推廣此意則何善不立何事不成今汝等之
官宜鑒彼前非勉於為善則永安祿位矣
○十二月是月各道按察司官來朝
太祖諭之曰朕以天下之大民之奸宄者多牧民之官不
能悉知其賢否故設風憲之官為朕耳目察其善惡激
濁揚清繩愆糾繆此其職也凡任風憲者宜體朕此意
以至公為心廉潔自守國家法律必務精詳用法有失
鬼神鑒焉至於奸民犯法吾所甚惡必務除之不可貸
也有司以撫治吾民為職享民之奉而不思恤民惟以
貪饕掊尅為務此民之蠹也宜糾治其罪毋以姑息縱

其為害汝等安坐高堂其視民相去遠矣不思問民疾
苦公其聽斷將安用汝乎今官以九年為考非一日積
也汝當謹守法度思稱其職苟或不然瘝厥官矣
○洪武十三年十月是月吏部引選國子學生二十四人
命為府州縣官
太祖召至前諭之曰諸生皆學古入官夫為臣之職事君
撫民二者而已然能盡撫民之心即所以盡事君之道
故賢臣之事君也視君如親視國如家視民如子苟可
以安國家利民人者知無不為若避難而憚勞則事不
立矣事不立則民失望國何賴焉爾等尚服朕言必思
盡其職也

○洪武十四年正月乙巳以國子監助教趙新等爲布政
使
太祖諭之曰今布政司視古之州牧其任甚重所以重者
何重在承流宣化通達民情者也若上德不下究則鬱
而不彰下情不上達則塞而不通爲政鬱塞則遠邇乖
隔上下不親得失無所聞美惡無所見如此則弊政百
出民不可得而治矣卿等所學常懷致君澤民之志朕
所以用卿等冀儒術之有異於常人也尚宜勉之
○洪武十五年二月己卯吏部奏引除縣官五十餘人
太祖召諭之曰縣官之職最親於民古之稱循吏者
多由此出苟有善政及民而民稱之美名即傳於遠邇

若蠹政害民而民怨之惡聲亦不可掩也爲善爲惡朝
廷公論有在爾等其慎之苟治民而有成績他日不患
不至崇要也
○三月乙亥
太祖諭六部察院諸臣曰朕觀書以元首喻君股肱喻臣
自古君臣本同一體若君獨用則臣職廢臣不任則君
事勞君臣之間貴在一德以共濟天下朕所以懇懇與
卿等言者以六部爲朕總理庶務察院爲朕耳目日與
內外諸司事體相關當思盡心贊輔共成理道以安生
民
○洪武十八年六月是月吏部引奏下第舉人除授教官

太祖諭之曰教學之方非求速成譬之爲層臺者必基於
蕢土行千里者必始於跬步但當勉其勤力循序漸進
自有其效耳若急遽苟且未得於此而即求於彼非但
學者無益爾亦徒勞矣且爾等年方壯盛雖職在數人
尤當自修夫自修之道又須常存謙抑不可自滿即如
工人習技常見己不若人則所習益高常見人不若己
則所習益下矣汝其勉之
○洪武十九年四月是月吏部奏用國子監十四人皆爲
六品以下官
太祖諭之曰事君之道惟盡忠不欺治民之道惟至公無
蔽蓋一郡一邑之民必有饑寒不得其所者有獄訟冤

抑者有賢才不舉者有豪猾蠹民者汝等到任能不爲
私欲所蔽人言所惑則方寸自明而諸弊可息一牽於
私欲而惑於人言則冥然如坐暗室饑寒者無由獲濟
冤抑者無由伸理賢才壅蔽而豪猾縱橫則爲廢職矣
古人有言人始入官如入暗室久而乃明明乃治汝等
切記之毋爲人蔽惑也
○洪武二十年二月甲辰御註書洪範成
太祖嘗命儒臣書洪範揭於御座之右朝夕觀覽乃自爲
註至是註成召贊善劉三吾曰朕觀洪範一篇帝王爲
治之要道也所以敘彝倫立皇極保萬民敘四時成百
穀本於天道而驗於人事箕子爲武王陳之武王猶自

謀曰五常之道吾未能焉朕每為惕然遂疏其旨為註
朝夕省覽三吾對曰
陛下留心是書上明聖道下福生民為萬世開太平者也
○四月丙申有國子生初任陝西知縣人告其害受民財
刑部逮問之以聞
太祖謂之曰所難得者爵祿所易得者貨賄難得者守之
則獲福易得者溺之則受禍爾以書生受民社之寄古
稱郎官出宰百里上應列宿誠難得也苟能思其所難
得而保之豈特為一身之福施及父母妻子其福莫大
焉乃不能廉潔以律已受汚辱之名以為父母羞朕念
爾年少更事未多特宥還職爾其改過自新力行為善
庶有立於將來

○洪武二十四年五月癸卯
太祖御華蓋殿謂六部臣曰天下事體皆有至當之理但
人識見不同決斷之頃各執一偏故難盡善惟揆之於
理則無此弊自今凡有政令必會官詳議所論僉可然
後施行欲事皆善必當如此卿等其各盡乃心毋阿比
以為同毋矯訐以為異允執厥中以副朕所託
○十月甲寅
太祖謂羣臣曰為君為臣燭理貴明處事貴斷昔唐太宗
與羣臣論敎化封德彝以為三代之後人漸澆訛欲化
而不能獨魏徵勸太宗行之卒致貞觀之治可謂燭理
明憲宗欲伐吳元濟舉朝以為不可獨裴度勸伐之卒
成大功此可謂能果斷自古國家興衰皆繫於此若為
臣者優游度日無所建明上無剛明果斷之主則政日
弊國日衰如漢元帝是已書曰功崇惟志業廣惟勤惟
克果斷廼罔後艱若等事朕左右當立功立業以希古
人
○洪武二十九年七月庚申
太祖諭侍臣曰人之常情待已厚而待人薄已之所為有
不善雖大亦隱忍不露他人所為或有過失雖小必不
能容忍亦有過在已而咎怨他人者若此皆不明之所
致惟明者責已厚而責人薄責已厚故能成德責人薄

故得寡怨昧者責已薄而責人厚責已薄故德不修責
人厚故人多怨
○洪武三十年丙寅
太祖諭羣臣曰凡人所為不能無過舉但當平其心則可
以知其過矣其心本公所為之事或謬此則識見未至
致有過誤若緣私意而所行有繆戾者此特故為耳君
子小人之過於此可見然君子之過雖微必彰小人之
過雖大弗形蓋君子直道而行固無所回互小人巧於
修飾固多所隱蔽人君苟不察其微則君子小人莫能
辯別又曰朕觀往昔議論於廷有忤人主之意者必君
子也其順從人主之意者必小人也以忤已而怒之以

順已而悅之故小人得幸而君子見斥矣人主取人權
衡在己當兼取衆論不可以一時之喜怒為進退爾

武備

○戊戌十一月辛丑立營領民兵萬户府諭行中書省臣
曰古者寓兵於農有事則戰無事則耕暇則講武今兵
爭之際當因時制宜所定郡縣民間豈無武勇之材宜
精加簡拔編輯為伍立民兵萬户府領之俾農時則耕
閑則練習有事則用之事平有功者一體陞擢無功者
令還為民如此則民無坐食之弊國無不練之兵以戰
則勝以守則固庶幾寓兵於農之意也

○甲辰正月庚午

太祖坐白虎殿與孔克仁論天下形勢因曰自元運既衰
連年爭戰加以饑饉疾疫十室九虛天厭於上人困於
下中原豪傑智均力齊互相仇敵必將有變欲併而一
之勢猝未能吾欲以兩淮江南諸郡歸附之民各於近
城耕種練則為兵耕則為農兵農兼資進可以取退可
以守仍於兩淮之間饋運可通之處積糧以俟兵食既
足觀時而動以圖中原卿以為何如克仁對積糧訓兵
待時而動此長策也

○吳元年二月乙卯
太祖聞傅友德敗元兵於陵子村謂大都督府臣曰近陵
子村之捷蓋擴廓帖木兒遊兵彼故以此餌我使吾將

驕兵惰掩吾不備古人之戒正在於此不可不知善戰
者知彼知己察於未形故不出廟堂折衝千里可語安
豐六安臨濠徐邳守將嚴為之備常如敵至則無患矣

○洪武三年正月甲辰
太祖謂將臣曰用兵之道必先固其本本固而戰多勝少
敗何謂本內是也內欲其實實則難破何謂實有備之
謂也後世不知務此至有戰勝之餘遂亡武備往往至
於取敗人孰不曰天下平定之時可以息兵偃武殊不
知治兵然後可言息兵講武而後可言偃武若晉徹州
郡之備卒召五胡之擾唐徹中國之備終致安史之亂
此無備之驗也夫當天下無虞之時正須常守不虞之

戒然則武備其可一日而忘哉

○洪武六年三月壬子命魏國公徐達為征虜大將軍率
諸將校往山西北平等處備邊
太祖御奉天殿諭達等曰創業之初君臣同其艱難及事
平之後豈不欲少與休息然居安慮危古人所慎故常
命卿等往西北防邊既行朕復思邊守既定遠備勞兵
乃召卿等還今聞胡人窺基有入寇之意事不可已故
再命卿等總率將士往鎮邊陲然夷狄豺狼出沒無常
但保障清野使來無所得俟其惰歸則率銳擊之必掩
羣而獲卿等老將臨機制勝之道熟矣非脫所能遙度
至邊宜先圖上方略使朕覽之

○洪武九年正月是月命中山侯湯和潁川侯傅友德等
帥師往延安防邊
太祖諭和等曰自古重於邊防邊境安則中國無事四夷
可以坐制今延安地控西北與胡虜接境虜人散聚無
常若邊防不嚴即入為寇待其入寇而後逐之則塞上
之民必然受害朕常敕邊將嚴為之備復恐久而懈惰
為彼所乘今特命卿等率衆以往衆至邊上常存戒心
雖不見敵常若臨敵則不至有失矣
○洪武十七年正月庚戌
太祖與翰林侍講學士李翀等論武事翀曰用兵重在任
將

太祖曰任將之道固重然必任之專信之篤而後可以成
功昔齊用司馬穰苴魏用樂羊可謂任之專信之篤故
能有功若唐肅宗用魚朝恩憲宗用吐突承嗺為監軍
使諸將掣肘以致敗事者是任將不專信之不篤故也
翀曰惟
陛下聖明深知此失
太祖曰將必擇有識有謀有仁有勇者有識能察幾於未
形有謀能制勝於未動有仁能得士心有勇能摧堅破
銳兼是四者庶可成功然亦在人君任之何如耳
馭夷狄
○洪武二年七月丁未中書省臣言廣西諸洞雖平宜遷
其人內地可無邊患
太祖曰溪洞猺獠雜處其人不知理義順之則服逆之則
變未可輕動今惟以兵分守要害以鎮服之俾之日漸
敎化則自不為非數年之後皆為良民何必遷也
○洪武四年九月辛未
太祖御奉天門諭省府臺臣曰海外蠻夷之國有為患於
中國者不可不討不為中國患者不可輒自興兵古人
有言地廣非久安之計民勞乃易亂之源如隋煬帝妄
興師旅征討琉球殺害夷人焚其宮室俘虜男女數千
人得其地不足以供給得其民不足以使令徒慕虛名
自弊中土載諸史冊為後世譏朕以海外諸蠻夷小國

阻山越海僻在一隅彼不為中國患者朕決不伐之惟
西北胡戎世為中國患不可不謹備之耳卿等當記所
言知朕此意
○洪武五年三月是月高麗國王王顓遣密直同知洪師
範鄭夢周等奉表賀平夏貢方物且請遣子弟入太學
其詞曰秉彝好德無古今愚智之殊用夏變夷在禮樂
詩書之習故我東夷之人自昔以來皆遣子弟入太學
不惟知君臣父子之倫亦且仰聲名文物之盛伏望
皇仁察臣向化之誠使互鄉之童得齒庠序之冑不勝慶
幸
太祖顧謂中書省臣曰高麗欲遣子弟入學此亦美事但

其涉海遠來離其父母未免彼此懷思爾中書宜令其國王與羣下熟議之為父兄者果願遣子弟入學為子弟者果聽父兄之命無所勉强即遣使護送至京或居一年半年聽其歸省也

○洪武十七年十一月丙寅江西布政司叅議胡昱言納哈出名雖元臣其實跋扈然其麾下哈剌章蠻子阿納失里諸將各相猜忌又勢孤援絕若發兵擊之可一舉而擒也

太祖曰利其弱而取之非武也因其亂而乘之非仁也納哈出之為人朕素知之不過假元世臣之名以威其衆耳然人心外合内離亦豈能久今姑待之若其一旦覺

悟念昔釋歸之恩幡然而來不猶愈於用兵乎不然為惡不悛將自取覆滅爾言雖善然未可遽動

○洪武十八年六月甲午廣西都司言頻年猺寇竊發皆因居近溪洞之民與之相通誘引為患請先捕戮此輩庶絕其黨

太祖曰溪洞之民引誘猺獠為寇此誠有之然其間豈無良善若一槩捕戮恐及無辜大抵馭蠻夷之道惟當安近以來遠不可因惡以累善非實有左驗不宜捕戮

○洪武二十年六月己卯廣西潯州府知府沈信言府境接連柳象梧藤等州山谿險峻猺賊出没不常實為民患臣愚以為桂平平南二縣舊附猺民皆便習弓弩慣歷險阻若選其少壯千餘人免其差徭給以軍器衣裝俾各團村寨置烽火與巡檢司民兵相為聲援協同捕逐可以殲之

太祖曰蠻夷梗化彼習然也使守土之官能招徠之何用殺戮若無事但當謹其防禦使不為患耳苟其為寇不已民有不堪則發兵討之何必團寨

懷遠人

○洪武元年八月戊寅湖廣行省平章楊璟等還自廣西入見

太祖問廣西兩江黄岑二處邊務璟言蠻夷之人性習頑獷散則為民聚則為盜難以文治當臨之以兵彼始畏

服

太祖曰蠻夷之人性習雖殊然其好生惡死之心未嘗不同若撫之以安靜待之以誠意諭之以道理彼豈有不從化者哉此所謂以不治治之何事於兵也

○洪武三年十二月戊午中書省臣言西北諸虜歸附者不宜處邊蓋夷狄之情無常方其勢窮力屈則不得已而來歸及其安養閑暇不無觀望於其間恐一旦反側邊鎮不能制也宜遷之内地庶無後患

太祖曰凡治胡虜當順其性胡人所居習於苦寒今遷之内地必驅而南去寒涼而即炎熱失其本性反易為亂若不順而撫之使其歸就邊地擇水草孳牧彼得遂其

生自然安矣
○洪武七年三月甲戌户部奏播州宣慰司土地既入版圖即同王民當收其貢賦請令自洪武四年始每歲納糧二百七十三石著為令兼其所有自實田賦並請徵之
太祖曰播州西南夷之地也自昔皆入版圖供貢賦但當以静治之苟或擾之非其性矣朕君臨天下彼率先來歸所有田賦隨其所入不必復為定額以徵其賦
○七月是月有御史自廣西還進平蠻六策内有曰立威
太祖覽畢諭之曰汝策甚善但立威之說亦有偏耳夫中國之於蠻夷在制馭之何如蓋蠻夷非威不畏非惠不

懷然一於威則不能感其心一於惠不能懾其暴惟威惠並行此馭蠻夷之道也古人有言以懷德畏威為強政以此耳
○洪武九年八月乙未播州宣慰使楊鏗率其屬張坤趙簡來朝貢馬賜賚甚厚陛辭
太祖諭之曰爾先世世篤忠貞故使子孫代有爵土然非世非難保業為難知保業為難則志不可驕欲不可縱志驕則失衆欲縱則滅身爾能益勵忠勤永堅臣節則可保世禄於永久矣
○庚戌思南宣慰使田仁智入覲貢馬及方物
太祖諭之曰汝在西南遠來朝貢其意甚勤朕以天下守土之臣皆朝廷命吏人民皆朝廷赤子汝歸善撫之使得各安其生則汝亦可以長享富貴矣夫禮莫大於敬上德莫盛於愛下能敬能愛人臣之道也仁智辭歸至九江龍城驛病卒有司以聞
太祖命禮部遣官致祭勑有司送其柩於思南
○洪武十七年閏十月庚申象州土吏覃仁用言其父景安故元時嘗任本州巡檢有兵獞二百人今皆為民請收集為軍
太祖不許因諭之曰兵獞既為民矣國家之兵豈少此二百人朕嘗下令凡故元時士年隸民籍者不許相告豈可以爾一人之言而格朝廷之令乎

○洪武二十一年二月庚申户部奏貴州宣慰使靄翠金筑安撫使密定所屬租稅累累逋負蠻人恃其頑險不服輸送請遣使督之
太祖曰蠻夷僻遠其知畏朝廷納賦稅是能遵聲教矣其逋負豈敢為耶必其歲收有水旱之災故不能及時輸納耳所逋租悉行蠲免今宜定其常數務從寬減

辯邪正

○洪武元年八月丁丑有風憲官二人各訐所短於廷其一人言甚便捷其一人言簡而緩
太祖曰理原於心言發於口心無所虧辭出而簡心有所蔽辭勝於理彼二人者其言寡者直其言多者非遂召

廷臣詰之言寀者果直
太祖謂羣臣曰彼二人者皆居風憲當持公正以糾率羣
司何致以私怨相加乎所以賢人貴知言能知言則邪
正瞭然自辯區區以便佞取給者復何所庸哉
○洪武六年二月壬寅命御史臺令監察御史及各道按
察司察舉天下有司官有無過犯奏報黜陟
大祖諭臺臣曰古人言禮義以待君子刑戮加於小人蓋
君子有犯或出於過誤可以情恕小人之心姦詐百端
無所不至若有犯當按法去之不爾則遺民患君子過
誤責之以禮義則自知愧悚必思改為彼小人者不識
廉恥終無忌憚所以不得不去之也故朕以廉恥之官

雖或有過常加宥免若貪虐之徒雖小罪亦不赦也
○十一月壬寅
太祖諭皇太子諸王曰用人之道當知奸良人之奸良固
為難識惟授之以職試之以事則情偽自見若知其良
而不能用知其奸而不能去則誤國自此始矣歷代多
因姑息以致奸人惑亂當未知之初一槩委用既識其
奸退亦何難書曰任賢勿貳去邪勿疑爾等其慎之
○洪武十四年正月己丑
太祖與吏部臣論任官
太祖曰樹藝非其土則不蕃授官非其才則不任任官當
取方正之士而邪佞者去之吏部臣對曰人之邪正實

亦難辯
太祖曰衆人惡之一人悅之未必正也衆人悅之一人惡
之未必邪也蓋出於衆人為公論出於一人為私意然
正人所為治官事則不私其家在公門則不私其利當
公法則不私其親邪人反是此亦足辯
○洪武二十二年十一月癸未
太祖謂侍臣曰興治之要當進君子退小人也兵部尚書
沈溍對曰君子小人猝未易識
太祖曰獨行之士不隨流俗正直之節必異庸常譬如良
玉委於汙泥其色不變君子雜於衆人德操自異何難
識也溍又曰自古君子常少小人常多亦豈能悉去

太祖曰善者進之足以勸善惡者去之足以懲惡故太陽
出而羣陰消賢者舉而不仁者遠夫何難去哉
○洪武二十四年三月甲午
太祖謂羣臣曰朕常命寺人發庫藏中古鏡十餘以鑑容
貌多失真召治工數人而問之莫能答最後一人言曰
鍛煉不至範模不正故鏡體偏邪照人失真朕聞之惕
然感悟夫鏡一物耳略有偏邪乃不可鑑形人君主宰
天下辯別邪正一察是非皆原於心心有不正百度乖
矣正心之功其可忽乎
○洪武二十五年正月丁亥右都御史袁泰奏監察御史
胡昌齡等四十一人緘口不言時政王惟名等四人門

茸不稱職當罪之
太祖曰言之非難言而當理者為難昌齡輩吏知其終不
言乎若闒茸不稱職者罷之泰復執奏曰昌齡等非不
能言但心懷譎詐不肯言耳
太祖曰人臣進言於君必有關於國之利病民之休戚亦
豈得輕易若遽以心懷譎詐罪之此何異張湯腹誹之
法於是泰不敢復言
育人材
○洪武二年六月丁卯
太祖諭國子學官曰治天下以人材為本人材以教導為
先今太學之教本之以德行文之以六藝者遵古制也
皇明寶訓 洪武六卷 三十三
人材之興將有其效夫山木之所生川水之所聚太學
人材所出欲木之常茂者必培其根欲水之常流者必
濬其源欲人材之成效必養其德性苟無作養之功而
欲其成材譬猶壅百川而欲水流折方長而求大木其
得哉
○庚午
太祖召國子生問曰爾等讀書之餘習騎射否對曰皆習
曰習熟否對曰未乃諭之曰古之學者文足以經邦武
足以戡亂故能出入將相安定社稷今天下承平爾等
雖尊務文學亦豈可不知武事詩曰文武吉甫萬邦為
憲惟其有文武之才則萬邦以之為法矣

○洪武六年五月癸卯
太祖諭中書省臣曰馬雖至駑策勵可以致遠木雖至樸
繩削可以致用人雖至愚勉教可使成材故聖人之教
無棄人君子之化無鄙俗朕觀今之為吏者寡於學術
惟弄文法故犯罪者多若得賢官長以表率之又日聚
而教之及告以古人為吏而致通顯者與夫守身保家
之道豈有不化而為善乎自今省臺六部官遇有暇時
集屬吏或教以經史或講以時務以變其氣質年終考
之視其率教與否則可以知其賢不肖矣
○洪武十年八月癸丑命大都督府官選武臣子弟入國
子學讀書
皇明寶訓 洪武六卷 三十四
太祖諭之曰武臣從朕定天下以功世祿其子弟長於富
貴又以父兄早歿鮮知問學宜令讀書知古今識道理
俟有成立然後命官庶幾得其實用也昔霍光功非不
高身死未久而子孫橫肆卒致夷滅者不學故也郭子
儀中興唐室功蓋天下位極人臣而心常謙退保全令
名而福及後嗣者識道理也今武臣子弟但知習武事
特患在不知學耳
律令
○洪武十四年四月丙辰朔命國子生兼讀劉向說苑及
太祖諭祭酒李敬曰士之為學貴於知古今窮物理聖經
賢傳學者所必習若說苑一書劉向之所論次多載前

言往行善善惡惡昭然於方册之間朕嘗於暇時觀之深有勸戒至於律令載國家法制參酌古今之宜觀之者亦可以遠刑辟卿以朕命導諸生讀經史之暇兼讀說苑講律令必有所益

○洪武二十一年九月甲午詔更定歲貢生員例府學歲一人州學二歲一人縣學三歲一人

太祖謂禮部尚書李原名曰昔人有言不素養士而欲求賢譬猶不琢玉而求文采夫天下未嘗無賢才顧養之之道何如耳嘗命天下學校凡民間子弟願遣入學者聽復其家今定歲貢之例必資性淳厚學問有成年二十以上方許充貢爾禮部其申明之

○洪武二十三年正月戊子通政使茹瑺引奏潮州府學生陳質言其父戍大寧已死今有司取其補伍自念從幼至今荷蒙國恩教育願賜卒業以圖上報

太祖謂兵部尚書沈溍曰國家得一卒易得一材難此生既有志於學可削其兵籍遣歸進學溍對曰此生學未見成效若遽削其兵籍則缺軍伍

太祖曰國家於人材必養之於未用之先而用之於既成之後譬之稼必預耕則有穫若刈不待熟則无用且事有輕重難拘一律苟軍士缺伍不過失一力士耳若縱成一賢材以資任用其繫豈不重乎

務實

○丙午九月己亥夏主明昇遣使來聘

太祖因與語使者輒自言其國東有瞿塘三峽之阻北有劍閣棧道之險古人謂一夫守之百人莫過而西控成都沃壤千里財利富饒實天府之國也

太祖笑曰蜀人不以修德保民為本而恃山川之險誇其富饒此豈為國長久之道耶然自用兵以來商賈路絶民疲財匱乃獨稱富饒豈自天而降耶使者退

太祖因語侍臣曰吾平日為事只要務實不尚浮偽此人不能稱述其主之善而但稱其國險固失奉使之職矣吾嘗遣使四方戒其謹於言語勿為誇大恐貽笑於人蓋以誠示人不事虛誕如蜀使者之謬妄當以為戒也

○吳元年正月辛丑

太祖謂中書省臣曰古人祝頌其君皆寓警戒之意適觀羣下所進箋文頌美之詞過多規戒之言未見殊非古人君臣相告以誠之道今後箋文只令文意平實勿以虛詞為美也

○四月壬子

太祖諭起居注詹同等曰國史貴乎直筆是非善惡皆當書之昔唐太宗觀史雖失大體然命直書建成之事是欲以公天下也予平日言行可紀之事是非善惡汝等當明白直書勿宜隱諱使後世觀之不失其實也

○洪武二年三月戊申

太祖謂翰林侍讀學士詹同曰古人為文章或以明道德或以通當世之務如典謨之言皆明白易知無深怪險僻之語至如諸葛孔明出師表亦何嘗雕刻為文而誠意溢出至今使人誦之自然忠義感激近世文士不究道德之本不達當世之務有詞雖艱深意實淺近即使過於相如楊雄何裨實用自今翰林士文但取通道理明世務者無事浮藻

大明太祖高皇帝寶訓卷之六

太宗文皇帝寶訓序

朕聞之夏書曰明明我祖萬邦之君有典有則貽厥子孫周人之詩亦云詒厥孫謀以燕翼子蓋祖宗所深謀至慮創建法制豈獨以資一世之用哉固將遺後之人於無窮焉傳說告其君監于先王成憲其永無愆亦望守其祖宗之法也

皇祖太宗文皇帝聖德神功配天地之廣大日月之昭明四時之變通帝王之盛近古無倫朕自幼齡恭侍朝夕

仰承

慈愛之篤

訓諭之詳蓋自彝倫日用以至

宗社之重天下之務靡不本末該舉精粗畢備朕拳拳服膺弗敢忘焉若外朝羣臣奏對之際

聖謨大訓見諸政令及誥諭者尚多也今實錄成特命儒臣纂粹寶訓凡十五卷六十類合五百八十六條何其盛哉夫一卉一木可以覩造化之妙況若是其廣且悉哉凡世之實用之皆有時而竭不可以長恃所可恃者惟道德之用今是書皆要道至德之所寓也譬諸江海愈挹而愈不窮其潤澤利益於人千萬古猶一日也朕既以存諸心力諸行蓋又望後之子孫皆尊之如典謨遵而行之以至誠庶幾永保

祖宗之洪業茂衍國家生民久太之福吾子孫其欽承之

哉欽承之哉謹序諸篇端

宣德五年正月二十一日

大明太宗文皇帝寶訓目錄

大明太宗文皇帝寶訓卷之一

光祿大夫柱國少傅兼太子太傅禮部尚書武英殿大學士臣呂　本謹校
南京禮部祠祭清吏司郎中臣陳宋
南京兵部職方清吏司主事臣朱　錦謹閱
南京工部虞衡清吏司郎中臣呂鳴岡

聖學

○永樂二年八月己丑翰林學士兼右春坊大學士解縉
等進呈大學正心章講義
上覽之至再諭縉等曰人心誠不可有所好樂一有好樂
泥而不通則慾必勝理若心能靜虛事來則應事去如
明鏡止水自然純是天理朕每朝退默坐未嘗不思嘗
求此心為切要又思為人君但於宮室車馬服食玩好
無所增加則天下自然無事

○永樂四年正月丙申
上謂侍臣曰朕昨閒暇援筆肆書愛其制作精妙甚稱人
意因歎匠藝如此豈是生而能之亦由積學所致今之
學者不及古人政由自怠之過前代大儒君子皆是積
勤以造其極今人鹵莽厭煩用力未至便謂求道之難
譬之耕而不勤可望於穫乎
○永樂七年閏七月己巳召北京儒士武周文至勞諭甚
至特
命為翰林侍讀學士賜冠帶金織羅衣一襲明日入謝以

其老賜勑令致仕
上語翰林侍讀胡廣等曰朕守藩時閒暇喜觀易時王府
官亦有三二人知易然皆不若周文切實但所言亦有
拘滯不流動處蓋易道妙在變通不失其正耳古人隨
時從道之說最為要領亦在虛心以玩之耳又曰為學
不可不知易只君子外小人一語人君用之功效不小
○十月丁亥朔鴻臚寺奏免午朝
上將退顧侍臣曰若等各就休息一日復閒無事居家時
亦不廢觀書否對曰有暇亦時觀書自適
上曰常愛孔子言飽食終日無所用心難矣朕視朝罷宮
中無事亦恒觀書深有啓沃若等皆年富力強不可自

逸大禹尚惜寸陰朕與汝等何可不勉
敬天
○洪武三十五年六月己卯以七月朔大祀
天地預告
太祖高皇帝配神告畢諭禮官曰祭天嚴父國家第一事
必以恭敬為本固當自朕始然陪祀與執事之臣皆當
同朕此敬庶幾感格之道爾等職典祀事尤宜夙夜直
清以率於衆
○十二月庚戌朔
上南郊省牲還御奉天門進公卿大臣諭之曰祭祀莫大
於郊古者犧牲粢盛不臨不潔不敢祭而帝牛滌三月

其敬如此明日以始卿等繼朕省牲便應秉對越之誠
不可怠忽自古天子之祭皆公卿助相國家生民受福
卿等亦預享之不可不謹
○永樂四年正月乙巳
上御武英殿覽存心錄顧翰林侍臣曰適覽慕容超郊有
異獸出壇側隋煬帝祀圜丘暴風未成禮而退後二人
皆不旋踵而亡古人言惟德動天蓋不德亦動天善則
降祥不善則降殃但各以類應之又曰祭祀時固當誠
敬亦必平素積累善行乃可獲福若平日所行反道背
德而臨祭一時致其虔恭此豈有獲福之理
○永樂十一年春正月辛巳朔日有食之先是禮部以正

旦朝賀宴會上請
上曰古者日食天子素服修政用謹天戒朕既乖於治理
上累三光而衆陽之宗謫食於元旦咎執甚焉爾文武
羣臣尚思勉輔朕躬調爕陰陽消弭災變新正朝賀宴
會之禮悉罷百官節鈔仍如例給之
法祖
○洪武三十五年七月辛丑
上視朝罷以建文多改舊制顧侍臣歎息曰只如羣臣散
官一事前代沿襲行之已久何關利害亦欲改易且陵
土未乾何忍紛紛為此於是
天顏慘然變色既又曰凡開創之主其經歷多謀慮深每

作一事必籌度數日乃行亦欲子孫世守之故詩書所
載後王之善必曰不愆不忘率由舊章於戒警後王必
曰率乃祖攸行曰監於先王成憲此皆老成之言後世
輕佻諂諛之徒立心不端以其私智小見策嗣君改易
祖法嗣君不明以為能而寵任之狥小人之邪謀至於國
弊民叛而喪其社稷者有之矣豈可不以為戒乃進吏
部尚書張紞戶部尚書王鈍諭曰卿二人久事
皇考習知典故今皆老矣其解見職務月給尚書半俸居
京師視時政有戾舊制者並向朕直言之勿隱庶稱朕
望老成之意
○十一月己亥戶部尚書夏原吉言寶鈔提舉司鈔板歲

久篆文銷乏且皆洪武年號明年改元永樂宜併更之
上曰板歲久則當易但不必改洪武為永樂並朕所遵用皆
太祖成憲雖永用洪武可也
○永樂元年八月丙辰禮部言鹵簿中宜有九龍車一乘
先朝舊有金鉦紅鼓各四面銚燈紅油紙燈各三對而今
闕之請增置
上曰禮貴得中過為奢不及為儉仲尼曰與其奢也寧儉
先朝定禮審之精矣後世子孫遵用舊章當自朕始豈可
輒有增益以啓後世之奢九龍車既
先朝所無即不可增舊有而今闕者令工部補造
聖孝

上駐師龍潭顧望鍾山愴然下淚諸將請曰今禍難垂定
何以悲為
上曰吾往日度江即入京見吾
親比為奸惡所禍不渡此江數年今至此吾
親安在瞻望鍾山仰懷
陵寢是以悲耳言已益泣不止諸將皆泣
○洪武三十五年十月庚申諭修實錄官曰自古帝王功
德之隆者必有史官紀載垂範萬年我
皇考太祖高皇帝神功聖德
天地同運日月同明漢唐以來未之有也比建文中信用
方孝孺等纂述實錄任其私見或垂詳畧之宜或昧是

非之正致盛美弗彰神人共憤豁於顛戮咸厥自貽今
已命太子太師曹國公李景隆為監修太子少保兼兵
部尚書忠誠伯茹常為副監修爾等皆茂簡才識俾職
纂述其端乃心悉乃力以古良史自期恪勤纂述必詳
必公用光昭我
皇考創業垂統武功文治之盛與乾坤相為無窮斯汝為
無忝厥職矣欽哉
○永樂元年五月己卯制諭文武群臣議上
太祖高皇帝
孝慈高皇后尊謚曰朕
皇考太祖高皇帝順

天應人眷揚聖武掃平禍亂混一六合創業垂統制禮作
樂配功德於乾坤煥光華於日月帝王之盛無以復加
躋於遐齡上賓
帝所萬方哀悼思慕不忘
皇妣孝慈高皇后齊莊誠一善聖仁慈同勤開創化家為
國隆配
天之厚德為天下之母儀仰惟眷顧之隆永荷詒謀之慶
日月于邁深切孝思諒惟尊號未稱功德賛諸前古必
在尊崇所當博詢輿議丕顯鴻猷庶用合萬世之公妖
尊親之志爾文武羣臣其定議以聞欽哉
○庚辰禮部尚書李至剛等奏宋制凡忌日於各佛殿誦

經設帝后位百官行香今後宜依宋制於天禧等五寺
朝天宮令僧道誦經三晝夜
上曰予於父母固當無所不用其心但人君之孝與庶人
不同為人君者奉
天命為天下主社稷所寄生靈所依但當謹身修德深體
天心恪循成憲為經國遠謨使內無奸邪外無盜賊宗
社奠安萬民樂業斯孝矣如不能此而惟務修齋誦經
抑末矣
○十月庚戌
上謂侍臣曰朕思
皇考所任之人建文時為奸佞所擯斥者多不當罪已勅

吏部名至將復用之今中外官已備無闕宜令歸俟命
其有老病不任事者罷歸蓋孝子於親之道物有不忍
棄況人才乎
○十二月壬辰
上宴閑御謹身殿閱
太祖皇帝御製文集顧學士解縉等曰
皇考文章固天資超邁然亦學問所至觀其所著皆天地
之心帝王之度語簡理至藹然可見縉等曰誠如聖諭
上曰朕於宮中遍尋
皇考宸翰不可得有言建文君自焚時并寶璽皆燬矣朕
深慟之又問縉等曰意者有散落臣民之家者乎縉等

對曰國初佐命諸臣之家理當有之遂遣書各王府求
之命禮部遣監生三十餘人分詣各布政司府州縣令
官員軍民之家有收藏
高廟御製詩文及宸翰者皆送官別錄本予之仍重賚之
○永樂二年五月己酉錦衣衛奏明日
車駕詣
孝陵請具法駕
上曰不用但以騎士數人前導已而顧侍臣曰明日
皇考升遐之日正屬感慕之時何用法駕非為辟除道路
則前導騎士亦可不用
○戊午

上御右順門永春侯王寧侍從容論及
皇考時事
上戚焉動容寧曰世人竭誠誦經飯僧奉佛可以福利先親
上不答既而諭之曰為庶人能繼承家業不失墜或又能
擴充增益於前可以為孝士居官食祿能持身循理建
立功業榮親於當時顯名於後日可以為孝天子以四
海為家能思天位者親之所傳大業者親之所建天下
生民親之所保而敬以奉天勤以守業仁以臨民使萬
物得所四夷咸賓光昭祖宗傳之子孫可以為孝何必
能事佛乃為孝乎既而復曰元季天下昏沸生民塗炭
父母妻子不相保我

皇考奉
天命戡定禍亂立綱陳紀使強不能凌弱衆不敢暴寡天
下宴然有莫大之功德則必享莫大之福矣豈他福之
所能及也寧慚而退
○永樂四年六月丙寅南陽府獻瑞麥有兩岐者
上語禮部臣曰比郡縣屢奏祥瑞獨此為豐年之兆若年
穀豐登民足衣食老少無凍餒之患皆
天地祖宗之賜矣命薦之
宗廟

節儉

○永樂四年十月丁未回回結牙思進玉碗
上不受命禮部賜鈔遣歸謂尚書鄭賜曰朕朝夕所用中
國磁器潔素瑩然甚適於心不必此也況此物今府庫
中亦有之但朕自不用又曰虜貪而諂朕受之必應虜
賚之將有奇異於此者繼踵而至矣何益國事哉
○永樂八年三月庚辰
車駕北征駐蹕凌霄峰勅凡供具減半還與和因謂翰林
學士胡廣侍講楊榮金幼孜曰朕服用素儉約非好為
節損亦天性如此今萬里出師為
宗社生民之計不得已勞苦士卒如之何尚役人以自奉
耶廣等頓首曰
陛下天性勤儉如大禹又憫恤下人如此蓋人人咸心矣

○永樂十二年二月癸亥百官奏事畢
上退坐右順門所服裏衣袖敝垢紉而復出侍臣有贊聖
德者
上嘆曰朕雖日十易新衣未嘗無但自念當惜福故每澣
濯更進耳
皇妣躬補緝故衣
皇考見而喜曰皇后居富貴勤儉如此正可以為子孫法
故朕常守先訓不敢忘言已愴然侍臣頓首曰
陛下恭儉如此誠萬世之法

謙德

○永樂元年十一月癸巳

上宴閒顧問侍臣曰今一歲又終外間軍民安否如何對曰
陛下臨御以來所施無非仁政今軍民皆安正太平無事
之時
上曰太平豈易言朕惟遵
皇考成憲以為治如得雨暘時若年穀豐登兵革不興兆
民安樂朝無奸邪然後可為太平無事
○永樂二年九月丙午周王橚來朝且獻騶虞百僚稱賀
以為
皇上至仁格天所致既罷朝
上謂侍臣曰適聞羣臣言不覺惕然天下之大如一夫有
怨豈得謂仁一念不誠豈能格天朕方夙夜斯懼何可

便謂騶虞是天降祥於朕侍臣曰
天心
上曰祥瑞之來易令人驕是以古之明主皆遇祥自警未
嘗因祥自怠警怠者國之安危繫焉騶虞若果為祥在
朕更當加慎
○永樂三年七月戊戌陝西興平鳳祥二縣進瑞麥三十
本禮部率羣臣上表賀以為
聖德覆被之應天下太平之徵
上覽之謂尚書李至剛侍郎趙羾曰瑞麥固是嘉應但四
方遠邇靡一物不得其所斯可為太平今中外果無匹
夫匹婦之愁怨於下者乎覽表秖益慚愧耳君臣貴相

與以誠諛佞非治世之風也至剛等愧謝
○永樂四年十一月庚午百官上表賀醴泉甘露之瑞賜
璽書諭曰朕敬恭事
天地上致孝於
宗廟下祈福於生民而禎應屢見卿等謂朕德所致朕何
敢當斯蓋
上天之祐
宗廟之靈及爾文武羣臣協輔所致然自古有道之君祥
瑞之來愈加警畏是以國家蒙福人民乂安卿等宜勉
輔朕德永承天休

警戒

○永樂九年閏十一月癸亥書諭世子曰比北京山西地
震坤道貴靜占法地震主兵數動人不寧
上天示戒不可不謹宜撫綏軍士嚴固城池伺察人情不
可忽略
○辛未
上御奉天門顧謂侍臣曰比北京山西寧夏皆言地震天
變垂戒朕用惕然爾等試言其故侍臣對曰地震應兵
戈土木之事
上曰比年兵旅饑饉民困甚矣朕方夙夜圖蘇息之豈肯
適一己之情興土木之工重困民力如樓居可以避暑
則午門端門皆可居也何必復建高臺廣榭今後宮卑

謂不足容尚不敢增修虜勞民力土木之事在今不為
若云兵戈但當勅邊將嚴守備戒不虞而已
○永樂二年八月丙申
上御右順門與侍臣論胡元興廢皆由天運
上曰天運雖有前定之數然周家後來曆數過之蓋周之
先德積累甚厚其後嗣又不至有桀紂之惡使夏殷之
後不遇桀紂未遽亡也元始以有德與使其子孫知修
德保民亦未遽亡順帝不卹軍民不理國政而荒淫無
度安得不亡故國之廢興必在德不專在數也
○十一月甲寅
上以京師地震召文武羣臣諭曰隆古聖王之世山川鬼
神莫不寧皆由君德修於上臣職修於下感應之機不
誣後世君臣不能如古故災異數見今地震京師固由
朕之不德然卿等亦宜戒謹修職以共回天意軍民有
不便之事當速改之
○永樂六年四月丁酉
上御西角門因言元順帝父子荒淫無度廢壞國法以致
喪亡侍臣曰此是
天命在我
太祖皇帝所以致其昏蠹顛倒如此
上曰帝王之興雖有天命亦須修德行仁以承之順帝父
子惟倚天命不復修省如紂亦曰我生不有命在天所

以卒至於亡
○永樂八年十月戊午夜月犯太微垣右執法巳未
上諭三法司官曰昨夜太陰犯執法甚急爾等典刑罰宜
加敬謹無罪不可枉有罪不可縱須得中道毋纖毫輕重
○永樂九年二月癸卯
上御右順門覽奏牘時御案有鎮紙金獅欹側將墜給事
中耿通趨進移置案中
上顧侍臣曰一器之微置於危處則危置於安處則安天
下大器也獨可置之於危乎尤須安之天下雖安不可
忘危故小事必謹小不謹而積之將至大患小過必改
小不改而積之將至大壞皆致危之道也先是
上諭六科令查奏牘恐發落有失中者悉改之通奏改之
恐失信於下
上曰但欲得當何憚於改至是因此申諭之
○七月丙戌
上御奉天門羣臣皆侍語及四夷
上曰朕初即位恒慮德不及遠今四方夷狄來歸中心更
自警惕蓋慮志得則驕驕則患生朕與卿等雖隱微之
際皆當慎之古人有言不見是圖吏部尚書蹇義進曰
四夷慕
聖德而來
陛下篤恭不已華夏蠻貊永有所賴

○永樂十三年正月丁巳勑皇太子曰朕以上元節張燈
午門意在與民同樂不意失火傷人雖由不謹之故亦
上天以垂戒不德也方茲祗懼以務脩省爾亦宜敬愼
勿懈凡各衙門進送物件悉皆停止以紓民力
○永樂十五年十一月壬申金水河及太液池氷凝具樓
閣龍鳳花卉之狀奇巧特異賜羣臣觀之行在禮部尚
書呂震以爲禎祥屢見率百官上表賀
上拒不受賜勑諭曰朕德凉薄託於萬姓之上惟弗克負
荷夙夜祗事不敢暇豫比歲以來卿等一遇祥異輒進
表賀顧朕寅昧寧不自知夫戒謹者治之所興宴安者
亂之所自卿等宜精白乃心勵臣職奉成憲用以輔朕

共承天休書曰后克艱厥后臣克艱厥臣政乃乂其毋
因是遂有怠心欽哉
○永樂十九年四月己酉
萬壽聖節先期禮部奏行慶賀禮
上勑文武羣臣曰比者
上天垂戒奉天等三殿災朕心兢惕寢食不寧方反躬省
愆遑遑夙夜而禮部謂朕初度請行賀禮此豈所以相
朕恭承
天意蓋益重朕之不德也其止勿賀
○永樂二十年正月己未朔日食先是
上諭禮部臣曰日食天變之大者況在正旦永念厥咎寔
焉於心卿等宜各脩厥職以匡輔不逮
○五月辛未
車駕北征次西凉亭西凉亭者故元往來廵遊之所
上望其頹垣遺址樹木鬱然謂侍臣曰元氏創此將遺子
孫爲不朽之圖豈計有今日書云常厥德保厥位厥德
靡常九有以亡況一亭可以爲殷監矣因下令禁軍士
斬伐樹木
○永樂二十一年十一月甲申
車駕北征還至京師陳鹵簿
上乘御輦入謁告
天地

宗廟
社稷畢御奉天門朝羣臣時諸番貢使咸集闕下文武羣
臣上表賀
上諭之曰四夷順則中國寧然不可恃此有怠意卿等當
相與一心敬天恤民恪勤政務用感召至和俾雨暘時
若百穀豐登四海萬民家給人足然後朕與卿等同享
治平之福羣臣舞蹈呼萬歲
○永樂二十二年五月丁酉
車駕北征次清平鎮宴隨征文武大臣命內侍歌
太祖皇帝御製詞五章因舉爵諭諸大臣曰此
先帝垂諭創業守成之難而示戒荒淫酣酗之失也朕嗣

先帝鴻業兢兢惟恐失墜雖軍旅之卜君臣盃酒之歡不
敢忘也尚相與共勉之英國公張輔等稽首對曰敢不
欽遵
聖訓
己亥
車駕次威遠川宴文武大臣
上曰朕仰體
皇考之心自製詞五章以述奉天法祖勤政恤民之意亦
將垂示子孫俾有所謹飭遂命內侍歌之羣臣聽畢皆
叩頭言
皇上深思遠慮前古帝王之所不及

上悅悉霑醉而罷
謹好尚
○永樂二年正月庚戌有道士獻道經者
上曰朕所用治天下者五經耳道經何用斥去之既而諭
侍臣曰上好正道則下不為邪人主好尚稍不謹儉人
懷僥倖之心者恣縱妄誕以投所好苟墮其計將害無
窮矣是故不得不斥
○永樂五年九月壬申
上與侍臣論及養身之道
上曰人但能清心寡慾使氣和體平疾疢自少如神僊家
說服藥導引亦只可少病豈有長生不死之理近世有
一種瘦精勞神佞佛求壽此又愚之甚也
○永樂十五年八月甲午行在通政司言睢寧人
進金丹及方書
上曰此妖人也秦皇漢武一生為方士所欺求長生不死
之藥此又欲欺朕朕無所用金丹令自食之方書亦與
毀之毋令別欺人也
勤政
○永樂元年九月庚子
上御右順門與侍臣論時政曰朕即位未久常恐民有失
所每宮中秉燭夜坐披閱州郡圖籍靜思熟計何郡近
罹饑荒當加優恤何郡地迫邊鄙當置守備旦則出與

羣臣計議行之近河南數處蝗旱朕用不寧故遣使省
視不絕於道如得斯民小康朕之願也
○永樂四年正月丙辰
上御右順門晚朝百官奏事畢皆趨出
上召六部尚書及近臣諭曰早朝四方所奏事多君臣之
間不得盡所言午後事簡卿等有所欲言可從容陳論
毋以將晡朕倦於聽納蓋朕有所欲言者亦欲及此時
與卿等商量又曰朕每旦四鼓以興衣冠靜坐是時神
清氣爽則思四方之事緩急之宜必得其當然後出付
所司行之朝退未嘗輒入宮中間取四方奏牘一一省
覽其有邊報及水旱等事即付所司施行宮中事亦多

須使外朝事畢方與咸置閒暇則取經史覽閱未嘗敢
自暇逸誠慮天下之大庶務之殷豈可須臾怠惰一息
惰則百廢弛矣卿等宜體朕此意相與勤勵無厭斁也
自今凡有事當商畧者皆於晚朝來庶得盡委曲

○七月戊子享
太廟
上還御奉天殿遣使祭告嶽鎮海瀆諸神
上出視朝奉天門百官奏事退復召侍臣與語久之時已
五鼓侍臣請曰
聖躬勤勞請少息
上曰朕常宮中周思庶事或有一事未行或行之未善即

不寐至旦必行之乃心安積習既久亦忘其勞蓋常自
念才德不逮若又不專心志勤思慮所行何由盡善生
民何以得安蓋勤於思則理得勤於行則事治勤之為
道細民不敢廢況君乎

○閏七月庚辰
上燕閒問翰林侍讀胡廣等曰昨有中官自江西來言江
西田家刈稻皆畢何獨早廣對曰臣鄉多種早稻故種
穫皆早
上又問聞江西民衆而田少農家亦給足否對曰勤者可給
上曰勤之一字豈獨農夫當盡士工商皆當盡至於人君
尤不可不盡人君則當致勤於心朕每退朝靜坐必思
今日所行幾事其事於理如何於人情如何若皆合宜
心則安矣有不合宜雖中夜必命左右記之俟旦而改
之蓋一事失當人受其弊故不得不勤

○八月丁酉先是通政司受四方奏疏非重務者悉不以
聞還送六科至是
上知之召參議賀銀等責曰設通政司所以決壅蔽達下
情今四方言事朕不得悉聞則是無通政司矣朕主天
下欲周知民情雖微細事不敢忽蓋上下交則泰不交
則否自古昏君其不知民情者多至亡國爾欲朕效之
乎自今宜深懲前過凡書奏關民休戚者雖小事必聞
朕於聽受不厭倦也

○永樂五年四月庚子
上謂侍臣曰朕與卿等論政事每不覺坐久或謂朕曰語
多傷氣非謂養之道當務簡默為貴朕語之曰人君固
貴簡默但天下之大民之休戚事之利害必廣詢博訪
然後得之非好多言也侍臣對曰舜無為而治然亦好
問好察邇言豈舜不貴簡默哉
上曰不如是不足以盡群情

明決

○永樂元年九月丙申錦衣衛引清凉寺僧言近寺軍民
牧放牲畜蹂踐寺外之地今捕得其人請付法司治之
上命釋之曰京師隙地少民畜於畜寺外有閑地則推

以便之乃染佛濟利之心此何必禁
○閏十一月丁卯寧夏總兵官左都督何福奏諜報韃靼
韃賊籠秃魯灰等見在不老山其衆議欲寇寧夏惟賊
帥𩦔的哥以資粮不給不從
上覽奏顧侍臣曰胡寇至譎此語未必可信籠秃魯灰必
心計可行然後發言且胡地非有耕種不過鈔掠豈如
中國之人必裹粮然後啓行其以資粮不給爲辭者𩦔
的哥恐泄其事機故外託此爲說內實陰謀襲我不備
朕計此時賊若不出桃林野狐二嶺及雲州之地必向
山西大同其速書勅往諭北京行都督府并山西都司
行都司令簡士卒嚴哨瞭固守備不可怠忽既書勅未

行山西都司奏報韃賊五十餘人叔掠灰溝村黃甫川
之地皆如
上所計復命侍臣曰今不必別書勅但於勅尾申戒之令
虜寇至但堅壁固守彼寇掠無得計窮食乏又懼我軍
斷其歸路必自遁去切不可輕追恐人馬俱困墮其計
中不可不慎
○永樂二年四月甲申釋安慶府民誹謗罪先是有典仗
率軍卒往安慶採木道過民家縱軍强取民財民將訴
於官典仗歎軍誣民爲誹謗語縛送刑部擬具刑部以聞
上曰民被誣矣謗恒言軍强民弱民安敢肆爲對官軍出
誹謗語此必官軍虐民民不堪將訴之則造此語誣民
命五府六部都察院共訊其實悉如
上所云遂釋民而抵官軍罪并罪刑部官之枉民者
○八月乙未有軍校縛至二人言比京城中往往盗剪官
馬尾二人專鬻馬尾帽于市此皆因盗所得請罪之
上曰嘗見其剪馬尾乎抑以疑似執之乎對曰實疑而執之
上顧三法司官曰市中貨馬尾帽甚多可盡以疑似罪之
乎疑似加刑有累君其釋之
○十一月丙寅廣西欣城縣儒學訓導到官歲餘邑中皆
蠻獠有司招其子弟入學卒無至者訓導自念虛糜祿
廩無益於國詣闕白其事禮部尚書李至剛等言不當
擅離職請罪之

上曰委其職事而去之可罪以雖職無事可治而赴闕自
陳蓋非苟祿偷安者其送吏部調用
○永樂四年三月乙未禮科引奏都察院逮至嘉興縣知
縣李鑑鑑叩頭言臣誠有罪幸
陛下矜恕
上問鑑何罪左都御史陳瑛言鑑受命籍奸黨姚瑄瑄弟
亨當連坐而鑑不籍鑑言初奉都察院文止籍瑄未有
亨姓名
上曰罪止於籍非輕矣無上司之文雖當連坐不籍亦是
慎重之意知縣無罪其釋之
○四月己丑錦衣衛校尉有許朝臣謗毀時政之失者

上曰此必誣之蓋朝廷未嘗行此政彼安得有此言命錦衣衛詰之果挾私忿誣之

上曰人言聽言之際豈可不審向若不察付之法司則死誹謗必矣小人敢誣君子此風不可長命以校尉付法司論如律

○九月癸未

上御右順門三法司官引奏浙西人告數人誹謗罪及追至面對皆未嘗相識告者當抵罪

上諭之曰汝以死罪誣人若朝廷遂聽汝言彼死何辜汝造一言欲殺數人小人雖有無知者豈若爾之險惡汝今實自戕何悔諭三法司曰此譬之蛇蝎不可暫留留

則復毒人其速誅之即日棄之

○十二月丁亥有盜殺人當刑令家人告乞貸死願服役遠方以贖

上曰貪生畏死人之同情豈獨汝哉欲人憐己曷不憐人汝前殺人時都不推恕於今當死乃望垂憐汝若可生則死者何罪命即日誅之

○永樂五年二月壬辰有虎賁士百餘人公差至外府其從者掠民財官府出榜禁約虎賁士揭榜訴府官誣己

上曰朝廷置官府牧民彼出榜禁戢軍卒無害民乃其職當然汝沮之是沮朝廷法令汝雖不掠民財是汝從人安得不知其所為知而不約束與自掠何異命法司以虎賁士及其從者悉治之如法

○七月乙亥通政司言有養馬軍人告人呪咀其馬死者

上曰此誣詞也彼不用心畜馬致馬病死豈有馬不病而人能呪死之理愚昧小人誣平民罔朝廷以規免己罪不可聽逐斥之

○十月辛卯通政司言紹興民告其鄉人居室違禁

上曰未可偏聽南方僻遠之處少經兵革宋元時屋室往往有之豈當一槩罪以違禁其令巡按御史驗視但是本朝禁令之後造者抵罪在禁令前所造雖違法不問

○永樂六年四月戊子有告言肅王楧聽百户劉成言輙罪平凉衛軍者

上曰此或下人所為未必盡出王意勑王械成等送京師因顧侍臣曰王居深宮豈得悉聞外事皆由左右小人作威福於其所好惡者遂飾毀譽於王前王與之狎暱有素更不察其言是非而一意從之今過則皆歸於王矣故讒佞德之蠹也林無蠹有美木左右無讒佞有美德不可不去也

○十二月丁亥通政司奏北京種田民告運木軍民有怨謗語

上曰軍民出力運木未免自嘆勞苦人情之常也此人以罪譴彼屯田必造誣以規僥倖脫己罪告訐之風不可長命付法司治之

○永樂九年三月癸酉先是通政司言有指揮首天城衛
千户犯罪繫刑部獄其母致貨託已爲賂部官求免已
不敢從并以其貨來首
上問千户與指揮有舊乎對曰無
上曰非故舊而輙以違法干之獨不慮事敗哉此非人情
命法司訊之至是法司奏指揮所居近刑部而千户之
母寓其隣家朝夕饋子食指揮察其有貲槖紿言已與
部官厚可以賂免母遂致貨傍有欲發其奸者指揮懼
遂自首而隱其實情論法千户之母當準與贓律指揮
當罷職謫屯種
上曰愛其子以賂求免人之常情且婦人烏知法律其宥

之指揮始則欺人取貨終則隱情罔上又汙蔑朝臣此
不可恕但罷職屯種何以示懲即械送交趾充軍
○九月庚辰通政司言黃巖縣民告豪民持建文時士人
包彝古所進楚王書槖與衆聚觀書中有干犯語請付
法司治之
上曰此必與豪民有怨而欲報之朕初即位命百司凡建
文中上書有干犯語言皆朕未即位以前事悉毁之有
告者勿行今復行之是號令不信矣況帝王豈念舊惡
帝王之度如海納百川無所不容故能成其大何暇瑣
瑣追咎往事所告勿聽
○十月丙午兵科都給事中倪峻言有内官奏千户不待
朝命輙發兵捕盗者請治其專擅之罪
上曰國家養兵政以除奸衞民境内盗發千户能率衆捕
之使民免於暴横正是能盡其職若必待奏報而後發
兵小則亡逸大則勢張民受害多矣閹竪不達事體爾
亦從其言乎千户無罪
○永樂十年十一月癸未通政趙居任奏蘇州有逃軍言
今年水潦傷田禾乞免秋粮究此人在鄉所行率不法
且今歲藴田少水而奸民多私決堤防車水入田以壞
禾稼冀苟免税粮耳請俱罪之
上諭户部臣曰言水潦者果逃軍可止坐逃軍罪其言決
堤車水求免税粮恐無是理量與其勞力決堤車水局

若勞力治田田中所入十分以一分入官有九分入已
豈肯以一廢九自受饑餓耶殆非人情且前時浙江按
察司亦嘗浙西水潦趙居任不恤民隱今居任此言未
可信仍遣官往視之
○庚寅通政司奏有老婦告前夫之子不能供養請治其
不孝罪
上問是親生之子否對曰此婦於前夫亦是繼室蓋此子
之繼母
上曰所謂子母無絶道者非謂繼母今繼母改適即義可
絶已失節於夫乃責人不能盡孝所言勿聽

務實

○永樂元年正月乙未禮部尚書李至剛奏月當蝕不蝕
請率百官賀
上曰王者能脩德行政去邪任賢然後日月當蝕不蝕適
以陰雨不見耳豈果不蝕耶不許
○永樂四年六月己未朔日有食之是日陰雲不見禮部
尚書鄭賜等言此
聖德所感乞請明日率百官表賀
上曰正朕恐懼脩省之際何可賀對曰宋盛時有行之者矣
上曰於此一方陰雲不見天下至大他處見者多矣且陰
陽家言日食而陰雲不見者水將為災以此言之可賀
乎乃止

○七月甲辰
上宴閒與侍臣論及人之壽夭
上曰壽夭在天人貴勉其在己者人壽百歲世多有之然
皆身歿則無聞顏子三十令名無窮人苟有德可傳何
必百歲之壽
○永樂五年五月辛酉湖廣武昌府僧言欲增修觀音閣
以祝
聖壽
上不從曰人脩短有定數禍福由所行所行誠善福不祝
當自至不善禍非祝所能去人但務為善何假外求哉
○永樂七年三月甲辰朔

車駕巡狩北京駐蹕東平州望祭泰山畢顧侍臣曰昔舜
巡狩至泰山舉祀禮覲諸侯一正朔考制度而已蓋欲
使天下同風後來秦皇漢武皆有侈心登封泰山薦道
功德以誇示後世終不免後世之非議我
太祖皇帝一天下立法制五六十年國不異政家不殊俗
朕謹遵成憲此行亦惟欲親巡撫使軍民各得其所耳
侍臣頓首曰
陛下守
太祖之法而以堯舜為心天下蒼生實受其福彼秦皇漢
武何足道哉
○永樂十二年三月庚寅
車駕北征次清河京城官吏耆老送駕者辭

上進其耆老諭之曰京師人烟輻輳欺詐者多爾等宜督
子弟務生業毋事游惰人衣食足則廉耻興風俗厚而
皆本於父兄之教爾等勉之
神武
○建文時李景隆郭英平安胡觀吳傑並以兵來攻
上諭諸將曰李九江志大而無謀喜專而違衆英老邁退
縮安愎而自用觀驕縱不治傑懦而無斷數子皆匹夫
徒恃其衆耳然衆豈可恃衆而無紀律則易亂且擊前
而後或不知擊左而右不相應徒多何益今彼將帥不
專政令不一紀律不肅分數不明往者鄭村壩之敗如

風行草偃其士卒非不多也大抵將爲三軍司令將志衰則三軍之勇不奮其兵甲雖多糧餉雖富適足爲吾之資爾等但秣馬厲兵聽吾指麾兵法曰識衆寡之用者勝吾策之審者矣第恐爾等過殺當謹以爲戒即日渡河而營是夜大雨平地水深二尺及

上卧櫚迫旦兵端有火光如毬擊爆爆相上下金鐵錚錚作聲弓弦皆鳴將士皆奮欲戰我軍既渡河景隆等軍横亘數十里

上列陣以當之開合數四敵疑不敢進

上諭諸將曰敵雖衆不過日中必破之衆踴躍爭奮後軍房寬先與敵交戰不利

上率精鋭赴之所向皆靡斬敵驍將瞿能父子及其精卒萬餘先是戒張玉朱能等曰必先摧敵鋒繼以馬步齊進乃令丘福等以萬餘騎衝其中堅不動

上以精騎數十突入敵軍左掖殺傷甚衆敵勢披靡莫敢嬰鋒乃麾張玉朱能丘福等馬步齊進人自爲戰勇氣百倍

上遥見我陣後塵起曰此敵人乘我後也乃以七騎馳赴之遇敵二萬與戰連擊殺數十人稍却數十步而止須臾復馳入敵戰擊殺數十人進退如是百餘合殺傷甚衆左右曰敵衆我寡難與持久宜就我軍併力擊之

上曰敵精鋭盡在此故吾獨當之使諸將得以致力於彼若往就我軍彼亦合力刑勢相懸數倍我衆殆難破矣於是復進戰不已敵飛矢如注

上所乘馬凡三易三被劍所射矢三服皆盡乃提劍左右奮擊劍鋒缺折不堪擊乃稍却敵來逼而限以二堤

上復馳馬越堤逐之佯以鞭招後敵疑有伏不敢踰堤而

上遂相持

上曰吾不進敵不速破乃易劍以勁騎驍出敵後突入馳擊敵勢少動遂敗棄戈而走須臾敵大陣亦敗奔北之聲如雷遂追擊至其營會旋風折其大將旗幟敵衆大亂我軍乘風縱火燔其營煙焰天郭英等潰而西李景隆等潰而南盡得其斧鉞及委棄輜重器械斬首數萬

級溺死十餘萬追至雄縣月漾橋殺溺蹂躪死者復數萬横屍百餘里降者十餘萬悉放遣之李景隆單騎走德州

上率師至通州張玉朱能請曰今密邇敵境而勤師遠征況遼東早寒恐士卒難勝惟

陛下熟計之

上乃屏左右密語之曰今敵將吳傑平安守定州盛庸守德州徐凱陶鎔欲城滄州爲犄角之勢德州城壁堅敵衆所聚定州亦城完有備滄州土城隤圮已久今天氣向寒城豈易就我乘其備出不意急趨攻之敵有必敗之勢今聲言東征者亦無南伐之意以怠之耳夫今不

取彼城完守備固難於力凡事貴密故未令衆知者慮泄主與能叩頭稱善

我軍過直沽

上語諸將曰徐凱等所設備惟青縣長蘆而已據孫兒窩兒坡數程無水皆不備趣此而徑至滄州城下是夜二更啓行盡夜三百里敵兩發哨騎皆不相遇明旦至鹽倉遇敵哨騎數百盡擒之食時至滄州敵猶未覺督軍士築城我軍至城下始倉皇分守城堞衆皆股栗不及擐甲我軍四面急攻之

上麾壯士由城之東北角登逾時拔其城而先已遣人斷敵歸路遂斬首萬餘級獲馬九千餘匹生擒都督徐凱程暹都指揮俞琪趙滸胡原李英張傑并指揮以下百餘人餘衆悉降咸給諜遣歸

○永樂十二年六月戊申

車駕征虜駐驛蘭忽失溫是日虜寇答里巴馬哈木太平把禿孛羅等率衆逆我師見行陣整列遂頓兵山巔不發

上駐高阜望寇已三分路遂令鐵騎數人挑之虜奮來戰

上麾安遠侯柳升等發神機銃砲斃賊數百人親率鐵騎擊之虜敗而卻兵攻虜之右豐城侯李彬都督譚青馬聚攻其左虜盡死鬬

上遙見之率鐵騎馳擊虜大敗殺其王子十餘人斬虜首數千級餘衆敗走大軍乘勝追之度兩高山虜勒餘衆復戰又敗之追至土剌河生擒數十人哈木太平等脫身遠遁

○永樂二十年三月辛巳

車駕北征駐驛鷄鳴山虜之寇興和者聞

上親征遂夜遁諸將請急追之

上曰虜非有他計能譬諸狼貪一得所欲即走追之徒勞少俟草青馬肥道開平踰應昌出其不意直抵窟穴破之未晚

○六月癸巳

車駕北征次威遠川開平報虜復攻萬全

上召諸將問計皆曰宜分兵還擊

上曰不然此詐謀也虜慮大軍徑擣其巢穴故為此牽制之術然其衆不多知大軍北行必已喪膽況敢攻城哉不足慮也明日得報虜攻萬全者其夕遠遁

○七月庚午

上親征北虜至屈裂兒河虜寇數萬餘驅牛馬車輛西奔陷山澤中遇大雪寇倉卒以其衆逆戰

上麾騎兵為左右翼齊進寇望官軍勢盛欲突而走

上率前鋒衝之斬首數百級寇自相踐死者相枕籍餘衆散走其地背河前左皆山大軍依山而陣

上乘高而望之見寇稍復聚乃麾兵繞出其右十餘里又急分兵渡河斷其後寇數百人突而右走盡獲之又麾

兵繞出其左十餘里先令甲士持神機銃伏林中戒
曰寇經此則發又命嚴陣山下以待已而寇盡棄其輜
重馳突而左
上麾御前騎士與山下兵馳追之寇驚走而林間神機銃
競發寇大潰死傷不可數計餘寇尚數百人馳馬而走
上曰必有首虜其中須擊之率騎兵追奔三十餘里抵其
巢穴斬首虜數十人生獲其黨伯兒伯克等盡收其人
口牛羊駝馬焚其輜重兵器暮次豐潤屯諸將皆頓首賀
上曰用兵豈吾所得已哉將曰天道福善禍淫
陛下奉天伐罪以保寧兆民豈過慮也
上曰然

○七月己未
車駕北征次殺胡原前鋒都督朱榮等獲阿魯台部屬送
御營備言阿魯台所部初聞大軍出皆憂懼日有背叛而
遁者繼聞
車駕親征阿魯台舉家惴慄盡棄其馬駝牛羊輜重于闊
灤海之側直北走矣
上曰獸窮則走然此黠虜未當遽信前哨繼獲虜部曲亦
言虜悉衆夜遁矣驗之而信召都督朱榮吳成等還發
兵盡收虜所棄牛羊駝馬焚其輜重
上召文武諸臣諭曰朕非欲窮兵黷武也虜為邊患驅之
足矣將士遠來亦宜休息遂命旋師

○永樂二十二年六月癸亥
車駕北征次連秀坡寧陽侯陳懋忠勇王金忠引兵抵白
邙山咸無所遇以糧盡還於是英國公張輔等奏願假
臣等一月糧率騎深入罪人必得
上曰今出塞已久人馬俱勞虜地早寒一旦有風雪之變
歸途尚遠不可不慮明日諭輔等曰昨日之言決矣古
王者制夷狄之患驅之而已不窮追也且今孽虜所存
無幾茫茫廣漠之地譬如求一粟於滄海可必得耶吾
寧失有罪不欲重勞將士朕志定矣遂命班師
教皇太子
○永樂元年十月己未

上御奉天門命侍臣輯自古以來嘉言善行有益於太子
者為書以授長子且曰昔堯試舜自慎徽五典至納于
大麓歷試諸難乃命以位舜生長民間躬親稼穡堯尚
試之如此朕今令長子守北京親庶務雖吏察奏牘皆
躬閱之以知為臣之難他日庶可為人君也朕少時嘗
居鳳陽民間細事無不究知後受命鎮北方經絕塞冒
霜雪與士卒同甘苦其他所未經歷者則博考於載籍
每覽昔人言行可自警省者讀之不能釋手讀書所以
有益於人然人資稟有強弱泛而不切亦未有益故欲
令爾等輯此教之先定其尺度權衡使中有所主也
○永樂二年四月甲申文華寶鑑成

上御奉天門召皇太子授之曰修己治人之要具於此書昔堯舜相傳惟曰允執厥中帝王之道貴乎知要便足為治爾其勉之

皇太子拜受而退

上顧翰林學士兼右春坊大學士解縉等曰朕

皇考訓戒太子嘗採經傳格言為書名儲君昭鑑錄今朕此書稍充廣之益以

皇考聖謨大訓以為子孫帝王萬世之法誠能守此足為賢君昔秦始皇教太子以法律晉元帝授太子以韓非書帝王之道廢而不講此其所以亂亡朕此書皆大經大法卿等兼輔東宮從容閒暇亦當以此為說庶幾成

其德業他日不失為守成令主

○永樂七年二月甲戌

上出一書示翰林學士胡廣等曰古人治天下皆有其道雖生知之聖亦兼資學問由唐虞至宋其間聖賢明訓具著經傳然簡帙浩繁未易遽領其要帝王之學但得其要篤信而力行之足以為治皇太子天下之本於今正當進學之時朕欲使其知要庶幾將來太平之望朕間因閒暇采聖賢之言若執中建極之類切於脩身齊家治國平天下者今已成書卿等試觀之有未善更為朕言廣等徧覽畢奏曰帝王道德之要備載此書宜與典謨訓誥並傳萬世請刊印以賜

上曰然遂名曰聖學心法命司禮監刊印賜之。勅皇太子今巡狩北京命爾監國天下之務所繫甚重爰簡文武才德之臣為爾輔贊蓋自古聖哲為政未有不需賢而能成者爾宜悉心以求益虛己以納言庶幾整爾弘綱康理庶務然聽言之際宜加審擇言果當理雖芻蕘之賤必從之言苟不當雖王公之貴不可聽唯明與斷乃克有成至於武備亦宜盡心居處恒重於防閑幾務必嚴於慎密斯皆致理之要宜祗勤佩服夙夜不忘以副朕付託之重

○四月庚寅賜書諭皇太子曰朕命爾監國凡事務寬大戒躁急文武羣臣皆朕所命雖有小過勿遽折辱亦不

可偏聽以為好惡育德養望政在此時天下幾務之重悉宜審察而行稍有所忽累德不細其敬之慎之時

上聞皇太子譴刑部尚書劉觀故也

○永樂八年二月乙巳遣書諭皇太子曰前命爾覆重囚爾奏乞宥其死見爾重惜人命然十惡不可宥其餘雜犯死罪以下悉從汝言國家用刑貴在得中過則濫不及則弛自今尤宜盡心

○永樂十五年七月乙亥賜皇太子務本之訓復勅諭曰往者朕以侍行欲其周知民事遂作書教之名務本之訓此書於帝王脩齊治平之道粗備且皆切實之言今別錄賜汝閒暇能沈潛玩味觸類而長大有益矣

○永樂十六年正月丙寅以玄兔圖并羣臣所上表及詩文賜皇太子且賜書諭曰比陝西耀州民獻玄兔羣臣以為瑞且謂朕德所致上表稱賀又有獻詩頌美者朕心惕然愧之夫賢君能敬天恤民致勤於理則有以感召和氣屢致豐年海宇清明生民樂業此國家之瑞也彼一物之異常理有之且吾豈不自知今雖邊鄙無事而郡縣水旱往往有之流徙之民亦未嘗無豈至理之時哉而一兔之異喋喋為諛夫好直言則德日廣好諛言則過日增朕夙夜拳拳仰惟

皇考創業艱難懼弗堪負荷不敢怠寧終不為彼所惑爾將來有宗社生民之寄羣下有言不可不審之於理但

觀此表及詩即俱瞭然而情不能遁矣

○永樂二十年三月丁丑

車駕北征命皇太子監國諭之曰軍國之務重當明恕勤慎以處之明則能照物恕則能體物勤則無怠事慎則無敗事修是以率下庶幾其可

○五月庚辰

上駐驛威虜鎮皇太子遣人馳進蔬果賜書諭之曰爾以朕躬勞在外遣人遠進蔬果固出於孝心然朕此行本為安民顧以口腹勞民非朕志矣且朕付爾

宗社之重但樂善親賢杜讒去佞以保民為務稱朕付託之意爾孝至矣奉養之物繼今勿進

教皇太孫

○永樂五年四月辛卯皇長孫出閣就學

上御奉天殿召太子少師姚廣孝翰林院侍詔曾璒等諭之曰人於學問常以先入之言為主朕長孫天資明睿爾等宜盡心開導凡經史所載孝弟仁義與夫帝王大訓可以經綸天下者日與講說浸漬之久涵養之深則德性純而器識廣他日所資甚大不必如儒生釋章句工文辭為能

○永樂十年八月丙辰

上謂兵部尚書金忠等曰皇太孫年長有志略朕令其學問之暇兼講武事其遣人往直隸應天及江北鳳陽滁

和等府州北京山東山西陝西河南四川湖廣境內選民間子弟年十七至二十勇健有才藝者官給路費廩食送京師俾充隨從

○永樂十二年三月庚寅

車駕親征胡虜發北京

皇太孫從行先是

上謂侍臣曰朕長孫聰明英銳勇智過人今肅清沙漠令侍行俾知用兵出奇之法亦使躬歷行陣見將士之勞苦知征伐之不易又謂學士胡廣庶子楊榮諭德金幼孜曰每日營中閒暇爾等即以經史於長孫前講說文事武備不可偏廢

○戊戌

駐驛宣府

上坐帳中皇太孫侍側

上從容語以前代得失事及君臣相與保全之難皇太孫

所對皆合

上意

上喜顧謂侍臣曰人必務學乃能增長智識適與長孫語

其所對悉有權度非尋常意見所及亦其比來學問進

矣侍臣叩首賀曰

太孫殿下資識超越他日必為太平天子

宗社生民之福也

上曰朕嘗命東宮官屬協心輔之爾等皆須盡心

○四月丁卯

車駕發清水源

皇太孫從行

上於馬上指示山川險易及將士之勤勞且曰汝知吾所

以為此者乎對曰

陛下豈為圖其土地利其資畜而勤遠略哉顧此虜禽獸

之性雖施以天地大恩不知感戴暫服而遽叛非獮薙

之久亦難制昔禹之征苗文王之伐崇密皆非得已也

陛下尊居天位享四海之奉豈不自樂而仰勞

聖躬跋涉遠外者無非欲驅除此虜於絕漠令不敢近塞

下使子孫臣民長享太平之福

上嘆曰孫之語吾之心也

○五月癸酉

上駐驛揚林戍閱武之暇

皇太孫侍語及創業守成之難曰前代帝王多有生長

深宮狃於富貴安逸不識民難經國之務懵弗究而至

於亡者朕常以為戒汝將來有嗣統之責須勉力學問

天下之事須周知人之艱難須涉歷聞見廣而涉歷多

自然心胸開豁於萬幾之來皆有以處之而不差矣

○永樂十五年七月乙亥賜皇太孫務本之訓勑曰爾嗣有

宗社人民之寄今閒暇宜與儒臣講明此書而服膺之庶

幾克稱他日太平之望欽哉

○永樂十七年八月癸未勑皇太孫曰爾年已長宜讀書

明理以成大器古帝王皆以讀書明理為本未有不如

是而能齊家治國平天下者爾克勤學問他日用之不窮

○十二月丁亥勑皇太孫曰立身之道莫先孝弟忠信四

者之行立於身明君臣之義篤父子之親厚兄弟之愛

盡長幼之序信以服眾仁以撫下恕以待物非正言不

發非正道不履親仁賢遠奸佞節嗜慾戒荒嬉振綱紀

別淑慝明賞罰以係

宗社悠久之託為天下生民之福爾其勉之又曰比聞出

郊圍獵一軍害民即能懲之以法使田里皆安毫髮無
犯人傳爾之善至於北京朕聞之甚喜此可驗爾勤學
之效矣大抵兵民相須撫恤惟均苟有所偏必為所怨
今爾於此一事使百姓感德軍士畏法足為善行夫今
日行一善明日行一善爾雖不自覺而善名自然播之
天下將有不令而從不言而信者矣自今更宜夙夜勤
勵讀書明理以廣其智識將來德成業就為天下所瞻
仰亦不負朕期望之意欽哉

大明太宗文皇帝寶訓卷之二

光祿大夫柱國少傅兼太子太傅禮部尚書武英殿大學士臣呂本謹校
南京禮部祠祭清吏司郎中臣陳洛本
南京兵部職方清吏司主事臣朱鄰謹閱
南京工部虞衡清吏司郎中臣呂胤昌

睦親

○洪武三十五年七月己亥
上以盛暑賜書在京諸王曰吾與諸弟皆
先帝子仕者各在一方有一歲得一見數歲得一見者手
足之情不能自已今吾承繼大統諸弟早暮來聚豈不
甚愜於心顧炎暑方盛舉動煩勞可三日一朝用稱友

于之意

○九月己丑勅遼王植曰
皇考太祖高皇帝封建諸王藩屏
宗社傳序萬年與國同久建文忠信任奸回以殘骨肉朕
於其時迫於危禍不得已而起兵賴
天地
祖宗之靈克平內難建文君之隕自絕於天朕為諸王臣
民推戴以君主天下方欲與諸弟聚處同天倫之樂而
賢弟以遼地荒遠經涉海洋餽運為艱固請改國荊州
且以廣寧重鎮就留三護衛於彼以益邊防欲於荊州
別給一衛備使令言之再三卻而復至謙約之誠溢於

言來去衆就寡厭遠懷邇手足之情何忍違拂今勉從
所請建國荊州而仍舊封現軍衛已令兵部改撥用稱
吾弟之意
○永樂二年九月庚戌賜書晉王濟熺曰得奏欲上護衛
及所畜小鞋粗夫護衛昔爾父受之
皇考其何可辭爾惟當脩德行善豈可因一二小人為非
輙自疑而欲上護衛耶所奏不允其小鞋粗護衛有缺
伍者就以補之
○永樂三年五月壬戌蜀王椿進荔枝等物
上賜書答曰比遣至荔枝諸物具見厚意惟賢弟抱明達
之資敦忠孝之義處善循理秉心有誠稽古博文好學

不倦東平河間無以過也引睇蜀國山川邈遐賢親
親不忘朝夕勉自愛重用副所懷
○十月戊辰周王橚遣人賫奏深陳悔罪改過之意
上喜命侍臣封橚所奏遣人賫示齊王榑而賜書答橚曰
得奏具見賢弟遷善之誠良深嘉悅兄之心惟欲與諸
弟同享昇平悠久之福使諸弟皆同賢弟此心福慶豈
有窮哉賢弟宜益加持守為諸王表率隆藩翰於國家
昭令譽於無窮此兄之所深望近齊王數為不法已封
賢弟今日所陳者示之亦冀以興起其遷善之心
○戊子賜周王橚等皇明祖訓且諭之曰
皇考所以垂訓子孫至要之道具在此書朝廷常守之可

以永安
宗社藩王常守之可以長保富貴朝廷與藩王本同
祖宗所出但能皆以
祖宗之心為心則自然各盡其道前代有帝王不能保全
宗室如宋太宗亦有宗室不能自保全者如周三監漢
七國此皆是不能以
祖宗之心為心朕與諸弟各勉之時橚子衆特賜十本
○十一月乙未齊王榑上表悔過謝罪賜書答曰覽表云
繼今改過不復為不義詞意懇至深慰吾意兄弟之情
豈有他哉但欲相與同享富貴保令名永終不聽耳吾
弟勉之今後護衛人犯法須如律處治若非王府之人

有犯須歸有司王府不得干預將來吾弟所行皆善其
樂不可言而兄亦與有保全骨肉之羨吾弟勉之
○永樂四年五月辛亥以秦王尚炳將歸
上召其從臣諭之曰王前在國中言動時有錯謬朕遣書
戒之頗聞克自省改今日見王應對進退循循合度甚
適朕意此皆爾等輔導之力長史以下皆叩首曰此由
王天資之美克奉
陛下聖訓臣等庸愚實無所効力
上曰美玉非資良工不適為器嘉木非得良匠不適為材
人之成德亦然爾等宜益盡心輔王雖小過必規正之
雖小德必助成之謂小過無害訓至於大過謂小德無

益驕至於無德不可因循但和平以導之從容以入之
積以誠意未有不相信者王能脩善行汝曹亦有令名
其往勉之命賜紗衣一襲道里費視常例加倍
○永樂六年五月戊午
上以瀋安唐郢伊曾六王將之國命户部歲給祿米各一
千石免其護衛軍屯田三年仍勑王府文武官屬曰封
建宗親所以藩屏國家必在得人以為輔導今諸王年
長皆應就國爾等宜竭誠匡贊惟德惟義一遵
祖訓惟孝惟忠用固藩屏王有無窮之福爾等亦有無窮
之譽欽哉各賜鈔有差
○八月乙未賜書諭平陽王濟熿曰爾與兄高平王同毋

今爾兄蚤亡歲祿例當罷支以爾能養母特與爾兄歲
祿內存米二百五十石以益供養之資又聞爾能念同
胞之義為之維持家事整治墳塋深慰朕懷夫人之處
己貴乎脩德德盛則業廣業廣則福隆庶幾不忝厥世
而令名無窮爾其勉諸
○永樂七年五月癸酉賜伊王㰘書曰古之聖賢皆貴改
過吾弟前者之失今能省悔朕甚嘉悅當國家無事正
欲相與同樂太平音樂亦常情所有但不至流蕩可也
自今國中諸事皆須審而行之不可怠忽
○永樂九年八月丙辰禮部言庶人榑之妃鄧氏卒亦當
以庶人禮葬

上曰榑雖以罪削爵親親之誼寧過命仍以王妃禮葬之
○永樂十一年正月乙未禮部言長山王賢㷗薨
上惻然曰
皇考之孫也其父有罪不得相及其遣官賜祭命有司治
喪塋賢㷗庶人榑第二子也
○永樂十四年七月癸丑賜書獎答蜀王椿曰去年谷府
隨侍都督張興來言橞潛萌異圖言之至再兄未之信
今得賢弟書具其實事人之無良一至於此賢弟此心
周公忠存王室之心也儀賓顧瞻回附黃金二百兩白
金千兩鈔四萬錠玉帶一圍金織衮龍紵絲紗羅衣九
襲紵絲線羅紗各五十疋織錦十疋綵絹千疋兜羅錦

十條高麗布百匹米千石胡椒十斤馬十匹鞍二副往
致兄意至可領也
○永樂十五年十二月甲午楚王楨進馬二千匹
上喜受百匹賜書報曰領賢弟厚意矣畜馬甚勞已受百
匹餘悉遣還可分遺諸姪也
○永樂十六年五月戊辰遣官以書諭代王桂曰王前違背
祖訓屢為非道所以罷革王府官屬者蓋欲王深圖省改
以不忝所生比聞王能悔過改行守法良用嘉之今特
勑所司每歲加王祿米二百石增隨侍軍士五百復除
長史紀善等官為王輔導王其益懋進修以副朕友愛
之意

○永樂二十一年八月乙亥
車駕北征胡虜次沙城召晉庶人濟熺及其子美圭至濟
熺晉恭王長子洪武中嗣王爵
上請内難承大統而其地平陽王濟熿慶成王濟炫永和
王濟烺並奏濟熺心懷忿恨圖為不軌
上優容之不罪但屢勑訓諭而已而濟熿等言之不已
上遣人察之用
祖訓免其父子為庶人俾守恭王墳園至是
上軫念至親召至將封美圭為郡王時公侯伯五府六部
交章劾奏其罪不宜封
上諭羣臣曰罪廢十年人之恒情必自懲艾且仁者不絕
人之根類吾至親其能忍哉爾等勿復有言
上從容諭濟熺曰昔守謙有罪
皇考以公天下之心不得已廢之而不絕其後仁義兼盡
矣爾父朕親兄朕豈有惡於爾哉爾懷不臧屢戒飭不
聽惟大義之不可容也故免爾王爵亦豈朕心所得已
也然十年之間朕未嘗忘爾人孰無過能改斯善爾勉
之今封爾子為郡王俾爾享祿養以終身其無以恩為
怨遂封美圭為平陽王諭之曰爾其率德改行以蓋爾
父之愆盡忠盡孝用不忝祖宗終保祿位遂賜冠帶襲
衣貂裘鞍馬及金銀鈔幣牛羊等物遣中官護送其父
子徙居平陽復遣中官詣太原送舊所隨侍人悉遣之

其有坐濟熺事逮繫者悉釋之命錦衣衛撥校尉五百
太原護衛撥官軍一千以備從衛命吏部除官屬禮部
給儀仗及醫士廚子靡不悉備

戒飭諸王 戒世子郡王輔國將軍附

○洪武三十五年十二月辛未賜代王桂書曰吾弟言女
戶徐忠欲得如奉天靖難功臣例陞指揮使徐忠本黨
附群奸以危我者為吾弟故釋之不問而忠猶妄覬非
分之恩且忠何功欲得陞官朝廷以名爵為激勸有功
者不敢吝無功者不敢濫惟其至公乃足服眾今若無
功濫予將來何以使人舊制女戶但授百戶今授徐忠
以百戶庶幾不違
皇考家法
○永樂元年二月乙卯賜代王桂書曰別久懷思不忘聞
吾弟在國縱殺戮取財物人甚苦之人言雖未可必信
然告者衆矣果若其言吾弟大謬矣天下之人皆
皇考四十年辛勤保養以遺子孫今兄嗣位亦惟體
皇考之心保之愛之豈敢輕有所傷害而吾弟視之不如
土芥殺之不如雞豚夫其罪當殺猶當請命於朝況不
聞有罪乎吾弟縱恣暴戾如此獨不記建文時拘囚困
苦之辱耶今日脫吾弟囚辱復諸富貴安樂之地乃虐
人無已人其謂我何其審思之有之則速改以從善果
若無之亦須戒慎以預人言庶副同氣友愛之意

○三月丙午賜秦王尚炳書曰比以爾弟永興王尚烈年
長令暫居鞏昌講誦詩書練習武事以成德器聆聞過
鳳陽自留守司官下至指揮小校皆被箠楚人不能堪
竟莫明其何罪夫國家篤於親親宗室謹於禮法斯共
保富貴今聞長世尚烈所為若此豈保富貴之道爾今
臣民皆
太祖皇帝數十年教養者況鳳陽
祖宗肇迹之地過其地雲其臣民豈賢子孫所為乎本欲
罪其從官但以方出姑釋不問爾其長兄當深戒之使
改行為善將來有成非獨慰爾父於冥冥亦稱親親之
意爾之兄弟亦得以俱成令名也

○五月丁丑賜岷王楩册寶并勑諭之曰昔
皇考封建諸子以衛邦家而爾在建文時被收册寶拘囚
困辱蓋已極矣朕即位之初篤念親親復爾封爵召還
京師爾宿留不至乃恣行威福擅拘方面諸司印信殺
戮官屬使軍民及蠻夷之衆驚疑不安及至京又出語
悖慢畧無敬君事長之理且當有事
宗廟之日沉湎酣酗無顧藉至對閽豎則俛首下氣言之
可傷而冥焉無慚如此尚可有爵土耶今以同氣至親
特畧爾過仍賜册寶俾守舊疆尚改行易慮親君子遠
小人進學修德用藩屏國家毋作匪彝以貽後悔欽哉
毋忽

○六月壬子代王桂有罪削其三護衛止給校尉三十人
隨從仍賜勑諭之曰爾所為傲佷悖慢上違
祖訓下虐軍民無君無兄大逆不道朕以同氣之故不欲
遽絶特遣人召爾冀面訓誨庶其改過以全親親之義
爾遂命不至及再召始就道然今天氣已熱道途遼遠
於朕心有所不忍勑至即日歸國其本府三護衛官軍
悉革去惟留校尉三十人隨從其文職官俱存輔導爾
宜省愆改行毋貽後悔
○八月辛酉賜晉王濟熺書曰比有自山西來者言爾弟
濟炫數以國書擅給驛馬我國家定制遇急務以符驗
給驛馬無符驗而擅給者有罪今以爾弟之故姑屈法
不問然其有過不使之知則恐將來復蹈前失爾為之
長兄宜善諭之使奉法循理永保富貴庶不辱前人爾
有愛弟之譽朕亦不失親親之道

○十一月丙子先是有言寧王權誹謗魘鎮事者
上曰此不出王蓋小人為之以陷王譬如愛木必去其蠹
凡再遣人捕之權皆掩蔽不發至是賜權書曰兄弟同
氣至親兄數年躬履艱難亦為保全骨肉豈有他意近
者之事既悉置不問但欲去二三小人以示警爾而固
為遮蔽易曰開國承家小人勿用蓋用小人必害國家
所以决欲去之者為賢弟計也書至更不必蔽亦不得
有所畜疑

○永樂三年五月丙辰
上以代寧秦晉永興高平平陽諸王所為過失日多思預
訓戒以全親親之義賜書周楚齊蜀等王曰易曰履霜
堅氷至孔子釋之曰其所由來者漸矣由辯之不早辯
也故凡事慮於未萌則有益論於已然則無及我
皇考太祖皇帝創業垂統為子孫帝王萬世之計惟欲本
支各盡其道朝廷篤於親親藩國重於守法朝廷之紀
綱明正親藩不齟齬於其間藩國之禮節不踰朝廷不
苛責於其上恩不至於掩義義不至於傷恩
宗社永有磐石之安親藩同享無疆之福此
皇考立法之意亦吾繼述之意而諸弟姪之意亦皆然也

吾常思之朝廷不能篤親親之道是不孝於祖宗不友
於兄弟不慈於子姪棄仁背義咎孰大焉昔建文嘗蹈
此失矣吾即位以來恒切戒此閒居獨處教詔子孫亦
惟在重骨肉手足之恩不可為非禮苛責之事言出乎
口心通乎天地鬼神蓋吾躬當奉藩豈其不能身體其
事哉夫為藩國者亦當體朝廷之心而亮其誠天下之
事至繁一人之精力有限智識豈能悉周區畫豈能悉
當若吾於兄弟子姪行有未至亦宜以情恕之比代寧
秦晉永興高平平陽諸王不亮吾心稍不順意內懷怏
怏或聽小人教誘為非甚者形諸怨謗魘鎮所為不知
不仁固少年寡學之過吾恐傷同氣已皆容忍不問然

此特私恩耳為君之道必正公義而後有以服天下況
法度者
皇考之法度吾嗣位而不能守之又何以服天下之心故
雖不可虧親親之私恩亦不敢廢天下之公義夙夜思
之事有兩難欲直言其過使之圖改則恐傷恩欲隱忍
不言將來積過愈深理不得容是陷之於罪也至此非
惟吾心不能自安天下之人亦謂吾徒能愛之不能教
之養成其過故皆直言以戒之矣雖未能必其不逆於
心若有亮吾之意信而從之他日德成名立享其安榮
與國家同久豈不兩盡其美哉茲特遣書陳布悃欵繼
今之後吾惟常念親親之恩勿替諸弟姪亦惟常念

皇考之法具在各盡乃道共保富貴豈有涯哉吾之所言
天地鬼神鑒臨在上惟宗國諸王亮之亮之
○六月癸酉賜晉王濟熺書曰昨令爾弟慶成王濟炫暫
居潞州聞爾不恐其去甚見同氣之情然吾以其年逾
冠宜令居外涉歷庶幾有成不意濟炫至彼恣縱非為
徇私藏公違禮壞法如護衛軍人為強盜既不以聞又
不罪之及朝廷遣人捕之乃造飾偽詞曲為掩蔽豈是
臣子之道今以至親姑容之俾改過自新且令仍回太
原爾愛弟之心素厚宜朝夕訓戒之使毋蹈前非勉於
善行庶幾可保富貴
○七月癸卯賜書周王橚曰比各府縣錄周府長史司榜

文來奏夫朝廷與王府事體不同長史司專理王府事
豈得擅行號令於封外與朝廷等一家有一家之尊一
國有一國之尊天下有天下之尊卑不踰尊古之制也
今賢弟居國如諸子擅行號令於國內其亦可乎若奸
人造此離間即具實以聞當究治之如實賢弟所命則
速遣人收還仍嚴戒長史行事存大體毋貽人譏議
○九月乙巳屢有告齊王榑不法者
上賜榑書曰比數有人言王過失以兄觀之王豈有他也
但由性躁急下人不能堪耳今兵荒之餘民始蘇息宜
重愛恤何恐復苦之且所當深慮者刑罰太過將左右
之人或萌不測噬臍無及古人覆轍可以鑒戒繼今宜

涵養德性寬以馭下用保始終
○十月丁卯有告齊王榑不軌事者遣人密察之還奏皆
實乃封告詞示之且賜之書曰王比為悖逆之事屢矣
但兄弟至情不欲顯暴夫人孰不知善之當為而惡之
不當為王舍其當為而從其所不當為果何恃而然屢
以書戒王而恬不知悔恣肆日甚非分之恩不可數得
王其省之毋貽後悔
○永樂八年十月乙卯
上聞周王橚於國中作殿奉祀
太祖高皇帝賜之書曰禮支子不祭王國廟祀則肇於始
封之王

太祖高皇帝之祀朝廷自有宗廟王今祀於國中過矣孔
子曰祭之以禮若不得為而為之不可為孝王其審禮
而行毋貽物議
○永樂九年二月壬辰遣勑戒勵秦王尚炳曰昔周天子
遣使賜齊桓公胙且命勿下拜桓公對曰天威不違顏
咫尺小白余敢貪天子之命無下拜遂下拜登受春秋
書以示褒遣使賜晉侯命晉侯受玉惰使者歸曰晉侯
其無後乎成肅公受脤於社不敬劉康公曰成子惰棄
其命矣後皆不得其終春秋書以示戒比屢遣人賚符
至王國王不出迎但令內豎取入及出見使者又侮慢
不一此皆王不學之過不學何由達禮致王於此者皆

長史紀善典儀之失職也其械送京師王自今勉力學
問庶幾寡過
○永樂十五年二月癸亥谷王橞以謀逆削爵為庶人革
去護衛及長史司等衙門賜勑諭橞曰爾頑很兇悖棄
滅天倫造為反逆賴
天地眷佑
宗社之靈蜀王忠孝發爾陰謀罪狀顯著諸王群臣咸請
明正國法尚念至親曲加寬貸今削爾王爵降為庶人
以全餘生朝廷於汝恩甚厚矣其深省之
○永樂元年四月甲子楚世子孟烷奏欲遣人於河南境
內買人口賜手勑諭曰昔秦愍王遣人於浙江買人口

太祖皇帝聞而怒之秦府官屬及浙江郡縣承行者皆被
罪前鑒不遠也且河南汝伯父周王封地汝所遣人入
其境或有縱恣違禮將斥爲爾之過可不慮乎况此舉
非出汝父意其已之
○永樂十五年十二月癸卯遣勑戒永和王濟烺曰凡朝
廷儀物制度等差截然不可違越比聞爾擅造印章僭
用龜紐龜紐惟親王之寶之用爾擅爲之越禮分矣以
爾年少及念爾父同氣之故姑宥不問自今宜謹遵禮
法毋蹈前過
○永樂十年二月壬戌勑靖江九府輔國將軍贊億曰監
察御史言爾交通衛卒以錢貸民多取利息至繫人妻

孥逼脅鬻居以償所負古畜馬乘不察於鷄豚伐冰之
家不畜牛羊百乘之家不畜聚斂之臣國家舊制四品
以上官不得與民爭利汝宗室之親乃恣肆如此果爾
所爲則赴京面陳若左右小人假爾名爲之即械送京師

警外戚

○永樂二年四月丙戌春坊官劾奏中軍都督僉事李諒
於文華殿早朝百官班退之後諒獨進啓事有違禮法
請治諒罪
上命姑宥之而勑賜諭諒曰朝廷之法公於天下不以親
疏有間朝儀凡百官謁東宮偕進偕退不許獨留私見
乃謹始防微之道令行之初爾首犯之帝王行法先於

貴近朕念親親之故曲宥不問其戒之慎之非分之恩
不可再得爾其欽哉
○永樂四年五月戊午有告故駙馬都尉富陽侯李讓家
人中鹽虛買實收下錦衣衛獄又行賄衛官事聞侯之
子懇謝過乞免
上曰法度與天下共不爲私親廢爾曹政當奉法保恩豈
可恃恩撓法夫欺謾以苟利與賄賂以逃刑雖爾曹不
得免况家人乎召都察院臣諭曰宥罪可施於疏賤而
貴近不可倖免行法必先於貴近則疏賤可以知警富
陽侯家人其治之如律
○八月乙巳賜趙王高燧書曰比聞都指揮款台乘馬過

駙馬都尉廣平侯袁容之門容怒其不下箠楚幾死款
台靖難功臣豈當非禮陵辱爾非不知亦不以聞自洪
武以來往來駙馬之門何嘗有下馬之令昔王敦爲駙
馬縱恣暴橫卒以悖逆滅亡覆轍在前可再蹈乎此書
觀畢仍以示容其受使令辱款台之人械送京師
○永樂九年十一月辛巳建陽鎮衛撫武戩有罪逮至戩
孝慈高皇后戚屬時守徐王墳於宿州縱恣不法
上以先后之親特宥之戒之曰古之賢外戚皆務守法法
者防制於未然遵之則吉違之則凶朕爲天下主一遵
皇考成憲不敢違爾乃敢恃恩縱肆藏匿逋逃輕犯國法
今念

皇妣之親姑尚法宥爾自今宜改行為善庶幾享福若復
不改國法必誅慎之慎之
○永樂十年八月己巳皇親徐赫匿逃民法司請罪之
上召赫諭曰踈遠小人尚相戒守國法不敢違汝敢忸恩
先衆犯法昔中山王勲親大臣謹守法度不敢縱越分
毫故能流慶子孫汝今縱肆如此豈是受福之道赫惶
恐叩首
上顧法司曰不可以私廢公治之如律
○永樂十一年九月壬午府軍衛指揮使張昶奏事畢辭
歸南京
上諭之曰皇親最當守法不守法罪比常人有加開平王

永城侯德慶侯之家恃外戚生事壞法皆取滅亡前鑑
不遠汝今富貴但常不忘貧賤時自然驕逸不生若溺
富貴而忘貧賤奢傲放縱以凌虐人有英明之君在上
必不恕爾爾宜慎之昶頓首謝命禮科賜鈔六十錠又
諭之曰此賜非多爾能守法保富貴何啻萬倍於此昶
皇太子妃之兄
上頗聞昶弟旭居鄉驕横不欲顯斥之故因昶致戒云
仁政
○永樂二年二月己丑刑科給事中奏強盜該死罪其中
有年十五以下者兩人昨蒙
恩宥其死但没入習匠輸作終身臣等揆理論之彼雖年

幼既能行刼亦當被刑不宜免死
上不從曰童稚未成人者本無知覺向非成人者誘之豈
能自為盜耶朕特推此情矜之耳又曰古耄悼不加刑
二兒去悼之歲皆不遠况試其力皆不能勝一斗粟東
有秦舞陽童區寄之能可曲貸乎
○七月戊辰大理寺言有犯法者當黥
上曰免黥既而諭之曰朕免之者慮遏其自新之路人孰
無過亦有誤犯而非故違者如既黥之彼雖有遷善之
意顧其身已墨亦自怠矣故朕於墨刑不輕用也
○十月庚辰刑部尚書鄭賜等言比軍士初犯罪者皆蒙
宥免小人作過豈當全無懲戒

上曰天不於惡木廢發生君亦不於小人忘矜恤朕特矜
其初犯耳如怙終固不宥也
○永樂四年正月己亥豐城侯李彬新城侯張輔等往河
南皂君山捕盜陛辭
上諭之曰盜本良民但為有司不能撫綏更加酷害始聚
為盜彼豈不愛其生蓋出於不得已汝往先遣人招撫
示以生路若能散歸農畝即是良民不必窮治大抵官
軍所至必累及無辜爾等此行當以保民為重無重困之
○壬寅琉球國進閹者四人
上曰彼亦人子無罪而刑之何忍命禮部還之禮部臣言
還之慮阻遠人歸化之心請但賜勑止其再進

上曰諭之以空言不若示之以實事今不遣還彼欲媚朕
必有繼踵而來者天地以生物為德帝王乃可絕人類
乎竟還之
○十二月癸丑
上與侍臣語知京師之人多有疾不能得醫藥者歎曰內
庫貯藥材廣而不能濟人於闕門之外徒貯何為命太
醫院如方製藥或為湯液或丸或膏隨病所宜用於京
城內外散施仍訪朝臣中有通於醫者俾分任其事又
曰朕一衣一食不忘下人之艱猶於咫尺不能有濟何
況遠外遂命禮部申明惠民藥局之令必有實惠勿徒
為文具而已

○永樂十一年七月壬辰遣使賫勑諭交阯布政司及府
州縣官曰交阯新附之民舊業多廢爾等宜輕徭薄賦
勸課農桑務崇寬厚無為刻薄勤加憂恤使遂其生息
以漸興於禮義之化庶幾爾等可為盡職其勉之哉
○永樂十三年二月乙未釋工作囚徒四千九百餘人先是
命出繫獄囚輸作贖罪既而多亡者有司請捕之
上謂工部尚書吳中曰人逼於饑寒雖慈父不能得之於
子今亡者必其衣食空乏出不得已遂命見役者俱還
家期秋成後赴工今下有不願去者七百餘人
上憫其感恩急於趨事并其欲回者皆釋之
○永樂十五年九月辛巳
上謂行在工部臣曰四方之人服役京師者水土異習加
以寒暑勞勤蓋有致疾而醫藥久未痊者此皆盡力奉
公當加恤之今天氣已寒其給行粮遣人護送還家仍
令有司善存撫之

卹民

○洪武三十五年七月甲辰
上諭羣臣曰朕居藩邸時凡百姓艱苦靡不知之數年兵
興北方之民疲勞尤甚朕所以舉義者為
宗社生民之計今
宗社既安而北方之民未安吾夙夜不忘遂命前工部尚
書嚴震直戶部致事尚書王鈍應天府尹薛正言等分

往山西山東河南陝西等處巡視民瘼何弊當革何利
當建速具奏來
○十二月癸酉
上謂戶部尚書夏原吉曰江北地廣民稀務農者少
皇考時嘗遣人督民耕種近因兵革蝗旱人民流徙廢業
今不及時勸民使盡力農畝將不免有失所者來春宜
早遣人督勸因歎曰古者民無菜色然後天子食日舉
以樂朕為天子誠使四海皆給足雖不盛饌以樂侑食
未嘗不樂
○永樂元年二月乙卯命監察御史分詣各布政司巡視
瘼陛辭

上諭之曰父母於赤子先寒而備之衣先饑而備之食適其温飽之宜避濕就燥以處之無所不盡其心人主為民父母理亦當然朕居深宮一飲一食未嘗不念及軍民然在下之情不能周知爾等為朝廷耳目其往用心咨訪但水旱災傷之處有司不言者悉具奏來其軍民之間何利當興何弊當革者亦悉以聞

○戊辰

上諭户部兵部臣曰數年用兵軍民皆困今方與之休息數有令擅役一軍一民者處重法比聞衛所府縣都不遵承仍襲故弊私擅差役如驅犬羊無復分毫矜恤之意是上不敬君命下不恤人窮人之蘇息何遂爾等其

申明前令自今有犯者誅不宥

○三月辛丑南陽鄧州官牛疫死者多有司責民償甚急民貧至有鬻男女以償者事聞

上怒甚曰孔子聞廄焚問傷人否不問馬蓋為人貴於畜今以人易牛何其不仁況畜牛本以為民今乃毒民如此命有司牛死者悉免償民所鬻男女償牛者官贖還之仍命法司治有司不奏而擅責民償之罪

○四月乙丑賜書楚王楨曰所奏府中欲脩造兄於賢弟豈有吝惜意但天下初定衆心未安勞困未甦兼旱蝗相仍民苦寒餒安養休息方在此時故即位之初首詔天下不急之務悉停罷今後宮為建文所焚東宮亦折毁皆未敢興造賢弟幸體斯意府中宫室摧壞者姑用護衛之人隨時脩葺俟民安歲豐然後量撥軍民為之如此公私兩利矣

○五月丁丑勑户部臣曰朝廷設官分職本以治民治民之道在安養之而已故即位之初一遵

皇考成憲首命爾等荒蕪田土無人佃種者即令所司覈實蠲除其租庶不貽患於民爾等畧不體朕愛民之心因循翫愒視為虚文有司拘於歲額一槩徵收下民之情鬱而不達朝廷恵澤遏而不下此豈大臣為君為民之心其速下各布政司府州縣但有荒閑田地無人開墾即於歲租額内削除庶幾民免横擾之苦

○戊寅賜書秦王尚炳曰前以諸郡王年長欲令出居外郡為講讀練習之計今四方來奏水旱蝗蝻道殣相望因念諸郡王所至脩葺供億之費不免重勞軍民如永興王未行且令在國俟一二年歲穀豐登然後遣行其所脩治居室即日停罷

○十一月壬辰早風雨沍寒

上召工部尚書黄福等曰濬河之民服役久衣食未必盡給今且遽寒其各賜鈔二錠罷遣歸未畢之工令京衛軍士次第成之軍士仍賜鈔充顧直

○閏十一月乙卯户部臣言近定使臣往來廩給止於見有儲積之處通支自濟寧若干程至德州即先於濟寧

通給自德州計若干程至北京即先於德州通給今濟
寧德州皆請令民於見有儲積之處轉運米粟往緣途
驛館頓貯待給為便宜從之
上曰此徒知便於官豈顧不便於民北方之民勞悴未蘇
寒不得衣饑不得食朕早夜圖休息之更妄恐重勞之
轉運勿聽
○永樂二年正月丙午各布政司府州官進表者辭歸
上諭之曰治天下者以天下之心為心治一方者以一方
之心為心朕居君位夙夜念慮未嘗忘民每思飲食衣
服百物之奉皆出民力民或有寒不得衣饑不得食勞
不得息朕何忍獨安爾等皆以才賢為國家任牧民之

職夫受人寄者當盡己之力為人上者當推己之心治
民之道惠養為急不害播種則民無饑不妨蠶桑則民
無寒蓋民之衣食皆出己力未嘗仰給公家惟賴公家
統理以免強凌衆暴之患耳爾等當明其利害順其好
惡去其為惡之人則為善者自安懲其趨末之習則務
本者自固無有所擾之況數年以來軍旅供給民勞為
甚今暑得休息正如病者初差宜保養調護若復勞擾
病將愈深其歸戒之
○十月丁亥戶部尚書郁新等言御馬監索白象食穀
上曰白象何補實用乃欲奪民食以飼之此古人所謂率
獸食人者勿聽復召御馬監官責曰汝輩坐食膏粱身
衣輕煖豈知百姓艱難計象一日所飼穀當農夫數口
之家一日之食朕為君職在養民汝輩不令朕知而為
此事是欲朕失天下心如復敢爾必誅不宥
○十一月丙辰工部侍郎趙毅等奏鎮江府民言乞於本
處鑿山開河以便漕運約用九十八萬人數月可成請
遣官驗視
上曰爾任大臣顧不能料制其事而必欲遣人驗視耶數
年以來民困為甚非有大不得已之事豈可輕役且役
九十八萬人即復用如許人供給之騷動數十州縣為
百姓禍矣豈不殆哉遂寢不行
○永樂四年四月戊寅

上諭戶部臣曰朕念北京數郡之民比年軍旅困於供給
故特免租稅以優之其耆老近日多有來謝恩者今春
作方興老人正當勸督子弟勤力田畝不宜妨其所務
況衰倦之人豈堪跋涉遠道即檄諸郡止之戶部言下
人受恩感戴出乎忠誠恐雖止不從
上曰朕心在實惠及民不務虛文勞民其止之
○永樂五年五月辛未
上聞河南饑而有司匿不以聞因命刑部悉逮寘於法又勑
都察院左都御史陳瑛等曰國之本在民而民無食是
傷其本朕自嗣位以來夙夜以安養生民為心每歲春
初及農隙之時勑郡縣浚河渠修築堤岸陂池捕蝗蝻

遇有饑荒即行賑䘏比者河南郡縣薦罹旱澇有司匿
不以聞又有言雨暘時若禾稼茂實者及遣人視之民
所收有十不及四五者有十不及一者亦有掇草實為
食者聞之惻然亟命發粟賑之已有饑死者矣此亦朕
任用匪人之過已悉寘於法其榜諭天下有司自今民
間水旱災傷不以聞者必罪不宥
○八月壬寅廣東布政司言揭陽諸縣民多流徙者近招
撫復業凡千餘戶戶科給事中奏此皆逃避差役之民
宜罪之
上曰人情懷土豈樂於遷徙必有不得已而去者既復業
則當撫綏之何忍復罪為近臣者宜戒刻薄遂勑廣東

布政司及郡縣善撫輯之
○永樂七年正月甲寅
上謂禮部尚書呂震曰朕今巡狩蓋古人省方觀民之意
服食之物皆備以行郡無取於民尚慮有司不體朕心
妄有科擾使民未見德而先受害者必不宥之其遣使
先諭道途所經及北京所屬郡縣朕至日止令正官一
員朝見毋侵擾百姓
○永樂九年三月庚辰溫州府民言本府歲輸白礬數千
斤赴京阻隔山路負運艱乏附載海運舟輸京為便
上問工部臣曰礬欲何用對曰用以染色布曰特染布耳
而勞民於數千里之外可罷其歲運自今製布衣不必
染色
○閏十二月庚辰工部言今京師城垣河渠合脩治者請
如洪武故事徵應天太平鎮江寧國廣德五府民役之
上曰
皇考以五府州興王之地特加優恤而蠲其田租所以固
邦畿也其役之於歲終閒暇之時亦以附近不甚為勞
今役之宜體
祖宗之心節用其力寧寬無急訖工之日即遣寧家毋久
拘之
○永樂十二年三月辛丑
車駕北征至萬全命忻城伯趙彝等督運兵餉命都指揮

王喚等以騎兵護送
上進彝等諭之曰役民數千里隨軍餽運艱難勞苦此已
過矣爾等宜朝夕慰撫勞勉無毒以刑威不然是重吾
過也其務體朕意
○永樂十三年春正月己酉行太僕寺卿楊砥奏畿內民
皆養馬近見順天等府所屬多有官軍老幼無賦役者
宜令兵部戶部取勘循例養馬
上語砥曰民間養馬已甚煩擾但以國家武備所急不可
以止官軍老幼艱難者多政當存恤何忍又令養馬爾
用心過矣不聽
○永樂十七年秋七月辛亥工部臣奏請以平江伯陳瑄

所就運粮軍士明年俱赴北京營造歲用粮儲宜令各
處粮户自輸北京
上曰國以農為本人之勞莫如農三時勤力如有旱暵水
溢歲則寡收幸足供租稅而官吏需索百出終歲不免
饑寒又可令運輸數千里之外乎若令秋收後運來則
北方河已凍候春煖而運又妨農作如其所言公私俱
不便其令户部議兩便之
○永樂二十二年秋七月乙酉
車駕北征次通津戍其地平廣多糜子軍士有馳騎犯之者
上適見之急下令止之謂諸將曰能種此者必安業於此
不為寇矣彼聞大軍至懼而暫逃後當復歸令縱騎犯

之非仁其禁士卒凡有種藝皆勿犯違者斬
重農
○永樂二年正月己巳户部尚書郁新言河南等處管屯
都指揮劉英等上屯田歲收之數臣等計之一人所耕
不足自供半歲之食皆英等怠惰不嚴督所致宜罪之
以警衆
上以法令初行姑宥之召英等諭曰屯田軍國之大務已
驗之良法爾等不留心於此徒坐享厚祿何為用兵數
年今始得休閒而民以疲弊若復役疲弊之民以贍休
閒之卒為民者愈困為兵者將惰矣蓋畜兵以衛民豈
以兵困民汝等宜深思之用心勤力以督下人若今歲

復怠惰耕獲不及論罪如法悔無及矣
○永樂四年六月丙子廣東布政司奏每歲海外番夷入
貢方物水路以舟楫運載惟南雄至南安限隔梅嶺舟
楫不通自今請用民力接運
上曰為君務養民今番貢無定期而農民少暇日假令自
春至秋番夷入貢不絕皆役民接連豈不妨其農事自
今番夷入貢如值農務之時其方物並於南雄收貯俟
十一月農隙却令運赴南安著為令復顧侍臣曰民不
失其養雖勞之鮮怨民失所養雖休之不德
○永樂十三年正月甲子行在户部言漕運至淛多請發
民置倉貯之

上曰東作將興不可役民民失春種則一歲之計廢可令
法司除死罪外岀徒流以下定奪等第輸作後不為例
安民
○洪武三十五年七月丙申
上謂兵部臣曰朕初舉義旅清君側之惡罪止姦臣數人
而已故將士入城之日市不易肆軍民安堵今為衆所
推戴嗣承大統罪人皆已伏誅嘉與萬方同樂至治比
聞在京軍民猶有未喻朕心者謂有復行誅戮之意轉
相煽惑何其愚也吾為天下之民皆吾赤子豈有害之
之心且帝王刑法豈當濫及無罪爾兵部亟出榜曉諭
令各安心樂業勿懷疑懼敢復有妄言惑衆許諸人首

告犯人處死家産給賞告人知而不告與犯人同罪
○八月甲子江西廬陵縣人民有嘯聚刼掠者江西三司
請奏請發兵討之
上曰此無能為惠而官軍一出必傷及善良但遣一使特
勑諭之可也遂遣行人許子謨齎勑諭曰昔我
太祖高皇帝開基創業首得江西資其供給以定天下三
十餘年屢加恩澤民皆樂生近建文君信任匪人改更
成法致兵禍連歲軍需百費皆出於民有司又不能撫
恤嗟怨盈路民無所控訴致有潛避山林保全性命皆
出於不得已念其所自良可矜憫朕即位之後一切罪
犯悉赦不問今為天下主謹守成法嘉與百姓共樂治

平獨爾等未復本業因而刼掠羣臣奏請調兵勦捕朕
慮兵戈所加誤及善良有所不忍故特差行人齎勑諭
爾宥爾之罪其即各復原業永為太平之民如執迷不
悛發兵討罪後悔無及仍勑都督韓觀往招撫之勑至
民悉復業
○永樂四年三月丁巳遣勑諭海島流人曰爾等本皆良
民為有司虐害不得已逃移海島刼掠苟活流蕩失業
積有歲年天理良心未嘗泯滅思還故鄉畏罪未敢朕
比聞之良用惻然茲特遣人齎勑諭爾凡前所犯悉皆
赦宥譬之春冰渙然消釋宜即還鄉復業毋懷疑慮以
取後悔

○永樂十一年十一月乙未勑交阯總兵官英國公張輔
黔國公沐晟曰交阯頭目中有既降復叛叛而復歸者
可揀拔一二人宣布朕命悉宥其罪量才高下俱授以
官庶幾以安衆心

寛賦

○永樂元年十月辛酉戶部尚書郁新等奏曰湖廣今年
夏税過期數月不足其布政司府州縣官皆當罪之
上曰賦入有經制人耕穫先後不齊地里亦有遠近之異
不可槩論任人長民當使之察其難易而順其情雖取
之亦必思有以利之不當急責於民急責必至乎病民
其勿問第更與約限令民輸之

○永樂四年二月癸酉四川成都等府及貴播二宣慰司
酉陽永寧二宣撫司奏官民田荒蕪二千六百七十餘
頃乞蠲其租賦
上諭戶部臣曰田土荒蕪皆緣人民彫耗所致若復徵其
租賦則彫耗愈甚荒蕪愈多矣可併其歲額除之但人
民蕃息則土地自闢賦税自充矣
○永樂六年三月庚申掌交阯布政司事尚書黄福言交
阯初平其地徵斂不一請酌量輕重為定制
上曰比除交阯群縣官朕數諭之為政務寛簡以綏新附
之民無重徵斂斂重者驅民之策也福所言良合朕意
遂命戶部會官定議務從輕省

○永樂七年十二月丙寅山西安邑縣言縣民逃徙者田土已蕪而稅粮尚責里甲陪納
上諭行在戶部尚書夏原吉曰百姓必耕以給租稅既棄業逃徙則租稅無出若令里甲陪納必致破產破產不足必有逃徙租稅愈不足矣即移文各處有若此者悉停徵其稅縣官不能撫民致其逃徙者姑宥罪令即招撫復業勿復擾之
○永樂九年六月丁未雲南溪處甸長官司土官自恩言本司歲納海肥七萬九千八百索非本土所產每歲於臨安府買納乞准鈔銀為便戶部以洪武中定額難准折輸

上曰取有於無適以厲民此有司之過也況彼遠夷猶當寬恤豈宜拘舊額其除之
○九月壬午先有屯種軍擊登聞鼓訴云踰年在京操練至秋始還而本衛責徵子粒實以公事妨耕告訴不聽
上召衛官責問之曰何得不體人情而刻薄至此衛官言初起自都督府必欲追納遂呈上府所下檄
上召都督府經歷詰之曰五穀必種而後有獲豈若汀蕪溪荇不藉人力自生成乎且人一身豈當有兩役皆不能對
上命刑部臣曰此輩不恤軍士為朝廷歛怨其治之如律遂命戶部凡屯田軍以公事妨農務者悉免徵子粒著為令
○永樂十年二月庚申山西猗氏縣耆民張彥清等言累歲旱澇田稼不登乞以八年九年逋租折納鈔帛
上諭戶部臣曰田有定租農安得歲常全收有司但知科征而已民非甚不得已豈肯自言今累歲旱澇衣食必不給鈔帛何從而出宜悉除之其耆民人賜鈔二錠遣歸
○五月辛亥朔
上平定內難命北京之民始終報效者蠲免粮徭役給牒為信至是武清縣民百一十餘戶以遺所給牒有司復徵其徭役事聞
上諭戶部臣曰遺牒是下不謹復征徭役是上不信不謹

其過小不信其失大其悉蠲之
○永樂十一年七月乙巳蘇州之長洲崑山二縣湖廣之常德漢陽荊州長沙沔陽五府州奏去年河水泛溢渰沒民田其稅粮乞俟今秋徵輸
上曰農民終歲勤動供稅之餘衣食恒不足既去年田被水災而欲以一年所種為二年之租民之衣食何由而措戶部宜覆實蠲其被災之租凡蠲田九千頃
○十二月庚申四川漢州什邡縣言縣民自永樂五年至十年虧官茶十六萬六百五斤乞折輸鈔
上諭行在戶部臣曰此因近歲役民伐木妨其採辦如又令納鈔民不能堪況蕞爾小邑虧茶動以萬計累年所

負取償一時有司逼迫之必有鬻田産子女以免責者
其悉蠲所虧
○永樂十二年十一月庚申蠲蘇松嘉湖杭五郡水灾田
租四十七萬九千七百餘石初有司請減半徵之
上謂户部尚書夏原吉等曰民田被水無收未有以賑之
又可徵稅耶於是悉蠲之
○永樂二十年十月戊子山東高密縣言逃民七百餘户
已復業其累年所負粮芻上司屢遣催徵乞寬貸之
上諭户部臣曰往古之民死徙無出鄉安於王政也後世
之民賦役均平衣食有餘亦豈至於逃徙比來撫綏者
不得人但有科差不論貧富一槩煩擾致耕穫失時衣
食不給不得已乃至逃亡及其復業田地荒蕪廬舍蕩
然農具種子皆無所出政宜賙卹之乃復徵其逋負窮
民如此豈有存活之理爾户部其申諭有司繼自今逃
民復業者積年所負粮芻等物悉與蠲免
賑貸
○永樂元年十二月乙酉北京刑部尚書郭資等奏眞定
棗強縣民初復業加以蝗旱流移者衆今天寒乞遣人
覈實以施賑濟
上曰民困如此濟之當如救焚拯溺少緩即無及矣今遣
人覈實展轉往復非兩月不得民命迫於旦夕其可待
乎命户部速遣官往賑又命監察御史一員監督賑畢

具實以聞
○永樂二年六月乙未命太子少師姚廣孝等往蘇湖賑
濟
上諭之曰人君一衣一食皆民所供民窮無衣食君豈可
不卹君父也民子也爲子當孝爲父當慈各務盡其道
耳卿往體朕此心不可爲國惜費盡散財得民仁者之政
○八月甲申户部尚書郁新言四川松潘衛軍士缺食請
遣官審勘
上曰饑者待食朝不及夕若待審勘而給莩死多矣宜亟
賑之於是命軍士家有十口者給米一石九口八口者
八斗七口六口者七斗五口四口者六斗三口以下五
斗總小旗給如其月粮之數不必驗口
○永樂三年三月丙午淮安邳州言饑民計其口數請得
粟九千石賑之
上惻然曰此可給三月耳秋成之期尚遠若止給三月猶
不免於餒死國家於惠民豈可爲旦夕計特命户部倍
其數給之
○六月甲申命户部尚書夏原吉都察院僉都御史俞士
吉通政司左通政趙居任大理寺少卿袁復賑濟蘇松
嘉湖饑民
上諭之曰四郡之民頻年厄於水患今舊穀已罄新苗未
成老稚嗸嗸饑餒無告朕與卿等能獨飽乎其往督郡

縣丞發倉廪賑之所至善加綏撫一切民間利害有當
建革者速具以聞卿等宜體朕憂民之心欽哉無怠
○永樂九年七月戊子户部言賑北京臨城縣饑民三百
六十五口户給粮二千七十石有奇
上曰國家儲蓄上以供國下以濟民故豐年則歛凶年則
散但有土有民何憂不足隋開皇間大旱民饑文帝不
肯開倉賑濟聽民流移就食末歲計所積可供五六十
年倉廪雖豐民心不固煬帝無道遂至滅亡前鑒具在
今後但遇水旱民饑即開倉賑給無令失所
○永樂十年六月壬申浙江按察司奏今年浙西水潦田
苗無收通政趙居任匿不以聞而逼民輸税

上以問户部尚書夏原吉對曰此趙居任奏民多以熟田
作災傷按察司之言不可悉信
上曰水潦為災人皆見之按察司敢妄言乎愚民雖間有
為欺謾者豈可以一二廢千百爾即遣人覆視但曰苗
壊于水者蠲其税民被水甚者官發粟賑之
○甲戌勑户部臣曰朕為天下主所務安民而已民者國
之本一民不得其所朕之責也故每歲遣人巡行郡邑
凡歲之豐歉民之休戚欲周知也近者河南民饑有司
不以聞而往往有言穀豐者若此欺罔獲罪於天此亦
朕任非其人之過其速令河南發粟賑民凡郡縣及朝
廷所遣官目擊民難不言者悉追下獄

○甲戌陝西西安等府老人詣闕謝賑濟恩命賜道里費
遣還又召問老人今歲禾稼如何對曰來時甚茂
上曰禾稼雖茂民力未甦凡所借用官粮今年不責爾償
俟下年豐熟乃償老人叩謝
上命户部山東山西皆準此例凡經賑濟者悉免詣闕謝
恩
○八月壬戌山東定陶河南中牟等縣耆民詣闕謝賑濟
上諭户部臣曰天子以天下為家則以天下為休戚比念
民饑令有司發粟賑之此國之恒典況郡縣儲蓄政為
民計而使人廢其農業遠來謝恩非朕意也已令止之
而今復來並給道里費遣歸其未至者再移文止之

○十二月壬申户部臣言鄧州今歲淫雨傷稼民乏食命
監察御史乘傳往賑之陛辭
上諭之曰民命朝不保夕爾往當如救焚拯溺不可須刻
稽滯
○永樂十二年二月庚申有自陝西來者言鳳翔隴州民饑
上諭行在户部臣曰水旱世恒有之國家廣儲積正以備
民之急朕數詔有司卹民今乃坐視其饑寒不言亟令
監察御史發廪賑之并按問其長史坐視不言者罪
○八月壬子河間府滄州順天府通州固安縣淫雨實坻
縣雨雹傷稼事聞
上謂行在户部臣曰民於此時政望秋成既如此將何以

仰給其遠遣人臨視果為民患令有司發粟賑之
○永樂十六年七月己巳降勑切責陝西布政司按察司
曰比聞陝西所屬郡縣歲屢不登民食弗給致其流莩
爾等受任方牧坐視不恤又不以聞罪將何逃速發所
在倉儲賑之稽遲者必誅不宥
○十二月辛丑以陝西旱命成山侯王通偕戶部官馳傳
往賑之通等陛辭
上諭之曰民饑餓朝不保夕譬之赴救水火當速往毋緩
早至即存活亦多爾至彼其有司一切不急之務悉停
止之民間事有不便者條陳以聞於是賑饑民九萬八
千餘戶給米十萬四千三百餘石鈔十二萬六千三百錠

○永樂十八年十二月辛酉
皇太子奏前過山東境內遇民饑即令布政司發粟賑之
上曰正是昔范仲淹之子猶能舉麥舟濟其父之故舊況
百姓吾赤子乎
○永樂二十年三月丙寅戶部言直隸開州徐州高邑靈
壽欒城等州縣民饑
上慨然嘆曰君以民立國古人所以致雍熙之世者其道
始於民足衣食雖有水旱災傷而民不至於饑窘者則
恃蓄積有素但如漢文景之世太倉之粟陳陳相因唐
太宗時民間斗米三錢行旅不齎糧亦何憂水旱
皇考置預備倉出內帑易粟儲之以賑饑荒此誠良法然

有司必至饑民嗷嗷始達於朝又必待命下乃賑之其
餓死者已不逮矣其令有司今後遇饑荒急迫即驗實
發倉賑之而後奏聞可也今各處所奏民饑宜急遣官
賑之
卹災異
○永樂元年六月甲子戶部尚書郁新言河南郡縣蝗所
司不以聞請罪之
上曰朝廷置守令資其惠民凡民疾苦皆當卹之今蝗入
境不能撲捕又蔽不以聞何望其能惠民此而不罪何
以懲後命都察院遣監察御史按治之
○永樂五年六月辛亥廣西布政司奏柳州自正月至六

月不雨
上覽奏憂形於色語廷臣曰春無雨則不得種夏無雨雖
種亦且槁死此民一歲之計無望矣命戶部遣人馳往
視之
○永樂十年七月己酉浙江平陽縣獻嘉禾百六十四本
上顧尚書夏原吉曰嘉禾雖豐年之祥然今四方數奏水
旱未必皆豐宜遣人巡視存卹不可恃此原吉等頓首曰
陛下存心於此實
社稷蒼生之福
○永樂十一年正月壬午
上謂通政司通政馬麟禮科給事中朱芾曰在外有司官

來朝朕今言民閒利病率云田穀豐稔閭閻樂業比聞
山西饑民有食樹皮草根者未聞有一人言之自今言
民情者悉記之如境內有災傷饑饉不自言致他人言
之者必正其欺隱之罪
○五月己卯朔山東諸城等縣蝗命有司捕瘞且諭之曰
蝗苗之蠹爾不能除之亦民之蠹今苗稼長養之時宜
盡力捕瘞無遺民害
○九月壬午
上謂行在戶部臣曰近山東蝗生有司坐視不問及朝廷
知之遣人督捕則已滋蔓矣此豈牧民者之道其令各
郡縣每歲春至驚蟄之時即遣人巡視境內但有害稼

若蝗蝻之類及其時初發即設法捕絕或蟲蝗有遺種
亦須窮究盡除如因循不行府州縣官悉罪之若布政
司按察司失於提督同罪其各處衛所令兵部一體移
文使遵行之
抑祥瑞
○永樂二年七月辛酉禮部尚書李至剛奏今歲山東郡
縣野蠶成繭繅絲來進請率百官賀
上曰野蠶成繭亦常事不足賀使山東之地野蠶盡繭足
以被其一方而未能徧及天下朕之心猶未安也朕為
天下父母一飲一食未嘗忘之若天下之民皆飽暖而
無饑寒此可為朕賀矣乃止

○永樂七年三月甲子交阯進白象泰寧侯陳珪率文武
百官上表賀
上曰卿等但盡心為國為民以副朕望白象世常有者勿賀
○七月辛卯順天府密雲縣民獻嘉禾賜鈔二十錠先是
行在禮部尚書趙羾以禎祥叠見若兩岐之麥野蠶成
繭日食不見之類皆欲稱賀
上悉却之至是又因獻嘉禾欲率廷臣上表賀
上曰古之帝王為治尚敦實黜浮華朕德弗逮但得四叙
協和海宇康乂黎民衣食給足即國家之福一物之異
皆偶然耳何以賀為遂止
○八月甲子山西代州繁峙縣獻嘉禾凡二百七十九本

行在禮部尚書趙羾奏曰前密雲縣民獻嘉禾
陛下卻羣臣之賀今嘉禾又至此實聖德之應請率羣臣
上表賀
上曰朕奉天子民正願天降豐年使四海之人皆足今蘇
松水患未息近保定安肅處州麗水皆雨雹渾河決於
固安傷禾稼且四方之廣尚有未盡聞者不聞羣臣一
言及弭災之道而喋喋於賀嘉禾謂禎祥朕德所致其
災異非朕所致乎爾等宜輔朕修德行政他非所欲聞也
○永樂十一年五月丁未曹縣獻騶虞行在禮部尚書呂
震奏騶虞上瑞請明旦率羣臣上表賀
上曰百穀豐登雨暘時順家給人足此為上瑞騶虞何與

民事不必賀震固請
上曰大臣之道當務為國為民汝能效李沆為人則善矣
震退
上顧侍臣曰震可謂不學無術者也
○永樂十二年九月戊寅榜葛剌國王賽弗丁貢麒麟禮
部請上表賀
上曰海宇清寧遠人嚮化貢獻方物斯皆
天與
祖宗之佑卿等但當夙夜竭心輔治以惠天下天下既安
雖無麒麟不害為治其免賀
○永樂十三年九月戊申西域貢獅子文武群臣以為

聖德遠及所致叩頭稱賀
上曰遠人貢土物以達誠何用賀書詩所稱唐虞三代之
治曷嘗及祥瑞蓋古聖賢之君但求時和歲稔百姓安
給人足即是太平隋煬帝時孔雀集朝堂百官稱賀元
順帝時兩都桑果葉皆生黃色龍文又有嘉禾一莖至
八穗者又常有五色祥雲見恃此而驕卒皆亡滅前鑒
如此朕與卿等但當祗守祖法敬事無怠以保鴻業不
可萌侈心
○十一月庚子行在禮部尚書呂震奏麻林國進麒麟將
至請於至日率群臣上表賀
上曰往者翰林院言修五經四書及性理大全書成欲上
表進朕則許之蓋帝王修齊治平之道具於此有益世
教可以表進麒麟有無何所損益遂已
○永樂十四年八月癸酉旦壽星見欽天監以聞行在禮
部尚書呂震帥文武百官請上表賀
上賜勅諭之曰朕惟
太祖高皇帝膺受
天命掃除群雄創業垂統立綱陳紀以安天下臻茲太平
是以上天垂象屢顯鴻應揆朕涼薄曷克膺茲翊天道
無常惟德是輔凡為臣民能遵守
太祖高皇帝成憲為子盡孝為臣盡忠奉公守法安分守
己用承福祐國家之祥孰大於此爾文武臣僚宜各盡

心乃輔朕不逮國家有永遠之安爾等暨爾子爾孫亦
同享永遠之福壽星之瑞勿賀
○永樂十五年七月戊寅旦壽星見百官請賀
上曰比歲壽星見卿等以為瑞致賀然四方旱澇蝗疫比
比有之而鮮有為朕言者朕之所願時和歲豐天下之
人俱得其所賢者在位讒慝不作百工舉任其事政平
訟理國家清明此可為瑞壽星之瑞不足賀
○永樂十七年九月丙辰卿雲見欽天監言占書卿雲喜
氣也太平之應又曰天子孝則卿雲見君聖臣賢天下
順心則日旁氣如龍鳳茲實上瑞行在禮部請率文武
百官上表賀勅免之且諭侍臣曰昔帝舜之世萬邦協

和故百工有卿雲相和之瑞朕寢食之間恒慮政事有
缺民生未安安敢恃此為祥縱是上天委貺朕與卿等
正當憂勤惕厲以答
天眷何以賀為

大明太宗文皇帝寶訓卷之三

光祿大夫柱國少傅兼太子太傅禮部尚書武英殿大學士臣呂　本謹校
南京禮部祠祭清吏司郎中臣陳治本
南京兵部職方清吏司主事臣朱　錦讎閱
南京工部虞衡清吏司郎中臣呂胤昌

求賢

○永樂元年九月辛巳勅吏部臣曰朕以眇躬嗣承大統
國惟求賢以資治理宵旰遑遑急於饑渴其令內外諸
司於羣臣百姓之中各舉所知或堪重任而沉滯下僚
或可剸繁而優游散地或抱道懷才隱居田里丞以名
聞毋娼疾蔽賢毋狗私濫舉書曰舉能其官惟爾之能
稱非其人惟爾不任欽哉

○永樂二年二月乙酉禮部奏請會試選士之數
上問洪武中所選幾何尚書李至剛對曰各科不同多者
四百七十餘人少者三十人
上曰朕初即位取士姑準其多者後不為例又曰學者成
材亦難當取其大略其細如十分中有一二分語疵而
不害理亦可備數然科舉是國家取人材第一路不可
濫且文體毋尚虛浮惟取朴實
○三月庚戌吏部尚書蹇義等奏有千戶奏薦士初朝廷
命文臣舉懷材抱德者武臣不與命千戶違制宜罪之
上曰朝廷下令求賢武臣不與命者蓋慮其不學昧于知

人今能薦亦是忠君愛國之心不用罪之昔馬周因愛
何而進今所薦者亦徵來如試之果有才一體授官不
則罪之
○永樂十年二月戊辰命禮部尚書呂震諭考試官楊士
奇金幼孜曰數科取士頗多不免玉石雜進今取無過
百人其務精擇收散木累百不若得良材一株也
用人
○洪武三十五年六月丁丑
上初即位有言建文所用之人宜屏斥者
上曰今之人才
皇考數十年所作養者豈建文二三年間便能成就又曰

雖仍其官不宜置之要地
上曰致治必資賢才天生才以為世用隨器任使共理天
工何必致疑
○九月戊子陞都指揮使劉江等一百九人為中軍都督
僉事等官
上顧群臣諭曰諸將從朕舉義多歷艱危今內難肅清論
功行賞富貴方自此始夫國家于功臣固當保全而帝
王用人豈可獨遺勳舊漢實復吴漢才堪輔相光武徒
欲保全之而弗用朕深不取夫君臣不能保全者常始
於不相信苟不相信雖父子將為秦越況君臣乎吾報
之厚而待之誠常見其善不見其不善惟其才而任之

保功用人可以兩得羣臣頓首稱善
○永樂元年四月戊申諭中外文武群臣曰帝王圖治必
審於用人或取諸亡國或舉于仇怨惟其賢而已若唐
太宗用王珪魏徵房玄齡杜如晦李靖尉遲敬德宋太
祖用范質王溥石守信王審琦輩相與協心比力共建
功業載在信史垂光後世昭然可鑒也朕
太祖高皇帝嫡子奉藩于燕荷
天地宗社之靈肅清奸究遂正大統蒞阼以來思惟文武
羣臣皆
皇考舊人推誠用之纖悉無間比聞群臣猶有心懷危疑
不安于職者此蓋不達

天命不明朕心故也爾文武群臣皆
皇考所教育以遺子孫者豈異國與仇怨之比乎昔孟莊
子不改父臣與父之政見稱孔子朕每誦之慨然希慕
故今所任幾務之重宥密之嚴者非皆前日靖難之人
此天下所明見而共知也又何嫌疑之有其各盡乃心
共乃職攄誠共事可以永保富貴朕言不再其深體之
○五月乙未曹國公李景隆等言洪武中有犯黨逆并黥
刺而建文復舉用者請俱罷職發原配所有不曾犯罪
而為奸臣齊黃等薦舉任用者俱發為民
上曰此議過矣
皇考作養人材皆以遺子孫後雖由奸臣以進豈為奸臣

之用此皆不是但洪武中曾犯黨逆者發原配所非犯
黨逆而經黥剌者罷遣為民
○九月壬辰吏部尚書蹇義等言
太祖時未仕者至建文中授以官後復以罪黥今有來告
復職者此于例不當復
上曰天下人才皆
皇考所在造就為國家之用朕即位以來仰遵成憲凡一
才一藝悉用之古稱任官惟賢才初興之主往往因材
于前代况出
皇考所造就豈得因建文嘗用而遂棄之自今勿復分別
但隨才擢用

○十二月乙未擢鄉貢舉人王偁為翰林院檢討既命下
上問左右曰翰林檢討之下何官對曰博士典籍侍書待
詔又問皆已除人未對曰已除又問其賢視偁若何對
曰偁初除未知其為人如舊博士中皆老成文學士
上嘆曰古所謂用人如積薪此類是已國家用人以賢以
勞偁之賢既未可知勞亦未有而令賢有勞者位其下
何以服士心命吏部凡翰林自博士以下皆陞職與偁
同遂陞博士張伯頴以下皆為檢討
○永樂二年三月庚午
上御武英殿與侍臣論用人
上曰人君進一人退一人皆不可苟必須厭服衆心若進
一人而天下皆知其善則誰不為善退一人而天下皆
知其惡則誰敢為惡無善而進是出私愛無惡而退是
出私惡徇私而行將何以服天下
○四月癸酉新進士李衡自言臣父洪武中得罪死於法
臣不當違令干進
上曰古之聖人亦有罪其父而用其子者但為子能改父
行致顯聞於世足以為賢若以父死非命終身不仕亦
未必合中道爾能力學以圖進用雖違令而志可嘉朕
不爾罪爾其勉之
○戊寅吏科右給事中孫瓚密奏前日禮部所定給事中
八人頒詔外國皆素非誠實者時已行二日矣

上曰此非專出禮部定吏部亦言其可使故從之爾在吏
科與聞銓注之事彼之不誠爾早晚在朕左右當言不
然則未行之先當言何必俟其既去乃言爾亦過矣夫
人性皆善有不善者習使之然亦在人主用之如何如
叔孫通在秦則欺在漢則誠裴矩在隋則佞在唐則忠
本是一人但在人主能用與不能用耳適爾所言其勿
泄也
○己丑吏部尚書蹇義奏請明日選官
上諭之曰爾等職專銓選辨別邪正但當揆理不當任情
揆理則以是非為進退任情則以從違為取舍慎之慎
之又曰用人之道各隨所長才優者使給事德厚者令

牧民蓋有才者未必皆君子有德者必不同小人不可
不察
○六月丁亥
上命吏科給事中曹崇曰官冗則坐食者衆食衆則力本
者困然生息之道由於節儉朕昨觀吏部所錄中外官
數比舊額增數倍古云官不必備惟其人爾以朕意語
吏部令諸司汰冗官庶幾省國用紓民力
○十月壬申御史有言甘肅總兵官左都督宋晟擅竊威
權事
上諭侍臣曰任人不專則不能成功況大將受邊寄豈可
盡拘文法今當明與晟言使之釋疑遂勅晟曰比御史

言卿專擅蓋言官欲舉其職而未請事理夫為將不專
則功不立朕既付卿以閫外之寄事有便宜即先行之
而後以聞自古明君任將率用此道而忠臣事君亦惟
在成國家之大事豈拘細故况朕知卿有素而委以重
任豈他人所能間也卿勿以置意但盡心邊務終始一
致以副朕懷
○永樂三年二月辛巳兵科給事中言奉天征討官多有
已陞都指揮而今仍於京衛更番宿衛者雖已給都指
揮俸而宿衛與軍士同列名實不稱
上曰此曹於戰則勇而才智未堪任方鎮故使之日在左
右廣見聞識大體他日不爲任使而永得以永保祿位

矣
○永樂四年四月甲申都察院左都御史陳瑛言監察御
史車舒怠惰不事事請繩以法
上名舒諭曰朝廷擢爾憲紀之職爾日所治何事試言之
舒不能對又問人謂爾都不事事惟嗜安佚信有之乎
又無以對遂謫戍邊顧謂瑛曰御史當用清謹介直之
士清則無私謹則無忽介直則敢言不能是者悉出之
又諭吏部尚書蹇義曰御史將以敦勵百僚苟非其人
不可輕授又曰豈但御史百官大小之職皆須擇人庶
不瘝官廢事
○七月壬子武臣有言黃福不宜復授重任者先時福以

刑部尚書坐事謫為辦事官未幾復其官命隨成國公
理公務故武臣以為言
上曰福才不逮爾耶對曰此建文舊臣且近有過
上諭之曰君臣相與在推誠不可畜疑唐太宗爲君王珪
魏徵初皆仇怨一體委任之不疑兩人終能盡心輔政
知無不言尉遲敬德亦仇敵也既獲而用之便得其死
力皆太宗有至公之量故能得此今朕用人無間新舊
惟賢才是用何嘗存一毫私意有過者必體情容之有
才者必推誠用之上能推誠則人樂盡力君或畜疑則
人苟圖免責誰肯盡心爾自今慎之勿復妄言
○永樂六年十二月乙酉名廣西祿州判官湯宗至陛大

理寺右寺丞或言宗在建文中為北平按察僉事嘗奏
按察使陳瑛受諸郡賄賂者
上曰帝王惟才是使豈當屑屑記憶舊嫌齊桓用管仲唐
太宗用王魏何嘗不得其力竟擢用之
○丙申吏部奏教官考滿稱職者請仍陞教職
上曰教官果然稱師範之任者以教職內陞如才堪撫民
及劇繁者亦當隨才任使不可執一自今凡教官考滿
吏部同六科都給事中選其有才識者留六科理事一
年後從本科都給事中考其高下用之
○永樂七年六月丁卯初
上命兵部尚書署吏部事方賓簡南京御史之才者名來

賓奏御史張循理等二十八人可用
上問其出身賓言循理及顧佐張審歐陽譓等二十四人
由進士監生洪秉龍士安四人由吏
上曰古者用人雖不專於一途然御史朝廷耳目之寄須
用有學問識達治體者安可用吏此選司之弊速命賓
黜秉等為序班御史亦勿用吏
○永樂九年五月辛未新進士王彥自陳臣家與奸惡外
親有連今聞朝廷已下本貫籍沒臣家臣雖中進士實
罪人應就繫
上諭三法司曰學至于中進士亦成材矣成材勿棄其有
罪能自陳可矜併其家宥之

○永樂十年十一月癸卯洮州衛所鎮撫陳恭上言侍衛
防禁宜嚴外夷異類之人不宜寘左右玄宗幾喪唐室
徽欽幾絕宋祚夷狄之患可為明鑒
上覽畢以示羣臣曰所言禁衛宜嚴甚是但天之生才何
地無之為君用人但當明其賢否何必分別彼此其人
果賢則信任之非賢雖至親亦不可用漢武帝用金日
磾唐太宗用阿史那社爾蓋知其人之賢也若玄宗寵
任安祿山致播遷之禍政是不明知人宋徽宗自是寵
任小人荒縱無度以致夷狄之禍豈因用夷狄之人致
敗春秋之法夷而入於中國之害朕為天下主覆載之
內但有賢才用之不棄近世胡元分別彼此柄用蒙古

韃靼而外漢人南人以至滅亡豈非明鑒禮部尚書呂
震請加恭妄言罪
上曰恭之心本是忠朝廷但未深思耳豈可罪朕恒語卿
等言事之人有爭諫當容之罪之則言路塞人君無由
得聞善道爾為大臣此言亦非忠矣

任官

○永樂元年十二月丁亥
上謂吏部尚書蹇義及都察院左都御史陳瑛等曰為國
牧民莫切於守令守令賢則一郡一邑之民有所恃而
不得其所者寡矣如其不賢當速去之然吏部選授之
時出一時倉猝未能悉其才必考察所行乃見賢否其

令廵按監察御史及按察司凡府州縣官到任半歳之
上者察其能否廉貪之實具奏
○永樂二年九月丁卯
上謂吏部尚書蹇義等曰往者慮各處守令未必皆得人
故命御史分巡考察比聞御史至郡邑但坐公館召諸
生及庶人之役於官者詢之輙以爲信如此何由得實
如入其境田野闢人民安禮讓興風俗厚境無盜賊吏
無奸欺即守令賢能可知無是數者即守令無所可取
矣且詢言之弊非一端人好惡不同則毀譽亦異若只
憑在官數人之言以定賢否其君子中正自守小人賂
遺求譽而即墨及阿之毀譽出矣故孟子論取舍必徵
諸國人自今御史及按察司考察有司賢否皆令具實
績以聞

○永樂六年六月戊戌吏部引選人奏授官既罷
上語尚書蹇義等曰用人當量其才高下而任之譬若器
焉爲能容數石者投以數石能容數斗者投以數斗過
則不可若以小才任大職則敗事以大才任小事則枉
人其精審之
○永樂七年七月戊寅行在户科給事中黄惟正言蘇州
府長洲嘉定二縣政務繁冗而知縣江浩王儼皆由監
生始仕巽懦無爲請改用能者
上顧權吏部尚書方賓曰人材當隨其高下而任之譬如
舟車任載倍其所受則必敗蘇松繁劇誠非新進庸才
可辦江浩等即名回改用别選老成諳練者任之自今
繁簡郡縣皆宜考察才力而授之庶不枉人亦不廢事
○永樂八年十二月癸丑
上諭吏部尚書兼詹事府詹事蹇義曰御史國之司直必
有學識達治體廉正不阿乃可任之前有以刀筆吏爲
之者刀筆吏知利不知義知刻薄不知大體用此徒任
風紀使人輕視朝廷前之由吏爲御史者悉罷之矣
繼今風憲更不得用吏著爲令
○永樂十年正月壬寅
上諭吏部尚書蹇義等曰守令一郡一邑之長昔人每戒
數易蓋牧守之寄甚重須久于其職比聞諸司以造作
雜務輙差正官意在成事之速此俗吏不識大體自今
一應公務不許擅差守令俾專職理民

○永樂十六年三月甲戌行在吏部言各處布政司按察
司官多缺
上曰布政司按察司古方岳之臣方數千里之地生民吏
治懸諸數人之手得人則民安而政理不得則民不安
政不理其任匪輕令廷臣中有賢能者可選用之

興學

○永樂二年二月癸酉禮部引奏北方歲貢生員入學十
年考不中式者例當充吏

上曰人心志舒泰則能學四體不勞則能學衣食溫飽則能學責人之功當量其力論人之罪當明其情北方近三四年間兵戈擾攘諸生舍俎豆而事軍旅飛芻輓粟之勞奔走流離之苦豈暇於學今考不中式者可發回原學補其廢學年數以俟再試不中如例廢之

○十二月辛巳吏部言寧國府學訓導考滿當調除其生員告言訓導明經善教乞仍除本學庶幾諸生得卒所業然訓導所書考滿奏牘有錯誤宜治罪

上曰學官明經善教於今難得奏牘錯悞小過可恕其宥之復職

○永樂三年正月丙辰國子監祭酒胡儼請申明洪武中

所定學規從之

上諭儼曰此其條約耳為師範者當務正己以先之講學漸磨以養其心淑其身此為切要汝宜勉之

○八月己巳

上諭禮部臣曰學校育才以資任用

太祖高皇帝內設國子監外設府州縣學選用師範教育俊秀嚴立教法豐廩餼倍期待甚至建文以來學校廢弛所司又不督勵虛糜廩祿爾禮部宜申明舊規俾師教無闕士學有成庶幾國家得賢材之用

○永樂十年三月丙申雲南布政司左參議呂名善言武定尋甸廣西三府居民繁庶請設學校從之

上謂禮部臣曰學校風化所繫人性之善蠻夷與中國無異特在上之人作興之耳

○永樂十五年三月乙未頒五經四書性理大全書於六部并兩京國子監及天下郡縣學

上謂禮部臣曰此書學者之根本而聖賢精義悉具矣自書成朕旦夕宮中披閱不倦所益多矣古人有志於學者苦難得書籍如今之學者得此書而不勉力是自棄也爾禮部其以朕意曉諭天下學者令盡心講明無徒視為虛文也

崇教化

○洪武三十五年九月乙未命戶部申明木鐸教民之令

召京民耆老諭之曰我

太祖高皇帝開創洪業倣古為治三十餘年海宇寧謐民咸樂生尚慮教化未洽遊食者衆自京師至於天下郡縣皆審置木鐸及見丁着業牌令民每日傳遞以知警勵勤於生理毋犯憲章良法美意可傳萬世建文中信用小人更改舊制京民被其虐害逋逃相繼數年之間風俗靡然朕今嗣承大統嘉與萬姓同樂太平爾等其謹遵成憲安分守法永為良民毋作不靖以干國典爾或違之自罹殃咎不可逭矣仍命戶部行天下咸遵之

○永樂元年九月癸卯通政使趙彝等奏安東中護衛有千戶家居詈其妾庶母重聽謬以為詈己訴官遣問庶

毋坐誣當杖千户告乞代受杖
上曰不允其誣已而願代受杖可嘉并其庶毋罪免之
○永樂五年五月癸酉
上問侍臣曰聞近俗之弊嚴於事佛而簡於事親其先果
有之乎對曰間有之
上歎曰此蓋教化不明之過朕於
奉先殿旦夕祗謁未嘗敢慢或有微恙亦力疾行禮世人
於佛老竭力崇奉而於奉先之禮簡略者蓋溺於禍福
之說而昧其本也率而正之正當自朕始耳
○永樂十年十一月丁亥開州民父子三人自陳受國家
恩安處田里無所補報今天壽山營造願父子同往効

力
上曰爾無別有所為乎命户部審之還奏父子別無所為
報効蓋出誠意
上召至廷諭之曰爾意誠善夫為民欲報國恩不使効力
役若能安分循理務本棄末修孝弟忠信之行和於家
厚於鄉遵奉教令不犯刑辟使鄉里傚傚為善人如此
即是報國何必出力汝歸勉之見鄉人老少亦以朕言
諭之

育人才

○永樂二年六月甲午
上命禮部臣曰會試下第舉人既多其中必尚有可取者
蓋慮一時匆猝或本有學問而為文之際記憶偶差遂
至謬誤或本不謬誤而考閱之官神情昏倦失於詳審
以致黜落此皆可矜其令翰林院出題更試擇文詞優
等者以聞遂得貢士張鉉等六十人以奏
上召見皆賜冠帶命於國子監進學以俟後科且勉之曰
士當立志志一則工專工專則業就爾等於學已
有根本但更百尺竿頭進步耳後科第一甲人有不在
爾曹乎其往勉之
○永樂三年正月壬子先是
上命翰林院學士兼右春坊大學士解縉等於新進士中
選材質英敏者俾就文淵閣進其學至是縉等選修撰

曾棨編修周述周孟簡庶吉士楊相劉子欽彭汝器王
英王直余鼎章敞王訓柴廣敬王道熊直陳敬宗沈升
洪順章朴余學夔羅汝敬盧翰湯流李時勉段民倪維
哲袁添祿吾紳楊勉二十八人入見
上諭勉之曰人須立志志立則功就天下古今之人未有
無志而能建功成事者汝等簡拔於千百人中為進士
又簡拔於進士中至此固皆今之英俊然當立心遠大
不可安於小成為學必造道德之微必具體用之全為
文必並驅班馬韓歐之間如此立心日進不已未有不
成者古人文學之至豈皆天成亦積功所致也汝等勉
之朕不任爾以事文淵閣古今載籍所萃爾各食其祿

日訖闕中恣爾玩索務實得於已庶國家將來皆得爾
用不可自怠以孤朕期待之意時庶吉士周忱自陳年
少願進學
上喜曰有志之士也命增忱二十九人遂命司禮監月給
筆墨紙光祿給朝暮膳禮部月給膏燭鈔人三錠工部
擇近第宅居之
○永樂四年三月丙辰進士陳紀等還鄉陛辭
上諭曰為學至以進士發身亦出乎等倫然道理無窮古
人至老務學不厭今人苟遂一得即不復前進故遠不
逮古汝等年富力強當立志遠大務進修非獨成已之
後將來國家亦得實才之用進士皆叩首謝復諭之曰

鄉里父兄所在不可以一得輒生驕慢凶德孔子作鄉
黨恂恂似不能言汝曹勉之各賜鈔五錠為道里費
○九月壬午
上聞翰林院讀書庶吉士王訓湯流然廣敬相繼病卒歎
息謂侍臣曰朕深有望文學之士復前古之盛故簡拔
此二十八人者加厚作養之庶天下才俊有聞而興起
者曾不幾時連失三人何其成之難而衰之易也咨嗟
久之

崇儒

上義師至汶上飭將士曰孔子萬世帝王之師太平之道
所自出孟子傳孔子之道以開諭後世其功德在生民
蓋與天地日月相為無窮今曲阜孔子之鄉鄒縣孟子
之鄉將士毋入其境敢有入境侵及其一草一木皆誅
不宥
○永樂四年三月辛卯朔
上幸太學先是勅禮部臣曰朕惟孔子帝王之師帝王為
生民之主孔子立生民之道三綱五常之理治天下之
大經大法皆孔子明之以教萬世朕
皇考太祖高皇帝膺君師億兆之任正中夏文明之統復
禮樂衣冠之舊渡江之初首建學校親祀孔子御筵講
書守帝王之心法繼聖賢之道學集其大成以臻至治
朕承鴻業惟成憲是遵今當躬詣太學釋奠先師以稱

崇儒重道之意其合行禮儀禮部詳議以聞禮部尚書
鄭賜言宋世謁孔子服靴袍再拜
上曰見先師禮不可簡必服皮弁行四拜禮
○閏七月乙亥
上御奉天門翰林侍讀學士致仕武周文陛辭命留之賜
坐與語良久
上曰卿篤學惇德宜在朕左右然春秋高矣不欲煩勞宜
歸家享子孫奉養以終天年周文起頓首謝又命賜酒
饌楮幣給驛傳送至家
上顧謂翰林侍讀胡廣等曰周文亦操履端方廣等對曰
陛下待儒臣進退之際恩禮俱至儒道光榮多矣

上笑曰朕用儒道治天下安得不禮儒者致遠必重良馬
粒食必重良農亦各資其用耳
○永樂十二年正月丁亥修曲阜孔子廟
上諭行在工部臣曰孔子代天立教故萬世帝王敬事之
廟宇須稱不可但應故事今先釋之居布滿四方皆宏
麗堅固孔子曲阜國家豈可不致重朕舉兵靖難時嚴
禁將士過曲阜不可損壞褻瀆將士皆不敢違令爾宜
體朕此意
○永樂十四年十二月辛酉修曲阜兗國復聖公廟時有
司言復聖公廟壞
上曰國家重道尊師致嚴祀禮而廟宇不稱是瀆神矣瀆

神有愆奈何不謹命工部即遣官修治又命凡從祀諸
賢之廟有壞皆修之

稽古

○永樂元年七月丙子
上諭翰林侍讀學士解縉等曰天下古今事物散載諸書
篇帙浩穰不易檢閱朕欲悉采各書所載事物類聚之
而統之以韻庶幾考索之便如探囊取物爾嘗觀韻府
回溪二書事雖有統而采摘不廣紀載太略爾等其如
朕意凡書契以來經史子集百家之書至於天文地志
陰陽醫卜僧道技藝之言輯為一書毋厭浩繁
○永樂四年四月己卯命禮部遣使購求遺書
上視朝之暇輒御便殿閱書史或召翰林儒臣講論嘗問
文淵閣經史子集皆備否學士解縉對曰經史粗備子
集尚多闕
上曰士人家稍有餘貲皆欲積書況於朝廷可闕乎遂召
禮部尚書鄭賜令擇通知典籍者四出購求遺書且曰
書籍不可較價直惟其所欲與之庶奇書可得又顧縉
等曰置書不難須常覽閱乃有益凡人積金玉皆欲遺
子孫朕積書亦欲遺子孫金玉之利有限書籍之利豈
有窮也
○永樂十四年十二月壬申歷代名臣奏議書成先是
上以璽書諭

皇太子令翰林院儒臣黃淮楊士奇等採古名臣直言
如張良對漢高鄧禹對光武諸葛孔明對昭烈及董賈
劉向谷永陸贄奏疏之類彙錄以便觀覽至是書成以
進
上覽而嘉之賜名歷代名臣奏議因謂侍臣曰致治之道
千古一揆君能納嘉言臣能盡忠不隱天下未有不治
觀是書足以見當時人君之量人臣之直為君者以前
賢所言便作今日耳聞為人臣者以前賢事君之心為
心天下國家之福也遂令刊印以賜
皇太子皇太孫及大臣

明制度

○洪武三十五年十月戊午勑禮部臣曰
太祖高皇帝臨御命所司歷考禮樂制度參酌古今上自
朝廷下及臣民冠婚喪祭之儀服舍器用其制皆有等
差著爲定式頒布中外行之久矣朕慮今有司因循苟
且奉行弗謹致有非分違法干犯刑憲非朕所以愛民
之道爾禮部其以洪武中所定一切制度圖示中外俾
人知遵守庶幾享太平之福
○永樂元年四月甲戌賜晉王濟熺書曰
皇考之世參酌古典詳定禮儀車服器用各有等級比有
言駙馬胡觀所乘椶輿其制度僭越與諸王無異詰其
從來云爾與之夫諸王所用其制下天子一等若王之

分可僭其漸既長何事不可僭矣繁纓小物孔子惜之
爾繼今宜慎重不可率易
⊙永樂七年四月甲午
上諭行在禮部臣曰朝廷立法五十餘年服式器皿皆有
定制比來臣民數有以越禮僭分罹刑憲者此諭教未
至也即以舊定官民冠服器皿制度繪爲書冊頒示中
外及諸色工匠俾知遵守

求言

○洪武三十五年十月丙子甘州中衛左所軍張真上言
便民及守邊數事
上覽畢顧禮部侍郎宋禮曰雖堯舜禹之聖亦樂取人言
以爲治朕即位以來首下詔求言而言者無幾此戍卒
能上言雖不皆可采然爲國之意則善宜嘉賚之其賜
衣一襲鈔千貫又顧禮曰居其位無其言君子恥之卿
等亦毋嘿嘿守位而已
○十二月己巳金華府義烏縣儒學教諭高濛上書論事
凡數百言
上嘉納之以示六部尚書侍郎曰疎遠之臣猶能存心國
事在朕左右受腹心之託者當思正直自奮用副委任
○永樂元年十一月乙未
上諭六科都給事中朱原貞等曰朕慮天下之民有失所
者爲爾曹未能盡知故遣郡縣考滿官俾於六科辦事

如朕有所欲聞即可知彼有所欲言即可達而久無一
人言者夫郡邑之間豈都無一事利害可言今在朕左
右尚默默然況遠千里其肯言乎爾等退以朕意申諭
之其所治何利當興何弊當去皆直言勿隱於今不言
將有他人言之則不能逃罪矣
○永樂二年三月甲子
上御奉天門召六科給事中諭曰朕君臨天下夙夜拳拳
惟欲軍民皆安爾等職居近侍比來不聞一言及於軍
民利病何也可退而思之條析以聞朕將審擇行之又
曰天立君以養民君不恤民是不敬天君資臣以成治
臣不輔治是不忠君朕與爾等皆不可不勉

○四月丙戌
上御奉天門視朝罷召六科給事中諭曰朕日臨百官可否庶務或有失中爾等宜直言毋隱又顧翰林院學士解縉等曰敢為之臣易求敢言之臣難得敢為者強於已敢言者強於君所以王魏之風世不多見若使進言者無所畏聽言者無所怍天下何患不治朕與爾等皆勉之
○永樂四年六月甲子
上謂諸近臣曰早來在宮中偶忘一事問左右皆不能記憶蓋沉思久而後得朕以一人之智處萬幾之繁豈能一一記憶不忘一一處置不誤拾遺補過近侍之職自

今事之叢脞若爾等當悉記之以備顧問所行有未合理亦當直諫朕自起兵以來未嘗違忤直言爾等慎勿有所顧避
○永樂八年三月丙子
車駕北征次凌霄峰因問學士胡廣等曰諸將此來不聞進一言何也對曰成美在上星火之輝何能上裨日月
上曰是何言也聖人有資於芻蕘之言何況君臣之間古稱好問則裕自用則小朕有所為必盡衆人之情曷嘗專任一已以掩群策
○永樂十年正月己丑
上問鴻臚寺及六科官曰前日命朝覲官言民瘼已言者幾人對曰百五十人
上曰一郡一縣未必都無一事可言都無一民不安盡令日皆須言緘默者罪於是各官悉上所言命六部議行之曰便於民者即行言有不當勿問
○永樂十九年四月壬寅勑諭文武群臣曰朕恭膺天命祗紹鴻圖爰倣古制肇建兩京乃永樂十九年四月十八日奉天等三殿災朕心惶懼莫知所措意者於敬天事神之禮有所怠歟或祖法有戾而政務有乖歟或小人在位賢人隱退而善惡不分歟或刑獄冤濫害及無辜而曲直不辨歟或讒慝交作諂諛並進而忠言不入歟或橫征暴斂剝削掊尅而殃及田里歟或賞罰不當

蠹財妄費而國用無度歟或租稅太重徭役不均而民生不遂歟或軍旅未息征調無方而饋餉空乏歟或工作過度徵需頻繁而民力凋弊歟或奸人附勢群吏弄法抑有司闒茸罷懦貪殘恣縱而致是歟下屬於民上違於天朕之寡昧未究所由爾文武群臣受朕委任休戚是同朕所行果有不當宜條陳無隱庶圖悛改以回天意

聽言

○永樂四年四月庚辰錦衣衛奏民有與外國使人交通者宜執付法司治如律
上問其實對曰以貨易市之 後與之交語甚久

上曰釋之錦衣衛復言氊衫於物雖微交通於法難宥
上曰立法以禁奸過輕則民慢用法在體情過重則民怨
彼小人立生富則以錢易物貧則以物易錢交易價直
豈一語可決彼何知國法其釋之既而
上謂侍臣曰茲事若忽於聽察則愚民以一氊衫獲罪矣
侍臣曰古稱視不為惡色所蔽為明聽不為奸人所欺
為聰政是至聽之下自不能欺
上曰古人言聽思聰聰作謀非持敬不能盡心不存雖聽
不聞聽不聰雖謀不獲
○十月己亥前江西按察使周觀政上書言事且乞不以
示近臣

上曰言果可用當施諸天下果不可用宜不陳於朕何獨
不示近臣觀政惶恐退
上顧侍臣曰此人言為治不必盡法祖宗意欲紛更真妄
人也若聽其言即如妄人療病本證未除他證又作矣
豈可用也
○十一月辛巳戶部人才高文雅言時政首舉建文中事
次及寬政恤民言辭率直無所忌諱
上命禮部會官議行之都御史陳瑛等劾奏其言狂妄請
寘之法
上曰草野之人不知忌諱可恕其忠言有可採勿以直而
廢之又名尚書鄭賜諭曰不罪直言則忠言進諛言退

自古拒諫之事明主不為卿當體朕心今後言事者但
觀其可用與否人所見不同若有拂逆不可加罪瑛刻
剝非助朕為善者卿等戒之文雅可付吏部量才授官
○永樂十九年五月乙丑陞給事中柯暹為監察御史何
忠鄭惟桓羅通等俱為知州時暹等應詔言事頗訐直
上嘉納之然其詞侵工部尚書李慶等慶等不能平數請
於上罪之
上曰敬天故求言今罪言者是逆天可乎又曰朕於今正
欲聞過古之明主皆樂直言今汝數言罪之是欲朕為
何如主且彼所言汝等過失若誠有即因而改之豈非
善德果若無之於汝何損罪之將重其名而益朕與汝

等之過矣慶等慙而退然
上猶慮慶等或害之故悉陞外任云

辨邪正

○永樂元年十二月癸巳
上宴閒顧侍臣論奸邪
上曰奸邪難識其情似真而實偽其言似信而實詐苟一
信其言而任之鮮有不失孔子曰聽其言而觀其行政
以此耳
○永樂二年七月壬戌饒州鄱陽縣民朱季友進書詞理
謬妄謗毀聖賢禮部尚書李至剛翰林學士解縉等請
置於法

上曰愚民若不治之將邪說有誤後學即遣行人押還鄉
里會布政司按察司及府縣官杖之一百就其家搜檢
所著文字悉毀之仍不許稱儒教學
○永樂九年三月乙丑三法司奏審錄囚徒既罷
上召至前諭之曰刑當矜恤論刑之際尤當明其君子小
人君子有過如失足溝澗偶出於誤當矜其情而將
護之小人有罪如貪饕欲食恣意為之非過誤也當懲
以法君子誤犯而不恕非有善之道小人故犯而不懲
有縱惡之失爾等其審邪正精權度不宜槩論
斥姦佞
○永樂元年十月癸丑

上御奉天門顧謂侍臣曰我朝大經大法皆
太祖皇帝所立以傳子孫非有憸人為朕言朝廷法太寬
非所以為治朕已斥之為治之道譬如醫藥有是病則
服是藥今朕當守成之日正安養生息之時乃嚴法為
治此是無病服藥豈不反有傷乎孔子言天地大德曰
生聖人大寶曰位守位曰仁何嘗謂嚴法侍臣對曰
皇上奉
天法
祖一念好生天下生民之福彼憸人所言非
皇上聖明豈能辨其非書曰國則罔有用憸人政謂此也
上曰古人云親賢臣遠小人苟不遠之必將惑人

○閏十二月癸酉通政使趙彝等引奏山東男子獻陣圖
者
上曰自古帝王用兵皆出於不得已大驅人以冒白刃鮮
有不殘傷毀折其得不死亦幸也朕居軍旅數年每親
當矢石見于鋒鏑之下者未嘗不痛心但出不得已耳
今天下無事惟當休養斯民修禮樂興教化豈復當言
用兵此輩狂妄必謂朕有好武之意故上此圖以冀進
用好武豈盛德事其斥去之
○永樂二年三月庚申
上召刑科都給事中楊蒸等諭曰國家號令使小人畏而
不為可矣雖其為惡之心未必革然為上者用法當得

寬不以猛待之當以誠不以偽猛則民不堪偽則民不
信去歲命御史給事中往各處撫安軍民禁止惡奸導
其為善臨遣之際諄諄告戒務在安民昨日給事中丁
琰等云奏四川見無犯法者乃陰遣親信用銀誘之交
易已而果有犯之是其心終不戒也遂執之琰不肯刻
剝如此假令民畏法反執陰誘者送官何以處之古人
治天下無非公平正大之道昔唐太宗以物試人待其
受之則加之罪賴魏徵諫而止朕嘗戒此事思得魏徵
其人置於左右今此輩小人但圖邀功不顧枉陷良善
甚孤朕任使其令都察院遣人馳往釋所誣民而執琰
等赴京罪之仍移文各處撫按者使咸知琰等所為而

以為戒
○十一月乙卯通政使趙彛奏山西民言介休縣出五色
石可為器用
上曰此僥覬小人不可聽數年兵革災荒百姓困苦未得
寧息今又可以此重困之乎官府求一物即百姓受一
害況此石飢不可食寒不可衣累民何為命擲出之
○永樂六年三月癸亥巡按福建監察御史趙昇及布政
司按察司奏以柏生花為瑞
上賜勅切責之曰朕主宰天下於生民休戚未能徧知故
委爾等鎮撫藩方以圖安輯爾於軍民疾苦一毫不言
乃言柏花為瑞夫時和歲登物無疵癘生民足食四夷

順安此國家之瑞也爾等驗之人事歲果豐登民果給
足乎樹木之花世所常有何益於國何利於民而以為
瑞也相為朋比戲侮如此忠君恤民之心果安在哉姑
曲宥爾耳罪若復為欺罔雖欲幸免不可得矣
○丁丑蘇州揚州二府言檜花為瑞
上曰近蘇松諸郡水澇為災有司往往蔽不以聞昨有奏
柏花為瑞者已責其欺罔今又言檜花小人之務諛悅
也可惡遂降璽書切責之
○永樂七年六月戊辰
上御奉天門顧近臣曰近日郡縣數奏水旱朕甚不寧右
通政馬麟等曰水旱出於天數堯湯之世所不免今間

一二處有之不至大害
上曰爾此言不學故也洪範恒雨恒暘皆本於人事不修
顧尚書方賓等曰朕與卿等皆當修省更須擇賢守令
守令賢則下民安民安於下則天應於上麟言豈識天
人感應之理麟慚而退
○永樂十年五月丁亥廣西河池縣民言縣有銀鑛大發
長沙府民言有鄉產銅發民採煉可獲厚利
上曰獻利以圖僥倖者小人也國家所重在民安不在於
利皆斥之
○永樂十三年三月丁未貴州布政司右布政使蔣廷瓚
言去年北征班師詔至思南府婺川縣聞大巖山有聲

連呼萬歲者三歲謂
皇上恩威遠加山川效靈之徵禮部尚書呂震請率群臣
上表賀
上曰人臣事君當以道阿諛取容非賢人君子所為吁操
山谷之間空虛之聲相應理固有之豈是異事布政司
官不察以為祥爾為國大臣不能辨正其非又欲進表
媚朕非君子事君之道遂已
○九月癸丑浙江治水左通政趙居任言蘇松等六府自
春及秋雨暘不愆民樂耕作比之往歲實為豐年
上謂行在戶部尚書夏原吉等曰兩京供億多出于此比
年水旱相繼民罹飢寒朕深憂之居任為人雖頗廉勤

然好佞上而不恤下斯言殆未可信宜遣人驗視毋為
所欺
○永樂十四年四月壬申禮部祠祭淸吏司郎中周訥上
言今天下太平四夷賓服民物阜豊請封禪泰山刻石
紀功德垂之萬世葢訥前嘗奏請封禪
上不聽至是復奏尚書呂震亦言
皇上聖德神功昭格上下宜加訥請
上謂震曰今天下雖無事然水旱疾疫亦間有之朕每聞
郡縣上奏未嘗不惕然於心豈敢自謂太平之世且聖
經未嘗言封禪唐太宗亦不為封禪魏徵每以堯舜之
事望太宗爾欲處朕於太宗之下亦異乎徵之愛君矣

爾當以古人自勉庶幾不忝宗伯之任
○八月辛巳監察御史俞信等劾給事中丁珏不致等罪
上曰朕素疑其奸邪若悉行所言左右無一人得全者豈
可以玷朝行遂謫戍邊
防微
○永樂四年正月甲申河南布政司奏南陽皂君山草冦
竊發
上謂兵部臣曰此雖小醜不治將大元末汝潁初亂纔數
千人順帝恬不加意勑書至盧溝橋易之而返人還與
太子言亂太子欲言於上其妃迎止之所為如此安得
不亡此今日殷鑒也夫治患於初萌則為力易及其盛

而治之則費力多而所傷不少矣遂命豊城侯李彬覲
城侯張輔率兵捕之
○永樂十年六月癸酉禮科給事中引奏法司所逮至犯
人內一二人欲有所陳訴錦衣衛官促之起遂不得陳
上見而知之曰此蒙蔽之過也在朕前下情尚不得達況
千里之外哉顧錦衣衛官曰繼今敢復爾者必誅
明賞罰
上初舉義大賚將士諭諸將曰賞罰者至公之道也賞當
人心則衆勸於善罰當人心則衆懲於惡善為政者不
以賞私親不以罰私怨故衛石至公天下取其平水鑑
至明天下取其照今用將士平大難非賞罰至當何以

服衆然予耳目豈能周及必爾諸將從公核報勿循私
情勿虧公義有功無功必從其實庶賞罰之行合于人
心得其心斯得其力矣
○永樂二年正月丁巳
上既定屯田賞罰例因諭群臣曰凡合衆作事必有懲勸
之道然後人皆思奮人人皆奮何功不成此法行之數
年必有成效但在任之得人爾
○六月壬辰
上御右順門因與侍臣論刑賞侍臣進曰古稱賞人以官
不若賞人以財
上曰此語蓋為濫官發以朕論之亦未盡善若人君一心

愛民則二者皆重苟知財出於民力則必不肯輕與知
官所以養民則不肯輕授
○七月丁卯有奉天征討將士告功賞未當者
上命成國公朱能隆平侯張信等審議以聞因諭能等曰
刑賞者人君御天下之大權不可以濫濫刑則善者被
害而惡者不知戒濫賞則無功者蒙利而有功者不言
恩必推至公毋有所狥
○十一月丁未刑部尚書鄭賜等奏奉天征討官有以罪
繫獄者請論功定議
上曰朝廷大公至正之道有功則賞有過則刑刑賞者治
天下之大法不以功掩過不以私廢公此輩征討之功

既酬以爵賞矣今有犯而不罪是縱惡也縱惡何以治
天下其論如律
○永樂四年正月癸丑河南布政司獲皂君山首賊并其
家屬送至京且言初其母遣其姪縶之于家而馳報官
遂獲之
上曰母與姪知大義俱免連坐但執賊首誅之
○辛酉西域貢佛舍利禮部尚書鄭賜請因是寬釋罪囚
上曰帝王之治以刑賞為務有功不賞有罪不誅雖堯舜
無以治天下梁武帝元順帝皆溺於佛有罪者不刑致
法度廢弛綱紀大壞而至於敗亡此豈可效况佛亦有
天堂地獄惡報應之說爾儒者乃欲姑息而治耶

○四月壬戌户部引奏種様田官軍言於令種様田者每
歲終赴京較其所收多寡而賞罰之是數人者更兩歲
始至京雖較其所收當賞而違令過期官軍皆當治罪
上曰收多者當賞其勤違令者當責其慢可通計兩歲所
收之數官軍並賚之若慢令不至非軍所得專惟坐其
官
○永樂六年六月庚寅
上名新城侯張輔等諭之曰安南已平皆將士用命所致
已命禮部定功次然賞罰不可不公賞罰公而後可以
用人大抵全有功全有罪者明白易見若功在前罪在
後者賞其功罰其罪過在前功在後者宥其過賞其功

如此庶當人心其悉次第將士功過以聞
○永樂七年六月己酉勅行在吏部及都察院曰守令民
之休戚係焉比遣御史考察賢否而陞黜之還言汶上
縣知縣史誠祖廉公愛民治行顯著已陞為濟寧州知
州仍掌汶上事易州同知張騰貪汙殘虐壞法欺公已
寘諸法夫郡邑之廣守令之衆豈能悉得其人卿等宜
悉心詢訪具實来聞其廉能恤民者進用之貪刻無狀
者罷斥之庶幾勸懲激勵之道
○永樂十年六月丙子通政司奏有軍官舍人告襲職者
兵部以其父嘗遇海賊退避為平江伯所戮不當襲今
乞矜憫

上曰官職以報有功豈用可僴輒與之父有功即子襲職
有罪即奪國之通制今乃敢越制祈恩命兵部發戍交
阯各名至前諭之曰爾往交阯能奮勇立功則朝廷不
終棄爾其往勉之
〇永樂十一年四月丙寅
上謂行在禮部尚書呂震曰朕欲周知民之休戚嘗命凡
布政司按察司及府州縣官至京者陳民間利病近有
以時和歲豐民安物阜為言者及驗視之田野荒蕪人
民飢寒甚至水旱蟲蝗皆不以聞朕已寘諸法如今後
所言有切民情可裨治理者宜旌賞之以明懲勸
〇永樂十六年十二月戊子申嚴官吏犯贓之禁進法司

諭之曰唐太宗惡官吏貪濁有犯贓者必寘於法故吏
尚清謹民免於掊尅貞觀之治所以為盛朕屢勅中外
諸司不許妄役一夫擅斂一財而不才官吏恣肆自若
百姓苦之良農必去稂莠者為害苗也繼今犯贓官吏
必論如法不可貸
〇永樂二十一年七月乙巳
車駕北征次土木有告軍士取民田穀飼馬者
上面責之曰農民終歲勤勞以供國用汝獨不念耶兵行
之際芻粟一給於官又敢虐取諸民立命斬之以狥
褒忠節
〇永樂元年三月戊戌有司言殷太師比干墓及祠圯壞
請發民修治從之因諭侍臣曰君子為國不為身故犯
顔諫諍死且不避小人為身不為國惟諛諂面諛以苟
富貴明君樂諫諍而國以興昏君樂讒諂而國以亡桀
紂殺龍逢比干明效具在而後世人主如秦隋之末皆
不監覆轍國安得不亡哉朕方以是為戒爾等當以君
子之道自勉庶幾共保
祖宗之洪業
〇永樂四年八月丁未饒州府言鄱陽康山忠臣廟圯壞
請命修治
上顧侍臣歎曰此皆首佐
皇考成帝業者不幸遇艱難效忠奮義以死昔人盛德百

世祀之今不數十年而廟壞不治豈報德勸功之道今
國家於異代忠義之臣猶致禮其祠墳況
皇考股肱爪牙之臣哉禮父母所愛亦愛況有功於國乎
遂命工部即遣官督修仍諭所司歲時嚴祀禮守廟者
悉復其家
體羣情
〇永樂元年十月壬申左都御史陳瑛等奏中書舍人芮
善妄奏邢官罪請下獄先是善之弟家武進夜有盜殺
之并殺其婦劫其財物弟家疑所親者捕送于縣獄具
上刑部刑部驗非盜縱之善白
上刑部官故出劫盜更命御史鞫之御史復驗非盜縱之

遂明刑部官無罪請罪善

上曰兄弟同氣遭罹非命心切哀憤理有未察然今尚未明盜假令獲盜有驗而善固誣執盜則不貸其釋善勿治

○十一月庚辰免敎諭康孔高罪復其官孔高先任祁陽縣敎諭建文中諭敎大理縣至是例得復祁陽孔高朝京師還枉道過家省母母適病留侍九閱月不行刑部逮問孔高罪當杖仍謫敎邊縣以聞

上曰母子之愛本於天性睽違萬里數年矣一旦相會情難遽舍况於有病是可矜也免杖復其官

○閏十一月戊午戶部臣奏近歲有商人於諸城納米中

鹽若雖未支鹽而官已給引目此非舊制當追其引目罷支所中鹽

上曰商人米旣入官則當償鹽不償是罔民而奪之商人本錢未必皆已所有貸其生產有先捐數倍之利告假於富室而盡勤勞以入米所望非小其引目勿追所中鹽悉還之但今後須循舊制

○丙寅河南南陽縣言本縣民多逃徙他縣賦役無所出乞下令捕之

上顧謂戶部尚書郁新等曰人情懷土誰是樂去其鄉河南諸郡連歲水旱蝗蝻飢饉相仍守令又鮮能盡撫綏之道不得已舉家逃徙自圖存活之計耳今其鄉田廬生業必已廢棄歸且何依捕之徒益困之耳南陽縣所言不可聽

○永樂二年六月乙酉中軍都督府奏卒有畜馬者馬為牛觸死宜責償

上曰虎尚有為牛觝死者况馬乎富家欲市一馬不易得卒安能償免之

○十月庚辰北京行後軍都督府遣鎮撫陸英奏近有強賊三十餘人於山後劫掠地無巡警寇猝至民罹其害請徙民稍南五十里以居

上覽奏顧問英曰以此為良策乎寇盜未至不豫思備禦既至又不務擒捕但欲徙民避之今有賊三十人欲徙

民五十里設有賊三百人不欲徙民五百里乎北方天氣正寒豈可使民棄所安挈老幼負儲蓄更造廬舍爾歸語守將但務備禦擒捕之方民不可徙

○十一月丙辰

上御奉天門召成國公朱能諭曰今天氣愈寒民築孝陵垣墻者可悉罷歸未畢之工令軍士畢之軍士就役者日給之鈔復曰朕今日夙興覺寒氣襲體因思百姓之勞故命爾不可因循稽緩軍士就役亦難但旦出暮歸比百姓服役數百里之外差異亦宜恤之毋盡其力蓋隆冬盛寒非

先帝陵寢朕亦不勞之也

○永樂四年三月丙申宿衛將軍奏京師偏街小巷多草
屋往々失火延燬官民之居乞下令悉易以瓦
上曰草屋遇風雨濕漏沮汝不可居豈其智不知用瓦之
便顧力不足耳爾細人不通人情敢妄言遂斥之
○五月丙辰吏部尚書蹇義等引奏齊府教授葉垣等三
人謂齊王所為不道垣等不能輔導爲善匡救其過宜
寘於法
上曰齊王兇悖出於天性如暴虎雖檻之不馴曲木雖揉
之不直皆性然也中人以上聞善則從下愚之資雖敎
不善齊王朕弟於屬至親拔於艱危困苦之中納諸富
貴安樂之地恩亦不薄及聞其所為之非誠心以告之

・溫辭以戒之反覆諄切至于六七尚無一毫聽納之意
况肯從其下人之言乎刑法之施爲惡者不使倖免無
惡者不以妄加庶幾有所勸懲前日齊府僚屬從王來
京者朕已察其奸邪數人寘之於法垣等皆先自歸朝
廷陳告毋一槩論之
○永樂五年七月丁卯都察院奏海運官軍其舟被風膠
淺漂没所運糧米合當追陪仍治其罪
上曰海濤險惡舟膠淺必壞官軍浮免溺死幸矣豈當仍
治失糧之罪悉釋不問
○十月丙戌有守衛卒自陳母病篤乞假省視
上曰何不早言曰昨告守衛官不聽
上大怒曰父母病而不聽歸彼非父母所生耶在朕前尚
爾況遠外哉命兵部黜其守衛官戍邊
○永樂八年七月甲戌
車駕北征還次龍門
皇太子遣詹事府丞陸中善進袍服至
上曰將士同朕勤勞其衣裘悉敝未有更衣朕何為獨先
俟入關將士俱易衣朕亦易之未晚
禮臣下
○洪武三十五年十二月辛亥
上諭禮部臣曰公侯年老者皆歷事
皇考多効勞勤今筋力雖衰日與群臣趨近朝參觀其步

趨之艱朕所不忍自今令朝朔望見任事者不在此例
○永樂元年九月壬寅禮部尚書鄭沂戶部左侍郎嚴奇
良通政丘顒俱以年老賜誥勅令致仕歸鄉陛辭
上命賜宴復賜鈔為道里費顧謂禮部臣曰沂等昔事
皇考位大臣雖為建文所黜朕已復其官顧今俱老宜優
佚之然君臣之間進退當以禮故加宴賚令歸用全始
終之義自今凡
皇考舊臣老不任事令致仕者優待之禮一視沂等毋或
不及
○永樂九年七月己丑吏部尚書兼詹事府詹事蹇義患
背疽先日

上命御醫劉觀往見之曰返與善藥不可緩視病深淺及
用何藥明旦來報至是觀言病證淺已傳善藥不足慮
上曰勿謂證淺不足慮宜謹視之又諭之曰醫者視人病
皆當如救焚拯溺毋憚寒暑晝夜況為國家療一大臣
人貴賤不一譬如木有可為榱桷者可為棟梁者六卿
朕股肱之臣蓋棟梁者爾能療之使安亦是有功於國
不可怠忽是日遣中官賜義鈔一千貫且諭義曰有疾
之人能靜定其心亦易得瘥須戒勞煩也

獎勵臣下

○永樂元年五月壬午勅北京行部尚書郭資曰行部統
六曹政務甚煩而卿為之長能悉心殫慮為國為民凡

所經畫具有條理而於糧儲撙節措置尤為得宜比聞
小人或加怨謗古云省已無怨矣卹人言卿勞心為國
朕知之有素自今一切浮言宜置度外勿用芥蔕惟懋
忠勤以副眷倚

○十月戊辰賜鎮遠侯顧成銀幣
上謂侍臣曰漢武帝窮兵黷武以事夷狄漢家全盛之力
遂至凋耗當時雖得善馬豈足償中國萬一之費朕今
休息天下惟望時和歲豐百姓安寧至於外夷但思有
以備之必不肯自我擾之以罷弊生民遂成言今日惟
當安養中國慎固邊防此言甚合朕意蓋斯人老成非
喜功好勝之流以是特加獎之

○十一月己亥命儀封縣知縣許譽復職譽居官有守政
不苛刻百姓安之秩滿至京縣耆民詣闕乞留
上從之謂吏部臣曰守令民休戚所係欲知其賢否但觀
民心之嚮背今民不忍其去此必實有及人之德即令
復任仍賜鈔二十錠文綺衣一襲

○永樂二年九月庚申
上御右順門召翰林學士解縉侍讀黃淮胡廣胡儼侍講
楊榮楊士奇金幼孜諭之曰朕即位以來爾七人朝夕
相與共事解離左右朕嘉爾等恭慎不懈故在宮中亦
屢言之然恒情保初易保終難朕固常存於心爾等亦
宜謹終如始庶幾君臣保全之美縉等叩首言

陛下不以臣等淺陋過垂信任敢不勉勵圖報
上喜皆賜五品公服又曰皇后數言欲召見爾七人命婦
即令赴柔儀殿見是日縉等之妻入見
中宮訓勞備至皆賜五品冠服及鈔幣表裏

○十二月丙午賜六部尚書侍郎金織文綺衣各一襲特
賜翰林學士解縉侍讀黃淮胡廣侍講楊榮楊士奇金
幼孜衣與尚書同縉等入謝
上曰朕於卿等非偏厚代言之司機密所寓況卿六人旦
夕在朕左右勤勞助益不在尚書之下故於賜賚必求
稱其事功何居品級又曰朕
皇考初制翰林長官品級與尚書同卿等但盡心職任孔

子云君使臣以禮臣事君以忠君臣各盡其道耳
○永樂四年九月己巳禮部奏有守邊百户獻馬四疋
上召百户諭曰爾畜馬甚勞朝廷馬足用不須爾獻命禮
部還之百户言臣畜馬頗多恒念無以報國恩此出臣
實心
上曰爾為武臣須馬以立功能用心多畜馬可嘉矣但汝
報國在勉立軍功不在獻馬竟不受賜酒食及鈔而遣
之
○永樂七年六月壬寅陞汶上縣丞誠祖為濟寧州知州
賜勑勞之曰守令承流宣化所以安利元元朕統御天
下夙夜求賢共圖治理往往下詢民間皆言苦吏苛急

能副朕心者寡爾敦厚老成恪共乃職持身勵志一
於廉公平賦均役政清訟簡民心悅戴境内稱安方古
良吏亦復何讓特陞爾濟寧州知州仍掌汶上縣事其
益共乃職慎終如始以永嘉譽欽哉并賜上尊一織金
紗衣一襲鈔千貫
○永樂九年九月己巳吏部尚書兼詹事府詹事蹇義户
部尚書夏原吉九載考績皆命復職賜勑褒諭曰尚書
喉舌之司所以佐天子安生民政之得失民之休戚俱
係於斯卿等以經術發身事我
太祖高皇帝奉公守職恪勤不懈肆朕纘承丕緒簡求碩
德以任台輔而卿等克秉正直摅忠竭誠無有所隱一

德一心始終無間可為淳良篤實君子者矣今歷九載
厥績益彰朕深嘉獎夫君臣相遇自昔為難卿等尚益
篤忠誠益勵直操表率庶僚光輔至治詩曰靡不有初
鮮克有終職此為戒欽哉
○閏十二月庚申居寧夏都指揮僉事韓誠来朝初誠嘗
言韃靼别部同居寧夏者有懷貳之心
上未忍發既而果叛為鎮兵所擒斬獲相半至是誠来朝
上曰朕於遠人来歸者皆推誠待之不疑早從爾言發兵
擒叛何致多損物命然初之不發兵者猶欲懷之以恩
不謂豺狼終不可馴今彼惡就擒戮皆其自取也然爾
忠誠明於幾先朕嘉念不忘自今更加勉之命禮部賜

誠鈔二百錠羊十羫酒五十瓶仍宴之於會同館
○永樂十三年九月己未北京行部尚書郭資滿九載復
職賜宴於禮部且賜勑褒諭曰國家建北京置行部尚
書總理六曹其職重矣卿質直剛毅事我
太祖高皇帝克勤職任洎朕肅清内難効勞竭謀贊輔守
成簡在朕心朕登大位圖任舊人特授卿尚書俾總北
京之務一心為國知無不為總理庶務咸得其當屬茲
九載考績惟稱特賜勑褒獎卿其益篤勤誠以率其屬
庶永終譽欽哉
○辛酉行在工部尚書吴中九載考績命復職宴于禮部
賜勑褒諭曰尚書之職所以總國綱維一事失當則天

下有受其害者必得才識通練之士方堪斯任卿發身
胄監事我
太祖高皇帝克稱任使朕肇靖難卿自大寧來歸多効
勞勤朕嗣天位屢加超擢繼陞冬官卿亦克殫厥心及
茲九載考績式稱朕用嘉之俾復厥職尚厲乃操懋乃
功表正厥屬以永終譽書曰慎厥初惟厥終欽哉
○癸亥行在都察院左副都御史李慶以九載考滿復職
命宴于禮部賜勑褒諭曰都御史持憲綱總察羣司為
朝廷耳目其任重矣卿剛直有為習於吏治祇事我
太祖高皇帝克勤職務及朕即位屢用遷擢繼授風憲激
揚糾察咸得其宜歷任九年不聞過舉可謂難矣尚益

懋忠勤厲風節弼成至治以永終譽欽哉
○永樂十九年正月乙卯命平江伯陳瑄充總兵官率領
舟師儹運糧儲赴北京諭之曰北京所需粮餉為切而
人力漕運不易卿能公勤御衆使倉庾充實所助多矣
然民力有限國用無窮卿宜益勤撫恤俾軍士樂於趨
事雖久而不怨斯國家所賴不淺矣勉之勿怠

大明太宗文皇帝寶訓卷之四

光祿大夫柱國少傅兼太子太傅禮部尚書武英殿大學士臣呂本謹校
南京禮部祠祭清吏司郎中臣陳治本
南京兵部職方清吏司主事臣宋錦謹閱
南京工部虞衡清吏司郎中臣呂鳳昌

諭羣臣

○洪武三十五年六月甲戌
上諭羣臣曰我
皇考肇造洪業垂法萬年為子孫計思慮至周比者建文
信任姦回盡更舊制使天下臣民無所遵法予荷
天地

考妣之佑繼承
天位凡
皇考法制為所更改者悉復其舊爾群臣尚竭乃心力弼
予于治凡人才識不同長於此或短于彼苟事有過誤
即明言之予不汝責若隱而不言日久覺露情同欺罔
法則難容夫慎終必先謹始持已在于存誠始終靡懈
咎何由至始若不謹曷克有終予念君臣一體故披露
赤心丁寧告戒爾等其欽承予意
○八月丙寅
上於宮中得建文時羣臣所上封事千餘通披覽一二有
干犯者命翰林院侍讀解縉等徧閱關係軍馬錢糧數

目則留餘有千杞者悉焚之既而從容問縉等曰爾等
宜皆有之衆稽首未對修撰李貫進曰臣無之
上曰爾以獨無為賢耶食其祿則思任其事當國家危急
之際在近侍獨無一言可乎朕非惡其盡心於建文者
但惡導誘建文壞
祖法亂政經耳爾等前日事彼則忠於彼今日事朕當忠
於朕不必曲自遮蔽也
○九月甲申
上既陞賞奉天靖難諸將仍諭之曰人君秉至公行爵賞
無容私意今以天下之財賞天下之功雖賜賚有限而
爵祿無窮然繼今能益懋功勤朕不吝於報賚爾等勉

之又曰爾等前勞朕或知其未盡論報之際輕重失宜
其即面陳使歸于至當若不自陳而退有後言或至懟
懟甚不可也又曰今天下已定君臣相與共保富貴朕
不可居安忘危爾等亦不可恃功驕惰但常念前勞圖
保名節斯福澤延于子孫功名播于永遠矣
○十月丁巳宴奉天征討功臣畢
上諭之曰君臣謂之元首股肱蓋一體相須也故為君必
務保全其臣然為臣亦當思自保凡人致富貴難保富
貴尤難爾等從朕數年萬死一生今皆身有封爵祿及
子孫可為難矣但當思保之夫有功則賞有罪則罰此
祖宗公天下之大法爾等須遵守若不謹而犯之朕不敢

曲宥蓋以私廢公則天下不服矣其務致慎庶幾共安
榮於永遠
○永樂元年正月庚辰勅諭中外文武群臣曰上天之德
好生為大人君法天愛人為本四海之廣非一人所能
獨治必任賢擇能相與共治堯舜禹湯文武之為君不
外此道歷代以來用此則治不用則亂昭然可見我
皇考太祖高皇帝受天明命為天下主三十餘年海內寧
然禍亂不作政教脩明近古鮮比亦惟任天下之賢保
民致治以克臻茲朕纘承大統以主天下夙夜兢兢思
惟撫安以承付託之重爾文武羣臣職無崇卑體朕斯
懷各盡其道無為掊尅無縱詭隨端爾志勵爾操懋爾

忠勤共遵成憲為民造福其悉力一志致之慎之
○四月辛未
上以岷王楩所為不法命吏部悉降其王府官職事賜勅
諭之曰昔我
皇考封建諸王以固藩屏王府官屬有不能輔導或誘王
為非者咸加顯戮成憲具在今岷王所為縱恣擅拘諸
司印信驚惑衆心激變夷人又受命不朝京師此果出
王意而汝等傍觀不言乎抑汝等導誘為之歟二者之
罪必居一矣今姑屈法寬宥止降爾職尚思後效以贖
前愆
○九月丙子朔勅諭中外文武群臣曰為治之道在寬猛

適中禮樂刑政施有其序唐虞三代至漢唐宋率由茲
道舜誅四凶明五刑夏禹承之聲教達于四海周公相
武王滅國五十至成康而後刑措不用漢高祖初定天
下命蕭何定律令韓信申軍法至文景挾書之律肉刑
之條一皆除之唐高祖革隋弊政定官制須律令太宗
承之懲斬趾禁鞭背力行仁義幾致刑措宋初太祖懲
五代之亂用刑頗重咸平以後務從寛仁載之前史可
考見矣朕
皇考太祖高皇帝奮起布衣當胡俗沉淫百年之後奸雄
睥睨反側之餘撥亂反正不得已而用刑特權一時之
宜及立為典常既有定律須之天下復為祖訓垂憲子

孫而墨劓剕宮並禁不用朕以菲德纘承大統仰思聖
謨夙夜祗服惟欲舉賢才興禮樂施仁政以忠厚為治
爾文武群臣尚思各恭乃職敬乃事勿為朋比勿事貪
黷勿恣情縱欲以干匪彝至于用刑必欽必慎期于刑
措用臻康理以上不負
皇考創業之艱而朕於守成之道亦庶幾焉爾惟欽哉
○十月甲子勅晉府長史龍鐔等曰朝廷封建親藩而選
賢命材為之輔導冀以贊成德善不至于有過也古之
為人臣者無外交今王府擅與西番往來又私以車遞
送王年少寡學而不知古長史儒者謂不知古可乎廷
臣皆欲寘汝于法朕恐傷親親之意姑宥不問今後慎

毋復爾戒之戒之
○閏十一月癸丑
上諭都察院臣曰朝廷置風憲為耳目糾察百僚綱維庶
政比來有司奸弊生民疾苦豈無可言而因循玩愒略
無建明爾其申明憲章在內令監察御史在外令按察
司官各舉其職庶副朕之委任不能舉職者有罰
○庚申
上御奉天門召都御史陳瑛等諭曰國家重祿任官一以
為民慮牧守不職又設按察司詢察糾正之朕深居九
重下民安否未能悉知按察司任耳目之寄於事無不
得問無不得言所以通下情去蒙蔽也今聞河南數歲

蝗旱水災為民患牧民者多失撫字甚者又侵漁剝削
之而按察司官未嘗有一人言者坐視民病而不留意
徒費重祿何補於用爾移檄切責之俾采察所部軍民
利病及布政司府州縣官賢否以聞又命檄浙江等十
二按察司及按治御史之在外者一體采察上聞
○永樂二年正月甲辰勅諭天下文武諸司曰朕惟事天
以誠致為本愛民以實惠為先書曰惟天惠民又曰安
民則惠然天之視聽皆因於民能愛人即所以事天朕
嗣位以來嘗以此戒諭爾等而治軍者或不卹軍治民
者或不卹民非惟不卹又有刻害之者甚違朕意今春
時和東作方興宜各究心務實申明敎術勸課農桑問

其疾苦卹其飢寒革苛刻之風崇寬厚之政以迓天休
臻于治理欽哉
○十二月戊寅
上聞中官於應天府私取工匠役之召府尹向寶等責曰
數年軍旅供給加以權豪横肆百姓艱難京師為甚既
命汝牧民當體國家愛民之意正直不阿矜卹保庇庶
幾民可休息宦者宮禁使令之人非有重權汝何用畏
之而輒聽其役民略不之拒公家凡役一夫必先告朕
宦者擅役之而不告何耶為京尹朝夕在朕左右尚畏
人如此若在遠外任小官職當如何是之譬為人典守
寶貨擅啓益藏縱人私取必不免責罰矣汝擅以朕百

姓作人情可迯罪乎今姑宥爾若復蹈前非必誅遂逮
所以役工匠中官責之曰朕為天子不敢輕役一民汝
何人敢擅之百姓家僮奴亦敢不告其主肆意自為乎
遂付錦衣衛治之
○永樂二年正月庚子諭天下文臣曰朕惟治天下以愛
民為本愛民之道使其衣食給足無凍餒之患則鬬爭
可息禮讓可興化行俗美臻于至治朕
皇考太祖高皇帝撫有區宇保民致理於休養生息之道
思之至而慮之周故三十年間天下殷富生齒日繁至
治成功超越往古朕正位以来仰遵成憲惟欲民安物
阜風淳俗美刑措不用夙夜兢兢不敢怠寧尚慮天下

之廣黎民之衆有未寧厥居者爾等皆牧守之官必思
所以愛養之毋殫其財毋疲其力毋為貪墨毋肆暴虐
敎之務善以遠刑辟道之務本而棄末習如民皆安居
足食斯德行興刑罰措而天下治爾亦將有無窮之聞
欽哉
○永樂四年正月甲午北京行部并天下文武官述職者
凡千九百四十三人賜勑諭曰人君守成法以出治人
臣遵成法以輔治君明臣良上下協和乃臻治效朕自
涖阼以来宵旰孳孳惟守
太祖高皇帝成法賞善罰惡進賢退不肖敎誨不能使牧
民者盡其牧民之道典兵者盡其典兵之職官無廢事

人無失所而已其間能勤以集事廉以律己仁以卹民
公以治軍旅奉職守法無所變易者朕已褒賞之其有
以怠廢事以貪掊尅以私滅公以苛刻厲下亂政壞法
無所顧忌者朕已黜罰之此豈朕所敢私予奪賞罰一
出至公爾等無以善惡為無驗禍福為無稽天有顯道
國有常憲爾等恪遵朕訓無怠無驕永保貞吉欽哉
○已亥六部都察院數奏朝覲官其所治事稽違者多請
治其罪
上召至前諭之曰爾等分理庶政勤慎則百事舉怠忽則
百事廢顧立志如何耳今諸司論尔等職事稽誤皆由
怠忽之過夫慢令棄法國有顯罰今姑宥爾其歸改過

自新若仍蹈前非朕不能曲法以貸遂勅免謝辭即日
出京
○四月甲申遣翰林侍讀曾日章奉勅諭西平侯沐晟日
章陛辭
上曰朕所欲告晟者具載于勅爾以朕言諭之故黔寧王威
高皇帝厚恩盡心竭慮功在社稷名垂竹帛爾今日受國
家之寄非輕為子而能繼父之功業孝莫大焉為臣而
能廣君之謀猷忠莫大焉如苟足於目前必無遠大之
計周慮於事外必建奇偉之功恃一己之能易盡集衆
人之智無窮其必勉之
○七月丙辰復前更勝右衛指揮使陳景先職初景先以

虐害軍士罷戍邊至是援恩例乞復官兵部言景先不
恤軍士復之無以警衆
上曰朕念此人舊勞姑宥之遂名景先至前諭之曰積功
至指揮非一日之力朕嘗戒爾輩善保名爵爾輩徒知
得之於萬死一生而不知失之於一旦不謹守法循理
保名爵之道也豈可不慎且為將豈可不恤士卒譬如
人身將則頭目士則手足手足常在捍禦頭目而為之
用若將與士之心乖隔一旦有急將能獨自為功乎爾
罷職居卒伍以來悉知為卒之苦矣朕姑錄功棄過以
復爾職宜省已改行若復有犯國法具在朕不得曲赦
爾也

○永樂五年三月壬申守衛官有於皇城下誦經不輟口
者事聞
上名至諭之曰爾爵祿自誦經得之耶身備宿衛不於此
時用心防奸乃一志誦經可乎若意欲修善當存心忠
孝不越分違法自然有福如無是數者而望有福無禍
得乎若閒暇之際口欲誦念則
太祖皇帝御製武臣大誥等書其中皆趨吉避凶保富貴
之道爾取讀誦亦於身家有益矣今後若仍於宿衛之
所誦經者必罪不宥
○永樂六年十一月甲寅命太子太師淇國公丘福吏部
尚書兼詹事府詹事蹇義兵部尚書兼詹事府詹事金

忠翰林院學士兼左春坊大學士胡廣右春坊大學士
兼翰林院侍讀黃淮右春坊右庶子兼翰林院侍講楊
榮左春坊左諭德兼翰林院侍講楊士奇右春坊右諭
德兼翰林院侍講金幼孜司經局洗馬姚友直等官輔
導
皇長孫仍賜勅諭曰朕惟令德所成本乎天賦養正之
學實弘聖功故有聰明純一之資必有詩書禮樂之教
所以充其德性而廣其器識也朕嫡長孫天章日表玉
質龍姿孝友英明寬仁大度年未一紀體具志寧動必
中規言必合道好學之篤夙夜孜孜日誦萬言心領要
義朕嘗試之以事輒能裁決得中斷寔

宗社之靈
上天錫慶篤生異質以福佑夫下而基命於無窮然宏才
之建必由匠石之功圭瓚之成必假琢磨之力卿等皆
茂簡德藝職輔東宮之子必資熏𤍤宜協心同志輔導
于成推廣仁義道德之源開陳二帝三王之治與我
太祖高皇帝之大經大法凡創業守成之難生民稼穡之
事朝夕講論以涵養本源恢弘智量充其盛大之器以
為
宗社生民之福國家有無窮之休卿等亦有無窮之譽欽哉
○十二月庚辰遣使賚勅諭北京官吏耆老軍民曰朕荷
天地
皇明寶訓　永樂四卷　十
祖宗之靈自藩邸入正大統每惟靖難之日北京軍民父
子兄弟攻戰守禦竭誠效勞艱苦備嘗未始忘之今天
下太平爾等宜守分力本孝親敬長教誨子弟輯睦鄰
里有官守者必廉必勤以為善人君子或有過愆宜改
行易慮以臻于善若不率善而作奸犯科朕雖念舊勞
其如公法不可貸何夫為善獲吉為惡致凶天道昭明
報應不爽爾等服膺朕訓庶幾福及子孫
○永樂七年正月丙午北京行部及天下布政司府州縣
官來朝者千五百四十二人陛辭
上諭之曰君國之道以民為本故設官分職簡賢用能惟
求安民而已為臣能體其君愛民之心推而行之斯天

下之民舉得其所爾文武群臣受國家委任宜操節勵
行盡誠竭慮治民者專務恤民治軍者專務恤軍俾其
飢寒體其勞勤為之除害興利教之務本力業孝悌忠
信尊君親上敦行禮義無作慝非庶克永享太平之福
比者營建北京國之大事不得已勞動軍民爾等宜善
加撫恤無為貪酷以重困之夫文官之祿皆出于民武
官之功實因於軍能推仁恤之心登亦報勞之意苟不
知報或又縱而侵之非惟國法不容鬼神鑑將禍焉禍
淫福善天道惟彰賞罰至公國典具在爾其殫心盡力
勉致安民之效以副朕拳拳之懷
○二月戊寅
皇明寶訓　永樂四卷　十一
上諭春坊大學士黃淮左諭德楊士奇曰朕命爾等輔東
宮監國東宮天性仁厚識見端正嘗一日侍側朕問講
官今日說何書對曰論語君子小人和同章因問何以
君子難進易退小人易進難退對曰小人逞才而無恥
君子守道而無欲又問何以小人之勢常勝對曰此係
上之人好惡如明主在上必君子勝矣又問明主在上
都不用小人乎曰小人果有才不可棄者須常警飭之
不使有過可也朕時甚喜其學問有進爾等其盡心輔之
○壬寅
車駕巡狩北京至東平州謂侍臣曰漢東平王蒼開國於
此其對明帝曰為善最樂當時諸王泯沒無聞多矣獨

着有賢名至今凡為善者天佑之人仰之生受其福沒
有令名朕嘗以此勵諸王卿等亦宜不忘斯語侍臣皆
頓首
〇三月庚午
車駕至北京大宴文武群臣及北京耆老宴畢賜勅諭群
臣曰朕荷
天地之佑
宗社之靈暨爾文武羣臣翊戴贊襄再安家國今海宇無
事嘉與卿等同樂太平然當思相保於永久自古為理
安不忘危卿等宜夙夜盡心致乃嘉猷匡朕不逮國家
安則卿等亦安勉之無怠賜勅北京耆老軍民曰朕與

爾等躬歷艱難以至今日幸四方無事宜相與共享安
樂人情久安易生驕怠驕怠者罪戾所由生也繼今為
父兄必教訓子弟為子弟必孝敬父兄夫夫婦婦長長
少少和順輯睦各安其分以勤儉自執以禮法自防婚
姻死喪互相助貧窮患難互相卹無乖爭之風有忠厚
之俗而永為太平之民矣勉之毋怠
〇四月壬辰勅鎮守貴州鎮遠侯顧成曰蠻夷讐殺自昔
而然必務殺之非柔遠之道雖有獷戾難化然鳥獸之
性亦有可馴姑盡心撫綏蓋天道好生人情惡死體天
之道念人之情則中心惻隱自有不能已者卿其慎之
昔李廣殺降終不得侯禍貽子孫今卿鎮邊疆必使蠻
夷感恩服義安生樂業則朝廷得懷遠之道而卿有及
人之惠矣慎之慎之是時蠻夷叛服不常成怒之有俘
獲至者輒殺之
上聞之故賜勅切戒云
〇閏四月戊申勅吏部尚書兼詹事府詹事蹇義兵部尚
書兼詹事府詹事金忠右春坊大學士兼翰林院侍讀
黃淮左春坊左諭德兼翰林院侍講楊士奇曰朕命皇
太子監國其所裁決庶務須令六科逐月類奏且如賞
一人由何而賞罰一人由何而罰或罰而復宥皆須詳
錄奏來勿有所隱夫國之儲嗣天下大本朕簡爾等輔
導期有裨益使天下之人仰望風釆如一賞一罰皆出

公當庶足服人苟有不當為天下所議爾等其夙夜盡
心以副朕懷
〇八月戊午遣官祭歷代帝王禮畢
上從容謂廷臣曰三皇五帝純乎道德無為而治自夏商
至元其間賢君聖主亦躬行仁義修舉法度是以天下
和平名垂後世我
皇考法古為治故前代帝王有功德者皆以時備祀著為
常典朕今舉此亦惟體
皇考之心為心以求古帝王之治卿等更夙夜盡心贊務
庶幾克臻其效
〇永樂八年二月辛丑命户部尚書夏原吉輔導皇長孫

勑原吉曰朕長孫雖今幼齡而克勤學問正當涵養德性充其大器爾其勉盡乃心朝夕輔導俾智識益廣道德有成將紹承有賴爾亦與有光榮欽哉

○丙午北京耆老

車駕北征將發詣朝辭

上諭之曰朕此舉為安民也父老有子孫親戚從行者皆當訓勵之使奮忠勇樹勲名渠能卓然有立亦將於爾有光若出外而撫循之惟朕在爾毋庸憂皆歡呼萬歲

命禮部悉賜耆老布鈔

○七月丁卯遣使賚制諭命駙馬都尉西寧侯宋琥佩征虜前將軍印充總兵官鎮甘肅勑諭琥曰昔爾父鎮甘

肅撫輯有方軍民安業爾其體朕之心踵父之行恪勤夙夜毋恃貴戚驕傲以凌人怠慢以廢事務宣朝廷德意使邊境晏安人心悅服則于汝嘉欽哉

○八月丁未陞都指揮同知王貴李文俱為陝西行都司都指揮使賜勑諭之曰爾昔從朕靖難多歷艱難論功行賞已報爾勞比從朕北征胡虜復效勞勤今錄爾功陞為都指揮使任邊閫之重爾益勵厥志修厥職俾奸宄屏息境內乂安庶幾永保祿位傳之子孫如或恃功玩法廢職業干犯憲章國有常典朕不忘爾功爾亦毋忘朕訓欽哉自是從征官陞職都司者咸以是諭之

○永樂九年閏十二月乙丑

上諭右順門諭都察院左副都御史李慶曰為朕養民其先在于守令得人然守令賢否在按察司考察懲勸考察按察司又係於都御史卿等豈可不慎如卿等不能舉職即按察司之職亦廢何望守令能盡職哉其勉之蓋廉則無私無私則舉措當而人心服矣更審察各按察司官但非廉明正直者皆罪黜之

○永樂十年正月丁未陞國子監司業趙季通董子莊為趙府長史勑曰朕子趙王年少不務學問所行多愆禮度今簡爾等為長史宜悉心輔導諭以德義使博究經史以知古先聖賢之行事及修身齊家治國之道屏絕邪佞親近忠良隨事規誨務歸于正以承藩輔之重

祖訓云凡國王文武之臣能守正規諫助王保全其國者毋輕以負朕委任之意

○十一月乙酉陞郎中李冲等為各布政司官御史李時秀等為各按察司官

上諭之曰佐方岳任風紀皆要職當慎操履務長厚戒刻剝上不損國體下有利於民庶幾不負所命若逞貪饕民瘵官廢事身名俱喪矣其徃勉之

○永樂十三年正月辛丑勑諭天下大小衙門來朝官曰治天下之道君總於上臣分職於下上下相承體統不紊故事理民安天下和平唐虞三代之盛率由斯道朕以眇躬託於萬姓之上所賴文武群臣翼賛以協于治惟盡

乃心惟敬乃職以熙庶政永康兆民尚慎之哉惟善致
福惟惡致㓕天有顯相報施無爽尚慎之哉朕所畏者
天所保者民所資為理者賢才古之賢人君子為德為
民功加于當時名昭于後世爾尚以為法夙夜祗慎用
副朕保民致治之意欽哉既諭榜午門之外曰天下文
武官治兵者受恤軍士理民者愛恤百姓敢有剥削以
厲軍民者必罪不赦
○戊午遣監察御史吳文等分行天下詢察吏治淂失及
問民間疾苦文等陛辭
上諭之曰百姓艱難有司蔽不以聞爾等受朕耳目之寄
宜悉心諮訪凡朝廷所差人及郡縣官有貪刻不律者

執之郡縣官有闒茸不職及老病者悉送京師惟布政
司按察司堂上官以狀來聞毋枉毋縱必合公道軍民
利病宜一一奏來汝不恭命汝則有罪
○永樂十六年正月癸丑時天下布政司按察司各府州
縣及土官衙門官吏來朝六部都察院及六科給事中
交奏其職業廢惰請付法司正其罪
上皆不問賜勑諭之曰朕承天命統紹鴻業夙夜孜孜圖
惟安民于今十有六年而天下未安民生未遂究惟厥
咎皆謂有司不得其人夫民者天民天付人君安養之
人君不能獨活則必建官分職以共治今爾等坐視民
窮恬不留意小大蒙蔽悉不以聞獨不畏天地鬼神乎

繼今能改過自新革貪為廉革暴為仁上體吾心下撫
百姓使百姓皆淂其所則可以永享爵禄保富貴矣如
復不悛而違命厲民罪必不恕譬如使人牧牛羊不能
蕃息又多饑死則牧者必受譴責況受牧民之寄者乎
福善禍淫天有恒道賞功刑罪國有常典其懋勉之無
怠無忽
○五月戊辰除授代府長史紀善等官賜勑諭之曰朕
皇考法古為治衆建親藩以屛國家朕弟代王受封西鄙
今授爾等代府長史等官職專輔導宜悉心匡賛講論
正義助王于善德將王有令名爾有榮焉苟惟依阿曲
從不能輔之以正而陷王於非義國有常憲爾其勉之

○永樂十九年四月癸丑勑吏部尚書兼詹事府詹事蹇
義等二十六人巡行天下安撫軍民勑曰今命爾等分
歷郡縣撫安軍民詢察所苦凡利之未興者興之害之
未革者革之諸司官吏蠹法厲民者黜之守法愛民者
旌之爾克副所命致民安于田里而無饑寒愁嘆之聲
則予汝嘉如又狥私蔽公不辨淑慝不察是非軍民休
戚不以究心將爾之罪亦不可逭欽哉

戒近習

○永樂元年冬十月戊申
上謂六科給事中曰宦寺服食所需皆朝廷給之豈淂復
有私營近有於皇城内畜養雞牲麋費食米今四方蝗

旱之後民尚艱食朕日夜爲憂此輩坐享膏粱不識生
民艱難而暴殄天物不恤論其一日養牲之資當飢民
一家之食朕已禁戢之矣爾等識之自今敢有復爾必
罪不宥
○永樂四年五月壬辰
上諭兵部尚書金忠等曰
皇考之世宦寺無敢與外庭交接昨有一人以私財寄外
人此雖細事漸不可長隨已罪之亦勅各衙門衛士於
出入之際遵舊制蒐搜檢夫防患譬如防疾始萌而治
之則用力少而易效痼而後治則用力多而難勝矣
○永樂五年六月庚子

上諭都察院臣曰自昔閹宦弄權假朝廷號令擅調軍馬
私役人民以逞威福生事造釁傾覆宗社者多矣我
太祖皇帝監前代之失立紀綱明號令調發軍馬必以御
寶文書朕即位以来一遵舊制愛恤軍民首詔天下一
軍一民不許擅差復命所司嚴切禁約去年曾命內使
李進往山西採天花此一時之過後甚悔之更不令採
近聞李進詐傳詔旨僞作勘合於彼召集軍民復以採
天花爲名假公營私大爲軍民之害及今炎暑之月亦
不散遣計李進所爲與昔之弄權者何異若後来倣傚
益多朝廷威福之柄下移嗣君何以統治天下今進所
爲所在軍民官都不奏来此亦與胡藍齊黃欲壞國家

事者何異爾即差御史一員徑詣山西將李進一干爲
非之人鞫問明白械送京師必寘重法若都司布政司
有干涉者併鞫治之雖關皇親亦不恕仍令御史用心
推治不可容縱
○永樂十年七月癸卯
上謂都察院臣曰比者朕慮在外諸司行事或於民有不
便間遣中官往詢之未嘗有所委任况在外有布政司
都司按察司及巡按御史事之當行者所司自行奏請
可與中官事比聞中官多有干與有司事者自今不許
即移文中外知之
武備

○永樂五年九月丙子兵部奏軍官子弟比試多不中者
請罷之以示儆
上曰軍官須諳韜略勤練習以精武事今其子弟多驕縱
未嘗教習及比試畏怯如處女將来襲職何以得用姑
移文戒諭之令後比試不中者悉謫戍交阯
○永樂六年二月己酉
上諭兵部尚書金忠掌中軍都督府事定國公徐景昌曰
自昔勳業之臣皆奮起行伍身親戰陳積累勤勞致有
爵位既有爵位又小心敬守法律謹事朝廷故能長保
富貴及其子孫不率徂於安逸驕奢淫酗忘祖父之艱
難玩愒歲月不習騎射比及閱試縮手無措每用私賄

伏律承襲一遇征調百計營免不能免者至臨陣對敵
畏怯疲懦墮馬棄鎗喪膽褫魄皆由驕肆不教之過自
今初試不中罰本衛所充軍三年復試不中謫戍邊方
別選有材子弟襲職其移文天下使悉知之
○永樂九年閏十二月丁丑
上諭兵部臣曰將士為國敵愾必養之有素而後緩急得
力
太祖皇帝之制武臣子孫世襲其職老弱殘疾者優給之
旗校有軍功者子孫亦得優給爾等不可稽遲國家能
體恤下人然後得下人之心毋以四方為事而於將士
之家恩意或有不周

○永樂十年十一月戊子命兵部及五軍都督府自今武
臣子弟襲職者循洪武故事初比試不中許襲職支半
年俸逾二年復試中支全俸不中仍減半又二年亦如
之三試不中發充軍先是
上以襲職子弟生於豢養習於驕惰不閑武事濫嗣祿食
無益國家命一試不中戍開平再試不中戍交阯三試
不中戍煙瘴之地以警勵之至是寬宥之命從舊制又
曰在營生長者循此例若自田里間出未嘗習弓騎者
不可遽責其成須一歲中十試之
○永樂十二年八月丙寅
上諭行在兵部尚書方賓曰比來騎士死者即以下男補

之然出自田里不諳騎射用以征戰何能濟事今後宜
令補步隊選步卒精壯者入馬隊訓練庶幾可用
○永樂十三年二月癸酉
上以山西山東大同陝西甘肅遼東軍士操練屯種怠惰
不力分遣指揮劉斌給事中張磐等十二人督視諭之
曰朕即位之初于操習屯種已有定法然久而玩玩而
廢數年以來徒為虛文爾等往考其實操習者必觀其
騎射擊刺之能屯種者必視其儲積多寡之實悉具來
聞以行懲勸庶幾振起頹弊爾等亦務盡公乃稱任使
○十一月辛亥勅陝西甘肅寧夏大同遼東諸守將及河
南山東山西陝西各都司中都留守司徐宿沂邳淮安

揚州武平歸德睢陽潼關諸衛曰安天下者不可一日
忘武備故軍士必練習器械必整齊隊伍必嚴肅
太祖高皇帝時常操練赴京比試閱其能否朕即位以來
屢勑天下整肅軍伍及有征調精壯者甚少勑至即選
所屬步騎兵遣能幹指揮千百戶統領以明年春陝西
甘肅官軍駐真定餘悉駐德州操練俟赴北京閱試
○永樂十七年七月戊午
上謂行在五軍都督府臣曰武臣子弟初襲職者非徒使
食祿而已期為國家他日之用苟不先時練習一旦有
急臨陣對敵豈不誤事自今在京襲職軍官悉令成國
公朱勇總率操練其應分班上直者別差人代之

○十二月丁丑
上諭武臣曰自古國家盛衰存亡未有不係於武備之張
弛漢唐世遠置不言近代宋太祖太宗受天命將勇兵
強削除暴亂四海晏然及其子孫弗率武備不修醜虜
僭竊馴致海內分裂宗社丘墟元以胡人主中夏世祖
時戎部整肅甲兵強盛天下寧謐傳至數世嗣主荒淫
王綱解紐軍政廢弛群雄並作竟至覆亡我
皇考太祖皇帝受
天命定天下于時將帥效忠士卒奮勇肅清奸宄遂建洪
業嗣位以來夙夜惕厲唯蹈宋元覆轍以墜
皇考丕緒爾等世有爵祿與國家同休戚者修飭武備為

國家爪牙此爾等之責所宜夙夜究心用副倚注而比
來紀律廢弛隊伍空虛軍士逃逸者不追究死亡者不
勾補甚至通同有司受賕買放取軍明有程限今縱其
在外至五六年或十餘年不回及回所取軍十無一二
至若猝有緩急無從調遣武備若此國何賴焉是皆爾
等不存恤軍士不盡心國事之所致自今宜監古人之
得失體國家之委任修職務撫士卒實軍伍繕器械使
兵政振舉武衛有嚴奸宄不作朝廷有磐石之安爾等
亦永保富貴若不遵朕言仍蹈前失必罪不宥

備邊

○永樂元年十一月己卯四川行都司奏越巂衛番賊不
時出沒請調軍勦捕
上諭兵部尚書劉儁曰鼠竊狗偷蠻夷常性若能嚴加備
禦彼亦何施今不務此而輒欲興兵殊不思官軍一動
善惡均受其害況所費亦重但令嚴兵守備而遣人撫
諭之
○永樂二年八月丙申敕寧夏總兵官左都督何福曰寧
夏多屯所或虜卒至恐各屯先受掠可以于四五屯內
擇一屯有水草者四圍浚濠廣丈五尺深如廣之半築
土城約高二丈開八門以便出入旁近四五屯輜重糧
草皆集於此無警則各居本屯耕牧有警則驅牛羊從
八門入土城固守以待援兵則寇無所掠此特守屯一

事朕遙計如此其攻取戰守之策在爾深籌
○永樂五年四月甲午敕寧夏總兵官左都督何福曰爾
掌邊境軍務宜一切謹密使人不得窺測庶無敗事比
有內使以他事至邊擅索兵馬之數爾機緘不密而遽
與之以此觀之邊備虛實鮮不泄漏自今慎之慎之凡
內官內使往來無敕旨者皆勿聽信
○永樂七年六月戊午
上謂後軍都督同知曹隆等曰國家置邊軍鎮守所恃城
池為固今胡運雖衰鼠竊狗偷之性尚存不可忽略須
高城深池日夜警備若城池堅完巡邏不怠猝有緩急
可以戰守隨宜今秋氣將至當嚴備之際懷安衛宣府

前衛萬全左右二衛城池有壞者宜令軍中併力修築不可緩更須申飭邊將善撫士卒訓練齊整上下一心古人云地利不如人和不可不務

○永樂九年三月乙酉鎮守大同江陰侯吳高言山西行都司屬衛軍士今或全衛或什之七八屯種故操練者少請留其半操練以備不虞

上諭兵部臣曰守備固不可單弱若兵食不足亦難與守宜視其地險夷制多寡之數陽和留什之四天城朔州留什之三蔚州留什之二餘悉屯種且耕且守以為定制

○永樂十一年六月辛未開平備禦成安侯郭亮復奏開平兵少不足守備勑報亮曰軍在精而不在多爾能撫恤有道訓練有方雖十人亦足用軍多不精徒耗糧餉無益也

○七月甲辰勑鎮守大同江陰侯吳高言曰邊境不可一日無備于農隙而不圖猝遇寇至何以濟事其令諸處修築烟墩高五丈必堅如鐵石庶幾寇至可以無患

○永樂十二年二月丙午命成山侯王通往宣府大同閱遼東等都司調至軍馬

上諭之曰兵貴精多而不精徒費食而不濟用其精擇之又曰指揮千百户尤須精擇士卒強而將領弱亦不濟用

○九月癸未命成安侯郭亮興安伯徐亨往開平備禦

上諭之曰開平以孤城臨極邊又無險可恃但晝夜嚴守備寇來勿輕出戰去亦勿追蓋虜多詐無為所誘也

○永樂十六年五月丙辰勑成山侯王通曰備邊國之重務其軍政不可不肅昔

太祖高皇帝數命公侯重臣清理所以當時軍政修舉今西北邊備尤為急務而各衛所軍政弛慢官多具員卒多缺伍緩急何以制之今命爾往陝西及潼關等處閱視軍實務俾隊伍整肅甲兵堅利備禦鞏固庶幾國家足兵之美爾其勉盡厥心用副委任時寧陽侯陳懋鎮寧夏都督費瓛鎮甘肅皆遣勑諭之

馬政

○洪武三十五年十二月丁卯

上問兵部尚書劉儁曰今天下畜馬幾何儁對曰比年以兵興耗損所存者二萬三千七百餘疋

上曰古人問國君之富數馬以對是馬於國為最重本朝置太僕專理馬政各軍衛皆令孳牧雖建文不君耗損者多然亦孳牧無法卿等宜循洪武故事督所司用心孳牧庶幾有蕃息之效

○永樂元年七月丙戌

上諭兵部臣曰比聞民間馬價騰貴蓋民不得私畜也漢文景時閭里有馬千百為群民有亦國之有其榜諭天

下聴軍民皆畜馬官府勿禁又曰三五年後庶幾馬漸
蕃息
○永樂六年十月壬辰禮部尚書劉觀言各衛馬多恐有
疾宜發市藥備醫療
上曰唐時馬多至四十萬七十萬未聞有預備之藥蓋畜
馬者但水草得時牧養如法自然無疾今天下衛所及
太僕之馬益多若皆需藥豈不大弊民力爾徒知恤馬
不知恤人也
○永樂九年七月辛酉
上謂兵部尚書方賓曰凡物遂其性則生息蕃往時北京
軍士養馬散牧於野順適其性人不勞而馬蕃近聞置

棚造坊縶維之如此牧養拂逆其性矣安能使之生遂
朕常以此訓諭司牧者皆不能遵用爾兵部申飭戒之
諭將帥
上初舉義諭諸將士曰吾與若等今日馳驅非求富貴蓋
上以安
宗社清朝廷下以保身家耳天下者
太祖之天下軍民者
太祖之赤子奸權作難假君命滅親藩危
宗社驅之以蹈白刃非其所得已也今所欲除者惟奸臣
數人耳爾衆慎毋嗜殺則傷天地之和以損
太祖數十年生育之仁毋貪財貪財則失民心民心失則

大本虧矣居民耕桑商賈貿鬻慎毋擾之夫有亂時無
亂法違予言者必法以懲之
上義兵至江上將濟誓於衆曰予及若等之來不得已為
救禍計且上為國家下為生民賴
天地
宗廟垂祐獲遂至此夫行百里者半九十若等勉之夫困
獸猶鬪不可不慮京師
宗社宮闕所在爾等當明紀律肅部伍守法循理慎勿縱
恣但持兵來拒者殺無釋此外秋毫不可有犯
○洪武三十五年九月乙未命右軍都督府同知韓觀佩
征南將軍印充總兵官鎮守廣西賜勑諭之曰廣西蠻

民易叛難服殺之愈多而愈不治
太祖高皇帝灼見其情故以德撫之至不得已而後用兵
所以蠻民悅服邊境晏然今朕嗣位謹遵成憲卿往鎮
之宜務德為本毋專務殺戮庶副朕法
祖柔遠之意
○永樂二年二月壬申朔勑江西總兵官襄城伯李濬等
曰永新縣民流劫朕初不欲發兵慮害及無辜故但遣
人招諭使復業改過自新今得奏知彼不悛前非殺死
弓兵里長及邀提巡檢如此即不可再以理諭必發兵
剿捕可選精鋭三千抵賊巢穴務在撲滅不可姑息以
遺民患但今農作方興尤戒飭將士嚴守紀律毋得擾

害善良有誤耕種如獲賊人尤須詳審果曾為惡即解
赴京來如係詿誤平民就便發遣寧家毋濫及無辜以
傷天和又勅瀋曰所言賊人二百名恐非實數今慮將
士但求滿數而不察是非濫及無辜切須戒之但有誤
傷良善一家及妄虜良民妻妾子女一人指為賊屬者
皆處重罪雖有功不賞爾宜嚴切戒飭毋令擾害良善
○八月癸巳清遠伯王友奏獲海寇初友承命陛辭
上密授方略至是友奏募得百姓嚴寳等授以
聖策令捕賊寳等得賊船十數艘賊數百人并其所掠貨
物
上覽奏喜遣勅諭友曰下人成功若未必皆出其能多由

主將能導之方略作其志氣今嚴寳等有獲亦爾之功
但所獲貨物宜悉與之爾勿干與毫末蓋人冒險成功
而不推利與之後來不復樂為用矣
○永樂三年正月壬子諭天下武臣曰國家武衛以禦侮
衛民不以世治而忘備爾等或鎮藩方或禦邊徼當竭
忠效力守法奉公用修厥職士卒者捍禦攻戰所資也
必得其死力乃可成功其用心撫綏屯田者儲蓄之本
也必耕種以時然後公私充足其加意督勸若完城堡
修器械動訓練謹斥堠慎哨備皆軍政所急不可廢弛
況爾等齊祿富貴或由父祖之功或出于已身之勞當
夙夜體念保全永遠苟忘其所自不循禮分掊刻貪虐
於下朝廷之法至公不私後雖追悔不可得矣戒之念
之無忽朕訓
○二月辛巳廣西總兵官右軍都督同知韓觀奏桂平等
縣蠻民為亂請發兵剿捕
上賜勅諭之曰朕命爾鎮守一方期於撫綏其民悉使得
所非專以兵為威也桂平等縣小民為亂或者迫於有
司誅求不得已逃匿行劫苟圖自存蓋未可知宜遣人
分諭復業毋輙進兵如其不服發兵未晚
○永樂四年六月癸酉以靖內難功賜都督都指揮誥命
并封贈其祖父母父母妻
上諭之曰爾等今日厚祿顯官雖出已之勤勞亦必由祖

父母善德所致故朝廷推恩必及爾祖父母而爾等得
蒙此恩當思謹守禮法以保祿位不辱于祖父母然後
可為良臣可為孝子順孫凡人富貴得之難保之尤難
不可怠縱也
○七月辛卯命成國公朱能等征討安南黎賊
上諭之曰前安南王陳日煃在我
太祖高皇帝時率先歸順恭修職貢始終一誠我國家亦
待以優禮安南之人皆受其福日煃死其後三王皆為
賊臣黎季犛父子所弒篡奪其位更易姓　名僭稱大
號殺陳氏子孫殆盡放兵四劫賊害不辜攻擾占城侵
我邊境陳氏之孫天平被其迫逐歸命朝廷賊乃偽陳

詞欵請歸奉之為主朕推誠不疑資遣還國彼包藏禍
心又紿殺之侮辱朝使傷害官軍淫刑酷罰暴征橫賦
虐其國人國人怨之深入骨髓
天地鬼神皆所不容朕躬天之命子育萬方不敢不正特
遣爾等率師弔伐夫安南之人皆朕赤子今其勢如在
倒懸汝往當如救焚拯溺不可緩也惟黎賊父子及其
同惡在必獲其脅從及無辜者必釋爾宜深體朕心毋
養亂毋玩寇毋毀廬墓毋害稼穡毋恣取貨財毋掠人
妻女毋殺戮降附有一於此雖有功不宥爾其慎之毋
冒險肆行毋貪利輕進其愛恤士卒堅利甲兵本之以
敬慎載之以智勇爾其勉之罪人既得即擇陳氏子孫
之賢者立之使撫治一方然後還師告成

宗廟揚功名於無窮此朕所望也其往勉之能等頓首受
命復遣使賫勅諭西平矦沐晟曰昔爾父事我
皇考累効勞勤撫西域定雲南功績偉然既沒之後越等
追封爾兄弟繼襲矦爵爾受一方之寄者數年邊境安
輯良有可嘉然丈夫貴自立功烈今命爾為左副將軍
副總兵官成國公朱能征討安南黎賊爾當克盡忠勤
和以輯事建非常之功以光先人以啓後嗣爾其懋哉
夫智信仁勇嚴為將之道也畏懦則僨事委瑣則罔功
必務深遠之謀毋狃目前之見毋驕于小得必戒于私
暱則有以稱朕之委任爾其懋哉

○壬辰浙江各衛指揮從征安南者陛辭
上曰發兵為誅暴誅暴為保民爾等必戒約軍士經過無
秋毫犯民軍士饑饉一出民力民勞甚矣不宜復侵擾
之既入安南之境當區別善惡毋致玉石俱焚蓋國家
出師以行弔伐將帥卒死必嚴紀律弔伐以施仁義紀
律以戢貪暴如貪暴不戢則仁義不行宜勉盡爾職以
副委任若不遵朕命妄戮一人雖建奇功不得贖罪
○癸巳勅征討安南左副將軍西平矦沐晟曰古人有言
師克在和故軍門謂之和門爾為副將總兵官有所調
遣相機審勢如無妨碍須應調或總兵官遥度與爾處
事有所妨或正與賊相拒或道路梗塞勢難赴之即明
白具報不可故違以傷和氣將師不和取敗之道爾宜

慎之
○丁酉諭征討安南總兵官成國公朱能等曰今爾兵由
廣西左副將軍兵由雲南以入須兩軍合勢和以輯事
若賊乘官軍未合以計間阻而併力一軍誘以微利官
軍恃勇而貪此危道也或賊詐為欵伏以怠我師而別
出奸謀潛肆攻劫及據險設伏伺我不虞又或置毒飲
食以待官軍之飢困賊之詭譎千狀萬端不可不慎雖
曰王者之師弔民伐罪動必以正然宋襄自謂仁義陳
餘不用奇計卒致敗亡爾等加慎加慎相機而動擇利
而行朕不中制也勅左副將軍西平矦沐晟亦如之

○八月丁亥朔勅征討安南總兵官成國公朱能等曰安國僻在海陬自昔為中國郡縣五季以來中國多事不能制之歷宋及元亦嘗悖叛用兵圖之而無成功然宋元所以無功者盖由將驕兵懦貪財好色爾其戒之富良江近賊東都賊必據守我師深入難與持久若至嘉林欲渡必具舟筏曠日勞師莫若未至之先迭出遊騎於嘉林與賊相對始用百騎逐日增之至于千騎晝夜舉火放礮以眩惑牽制而潜師趨富良上流淺處與西平侯會合而濟出賊不意必能成功朕意如此然難遙度爾其用心運謀蓋自古善戰者皆因敵以制勝也

○十月丁未聞成國公朱能道卒命征討安南右副將軍

新城侯張輔佩征夷將軍印充總兵官仍以雲陽伯陳旭為右參將率師征安南勅諭之曰

皇考太祖高皇帝命大將軍常遇春偏將軍李文忠等率師北征遇春卒于柳河川文忠率諸將掃蕩殘胡終建大勲著名青史爾等宜立志自強取法前人秉此冬月瘴癘肅清同心協謀殄除逆賊建萬世勲名以副朕之委任

○永樂五年十一月癸丑勅交阯總兵官新城侯張輔等曰今交阯已平如有反側必當剿滅然宜戒飭將士不可濫及無辜雖凶逆之家其幼稚男子皆不可殺但驅入內地或為民或為奴惟執兵拒敵者殺不釋勅左副將軍西平侯沐晟等亦如之

○永樂八年正月乙未諭從征將士曰胡寇違天逆命殺害朝使荼毒邊民非一朝夕今朕躬行天討爾等皆材武之士嘗從朕立功矣今日之舉更共攄謀奮勇驅除此虜以永享太平唐薛仁貴本龍門一布衣太宗征高麗應募而出高麗兵二十萬拒戰仁貴着白衣奮身獨先所向莫當諸軍隨之以進遂敗高麗太宗召見獎異授游擊將軍嘗自言朕得遼東不足喜所喜得一名將耳大丈夫挺拔自奮如薛仁貴豈不快哉人生天地間當志氣卓立使智出萬人勇冠三軍德被生民名垂竹帛豈可尋常與草木同朽腐爾等勉之誠能建立大功

高爵厚賞朕所不惜若懦怯無勇或失機僨事軍法具在朕不爾私

○三月乙亥

上北征次鳴鑾戍大閱召從征將士諭曰爾等有從

太祖高皇帝平定天下者有從朕靖內難者有襲祖父之職者亦有順天道來歸者老者未衰少者方壯今海宇清寧四夷懾服獨此殘虜梗化數為邊患爾等相與協力驅除之

太祖皇帝鴻業有萬年之安爾等子子孫孫亦享萬年太平之澤因言今有必勝之道又言昔薛仁貴狄青之徒皆奮自行伍其功名炳炳在天地間至今談者想見其

風采爾曹勉之悉賜之酒食
○永樂九年閏十二月癸亥
上諭兵部臣曰武臣子孫襲職者未嘗知前人建功之難
而驟享厚祿鮮不覆墜
太祖皇帝置武學教之欲其諳禮義知古今以圖繼續爲
國家之用歲久人心玩愒武學亦不振衆軍官子弟安
於豢養武藝不習禮義不諳古今不通將來豈足爲用
其申明武學舊規嚴其課績毋爲文具虛應故事耳
○永樂十年七月辛卯寧夏總兵官安遠侯柳升奏請修
築察罕腦兒舊城河東之時撥軍巡邏賜勅報曰修城
之策固善未知城成之後守者當用幾人人少則難於

守備多則難於餽餉朕意此城不過關防一二逃卒若
寇作至不能禦之反以資之如何爾更熟議以聞
○永樂十二年四月庚戌
車駕北征駐蹕興和勅大營及五軍諸將曰軍令嚴則人
心一功賞明則人心勸行師之要也令或朝發一令而
夕不下聞此不嚴所致將士効力而名不上達此不明
所致其立傳令及紀功官凡出一令傳令官卽騎馳報
各營將校有功若紀功官隨錄以聞其有作奸及慢令
者亦錄來聞
○永樂十五年二月丁卯命豐城侯李彬佩征夷將軍印
充總兵官往鎮交阯且諭彬曰交阯本中國地其人皆
朝廷赤子朕懷撫綏勤於夙夜爾久事藩邸忠厚謹飭
簡在朕心用是付玆重寄尤宜日親賢人君子效古良
將之所爲審度事機區畫有法庶副朕之委任
○永樂十六年六月戊戌勅交阯總兵官豐城侯李彬曰
爲將之道在於勇智仁信忠五者勇則不可犯智則不
可惑仁則愛人信則不欺忠則無二心兼此五者乃爲
良將朕命爾鎮綏遠夷政當以古之良將爲法欽哉
○永樂十七年十一月癸卯命廣寧伯劉榮充總兵官仍
鎮遼東陛辭
上諭之曰爾起自行伍從朕靖内難勦胡寇多效勞績暨
守遼東修飭邊備慎固封守俾朕無東顧之憂可謂勞

矣自昔人臣勤於前者或怠於後善於始者或不能保
終爾其戒之朕惟不忘爾初爾益勉圖厥終
○永樂十八年三月己巳朔勅安遠侯柳升曰今命爾領
兵捕賊正欲除害以安良善須嚴約束士卒毋縱剪伐
桑柘撤毁廬舍發掘墳塚殺害寡弱剽掠貲畜以擾吾
民蓋國以民爲本不能撫循而暴虐之是傷其本爾宜
體朕至意
○壬申勅總兵官安遠侯柳升曰賊屯山寨其衆雖少然
蠆尾有毒宜加意防慎不可忽易前高鳳輕進致敗不
可不戒困之之道但斷其汲道防其走逸晝夜勿怠而
巳

○永樂二十年五月丁卯
上北征次隰寧大閱諭諸將曰兵形猶水水因地而順流
兵因敵而作勢水無常形兵無常勢能因敵變化取勝
者謂之神令先使之習熟行陣猝遇寇至麾之左則左
右則右前則前後則後無往不中節矣
○庚午
駐蹕隰寧召英國公張輔安遠侯柳升寧陽侯陳懋武安
侯鄭亨陽武侯薛祿隆平侯張信應城伯孫亨新寧伯
譚忠興安伯徐亨令就營中馳射
上親觀之惟輔升懋連中餘或半中孫亨不中被罰罷其
領兵之任張信託病不至降充辦事官

上謂諸將曰為將之道勇智貴兼全弓馬便捷所向無敵
勇也計算深遠無所遺失智也智勇全而後可以建功
業勇而無智一卒之能耳汝曹勉之
○辛未
駐蹕西涼亭
上申飭諸將曰軍中必嚴肅昏夜不得喧譁遇有警惟靜
以制之不得妄動寇或遣人口馬駝牛羊諸物不可貪
取恐為所餌
○癸酉
車駕次閔安下令軍中牧放樵採皆不得出長圍之外時
營陣大營居中營外分駐五軍建左哨右哨左掖右掖
以總之步卒居內騎卒居外神機營在騎卒之外神機
營外有長圍各周二十里
上召諸將諭曰卿等常從朕征討百戰成功試言今日驅
除此寇之策諸將叩頭言臣等淺陋惟成算是命
上曰兵法云多算勝少算不勝蓋用兵之際智在勇先不
可忽也馭衆之道固須部伍整肅進退以律然必將帥
撫士卒如父兄於子弟則士卒附將帥亦如手足之捍
頭目上下一心乃克有濟至於同列須和協一隊當敵
則各隊策應左右前後莫不皆然譬如舟行遇風同舟
之人齊力以奮波濤雖險靡不獲濟爾等勉之
○辛巳

駐蹕威虜鎮諭諸將曰軍旅重事朕在營中此心未嘗自
逸每出一令必審思而後行古人云將者國之輔輔周
國強輔隙國弱爾等宜體朕此心果朕所行未當爾有
深謀長策即面陳之
○永樂二十一年八月己酉朔
上北征駐蹕宣府宴勞大營五軍諸將因大閱時積陰初
霽諸軍部伍整肅旗旄戈甲精彩鮮麗
上悅顧侍臣曰軍容固盛然必將有謀士有勇小大協心
乃克成功
○甲寅
車駕次沙嶺賜諸將內廐馬公二匹侯伯都督各一疋

上諭之曰古人克敵制勝多藉馬然必調息有素不然雖
有蕭雲追風之才不濟於用爾等所領騎士亦宜精熟
訓練庶幾得力
○庚申
駐蹕萬全勑大營五軍諸將曰朕不憚勞勤屢率將士以
驅除虜寇者非志於用武蓋為中國生民計也諸將宜
協心奮力夫有精兵十萬可以橫行天下一人奮驅千
人莫敵今以三十萬之衆當殘虜何患不克況大義既
正必有天助汝等勉之奮爾謀勵爾勇身先士卒不懈
于夙夜將何功不成何名不立關羽張飛皆漢熊虎之
將其生也忠貫日月其歿也廟食百世皆大丈夫所樹

立也古今人才不相下爾等勉之如苟且偷逸不能卓
然思奮事至而無謀敵至而無勇以致失機非徒喪敗
乃功名固有正法朕不汝貸汝等勉之
○乙亥
駐蹕沙城寧陽侯陳懋奏請進止
上遣勑諭曰朕既命爾為前鋒軍中諸事宜自審幾而行
豈朕一一所能遙度但晝夜慎密不可疎略當以古名
將之事自勉更杜絕憸言庶不悮事
○九月辛丑
駐蹕西陽河命恭順伯吳克忠安順伯薛貴都督吳成蘇
火耳灰紫永正李讓等率騎士三千探虜聲息

上諭之曰孤軍遠出前無應援若三千人一心雖有勍敵
數萬猝至可以成功苟將無謀士無勇上下離心雖擁
數十萬之衆秖就擒耳卿等從朕征伐皆百戰不挫者
今深入覘虜若虜有可乘之機能出奇擒獲時汝之功
昔唐李靖以三千輕騎克復定襄威震北狄卿等豈可
多讓古人其往勉之
○永樂二十二年二月丁未命陽武侯薛祿率兵討湖州
府叛寇
上諭祿曰寇首惡不過數人必誅之餘脅從者宜與分別
蓋百姓皆有父母妻子豈好逆從亂其間必有不得已
者宜約束軍士不可濫殺一不辜將帥之罪不有陽禍

必有陰譴戒之戒之
○五月戊子
車駕征阿魯台
駐蹕開平
上召諸將諭曰古謂武有七德禁暴誅亂為首又謂止戈
為武蓋帝王之武以止殺非行殺也朕為天下主華夷
之人皆朕赤子豈間彼此今罪人惟阿魯台其脅從之
衆有歸降者宜悉意撫綏無令失所非持兵器以敵我
師者悉縱勿殺用稱朕體天愛人之意
○丙申
駐蹕清平鎮即元之應昌路是日雨重車皆在後

上諭諸將曰輜重者六軍所恃以為命兵法無輜重無糧食無委積皆危道曹操所以屈袁紹者先盡其輜重今諸軍皆至而重車在後爾等獨不遠慮耶遂命分兵接之

撫士卒

上起義師由館陶渡河遇一病卒仆于地命左右以從馬載之左右曰從馬非卒所宜乘

上曰人命與馬孰輕重人病不能行不載之是棄之矣吾豈貴馬而賤人哉且彼從吾盡力而病吾乃不恤之豈為人父母之道左右皆頓首聞者亦皆感悅

○永樂二年十二月丙戌

上因言屯官不務勸率軍士顧侍臣曰朕在藩邸時數因圍獵過田家見所食粗糲知其所苦每親勞問之無不感悅今屯種軍士亦田家若管轄者能知其情時時勞問所苦誰不感奮勤力又曰用人之道亦須先得其心然後可與圖功若養之於無事之時用之於感恩之後未有不得其力者

○永樂四年三月庚戌有言戍邊軍士勞苦者

上歎曰宣府萬全興和諸衛皆臨邊士瘠產薄未冬先寒朕嘗親歷其地將士備禦有晝夜不解甲者勞苦特甚今國家雖安然邊備未嘗弛也宜視腹裏官軍特加之恩遂命禮部即遣人運鈔賜之大小官軍人各五錠以罪謫戍者不與仍令諭所司歲給冬夏布必先時支給後時者罪之

○永樂五年六月庚寅賜征南軍士家鈔各五錠

上語禮部臣曰朕居深宮猶苦炎暑每念軍士南征者荷戈深入而又冒觸毒癘之氣道遠未能勞之悉與鈔五錠給其家

○永樂七年五月乙未

上謂戶部尚書夏原吉等曰交阯弗靖久勞士卒屢涉寒暑雖糧餉不乏而衣屨敝壞夫欲人效力而資用不繼何以責成功其令廣東廣西江西四川製衣鞋十萬往給之原吉進曰昔楚伐蕭師人多寒王巡而撫之三軍

之士如挾纊彼感人以言尚如此

陛下施實惠誰不思奮交阯餘賊臣知其易平也

○永樂八年五月庚寅

上北征次墻龍山勅清遠侯王友等曰士卒從朕遠征備極艱難古人為將皆與士卒同甘苦士卒未食不先食朕安得獨享滋味凡軍中所獲牛羊及光祿寺上供米麵諸物悉均給士卒

○六月壬子

駐蹕玉潤山

上出營外見病卒謂翰林學士胡廣侍講楊榮等曰士卒從朕征戰今旋師在途去家漸近而病困如此若不收

恤必致流離遂命中官周視營內外將士有病恙給醫藥仍命諸將善撫軍士之有病者毋令失所

○七月丁卯

車駕次開平宴勞將士命以所獲牛羊悉分諸將給軍食

上謂侍臣曰朕在塞外久素食非乏肉也但念士卒艱難朕雖食之豈能甘味故寧已之侍臣曰臣等比見

陛下服御供具儉約蓋將帥有過之者

上曰朕往時在軍中皆然不獨此行但此行尤念士卒勞苦也

○永樂九年十二月壬寅

上諭工部臣曰雨雪連日朕與卿等猶不免僤寒何况下人京城之中軍士最艱難有出征者有守衛者獨妻子在營此際寒凍不能出門戶而薪炭踴貴數倍盡有飲食不能以時者今抽分處積薪不少每戶給百斤出征者三倍不可稽緩

○永樂十二年四月辛未

上北征駐蹕清風磴命大營五軍諸將但官軍有疾令太醫給藥未痊者遣人護送還營全休養因諭安遠侯柳升等曰士卒是將帥手足將帥非士卒不能獨成功若為將素不浮士卒心猝有緩急能出力相援耶爾等宜盡心撫恤無令失所

○永樂二十年四月辛卯

原書缺頁

上北征駐蹕宣府命太醫院增醫士於各營諭之曰將士

國家爪牙今從征在外朕夙夜念其艱難食則慮其飢衣則慮其寒惟恐有所失者蓋風雨寒暑飢飽憂勞不調皆足致疾況一身遠役哉其令醫者朝夕巡視各營將士有疾者與善藥勿苟為文具

○永樂二十二年五月己卯

上北征駐蹕開平適兩卒士有後至而霑濕者特其地尚寒

上隨見之指示諸將曰士卒將帥所資以成功各撫之至則報之厚古人有言視卒如嬰兒可與赴深谿視卒如愛子可與之俱死今方用之為國家除殘去暴奈何不

大明太宗文皇帝寶訓卷之五
光祿大夫柱國少傅兼太子太傅禮部尚書武英殿大學士臣呂　本謹校
南京禮部祠祭清吏司郎中臣陳治本
南京兵部職方清吏司主事臣朱　錦謹閱
南京工部屯衛清吏司郎中臣呂胤昌

報功

○洪武三十五年七月辛丑
上聞奉天征討將士以賞典未行有怨語者勑諭之曰朕
舉兵靖難爾輩多立功勞朕未嘗忘其賞典未行蓋由
所司功狀未上功狀明而後論賞此豈一日所能就哉
昔中山武寧王從我

太祖高皇帝開拓疆土混一之功十居其九二年之後賞
典方行不聞當時有一語之怨今纔踰月而爾輩有後
時之悔不亦過乎當戰鬬之際雖過小捷咸即論報豈
當大定之後乃遂忘爾哉已勑所司速上功狀爾等所
具事蹟務盡詳實或有謬誤不實許自陳改正毋為詭
妄以速從尤庶幾公道明人心服

○十月丙辰享
太廟畢遣官祭功臣于鷄鳴山廟先是禮部侍郎宋禮言
功臣自有廟請罷
太廟配享但於本廟祭之
上曰
先帝所定配享不可罷又曰此皆佐命開國之臣既自有
廟俟
太廟享畢亦別遣官即其廟祭之於義可也著為令

○永樂六年六月丁酉濟陽衛故指揮同知逯兀剌赤之
子原成既襲職目青不能視事兵部侍郎方賓奏請罷
之
上曰有疾其職可罷其父有勞祿不可罷與之全俸俟有
子長成仍令襲職

○永樂八年四月丁酉
車駕北征駐蹕清水源撫寧縣老人張甫通遷安縣老人
何彬督運皆至

上聞而嘉之謂兵部尚書方賓曰忠義之心人人有之此
兩人皆以白衣隨軍督運而所領之衆如期皆至非撫
綏有道豈能得其如此凡有功者賞朕何愛於一官可
皆授本縣縣丞免視事使優游安佚以終其身

○永樂十年六月庚午兵部尚書方賓等引奏奉天靖難
故官子弟比試襲職
上可之已而復召賓等諭曰朕適見所引故官子弟比試
者不覺愴然蓋初舉義之時其父兄忍飢冒寒艱苦百
戰不幸有死於戰陣或歿於疾病今觀其子弟皆羸弱
若令如例比試而後襲職必未閑武事而因是絕其俸
祿無以自存矣今可令襲職給全俸俟長成比試不中

罷之未晚
○永樂十五年七月甲戌行在兵部尚書方賓言幼官襲
職者有免缺例不應襲
上曰命武臣當察其勇智怯懦及武事如何豈當論相貌
孫觸既刑智尚可用況立軍功者皆望祿及子孫一不
得襲即祿絕矣此人將來生子當不復免缺豈可絕其
祿命襲之
○永樂十八年十一月壬午陞山東安丘縣知縣張旗為
山東布政司左參議縣丞馬拯為右參議并賜鈔幣襲
衣先是反賊賓鴻等攻圍安丘甚急城中素無兵備
拯倉卒率民男女嬰城死守賊不能攻而官軍繼至賊

敗走事聞
上曰將帥虐民縱賊縣官能禦賊保民人但堅忠奮力何
事不濟旗等宜寵異之故有是命
恤舊勞
○永樂三年正月庚申
上諭戶部臣曰數年用兵北京順天永平保定供給特勞
非休息二三年不能復舊可免三府田租二年又曰凡
人嘗同勞苦者後來安逸亦當同之嘗見前世人主一
旦富貴頓忘向來所共艱難之人朕甚不取夫昧己心
以失人心為庶民且不可況人主乎
○永樂四年四月丁卯鴻臚寺臣奏順天府老人三十餘
人謝優免稅糧
上曰耆老遠來不易光祿寺與酒食禮科與道里費遣歸
進諸老人諭之曰往者連年軍旅北方之民供給勞困
朕未嘗忘之比歲農種如何民力稍復舊否諸老人叩
首曰仰賴
陛下鴻恩蘇息調養漸復舊矣
上曰朕久居北京心念之屢欲來但念民力未復恐重困
之今君等歸諭勉鄉人子弟勤力務本相勸為善毋為
不善斯汝耆老之職復叩首謝
上顧侍臣曰今北方之民如人重病初起善調理之庶幾
可安不然病愈重朕所以夙夜拳拳也

○永樂六年六月庚辰詔諭北京文武羣臣曰北京軍民
數年之前或效力戎行或供億師旅備歷艱難平定以
來勞悴未蘇比以營建北京國之大計有不得已重勞
下人然隱於朕懷不忘夙夜屢勅諸司務隆體恤而任
事之人略不究心驅迫嚴苛貪漁剝削致其窮悴赴訴
無所以廉得其實悉寘于法自今北京諸郡不急之務
及諸買辦悉行停止其民之流移來歸者免賦役三年
奉天靖難始終報效之家厚加存撫爾等其恪遵朕言
違者不宥
○十月丁酉勅甘肅總兵官左都督何福曰得奏欲於塞
昌易取西平侯家所畜善馬以充孳牧者

太祖高皇帝時勲臣之家皆令畜馬蓋相與共享富貴之
意朕遵承惟謹爾此舉雖出爲國然非朝廷優待勲臣
之道其止勿言
○永樂七年三月丙寅勅行在刑部都察院北京行後軍
都督府曰北京軍民昔同艱苦供億餽運城守攻戰萬
死一生朕未嘗忘之今巡狩至此宜加恩澤凡奉天征
討將士及始終報效人民除十惡强盜不原其餘有犯
不分已未發覺皆釋之已發充軍者官復原職軍還原
伍民還原籍
○永樂九年正月辛巳順天府香河等縣民奏所收官草
因雨浥爛而法司坐以侵欺責償甚急乞寬卹

上曰北京近縣之民朕昔用兵終供餽雖勞不厭今國家
無事縱有侵欺猶當以前勞宥之況無侵欺可枉之乎
特命釋之人賜鈔五錠爲道里遠還
○十二月乙未雨雪寒甚
上御武英殿召禮部尚書吕震諭曰昔奸臣搆亂朕率師
征討當風雪苦寒之際將士有墮指裂膚者而勇氣不
衰今
宗社已安朕居天位適對此景思昔艱難惻然動心凡諸
靖難將士各賜之鈔都指揮人三百貫指揮二百五十
貫千戶衛鎮撫二百貫百戶所鎮撫百五十貫旗軍百
貫故官并總小旗父兄嘗在軍中凍傷者皆如例

○永樂十年六月癸亥刑部侍郎張本言浙江送至奸惡
鄭公智外親宋濂之孫請如法罪之
上曰濂名儒事
皇考於開創之初嘗有勞矣其子孫雖奸惡之親而論濂
之勞當宥可宥之遣歸
○辛未命禮部賜奉天靖難子孫襲職者鈔都指揮襲父
者一百五十錠初襲者一百錠與賞者金吾右衛指揮
陳興等四百七十六人
上顧謂侍臣曰諸將與朕同起艱難亦當同享安樂而今
有已歿不逮者矣雖有子孫襲職豈能悉得其所昨在
宮中對諸子諸孫甚樂因念及諸將子孫心不能已故
加之恩蓋朕於一飲一食之際未嘗不思艱難之時學

士胡廣等對曰
陛下所以得衆心保洪業蓋在於此

保全功臣

○永樂四年二月己卯
上命兵部凡軍官有罪謫戍邊立功者悉復其職因曰玉
有玷磨之可使瑩衣有垢濯之可使潔人性皆善艱難
頓挫之後豈無悔過之意哉
○永樂五年十二月甲午以
太祖高皇帝戒飭功臣鐵榜及勅旨頒賜武臣復諭之曰
自昔人君有天下皆賴將臣以靖禍亂功成治定則期

共保富貴以貽子孫然往往不能保全而至於覆敗蓋亦為臣屢高位者易至於驕縱冒刑憲者多至於怙終人君代天理物賞善罰惡一出至公苟有毫髮偏徇則何以服天下朕
皇考太祖高皇帝立法垂憲俾之子孫功臣有犯必訓飭再三不悛然後寘于法雖在親舊未嘗曲貸當時天下之人咸謂
太祖英明剛斷至公無私朕纘承大統卿等宣力事朕誠願相與謹守憲度共保富貴而君臣之間事有難處蓋盛滿之餘驕縱于法罝而不問則違
祖宗成憲悉處以法則若朝廷少恩今以

太祖戒諭功臣訓勑備錄于前爾等遵之則福臻違之將禍及必然之理敬之慎之

○永樂七年七月辛巳書諭皇太子曰比巡狩北京道經昔日戰場追念往事惕然寒心又念諸將相從者皆欲保全於永久然人情貴則生驕驕則作過及犯而宥之則在法罪之又傷恩反覆思惟不若先事致戒君臣之間得保始終今以
太祖高皇帝戒諭功臣鐵榜及律條定制并近所授勑諭通錄之人賜一本俾時覽省以保富貴其在北邊者皆已頒給在京師者今發去至即給之爾於此亦可以知保全功臣之道也

○永樂十九年五月壬戌給授陽武侯薛祿惠安伯金玉永順伯薛斌鐵券并封贈其三代誥命
上謂祿等曰卿等朕久勤勞亦多所以致此不易矣但人情位高易驕祿厚易侈宜思得之不易保之惟艱則安榮始終傳及後嗣勉之勉之

恤刑

○洪武三十五年九月甲午
上謂刑部都察院臣曰前勑法司令囚人入米贖罪以省轉輸之勞近聞有貧不能致米發愿而死者朕欲生之乃速之死非朕本意自今凡人命十惡死罪強盜傷人者依律處决其餘死罪及流罪令挈家赴北平種田流

罪三年死罪五年後錄為良民其徒罪令煎塩杖罪輸役如故自願納米贖罪者聽仍選徒罪以下罷黜官假以職名俾督民耕種三年有成績寔授無成仍坐原罪

○永樂元年十月己酉大理寺卿薛嵓等奏各布政司上所部具獄凡死罪百餘人請分遣御史臨決
上從之顧謂都御史陳瑛等曰人命至重既絕不可復續往有之今百餘人之中豈能必其皆無冤枉爾分遣御史宜具書慎刑之意授之使論決之際詳採其情非其情者即與辯釋必授之以理理不可生然後刑之則彼雖死無所恨矣

○十一月戊寅錦衣衛臣奏抵殊死罪一人請决
上審知有可矜之情特宥之使屯戍興州且諭刑部尚書
鄭賜等曰人無不可為善此人一時迷誤犯罪當死朕
矜其情故宥之使屯戍在彼得改過自新在國家得一
人耕可以食數人則亦有利自今罪人於法當死而情
可矜者准此例
○閏十一月甲子
上因與侍臣論慎刑
上曰孔子云何以守位曰仁法司每奏死囚當决朕未嘗
不反覆究思稍有一毫可生之情即從寬減猶慮獄訟
不得其平故嘗勑諸司慎卹又曰往年朕躬臨戰陣凡

所俘獲亦未嘗輕戮一人况今日為天下之主可妄殺
哉
○十二月丁丑錦衣衛臣奏福建送至乱寇若干人法當
棄市
上曰朕嘗許以不殺今殺之是不信不信則後来者之路
塞矣俱宥之謫戍邊錦衣衛臣復奏寇有婦女一人本
擄掠得之今已為妻合當俱發遣
上曰本吾良民不幸為寇所掠可釋歸原籍
○永樂二年四月丁丑
上諭三法司官曰天氣向熱獄囚淹久必病々無所仰給
必死輕罪而死與枉殺何異今 令江府六部六科協助

爾等盡數日疏決凡死罪獄成者俟秋處決輕罪即决
遣有連引待辦未能决者皆令出獄聽候復諭之曰古
人治獄每於死罪中求生道今不可使罪無大小皆淪
於死地刑罰公則民畏刑罰濫則民玩不可不謹
○九月丙寅刑部言有千户違法擅夾皮為鞭漬桐油其
中以决罰人罪當杖
上曰制皮鞭罰人取其柔薄蓋刑具之輕者示辱而已今
用皮鞭又漬油其中傷人甚矣用心殘酷如此豈可使
長人杖之仍褫其職
○十月丁酉刑部尚書鄭賜等奏會諸司官録囚
上召諸司官諭曰理刑必務明慎譬諸農人之耘為去稂

莠也若心不存則視有所不見而并良苗去之矣刑以
除凶人若心不存則察有所不明而并善人害之矣爾
等皆宜盡心不可怠忽
○十一月甲辰
上御奉天門録囚多所矜宥囚已皆出午門尚慮有枉抑
若復召錦衣衛指揮程遠鴻臚寺少卿郁琳等謂曰囚
皆久困於獄而乍至朕前久困則雖枉而不求辯初至
朕前則畏威而不敢言有此二者則刑罰豈能皆當爾
等更以朕言從容審之果其有辭即来白
○永樂四年五月庚寅
上召三法司官諭之曰朕屢命爾等决獄貴明而無滯明

則有罪不與無罪者同免譴則無罪將與有罪者同困
前日刑部言遼東衛官縱軍士往高麗者一指揮事理
屯田未嘗與知而一槩逮繫久不疏決至於病危假令
病竟不治此人何罪即是法司枉殺之司理之職重民
命為本輔君之道施仁政為務爾等任大臣掌邦憲而
急忽若此耳今天氣已熱除犯斬絞罪繫之其徒流以
下皆令知在聽發遣庶幾瘐死無及於輕罪
〇八月丙辰三法司奏敎誘齊王為不軌者數人罪當棄
市
上曰既死則不可復生更愼之齊王朕親弟其素性狠愎
朕尚不能化之何可盡諉他人再詳審之

〇十一月己卯法司進月繫囚數
上閱之凡數百人大辟蓋十之一謂刑部尚書呂震大理
寺少卿虞謙等曰既非皆死罪今天氣寒沍而悉繫不
決必有死不當罪者誰之過耶凡雜犯死罪以下的二
百悉准贖罪例發遣大辟繫俟決
〇永樂六年九月己酉刑科都給事中張信劾奏刑部都
察院淹禁罪囚致有瘐死於獄者
上惻然曰朕數命法司無滯獄即汝為稱職乃視人命如
草芥遂召尚書呂震等切責之曰汝坐享厚祿而飲酒
嬉嬉不事事罪人無輕重駢死獄中汝不卹汝不畏鬼
罰不畏朝典耶則三百除大辟罪餘雜犯死罪以下悉

疏決違者不宥
〇十一月丁巳刑部都察院大理寺言大辟囚三百餘人
已覆訊皆實請處決
上令行人持節諭之有冤抑許自陳又召五府六部及六
科官諭之曰三百餘人未必人人皆得其實情一有不
實則死者銜冤爾等更從容審之一日不盡則二日三
日使十日亦何害必使其無冤大抵人之實情難得有
言語便捷輒駕虛詞掩實情者有訥於言雖懷情實而
口不能發者須詳悉以聽亦不可以刑迫之近有僧貼
匿名榜言縣官貪汙法司推問疑一吏與之有隙遂極
榜掠吏不勝即引服僧之徒者憫吏無辜赴官首其事

逮僧鞫之果得實向使僧之徒者不言豈不枉殺此吏
法司以刑迫人往往有此弊今三百餘人寧無一二人
冤抑爾等其詳審之既而得釋者二十餘人
〇永樂七年閏四月丙辰行在刑部都察院錄囚
上諭侍郎吳璽等曰古人制刑斷罪必出至公謂之欽恤
者欲其致愼惻怛使有罪者不幸免無罪者不濫誅一
歸至當而已後來之弊如楚伯州犂高下其手以數繫
囚漢張湯舞文巧詆操縱任心是非失實枉直倒置卿
等宜用為戒務存公道今輕罪已定例發遣重者必五
覆奏庶合古人欽恤之意
〇九月壬申

上諭行在刑部都察院大理寺臣曰明刑慎罰朕之本心是是非非爾等當究情實隋煬帝時盜發令於士澄捕之牽連二千餘人悉論死大理丞張元濟怪之推尋多非真盜但以誘笞不勝自誣服其間真為盜者五人而已而以被告斬決不復執奏並殺之煬帝固無道然元濟等之罪亦大矣朕數戒爾等存矜恤須體朕此意必循至公若違朕言致無罪之人冤抑以死是汝等殺之不有陽責必有陰譴矣

○永樂九年四月癸巳刑部都察院言各布政司按察司所鞫重囚審覆明白者請遣官臨決

上曰雖云審覆明白然能保其中悉無冤乎京獄有冤者

將擊登聞鼓自陳彼在數千里外或有冤欲自陳難矣人命既絕不可續寧緩無急果若有失緩可以改急則欲改無及其再遣人審覆來聞而後遣官決之

○九月戊寅諭刑部都察院大理寺臣曰朕自莅作以來數於用刑誠以死者不可復生故令再三詳讞必使罰適中而人服爾等雖面承朕訓然聞屬吏因循苟且未盡得中自今除謀反大逆審覆無異決不俟時其餘死罪可具疏情犯進來朕詳覽之仍五覆奏然後加刑天地神明鑒臨在上朕不敢忽爾惟欽哉

○九月己卯刑科給事中曹潤等覆奏處決重囚

上曰大辟重罪不可卒易論決萬一失當死若含冤無窮大抵善惡報施理所必有如犧牲天生以養人若殺之過度猶無善報況殺人乎自今遇處決重囚既覆奏仍錄所犯之情封進朕燕居得詳觀之俟封進之後有命然後決之

○十一月丙子刑科都給事中曹潤等言曰者

上以天寒念獄囚淹滯勅近臣就獄審錄輕即釋之臣切見其中有淹滯一年之上者且一月之間瘦死九百三十餘人使罪重者不得示懲而輕者死於無辜其三法司官皆宜明彰國典以戒將來

上名法司諭之曰朕於一物不忍傷害況人命乎爾等不體朕心冤濫如此縱不畏國法獨不畏陰譴耶姑記爾

罪徒流以下期三日內皆決放重罪當繫者亦須矜卹無令死於飢寒

○十二月辛丑勅刑部都察院大理寺臣曰聖王治天下未嘗廢刑亦未嘗毫髮不慎朕屢諭爾等詳慎刑獄非極惡重罪者遇盛寒暑必存卹之比聞徒流以下往往有死於獄者又殺不以聞夫殺一微物有陰禍人命甚重爾等怠肆如此天監在上其能免乎已往之事姑宥不問自今致勤夙夜無猶前過苟復蹈之國有明憲

○永樂十年十月己未勅刑部都察院大理寺出繫囚之輕者輸作贖罪有病令順天府遣醫療之因諭之曰古人不得已而用刑故常存矜恤後世以治刑為能事則

必留於劄：吏必為朝廷斂怨於平民卿等不宜有此
有此者宜速改之
○永樂十一年四月己巳勑諭三法司官曰爾等職典刑
獄讞議之際必務詳審罪入大辟者先踰情實來聞而
繼以五覆奏必不可恕而後誅之則死者無憾爾宜夙
夜敬慎毋為深文苛察毋以愛憎為操舍務使法平訟
理以副朕欽恤之意其或肆情徇私罰及無辜雖或自
罰苟逃刑憲天地鬼神鑒臨在上不爾貸也爾其省之
○癸酉行在刑部奏決囚其間有於律雖輕而論情則重
者請寘重法
上曰律者法之平今欲輕重之罰雖當民弗信矣其如律
皇明寶訓 永樂五卷 十五
○永樂十二年十一月甲辰命法司及北京行部錄囚
上諭之曰方今嚴冬囹圄有罪者困雖決故無辜者並受
幽繫飢寒疾疢非德政也爾等即具成獄及所疑者進
來朕親閱之
○永樂十三年十月壬辰法司奏冐支官糧者
上怒命戮之刑科覆奏
上曰此朕一時之怒過矣其依律自今犯死罪皆五覆奏
著為令
○永樂十四年五月甲午總兵官都督金玉等擒獲山西
廣靈等縣山寇劉子進等百三十五人械送至京
上謂行在刑部臣曰此徒本皆良民或因飢寒或為官府

虐害不得已相率為盜可止罪其首惡以示懲戒餘皆
免死發交阯南丹奉議河池向武五開銅鼓各衛充軍
○永樂十七年十二月庚辰令自今在外繫囚當死者悉
送京師會官審錄無冤三覆而後決之
上諭法司曰刑聖人所慎蓋輕者殘肌膚重者戕性命匹
夫匹婦不得其死有干天地之和召水旱之災朕屢語
寬卹然慮在外諸司罔體朕意濫及非辜故令死罪咸
送京師審錄爾等會審之際尤須致慎不可輕忽
宥過
○洪武三十五年十一月甲申陞都指揮使景福為右軍
都督僉事都指揮僉事薛貴為後軍都督僉事徐甫為
皇明寶訓 永樂五卷 十六
浙江都指揮同知並加賜賚初
上陞功臣福等以有罪不預至是
上謂兵部臣曰諸將士從朕征討出萬死一生一資半級
得之良難而武人不諳禮義易於犯法朕既棄過錄功
即可如例陞賞於是福等皆預恩命
○永樂元年五月乙未勑北京留守行後軍都督府曰比
聞大寧諸衛官軍多逃於口外相聚劫掠罪本難容朕
念此輩皆
太祖皇帝所養東征西伐嘗奮效勞後出一時畏罪遂聚
衣食無資遂至劫奪陷為盜賊改過無由可即差人齎
勑往諭朕意既往之罪咸釋不問宜革心悔過各復職

彼庶幾父母妻子相安於無事若執迷不悛發兵剿捕
禍及國家悔之無及
○六月丁卯泉州衛金門千戶械送所獲海島逃民至京
師言其數嘗切掠海濱請誅之
上曰或者其初窘於飢貧不然則有司失於綏撫逃聚爲
盜蓋非得已命釋之且問曰尚有逃聚未歸者乎對曰
多有之因遣齎勑往諭之勑曰爾本國家良民或因於
衣食或苦於吏虐不得已逃聚海島劫掠苟活朕念好
生惡死人之同情帝王體天行道視民如子當洗滌前
過咸俾自新故已獲者悉宥其罪令訖俾齎勑往諭爾
等朕已大赦天下可即還復業安土樂生共享太平君

執迷不悟失此事機後悔無及其後勑書至彼皆相率
來歸矣
○十月乙丑兵科給事中言今天下衛所官吏所進軍馬
文冊或額數盈朒或姓名互異或不用印信或書名不
稱臣或不著年月日若此者衆無誠敬之心皆當逮治
上曰人才力不齊而軍馬之數繁或短於計數或成於迫
促容有謬誤姑釋勿問其條舉所失詰之俾更詳具進
來
○永樂二年二月戊寅大理寺臣奏市民以小秤交易者
請論違例律
上問工部臣曰小秤之禁已申明否對曰文移諸司矣曰

榜諭於市否對曰未
上曰官府雖有令民固未悉知之民知令則不犯令不從
則加刑不令而行之不仁其釋之
○三月己巳
上召六科都給事中馬麟等諭曰爲治貴得大體比爾等
繳駁奏牘一字之誤皆喋喋以言瑣碎甚矣吏治文書
晝夜積累其精力有時而敝豈免錯謬自今奏內有數
目月日等字錯謬者皆令從傍改注用印鈐之不必以
聞麟等言奏內有不稱臣者此當罪之
上曰下豈敢慢上或一時急遽漏寫有之必非故違亦令
從傍增之因曰爾等在朕左右凡天下何弊當革何利

當興何處軍民未安何人奸邪未去當歷歷言之勿隱
若此細故可略也
○四月丙戌車里宣慰使刁暹答遣人謝罪初刁暹答擅
發衆侵威遠州地據其州官事聞
上命西平侯沐晟遣人諭之如其不悛調兵剪滅於是刁
暹答俱還所據知州及威遠州之地遣弟刁臘等詣京
貢馬及方物謝罪都察院臣奏宜先下刁臘等於法司
而後遣問刁暹答庶幾以示懲戒
上遣都御史陳瑛語之曰蠻夷禽獸之性稍不相得輒相
侵既能改過即已不必與校今改過而復罪之如其不
改何以加法遂已

○甲午勅諭廣東都司布政司按察司官曰往歲都督韓
觀奏鍾均道已死朕即不復究理今布政司言其尚在
欲調兵剿捕事之未明不足深究爾等但盡撫綏下人
之道無為多事以擾害之夫上有愛民之實將下無失
所之民民既得所自不為患且人孰不欲為善間為不
善亦有出於不得已者既能改過亦務容之無絕其自
新之路若此人果在能不為非即聽其安生樂業不必
究問今九真八蠻自昔未歸附者皆[redacted]
撫以名爵苟鍾均果不死能悔然[redacted]
遷
太祖皇帝恃杜回子之道處之豈不[redacted]
皇明寶訓 [redacted] 永樂五卷 十九
山林而不在吾化育之內裝鍾均道[redacted]
南雄韶州諸郡之間聞[redacted]
上即大位遂潛伏無踪跡其黨亦散相傳[redacted]
有言其來死者終無實驗云
○永樂四年二月癸未勅諭八百大甸軍民[redacted]
魁使刀招散曰前以爾不恭朝命阻遏使臣[redacted]
遣使發兵索左右為惡之人且諭使者爾能伏罪止兵
勿進兵初入境爾遣人悔過請罪使者遵命回軍雲南
今念爾幼稚且念八百之人皆朕赤子已悉宥不問繼
今宜改心易慮上順天道毋懷譎詐以蹈前愆庶幾保
土安民永享太平之福

○四月甲子禮部言廣西歲貢生員考不中式者二人於
法學官罰俸一年提學官當杖
上曰姑皆宥之侍郎楊砥等復言此定法也宥之無以示
懲
上曰遠方之人漸化者淺教道未易行不可槩論夫立法
雖有定論行法當量人情有定論則民知所守量人情
則民用不冤姑宥之生員遣歸進學再貢不中式一論
如法
○五月丁酉都督程達有罪
上特宥之命隨西平侯沐晟立功自贖遂勅晟曰都督程
達犯死罪今惜其才特宥之使從爾立功蓋其才足當
皇明寶訓 [redacted] 永樂五卷 二十
一面其餘文武官有罪發立功者各量罪之輕重察才
之高下而用之用當其才成功可必既而顧侍臣曰君
人之道犯極惡則不宥有小善亦不棄人孰無過論小
過而廢大善則為善者怠亦孰無才若録小才而免大
惡則為惡者肆故惡之難容者乃不論其才才有可用
者乃可略其過如此則善善惡惡皆不失矣
○六月丁亥先是命平江伯陳瑄督海運詣天津衛所部
海舟必約日同發不得先後違者治本舟部運官罪至
是瑄遣人奏三十餘艘違約五日方行雖同日俱達亦
無所損然違同發之約應罪各舟部運官以戒後來
上曰姑宥之顧謂侍臣曰始患海寇為患故勅令同發令

已濟而無損雖違約當懲然海道甚艱其功可以贖過
一凡用人者錄功而略過則人奮於功若計過而略功
則救過之不暇何暇功哉
○十月丙辰先有吏科給事中犯法繫獄至是其父代陳
情願改過自效
上命釋之仍諭之曰再犯不宥矣已而顧侍臣曰彼罰不
悔則為惡之心確知罪思改則向善之心萌故許其自
新而戒其再犯侍臣對曰昔聖人於怙終加賊刑正謂
此也
○永樂七年正月辛未復貴州都指揮僉事俞讓官初讓
買番人為奴奴殺人叛去事連讓罪應流

上知讓前征交阯有功且才能可用諭兵部臣曰古者用
人取其長棄其短故無遺才而有成功人孰無過亦孰
無良心上能寬假之下亦必思恔故秦穆公不廢孟明
卒勝晉而興霸業朕嘗愛惜人才苟有所長必不以微
瑕棄之今讓之罪惟不能檢束奴耳可恕遂有復職令
從
○永樂九年三月丙子直登聞鼓給事中言有縣官以贓
罪謫戍邊擊鼓陳者
上命三法司審之曰無令負冤三法司訊之其人言實受
贓蓋年踰七十昏眊致此不敢逃刑惟
上天地大恩宰垂哀憫當改過自效三法司以聞

上曰老而不戒濟無足卹但臨罪能悔可恕姑屈法宥之
然其年已七十雖改過無所用令還鄉為民
○己卯刑部奏民有盜勸善書者於律凡盜當黥發戍邊
上問黥未對曰已黥
上曰取書命爾等罪當黥者具所犯來白若情可矜憫者
免之蓋黥即為棄人欲改過無由矣况盜勸善書原其
心在好善但取之不以道耳豈可比盜財者槩黥之其
免戍邊又令錦衣衛去所黥字
○永樂十二年二月甲申兀良哈福餘泰寧朶顏三衛納
贖罪馬至遼東都指揮王真等每馬予綿布四疋初
三衛寇竊掠邊戍勅令納馬三千疋贖罪至是馬悉至

上曰蠻夷之人服則赦之故命予布
○永樂十六年二月癸巳民有告言湖廣隨州及棗強縣
藏各處逃民五百餘户有出入官府蠹政害民者有左
道惑衆者有肆行劫掠者不治為患將甚
上曰人孰不欲保聚鄉里為良善此盖阨於飢寒而有司
不能撫綏故耳可遣一循良御史往諭之歸不須治罪
遂命監察御史歐陽和行和至諭以德意民聞
上不治其逃徙罪皆欣欣出首服和悉散遣歸惟出入府
官蠹政害民及動衆劫掠者論之如法
○永樂十七年正月丙寅監察御史李偉奏江西新淦縣
逃匠雷釗南等聚衆拒捕

上命都督馬聚都指揮劉忠領兵捕之未至而布政司按
察司奏劉南等自詣歸罪
上覧奏謂侍臣曰民非甚不得已孰肯以父母妻子罹死
亡之禍此有司失於撫綏命皆宥之遣使馳名聚等還
○永樂十九年三月丁亥詔諭乜剌部落曰乜剌部落往
年寇邊之罪已在赦前一切不問自今其頭目人等能
延誠來歸悉授以官初乜剌為土魯台所敗其部衆流
散有近我邊境者恨為邊將所執故下詔安之

清釋道

○永樂五年正月辛未直隷及浙江諸郡軍民子弟私披
剃為僧赴京冒請度牒者千八百餘人禮部以聞

上怒甚曰
皇考之制民年四十以上始聽出家今犯禁者此是不知
有朝廷矣命悉付兵部編軍籍發戍遼東甘肅又歎曰
朕遵承舊制一不敢忽下人尚縱肆如此何况後來此
不可宥此輩皆民螟螣不可蓄育
○九月庚午直隷蘇州府嘉定縣僧會司奏縣舊有僧六
百餘人今僅存其半請以民之願為僧者令披剃給度
牒不聽
上諭禮部臣曰國家之民服田力穡養父母出租賦以供
國用僧坐食於民何補國家度民為僧舊有禁令違者
必罪

○永樂十年五月丙午
上謂禮部臣曰佛道二教本以清淨利益群生今天下僧
道多不守戒律民間修齋誦經動輙較利厚薄又無誠
心甚至飲酒食肉遊蕩荒淫略無顧忌又有一種無知
愚民妄稱道人一槩蠱惑男女雜處無別敗壞風化洪
武中僧道不務祖風及俗人行瑜珈法稱火居道士者
俱有嚴禁即揭榜申明違者殺不赦
○永樂十六年十月癸卯
上以天下僧道不通經典而私簪剃者多命禮部定通制
榜示天下今後願為僧道者府不過四十人州不過三
十人縣不過二十人限年十四以上二十以下父母皆

允方許陳告有司行隣里保勘無碍然後得投寺觀從
師授業俟五年後諸經習熟然後赴僧錄司道錄司考
試果諳經典始立法名給與度牒不通者罷為民若童
子與父母不願及有祖父母父母無他子孫侍養者皆
不許出家有亡命避罪出家者并寺觀住持罪之

懷遠人

○洪武三十五年九月丁亥
上諭禮部臣曰
太祖高皇帝時諸番國遣使來朝一皆遇之以誠其以土
物來市易者悉聽其便或有不知避忌而誤干憲條皆
寛宥之以懷遠人今四海一家正當廣示無外諸國来

諭彼來貢者聽爾其輸之使明知朕意
○永樂元年二月丁卯戶部尚書夏原吉言雲南麓川平
緬宣慰司土官思倫發原輸差發銀六千九百兩續又
增辦一萬八千兩今思倫發卒前此有虧欠者皆已蠲
之近西平侯沐晟言以後續認者難於為額俟二三年
民食給足可令再輸
上曰馭夷之道使知歸向朝廷不失臣節可矣豈貪其利
耶止以原額為定增辦者悉除之
○九月己亥禮部尚書李至剛奏日本國遣使入貢已至
寧波府禁令凡番使入中國不得私載兵器鬻於民宜
命有司會檢番船中有兵器籍封送京師

上曰外夷向慕中國來修朝貢危蹈海波跋涉萬里道路
既遠貲費亦多其各貴以助路費亦人情也豈當一切
拘之禁令至剛復奏兵器民間不得私畜則亦無所鬻
惟當籍封送官
上曰無所鬻則官為準中國之人市之毋拘法禁以失朝
廷寬大之意且沮遠人歸慕之心
○十月甲戌西洋剌泥國回回哈只等來朝貢方物因附
載胡椒與民互市有司請徵其稅
上曰商稅者國家以抑逐末之民豈以為利今夷人慕義
遠來乃欲侵其利所得幾何而虧辱大體不聽
○永樂二年二月丁丑

上名毋連河等處朝使至前問勞之久而退
上顧侍臣曰夷狄之人萬里來朝若不與之相接稍垂顧
問彼必不樂侍進曰
陛下懷柔遠人之恩至矣但向所問者皆田獵之樂其人
民畜產未嘗一言及之臣愚竊所未喻
上曰田獵是其性之所欲若問其人民畜產彼心必疑朕
方懷柔遠人豈可使之疑也
○五月甲辰禮部尚書李至剛等奏琉球國山南王遣使
貢方物就令賫白金詣處州市磁器法當逮問
上曰遠方之人知求利而已安知禁令朝廷於遠人當懷
之此不足罪

○九月壬寅初中官往使真臘將歸有隨從軍三人逃匿
之不得國王以其國三人從中官歸補伍至是禮部引
見
上曰中國人自逃何預彼事而責償且得此三人語言不
通風俗不諳吾焉用之況其皆自有家寧樂處此爾禮
部給之衣服資道里費還真臘尚書李至剛等言臣意
中國人必非逃於彼者或為彼所匿則此三人亦不當
遣
上曰不用逆詐為君但推天地之心待人可也
○福建布政司奏暹國遣使與琉球通好其舟為風所漂
至岸官已籍記舟中之物請命

上謂禮部尚書李至剛等曰兩國通好是審邦美事其舟為風所漂正宜矜恤豈可利其物而籍之鄉有善人猶能援人於危助人於善况朝廷統御天下哉其令布政司船壞者為之修理人乏食者給之粟俟便風其人欲歸或往琉球導之去

○十一月庚戌

上御奉天門視朝西北諸胡來貢命光祿卿賜食既罷禮部尚書李至剛進曰西北諸胡

陛下撫綏皆已向化邊境已寧

上曰人恒言以不治治夷狄夫好善惡惡人情所同豈問於華夷撫之有道來必不來虐至暴擾之能使馴帖况

皇明寶訓　永樂五卷　廿七

處亦飢食渴飲具人心者何不可馴哉但有來者推誠待之耳

○永樂三年正月乙丑湖廣都指揮謝凰等奏指諭答意等五寨生苗皆向化刻箭為誓不復叛亂

上謂掌前府事隆平侯張信等曰蠻夷雖頑獷然亦有信義今既向化當以信撫之稍有侵擾彼將不直朝廷其以所刻箭付湖廣都司藏之仍戒飭有司務盡懷綏之道

○永樂四年正月戊戌

上宴羣臣於奉天門蠻夷酋長預宴者皆起舞稱壽曰臣等生居絕域習見僻陋今日獲覩天朝太平樂事之盛臣死且有光

上曰朕為天下主使天下之人皆同享此樂朕之心也衆歡呼稱萬歲

○永樂五年六月癸卯

上問禮部臣近四夷之情何如對曰蠻夷由來叛服不常數年

陛下懷之以恩待之以禮今皆悅服無復反側之意

上曰朕素待之以誠彼或不誠亦不與校故亦有感激愧服者孔子嘗曰言忠信行篤敬雖蠻貊之邦行矣聖人之言萬世可行

○永樂六年十二月己卯雲南孟艮府土官知府刀交遣

皇明寶訓　永樂五卷　廿八

其弟貢象及金銀器皿禮部言刀交嘗構兵攻劫鄰境譎詐不誠宜却其貢

上曰蠻夷能悔罪來朝可嘉矣往事不足深責命受之而賜之鈔幣

○永樂八年十一月癸未賜國子監琉球等處生李傑等并其從人冬衣靴襪既而從容與羣臣語及之禮部尚書呂震曰昔唐太宗興學校新羅百濟皆遣子入學當時僅聞給廩膳未若今日賚與周備也

陛下聖德前古未有

上曰遠方慕中國禮義故遣子入學必足於衣食然後樂學我

太祖高皇帝命賚賂之著爲令典所謂曲成萬物而不遺者朕實將遵之

○十二月丁未勅諭韃靼太師阿魯台曰爾遣脫忽歹等來言元氏子孫已絕欲舉部屬來歸爾此心朕具悉之朕奉天下君惟欲萬方之人咸得其所凡有來者皆厚撫之初無遠近彼此之間脫忽歹又致爾言謂瓦剌之人非有誠心歸附彼如誠心歸附當遂獻傳國之寶矣彼誠否固不可必而朕未嘗重此寶也自昔堯舜禹湯文武數聖人主天下豈有此寶蓋帝王之寶在德不在此如必以此爲寶則元氏得之當永保天位福及子孫何至衰敗淪落如今我脫忽歹等回特遣指揮岳山鎮

撫丁全等偕行諭朕之意并賜爾綵幣至可領也

○永樂九年二月甲辰督罕提吉兒女直野人頭目馬吉你等來朝置督罕河衛命馬吉爲指揮餘爲千百户鎮撫賜誥印冠帶襲衣及鈔幣有差

上諭翰林學士胡廣等曰朕非欲得其土地蓋以此輩貪殘自昔數爲邊患勞動中國至宋歲賂金幣剝及下人膏血卒爲大患今既畏服來朝則恩遇之從所欲授一官量給賜賚捐小費以弭重患亦不得不然

○永樂十年六月辛酉遼東建州衛指揮僉事李顯忠奏塔溫新附人民缺食乞賑貸之

上謂户部臣曰溥海內外皆吾赤子遠人歸化尤宜存恤其即遣人發粟賑之毋令失所

○永樂十一年五月庚寅國子監琉球生模都古等三人奏乞歸省

上謂禮部臣曰遠人來學誠美事思親而歸亦人情宜厚賜以榮之遂賜綵幣表裏襲衣及鈔爲道里費仍命兵部給驛傳

○八月乙丑命鎮遠侯顧成充總兵官都督梁福等副之統率湖廣貴州二都司及武昌三護衛所調官軍二萬人勦捕臺羅等寨反叛苗寇

上諭之曰蠻夷叛服不常盡其素性今討之非難但濫殺傷過多耳卿等至境上且按兵勿動已遣人齎勅招諭

如招諭不服進師未晚

○永樂十四年六月乙亥廣東儋州土官同知王賢祐率生黎峒首王撒黎佛金等來朝貢馬賜鈔幣遣還

上謂行在禮部臣曰黎人遠處海南素不霑王化今慕義來歸而朝貢頻繁殆將困之非存撫之意自今生黎土官峒首俱三年一朝著爲令

○永樂二十一年十月甲寅

車駕北征駐蹕上莊堡寧陽侯陳懋爲前鋒遇韃靼王子也先土干率妻子部屬來歸懋遣人馳奏仍附進也先土干奏書其略云臣也先土干窮處漠北旦暮遷徙不常又見忌於阿魯台幾爲所害者屢矣危不自保仰惟

陛下體天心以愛民今四海萬邦皆蒙覆載生育之恩豈
獨微臣不霑洪化謹率妻子部屬來歸譬諸草木之微
得依日月之下霑被光華死且無憾謹昧死陳奏
上以示群臣且曰鳥獸窮則依人夷虜亦然但彼既來歸
我須懷之以恩即日勅寧陽侯陳懋曰也先土干順天
道來歸誠心可嘉宜厚撫綏其家及其部屬其貲財畜
畜一毫勿有侵損庶不孤遠人來歸之心勅也先土干
曰爾智識卓越灼知天命親率部屬來歸可謂超群出
類者矣朕覽奏良用嘉悅爾以誠心歸朕朕以誠心待
爾君臣相與同享太平之福於悠久已勅寧陽侯陳懋
偕爾同來在途愛重以副朕懷也先土干者在虜中尤
皇明寶訓　永樂五卷　卅一
以驍桀自豪云
○己巳
駐蹕天地寧陽侯陳懋以也先土干及其部屬入見也先
土干遙望
天顏尚有懼色
上命稍前與語遂備述誠悃久願來歸但為阿魯台牽
絷今幸見
陛下是天賜臣再生之日也
上曰華夷本一家朕奉天命為天子天之所覆地之所載
皆朕赤子豈有彼此天道恒與善人為君體天而行故
為善者必錫之以福爾今順天道而來君臣相與共享

富貴勿憂也先土干及其部屬皆叩頭呼萬歲命悉賜
酒饌也先土干退謂所親曰
大明皇帝真吾主也舍此何適
上諭文武羣臣曰遠人來歸宜有以旌異之其封也先土
干為忠勇王賜姓名曰金忠也先土干之來歸也其甥
把台罕實贊之遂授把台罕都督俱賜冠帶及織金襲
衣遂賜宴命金忠坐侯之下伯之上御前珍饌悉輟以
賜之實羅御用金杯等物亦輟賜之於是左右皆贊美
上功德之盛
上曰昔唐突厥頡利入朝太宗言胡越一家有矜大自得
之意朕所不取惟天下之人皆遂其生邊境無虞兵甲
皇明寶訓　永樂五卷　卅二
不用斯朕志也
○乙亥
車駕發萬全
上乘馬忠勇王金忠一騎後隨
上詢其虜中事對曰虜中歸心天朝者衆但為兇渠所制
不能自拔耳晚次沙嶺賜忠勇王金忠等酒饌又賜勅
勞之曰昔呼韓邪歸漢突厥頡利歸唐身家富貴子孫
蕃衍垂名青史永遠有光爾明達天道卓然超越於一
方天必祚爾及爾子爾孫於無窮芳名偉績又豈呼韓
邪突厥頡利之可擬哉爾其勉之忠拜受譯者宣讀訖
忠及家屬部落皆拜舉手加額呼萬歲

諭遠人

○永樂元年八月癸丑勑安南胡查曰朕君臨萬方體天為治一物失所時予之辜今占城言與爾隣壤爾恃與兵侵其土地殺其人民剽掠財物占城之人困爾荼毒夫兩國土地傳自先世而主於天子何得恃強喻越為惡受禍古有明戒然事已在赦前亦不深究自今宜保境安民息兵修好則兩國並受其福爾其欽

○永樂三年七月壬子車里宣慰使刀暹答遣頭目攬線思奏舉兵攻八百大甸宣慰使刀招散

上賜勑諭曰八百小醜負朝廷恩德阻遏使臣肆為慢侮固公義所不容然朕為天下生民主體上帝好生之德

一民失所朕為不寧彼八百為不善者不過酋領數人其下軍民皆朕赤子兵行之際寧無多傷況其土官幼弱無知多因奸邪小人教誘所致今已遣使諭其土官改過遷善而索其惡黨乃孟朋等若八百執送不悛爾等即合兵征之但擒其首惡而撫安其衆無多殺戮仍擇其支屬賢者奏聞立之若其悔過服罪即止兵勿進

○永樂四年閏七月己巳雲南守臣言緬甸軍民宣慰使那羅塔擅加兵孟養殺其宣慰使刀木旦父子請發兵討之遂遣行人張洪賫勑諭曰人君受命主宰天下必明法令一人心使強不陵弱衆不暴寡各安其生朕自即位以來萬姓歸心四夷聽命爾那羅塔亦克敬順天道恪修貢撫安一方之人朕甚嘉之今聞與孟養構兵殺其宣慰使刀木旦父子虜掠其人侵其土地何異往者之心也揆之國法其可容乎邊臣請發兵問罪朕慮大軍之行濫及無辜今特遣行人賫勑諭爾其易心改慮勉循善道還所侵地及虜掠之人自今奉法循理各守疆場以安其民庶幾可免前罪如復冥行不悛天討必加悔將無及

○永樂九年五月乙酉

董卜韓胡頭目南科遣人朝貢且言容隆棠硐門二招討與兵侵掠隣境阻遏道路請兵伐之命禮部賜南科綵幣表裏且降勑諭曰天子上體天道以好生為心今

天下之人皆朕赤子撫之一視而無間雖千百中有一二輩為惡造罪[illegible]豈可因一二輒累及千百爾以容隆棠硐門二招討之惡請兵誅之夫兵戈所過必累善良當別遣人諭令改過若其稔惡不悛發兵未晚宜善撫爾民保爾境土以俟

馭夷狄

○永樂元年正月甲辰設普安撫司以土酋慈長為安撫時慈長來朝言建文時於其地置貢寧安撫司以故父者昌安撫近吏部遵舊制奏罷安撫司然本境地濶民稠歲於普安軍民府輸粮三千餘石且路當要衝舊有湘滿等驛乞仍設安撫司督治為便

上曰
祖宗大經大法萬世不可改其他若時有不同後世當因
時損益以便民者豈可執一而不知變通之道天下之
人既以為便則當從之命吏部仍置安撫司改貢寧為
普安賜以印章置流官吏目一員隸四川布政司
○三月戊戌鎮守貴州鎮遠侯顧成言金筑安撫司等處
每有征討輒率官軍土軍蕭進有功則皆賞之宜令一
槩操練庶可長久薰用
上遣勅諭之曰卿策固善朕慮土軍皆夷人樂散逸而憚
拘束若役之同於官軍或情有不堪蓋馭夷之道當順
情以為治可斟酌行之

○九月甲午西平侯沐晟奏雲南車里宣慰司土官刁暹
答令其下剽掠威遠虜其知州及民人以歸請發兵討
之
上諭兵部臣曰兵易動難安一或輕舉傷人必多且人有
不善以理告諭未必不從果若不從然後加兵則亦有
辭昔
皇考之世思倫發為其下所逐初但遣人諭之彼怙終不
悛乃發兵殄之此成法也今始遣使賜賚諸夷而遽興
以兵自此何以取信且聞車里已納上威遠印信是悔
過之心已萌可令雲南都司移文諭之若能格心嚮化
不必發兵遽勅晟曰兵重事也危道也不若且令雲南

都司移文諭之如能格心嚮化即兵可止若諭之不悛
加兵未晚其訓練將士以俟
○永樂二年四月癸未麓川平緬宣慰司并木邦孟養二
府俱遣人朝貢平緬所遣使者奏木邦孟養數侵其地
禮部臣言宜以孟養木邦貢使付法司正其罪庶蠻夷
知懼不敢侵越鄰境
上曰蠻夷相攻奪自昔有之執一二人罪之未足以革其
俗且事曲直未明而遽罪其朝貢之使祇沮遠人嚮化
之心可令西平侯遣人諭之
○永樂四年正月戊戌安南胡查奏請還前安南王孫陳
天平

上從之天平陛辭奏曰臣亡國餘孽銜
陛下大德煦育生成濟反故國承已絶之宗復已失之位
是使亡魄再生朽骨更肉臣雖膚愚實切圖報尚望
陛下天地父母曲垂顧終保餘齡
上曰自古亡國出奔之君如鄭桓晉文皆內有主之故反
國而安今爾無主於內徒朕為主於外事之委曲尤切
朕心爾其明以燭微智以防患仁以恤下寬以容衆庶
無後憂賜羅綺紗衣各二襲鈔一萬貫
○辛酉甘肅總兵官西寧侯宋晟言哈密忠順王脫脫為
其祖母速哥失里所逐遂遣勅諭哈密大小頭目曰安
克帖木兒死朕念一方之人無所統屬其姪脫脫久在

侍衛朕撫之如子遂令襲封王爵仍回荅密承其宗祀
撫綏其人比聞其祖母以脫脫不能曲意奉承一旦遂
出之黜脫脫朝廷所立雖其有過不奏而擅逐之是慢
朝廷老人昏耄任情率意不顧禮法如此爾大小頭目
豈亦不知有朝廷故坐視所為而不言耶朕念此事初
非出汝等本心故特勅諭爾宜即歸脫脫復其位盡心
贊輔之俾善事祖母孝敬如初則爾荅密之人亦永享
太平之福於無窮
○四月戊寅車里宣慰使刀暹荅遣使貢馬復遣子刀典
受學國子監初朝廷出師征八百元江軍民府遣人助
給餽運祇車里之境悉為其守者阻遏時刀暹荅從征

八百不預阻遏事然懼為元江所構故遣典假受學之
名為質冀朝廷不疑之
上識其意諭禮部臣曰質子衰世之事朕推誠待人不以
此也進典諭之曰爾遠來求學固是美意然使爾父母
旦夕惓惓萬里之外朕所不忍夫學之大者為忠與孝
爾歸善事父母常存心上忠朝廷下卹一境之人即此
是學且歸語爾父爾敬事朝廷之心朕所深知但保終
如始決非他人所能間也遂賜典衣服鈔幣命隨貢使
同歸
○十月癸卯先是兵部尚書金忠等言湖廣洪州泊里蠻
夷長官司所屬蠻民吳蘭吳廣吳塘華等以妖言聚衆

為亂攻劫其傍近人民有司招諭不服請發兵勦之
上曰蠻夷作亂亦常事而兵行不免傷及良善其令湖廣
三司再遣人招諭服則宥之至是湖廣都司言蘭等聞
命皆已從化
上曰蠻夷之人以殺戮為生業豈知有禮義故聖人以不
治治之非大逆拒命豈可輙動官軍馭夷之道既服舍
之可也
○永樂五年十月戊子遣使賫勅諭老撾宣慰使刀線歹
曰朕自臨御以來撫綏遠人無間彼此一以至誠是以
九夷八蠻各供職貢爾受朝命為守土之長而比年以
來不修朝貢何恃而然安南黎賊父子逆天搆禍神人

共怒朕命將出師恭行天討爾不能朝廷敵愾乃與秀
肆借通助之兵象奸詭如此爾罪奚逃即發兵問罪恐
傷及無辜今特遣使諭爾能追悔前過庶圖保全不然
天譴人罰悔將無及
○十二月甲午勅甘肅總兵官左都督何福曰得奏荅密
指揮法都剌欲設把總官一員以理政務爾須度其可
否及當委用何人朕嘗勅荅密官校惟聽令於忠順王
若復置把總官則是又添一王而政令不出於一令出
不一則下難奉承爭強鬬勝亂所由生宜審思熟計具
可否以聞
○永樂七年四月庚子四川播州宣慰使楊昇言所轄當

科篤難等十一寨蠻人梗化不服聚衆刼掠請發兵勦之

上勑昇曰蠻夷反側不常其來久矣如遽調軍即一方之人並受荼毒宜遣人撫諭諭之不從令鎮遠侯顧成經略之昇如

上旨遣官齎勑宣朝廷恩德遂皆歸化

○永樂十三年正月丁未兎剌順寧王馬哈木賢義王太平安樂王把禿孛羅遣使貢馬謝罪言數年以來仰戴

皇上大恩如天罔極前者不能約束部屬致犯邊境且拘留詔使實為左右所誤實非本心上負大恩天兵遠臨死罪萬萬今慚懼無地痛自追悔伏望天地大德曲賜赦除俾得自新仍朝貢如初

上覽奏曰黠虜尚敢巧言文過羣臣以為夷狄禽獸不足與較惟天德廣大無物不包請姑容之

上曰然遂受獻命館其使

○永樂十七年十月癸未遣使諭暹羅國王三賴波磨剌扎的賴曰朕祗膺

天命君主華夷體天地好生之心以為治一視同仁無間彼此王能敬天事大修職奉貢朕心所嘉蓋非一日比者满剌加國王亦思罕荅兒沙嗣立能繼乃父之志躬率妻子詣闕朝貢其事大之誠與王無異然聞王無故欲加之兵夫兵者凶器兩兵相鬬勢必俱傷故好兵非仁者之心況满剌加國王既已內屬則為朝廷之臣彼如有過當申理於朝廷不務出此而輙加兵是不有朝廷矣此必非王之意或者王左右假王之名弄兵以逞私忿王宜深思勿為所惑輯睦隣國無相侵越並受其福豈有窮哉王其留意焉

大明太宗文皇帝實訓卷之五 終

仁宗昭皇帝寶訓序

朕惟帝王治天下仁恤蒼生為祈天永命之本是之謂成德制禮樂法度為維持之具以傳子孫是之謂成憲繼統序者欽承之以求無爽於成德無愆於成憲用保天下國家於悠久是之謂繼述越古稽昔夏商周之世禹湯文武肇於前皆有賢子孫紹於後歷世綿永其效可見

天佑國家我

太祖高皇帝

太宗文皇帝峻德成功貽範於後者至矣盛矣

皇考仁宗昭皇帝以仁厚溫恭之德當國家亨嘉之運緝

熙

聖學帝王之心法經綸參贊之道咸貫而一之用光前烈

廸後

昆所以嘉惠臣民者咸出

至誠惻怛之心朞年之間

深仁厚澤浹於下足以隆國家之治於永遠朕承大位謹

命儒臣紀之國典復輯嘉謨為寶訓六卷析四十一類凡百九十八條蓋敬天勤民之心制治保邦之道備於是矣朕惟

祖宗洪業創造之難繼守之不易夙夜兢兢慮弗克負荷肆於

訓典是承是式且欲後之子孫咸承式焉庶共永保祖宗

之付

託於悠久也謹為之序云

宣德五年正月二十日

仁宗昭皇帝寶訓序終

大明仁宗昭皇帝寶訓目錄

大明仁宗昭皇帝寶訓目錄終

大明仁宗昭皇帝寶訓卷之一

光祿大夫柱國少傅兼太子太傅禮部尚書武英殿大學士臣呂　本謹校
南京禮部祠祭清吏司郎中臣陳治本
南京兵部職方清吏司主事臣朱　錦謹閱
南京工部虞衡清吏司郎中臣呂兆嵩

敬天

○洪熙元年正月癸未以遇冬不雪勅公侯伯五府都督六部尚書侍郎都察院都御史曰朕以眇躬託於臣民之上憂惆元元勤於夙夜而自今迄冬時雪不降來年無遂吾農柰何夫二氣之乖由朕德涼薄大臣與國同體爕理之助誠有賴焉朕方惕厲自省卿等亦懋脩乃職用贊輔予庶以湛召和氣康濟兆民夫愛民惟誠可以動天願共勉之欽哉毋忽

○丙戌賜三公及六部尚書天元玉曆祥異賦

上初得此書以示侍臣曰天道人事未嘗判為二途有動於此必應於彼朕少侍

太祖每教以愼脩敬天朕未嘗敢忘此書言簡理當左右輔臣亦宜知之遂命刊印

上親製序曰在天為五行在人為五事五事脩則休徵應失則咎徵應天人感應之機神矣惟天心仁愛人君常示變以警之惟明君必敬天於所警皆有惕厲脩省之誠未嘗忽也此編明於天人之際審矣朕嗣承天序祗

若天道動靜云為恒慎諸此朕大臣與國同體休戚
相均今各以賜之非惟使達夫吉凶之幾亦庶幾其燮
理之助云
聖孝
上為世子時
太宗皇帝舉兵靖難奉命居守旦暮督治守備及禦敵之
具每四鼓以起二鼓乃息左右或以過勤為言者答曰
君父身冒艱險在外此豈為子優逸時且根本之地敵人
所必趨者豈宜不為豫備而凡有所施為必稟命
仁孝皇后乃行
○永樂十一年七月庚子千秋節時

上監國南京先日禮部請行慶賀禮
上曰
車駕在北京予不得
君父前躬致禮乃可受羣臣禮耶其止之自是千秋節遇
車駕巡狩並免禮
○永樂十八年十一月丙寅
上為皇太子過鳳陽謁祭
皇陵畢周步陵旁望
仁祖純皇帝所遺石農器顧侍郎張本學士楊士奇曰國
家帝業所自也徘徊久而後退既退陵下耆老進謁衆
賜酒饌慰勞之有知

太祖龍興時事者留從容與語至夕加賜優厚已而顧士
奇等歎曰知當時事者益鮮矣蓋
上重
祖宗事率如此
○永樂十九年正月辛卯
上為皇太子初至北京禮部尚書呂震言於
上曰殿下前在南京數遣中官進保進奏牘每報有殿
下過失上聞而皆其妄言今宜疏此人
上曰過失吾豈能無今
至尊既不信之我又可於此人計較耶卒寘之
○永樂二十一年十一月丁亥

上為皇太子閣內侍黃儼江保數造危語譖之
太宗皆不聽
上名左春坊大學士楊士奇至文華殿語之故因嘆曰天
可欺乎非賴
至尊聖明尚得在此哉士奇對曰殿下益宜自虞盡道
上曰盡心子職而已他有何道
○永樂二十二年八月丙寅勅諭禮部臣曰
皇考大行皇帝聖德神功追配
太祖統御天下二十餘年恩德在民萬世永賴
皇妣仁孝皇后母儀四海寅奉
宗廟協隆化理而尊號未上無以稱朕孝思及天下臣民

尊仰不忘之心其與羣臣定議請謚于南郊
○九月癸未禮部尚書兼太常寺卿呂震奏
太宗皇帝遺命喪服一如
太祖高皇帝倣漢制以日易月今已踰二十七日請
上釋衰服服烏紗冠素服黑角帶臨朝
上不聽命與六部都察院詳議以聞震與六部都察院共奏
上宜服素冠黑角帶羣臣皆從君服
上曰
梓宫在殯朕何忍遽易自是臨朝素冠麻衣麻經朝退仍
衰服
○十一月庚辰

上謂侍臣曰守成之主動法祖宗斯鮮過舉書曰監於先
王成憲其永無愆後世爲嗣君者往往作聰明亂舊章
而卒至喪敗不救可爲鑒戒朕十餘歲侍
太祖皇帝側覩見作祖訓屢更改易而後成書是時秦晉
周世子皆在
太祖閒暇即召太孫及諸世子於前分條逐事委曲開諭
之皆持身正家以至治天下之要道爲天子爲藩王能
每事遵守豈有不福祿永遠者朕寤寐不忘今已命司
禮監刊印將賜諸子及弟姪侍臣對曰
陛下此心即
太祖皇帝之心也

○巳丑太子太保兼禮部尚書呂震奏冬至節請御正殿
受賀
上曰
梓宫在殯山陵未終因時興慕衆慟愈切慶賀之禮豈所
宜言勑免賀
○洪熙元年正月壬午勑禮部太常寺臣曰欽惟
皇祖太祖高皇帝受命
上天肇興皇業
皇考太宗文皇帝中興
宗社再奠寰區
聖德神功咸配

天地易曰殷薦上帝以配祖考朕崇敬
皇祖
皇考永惟一心今年正月十五日大祀
天地神祇奉
皇祖
皇考配神仍著與華垂範萬世如勑奉行
教皇太子
○洪熙元年二月壬子
上諭華蓋殿大學士楊士奇等曰東宮開講筵蓋欲皇太
子日聞正道養成德性講官當以大經大法進說其前
史所載非聖賢之道無益於治者勿言

○四月丙午賜皇太子圖書幷書諭曰朕惟祖孫父子於天倫最重是以祖之於孫父之於子其親愛天下莫加焉親愛之而期以富貴壽康蓋天下之同情而推明所以長保富貴壽康之道以期之者聖人之心也爾朕嫡長子
皇考太宗皇帝嫡長孫也自幼岐嶷粹美
皇考最所鍾愛鞠育提訓朝夕膝下誠以爾為遠大之器而可付以
社稷人民之重者也故隨事責訓皆聖人之至道帝王之大經恩德廣厚譬諸天地之化豈易名言迺永樂甲辰之春親征北虜車駕將發子孫咸在
天顔穆清顧爾謂朕曰古之令主於盤盂劍几皆有銘用自警也人之行莫大於中正况為人之上者乎吾以人主中正四字為寶押師還製以賜之俾之自勉逮六師凱旋不幸
皇考賓天朕已承
遺命正大統册爾為皇太子皇太子者天下之本係主器之重必有令德用克欽承惟中與正為德之本謹遵
皇考成志製為寶押以授爾其懋敬之哉中正體用一也不偏不倚無過不及天下萬善皆原於此隆古帝王傳授之要皆在於此人以中正存諸內則發於喜怒哀樂無非道也以中正施諸行則形於動靜云為無非德也而於君人者之施蓋又廣矣中天下而立以正天下之衆其可不敬於內不慎其發哉故以中正誠身則身尊以中正治家則家齊惟中正之人是親則君子益進小人益遠惟中正之言是聽則善道日聞而讒諂日退行賞以中正則恩不濫而人皆懋功行罰以中正則刑不濫而人皆畏罪以中正施政教則治道可成而俗化可興以中正施命令則萬姓服從而四夷效順君人之道莫此為要爾懋敬之其篤念朕
皇考與朕所眷愛期望之心而敬服膺之以係
宗社生民之望於永遠哉

睦親

○永樂二十二年九月乙酉增諸王祿米
上謂戶部尚書夏原吉曰朕諸叔在者無幾諸兄弟惟趙王居京師餘皆守藩於外朕旦夕在念帝王之治莫先親親况朕新嗣大位於此尤當加意其加諸王歲祿於是周府加米五千石通前二萬石悉支本色寧府原祿一萬石悉支本色慶府加米九千石通前一萬石悉支本色代府加米千五百石通前二千石悉支本色瀋府加米七千石通前萬石內本色米六千石餘折鈔唐府加米千七百石通前五千石悉支本色遼府加米千石通前二千石悉支本色肅府加米五百石通前一千石悉支本色秦府原祿一萬石內加米四千五百石通前

五千石支本色餘五千石折鈔伊府加米千七百石通
前二千石悉支本色靖江王加米七百石通前一千石
悉支本色漢趙二府各加米二萬石通前三萬石仍歲
加鈔千萬貫晉濟熺給米三千石
賜晉濟熺書曰念昔與兄朝夕同侍
皇祖同學講習又同飲食起居兄弟之懽夙夜惓惓兹特
送翼善冠二金箱玳瑁帶一龍文袍服紵絲紗羅衣材
九襲白金三百兩鈔六千錠紵絲二十疋表裏錦九疋
羅二十表裏紗二十疋胡椒蘇木三千斤廐馬二十匹
及令戶部歲給米三千石用伸親親之情
○十一月壬午韓王冲𤐤襄陵王冲林樂平王冲炊各歲

詩頌
上覽畢以示侍臣曰韓王兄弟文詞皆有可觀亦其資性
聰敏務學所致王者之學雖不在文然能留心於此不
役志於他斯亦可尚遂賜勅奬諭曰覽王詩頌詞明理
暢足見勤學好文之篤誦之至再嘉嘆不已諸弟皆有
淳篤明敏之資自今益潛心載籍用志古之賢王使東
平河間不得專美前代豈不偉哉賜白金鈔幣有差
○甲申加各長公主號及歲祿
上謂禮部戶部臣曰朕
皇考同氣至親惟諸叔諸姑今諸叔之子皆已册封諸姑
在南京朕即位之初雖嘗有分賚而名號未加朕心有

歉其加寧國長公主及懷慶大名南康永嘉含山汝陽
寶慶七長公主皆為大長公主仍議增其歲祿於是戶
部禮部議奏增寧國大長公主歲祿米三百石通前二
千三百石內一千三百石支本色餘折鈔南康大長公
主原祿米一千二百石內九百石支本色餘折鈔加懷
慶大名永嘉含山汝陽寶慶六大長公主各祿米二百
石通前一千二百石內九百石支本色餘折鈔從之
○己丑靖江王府輔國將軍贊佩贊偕來朝班朝臣之下
上顧見之諭鴻臚寺臣曰贊佩兄弟雖朕姪然宗親豈宜
遁列疎遠其令班於駙馬都尉之次著為令
○洪熙元年正月庚辰賜漢王高煦衮服皮弁服書曰世

子至言賢弟衮服皮弁服皆舊欲易新者今已製完顯
人送去相望懸切其善調攝以副同氣之懷世子令於
此月十二日歸并報知之
○三月辛卯遣中官賜漢王高煦袍服材書曰違濶偏歲
懷思益深兄弟至親豈不欲朝暮晤聚共天倫之樂但
以藩屏之重未遂斯志顧於同氣情當何如想在賢弟
心不異此兹以寒暑袍服材九襲專人致意賢弟亮之
賜趙王高燧亦如之
○甲午趙王高燧奏王府舊存祿米十二萬石在京乞官
為運赴彰德
上命戶部於彰德附近倉內支粇米十二萬石給之賜書

答趙王曰賢弟有所欲為義當從便但目下軍民之困
未蘇京師輸運不足者亦不以勞之念王府日用不可
缺已勑戶部於彰德附近倉內支秔米十二萬石送王
府王府之未在京者朝廷留用庶幾兩便

戒飭宗室

○洪熙元年二月辛酉賜書周王橚曰春和計尊履納福
今宗室諸王男長未婚女長未嫁蓋多有之姪雖居憂
制斯事固恒在念已令所司預辦儀物但喪服一除即
為舉行今歸德衛送至府中內使趙信等為婚禮擾民
今悉發回府若有因此事別遣在他處者亦須取回庶
免下人之議蓋朝廷與王國本出一家禮無大異惟叔

先帝同氣最親於今宗室最長姪叨承天位所望於叔者
凡事為諸王表儀姪所行事有過不及亦望匡翼此中
心之誠惟叔亮之

○甲子晉王濟熺及平陽王美圭互奏爭連伯灘田賜書
濟熺曰得奏田事兄亦檢閱
先帝時賢弟及平陽王所奏具見本末令仍遣人往蒲州
從寔審視繪圖來觀賢弟亦令一的當人同往務盡公
道庶幾將來處置得中古人有言易得者田地難得者
兄弟孟子曰亦有仁義而已兄於賢弟心相好也親愛
之言想惟亮察又遣書諭兄濟熺曰前平陽王言連伯
灘田雖已與之昨晉王亦言在
先帝時曾奏此事今檢閱不為無據已遣人往蒲州從公
審視圖畫來觀兄亦宜令平陽王遣一的當人至彼務
盡公道庶幾將來處置兩得其中古人有言兄及弟矣
式相好矣無相猶矣往事悉可置度外也蓋時濟熺猶
訴諸弟昔所搆誣未已云

○四月戊申命華陽王悅燿居武岡州悅燿蜀獻王第一
子素放肆不順為父所惡父薨悅燿誣奏蜀長孫友堉
悖逆怨誹十數事意在去友堉則王位以次及已勑召
友堉赴京辨未至而
太宗皇帝晏駕
上即位察知其誣復命友堉嗣蜀王而召悅燿悅燿至猶

執奏友堉前過
上厲色曰爾兩人行事蜀人所共知不可掩況可欺朝廷
乎以庶孽而懷奪嫡之志天道果與之乎
宗廟神靈亦祐之乎抵其奏於地叱之下悅燿惶恐退明
日復入奏請撥護衛指揮千百戶子弟及女戶官弁諸
以流官為世襲
上曰朝廷之制護衛官當陞降者從王具奏郡王安得專
之不聽已而
上諭侍臣曰嚚吳不可同處矣遂賜書悅燿曰爾與友堉
本一氣至親既情義乖違同處必至相處傷湖廣武岡
州民淳俗厚蓋善地也爾往居之歲給爾祿米二千石

內一千石支本色餘折鈔其體朕惇睦之心安意以行
仍貯絲羅各十五表裏白金二百兩鈔一萬貫勑蜀王
友堉令遣人送華陽王家屬赴武岡完聚其平日隨從
之人悉還之然須厚資給以盡事叔之道

嚴祀禮

○永樂九年閏十二月甲戌
上爲皇太子浙江台州府言比文廟及學并按察分司廨
宇因海風傾壞欲重建之而頻年水旱民力不逮見有
沒入官屋請撤爲之
上諭工部臣曰廟祀先師何惜於此而取沒入屋材其文
廟令有司別株材作之儒學及按察司聽撤舊材爲之

○永樂二十二年十二月戊辰太常寺卿王勉劾奏通政
使司通政使尹必用當省牲却壇而令參議顧謙代行
皆屬不恭時監察御史方紳必用他事
上曰御史所言特其一時之誤情可恕禮莫重於祀
天而省牲不敬豈可復居是職於是必用謙皆下獄
○己巳
上諭禮部臣曰朝廷崇祀神祇悉有舊典主其事者當致
虔恭以祈嘉貺福黎庶頃聞天下郡邑應祀壇宇歲久
傾墊多不脩治甚非昭神明之道其飭有司修繕凡祭
器祠宇并須堅緻潔淨所用物料悉出公帑毋斂民仍
令巡按御史及按察司官以時點視違者罪之

○洪熙元年正月癸未以大祀南郊
上御奉天門文武羣臣受誓戒畢
上進分獻官諭之曰事神之道豈獨臨事之際則致誠敬
要其奉天子民之心積累於平日者皆已孚達鬼神所
以祭則受福朕以菲德上承
祖宗主典神天所與協恭承
天休者公卿百執事也尚體朕心敬亮天工仁卹斯民庶
幾克享天心風雨順調年穀豐稔使斯民蒙福亦昭我
君臣共事之美欽哉
○四月己未行在太常寺卿楊溥奏犧牲所見畜羊少請
給鈔遣官於出産之處市買

上曰能愛人而後可以事神朝廷事神之道豈當惜費比
年有司不達大體於市犧牲但準洪武中價值凡物值
隨時低昂豈有一定之理今民間諸物視洪武時直率
增數十倍而祀神之物獨仍舊值民怨於下神其享乎
自今供祀犧牲悉準在京時值給鈔往市如於所産之
處時值不足則就所在有不係贓罰鈔內補給幾內從
巡按御史在外從按察司官監市毋致擾民

仁政

○永樂二十二年十月甲辰
上諭禮部臣曰
皇考臨御數詔有司存恤鰥寡郡邑皆有養濟院比聞率

是文具居屋敝壞內粟布業不以時給栖栖饑寒而守
令恬不留意爾禮部嚴誠約之令謹視宜施實惠毋致
失所
○庚申增京師百官軍士月米先是
上諭兵部尚書李慶曰國家養兵必使平時衣食不乏無
嗟怨之意則緩急用之得其力今遠戍者勞勤操練者
亦少暇守衛者常不得下直間有餘丁亦別有差遣不
得息在營率婦女幼稚無治生者而月糧止得五斗不
足自贍此豈能無嗟怨宜如洪武中例月給一石慶曰
如此恐百姓餽運不勝其勞
上曰古者寓兵於民一有調發民間騷動今之民平時雖

有養兵之勞而調發之際免於荷戈披甲晏然安居田
里以此校之未為甚勞慶叩首曰此非愚臣所及遂召
户部尚書郁資諭曰往年百官軍士初皂從來月給米
五斗可贍今都於此此曹多有家屬矣五斗不足以贍
江南運輸困艱難然京師百官軍士艱難尤甚往往守
義者困於饑寒玩法者恣無忌憚御國之大臣獨不為
遠慮哉朕於文武官及軍士月米悉欲加給五斗數年
太倉儲積皆卿所掌不乏用否資對曰不乏遂命增給
○洪熙元年正月辛巳
上諭兵部尚書李慶等曰馬資於國用甚大然嘗思之當
與民同其利民有即國家之有漢文景時閭巷有馬千

百為羣盍民生樂業庶物咸殖馬自蕃息
先帝嘗聽民間皆畜馬然有司急於官馬孳息故民不暇
於其私今且寬恤之使奉公之外有餘力可以及私從
容寬暇之久庶幾可望民安物阜今後民間畜官馬者
令二歲納駒一匹著為令又命大學士楊士奇等曰須
以詔書行之
○四月丁卯勅行在户部曰山澤之利當與百姓共之故
比者特弛西山樵採之禁令聞有拔本而取者於古人
斧斤以時之義何如宜禁止之

恤民

○永樂七年五月壬申朔

上為皇太子監國南京雎州安邑縣儒學教諭自威言安
邑民饑流徙吏不知恤旱傷田稼而科徵不已民當窘
困無所訴告其稅糧乞折收鈔帛庶少蘇息之
上覽之曰守令民之父母艱難困苦當用心極救使不失
所今艱難如此而不知恤又重以徵斂豈為民父母之
道命户部停徵稅糧令巡按監察御史治縣官坐視民
瘼之罪命吏部曰威為教官養民非其職而能憂民可
嘉其以為安邑知縣
○永樂八年三月乙亥
上為皇太子監國南京右副都御史虞謙給事中杜欽啓
潁州及潁州衛軍民缺食請發廩賑貸

上遣人馳諭之曰軍民困乏待哺嗷嗷卿等尚從容啓請
待報汲黯何如人也亟發倉賑之勿緩
○永樂十八年十一月乙丑
上為皇太子過鄒縣見民男女持筐盈路拾草實者駐馬
問所用民跪對曰歲荒以為食
上惻然稍前下馬入民舍視民男女皆衣百結不掩體竈
釜傾仆不治歎曰民隱不上聞若此乎顧中官賜之鈔
而召鄉之耆老問所苦具以實對輟所食賜之時山東
布政使石執中來迎責之曰為民牧而視民窮如此亦
動念否乎執中言凡被災之處皆已奏乞停今年秋稅
上曰民饑且死尚及徵稅耶汝往督郡縣速取勘饑民口

數近地約三日遠地約五日悉發官粟賑之事不可緩
執中請人給三斗曰且與六斗汝毋懼擅發廩吾見
上當自奏也
○永樂二十一年八月丁丑
上為皇太子監國諭戶部尚書郭資曰今年南北直隸并
山東郡縣水旱之處粮芻皆無出而有司徵索不已甚
為朝廷怨其悉蠲之
○永樂二十二年九月庚辰以河南黃河泛溢祥符陳留
鄢陵太康陽武原武諸縣多傷禾稼勅免今年稅粮馬
草仍命都察院左都御史王彰都指揮同知李信往鎮
撫軍民

上諭彰曰卿任朝廷耳目之寄且河南鄉邦下情鬱不上
達久矣凡有可以利安軍民者悉具奏來各府州縣亦
須周歷諮訪庶幾得民之情
○工部奏脩兵器請徵布漆於民
上曰兵器不可不脩但方下詔恤民民瘼未蘇何忍復有
徵歛其官給價鈔市之
○丙戌鳳陽五河等縣奏雨水没田稼
上謂戶部尚書夏原吉曰農民勞苦至秋成為水所傷既
無自給不可復徵其稅其遣人覈實今歲粮芻悉免之
○庚寅通政使司左通政樂福言奉命治水蘇松嘉湖杭
常六府今歲六府田稼有傷於水者請寬其稅俟來歲

併徵
上曰今歲以恤民故寬之若來歲併徵民輸亦難其令以
鈔布代輸
○乙未
上諭兵部尚書李慶曰今太僕馬增數倍而畿民一夫或
畜三匹四匹者畢力於此故有耕桑盡廢衣食不給甚
可矜憫其以分給諸衛所及臨邊戍卒俾牧養秉習以
待用亦軍民兩便也
○十月癸卯通政使言山東民運粮至通州張家灣因民
家火延粮舟悉燬官府責償甚急民無所出奏乞緩徵
上諭戶部曰山東數年水旱民窮今又厄於此宜寬恤之

其令每粮一石準輸鈔四錠
○丙午山東布政使司言登萊諸郡今歲雨水傷麥其前
歲所逋稅乞令民以他物代輸
上命户部議所以寬貸之户部言今國用不足
上曰君民一體民貧豈可不恤宜從所言其永樂二十年
所逋稅悉蠲之二十一年稅令以鈔貸輸
○戊申通政使司請以四方雨澤奏章類送六科收貯
上曰祖宗所以令天下奏雨澤者葢欲前知水旱以施恤
民之政此良法美意今州縣雨澤奏章乃積於通政司
上之人何由知又欲送六科收貯是欲上之人終不知
也如此徒勞州縣何為自今四方所奏雨澤至即封進

朕親閲焉又諭之曰為近臣當究事理恤民難毋徒苟
應故事也
○癸丑順德府廣宗縣奏今歲雨水下田傷稼頗多乞寬
其租稅
上謂户部臣曰比登萊諸郡雨水傷麥已蠲其永樂二十
年逋稅二十一年所逋者令折輸鈔廣宗可準此例寬
恤之若俟覈實而行則民困於有司之督責其速行之
而後令巡按御史審實不實者罪之自今各處有告災
者悉準此例
○乙丑山西渾源州奏民逃徙者百餘户其田荒廢而歲
額未除請以均分見在之民

上曰民窮甚故逃今以分見在之民是欲其皆窮而逃也
命户部速除稅額若民有願耕者或逃者復歸就耕則
三年後徵稅
○十一月癸酉
上諭户部尚書夏原吉等曰土民所恃以衣食者今所在
州郡奏除荒田租得非百姓苦於征徭相率轉徙數抑
年饑衣食不給或加以疫癘而死亡歟自今一切科徭
務樽節仍命有司凡政令不便於民者條具以聞被災
之處旱奏賑恤有稽違者守令處重罪
○洪熙元年正月己亥遣布政使周幹按察使胡槩叅政
葉春巡行應天鎮江等八府察民利病賜勅諭曰朕祗

奉鴻圖君臨兆庶惓惓夙夜康濟為心而南方諸郡尤
厪念慮誠以民衆地遠情難上通今特命爾等巡視應
天鎮江常州蘇州松江湖州杭州嘉興八府其軍民安
否何似何弊當去何利當建審求其故具以實聞爾等
必公必勤毋徒苟應故事庶副朕憂憫元元之意欽哉
○三月辛未朔勅守南京襄城伯李隆曰軍民久勞宜俾
休息况東作方興不可妨其農務所運營造木植已過
儀真損者令運至北京未過損者俱於龍山廠收貯勅
南京工部亦如之
上勅户部工部曰連年民力疲於轉輸朕夙夜思所以休
息之今北京庫藏所貯足給用度已令各處見解錢帛

金銀銅鐵等件未過儀真者俱貯於南京庫藏如已
過俱聽來其原派納北京之粮仍令儹運
○壬辰罷徐州等處買羊毛時有自南京來奏事者
上召至榻前問道途所過百姓安否何如首以是對並命
所司罷之
○四月壬寅免山東及淮安徐州今年夏税秋粮之半停
罷一切官買物料時有至自南京者
上問道路所過民情何似對曰淮安徐州及山東境内民
多乏食而有司徵夏税方急遂召問少師蹇義所對亦然
上坐西角門召大學士楊士奇等令草詔悉免其今年夏
税及秋粮之半官買物料一切停罷士奇對曰

皇上俯恤民窮誠出於聖仁若斯事亦可令戶部工部與聞
上曰姑徐之救民之窮當如救焚溺不可遲疑有司慮國
用不足必持不决之意卿等姑勿言命中官具楮筆令
士奇等就西角樓書詔
上覽畢即命用璽已遣使賫行
上顧士奇曰汝今可語戶部工部朕悉免之矣左右或言
地方千餘里其間未必盡無收亦宜有分别庶不濫恩
上曰恤民寧過厚為天下主可與民寸寸計較耶
○勑平江伯陳瑄曰累歲軍民運木植勞勤朕甚憫之今
自儀真至通州沿河木植悉皆停運就所至去處堆垛
令人看守軍民悉散遣歸其差去管運官不許以堆垛

為由遷延不歸以擾害百姓違者罪之
○甲辰勑南京太監王景弘曰朕以來春還京今遣宮匠
人等前來爾即提督將九五殿各宮院凡有滲漏之處
隨宜脩葺但可居足矣不必過為整齊以重勞人力
○丁未都察院右副都御史弋謙等陛辭勑諭謙曰往年
採木者必先虚奏數目及當起運之際倉卒採辦以足
虚奏之數厲民為甚近命内官謝安侍郎楊和等往四
川起運水次堆積之木朕慮安等復蹈前非特命爾往
巡視但據今實堆積水次者即起運來如有比先虚奏
之數今已赦其罪不問不可再採以補此數只從實起
運如有不遵朕命仍前勞人採補者即枷釘差人解來

治以重罪

重農

○永樂七年三月辛未
上為皇太子監國南京謂戶部侍郎古朴曰今夏氣將至
農事正急閒輸賦之人繫於京師久不得歸此必所司
貪賄故生事阻滯其速榜諭凡運賦所過官司不即放
行所至倉官不即收受者皆罪不貸
○永樂八年五月辛卯
上為皇太子監國南京刑科右給事中耿通言驍騎等衛
倉壞運粮至者露積久而虧折多工部侍郎陳壽等不
預修理宜正其罪

上曰豈獨虧損又妨農務令壽等亟修倉收納遺民歸治農
○永樂二十二年五月丁丑
上爲皇太子監國浙江台州府臨海縣啓廣濟等處河道
淤塞水閘頹壞乞脩浚
上諭工部臣曰春秋愼用民力而護不時可令農隙脩築
○十月辛酉五城兵馬指揮司言比日京城軍民私宰牛
甚衆請重罰以警之
上曰愚人苟圖目前之利更不恤刑罰命三法司自今私
宰牛者十倍時值追鈔仍治私宰之罪時鈔法滯故推
爲此令
○十一月甲戌
上諭戶部尚書夏原吉等曰農者生民衣食之原耕耘收
獲不可失時自今一切不急之役有當用人力者皆俟
農隙前代蓋有不恤農事而以摇役妨耕作召亂亡者
矣不可不謹
○辛卯
上諭戶部尚書夏原吉曰古寓兵於農而不奪其時所以
民無轉輸之勞而兵食足後世莫善於漢之屯田昔
先帝所立屯種法甚善蓋用心甚至但後來所司數以
征徭擾之旣失其時遂無其效所在儲蓄十不及二三
有事不免勞民轉輸矣其令天下衛所凡屯田軍士自
今不許擅差妨其農務違者處重法

○洪熙元年正月丁酉密雲中衛舊城坍塌七百餘里奏
請脩築
上曰今東作將興未可以妨農事姑俟秋成
○四月壬子魯王肇煇奏本府居室損漏欲令護衛官軍
脩理請停今歲護衛屯田免其子粒賜書答曰屯田國
之大政
皇祖
皇考制爲萬世不易之法兄初即位豈可遽違以詢賢弟
之請且詔書已定獨於賢弟更之衆其謂何况子粒仍
充本衛軍粮於王府固自有益也居室損漏者可俟農
隙脩之

求賢

○永樂二十二年十月乙卯
上命吏部令在京七品在外五品以上文官及知縣縣於
五品以下見任官及軍民中訪舉德性淳篤行止端方
或材能出衆政績顯著或文學有稱識見優遠者量材
擢用若有蔽賢及濫舉者論罪如律所舉之人後犯贓
罪舉者連坐又諭之曰朝廷比年數下詔舉賢而奉行
者率多徇私背公或以賄賂舉或以親故舉所得實用
十不三四政事何由而理生民何由而安自今必嚴舉
主連坐之法庶得實材
○十一月甲申廷臣奏舉官者

上諭之曰君以求賢為務臣以薦賢為忠雖聖人用人不
求備隨才大小皆有所用然天下之大其間豈無庶幾
皋夔稷契之徒誠得一人勝千百人爾等為朝臣宜體
朕此意悉心訪求勿苟拘私情而不顧公義古人言舉
能其官惟爾之能稱匪其人惟爾不任朕亦以此觀爾
遂命吏部自今以薦舉至者必試而用之
○洪熙元年四月庚戌鄭府長史司審理所審理正俞廷
輔言科舉之弊乞加慎選
上諭禮部臣曰所言當理其即行之又曰科舉之士須南
北兼取南人雖善文詞而北人學重比累科所選北人
僅得什一非公天下之道自今科場取士以十分論南

士取六分北士四分爾等其定議各布政司名數以聞
用人
○永樂二十二年八月甲子
上以文官員冗命吏部汰之曰古稱官不必備惟其人今
過冗矣且賢否廉汙混淆無別廉汙無別則廉者之心
或怠君子小人並處則小人之勢常勝且諸司令堂上
正官在外令巡按監察御史及按察司明公廉察凡賢
材者留其貪刻庸鄙及老疾者悉送吏部罷之自今吏
部宜精選勿濫
○九月乙酉升靈壁縣丞田誠為州判官仍令佐靈壁縣
事初誠以丞九年考績詣京師縣人父老詣闕言誠居

官廉能撫字有方乞復職
上諭吏部尚書蹇義等曰縣官親民苟得人當加秩而久
任之俾一縣蒙福今民既願留之即其政可知遂有是命
○十二月辛亥書各都司布政司按察司官姓名於奉天
門西序先是
上諭吏部尚書蹇義兵部尚書李慶曰庶官賢否軍民休
戚之所係唐太宗書刺史之名於屏朝夕省覽聞其有
善政則各疏於下故當時所用之人皆思奮勵致治效
斗米三錢外戶不閉
皇考亦嘗書中外官姓名於武英殿南廊閒暇觀之今五
府六部之臣朕朝夕接見得詢察其賢否若都司布政

司按察司官朕既不盡識之又不悉其姓名雖或聞其
賢否邪正既久不能不忘為臣有善而上忘誰肯自勉
有不善而上忘之誰肯自戒如此國家何以望治效爾
吏部兵部具各都司布政司按察司官姓名履歷揭諸
西序朕得閒暇觀之以考察其行事而黜陟焉至是悉
書之
上顧義等曰卿等更須用心以副國治之意
○洪熙元年三月辛巳
上諭吏部臣曰刑獄係人死生近日刑官有以貪賄敗者
有以深刻敗者蓋顛倒是非民苦冤抑天災人譴彼必
不免但簡用之者亦得辭其咎歟自今刑官必擇廉明

公正謹厚之士無俾憸人得肆枉濫
○五月戊寅陞貴池縣典史黃金蘭為本縣知縣初金蘭
以考績至京邑民父老詣闕言其施政寬厚有愛民心
請復其任
上曰能致民數千里乞留是不負朝廷任使矣遂有是命

命官

○永樂二十二年八月戊午命英國公張輔等掌五軍都
督府諭之曰卿等皆
先朝勳舊故託以股肱心膂其一乃志力以無媿職守
○乙未置太師太傅太保階正一品少師少傅少保階從
一品
上諭吏部尚書蹇義曰此

皇明寶訓　洪熙一卷　廿六

皇考之制也
皇考聖明天縱可不置此官予歷事未廣不無望於傅保
卿等免之遂命義為少保
○壬戌加鎮守雲南黔國公沐晟太傅賜敕諭曰卿國家
至親且老成有德望今朕嗣位之初方資毗輔之重特
命卿為太傅尚念
皇祖
皇考之大德悉心盡力用佐朕躬嘉謀嘉猷勿以道遠而
或略朕虛己以俟焉賜晟鈔二萬貫綵幣表裏各十
○洪熙元年正月己卯建弘文閣於思善門作印章命翰
林院學士楊溥掌閣事翰林侍讀王進等佐之
上親舉印綬溥曰朕用卿等於左右非止助益學問亦欲
廣知民事為理道之助卿等如有建白即以此封識進來
○庚寅命都指揮使張傑等任外職
上諭之曰爾等事
皇考多歷艱難朕初嗣位豈不欲爾旦夕在左右然念爾
皆老成人涉歷多而智識明今用補外職非徒使之富
貴汝有材能亦得展布以助益國家盡今最要者撫養
士卒嚴固守備而正己以率下各往勉之
○四月戊辰命郎中李子澤等分往總兵官陽武侯薛祿
等處參理軍機文書賜敕諭之曰朕命將禦邊其軍務

皇明寶訓　洪熙一卷　廿七

之殷重在嚴謹而文墨所寄尤重得人今以爾等重歷
達於文理特命往各總兵官處凡其軍中機密文書從
總兵官同爾整理必謹嚴慎密不可泄漏其總兵官調
度軍馬發號施令等事爾一切不得干預總兵官宜以
禮待爾爾亦宜循守禮法不可輕慢庶幾協和相濟以
成國事欽哉

求言

○永樂二十二年九月丁亥
上謂翰林儒臣曰為政所大患者上下之情不通比來朝
野物議何如凡軍民中利有當興害有當革者卿等悉
為朕言當審其可否即行之庶幾少紓人困

庚寅
上諭鴻臚寺卿楊善等曰朕初即位凡吏治賢否民情休
戚皆欲聞之而四方遠者無由盡達自今方岳大臣來
朝即皆引見朕親問之庶幾以悉下情
○戊戌賜少傅兼吏部尚書蹇義少保兼華蓋殿大學士
楊士奇太子少傅兼謹身殿大學士楊榮太子少保兼
武英殿大學士金幼孜銀圖書各一其文曰繩愆糾繆
仍諭之曰卿等皆國家舊臣祗事
先帝二十餘年又事朕於春宮諫達老成今朕嗣位軍國
之務重須協心贊輔凡政事有闕或羣臣言之而朕未
從或卿等之言朕有不從悉用此印密疏以聞毋懼於

再三言之君臣之間盡誠相與庶幾朝無闕政民無失
所而朕與卿等皆不負
祖宗付託之重義等頓首受命
○十一月甲戌
上以在廷文武羣臣進言者寡勅諭之曰朕以菲德承大
統君臨億兆顧天下之廣庶務之繁豈一人所克循理
亦惟賴文武賢臣相與協德共圖康濟翊屬亮陰之際
尤切倚毗之心是以嗣位之初首詔中外旁求直言此
實意也而涉月累旬言者無幾夫京師首善之地四方
之所視法今有民困於下而不得聞弊膠於習而不知
革為國以得賢為重事君以進賢為忠今居官者或貪
雜處賢否無別其何以望治效典兵者或部伍不實紀
律不肅其何以嚴防禦仕者之祿不足而冗食之冒甚
衆法吏所尚乎刻而罪人或困於深文推之百司之務
夫豈皆適於中近者如斯何以法遠豈非憲紀不振言
路猶壅夫有功必賞有罪必罰賢者必進不肖者必退
至公之典朕不敢私卿等皆受國家股肱心膂之寄無
以直言而慮後譴君臣同體相與至誠必有嘉謀嘉猷
輔朕不逮庶副倚重賢人君子之意
○丙子
上召大興宛平二縣官諭之曰朕即位之初首罷不急之
務以紓民力爾為京縣親民官正宜加意撫綏使民先

受其惠比聞在京百姓猶有困於徭役者此皆爾等不
職之故昨勅羣臣詢民瘼困有知而不言者亦有欲言
而不知者爾切近民非不知也而亦不言何也今與爾
約三日凡民間何事便何事不便悉具來聞朕為爾處
置若復坐視不理必罪不貸因顧侍臣歎曰朕憂憫百
姓蚤暮不忘而一城之中猶上下不通如此况數千里
外哉古人所以戒無逸也
○丁亥
上御西角門閱京官誥詞顧大學士楊士奇楊榮金幼孜
曰卿三人及蹇尚書夏尚書皆
先帝親任舊臣朕方倚以自輔凡朕所行卿等朝夕共見

有未盡善皆當盡言朕見前代人主有一履帝位輙自
尊大惡聞直言左右之人雖素所親信亦畏威順旨緘
默取容或賢良之臣言之一再而不見聽亦退而絕口
以圖自全君臣之間各謂未事當責然未久皆至禍敗
朕與卿等當深以為戒君臣一體始終同心庶幾可以
以共圖利安遂取五人誥詞御筆增二語云勿謂崇高
而難入勿以有所從違而或怠曰此朕實心卿等勉之
士奇等稽首曰此
陛下聖德臣等其敢不勉
上悅
○十二月辛亥

上諭戶部尚書夏原吉曰鈔法不通兩日與卿等商畧未
決朕思之稼穡問農桑問婦此事須詢之閭閻市井
閒廢盡委曲可揭榜通衢令官吏軍民中凡有所見許
詣闕自陳或赴通政司投進言當者從之否者不罪
○甲子湖廣等布政司左參政黃澤等來朝各上章言事
上諭之曰朕所以求言者蓋欲聞民情休戚吏治賢否比
來言者多舉末節細務而於民情吏治鮮及之蓋文具
塞責而已甚非朕意爾等方面大臣當有體國憂民之
心宜為朕舉其要且切者不然何以稱爾之職遂命禮
部會議澤等所言以聞

褒直言

○永樂二十二年九月壬辰平江伯陳瑄上言七事
上覽奏以付翰林臣曰瑄言皆當令所司速行又曰大臣
能用心如此亦難遂降勅奬諭之勅曰朕嗣承大統君
國子民之心夙夜惓惓卿所陳數事皆今切務覽之再
三良契于懷已勅所司施行惟卿忠愛之誠嘉念不忘
特茲奬諭想宜知悉勅下左右或言瑄亦常談無足煩
寵褒者
上曰武臣能言及此難得且今皆懼言出得罪所當奬掖
以導之古人尚買死骨吾此舉豈不遠過之哉
○十一月丙甲翰林院學士楊溥疏言事
上嘉納之御劄奬諭曰覽卿所奏為国家之計誠合朕心

但望卿始終如一知無不言相朕政治以承天休感卿
忠懇特用酬報今賜卿綵幣一雙寶鈔一千貫卿其領之
○己亥少傅兼華蓋殿大學士楊士奇密疏言事
上嘉納之御劄奬諭曰覽卿所奏導朕以仁助朕以德欲
朕為唐虞之君皆俊良共成王化此金石之言誠忠良
股肱之臣也朕朝夕慮卿等以朕尊居宸極畏有譴責
不肯進言今覽所奏朕甚欣喜足對於衷但望卿始終
如一知無不言以副朕委託之意共成王道之美朕深
感卿特賚卿白米十石綵幣二表裏寶鈔二千貫章
眷待非應故事卿其領之
○洪熙元年正月癸酉召大學士楊士奇楊榮金幼孜黃

准諭曰爲君以受直言爲賢爲臣以能直言爲賢不受
直言則過益增不能直言則忠不盡如昨日朝會從呂
震所請今悔何及賴卿等同心遂免此悔自今卿等遇
朕行有未當但直言之毋以不從爲慮各賜鈔一千貫
文幣一表裏

改過

○永樂二十二年十一月庚子
上御右順門諭楊士奇曰近日覺得羣臣意思多好朕或
乘快意發落事有過處朝退思之方自悔而外間已進
文字來甚愜朕心士奇對曰宋臣富弼有言願不以同
異爲喜怒不以喜怒爲用舍

上曰然書云有言逆於汝心必求諸道朕恒存此心聞羣
臣所言有咈意者朕退必自思或朕言有失亦未嘗不
悔士奇對曰成湯改過不吝所以爲聖人
上曰朕有不善患未知之知之不難於改此卿所知也
○洪熙元年正月己丑命給朝覲官馬初兵部尚書
李慶以畿内之民困於牧養官馬乃建白請令山東山
西河南陝西浙江江西湖廣七布政司及南北直隸府
州縣文武衙門每官一員給馬一匹就令牧養其孳生
準民間例無者追陪都司布政司按察司及衞所府州
縣正官給兒馬佐貳首領官給騍馬俱從太僕寺及都
司布政司提督考較用寬畿内之民
上命與羣臣議慶覆奏羣臣議皆合遂下令中外凡官員
至京者於兵部給馬時朝覲官在京已給過半有近臣
力爲
上言事體不便者
上大悟時陝西按察使陳智亦曰按察司官受太僕寺提
督牧馬是風憲受制遂勅兵部曰初羣臣所議本欲使
行民令審思之誠有未當蓋國家以禮待士使牧民也
今以馬責其孳牧非惟失禮臣之體將有虧折貽害無
已遂使廉者難保其操行貪者得假此擾民況以下詔
寬恤民間牧馬今二歲納一駒豈復於官備責孳牧幾
使各府州縣大小官一皆牧馬總約不及數十其於朝
廷補益幾何今朝覲官但已領馬者就依洪武中欽給
官馬例給之不問孳息未領者悉止勿給

○三月丁丑
上以災異屢見而進言者鮮勅諭文武羣臣朕以眇躬處
億兆之上天下之大政務之繁殆難獨理是以數詔求
言冀匡不逮此朕之實心也自即位以來臣民上章以
數百計未嘗不欣然聽納言之而當即與施行苟有不
當未嘗加譴羣臣所共知也間因大理寺少卿弋謙所
言過於矯激多非實事朕一時不能釋於心而羣臣有
迎合朕意者交章奏其賣直請置諸法朕皆拒而不聽
令謙就職但免朝參而自是以來言者蓋少豈以爲無

事可言皆抑懷自全之計而退為默默歟今自冬不雪
春亦少雨陰陽愆和必有其咎豈無可言而為人臣者
惟念保身何以為忠朕於讜一時不能含容未嘗不自
愧咎爾文武羣臣亦各思以君子之道自勉攄其嘉謀
嘉猷凡於國家軍民利有未興弊有未革及政令有未
當者咸直言之勿以前事為戒而有所諱庶幾君臣相
與之義弋諫朝參如故

明治體

上初為世子
太祖皇帝召
上及秦晉周三世子朝夕親教訓之歷試諸事當命分閱

中外臣民奏疏
上獨取其切於兵民疾苦及關
宗社大計者白之
太祖覽之稱善其間有一語一字之謬者悉置不以白
太祖指示之曰爾忽之耶對曰不敢忽顧小過失不足以瀆
天聽
太祖喜曰孫有君人之度哉
○永樂八年五月甲午
上為皇太子監國南京吏科給事中陶瑋有罪下獄時瑋
啓其鄉一工匠不赴公役而私賫於外
上曰爾以是為忠耶朝廷置六科雖以考察奏牘防閑欺
蔽亦欲聞政事之闕失下人之休戚今朝廷政事兵民
休戚豈無當言者皆未聞汝言而瑣瑣及此豈汝嘗有
私憾乎令刑召匠訊之刑部還言匠已役滿將歸暫賫
以給路費其家居與瑋隣素有私忿蓋誣之遂下瑋獄
○永樂二十二年八月己未錦衣衛指揮使王節等奏比
來校尉上直屢失所懸銅牌銅牌所憑關防出入者請
治之以懲
上曰昨日下詔赦有罪今日遽罪赦前事何以示信其勿
治遂諭六科及三法司曰令信則民從不信則民貳國
家使人用信為本故昨日降詔惓惓在信爾等各務遵
守毋致朕食言以失人心

○洪熙元年三月壬申周王橚奏欲以河南都司衙門與
汝南王家屬居住遺書答曰
祖宗建置都司總制一方所係非輕不敢移易汝南王家
屬至可於三護衛衙門內擇一寬闊者居之此為得宜

興學

○永樂二十二年十月丁卯禮部引孱縣歲貢生奏送翰
林院考試
上召大學士楊士奇等諭曰朝廷所重安百姓而百姓不
得蒙福者由牧守匪人牧守匪人由學校失教故歲貢
中古事不通道理不明十率七八此豈可授安民之寄
自今宜戒因循之弊嚴考之本經四書義不在文詞之

工拙但取有理致者如或難得即數百人中得一人亦
可盡取之嚴則無學者不復萌僥倖之望而有鋭進之
志矣

○十一月壬申

上諭禮部臣曰太學聚天下之士教之以備任用蓋因其
已成而益充之今郡縣歲貢生率記誦陳言以圖僥倖
求其實學百無二三爾禮部宜勑有司督學官嚴訓誨
必通經成才方得充貢蓋學者先立根本於鄉學然後
進充廣於太學若在鄉學全未有成而望有成於國學
焉有此理

○十二月甲辰

上諭吏部臣曰師儒之職不可濫授此欲其成就人才德
古以模範稱之模範不正其所造詣何能得正比來國
子生務實學者甚少大率於諸司歷事苟延歲月以圖
出身固是學者志趣卑下亦由師範失職所致卿等毋
引選國子監官皆循資格陞之不聞舉一道德老成之
士如何望太學之師皆得人自今慎重其選

大明仁宗昭皇帝寶訓卷之二

光祿大夫柱國少傅兼太子太傅禮部尚書武英殿大學士臣呂本謹校

南京禮部祠祭清吏司郎中臣陳治本

南京兵部職方清吏司主事臣宋錦謹閱

南京工部屯田清吏司郎中臣呂旂閲

崇儒

⊙永樂二十二年十月甲辰賜衍聖公孔彥縉宅於京師
彥縉歲來朝皆館於民

上聞之顧近臣曰四夷朝貢之使至京皆有公館先聖子
孫乃寓民家何以稱崇儒重道之意遂命工部賜宅

○十二月己巳禮部尚書呂震奏有

旨賜衍聖公孔彥縉一品金織衣衍聖公是二品如旨賜
之過矣

上曰朝廷用孔子之道治家國天下今孔子之徒在官有
一品服者孔子之後襲封承先師之祀服之何過且
先帝時五品儒臣有賜二品服者亦何過哉其賜之用稱
朕崇儒之意

正風化

○永樂八年三月己丑

上爲皇太子監國南京都察院左都御史陳瑛啓蘇州府
妖婦詛降邪神法當絞其子累乞代死按法不可從而
堅請不已

上曰此亦子情所難可特以子之故曲宥其死然妖人不
罪無以示懲杖而釋之
○七月丁丑
上為皇太子監國南京謂禮部尚書呂震曰人情相愛則
祝以多男而民庶者國家之祥近謂京師愚民有厥子
息多生輒棄之不育者傷天地之仁失父母之道宜嚴
禁止之再有犯者并兩隣加罪
○永樂二十二年九月乙酉靈山衛指揮張忠過真定取
民女子為妾已納聘蓋女子先受他聘矣而父母利厚
贄更許忠未行其先聘者訴于官事聞
上曰婚姻風化之原既有成言義不可易今嗜利而中易

之術與虜之陋以敗風化此父母之過命法司罪主婚
者女子歸先聘者如忠不知即不坐
○十月戊午廢遠安王貴燮巴東王貴瑄為庶人勅曰送
終人子大事爾兄弟父薨不奔喪五刑三千莫大不孝
國之正法朕不敢私今悉削奪王爵降為庶人仍免荊
州於簡王墳園居住其原受遠安王巴東王冊印即封
識付使者歸納原隨校尉悉令回京爾其深自循省改
過易行以副朝廷優容之意蓋二人永樂中嘗誣告其
父有不軌謀至是
上諭禮部尚書呂震曰正風化當自家族始遂降勅削奪
云

○十二月甲辰吏部舉奏興州左屯衛經歷李能許丁憂事
上曰孝子事親惟日不足不幸已死初猶以生事之不忍
遽死其親今親在乃詐言死以誑朝廷不孝不忠孰大
於此命付法司治之
○洪熙元年三月丁亥
上諭刑部尚書金純等曰自宮以求用者惟圖一身富貴
而絕其祖宗父母不顧古人求忠臣於孝子彼於父母
尚不顧豈有誠心事君朕已決意不用此等人然其不
孝之罪須懲治今後有自宮者必不貸若加人宮刑乎
朕亦惡之蓋宮刑下死刑一等耳亦須嚴切禁止顧大
學士楊士奇等曰此事須已詔書行之

諭臣下
○永樂七年十二月壬子
上為皇太子監國南京都督譚青率官軍赴北京陛辭
上諭之曰為將以號令嚴明部伍整肅近聞軍士在外往
往暴橫擾民劫奪財物此皆為將不能約束之過夫兵
以除暴衛民乃為暴厲民可乎其及約之毋自取罪責
○永樂十八年十月乙卯
上為皇太子過滁州登瑯琊山指示學士楊士奇曰此醉
翁亭故址也因嘆歐陽修立朝正言不易得令人知愛
其文而知其忠者鮮矣蓋
上為文章尤善修每曰三代以下文人獨修有雍容和平

氣象尤愛其奏議切直審命刋修文以賜羣臣且諭之
曰修之賢非止於文卿等當考其所以事君者而勉之
○永樂二十二年十一月癸未遣監察御史楊榮等十四
人分巡天下考察官吏
上諭之曰國以民為本民安則國安比年在外牧守之官
不體朝廷恤民之意侵削擾害民不聊生故今遣爾等
分行考察然人才器不同有專為腊常諂媚而政事不
理殃及於民者有沉靜篤實不善逢迎而為政簡易民
悅服之者有虐於用刑巧於取索而能集事者有廉潔
無私謹謹自守而政務不舉者爾當明白具實以聞無
惑於小人無屈於勢要無私於親故詢之於衆斷之以

公可也各賜鈔二十錠為道里費又諭之曰御史朕之
耳目當勉副朕心必先自治乃可治人若棄廉恥違禮
法朕亦不汝貸汝往勉之
○十二月丁未禮科給事中黃驥極陳西域賈胡入貢西
人受害乞罷其貢
上嘉納之以其奏示禮部尚書呂震曰驥嘗奉使西域故
具悉西事卿陝西人有不悉耶為大臣當存國體卹民
窮毋侵削本根驥所言其皆從之
○洪熙元年正月乙亥勑諭天下文武羣臣曰朕惟天地
以生物為德人君以安民為務設官分職簡賢任能所
以相成其功朕祗紹鴻圖仰惟

祖宗創業守成之難夙夜惓惓體
天為治嗣位之初屢遣詔赦有罪不急之務一切停罷選
任賢良共圖維新之治期與天下安於太平今天下庶
事未理生民未安斯朕之責亦爾文武羣臣之責尚思
勉之今爾文臣六卿掌國之庶務布政司受任方隅守
令典郡邑大小庶官各有攸司其竭忠殫慮以安黎庶
銓選必擇人賦稅必有常禮教必修明兵政必振舉刑
罰必平恕營繕必撙節凡百政令必勤審度以存恤為
心內外相承興利除害休息以養其生勸課以厚其本
興學勸士以正其俗以成其才必使吾民衣食充足禮
讓成風匹夫匹婦咸得其所斯為稱職今爾武臣都府

掌國之軍政都司總制一方衛所鎮圉各有信地其悉
心戮力以衛國家簡閱訓練必公必勤紀律部伍必嚴
必肅器械必堅利城堡必脩繕糧芻儲峙必足於用巡
邏瞭望必謹以備使奸宄屏迹吾民安於無事其要以
撫養軍士為本卹其饑寒念其疾苦用之萬全斯為稱
職至於風憲為朕耳目朝政闕典吏治得失軍民利病
百官有司孰賢與否悉宜廉察必使官得其人政無不
舉人咸樂生斯為稱職夫君臣一體上下相須朕勉於
修德爾尚勵於忠貞嚮成治化以躋斯民於雍熙泰和
之盛不其偉歟朕代天子民將存戒飭不以小人備任
使不以浮費傷財力不以刑罰先教化不以貪黷勞士

辛爾尚體于至意以稱職任惟忠足以事君惟仁足以
恤人惟勤則庶事集惟廉則公道存乃若驕盈縱恣朋
比用事貪甚掊克漁獵吾民或阿諛從臾徒務容悅庸庸
保位無補於黜陟之明賞罰之公典章具在爾其欽哉
○三月辛卯命安平伯李安為參將往交阯與榮昌伯陳
智同掌軍務賜勅免之曰爾父明達道理持身謹行盡
忠國家朕未嘗忘爾亦能卓立繼父之志出入軍旅通
練事機朕用嘉之今特付爾一方之寄其益致慎盡心
效謀懋建功業庶幾有光爾父而不負朕之委任欽哉

戒飭臣下

○永樂七年二月戊戌

上為皇太子監國南京召各城門郎戒諭之曰朝廷設城
門郎專以關防守備毋受制於權豪不可縱姦人亦不
可阻平人宜盡爾職將別遣人巡視不能盡職有罰
○永樂八年二月癸丑
上為皇太子監國南京謂都察院左都御史陳瑛曰五城
兵馬專以巡警京城若畏避權勢縱惡長奸將小人得
志善良受害爾其戒勵之使各修厥職
○永樂十四年正月乙卯
上為皇太子監國南京右春坊右中允吳均等言國朝之
制京官有犯必奏聞然後逮問永新伯許成禮杖工部
主事王景亮違越禮法宜正其罪

上曰成武人不達事體姑宥之已而召成諭曰古之賢臣
不恃功而犯法惟能守法然後可長保富貴爾其慎之
○永樂二十二年八月辛未命定國公徐景昌富陽侯李
茂芳受學于國子監初文武百官居
大行皇帝喪皆齋戒出宿公所景昌茂芳等不出宿為給
事中所劾坐是召二人面諭曰景昌
皇妣之姪茂芳
皇考外孫
皇考賓天臣民如喪考妣爾兩人乃安處私室顧情與禮
何如此不學之過遂有是命
○九月乙亥命後軍都督府都督同知梁銘鎮守寧夏

上諭之曰寧夏西北重鎮其軍民艱窶已甚爾為守將務
撫綏之且爾既有常祿宜惇廉潔之行果若服食所需
不能繼當以告朕慎毋貪暴主事以困軍民蓋銘屢以
貪賄致敗故申飭之
○洪熙元年正月甲申勑大同參將都督僉事沈清及寧
山西行都司都督僉事李謙曰朝廷謂爾等才智託以
邊事正宜同心協力綏撫士卒勤於操練晝夜以警備
為心庶稱委任今寥不聞邊備如何設施城池如何修
葺軍士如何操習粮儲如何蓄積但聞各持私意搜羅
過失互相訐奏若此所為何以稱朝廷之付託朕念武
安侯年老故命清為參將副之一應事務清當與武安

侯討議停當乃行靖安敢專擅行之李謙職掌都司歷
有軍政須聽武安侯發放是非可否自有公論謙安敢
與之相抗自古賢將皆務協和以成國事爾等不此視
效乃私相忿爭果賢乎非賢乎宜深思前過改悔從善
否則罰加爾身雖悔無及
○三月己卯勑寧夏叅將保定伯梁銘曰爾昔所為屢犯
憲紀囚辱損挫艱苦備嘗朕念守城舊勞宥爾之過加
爾之爵謂必能懲創為善故授以邊寄期爾禦遏外侮
靖安疆陲庶幾朝廷無西顧之憂爾不思感恩圖報乃
包畜貪心誅求無已且古之為將者與士卒同甘苦暑
不張蓋軍竈未成將不先食今爾不恤軍士之艱不以

防禦為重恣情貪虐加以酒色日不事事假如虜寇猝
然侵境何以為備自今宜深思前過改易所行潔已恤
下盡忠務公庶幾副朕之委任若復蹈前非國有明憲
爾其省之蓋時自寧夏至者言銘罪非一人故降勑切
責之
○丁亥
上諭刑部尚書金純都察院左都御史劉觀大理寺卿虞
謙曰往者法司無公平寬厚之意尚羅織為功能稍有
片言涉及國事輒論誹謗中外相率成風姦民欲嫁禍
良善者輒飾造誣罔以誹謗為說一罣名於此身家破
滅莫復辨理今數日間覺此風又萌夫治道所急者求

言所患者以言為諱況今所急尤在於通下情卿等宜
體朕心自今告誹謗者悉勿治顧大學士楊士奇等曰
此事必以詔書行之

振風紀

○永樂二十二年十一月丙子
上謂都察院左都御史劉觀曰御史朝廷耳目當清心正
已以振憲綱比年貪黷之風甚矣自今有差遣者循洪
武中例賜以衣鈔若復貪黷罪之不恕
○洪熙元年五月辛未
上諭少師兼吏部尚書蹇義曰御史朝廷耳目之官惟老
成識治體者可任新進小生遽受斯職未達政治之體

而有可為之權遇事風生以喜怒為威福以好惡為是
非甚者貪穢無藉賢人君子正直不阿往往被其陵辱
小人阿順從臾之則相與為膠漆其於政事滂夾軍民
利病略不用心安在其為耳目也爾吏部自今須慎選
擢以清風紀既又嘆曰都御史十二道之表如都御史
皆廉清公正各道御史雖間有不才亦當知畏憚今之
不才者無畏憚矣爾其咨訪可任都御史者以聞

重名爵

○永樂二十二年十月甲申嘉河衛指揮阿必察等遣女
直頭目咬納等來朝且奏乞授咬納等本衛指揮
上顧侍臣曰一來朝遽授指揮再朝當授何官且有功者

又何以賞之不許賜咬納等鈔幣遣還
○丙辰忽石門衛指揮使沙龍加及頭目亦失哈等來朝
乞授亦失哈本衛指揮
上諭之曰今一來朝遽授指揮有
先帝時累累來朝今尚為千百戶者其心必不安矣彼既
不安汝得此職豈能自安但永堅忠誠不患無官職也
遂賜沙籠加及亦失哈等鈔幣有差命禮部厚待之遣
還因謂尚書呂震曰
祖宗官職當為
祖宗惜之震對曰外夷人授之官而非有俸祿之費似亦
可與

上曰
先帝所授外夷人官亦非有俸祿何為不輕授吾重官職
以寵此徒而又自輕之可乎且得一人而失衆人亦不
可也
抑倖進
○永樂二十二年九月乙亥中軍都督府奏本府歷事監
生七人今考所治吏事皆勤慎請如例送吏部循次授官
上曰為士豈止習吏事而已吏事末也誠能窮經博古達
於脩己治人之道吏事何難比士習日下率逐末以圖
進取而昧於大經大法故用之往往厲民而辱國自今
監生歷事考稱者仍命還監進學俾由科舉進庶幾士

皆可用官得其人於是通政司引奏六科辦事監生二
十人以滿日例應還監幸遇維新之治願仍就科辦事
以圖報效
上進二十人者諭之曰諸生不患無位但當圖所以無忝
於位者勿徒懷倖進之心士有才德使人求而用之上
也而求用於人下也諸生宜立志國家教育爾等固將
用之無自汲汲其歸進學學有成朕不汝遺時六科給
事中多言諸生萌僥倖之心
上灼知之故有是命
○戊子長沙府民有自宮求為內侍者通政使司以聞
上曰游惰不孝之人忍自絕於父母豈可使在左右發為

卒戍邊
○十月癸卯興州左屯衛軍徐翊有子嘗自宮入為內豎
翊奏乞除軍籍
上曰為父當教子為子當養親爾有子不能教致自傷其
體背親恩絕人道敗壞風化皆原於爾尚敢希除軍籍
耶出其子使代軍役
退不肖
○永樂七年六月壬戌
上為皇太子監國南京江西道監察御史方恢父喪不丁
憂事覺
上曰御史朝廷紀綱之職彼既不孝何以糾正百僚令錦

衣衛執送行在奏請罪之
○永樂二十二年八月庚申前工部右侍郎伏伯安先坐
姦事罰築城至是遇赦當復職
上曰淫穢之人不宜汙朝行黜為荊門州知州
○辛酉貶掌中都留守司都指揮僉事牛諒戍交阯初
上命諒從武安侯鄭亨鎮守大同諒憚行且不樂屬人即
詭奏曰令臣往治事乎抑為隸乎
上曰朝廷重邊務命爾從總兵大臣庶幾有贊畫之益顧
為遠是何等語朕初即位爾敢方命不恭如此將朝廷
不復使人耶令公侯大臣推問之遂奏諒懷詐不忠無
人臣禮法當誅

上不必誅亦不可用遂有是命
○九月癸酉朔降山西按察使陳諤為海鹽知縣諤初為
湖廣按察使僭擬楚上細故
上素厭之後改山西坐事落職至是遇赦應復
上曰諤小人也不宜以玷方面遂降知縣
○庚寅黜太常寺少卿周訥為交阯升華府知府訥永樂
中為禮部祠祭司郎中嘗再上疏請封禪
太宗皇帝不聽後以方賓薦入太常未幾親喪丁憂至是
來朝
上曰諛佞之人宜寘遠外不可以玷朝行遂黜之
○十一月壬午降浙江按察副使趙緯為嘉興縣典史初

緯為禮科給事中務撥拾人過失以希進擢至是來朝
上曰此人尚在耶懷蛇蝎之心豈可復置當道故有是命
防微
○永樂七年十二月戊申
上為皇太子監國南京守京城門內使言城門郎擅離所
守縱酒廢事城門郎亦言嘗以母病白內使暫歸即來
未嘗擅離蓋嘗以事忤內使故挾私誣搆
上曰城門郎無罪內使小人縱私上罔朝廷下誣無罪之
人豈可復用命下錦衣衛治之仍命司禮監榜示今後
內官使有言事不實及挾私枉人者悉寘重典
○永樂二十二年十一月庚辰內官馬騏傳

上旨諭翰林院書勅付騏復往交阯閘辦金銀珠香時騏
被詔召還未久本院官覆奏
上正色曰朕安得有此言卿等不聞騏前在交阯荼毒軍
民乎交阯自此人歸一方如解倒懸今又可遣耶遣之
非獨詔書不信將壞大事此人近在內間百方請求左
右為言再往當有利於國朕悉不荅卿等宜識朕意遂
止
節儉
○永樂二十二年九月壬午
上諭工部臣曰古者土賦隨地所產不強其所無比年如
丹漆石青之類所司更不究物產之地一槩下郡縣徵

之郡縣逼迫小民鴆斂金幣詣京師貿易輸納而商販
之徒乘時射利物價騰踴數十倍加有不肖官吏賫緣
為奸計民所費朝廷得其千百之十一其餘悉肥下人
今宜切戒此弊凡合用之物必於出産之地計直市之
若仍蹈故習一槩科派以毒民者必誅不宥
○十月庚戌
上諭鴻臚寺臣曰故事視朝後諸司有急切機務不得面
陳者許具題本於宮門投進冀得速達今訴私事乃私
思者亦進題本掩蔽欺衆以圖僥倖壞法亂政弊莫甚
焉今後惟警急機務不得即面陳者許封進題本其餘
大小公私之事並令公朝陳奏違者論以重罪仍令三
法司知之
○洪熙元年四月戊申命行在錦衣衛指揮使王節遣官
於濟寧儀真鎮江等處廵捕寇盗
上曰往年所遣捕盗官多不得人厲民更甚於盗今須慎
選若復蹈前弊爾等與之同罪
地利
○永樂二十二年九月乙亥
上以京師人衆而芻薪往往取給千數百里外命工部弛
西山樵採之禁尚書李慶奏曰盡惟聽官府採用
上曰古山林川澤皆與民共雖虞衡之禁取之有時用之
有節其實亦為民守非公家專有之京師軍民數百萬

家薪非出山何所取給人君於民有父母之道爲可惠
民皆當施之况山澤天地所産以利民者其居庸関以
東與天壽山相接宜禁樵採餘勿禁
○十一月庚辰
上以鈔法久滯聞南京抽分場舊所積薪及龍江提舉司
所積竹木甚富有至二三十年者因歎曰積聚本以資
人今京師軍民得薪甚難與其積久以待腐何若散之
以利人遂諭工部臣其二處所積除足歲用外餘並以
鬻軍民每百斤官價鈔五貫悉收昏軟舊鈔庶便貧者
○十二月癸丑罷海子至西湖廵視官蓋西湖受房山之
水流經城南出注海子凡三十餘里官常遣人往來廵
視禁民不得取魚而並緣爲姦者其傍近之草及灌田
之水民皆不得取至是
上命吏部悉罷之謂尚書蹇義曰古者山澤之利皆與民
共朕之心凡有可推以利民者雖府庫之儲不吝况山
澤所産哉
武備
○永樂八年五月丁卯朔
上爲皇太子監國南京兵部言羽林前等衛故軍官之子
賈福等三十一人俱以父功免比試照例優給襲職
上曰武官子弟不閑弓馬一有緩急將焉用之命都督府
依例比試不中者罰

○永樂二十二年十月癸卯
上諭兵部尚書李慶等曰城池為民保障今天下無事日
久城隍池壍所司歌偈不知脩治一有警急何以衛民
宜下各都司令督各衛所委正官巡視城池有傾塞者
於軍士農隙之暇併工脩理務令堅固若臨邊境則不
俟農暇即日修治
○十一月乙亥太師英國公張輔太子少保兵部尚書李
慶等奏請令直隸及近京都司官軍更番於京師操備
可之
上諭之曰古者務農講武皆有定期故兩不偏廢今宜摹
倣此意無廢屯種令畢農事而後來先農事而遣歸庶

皆不妨悞
○洪熙元年正月丙子太子少保兵部尚書李慶劾奏天
下都司衛所守禦指揮千百戶職在治兵而其間多貪
暴怠惰紀律不嚴器械不利城池不脩軍士缺伍攻戰
屯守之法漸至廢弛今因其來朝請付法司按治
上召至前諭之曰兵部所言良是國家之政莫重於兵備
雖四方無事然不可一日忘備爾等職典斯事而倍慢
如此罪誠難恕但嗣位之初未欲遽寘爾罰其歸勉圖
自新實部伍練士卒利器械完城堡明屯守之法而廉
潔守已毋縱貪刻以害軍士朕將遣人閱視有一不悛
必罪不宥

○四月丙午
上以親軍諸衛軍士多缺伍守衛皇城者不得更番或經
月不一歸家者命英國公張輔兵部尚書李慶選京師
撥衛軍之精壯者助親軍守衛親軍專守皇城四門京
衛軍助守端門之外及東上等門時守衛軍三日輒有
賜鈔慶言舊制無撥衛軍守衛者
上曰大臣執舊制固是朕念人久勞不得息且經月在公
不得一見父母妻子皆人情所難令使勞者得更番而
助守衛者亦預被賞賚此姑一時權宜非為定制俟親
軍補伍有人悉如舊慶曰守衛事嚴撥衛軍豈可盡信
上笑曰人未可盡信亦未可盡疑為人上在布德施仁以

得衆心耳誠得其心仇敵可化為父子苟失其心素所
親信有反目相噬者古人云舟中敵國蓋既往多有之
矣慶不能對遂以京衛軍權助親軍守衛
備邊
○永樂二十二年十一月丙子
上諭兵部尚書李慶曰國家雖無事邊境不可一日不備
緣邊諸衛常須核實部伍申飭號令廣幾守備堅固冠
至無虞比聞邊將多玩棄法度軍伍之間名存實亡須
遣御史巡視之
○洪熙元年正月乙未勑大同總兵官武安侯鄭亨等曰
欽天監言天象有警朕恒以邊事為慮蓋虜情譎詐或

弱而見強或強而見弱或出或没或東或西不可測度為邊將者須深思熟慮晝夜關防今自冬及春其聲迹無聞不可遽謂安靜無事萬一猷奔豕突當思有以禦之宜整搠軍馬令各城池屯堡收拾堅固各關隘用心守把各烟墩仔細瞭望頃刻不可怠忽慎之慎之今農務將興又不可妨誤屯種勑遼東甘肅寧夏山海永平宣府開平總兵及備禦鎮守官亦如之

○二月壬寅勑大同總兵官武安侯鄭亨等及宣府總兵官都督譚廣曰去冬以來虜寇動靜無聞朝廷所遣使亦久不回卿等宜思患預防今長安嶺守關指揮奏達賊人馬約五十餘人直抵隘穿驛劫掠未審是何部落

遼東武進伯朱榮亦奏兀良哈韃靼欲來貴馬又哈密近遣人邀硫黃從前不聞哈密產此物先帝時亦不曾有進緣此數端皆須計虜中既有硫黃則製造火器不患無人猝遇戰鬪亦須有備大同宣府一帶空曠虜熟經之路宜整搠軍馬晝夜嚴切隄備古云有備無患其慎之慎之庶副朕委任之重仍勑寧夏甘肅遼東山海永平開平諸將一體嚴備

○三月庚寅勑鎮守大同武安侯鄭亨等常年隄防虜寇皆以秋冬及春夏則懈虜賊譎詐或窺伺無備來襲不可不慮宜嚴督將士整搠軍馬堅固城池屯堡用心隄備及督各隘口烟墩十分仔細瞭望守把不可怠忽勑各處總兵備禦及鎮守官亦如之

○乙未勑遼東總兵武進伯朱榮今欽天監奏天象應東夷有兵卿等須晝夜用心整搠軍馬嚴固守備不可須臾怠忽勑山海永平等處總兵官遂安伯陳英等亦如之

○丙申勑口外總兵官太子太保陽武侯薛祿所奏山後延燒雖是野火然不可輒有懈怠之意蓋虜寇譎詐況近日數有天象其占皆謂邊警須晝夜用心關防哨瞭各關隘及守烟墩軍士務要精壯毋以老弱有疾之人抵數誤事邊上一應事務宜竭心盡力以副委任

○四月甲辰勑諸邊將欽天監奏天象應有暴兵宜十分用心整搠軍馬晝夜嚴謹隄備不可怠忽

諭邊將

○洪熙元年夏四月庚子勑遼東總兵官武進伯朱榮奏廣寧前屯衛剌梨山百戶鮑麟私遣軍士還家致為韃賊所虜

上命巡按御史詣彼審實處麟軍法降勑諭榮曰夫將者士卒之表為將能廉公勤慎紀律正號令肅斯下人有所稟承無敢縱恣總兵又諸將之表能慎諸己誰敢不慎朕即位以來夙夜惓惓以邊務為心屢勑總帥嚴督將士用心哨瞭隄備而將士略不遵承察其所自皆由總兵之人不體付託之重恬然自逸未嘗一出巡視關隘壯士健卒擁衛左右饑寒窮苦無賚之人則令備瞭

望守關口上下怠忽師成風軍務都不留意是以寇奄至
而不覺人被虜而不知其指揮千百户固難逃罪總兵
之人亦復何顏卿先朝老臣朕所倚任但有功必賞有
罪必罰
祖宗至公之典須相與共守自今宜加警省嚴號令明紀
律遠斥堠慎守備躬勤率下毋蹈前失庶副朕委任之
重近陽武侯薛祿等率兵邏遠殺獲虜寇將士咸論功
行賞薊州虜寇入境刼掠人民其總兵官遂安伯陳英
及都指揮陳景先等並停俸祿并諭卿知之
○勅責山海永平等處總兵官遂安伯陳英及都指揮陳
景先朕以爾等材智可用命鎮守邊隘防禦虜寇保障民
皇明寶訓 洪熙二卷 廿
人又屢勅爾嚴督將士謹慎防備晝夜用心哨瞭不可
怠忽今薊州境内寇至而汝不覺邊人被殺擄而汝不
知御史交奏爾罪請付法司朕姑曲貸但勅停爾之祿
夫朝廷至公之典有功必賞有罪必罰決無所私近陽
武侯薛祿等殺獲韃賊有功將士咸加官賞遼東廣寧
前屯衛百户鮑麟私役軍人致為賊所擄已論軍法處
死其總兵官朱榮亦遣勅切責所以未付爾於法者蓋
期爾革前過勉後效爾宜深省躬勤率下以副朝廷委
託之重若復蹈前失國典具在朕不爾私遂賜勅偏戒
邊將
○甘肅總兵官都督費瓛奏送虜中歸附人家小五十二

口赴京又奏有婦女二十七口存留等候親戚待後起送
上慮虜情多疑久或生變勅諭瓛曰所存留婦女不問有
無親戚在彼即盡數差人送來爾名臣子孫為國重臣
先帝謂爾練習軍政付以邊寄朕承
先志付託尤專不意爾比來溺於宴安而懦弱不振低
俛首受制於人大丈夫所為固若是乎宜痛自懲艾奮
志卓立勉圖後效庶副朕責望之重蓋
上聞軍中諸事瓛不能專悉聽中官指使云
○甲子大同總兵官武安侯鄭亨等奏請從遠高山等四
衛官軍詣大同屯守賜勅答曰去冬爾奏此事已勅該
府兵部准行但以嚴寒姑待開春調遣卿等因循不及
皇明寶訓 洪熙二卷 廿一
時催督延至於今方以為言今屯者種已入土若督使
動移則所種盡棄況各衛相距大同亦遠敺督之急行
列彼亦及夏中農時既過何以措力徒使軍士彼此失
業蓄若可緩即姑緩之此蓋卿等忽畧之過然爾職務
軍旅此沿文書者之忽畧也今於文職内簡有才識者
一人遣來專理軍機文書凡有文移與之計議可行即
行有稽緩錯繆則罪在彼非卿等之過若軍机調遣則
卿等專之彼不得預庶幾各任其責
○乙丑勅各處總兵官軍中机務貴在謹密而不稽滯比
武安侯鄭亨處稽緩一事所誤非小蓋沿文書者之失
於檢點已處卿等亦不免此失況聞諸將多用卒伍之

人洛文書未及施行已漏泄傳播於事非宜今於文職
內簡重厚有才識者多選一人來專理文書爾與之計
議而行文書有漏泄稽誤責在彼若軍機調度一切之
事彼無預焉

卹將士

上初為世子
太祖皇帝召
上及秦晉周三世子朝夕視教訓之歷試諸事嘗命分閱
皇城四門衛士
上還奏獨後
太祖問之對曰旦寒甚衛士方食俟其既食乃閱之故後

太祖喜曰能體恤下人是吾心也

○永樂二十二年十月戊辰風寒
上御西角門視朝罷顧謂翰林臣曰今日始寒朕與卿等
居重城中猶覺凜凜如此守邊將士晝夜嚴警漸不可
勝遂命書勑遣使以鈔幣賜緣邊將士戶部尚書夏原
吉等曰朝廷待守邊者厚矣既頒給禦寒之具復蒙恩
如此昔楚子以寒巡拊三軍皆如挾纊彼徒施溫言人
猶感勵況今受實恩敢昧報效但願
陛下常推此心不忘耳
上曰人君視天下萬物為一體況將士為國家躬勤勞瘁
豈敢須臾忘之朕所行或有不及須卿等翼輔古人有
言為君盡君道為臣盡臣道朕與卿等各盡其道可也

○洪熙元年正月乙未勑平江伯陳瑄曰官軍運糧遠道
勞勤寒暑暴露晝夜不息既有盤淺之費而糧米耗折
所司又責倍償人情難堪洪武中有令許運糧官船內
附載己物以資私用今後準此令官府無得阻當

賞功

○洪熙元年二月乙丑遣勑褒諭總兵官太子太保陽武
侯薛祿等曰得奏知虜入邊境卿等躬率將士奮驅追
之擒捕斬馘虜遂大敗狼狽奔潰可為能副委託之重
使邊將皆然何患不除何功不立朕甚嘉悅特遣太監
楊瑛鴻臚寺卿楊善以酒千瓶羊百羫往勞官軍至京

論功行賞

○四月戊申薊州山海等處鎮守都指揮陳景先奏率領
官軍追襲虜寇寇驚於神銃遂潰走獲其器甲及馬百
餘匹并追回所虜人口
上命就以所獲馬給將士仍命戶部復景先祿而遣使賚
勑諭景先曰爾前以失機停俸今有功可贖已勑戶部
還所停俸其即取勘官軍有功者并原失機今能用力
追勦者分豁等第具姓名報來務合公道毋徇私高下
朕將須賞焉

厚勳戚

○永樂二十二年十月癸丑故中軍都督府都督僉事徐

膺緒子景珩來朝
上諭吏部臣曰我
太祖高皇帝定天下中山武寧王德最盛景珩兄弟皆其
孫且
皇妣之姪父死時兄弟皆幼廢學可擇師就其家教之使
知為人之道庶幾不忝厥世又諭景珩等曰人之善道
載於書爾讀書則知之知之必行之由是為孝子為忠
臣可以有光爾祖爾今雖年長古人多有晚學而成德
者能百倍其功何患不成其勉之又顧翰林侍臣曰富
貴家子弟習成驕傲雖有良師未必能降心受教爾等
其程督之一月兩加考試庶使知所勉勵

皇明寶訓　洪熙二卷　卅四

○洪熙元年三月癸未命魏國公徐顯宗從學國子監令
太子少傅楊榮送之入監曰爾往諭司業此開國元勳
之後欲其家與國同久其子孫必能奉法循理務孝與
忠乃克保之顯宗孫子其加意教訓使長成有立不失
祿位庶稱國家待功臣之道遂賜司業貝泰鈔幣

郵舊勞

○永樂二十二年九月丙戌命錦衣衛將軍趙信等百二
十八人俱為百戶補外先日
上諭兵部尚書李慶等曰此輩事
皇祖
皇考久者三四十年近者不下二十年少壯入侍白首不
懈一命人情謂何可閔其歷年久者明旦引來至是悉
授百戶與善地衆皆感恩頓首
○丁亥命左春坊清紀郎張根司經局校書彭敏致事是
時舊宮臣皆有陞轉獨根敏年老賜勅及白金鈔幣命
致事勅曰卿等事朕青宮久矣勤慎小心始終不懈又
以篤實令侍諸子講讀朝夕啓迪資益良多今朕嗣大
位方將顯用顧爾蒼顏白髮起步惟艱不忍勞以職務
特命致事還鄉爾尚瑞志頤欲以佚餘齡勸善率人以
惇里俗用副朕優待舊人之意欽哉根等陛辭
上語之曰爾身尚康健歲時一來見朕也皆感泣稽首
○十一月丙戌陞太子賓客戶部尚書郭資為太子太師

皇明寶訓　洪熙二卷　廿五

命致仕
上諭侍臣曰資歷仕四十餘年
先帝舉義之際從朕守城備極艱難事苟有利於國毅然
身任不避仇怨令方圖任舊人而資老病朕不欲更煩
以政故優之是日賜資白金百兩鈔二萬緡綵幣二十
表裡命戶部復其家復賜之資勅曰卿事我
皇祖
皇考四十年歷官中外致位通顯列于六卿遭遇如斯可
謂盛矣卿有貞實之資剛直之氣志之所嚮惟在國家
有利於上毅然身任不畏艱難雖怨聚於己而不顧
雖害及於己而不知避可謂忠貞篤實之臣矣朕初嗣

大統嘉與老成共圖治理翊贊建儲副兼資贊輔顧卿
抱疾累歲步趨惟艱不忍孫勞以事今特陞為太子太
師俾致仕歸嗚呼念二十年之前與卿同處一城早暮
相聚勞勤艱苦何可勝言今太平無事當相與共樂於
安逸而卿以疾去能不有感於懷哉今命戶部悉免卿
戶內賦役卿歸休鄉里撙飲食慎醫藥優游自適以娛
暮齡以副朕眷懷複命戶部月給支資半俸終其身
○十二月庚戌故兵部尚書兼詹事府詹事金忠子達來
朝時達甫十餘歲
上召至前撫問之命左右賜食及衣顧侍臣曰忠事
先帝於兵戈艱難之際又輔朕於春宮篤厚誠謹良有稗

益今朕即位而忠獨早歿因慨歎久之遂命吏部授達
翰林院檢討月食其祿俾歸進學俟年長召用是日召
故吏部侍郎許思溫之子俊亦至授太常寺贊禮郎俾
進學翰林以待用思溫初為北平按察副使從
上敍守城之勞蓋
上於舊人眷念不忘率如此
○甲寅加太子少傅兼謹身殿大學士楊榮工部尚書敕
曰昔為胡虜梗化累犯邊疆我
皇考太宗文皇帝為
宗社子孫天下臣民長久之計不得已躬擐甲胄親率六
師往行天討逍期醜虜畏威遠遁班師之日不幸中道

皇考上賓六軍在外朕又遠違膝下及其前班兒孫亦莫
能知惟卿盡忠為國報
先皇帝恩德獨為果斷致有今日家國寧謐
宗社奠安今展奏告感思至此實感不已卿當眷曩者秉
惶懼之際報卿甚微今追前恩加賜卿白金五十兩
綵幣表裡各十寶鈔二萬貫白米二十石特陞卿為工
部尚書前官如故三俸俱支全支尚書本色卿當領服
以慰朕懷
○洪熙元年三月丁亥敕開平備禦都指揮使齊安曰昔
我
皇考奉天靖難卿奮不顧身效忠行陣櫛風沐雨破鋒摧

堅備嘗勤勞以就功業繼奉命鎮守開平又能竭心殫
力協贊戎機捍寧邊圉多歷歲年肆朕即位以來尤隆
委任比聞卿年踰八十壯志雖存體力益衰而邊務之
殷鞅勤不懈朕甚憫焉敕至可即還京優游閒逸以樂
壽康用副朕優待老臣之意
○四月甲寅
上念舊勞賜少師兼吏部尚書蹇義敕曰曩朕監國之時
卿以先朝舊臣擢兼詹事日侍左右時肇建兩京政務
方殷隨事審畫適中惟難卿以善翊君以義徇國勞心
焦思不恤身家義歷艱虞未嘗有咨嗟之意及朕嗣承
大統贊襄治理用濟斯民輸朕於道不懈益恭二十餘

年矣啟一節朕寫不忘茲以己意創製蹇忠貞印一枚
賜卿用藏於家傳之後世俾爾子孫知前人願榮於國
者良不易致宜加保守朕之子孫亦知卿纂予於艱難
朕受卿之心以保爾子孫庶幾上下相安與國咸休書
曰惟后非賢不乂惟賢非后不食自古君臣相遇難矣
往績惟懋永終是圖欽哉勑少傅兵部尚書蹇華蓋殿
大學士楊士奇曰往者國家肇建兩京政務方殷朕膺
監國之
命卿以翰林親臣兼職春坊留侍左右贊助庶務數客章
奏籌畫之際適中惟難朕恒以為慮尚賴卿一二臣協
同心合德徇國忘身屢歷艱虞曾不易志及朕嗣位以

來嘉猷入告于內期予于治以惠黎元正固無二簡在
朕心茲以己意創製楊貞一印一枚賜卿用藏于家傳
之後世惟卿子孫由是知卿克致顯榮不易惟艱思保
守之惟子孫亦由是知卿弼朕之功以保全爾子孫與
國咸休永世無斁詩曰無言不讎無德不報又曰靡不
有初鮮克有終尚克交儆以成明良之譽欽哉

禮羣臣

〇永樂七年十一月壬辰
上為皇太子監國南京命醫往視刑部侍郎張本疾初
上以運軍需諸物赴行在者河小水澁運舟叢集阻滯不
進特遣本沿河督視本躬勤夙暮為方畧立程度行舟
皆通公私便之至是有言本疾
上曰本貞能視國事如家事為臣盡心如本難得命太醫
院遣醫馳往視之仍賜本鈔五百貫及貂帽貂裘

〇永樂八年四月庚戌
上為皇太子監國南京廣西總兵官都督同知韓觀以疾聞
上曰觀在廣西久亦克盡心蠻夷畏服命太醫院遣醫往
視仍遣行人牛韓問疾賜觀鈔二千貫

〇永樂二十二年十月庚午
上諭吏部尚書蹇義曰自古人君厚其臣必體其情而及
其父母故後世有推恩封贈之典今武臣皆得封贈祖
考文臣得者甚少

太祖
太宗之世既皆行之明著吏部職掌蓋褒善勸功勵人心
於忠孝者在此其舉行之但毋越成憲濫及匪人耳

〇十一月壬辰
上諭禮部尚書呂震曰遇節皇親例賜鈔在廷文武股肱
之臣朝夕相與可否機務而有故不宴者即同疏遠小
臣皆給節鈔五貫殆非朕禮大臣之道汝識之繼今遇
節不宴者凡任事之臣公侯伯都督尚書賜鈔一千貫
侍郎五百貫

〇洪熙元年正月壬辰
上諭禮部尚書呂震曰朝廷臣在任久者今皆令還鄉展

肖其侍諸勑者足為家鄉之榮然到家有養祭賓客之
費往還有道里之費計其在官俸祿給日用外有餘貲
者鮮矣自今歸者皆賜鈔公侯伯一品二品賜鈔五千
貫三品四千貫四品三千貫五品二千貫六品七品一
千貫八品以下皆五百貫著為令
○二月戊午陞國子祭酒兼翰林院侍講胡儼為太子賓
客仍兼祭酒命致事賜勑諭曰卿以文學事我
太宗皇帝首居翰林贊輔朕春宮未幾陞掌監學
先皇帝之寵儒者興儒者之遇
聖明皆至盛矣而卿居太學不數歲復召入翰林職史事
效勞滋多朕嗣位以來篤念舊人而卿以疾不見者數

年昨因命卿侍皇太子講讀乃聞卿疾日增弗任厥勞
朕用憫然特進卿為太子賓客仍兼祭酒致事還鄉已
勑戶部免卿子孫雜泛差役待卿終身卿其端志坦懷
以樂鄉里優游桑梓以樂餘年用副朕始終禮待之意
欽哉
褒贈
○洪熙元年三月壬申
上諭禮部尚書呂震曰往年劉儁從征交阯陷于賊不屈
而死禮官不言婦人盡節於夫有旌褒之典況大臣捐
軀為國何可不加褒卹其贈儁為太子少傅令翰林定
謚遣人祭之翰林奏謚儁節愍

上歎曰忠臣之心皆欲立功報國不能成功則惟守義若
身為大臣惟阿順取容為保祿固位之計國亦何賴
○甲戌初
上命禮部尚書呂震諭旨翰林定金忠等謚賀銀預為大
學士楊士奇等覆奏
上曰此數人皆在
先朝盡心國事有德行重厚表裏一致者有涉歷艱難始
終一心者必旌褒之庶幾禮對厚忠之道但朕意未嘗
及銀蓋銀之勞可贈官而行不應美謚如加銀惡謚又
過不若無謚人不得議古人制謚正為定論美惡以示
至公卿等宜盡心

明刑
○永樂七年六月甲辰
上為皇太子監國南京刑科右給事中耿通等劾都察
院左都御史陳瑛及監察御史袁綱覃珩朋比蒙蔽誣
構善良陷之死地綱珩已下獄瑛為長官不宜獨宥請
并治之初瑛言兵部武庫主事李貞受皂隸葉轉等四
人銀各四兩請下貞獄
上曰貧賤乃為皂隸亦有銀致賂耶無罪者勿枉其審實
行之數日貞妻擊登聞鼓陳訴御史逮獄吏至家傳夫
之言索首飾銀納贓而索甚急自念夫志守廉潔且家
陝西素貧而今始仕未嘗有餘貲製銀首飾也乞為辨理

上曰此冤獄也吾初固已不信必出法司鍛鍊命吏部尚書兼詹事府詹事蹇義會六部大臣於詹事府審之義等坐府中自辰至午追貞等不至至者惟皂隸紫轉已榜掠不勝詢貞等不至之故轉曰貞及皂隸三人皆笞死三日矣問貞未死時承伏受銀否曰惟不承伏故備極楚毒以死曰爾以何罪曰御史誣轉等以銀賂貞得早遣就役轉四人皆貧民何自有銀賂貞如有銀當賂縣吏不遣為隸京師矣問事之所起轉言在獄時聞貞云袁覃兩御史嘗俱至兵部索皂隸貞猝未有應之御史適見遣轉等四人就役遂詐為風聞以興此獄彼三人者已嘶冤同貞死轉雖不死去死一間耳言已悲慟

錄蹇義等以聞

上召綱珩面詰之皆承伏於是通等拜劾瑛罪

上曰瑛大臣蓋為下所欺不能覺察耳姑置之綱珩敢縱私殺人其械繫之并具其罪狀詣行在奏請誅之

○永樂九年閏十二月庚申

上為皇太子戶部言廣東雷州府九月颶風暴雨遂瀕海廉二縣壞廬舍千六百餘間田禾八百三十八頃民溺死千六百餘人府縣匿不以聞

上曰守令民之父母不恤其患又不以聞是豈有人心令御史按視鞫治

○永樂十四年七月甲寅

上為皇太子監國南京刑科給事中李能劾烙河南布政司左叅議王徵巡視民瘼所至恣貪酷杖殺新鄭等縣吏民數人請治其罪

上曰巡視民瘼求以恤人乃縱私殺人罪奚可容命都察院追鞫之

○永樂二十二年十月戊申通政使司引興化縣民奏知縣李遜苛刻苦民且有子貪黷不可堪錄其贓有金銀數百兩錦綺數百疋他物稱是皆赦後所犯併執以聞

上命付都察院鞫之諭都御史劉觀曰朝廷擇守令使養民乃厲民如此父為之不足又縱其子民何以堪且赦後不改是終不改矣必論之如律又曰近年人情放肆

行犯法者恃有罰工作之令故有財者悉得倖免自今凡有罪者死生輕重一斷如律庶幾有所懲勸

○十二月丁未鎮守遼東武進伯朱榮奏千戶劉彪等七人當備禦遼東或逗遛不發或中路遁歸命逮至

上諭彪等曰國家平時養將士正望宣力効勞臣之事君當朝受命夕就道今受命備禦邊境非有赴湯蹈火之難乃怯避不行使將士皆如此國家不復使人耶命都察院錦衣衛官曰有罪不誅無以示懲即械送遼東令榮集諸軍斬以徇其中有詐當從征被傷未愈及病未能行者

上命刑部訊之且諭之曰有罪不可不誅無罪不可濫誅

必得其實耳
〇洪熙元年五月壬申湖廣溆浦縣民告里人謀反命監
察御史陳紹變往按無狀還奏
上曰反叛極惡是欲枉人於族命誅告者
卹刑
〇永樂二十二年五月戊子
上為皇太子監國謂刑部都察院臣曰軍民詞訟自下而
上陳告已有定律令頑民動輒赴京赴訴及逮問十坐
五六不實雖平民終無罪然道路往還數千里不耐辛
苦而死者多矣今後所告非重事悉發巡按監察御史
及按察司理問無干涉者就遣寧家有罪者送赴京

〇十月丁巳大理寺奏決重囚
上曰人命甚重帝王以愛人為德卿等理刑宜贊輔德政
囹圄無辜含寃地下傷國家之和氣昔法吏有於死獄
求生道者天有顯報不在其身在其後人卿等勉之遂
命五府六部通政司六科同三法司於承天門會審特
召大學士楊士奇楊榮金幼孜至榻前諭曰比年法司
之濫朕未嘗不知其所擬大逆不道往往出於羅織煆煉
先帝數切戒之故死刑至四五覆奏而法司略不留意其
為酷吏而無愧自今凡審決重囚卿三人往同審有寃
抑者雖細故必以聞遂命三法司今後審決重囚必會
三學士同審

〇十二月庚戌刑部尚書金純太子少保兼都察院左都
御史劉觀等奏刑名畢
上諭之曰朕於刑法未嘗敢以喜怒增損卿等鞫獄之際
亦當虛心聽察量其情實有罪不可幸免無罪不可濫
刑持法明信則人有所畏而不敢犯若不明其情而任
己輕重或迎合朕意使人含冤抱恨者朕之所惡卿等
其以為戒卿等皆國大臣非獨自己當存矜恤之心如
朕一時過於疾惡處法失中卿等更須執正毋以承迎
為慮朕不難於從善也
〇洪熙元年三月辛未敕三法司曰人命至重卿等宜
體上帝好生之德明慎用刑不可輕忽務得實情毋深

文羅織以逞功能大理職當詳審不可偏徇及畏憚勢
要遷合附會以致枉濫書云欽哉欽哉惟刑之恤哉其
敬慎之
〇巳丑詔天下曰朕恭承大統為天下生民之主惟我
皇祖
皇考愛民之仁拳拳不息旦夕思念人命甚重哀矜庶獄
惓惓在懷夫刑以禁暴止邪道民於善豈專務誅殺哉
故律令之制善善長而惡惡短罰之輕重咸適厥中頗
聞執法之吏不能皆平有虛飾其情傅致死罪而比附謀
妄尤甚枉人朕深憫之夫五刑之條莫甚大辟大辟之
施身首異處斯已極矣自今有犯死罪律該凌遲者依

律科決其餘死罪止於斬絞法司並勿傅會昧情失實
以致冤濫若朕一時過於嫉惡律外用籍沒及凌遲之
刑者法司再三執奏三奏不允至於五奏五奏不允同
三公及大臣執奏必允乃已永為定制文武諸司自今
亦不然肆暴酷於法外用鞭背等刑以傷人命尤不許
加人宮刑絕人嗣續有自宮者以不孝論人之為非固
有父子不相為謀者肆虞舜為君罰弗及嗣文王之世
罪人不孥自今惟犯謀反大逆者依律連坐其餘有犯
止坐本身毋一槩處以連坐之法古之盛時恒採民言
用資戒警今山險之徒往往摭拾誣為誹謗法吏深刻
鍛煉成獄刑之夫中民則無措今後但有告誹謗者一

切勿治爾中外文武羣臣宜謹乃志悉乃心畏天愛人
務從寬恕庶有以佐朕父母斯民之治有或違者必罰
不貸布告天下咸使聞知

宥過

〇永樂八年二月甲辰
上爲皇太子監國南京廣德州知州楊翰以公事稽程被
逮州民耆老二百餘人詣闕言翰善於撫字百姓賴之
乞貸罪還職
上曰有耆老二百餘人言其善必有及民之政矣稽緩公
事小過可恕也遂遣行人齎書就道諭之復職仍賜鈔
三百貫

〇永樂二十二年十一月乙亥遣使齎勅諭元良哈官民曰
皇考太宗皇帝實
天朕已欽奉
天命繼承大位主宰天下凡四方萬國之人罪無大小悉
已赦宥若元良哈官民能敬順
天道許令改過自新仍前朝貢聽往來自在生理
上因諭侍臣曰彼有過而不宥之既無所容必為邊患吾
不吝屈以安百姓

〇洪熙元年二月辛丑勅諭千戶楊木答兀等曰爾等歸
順朝廷久効勞勤前因都指揮王雄非理虐害遂生疑
懼挈家逃遁我

皇考太宗皇帝體
上天好生之心遣指揮金聲齎勅往諭寬宥前過爾等亦
能悔過伏罪即差人陳悃謝恩今朕繼承大位主宰天
下一民失所時予之責故凡有罪者咸赦宥之今安生
樂業獨爾等尚棲棲在外未抵寧居朕甚憫之蓋爾等
前過迫於一時所不得已朕已洞燭爾心今再遣金聲
齎勅往諭其體朕意即同金聲來朝復爾等官職仍回
本土安其生業永享太平勿復懷疑以失事機

懷遠人

〇永樂二十二年九月辛丑加忠勇王金忠太子太保二
俸俱支

上諭少傅兼吏部尚書蹇義曰朕嗣位以來文武大臣皆
有進職此人在列不無希覬之意亦宜有以慰安其心
義對曰漢北歸附之人居京師者甚衆今皆瞻望朝廷
待此人如何雖賜賚已厚然名爵亦宜略示優待此懷
遠之道
上曰然其他職名渠所不諳彦人所諳者惟三師爲重可
與太子太保但不令預職事爾
〇洪熙元年二月辛丑翊遣中官柴山齎勑往琉球國命
故中山王思紹世子尚巴志嗣中山王勑曰昔我
皇考太宗文皇帝躬膺
天命統御萬方恩施均一遠邇歸仁爾父聰明賢達茂篤

忠誠敬
天事大益久弗懈我
皇考良用褒嘉今朕纘承大統念爾父没已久爾其嫡子
宜俾承續特命爾嗣琉球國中山王爾尚立孝立忠恪
守藩服修德務善以福國人斯餼祿之榮延於無窮尚
其祗承無怠無忽仍賜尚巴志冠帶襲衣文綺
〇三月壬辰勑鎮守河州都指揮劉昭及河州必里洮州
西寧罕東涼州諸衛比歲邊人勤勞艱苦朕夙夜在念
圖存恤之其洪熙二年各番簇該納差發馬俱且停止
俟洪熙六年如舊徵收爾等其加意撫綏毋或擾害以
副朕憂憫邊人之心欽哉
洪熙二卷終

宣宗章皇帝寶訓序
朕惟古昔聖帝明王之御天下其功德隆盛凡命令告
誡之辭皆有以垂世立教若堯舜禹湯文武典謨訓誥
之言炳然如日星之麗天千萬世所共仰也洪惟我
皇考宣宗皇帝纘承
列聖尊居大寶德化之盛萬方清寧爰暨
祗嗣洪業永惟帝王之孝莫先於丕顯
先德爰勑儒臣編纂實錄
神功聖烈備載不遺又輯
聖言之諄切者總若干條分類爲十二卷題曰寶訓用朝
夕覽省嗚呼我

皇考兼文武之資備中和之德緝熙聖學剛健不息是以
一令之頒一言之出皆藹然道德仁義之懿上足以媲
美典謨訓誥者也　朕方遜志務學思迪大猷周書曰
敬明乃訓用奉若于先王詩曰於乎皇王維序思不忘
敢不惓惓服膺用圖無忝謹序諸篇端以自勵云
正統三年四月十二日
宣宗章皇帝寶訓序終

大明宣宗章皇帝寶訓目錄

○卷之一

敬天　聖孝　聖學

英武　謙德　節儉

寬仁　明斷　儆戒

鑒成憲　論治道

○卷之二

嚴祀禮　納諫　求言

教太子　睦親　戒飭諸王

正風化　謹名分　重名爵

推誠　惇信　防微

繼述　仁政　勤民

安民　重農　恤民

惜民力　謹財用

○卷之三

寬賦　弛利　崇儒

興學　育人材　求賢

任官　用人　惜才

嚴選舉　重守令　禮羣臣

諭臣下　戒飭臣下　勵風紀

恤舊勞

○卷之四

備荒　恤災異　抑祥瑞

武備　馬政　備邊

任將帥　諭將帥　恤將士

保全功臣　錄勳臣子弟　厚勳戚

明賞罰　賞功　褒忠節

體羣臣

○卷之五

審刑罰　恤刑　正法

寬宥　辨邪正　斥姦佞

退不肖　抑僥倖　卻貢獻

屏異端　懷遠人　馭夷狄

大明宣宗章皇帝寶訓卷之一

光祿大夫柱國少傅兼太子太傅禮部尚書武英殿大學士臣呂　本謹校
南京禮部祠祭清吏司郎中臣陳治本
南京兵部職方清吏司主事臣朱　錦謹閱
南京工部虞衡清吏司郎中臣呂僑同

敬天

○宣德元年正月甲辰以大祀
天地
上致齋武英殿命禮部太常習禮殿上
上觀之既諭尚書蹇義夏原吉楊士奇楊榮曰祭享之禮
莫嚴於此朕承大統躬祀
天地為天下蒼生祈福不敢不敬卿等亦宜秉誠相朕庶
幾感通之道義等皆叩首而退
○三月乙巳溧縣民充郊壇户者有司責令養官牛又俾
充遞運夫民訴于朝
上謂侍臣曰國家重祭祀而郊祀最重舊制郊壇户悉免
他役者慮其不能專有司不知所重不恤民難可責也
姑宥之遂命行在禮部申明郊壇户免雜役之令
○九月庚戌行在太常寺奏
天地壇每歲皆自十月撥軍掃除今已及時
上曰
祖宗故事

天地故立法如此朕念謹守成憲卿等亦當恭體此心躬
親臨視務令潔淨
○宣德八年正月丙寅
車駕詣
郊壇自
祖宗以來皆朝百官後乃行至是
上先日諭禮官明旦早行不視朝既至南郊躬詣神廚凡
諸祭物一一閱視召太常寺官諭之曰祭物固應精潔
典祭之官皆以虔誠為本宜秉寅清以率百執事分毫
無慢庶幾神明有歆享之道晚御齋宮旗手衛奏請幕
夜如故事放烟火不從顧謂侍臣曰朕早來不視朝之
故蓋一心對越無暇他及今又暇觀烟火乎是晚陰雲
四合至夕雨雪行禮之際雲斂風靜星月朗霽天氣融
和助祭執事咸中禮度
上大悅

聖孝

○洪熙元年六月丙寅禮部尚書呂震奏
大行皇帝喪禮請依遺詔二十七日而除自七月初一日
為始
上服淺淡色衣於奉天門視事
上曰固是遺詔然朕心何能忍古人云雖加一日愈於已
初一日仍素服坐西角門不鳴鐘鼓待满百日再議

○八月甲申遣鄭王瞻埈還南京謁
孝陵
上諭之曰
太祖高皇帝開創鴻業以遺子孫陵寢所在如何能忘今
即位之初政務所係不遑躬謁汝其代行其灑掃有弗
虔封樹有弗勤周衛有弗備皆嚴飭之必恭必慎以稱
予意
○九月壬寅葬
獻陵先是
仁宗皇帝賓天
上命有司擇葬地得吉兆於天壽山之陽召尚書蹇義夏

原吉等諭之曰國家以四海之富葬其親豈惜勞費然
古之聖帝明王皆從儉制凡孝子思保其親之體魄於
永久者亦不欲厚葬秦漢厚葬之患足為明戒況
皇考遺詔務從儉約天下所共知今建山陵予以為宜遵
先志卿等之意如何義等對曰
聖見高遠發於孝誠萬世之利於是命成山侯王通工部
尚書黃福總其事其制度皆
上所規畫三月告成至是葬其山周正圓厚岡巒拱揖川
源迤邐與
長陵相比云
○宣德元年二月乙酉朔
上謂侍臣曰朕自幼鍾愛於
皇祖未嘗一日不侍左右弘謨偉畧隨事訓教
皇祖妣同歷艱難弼成國家撫育朕躬慈愛備至我
皇考德紹
先烈仁覆蒼生不期年而遐上賓劬勞之恩終身靡
山陵在望霜露之感尤切將以清明日展謁至是
車駕啟行丙戌
車駕至
天壽山
上遙望
二陵松柏鬱茂因嗚咽流涕詣

陵行謁祭禮不勝哀慟左右亦皆感泣
○五月乙巳
仁宗皇帝小祥
上躬祀几筵出御奉天門謂侍臣曰
皇考聖仁愛民如子方為國家培固基本以遺子孫而遐
上賓傳之於朕今及小祥豈勝哀感因嗚咽流涕
○宣德三年二月丁卯
上奉
皇太后遊西苑自
上即大位尊事
皇太后極其孝敬每旦暮謁西宮朝謁愉色奉承惟恐弗

及
皇太后慈仁隆至每見
上則忻然從容詢及政事及所平決
上數陳明達
皇太后喜動顏色凡軍國大政必稟命而行四方貢獻雖
新果之物必先以奉
皇太后
皇太后或時召
上雖有急務必促駕而往至是恭請
皇太后遊西苑皇后皇妃皆侍行
上親扶
皇太后輿登萬壽山奉觴上壽獻詩頌

聖德
皇太后悅酌酒賜
上且諭曰今天下無事吾母子得同此樂皆
天與
祖宗之賜也天下百姓皆
天與
祖宗之赤子為人君但在保安百姓使不至於飢寒則吾
母子斯樂可永遠矣
上拜稽首曰謹受教是日甚樂將晚
上及皇后皇妃送

皇太后還宮
○九月癸亥
上巡邊大敗虜寇駐蹕鐵將軍店遣諸將索虜巢穴未至
以孟冬廟享之期不遠應早旋師羣臣有言宜少俟諸
將廟享之期如迫請勑一親王代行禮
上曰事
祖宗與待將士孰重孔子言吾不與祭如不祭必不可待
有如諸將更五日未至亦可俟耶必以明日班師
○宣德五年二月庚辰
萬壽聖節
上詣
奉先殿行禮

皇太后前上壽畢出御正朝受賀諭文武群臣曰朕初度
之旦上念劬勞大德尤切於心奉侍
聖母皇太后洪福萬年每當茲晨奉觴拜慶伸娛愉之誠
致天倫之樂必在從容以愜所志爾文武群臣應宴者
悉於光祿寺給宴物自今悉准此例
○癸巳
上以清明節近召少師蹇義少傅楊士奇太子少傅楊榮
等諭之曰
皇太后聖心篤念
祖宗朝夕弗寘每諭朕曰

祖宗之鴻業惟勤負荷
祖宗之成憲惟敬遵承朕不敢怠忽昔漢明帝奉太后謁
陵著於史冊今朕將奉
皇太后謁
長陵
獻陵庶少慰
聖心禮與義等對曰
皇太后聖孝
陛下敬承之天理人心之正也
上以聞於
皇太后

皇太后曰是吾心也遂命欽天監擇日勑五軍嚴備有司
供具越二日
上躬秉鞬騎導
皇太后輦至清河橋下騎扶輦既渡橋
上復乘騎時畿甸之民迎拜夾道瞻望感悅山呼之聲震
動林野是日
駐蹕沙河
上侍
皇太后膳退召義士奇等諭之曰
母后天性至孝今日朕隨侍於道中指
天壽山言此下即

二陵所在
母后望之感愴今日天氣清和人心歡悅亦是
母后誠孝所感義等對曰
太后聖孝
陛下奉承之足以感格天人既而
上惻然曰朕昔侍
皇祖往來兩京每令朕過農家問其疾苦蓋欲知稼穡之
艱難自嗣位以來凡昔
皇祖教詔之言未嘗敢忘今出都門望村落居民及其田
作追思往事愴戚之情自不能抑義等對曰
陛下聖孝久而不忘

祖宗在天之靈應當永佑丙申
車駕至陵下
上易淺淡服先詣謁
陵畢徘徊陵下召學士楊士奇楊榮等曰
皇祖嘗言古帝王陵寢有崇奢麗及藏寶玉者皆無遠慮
吾子孫宜戒之不可蹈也此語朕恒記憶不忘今所建
寢殿皆
皇祖當時規畫不敢有增益又曰
皇考遺詔山陵務從儉約盖平日仁民愛物之心不忘於
彌留之際朕不敢違越士奇等對曰
陛下欽承

先訓此聖孝之大者
○宣德六年二月乙巳召少師蹇義少傅楊士奇楊榮尚
書胡濙至文華後殿諭之曰昨日恭侍
太后進壽觴
太后甚懽朕及暮還宮不覺亦醉既覺而思仰荷
上天眷祐
祖宗慶澤
聖母之訓教今田穀屢豐天下粗安得朝夕侍奉
聖慈遂天倫之樂可謂幸矣又念國事賴卿等旦夕同心
協慮還出御製詩賜義等并賜特宴云
○十一月壬戌朔以御製述祖德詩賜少傅楊士奇等諭

之曰朕念我
仁祖積德累善篤生
太祖皇帝維天立極創業垂統
太宗皇帝汛掃姦囬再安
宗社我
皇考仁宗恢弘治化增高累厚以固鴻業朕承大位夙夜
不忘記曰先祖有美而不知不明知而不傳不仁是用
撰述成詩揭之座上朝夕觀覽勉圖繼述庶能永保天
命今以刻石特賜卿等秦本卿等亦當思我
祖宗開創之難守成之不易盡心輔朕國家安卿等亦與
享榮利士奇等稽首受賜

聖學
○宣德二年三月巳酉
上御文華殿翰林儒臣講孟子離婁章畢
上曰伯夷太公皆處海濵而歸文王及武王伐紂太公佐
之伯夷扣馬而諫所見何以不同講臣對曰太公以救
民為心伯夷以君臣之義為重
上曰然太公之心在當時伯夷之心在萬世無非為天下
生民計也
○宣德三年二月癸酉
上退朝御文華殿翰林儒臣講舜典竟
上曰觀二典三謨則知萬世君臣為治之道不出乎此曆

象日月星辰以閏月定四時天道以明平治水土奠高
山大川分別九州任土作貢地道以成克明峻德以至
協和萬邦人道以建九官十二牧所掌禮樂刑政及養
民之道後世建官繁簡雖不同大要不出乎此當時君
臣都俞吁咈更相告戒用圖治功氣象藹然何後世之
不能及也講臣對曰明良相逢故其治化之盛如此
上曰是蓋天生聖人為後世法程孔子删書斷自唐虞使
人知有堯舜誠所謂萬世帝王之師也
○十月庚寅翰林儒臣進講春秋竟
上曰聖人匡世之功憂世之心備見此書當時先王禮樂
法度日隳廢亂臣賊子接迹而起有此書而後天下皆

知尊周又曰孔子作此書以尊周為本孟子乃以王天
下勸齊梁之君何也侍臣對曰孔子之時周室雖微天
下猶知尊周孟子之時七國爭雄天下不復知有周矣
上曰聖賢之心無非為天下生民之計孟子時不有王者
興何以觧生民之塗炭遂賜講臣坐命左右賜菓茗
○宣德四年四月甲申
上退朝御便殿與儒臣論史因問漢唐諸君在位孰久對
曰漢之武帝唐之玄宗皆在位久
上曰漢武好大喜功海内費耗末年能懲前過玄宗初政
有貞觀之風久而怠慾肆忠任邪遂致禍亂竄身失國
武帝猶為彼善於此又曰善心生則明慾心生則闇武
帝以田千秋為賢玄宗以李林甫為賢此亂治所由異也

○宣德八年四月丁亥
上御奉天門視朝罷顧謂少傅楊士奇楊榮曰朕在宮中
無事時偶有真趣則賦一詩自適不然則取書籍玩味
亦得胸次開豁故所在皆置書籍及楮筆之類今修葺
廣寒清暑二殿及西瓊島欲於各處皆置書籍卿二人
可於館閣中擇能書者數十人取五經四書及說苑之
類每書各錄數本分貯其中以備覽閱
○七月戊寅
上與侍臣論漢高帝唐太宗皆開創之主侍臣有盛稱太
宗英武過高帝者

上曰太宗才勝高帝義勝高帝不事詩書而大義瞭然太
宗文雅足稱而大義未明
○宣德九年十二月辛酉
上退朝御文華後殿召少傅楊士奇等出御書洪範篇及
御製序文示之且諭之曰所論或未當卿等宜直言勿
隱士奇等對曰
聖論皆當真得古人精蘊
上曰朕在宮中雖寒暑不廢書冊士奇等曰帝王勤學問
則宗社生民有賴矣惟願
陛下始終此心
上笑曰卿等亦常須直言朕不為忤

英武
○宣德元年八月壬戌朔漢王高煦反
上親征之命太師英國公張輔曰今朕親督師一切機務
卿其相朕輔對曰高煦徒懷不臣之心而素怯懦且今
所擁悉非能戰之人願假臣二萬卒保為
陛下擒之不足御煩
至尊
上曰朕任卿一人足以擒賊但新即位小人尚有懷二心
者亦當有以懾服之朕行决矣分遣諸將嚴各城守備
中外戒嚴下令京城搜索高煦所遣奸細許自首免罪
給賞勅各處守帥以兵從征庚辰

車駕至臨山陽武侯薛祿等馳奏前軍已至樂安城下高
煦約以明日出戰
上令大軍蓐食兼行尚書蹇義夏原吉大學士楊士奇楊
榮等進曰軍臨敵境尤宜慎重古云師行日三十里況
萬乘親征兼行非所宜也英國公張輔安遠侯柳升等
亦進曰前軍已至樂安彼知大軍在後或設伏林莽間
伺我不虞況百里趨利兵法所忌請少駐兵廣哨望而
後進
上曰兵貴神速我師直抵其城下則彼為阱中虎耳雖有
爪牙將安施乎況彼以反為名烏合之眾人懷疑貳聞
大軍至兇兇為計不暇又豈能設伏禦我乎卿等無過
慮也遂行辛巳昧爽抵樂安城下壬午高煦就擒

○宣德三年九月辛亥
上巡邊至石門驛喜峰口守將遣人馳奏兀良哈之寇萬
眾侵邊已入大寧經會州將及寬河
上覽奏曰天造此寇投死耳召諸將諭之曰虜無能為
也今須擒之不可縱也然此出喜峰口路隘且險單騎
可行若大軍並進慮緩事機先以鐵騎三千進出其不
意擒之必矣或言三千未必足用
上曰兵在精與和不在多三千精兵足辦擒賊遂決策親
征乙卯
車駕出喜峰口明日昧爽至寬河距虜營二十里虜望我
軍以為戍邊之兵即悉眾戰
上命分鐵騎為兩翼夾攻之親射其前鋒三人殪之兩翼
飛矢如雨射虜虜不能勝繼而神機銃叠發虜人馬死
者大半餘悉潰走大獲其生口駝馬牛羊輜重

謙德

○宣德三年九月庚午
上巡邊還至三河縣在京諸王及文武衙門各遣官進平
胡表至
上覽表竟以示近臣曰藉道過矣朕於虜寇初不過嚴備
之耳豈有意誅戮之而虜不悛其惡朕安得坐視民患
而不救至於誅之擒之皆

天與
祖宗之祐將士之用命朕何與力焉
○十月辛巳直隸常州府進秈米且言今歲雨暘順調田
穀茂盛
上謂尚書胡濙曰今年各處多奏水災深慮百姓艱食常
州獨言豐熟頗慰朕心濙對曰
陛下愛民常頌豈總聖心所欲天必從之
上曰天果從之豈有他處水潦之患亦是為善未至不能
格天也自今朕與卿等更當勉之
○宣德四年二月己丑南京守備襄城伯李隆獻騶虞二
行在禮部尚書胡濙等請上表賀

御批答曰祗敬
祖宗恭奉
聖母皆職分當然何德之有感瑞之云良增慚愧朕夙夜
祗念
祖宗付託之重懼弗勝負荷惟賴爾文武群臣同心同德
贊輔不逮溢美虛詞非所樂聞其止勿賀
○宣德五年七月戊申四川茂州守臣進瑞麥有一莖三
穗五穗者時
太廟之側產嘉禾有一莖四五穗至六七穗者禮部臣請
表賀
上曰瑞麥嘉禾固是豐年之慶但朕以菲德居位且比來
皇明寶訓 宣德一卷 十五
四方屢奏水旱可言賀耶然產於
太廟側實
天與
祖宗神靈之所敷佑昔周人貽我牟來之詩必歸於先公
之德
上帝之命朕何德以致此其勿賀
○閏十二月戊戌行在欽天監奏含譽星見群臣上表稱
賀賀畢
上諭群臣曰表辭稱道過實朕甚愧之今海內粗安皆由
天地
宗廟垂祐
聖母皇太后訓教及群臣匡輔所致朕何德也書曰儆戒
無虞詩曰夙夜敬止朕及卿等相與飭勵罔有怠心庶
幾共保福祿於永遠
○宣德七年八月辛丑陝西永壽等縣獻嘉禾有同本三
莖或五莖至十數穗穗一尺有餘者有同本十九莖或
二十莖莖十餘穗又多至數十穗者又有一莖五岐六
岐或一節一岐者
上覽之謂群臣曰諸物不足為瑞歲以養民今蕃異如此
可以為瑞是日又有獻嘉瓜者尚書胡濙言瓜連理而
生有瓜瓞綿遠之兆二者皆禎祥請奉表賀
上不許曰嘉禾瑞瓜雖年豐物阜之應皆
皇明寶訓 宣德一卷 十六
天地
宗廟之所垂祐朕何德以致之夙夜內省有歉多矣其止
勿賀
節儉
○洪熙元年八月庚午行在工部奏內府供用紵絲紗羅
計九千匹請下蘇杭等府織
上曰供應之物雖不可缺然當念民力今百姓艱難可減
半造又諭尚書吳中等曰昔魏徵告唐太宗每以恤民
為言卿等其體此意
○十月壬子行在工部奏製造御用膳亭及器皿所用物
料不足請買於民間

上曰漢文服御帷帳無文繡史稱其恭儉愛民朕方慕之
以儉約率下所造服食器用當從朴素不須華靡所用
物料就庫藏中給用不必買於民
○宣德元年二月庚辰司苑局言種蔬上供當用蜀秸三
千束蘆葦蒲五千餘束例於順天府取給
上曰内用蔬菜幾何而取於民如此可三分減二顧謂侍
臣曰大禹惡衣菲食惟恐奉養之過勞民費財朕安可
以園蔬重勞費百姓
○宣德二年八月壬申行在户部奏光禄寺明年所用廚
料請如例買之民間
上曰光禄供祭祀賓客之費固不可缺然與其多取于民

莫若儉以足用卿等宜斟酌樽節不可過中
○宣德三年四月辛酉行在户部奏内府供用庫藏用香
蠟銀硃等物凡三萬餘斤當下郡縣支官錢買辦
上曰所買太多所用太侈其會計可省者省之且聞買物
支官錢近時爲有司剋減屢有告訐者必令從公毋蹈
前弊

寬仁

○洪熙元年十月乙巳陜西行都司土官都指揮同知李
英至京進所獲安定番童一十五人
上謂兵部臣曰番人作過不得已征之得其首惡足矣童
子何罪即遣還本土無父母可依者付各衛令善養之

○宣德元年八月
上親征樂安州癸未
駐蹕城南
上諭户部尚書夏原吉曰今高煦就擒與之同謀者數人
罪不可赦其餘軍民被脅從者一切不問其榜諭安業
勿有疑畏仍命陽武侯薛禄兵部尚書張本及御史給
事中等官撫安軍民
上諭之曰今罪人已得除同謀首惡外其餘一切不問民
有兵器者令送官免罪
○宣德七年三月乙酉廣西總兵官都督山雲奏斬獲廣
西桂平等縣蠻冦覃公專等首級之數

上顧尚書許廓曰蠻夷害我良民譬之蟊賊害稼不可不
去然殺之過多亦所不忍廓對曰兵以誅有罪彼皆自
取滅亡非朝廷有意殺之
上曰天地以生物爲心今雖殺賊官軍亦豈得無損朕之
意但欲兩全之庶幾不愧天也
○六月甲午
上諭三法司官曰今天氣炎熱見繫罪囚宜速决遣輕罪
有例者皆如例情重者具實奏聞覆命法司凡强盜病
死獄中但驗實勿斬首先是强盜死者例悉斬首至是
上憫之以强盜罪惡當斬戮死人則太過故罷之

明斷

○洪熙元年夏
上奉
命往南京
仁宗皇帝不豫馳書召
上即日就道時南京頗傳言
仁宗上賓臣下未敢以聞但言益正戒嚴之時宜整兵衛
而後行或勸
上從間道行
上曰
君父在上天下歸心豈有他虞且予始至遽還非衆所測況
君父召豈可稍遲遂由驛道還北京

○六月壬寅
上自南京還京城以
仁宗皇帝上賓戒嚴已久
上至之明日召英國公張輔諭之曰山陵之期尚遠今天
氣炎熱戒嚴甚久將士煩勞其悉撤之輔等對曰
殿下未正大位軍衛未可撤
上曰天下神器非智力所能得況
祖宗有成命孰敢萌邪心遂即日解嚴
○宣德元年三月己亥行在戶部言駙馬都尉宋瑛奏求
白河逸廢地牧馬其中間有民田四十七頃
上曰人與馬孰重此輩生長富貴恃恩恣肆豈知輕重須
遣人覆勘如果皆是廢地與之但有民田勿與
○宣德元年八月癸酉
駐蹕氷河鋪顧謂侍臣曰朕待諸王皆厚至如漢王以其
皇考至親待之尤厚何為而反邪侍臣對曰彼蓄反心非
一日非恩德所能馴者
上曰試與卿等商之彼計今將安出或對曰樂安城小彼
必先取濟南以為巢穴或曰彼往時不肯離南京今必
引兵南去
上曰以朕計之不然濟南雖近攻之未易下況大將軍至
彼何暇攻城彼所集士民及護衛軍父母妻子皆在樂
安肯棄之走南京乎且高煦臨事狐疑不決外為誇詐

中心實怯今敢猖狂為此一則輕朕年少且新立衆心
未附二則料朕不能親出必遣將來討彼得以危言厚
利誘之以僥倖成事今朕親征其新聚之衆已膽落又
敢出戰乎況天下無事無故弄兵以毒生靈
天地
祖宗豈容之大軍一至即成擒矣
○宣德四年三月壬子行在都察院奏山海衛指揮趙忠
領軍備禦開平歛軍財行賂求回原籍而私有其半事
發當降用今所領軍以忠能恤下告乞復其職
上曰彼能恤下曷為科歛而私有其半此必以賄求之朝
廷賞罰至公有罪不懲何以令衆小人敢以私情撓公

法邪不聽
○四月戊戌
上御奉天門謂行在兵部尚書張本等曰昨會寧伯李英
言西寧衛舊選隨駕官軍五百人請於內撥五十人赴
京隨從滿歲而更朕思所選五百人蓋是
太宗皇帝征沙漠時所用令京師侍衛自有親軍何必外
求其意蓋欲自隨非為國家計也舊制在京公侯伯皆
無官軍隨從之例豈可以變
祖宗之法英言不可聽
○九月壬戌遼東總兵官都督巫凱以哥吉河衛指揮兗
能哥等入境剽掠送京師法司訊之兗能哥等云初入

境求貿易耳實非剽掠
上曰此或實情剽掠則當有兵器命釋之
○十二月己卯臨洮衛指揮李敬千户王瑀嘗與臨洮府
推官許璧同捕強賊致瑀畏賊退縮解鎧甲腰刀付民
丁赴闘民丁沓閒直前皆有擒獲璧嘗奏之敬等聞之
懼得罪遂誣府官受賕事
上命陝西按察司逮問且諭都察院臣曰其令按察司必
明慮實不可枉人已而語侍臣曰此必指揮誣府官忿
府官前所奏也武臣國之爪牙一有調發當奮不顧身
今遇小寇輒畏縮設遇大敵豈能奮勇成功乎
○宣德五年四月戊寅初監察御史李驥巡通州倉遇軍
斗高祥等盜糧執而鞠之祥父妄告祥同張貴等盜糧
驥受貴等白金縱之不問而獨問祥行在刑部論驥故
罪驥上章訴冤
上曰御史既擒盜豈有受賕之理若其受賄即此事泯滅
不發安肯尚存事端命尚書侍郎都御史等官同訊之
驥實冤但應奏不奏當杖
上曰既實冤併免杖令復職因諭刑部侍郎施禮等曰人
命至重爾等論刑何為不詳慎驥不自言幾於冤死徒
將何以使之禮等頓首謝
○五月戊辰豹坊勇士奏與民分居
上曰勇士在京師皆十餘年安得今尚無居此必民居寬

好欲舍而誑彼民艱難作一居爾徒欲得之民何罪爾
何功錦衣衛指揮王節奏此人今有居在城中
上怒命杖之一百以百斤枷號令警衆
○宣德六年二月己未上元縣人王拜住年十四為陳氏
養子其父死生母貧行乞於途拜住遇之哀哭不告養
母以情訴於官乞歸養生母養母聞之訟其罪已刑部
論拜住死罪
上曰彼年十四依陳氏養母之恩豈能踰生母遇生母行
乞而不動心是禽獸也今歸養生母但失於不告養母
耳可杖之二母皆令終養
○六月庚子先是直隸定興縣民王林子鎖定輸草虛買

實收事覺行在刑部四川司鞫沼林書斬以替得贖大
理寺審允以奏
上曰醫者能鞫輸章守更詳審之勿使無辜受枉姦馮倖免
遂下刑部再問林替實顯完爲父名代輸用白金請賂
收章千户張敬虛收至是覆奏
上以刑部大理寺堂上官治獄不謹姑宥其罪而罰刑部
四川司并大理寺左寺官俸三月
〇九月丁卯浙江都指揮許章言海寧等衛軍告本管官
人命等事牽連至百餘人及追逮鞫問而原告皆逃被
告淹滯年久者多
上諭右都御史顧佐等曰此不難知蓋小人姑造誣詞及

當質對恐露實情則必反坐故逃匿不與之辨意使因
滯以快其私此小人之尤者其令被遣被告各還職役
而嚴督追捕俟捕至與別白是非苟有誣罔不可輕恕
〇宣德八年正月甲戌常州府知府莫愚朝覲至京有府
吏告愚受贓等事愚亦言此吏嘗盜用府印及犯他罪
論徒而逃所告臣事皆誣請與質對
上諭行在刑部臣曰朕選用郡守責其除姦可使爲姦人
反噬即杖吏一百發赤城充軍令愚復任
〇宣德九年八月戊申遼東都指揮黃順王祥張榮等五
人赴任至薊州分宿民家榮酒醉自刎死榮弟永等報
順順與祥等疑其事擒永遣人械送行在刑部鞫治永

永撿順擒已遂誣順殺榮遂順至論誅殺重罪順妻訴
冤枉法司久未決
上曰順何有惡於榮且何所圖之遣御史張聰詣薊州榮
等止宿處覆實其所舍之家皆言榮畏往遼東守邊坐
卧口語不已晚因醉遂自刎實非殺死聰還奏
上曰朕固疑非順所謀苟不審察其冤曷伸今得實矣即
釋順還職併榮弟釋之

儆戒

〇宣德三年十月戊戌大雪
上喜謂侍臣曰今年四方多言水旱生民艱食朕恒爲憂
惟冀

天地垂祐雨暘及時庶豊稔可望今冬初即見雪其來歲
有秋之兆乎然欲昭格
天心朕當日加兢惕因賦雪詩以志不忘
〇宣德五年八月己巳朔日當食陰雨不見行在禮部尚
書胡濙等以爲即同不食請率群臣上表賀
上不許勑群臣曰古者人君所謹莫大於天戒日食又天
戒之大者惟能修德行政用賢去邪而後當食不食朕
以菲德嗣承
祖宗大統政理未洽民生未遂上累三光祇懼惟甚可比
於是歟傳不云乎君子之過也如日月之食焉過也人
皆見之更也人皆仰之今以陰雨不見得非朕昧于省

過而然歟況離明照四方陰翳所蔽有限京師不見四
方必有見者比之不食天可歎歟朕尚圖修省以仰荅
天意尚賴爾群臣匡其不逮其止勿賀
〇十二月庚辰朝罷
上示群臣喜雪之詩復賜賞雪宴蓋久未雪至是大雪盈尺
上喜而放詩群臣遂進和章
上視閱視擇其有警戒語者別錄而為之序其中有曰冬
雪消毒沴殄遺蝗滋茂宿麥迨冬不雪民心則憂民之
憂朕之憂也乃十二月己卯之夕大雪盈尺徧于遠近
民心以喜民之喜朕之喜也又曰古之明君未嘗因一
事之順遂而忘致警于其德其臣亦未嘗因一事之順
遂而忘致警于其君唐虞三代皆然也又曰朕以涼薄

之德嗣
祖宗大業為天下生民主恒懼不克負荷而所望于群臣
戒警輔翼者惟日不足今是詩之副予所望者裁十一
二詩曰人之好我示我周行朕安得不表章之以朝夕
自益哉
〇宣德七年七月庚辰
上燕閒閱內庫書畫得元趙孟頫所繪豳風圖而賦長詩
一章召翰林詞臣示之曰豳詩周公陳后稷公劉致王
業之由與民事早晚之宜以告成王使知稼穡艱難萬
世人君皆當鑑此朕愛斯圖為賦詩欲揭于便殿之壁
朝夕在目有所儆勵爾其書于圖之右
監成憲
〇永樂八年春
太宗皇帝親征北虜命
上留守北京以尚書夏原吉贊輔時諸司政務填委且師
行之際調度餽運事煩左右有言艱大者
上曰
祖宗憲有成法惟遵行之耳
〇洪熙元年六月丁巳主事陳良建言武職亦須考覈黜陟
上諭行在兵部臣曰軍職以功為秩次子孫承襲者試弓
馬有罪者論功定議
祖宗成憲如此毋庸他言

〇宣德元年五月甲午朝
上聽政罷御左順門語侍臣曰朕祗奉
祖宗成憲所以諸司事有疑礙而奏請者必命考舊典蓋
皇曾祖肇建國家
皇祖
皇考相承法制詳備況歷涉世務練達人情謀慮深遠子
孫遵而行之猶恐未至世之作聰明亂舊章馴至敗亡
往事多有可鑒古人云商周子孫能守先王之法雖至
今存可也此誠確論
〇宣德二年九月丙午

上語吏部尚書蹇義等曰昨四川龍州奏地連生番近邊
攻劫蓋緣州治勢輕請陞為宣慰使司築城置軍鎮守
庶幾民得安業已令卿等議今思之龍州開治歷年久
矣生番接境自昔已然近日之事蓋因失於防慎若能
覺察豈致疎虞且彼土人若有征調聚則為兵散則為
民豈不自便今欲編集入伍蠻性未必樂從
祖宗建置已定惟當謹守彼蓋乘勢要求若使得志邊方
小人必將傚效生事造端不可不慎今但須遵守舊章
不必更議
○宣德三年四月丙寅
上朝罷謂少傅楊士奇太子少傅楊榮等曰朕近著一論

以曹參為說卿等試觀之論曰漢世賢相稱蕭何曹參
何之相業著矣參惟守何之法以清靜寧民後世誚之
以為不事事朕意不然嗣世之君當守祖法為輔相者
固當清靜處之書曰監于先王成憲其永無愆詩曰不
愆不忘率由舊章參親見秦政紛更以亂天下又親見
高祖立國之不易則以鎮靜輔嗣君固老成之士也觀
其居舜用蓋公清靜民自定之言及屬後相無擾獄市
至為相務掩人細過擇謹厚長者為丞相史吏刻薄者
輒斥去此其意固有在豈誠躭於酒而𢭏然不事若
吾固曰參國之老成人也後世有老成如李沆相宋真
宗務守祖法不變一切浮薄新進喜事之人不用君子

論宋名相得大體者推李沆第一則亦參之心也有不
為參者如王安石呂惠卿輩相神宗以類天下之人其
效可見矣嗟乎安石輩動引經誼述三代非參所能與
也然國家用參未至乎病民參其未可深誚哉士奇等
觀畢
上問曰卿等以為何如士奇等對曰此誠確論自古創業
之君輔運之臣皆老于人情熟于世故立法垂憲至精
至密子孫奉而行之足以為治若變亂紛更必致禍敗
往事昭然可為明鑒
陛下所論非惟得參之心實萬世繼體圖治者所當取法
○六月戊申

上閱
皇明祖訓終卷顧謂侍臣曰自古創業難守成不易我
太祖皇帝起布衣與群雄並驅將二十年乃悉平僭亂奄
有中夏申明禮義之教而萬幾之暇復製
祖訓一編示法子孫蓋歷六年始克成書思慮之周防範
之密至矣備矣後世子孫但謹守
先訓每事遵用不敢違越豈有過舉哉侍臣對曰誠如
聖諭然以今日言之躬蹈當自
陛下始
上曰然亦賴卿等匡輔若一言一行或背
祖訓卿等須直言之書云監于先王成憲其永無愆亦賢

臣以告其君者也卿等勉之
○宣德四年十二月癸未有建言洪武永樂中法制有當改易以從宜者
上謂侍臣曰自古帝王創業垂統必有成憲以貽子孫子孫能謹守之足以保天下若自作聰明或惑於小人而變更之不免生禍亂如唐府兵其制頗近古後一變為彍騎再變為方鎮遂使武夫悍卒得專方面唐遂以亡宋賦役祖宗時皆有定制其後信用小人變為新法民不勝其煩擾自是朝政反覆國事日非卒致夷虜之禍是皆可監侍臣對曰子孫惟恭儉則能保守
上曰然亦須任老成人如宋任用李沆豈有改祖法之事

○宣德六年二月丁未陜西平凉衛指揮僉事哈剌苦出奏永樂中嘗選本土軍民北征師旋之日軍歸原伍民還原業今慮或有征調未經操習馬匹衣裝皆無素備請以原選之人免其遠差令之操習每月朔望點閱
上謂行在兵部尚書許廓等曰
太宗皇帝慮事周密其立法已定不可改更命悉如舊

論治道

○宣德元年正月癸丑
上退朝御左順門與侍臣論理之道
上曰民為國本閭里小民或阽於飢寒或困於征徭或為豪強所抑豈能達之朝廷所賴良有司撫養存恤廉不至失所侍臣曰親民之職莫若守令必嚴選舉以副
聖意
上曰人之賢否恒不易知必任之以事而後可見古帝王選任賢良三載考績三考黜陟蓋以此也然以今觀之九載而後黜陟藉使所任非人民受其弊多矣今在外有司從廵按御史及按察司官考察貪婪不律者即糾舉之最為良法朝廷擇守令固為急務而御史按察司官尤宜擇人御史按察司官得人則守令賢否有不待于考績而後黜陟者矣
上又曰雖自今御史及按察司官考滿亦須以考察有司賢否為功績

○宣德二年十二月乙卯侍臣進講貞觀政要
上曰予嘗反覆是書謂安天下必須先正其身未有身正而影曲上理而下亂者謂治國猶栽樹根本不搖則枝葉茂盛君道清靜則百姓安樂皆要語也
○宣德三年二月乙亥
上退朝御文華殿謂侍臣曰朕觀先王治民有本有末制田里以給衣食設學校以明教化不幸而有頑愚者然後刑之蓋非得已不然則無以安善良然觀肉刑亦過於慘侍臣曰古人用肉刑故人人自爱而重犯法至漢文帝除之自是人輕冒法
上曰古人教民之道周備故犯法者少後世教民之道不

至政犯法者多未必係於肉刑之存否舜法有流宥金
贖而四凶之罪止於流放竄殛可見當時被肉刑者必
皆重罪況漢承秦弊挾書有律若驟用肉刑民受傷殘
者多矣以不教之民而遽斷其肢體刻其肌膚亦所不
忍隋唐以後以笞杖徒流死為五刑亦良法也又曰文
帝除肉刑唐太宗觀明堂鍼灸圖禁鞭背皆後世仁政
文帝培植漢之國脉太宗肇啓唐祚享國長久有以哉
○八月辛巳
上御武英殿問侍臣歷代户口盛衰侍臣舉夏禹以來至
高宗户口盛衰之大槩以對
上曰户口之盛衰足以見國家之治忽其盛也本於休養

生息其衰也必由土木兵戈觀漢武承文景之餘煬帝
繼隋文之後開元之盛遂有安史之亂豈非恃其富庶
而不知儆戒乎漢武末年乃知悔過煬帝遂以亡國玄
宗至於播遷皆足為世之大戒
○宣德五年三月戊午
上御武英殿偶與侍臣論漢以下創業諸君侍臣有言漢
高帝之大度有言唐太宗之英武有言宋太祖之仁厚
不相下者
上曰唐太宗宋太祖皆假借權力襲取天下唐太宗慚德
尤多漢高帝及我朝
太祖高皇帝起布衣光明正大可比而同然高帝除秦苛

政而禮文制度不脩我
太祖高皇帝剪除群雄革前元敉俗申明中國先王之教
尤為過之侍臣皆叩首以為至論
○七月己酉
上燕閒與侍臣論商得天下之道侍臣曰湯武順天應人
除暴安民功加于時德垂後裔所以天下歸之傳之子
孫歷世長久
上曰天命所歸蓋非偶然唐虞之時契敷五教百姓親睦
后稷教民稼穡天下享其利至湯放桀武王伐紂遂有
天下誠以先世功德在民篤生聖哲同集大命有不可
辭者于其子孫享國久亦惟仁義道德足以培植之也

○九月戊申有獻歷代紀年圖者
上覽既顧侍臣曰唐之後不五十年天下五易主生民之
禍極矣周世宗英武觀其進取之畧制治之心足以平
定天下而亦享年不永何也侍臣對曰帝王之興自有
天命非人謀所及
上曰國家創業垂統貴有根本三代以下若漢高帝掃除
秦苛以濟蒼生唐太宗革隋弊政以致太平其規模皆
弘遠所以傳之子孫皆長久若後周之主稱兵為逆刼
掠京城曾無匡濟之功家室先覆而世宗以養子繼之
欲其宗祀長久得乎宋太祖陳橋之變一號令之間秋
毫無犯拯生民於淪溺革叔季之兵禍子孫享國與漢

唐同久者蓋有仁厚為之根本豈偶然哉

○宣德八年正月癸酉

上宴閒問侍臣王政所先侍臣對曰教養為先

上曰然先王法制猝難復後世惟重農抑末輕徭薄賦足以致富庶興舉學校惇崇孝悌足以立教化固不必盡合古制

○四月癸卯

上問侍臣曰唐虞何以為盛治侍臣對曰堯舜聖人以德為治所以盛也

上曰有其君亦貴有其臣使是時無禹稷契臯陶伯益堯舜能獨治乎元首股肱必相資也但當時君臣又皆互

相戒謹不敢有一毫自滿之心此其所以盛也萬世之下論唐虞盛治當本諸此

○宣德九年三月癸巳

上與侍臣論兩晉侍臣曰晉武懲魏氏刻薄奢侈之弊欲矯以仁儉及平吳之後頗事遊宴怠於政事掖庭殆將萬人外戚用事勢傾內外曾不一傳禍生閨闥馴至戎羯之亂元帝繼統江左恭儉有餘明斷不足大業未復禍亂內興明帝明敏有机斷故能誅剪兇臣惜其享年不永成帝以後類為孱弱寄命於強臣奄奄百有餘年亦為幸矣

上曰晉武以開創之主不為遠圖樹立失宜託付非才況羌胡鮮卑雜處內郡而不能以時區處所以國禍方殷而戎寇遂至東晉僅能立國逆臣接迹朝政陵夷而猶延數世者亦有賢人為之用也又曰古先帝王維持天下以禮教為本兩晉風俗淫僻士習浮薄先王禮樂教化於是蕩然豈久安之道哉

大明宣宗章皇帝寶訓卷之一終

大明宣宗章皇帝寶訓卷之二

光祿大夫柱國少傅兼太子太傅禮部尚書武英殿大學士臣呂　本謹校
南京禮部祠祭清吏司郎中臣陳洛本
南京兵部職方清吏司主事臣朱　鑑謹閱
南京工部虞衡清吏司郎中臣呂凱留

嚴祀禮

洪熙元年閏七月癸卯行在太常寺奏明年春
郊祀及各壇祭祀犧牲請如例遣官齎鈔往保定及山西
諸郡收買
上諭之曰此奉
天地神祇宜戒所遣官必加致慎所市犧牲必依時值毋

一毫擾民苟有怨咨神不顧享舊制凡買祭物直隸移
文巡按御史在外移文按察司官嚴督使無擾侵剋等
其勿怠舊制庶幾稱朕敬
天地
祖宗之意
○九月丁未太常寺奏歲暮孟春當享
太廟而犧牲瘠小請於順天府預買餵飼以備用
上從之諭府尹王驥曰祭享大事犧牲不成豈可以祭若
低價抑買人情不懌神亦不享爾宜慎之
○宣德元年正月壬寅行在太常寺奏祭祀
上諭之曰國家祭祀掌之禮部而復置太常尤重其事也
卿等佐朕事
天地事
祖宗非他職事之比協恭同寅以承祀事朕蓋有賴然必
誠敬之心素有持養粢盛之薦極于精潔庶幾神明歆
格而生靈蒙福卿等勉之
○二月乙亥以初即位改元遣永康侯徐安等祭告
祖陵
皇陵及歷代帝王陵寢嶽鎮海瀆等神諭之曰
列祖陵寢慶澤之源朕永念在心若名山大川鎮奠宇內
及聖帝明王皆朕所向慕者今即位改元之初特命卿
等往修祀禮孔子曰祭如在祭神如神在惟誠與敬其

往慎之
○壬午尚膳監奏
奉先殿祭器及帷幔歲久渙漶
上曰
祖宗神御所用皆宜鮮好其令工部新製不可苟簡儉薄
○壬辰南京守備太監鄭和等奏
天地壇山川壇殿廡廚庫俱朽敝請加修理
上諭行在工部尚書吳中等曰祀神國之大事其祠宇皆
當完固況郊壇山川壇尤重其令南京工部即發匠修葺
○十二月丁丑
上御左順門謂行在禮部尚書胡濙曰明年二月祭先師

太社還用上丁上戊日不可改初有言是月上旬祭期
適當
萬壽聖節恐妨行禮請改用中旬
上曰此
祖宗以來定禮今以爲未便而輕改豈誠敬事神之意望
是申命焉
○宣德二年正月丙辰北京犧牲所養牲百户枼貴坐罪
罰工當復職
上曰國家重祭祀凡與其事者皆選清慎之人養牲卒有
過尚黜况官乎責調外任別選無過者補之
○三月乙卯行在太常寺奏供祭少北羊請買之平陽府

上曰朕昔侍
皇考見太常寺奏買犧牲
聖意惓惓以事神爲重以愛民爲心蓋事神之物買之民
間若有一毫損民民心不悅雖以奉祭神豈歆享天之
視聽在民爾等當體此意
○宣德三年正月辛丑四川萬縣儒學訓導李鐸言各處
從祀先賢名位多有差訛且失次序若不考正實乖祀典
上謂禮部尚書胡濙曰昔我
太祖皇帝斷自聖心大正神祇名號惟於先聖先賢悉從
其舊將以垂憲萬世豈可差謬其速考正頒示天下
○二月己卯

上遣朝御左順門語及祭祀謂行在工部尚書吳中等曰
南京造制帛祀神最爲重事洪武中嘗選無過犯惡疾
工匠更衣沐浴焚香浣手然後用工其人專供此役更
無別差
祖宗禮神之意謹嚴如此卿宜申明舊制務令精專毋有
褻慢
○四月丁丑總兵官都督譚廣奏天下郡縣俱設風雲雷
雨山川社稷壇春秋祭祀爲民祈福宣府久置軍衛請
如郡縣立壇致祭行在禮部言宣府邊衛似難比例
上曰奉祀神明爲人祈福軍衛獨非吾民乎其准所言令
於農隙之時爲之

納諫
○宣德二年十月丙寅
上謂侍臣曰漢唐諸君文帝太宗係納諫文帝幾致刑措
太宗致貞觀之治亦皆受善言之效善言有益於君德
有補於治道如此豈可不聽
○宣德五年四月辛巳有建言請設諫官者
上曰
祖宗定制不可改但朕有過失令中外大小之臣皆得諫
而納之不爲迂豈不所得若多歟因謂侍臣曰三代以
下人君唐太宗善納諫當時之臣若魏徵王珪亦善諫
故有貞觀之治宋太祖嘗曰唐太宗受人諫諍常自引

咎不以爲恥不若已不爲非使人無可諫二者孰是侍
臣對曰宋太祖所言爲優
上曰宋太祖固是務本之論然人所行豈能皆是若禹聞
善言則拜湯從諫弗咈改過不吝禹湯猶取善於人況
其下者乎朕以爲人君者當以太宗爲法

求言

○洪熙元年閏七月己亥都督府吏左輔等建言驛站養
馬等事禮部尚書呂震言其希求進用
上曰聖人不棄芻蕘之言前下詔書凡軍民利病許諸人
陳言朝廷但當察其言之當否不必計其人之貴賤其
如例會官議果有可行者即與施行

○宣德二年三月癸卯行在工部侍郎蔡信請取大同諸
衛軍匠在京執役者家屬至京凡二萬餘人
上以兵備國家重事不可臧徹不從謂兵部尚書張本曰
昔魏文帝欲徙冀州户十萬實河南非辛毗切諫不能
止朕嘗嘆魏文躁急不知民艱方以兹自儆卿等於事
之不利軍民者苟有所聞必爲朕言之
○六月庚寅以右都御史王彰言事不切遣勅責之曰朕
欲聞軍民休戚安否之實故命卿出按今所言率常事
不切於軍民利病卿爲國大臣豈當不識朕心勅至凡
有關於軍民安危利害之故皆詳具以聞慎勿應故事
而已

上諭侍臣曰南北二京相去數千里常慮驛使往來或有
暴擾或水旱災傷疾沴民有飢窘不安皆朕所欲聞者
朝臣往還御史廵歷皆不以告故遣王彰廵視冀聞其
實今其所言乃毛舉細故不切大體大臣如此予復何
望爾等朝夕左右當悉朕意凡所見聞皆須詳陳君臣
同體勿有所疑
○宣德三年四月癸亥行在禮部奏官民建言請同六部
尚書都御史六科給事中會議以聞
上曰致理之道莫先於廣言路蓋天下之大吏治得失民
生休戚人不言朝廷何由悉知古人謂明主視天下猶
一堂滿堂飲酒一人對隅而泣則一座爲之不樂若令

天下有匹夫匹婦不得其所實爲君德之累凡有建言
民瘼者卿等勿諱言或激切亦其心發於忠若以其言
激切而棄之孰肯進言卿等宜悉此意凡言之善者即
以聞庶幾有補於治
○宣德四年正月己巳
上罷朝御齋宫學士楊溥侍
上曰比來臣下往往好進諛詞令人厭之卿宜勉輔朕於
善道溥對曰臣受國厚恩敢忘報稱
上曰但覺朕有過舉直言無隱是即爲報矣溥頓首曰自
古直言非難而容受直言爲難
陛下樂聞忠言如此臣等敢不盡心

○四月庚辰監察御史張純言四事
上皆從之謂右都御史顧佐等曰朝廷立法凡諸司官員
及百工技藝之人皆許言事況風憲官職當言路朕所
倚信者豈可有所顧忌爾宜以其職諭之若當言不言
以失職論
○宣德六年三月戊辰巡撫侍郎周忱請踏松江府被水
淪沒官民田糧又官田古額科糧太重乞依民田起科
太子太師郭資等以忱欲變亂成法請罪之
上曰忱職專粮事此亦其所當言朝議以為不可則止何
為遽欲罪之卿等大臣必欲塞言路乎忱不可罪
○宣德九年九月戊子

上率師巡邊駐蹕慄來夜召侍臣楊士奇等至幄中問道
途所見對曰居民比五年過時增多矣
上曰朕亦覺之但未知生理何似對曰臣曾過道傍人家
問今秋所收言大熟前二三歲皆不及
上喜又問軍士道中擾人否對曰雖未聞擾人但行軍常
須警飭之
上曰然因出示御製詩數篇諭士奇曰此朕馬上遣興也
士奇拜觀畢
上命左右取楮筆命士奇賦詩遂賜酒饌又諭之曰道路
所見有當言者勿隱
教太子

○宣德三年二月乙卯賜
今上皇帝名且以璽書諭之曰朕為天下之君爾為朕長
子所以正國家之大本承萬年之天序皆在于爾今賜
爾名為　夫祁者至大之義鎮者安重撫定之道
宗社之尊海宇之廣民庶之繁所係甚重必有至大之德
用能膺之惟誠惟敬永奉
宗廟
社稷惟寬惟仁弘福海宇民庶道德功用斯為至大而上
天之眷祐下民之歸戴皆本於斯爾其敬之服膺惟永
○二月御製帝訓凡二十五篇曰君德奉天法祖正家睦
親仁民經國勤政恭儉儆戒用賢知人去邪防微求言

祭祀重農興學賞罰愍恤刑文治武備馭夷藥餌以
教子孫詞簡義明修身齊家治國平天下之道大要備
具又親為序以致惓惓之意云
○宣德九年三月己卯群臣以初朝
皇太子賀
上於奉天門奏曰
皇太子龍姿鳳表天命人心所在國祚隆長之慶天下
生民之福謹以為
陛下賀皆五拜稽首
上曰太子雖美天資尤須學問古人云蒙以養正將來尚
賴卿等講論贊輔以成其德庶幾天下受福

睦親

○洪熙元年七月辛卯趙王高燧奏彰德軍民之家多有閑地而護衛軍無地置營請令有司勘實撥賜

上從之諭行在户部尚書夏原吉曰細民有不得所朝廷當與處置況親王乎且裁有餘以補不足亦是均平之道

○宣德元年三月丁酉

上以舊制諸王子女婚娶皆由朝廷選授比以宗室蕃廣選之難悉付人乃致書諸王曰自今婚娶或有不及待者悉自行選配然後聞之朝廷授以冠服冊誥儀物諸王便之

○五月丁酉永興王府鎮國將軍志埰奏請從人命秦王

皇明寶訓　宣德二卷　九

於西安護衛量給秦王奏護衛官軍俱有他役而永興王府自有校尉五百人請量給與之

上曰是秦王不愛弟也擁三護衛不肯分乃欲五百人中分之何其不推恕心命兵部於西安三護衛以五百人給之

○七月辛丑趙王高燧奏今之國彰德北京廣有倉原存禄米八百五十石請歸之户部

上謂尚書夏原吉曰趙叔至親今方就國正資用度禄米在北京者姑從所言即令平江伯以所運粮米如數送彰德償之

○十二月庚午行在户部主事李儀上疏言高煦作逆今已討平趙王高燧嘗與同謀宜去護衛兵以絶後患

上覽所言謂侍臣曰漢趙雖兄弟然兄弟亦有不同德者今事未著何名而奪其兵且朕惟此叔當厚以待之誠以感之彼其心獨無天理耶宜寢勿言

○宣德二年十月丙寅

上御武英殿覩唐玄宗所書孝經顧謂侍臣曰克協和萬邦本於親九族舜紹堯致治本之克諧以孝蓋帝王之治皆自親親始

○宣德三年五月戊辰先是朝廷嘗命洛陽中護衛左右二所軍建伊厲王享堂及修葺宮宇免其下屯至是河南都司慮虧子粒取軍回屯種伊王顒炔以聞

皇明寶訓　宣德二卷　十

上謂工部曰伊府軍士朕已免其下屯虧子粒與虧宗親之恩孰重軍官不識大體將使朝廷失信於王其速移文止之

○六月辛卯遼王貴烚奏請以前荊州府教授陳紹先為本府紀善永興王志埰奏舉隴西縣學教諭馮益為教授

上諭行在吏部臣曰王欲親近儒者講論經史且資輔導此意良嘉其從之吏部言選才授官出自朝廷王豈可自擇

上曰朕推誠以侍宗室不必校此

○七月丁卯寧王權遣人進扇且奏求鐵笛

上命工製鐵笛與之謂左右曰古人謂笛者滌也所以滌

鄖織納之於正寔王之意其在此乎鐵笛雖無當新製與之

○宣德四年二月乙未命內官楊禮移郢靖王宮眷居南京舊內勑太監王景弘等每歲時朝暮衣服飲食百需皆內府依期給之仍時遣人省視不許怠慢先是

上謂侍臣曰郢靖王無嗣其宮眷尚留安陸國中無主朕欲移寘南京舊內廩供給皆便於義何如侍臣對曰此

陛下親親之仁處置當矣遂有是命

○宣德五年三月丙辰平江伯陳瑄遣其子儀客奏湖廣大藩楚王兵彊國富又衛所之官多結姻親或有異圖乞盡選其精銳運粮北京就留操備則剪其羽翼矣

上不納顧謂侍臣曰從來楚國無過

祖考待之皆厚朕尤加意禮之瑄何其過慮也調兵運粮一時權宜運畢則遣歸拘留操備上失宗親之心下失軍士之心鄙哉瑄也

○甲子寧化王濟煥奏本府傳除教授一員後起送吏部今有子五人皆堪入學請除教授俾專訓誨

上謂行在吏部臣曰人未有不學而能成才德者苟失時不學縱有美質亦徒然矣宗室子弟其伴讀教授有闕宜速選授不可稽誤

○四月癸未王牒成少傅楊士奇太子少傅楊榮以進

上覽之曰古人重世譜蓋欲正倫理篤恩義我國家宗族之盛皆由

祖宗積德所致又曰今於朕雖有親疎然溯所自實本於一人朕何敢忽士奇等對曰周自后稷以來世積忠厚是以子孫衆多維持王業歷年最遠國家世德隆厚故本支繁衍

陛下如遠宗帝堯明俊德以親九族則將來盛福當過有虞

上曰然

○宣德六年六月丙辰建昌府知府陳昂奏荊府承奉蕭韶彊占民家池塘土地鎭衛指揮文斌縱軍牧馬傷民田稼又生事繫縛擒辱軍民掠取財物

上諭都御史顧佐曰朝廷待王以禮王亦安分守藩凡此

害民皆小人之罪百姓未知歸咎於王王之令德悉為所累其取韶至鞫之令江西按察司執斌治之凡所侵奪百姓者即令追還禾稼計畝給償遂遣勑諭王使知小人之罪

○宣德八年四月戊子監察御史王紹等劾奏應城伯孫傑往蜀府行喪禮受文綺白金工部主事張魯爲瀋府治墳受鞍馬金幣又聞比者朝臣以嘉禮詣王府者皆受饋遺當明正典刑以厲廉恥

上曰御史言是昔

皇祖嘗言凡朝臣以事至王府者惟酒食待之不以財貨若與之出於王意猶可豈當需索近頗聞有尚寶司丞

至楚府王已厚與鈔幣又遍求白金形之詞色王執禮
終不與此禮部不擇人而遣也然朕聞此語於一人更
俟詳察而後罪之今御史所奏者姑宥其罪凡所受皆
追入官禮部仍移文各王府長史司使啟王今後朝廷
凡遣人至勿與財物

戒飭諸王

○宣德元年十一月己酉汝南王有爋數奏兄周王有燉
之過
上知有爋之曲也遣書諭有燉曰過雖在彼叔宜篤愛弟
之心不足與校因謂侍臣曰人之兄弟所以失和者多
因讒言致忿馴至鬩墻浸成大惡當念同氣至親各生

皇明寶訓　宣德二卷　十三

愛敬則自然和協古人言兄弟雖有小忿不廢懿親又
曰兄及弟矣式相好矣毋相猶矣此言最好凡為兄弟
者皆當以此存心
○宣德三年十月庚辰宣諭各王府長史俾戒殿下人勿
為非明日鄭王瞻埈等入謝又諭之曰在下小人所為
王當戒之吾與王同氣有至愛存焉人情愛木者必去
蠹愛苗者必去莠況吾兄弟至親愛乎小人者其為害
甚於蠹與莠也戒之於早可以消患於未萌不早戒之
及其著則難制矣
○宣德六年十一月乙酉伊王私怨河南府知府李驥以
冬至行禮來遲械繫於獄而詬辱之事聞

上謂右都御史顧佐等曰朝臣遇節於大廷行賀禮亦皆
於朕與之際未嘗以四更此必王府讒邪小人教王辱
知府之計朕於王府官每禮待之未嘗厲色蓋以親親
之故也縱令知府有過王當以聞朕自有處置豈可輒
加威福此皆長史典儀承奉之過致書伊王宜謹守
祖法勿信讒枉下承奉長史典儀悉械送京師治之

正風化

○宣德元年四月甲戌安東屯衛指揮僉事婁通奏為其
子裕聘朔州衛指揮使周忠女為配今已二年近為平
陽王選妃不得成婚
上謂行在禮部尚書胡濙曰婚姻人道之始風教所關昔

皇明寶訓　宣德二卷　十四

唐太宗聘鄭仁基女為充華聞其已許陸氏遂罷之亦
是重禮教忠女宜歸婁氏令平陽王別選妃
○五月庚子行在禮部奏錦衣衛總旗衛整女母病篤割
肝煮液飲之而痊宜旌表
上曰為孝有道孔子曰身體髮膚受之父母不敢毀傷割
股割肝此豈是孝若致殺身其罪尤大況
太祖皇帝已有禁令今若旌表使愚人效之豈不大壞風
俗女子無知不必加罪所奏亦不允
○六月庚寅旌表孝子權謹等孝行
上諭行在禮部尚書胡濙曰孝者人道當然賢智之人不
待勸勉中人以下須激勵乃能為善旌表之意正如此

者權謹則朕所知謹質實人也宜旌之使人人見而思
奮其於治道豈不有益
○宣德二年正月乙未行在通政使司奏刑部歲問罪囚
數萬餘應死者六百餘人
上謂行在禮部尚書胡濙等曰唐虞成周刑措不用朕每
以此自期今百姓輕犯法如此蓋由教化未至卿等宜
申明教化使禮讓興行風俗淳美庶幾有成濙等頓首
受命
○五月丙午行在吏部奏監察御史俞俊居親喪不守禮
法因與下人有隙誣以罪輒自拘問有虧孝道
上曰古人居喪自有禮節豈與外事況為御史尤當置身
禮法之中今悖謬如此豈可用其黜為民

○七月乙卯
上諭禮部臣曰昔
皇考在位禁止自宮之人謂其毀傷父母遺體最是不孝
凡有此等皆發充軍朕遵承
先志亦嘗援例發遣比者小人復有冒犯蓋緣不知故爾
妄作孔子曰示之以好惡而民知禁卿宜出榜徧諭天
下使之遵守
○宣德四年二月丁酉
上諭三法司曰致理之道人倫為先五刑三千不孝最大
今在外有司往往貪受賄賂寬縱不孝吏之壞法莫甚
於斯自今但犯不孝及烝父妾收兄弟之妻為妻凡敗
倫傷化者在外有司毋擅決斷悉令送京師如律鞫治
若武官及其子弟有犯此者不許復職承襲永為定例
○五月庚申行在通政司奏神策衛經歷郭豊考滿當受
勅命封贈父母其父尚存誤作已故申吏部令自首乞
免罪
上曰事固有無心而錯誤者然父母存歿豈當有誤於此
有誤即平日所治職事可知不准所首付法司治之

謹名分

○宣德三年十二月甲午初寧王權言儀賓品秩未有定制
上命禮部考定其儀禮部奏洪武禮制云郡主儀賓秩從
二品縣主儀賓秩從三品郡君儀賓從四品縣君儀賓

從五品鄉君儀賓從六品若遇行禮宜序於同等官員
之左
上曰禮不踰等儀賓雖親當守定分此為定制其頒行遵守
○宣德四年二月乙未
上視朝罷御左順門諭行在禮部尚書胡濙曰朝廷之禮
最先正名尊卑等級不可僭差凡內外官員士庶服飾
儀從序立及尊卑稱呼之類皆有定制近多越禮犯分
亦有在內府私行揖拜禮者其揭榜申明定制使無僭
越重名爵
○宣德四年六月丁酉

上御奉天門諭行在吏部刑部都察院臣曰文官久任有
致績者給誥勅以示奬勸勸懲有道則人勉於善而恥
於不善爾等其循舊例但受誥勅之後有犯贓者追奪
未授而犯者勿給

推誠

○宣德二年正月乙未
上以廷臣清理軍伍凡有重役不與歸併致其紛然陳訴
諭兵部尚書張本曰清理軍伍皆是廷臣朕所倚信君
臣之間誠心相與但須務實勿懷疑畏卿宜以朕意移
文諭之

○宣德三年九月丙辰

上巡邊出喜峰口擊敗虜寇分遣諸將搜捕巢穴忠勇王
金忠及其甥都督把台請自效
上從之有密言於
上曰虜獸類也性則不復矣
上曰去留亦任所欲耳朕為天下顧獨少此二人耶果如
其志欲去雖朝夕置於左右亦終去寧能久縶之耶曰
如不欲沮其行則遣一人足矣
上曰朕以誠心待之遣即俱遣留一人乃使之蓄疑矣朕
待此二人素厚犬馬識豢養之恩況人乎彼當有以見
報遂遣之數日皆獲虜口及馬牛羊來獻
上嘉命中官賜之酒饌而歡以大金爵并爵賜之顧謂侍
臣曰王者任人亦誠而已既用之即勿疑上疑之則下
思保身免禍誰復盡心昨者如惑於人言豈不失此二
人心侍臣言外夷之人亦不可信任太過
上曰外夷人亦未必盡不可信但在審處得宜耳漢用金
日磾何不可也

惇信

○宣德元年二月庚午
上諭户部尚書夏原吉等曰前下詔書令民間應有拋荒
官田召人開耕依民田例起科近來各處有司多言户
部不除舊糧總額仍復徵收若果如此豈不失信民艱
遠運艱難必致逃避則田將復荒卿等宜遵依詔書無

失人心

○辛未巡按山西監察御史張政言各處逃民近奉詔書
令其復業逋負稅糧悉為蠲免歡騰遠邇莫不來歸今
户部仍徵前所負租原其舊徵久棄生計尚無若復追
徵則恐又逃
上謂户部尚書夏原吉等曰逃民初歸固當寬恤大赦之
後何逋不除豈可謂枘未申聞便要徵納累年逋負民
何以堪其即下有司皆與蠲免

○三月庚戌巡按監察御史姚震奏山東諸州縣夏稅小
麥奉命折鈔已徵在官今户部仍追小麥乞准鈔為便
上從其言謂户部尚書夏原吉等曰令出惟行不惟反前

行折鈔復改徵麥何以取信於民卿等朕所倚任切須
留意
○七月乙未以山東無麥下詔免其夏稅
上謂戶部尚書夏原吉曰山東民食大半仰麥今久不雨
麥已無收秋穀亦未可知朕特免其夏稅但舊聞詔書
所蠲戶部每復催徵或云已收在官或云傷未甚多方
沮格致朝廷失信於民朕思天下有飢者猶己飢之伊
尹作相一夫失所若撻於市卿國之大臣宜體此心愼
勿復蹈前弊
○九月己未廣東始興民李克庶奏永樂八年犯徒罪發
充交阯化州驛夫歷十五年遇赦始歸今化州復取供

役盡員
聖恩乞矜免
上命釋之諭行在兵部臣曰徒止於三年今已十五年且
遇赦矣有司不恤下情又失朝廷大信用不得人如此
其行外有司令遵詔書不許故違
○宣德二年八月甲戌
上視朝罷御便殿閱侍臣曰頗聞朝廷下寬恤之令或為
有司沮格者誠有之乎侍臣對曰亦聞有之
上曰治天下以信為本朕每出一詔令必豫度可行可守
而後發不然徒失信於民豈為君之道為臣輔君理民
以信義為要君欲施仁而臣沮格於下不忠孰大焉侍
臣對曰此實政事之臣負
陛下所賴
陛下明斷耳
○宣德三年四月丙辰行在戶部奏去年十一月頒降詔
書宣德三年稅糧鹽糧以十分為率蠲免三分而今年
郡縣實徵糧數未報擬差官催促并督糧稅之當徵者
上曰免糧以寬恤百姓比聞有司多違詔書但用舊額徵
糧不頗失信於民今徵糧必依詔書使民受惠遣官催
辦亦當選擇廉不擾民
○宣德九年十二月癸亥巡撫江西侍郎趙新奏九江府
歲辦蘆柴瑞州府鹽鈔宜從詔書例蠲免停徵

上謂尚書吳中胡濙曰詔書布大信於天下為大臣者乃
欲使朝廷失信耶其悉免之歲徵鹽鈔本欲鈔法通行
民既飢窘皆須停徵毋為苛擾
防微
○宣德元年七月己亥
上諭六科給事中曰爾官近侍職在記注凡朕一言一令
內使傳出者爾當備錄覆奏再得旨而後可行庶幾關
防欺蔽不然必有詐偽者爾等自今恪謹乃職不許依
阿隨附
○宣德七年二月癸丑甘肅總兵官都督劉廣奏西番逃
劫朝使命臣追理臣敢不用心然番寇劫掠是其常事

乞勿加深究
上諭尚書許廓等曰邀刼朝使豈可以為常事自古寇患
常起於細微是以君子必防微杜漸今廣欲養癰長疽
矣爾移文詰之令具實對
○四月辛丑御史林英還自山西言汾代等處多强盗
上曰山西有三司又命李謙鎮守所宜察姦禁即以圖安
輯今强賊不制豈以為小盜不加意即消消不已將成
江河豈可使之滋蔓遂遣勅切責謙等令發兵捕之
○六月乙巳朔州衛指揮王瑛私役軍卒出烟墩十里為
虜寇所執卒後逃歸白於千户谷勝勝與瑛等議匿不
以聞事覺

上曰自古禍亂之興皆由小人苟近利而忽遠慮每以小
事為無害隱而不言養癰長疽遂至狼狽今虜寇偷竊
雖小事人臣蒙蔽乃大惡漸不可長令武安侯勒之定
罪以聞
總絕
○宣德元年四月丙寅
上視朝罷御文華殿蹇義夏原吉楊士奇楊榮四人侍
上曰
太祖皇帝祖訓有云四方諸夷及南蠻小國限山隔海僻
在一隅得其地不足供給得其民不足使令又云若其
自不忖量來擾我邊彼為不祥彼不為中國患而我伐

之亦不祥也吾恐後世子孫倚中國富強貪一時戰功
無故興兵傷人切記不可後因黎氏弑其國主毒害國人
太祖皇帝不得已有弔伐之師初意但討平黎賊之後即
求前王子孫立之蓋興滅繼絕之盛心也而前王子孫
為黎氏殺戮已盡乃徇土人之請建郡縣置官守非出
太祖皇帝本心自是以來交阯無歲不用兵一方生靈遭
殺已多中國之人亦疲於奔走甚矣
皇考常念及之深為隱惻故即位之詔施恩於特厚昨日
遣將出師朕通夕不寐誠不忍生靈之無辜也反覆思
之只欲如洪武中及永樂初使自為一國歲奉常貢以
全一方民命亦以休息中土之人如何義原吉對曰

太祖皇帝平定此方勞費多矣今小醜作孽何患不克若
以二十年之勤力一旦棄之豈不上損威望願更思之
上顧士奇榮曰於卿兩人云何對曰
陛下此心固天與
祖宗之心交阯於唐虞三代皆在荒服之外當時不有其
地而堯舜禹湯文武不失為聖君
陛下天下之父母何用與此豺豕輩校得失耶明日士奇
榮奏事畢
上曰昨日所論交阯事朕意有在矣卿兩人意與朕同第
未可以遽言耳
○宣德二年正月乙巳

上退朝御文華殿召少傅楊士奇太子少傅楊榮諭之曰
前者論交阯事蹇義夏原吉拘牽常見若從所言恐中
國勞費未已朕觀春秋之世夏徵舒弑陳靈公楚子討
之殺徵舒既縣陳矣申叔時以為不可楚子即復封陳
古人服義如此
太祖皇帝初定交阯即欲為陳氏立後當時下人不能順
承朕今欲成先志使中國之人皆安於無事卿等為朕
再思果以為何如士奇榮對曰此盛德事惟
陛下斷自聖志
上曰朕志已定無復疑者但干戈之際便令訪求恐未暇
及俟稍寧靜當令黃福專意求之未晚也

○十月癸未成山侯王通遣指揮闕忠同前安南國王陳
暊三世嫡孫蒿所遣人奉表及方物至京請復其國
上覽表以示文武群臣且諭之曰昔
太祖皇帝初定天下安南最先四裔朝貢及賊臣黎弑其
主毒害國人
太宗文皇帝發兵誅之固求陳氏之後立之不得乃郡縣
其地我
皇考每念陳氏無後形諸慨嘆數年以來一方不靖屢勤
王師朕豈樂於用兵哉今陳氏既有後宜與之群臣皆曰
陛下之心
祖宗之心也且偃兵息民上合天心與之實便

上曰論者不達止戈之義必謂與之不武但得民安朕亦
集衆人言於是遣禮部左侍郎李琦等齎詔往交阯罷
兵且詢嵩果陳氏之後則復其國

仁政

○宣德元年四月兵杖局工匠二人老且盲訴乞免役
上問行在工部尚書吳中等曰匠以萬計何必此兩人古
之仁者不以羸馬駕車爾等亦可謂恕人矣其即免之
今後一應匠作老疾者准此例
○五月丙午陝西淳化縣丞吳整言自京師通州至河南
兩岸多漂流骸骨乞官為瘞之
上諭行在禮部尚書呂震曰文王仁及朽骨丞所言當從
之其即施行勿緩

○十一月戊戌
上諭順天府尹王驥等曰自古仁政必先鰥寡孤獨朝廷
設養濟院意正如此近聞京師頗有殘疾飢寒之人行
乞爾為親民之官何得漫不加省其悉收養濟院毋令
失所
○宣德三年十二月庚子立春
上罷朝御左順門禮部尚書胡濙等侍
上曰獻歲發春生物之始人君當脩德行仁以承天意卿
等宜同此心輔朕不逮
○宣德五年閏十二月庚申

上諭行在兵部尚書張本曰前者詔書凡民年七十之上
及篤廢殘疾者許一丁侍養念思各處取軍其中豈無
獨子而父母老疾者若令遠役則父母不免失所令有
司勘實應充軍之人而父母年七十之上及篤廢殘疾
者許於附近衛所充軍
○宣德六年三月丁丑
上退朝御武英殿與侍臣論養民之道而嘆井田之難復
上曰朕謂為國養民在有實惠何必拘於法古誠能省徭
役薄稅歛重本抑末亦足養民
○宣德七年九月癸亥順天府尹李庸言所屬州縣舊有
桑棗近年砍伐殆盡請令州縣每里擇耆老一人勸督
栽種官常點視

上諭行在户部臣曰桑棗生民衣食之計洪武間遣官專
督種植令有司畧不加意前屢有言者已命爾申明舊
令至今未有實效其即移文天下郡縣督民栽種違者
究治
○宣德九年五月壬午
上諭順天府臣曰比聞京城内外工匠罪人有死于道者
無人收瘞暴露旬日此必窮苦無依者其令五城兵馬
及大興宛平二縣時常巡視遇有露尸即收埋瘞
勤民
○宣德二年二月丙子通政司進各處雨澤奏本

上覽之顧謂侍臣曰
祖宗愛民之心保民之道於斯可見前世人主有民之休
咎藐不聞者豈是久安長治之道我國家自
太祖皇帝令天下有司月奏雨澤世世相承為成憲歲之
豐歉民之休戚靡不周知其慮深矣
○宣德三年二月壬午浙江臨海縣民奏本縣舊有胡撻
諸閘積水溉田比因大水壞閘而金鼇大浦湖溇舉嶼
等河遂皆壅塞致遇天旱禾稼不收糧稅多欠乞為開築
上曰水利為政急務使民自訴于朝此守令不得人爾工
部即下郡縣令秋收發民用工仍行天下凡水利當興
者命有司即行不許坐視

○宣德五年六月辛未
上罷朝御武英殿與侍臣語及禮記月令
上曰古人為治之道大槩可見於此侍臣對曰是篇雖舉
三代及秦事如勸農講武祭祀刑賞皆國之大計實能
順乎天時
上曰為治之道敬天勤民為本堯曆象日月星辰舜齊七
政周協五紀皆為民事計國家之政不以時脩舉則漸
至廢弛又如豺祭獸不以其時則人受其弊月令大
意上觀天象下驗庶物以脩人事耳又曰明堂之制不
可考大抵為政貴有實惠及民
○九月丙午巡撫侍郎成均奏蘇松嘉湖等府春夏雨澤

調均至六月禾皆茂盛秋成有望
上謂侍臣曰朕所憂者四方旱澇况蘇松諸郡國用所資
今其地雨澤及時良快朕心但未知他處何如耳
○宣德六年三月壬申
上以時雨初降四郊霑足召少傅楊士奇楊榮至文華殿
諭之曰農務正殷而雨澤久闕朕夙夜在慮夜來此雨
殊快朕意士奇等對曰
聖心惓惓念民天必鑒格
上曰朕承
祖宗付託未嘗敢怠遂命尚膳賜酒饌繼出御製喜雨詩
賜之

安民
○宣德元年四月癸巳召山東清理軍伍大理卿湯宗還
時山東久旱禾麥焦枯民飢流徙
上聞之諭兵部工部臣曰近數有言山東旱飢朕寢食不
寧夫治國在安民無水旱之災民足於衣食則安今民
未安而湯宗往清軍伍郡縣官吏聽受約束稽覈兵籍
奔走喧呼倍加騷擾民必驚駭逃者所以益衆令兵部
驛召宗還凡外衛軍旗在山東取軍者悉令還衛一切
買辦皆停罷
○宣德三年三月乙未命順天府官引京城坊廂長老人
入見

上諭之曰京師五方之民雜居習尚不同不易治朝廷供
億百需以其便近多所責辦視外郡猶煩勞皆朕所悉
今嗣承
祖宗大統期於海內相安於無事矧京師乎爾爲民者胥
相訓告勤務本業孝親敬長和睦鄉里不事游惰不作
淫巧不犯憲章則爲良民有司體朝廷之心視民如子
恤其飢寒均其徭役撫綏良善詰治奸惡俾吾民樂生
則爲良有司朝廷於爲善者賞之爲惡者罰之賞罰之
典皆
祖宗成憲朕不敢違特紀元之初政令維新京師之民拱聽
聖諭莫不稱慶

○宣德六年五月甲戌廵撫江西侍郎趙新奏初永新縣
梅花洞賊蕭彥真等出沒刼掠調軍三千勦除今踰年
未獲而官兵所至居民受害乞召回止以百人駐要地
捕之
上諭行在兵部臣曰諺有恒言賊盜尚可官軍殺我此甚
言官軍之害宜從新言遂勅江西湖廣都司布政司按
察司曰古人有單車喻賊而降之者有用計而賊自駭
散者顧方畧何如不在興師動衆也今此小寇用兵三
千無益而有害其令官軍各還原衛所止留二百人廵捕
重農
○宣德元年二月戊寅行在工部尚書吳中奏造軍器缺

熱鐵請於江南收買道遠恐不及期擬於遵化鐵冶先
運以備用
上曰遵化既有鐵何用買於江南況鐵重滯遠運尤勞民
今當農時而有此役官吏里胥逼迫民必受害而妨
農功止取於遵化足矣
○五月戊申早朝退
上語侍臣曰天氣向炎正農夫耕耘之時因誦豳風中鋤
禾日當午之詩且曰吾每誦此未嘗不念農夫又曰朕
八九歲讀書
皇考臨視親舉筆寫是詩以示且問曰解否對曰稼穡艱
難在此也

皇考笑而頷之自是常教以農事銘於心不敢忘今宮軍
不復遂矣言已淚下如注
○宣德二年正月丙申
上命行在戶部申明屯田之法因謂侍臣曰今海內無事
軍士量留守備餘悉屯種所收足以給衣食則國家可
省養軍之費且軍士平日不習勞苦遇有征調畏懼艱
難即思逃避使之屯種服勞農隙習武亦無驕惰之患我
皇祖臨御深用意於此勸懲考較皆有成法所以食足兵
強然朕以為立法固善尤在任用得人其令兵部移文
所司選老成軍官提督屯田仍命風憲官以時巡察
○宣德三年四月戊午民有建言朝政當以重農為首務者

上顧謂侍臣曰此言有理國家重農則百姓得盡力天下
富庶古之重農莫如周后稷以教民稼穡開國公劉克
篤前烈文王時耕者九一武王重民食周公述豳風以
戒成王備言農事當時民用阜成治協泰和周以下莫
如西漢高帝困賈人以抑其末文帝二十餘年勤勤以
勸農免租詔有司武帝雖以土木兵戈勞民至其末年
亦知勸農作以休息民至於元成之間朝政固有乖闕
而百姓安業自若天下富庶幾二百年成周享國過於
夏商王莽篡漢終以民心不忘而復之養民之功大矣
朕於斯事蓋寢食未嘗忘也
○宣德五年二月壬辰罷採木之役

上諭侍臣曰為國之道農事最急今國家無大營繕當東
作之時而工部採運木植未已豈不妨廢農業遂命書
勅諭尚書李友直等凡已採之木隨處堆積軍夫悉罷
遣歸農
○三月辛丑朔
上以清明謁二陵畢駐蹕陵下是日雨
上召少傅楊士奇等從容語曰諺云一歲之計在春去冬
少雪今春雨亦未洽朕昨觀田隴間尚未有耕種者心
為之憂今雨連日皆霢霂不驟遠通霑足甚慰民望士
奇等對曰惟
皇上憂民一念不已

天必招應
○戊申
上謁二陵還道中適見耕者以數騎往視之下馬從容詢
其稼穡之事因取所執耒耜三推耕者初不知為
上也既而中官語之乃驚羅拜呼萬歲
上顧謂侍臣曰朕三舉耒已不勝勞況常事此乎人恒言
勞苦莫如農信矣命耕者隨至營人賜鈔六十錠已而
道途所經農家悉賜鈔如之
○宣德六年六月丁未
上罷朝御左順門出御製閔農詩一章示吏部尚書郭璡
曰朕昨宵不寐思農民之艱難能使之得其所則在賢

守令因作此詩卿當為朕擇賢毋使農民受弊
○宣德七年九月庚辰
上視朝罷御便殿問侍臣曰民何事最苦侍臣曰四民之
中農最苦
上曰朕固知之朕嘗歷田野見織婦採桑育蚕繰絲製帛
累寸而後成匹亦甚勞苦侍臣曰惟
陛下明聖知民之艱難及此已而
上出所賦織婦詞一篇以示左右臣曰朕非好為詞章昔
真西山有言農桑衣食本為君者當詔儒臣以農夫紅
女耕蚕勞勤之狀作為歌詩使人誦於前又繪為圖揭
於宮掖布之戚里使皆知民事之艱衣食之所自朕所
以賦此也
恤民
○洪熙元年七月戊寅行在都察院右副都御史弋謙言
有司於民間買辦諸物多虧價值
上覽之謂侍臣曰科買諸物每令實與價值虧益上則為
橫民宜速行戒約有不悛者必加之罪
○八月癸未以直隸及浙江諸郡有司不得其人土豪肆
虐良民不安命大理卿胡槩等巡撫
上謂行在吏部尚書蹇義等曰朕為生民主恩澤所施必
先貧弱豈知姦豪為虐如此譬如治田不去稂莠嘉穀
豈茂其命槩等往巡察犯者悉治以罪必使小民皆得

其所
○九月乙丑北京民党保等奏工部令買沙魚皮造鹵簿
及器械之用此物北京素所不產
上諭行在工部臣曰凡物之需當隨土地所產沙魚皮產
於近海郡縣此何以責京民其給官鈔就出產之處買
之庶不擾下
○宣德元年三月丁未
上以春雨頻降召行在戶部尚書夏原吉等諭之曰朕祗
承大統政化未洽念自古國家未有不由民之富庶以
享太平亦未有不由民之困窮以致禍亂是以夙夜祗
畏用圖政理所冀天時協和年穀豐熟去年冬多雪今

春盍以雨澤似覺秋成可望然一歲之計在春尚慮小
民阽於飢寒困於徭役不能盡力農畝其移文戒飭郡
邑均徵徭役勸課農桑貧乏不給者發倉廩賑貸之
○四月辛巳山東清理軍伍大理卿湯宗奏濟南等府去
年七月至今年三月無雨雪麥苗焦槁工部派買顏料
甚急乞暫停止尚書吳中言顏料皆陵寢殿宇待用之物
上曰山東之民
祖宗之民也艱難如此
祖宗所不忍爾可以苛急擾之耶其悉停罷
○壬辰行在戶部奏比者山東青州府言民艱食請借官
粮賑濟而未見開報飢民多寡之數請覆勘給之

上曰民飢無食濟之當如拯溺救焚不可少緩若待覆勘
而行豈不有餓飢者宜遣人馳驛往山東令布政司與
府官從實取勘就便分給庶幾有濟
○宣德二年正月乙巳漢州綿竹縣民奏世以採捕為業
歲納麂皮初地荒林密人少獸多採納常足今以屯戍
墾地皆為良田獸少捕之難得歲久逋多乞賜寬卹
上諭行在工部尚書吳中曰田野闢人民衆此好事雖翎
毛齒革以資國用若果難得理當除減不宜以此困民
○壬子山東泰安州奏永樂十七年十八年人民艱食於
預備倉借粮二萬一千三百石賑之洪熙元年秋成止
償四千餘石多因逃徙復業未有償官欲待年豐悉償

上謂行在戶部臣曰逃民初復且當優卹豈可遽責之償
朕常慮有司不體人情今所奏良協朕心其准所言竢
家業已成之後年穀有收則令償官
○八月庚申行在戶部奏徵歲用馬草
上曰古者納總納銍皆量地之遠近慮勞民也宜從減省
毋困民力
○宣德三年四月癸亥四川茶政李衡奏戶部令民運河
州茶六十萬斤赴陝西令勒捕番寇方運軍餉民力不
足乞暫停運
上謂尚書夏原吉曰蜀地險民貧今方用兵供給實難安
可復以不急之務擾之民擾則不安不安則怨怨則為

非宜從衡所言止勿運凡諸司有買辦於彼者悉令停止
○閏四月甲辰行在工部郎中李新自河南還言山西飢
民流徙至南陽諸郡不下十萬餘口有司軍衛各遣人
捕逐民死亡者多
上諭行在戶部尚書夏原吉等曰民飢流移豈其得已仁
人君子所宜矜念昔富弼知青州存恤流民飲食居處
醫藥皆為區畫山林河泊之利聽流民取之不禁所活
至五十餘萬人今乃驅逐使之失所不仁甚矣其即遣
官往同布政司及府縣官加意撫綏發廩給之隨所至
居住敢有捕逐者罪之
○七月乙亥青州民劉中等二百餘戶因歲歉流徙至北

京棗強縣二十餘年有司欲追還山東中等奏乞附籍
棗強
上謂尚書夏原吉曰彼此皆吾土但得民安而已又曰唐
宇文融檢括流民過期不首者謫邊州容庇者抵罪州
縣承風勞擾百姓愈獎逃竄益多爾其申飭有司以此
為戒
○宣德四年四月庚辰陝西綏德州奏去年旱災州民艱
食而上司賦役浩繁如運糧運芻之類乞稍寬之
上覽奏以示行在户部尚書郭敦等曰卿等寧不與朕同
憂乎恤民力當如救焚豈可以緩運糧可酌量使之運
芻之類一切停止

○宣德五年七月丁巳
上視朝罷御左順門謂行在户部臣曰人情皆欲安居誰
肯棄業他徙只緣有司不善撫卹横征暴斂致其如此
比聞滄州強賊皆是逃民罪雖可誅情亦可憫推原其
始責在有司爾即榜示各處戒約務從寬卹若有擾害
致其逃亡者必罪不貸
○九月戊申
上諭兼掌行在户部事兵部尚書張本曰聞各處細民多
因有司失於撫字及富豪之家施貸取息過虐以致貧
窘流移外境既招復業蠲負租免差徭以優卹之尚慮
貧墨官吏并豪民仍前肆虐爾户部榜示天下嚴禁約
之并勸諭親鄰同里之人協助周卹有擾害者罪之
○十二月庚寅初鎮守山西都督李謙奏陽曲縣民張福
等逃居大慶寨請發兵捕之
上曰民逃豈其所欲必科差頻煩為有司逼迫故耳加之
兵則愈離其生但令府縣招撫免其徭役彼必來歸遂令
太原府招之至是皆復業
○宣德六年二月戊午行在户部奏遣官巡視民瘼
上從之因謂侍臣曰堂下遠於千里人君深居宮禁豈能
盡諳民隱故不免遣人巡視若所遣非人下情猶未能
悉遣侍臣對曰國家仁民惟在擇守令守令得人田里
之民自安
上曰然

○宣德七年二月己未行在兵部請再遣官清理軍伍
上曰軍伍當清若果户絕勿累平民大抵深刻之徒妄意
朝廷在於得軍展轉牽連累及良善遂至訴訟紛紛不
知軍與民皆國之根本朕撫視如一未嘗有偏今宜諭
以朕意是是非非務盡至公不可枉濫
○十月己未山西平陽府蒲州萬全縣丞何福全言本縣
民充軍及死亡所負粮草悉屬存者代納又令運送京
師及邊衛民不勝敝比又令民辦納薪炭乞蠲所負而
粮草之運輸者止就近處併乞止薪炭之役
上謂行在户部工部臣曰山西土薄民貧朕恒念之加以

稼税如此人何以堪自今粮草輸官者改就近地荒地
租税及薪炭悉蠲之

惜民力

○宣德元年三月丙申
上諭行在工部尚書吳中等曰朕聞陝西去歲薄收軍民
艱食而脩襄陵樂平二王府漢中運茶及採紅花茜草
之類皆用民力今東作之時何暇及此宜遣人馳驛諭
所司姑停止所遣之人皆令還京
○戊午太子太保陽武侯薛禄奏萬全右衛城在德勝關
口地高乏水宜徙於近城七里宣城堡
上曰此城戍守已久安得重勞軍民唐太宗時有請修古

長城發民衆堡障者太宗曰當掃清沙漠何用勞民遠
修堡障此役姑止
○宣德三年三月癸卯行在工部尚書吳中言山西人夫
在京用工者今當更代
上曰山西去年旱人民艱食者多自給未能安可役之凡
被災之處一切停止見役於京者即皆遣還
○六月辛卯
上諭行在工部尚書吳中曰今天氣炎熱工作未休軍民
勞苦其必不可已者略加繕完他不急之役皆罷之
○十二月庚子行在戶科左給事中許儼等奏六科併合
增蓋板房如南京六科之制

上曰近日稍有營建言者多謂勞民朕皆從所言已之況
六科規制已定且歲終當息民亦姑已之
○宣德四年六月丁丑
上退朝御奉天門召行在工部尚書吳中等諭之曰去歲
各處薄收湖廣為甚其民艱難所宜寬卹比聞工部採
辦竹木科買諸物動以萬計何得不為國家愛惜民力
而勞擾如此宜斟酌事之輕重緩急痛與裁省果是緊
要合用之物則令營辦餘不急之事俟民力從容以漸
為之寬一分則民受一分之賜卿等宜體朕意
○十月癸未行在工部奏明年正月四方番夷例應朝貢
而北京會同館隘不能容宜預增修

上曰四夷朝貢皆承
祖宗之舊昔能容矣今日豈便不足但脩葺其壞者不必
增創勞民
○宣德六年五月庚辰
上視朝罷御左順門召工部尚書吳中諭之曰各廠所貯
材木初採甚難勞困軍民艱極粮費方得至此朕故加
意愛惜卿亦當體朕意有不當用切勿妄費若本大材
而工匠斲小用之罪亦不貸蓋時有以事聞於
上者
上曰姑戒之戒之不改而後罪之
○九月壬戌朔行在戶部奏平江伯陳瑄請再僉民運粮

又工部令各處採木送淮安脩船又令福建造船海運

上曰民運糧已非易事又欲僉點助軍是重勞民此不可行山東江西等府採木宜減其半福建地遠不可造船且度閘踰險縱有船豈能度淮役民當從人情地勢此事尤不可行

○宣德七年正月丁卯直隸興州中屯衛奏去年十二月所給使臣車輛人夫之數

上謂行在兵部尚書許廓等曰使臣經過應接頻勞今東作漸近須愛惜人力其令所過之處量度節省

謹財用

○宣德元年六月丙戌

上諭戶部尚書夏原吉曰國家養民今六十年卿祖宗舊臣朕所倚任在戶部四十年矣今戶口登耗如何錢穀豐歉如何皆當留意制節謹度使國本充實卿亦將有令名於世不可不勉原吉頓首謝

○宣德二年八月壬申行在戶部尚書夏原吉奏南京戶部公宇棟梁榱桷多朽腐恐頹壞則愈費工力請預脩理

上從之因曰凡人治家治國理皆如此思其艱而圖於早則用力少而成功不難若及艱難然後圖之則勞費數倍功成不易矣

○宣德三年正月辛丑行在工部奏淮安脩改漕運船所費不少

上諭之曰漕運國之大事脩船豈可惜費昔劉晏於江淮造船皆豐其費船成經久不壞其後有司慳吝減損大半船遂脆薄漕運竟廢此事足為監戒

○宣德二年七月壬子

上視朝罷因語侍臣曰隋文帝時戶口繁殖財賦充足自漢以來皆莫能及議者以在當時必有良法後世因其享國不永故無取焉此未必然夫法存乎人理財國之大務若漢唐初間立法未嘗不善至其子孫或恃富厚逞力役頻興費用無度天下不能不凋敝若隋文克勤政事自奉儉薄足至富庶豈徒以其法哉秦法多非先王之制後世猶有存者亦未嘗計其享國長久也大抵人君恭儉國家無事則生齒日繁生齒繁則財賦自然充足又曰天下富庶致理之本民物凋耗兆亂之階使煬帝不縱其奢慾能謹守隋文之業安得遽至敗亡哉

○宣德六年三月丙寅

上視朝罷御便殿命翰林儒臣進講大學平天下章竟

上曰治天下國家不可無財用即如生之者衆四語行之固不必暴徵橫歛而國用有餘矣

大明宣宗章皇帝寶訓卷之三

光祿大夫柱國少傅兼太子太傅禮部尚書武英殿大學士臣呂　本謹校
南京禮部祠祭清吏司郎中臣陳治本
南京兵部職方清吏司主事臣朱　錦謹閱
南京工部虞衡清吏司郎中臣呂[illegible]

寬賦

○洪熙元年八月辛未行在戶部奏鎮江府金壇縣官民田二千餘頃水災無收應納粮未免

上曰田無收則民無食尚可徵粮乎即與開豁

○九月丙午福建連江縣奏永樂初戶口蕃多歲輸稅粮二千餘石後戶口減而粮額如舊皆小民代輸

上諭行在戶部臣曰計口給鹽以米輸官口既耗減而猶准舊額徵米是厲民也即令有司勘實徵收無拘舊文

○宣德元年十一月戊申巡按湖廣監察御史劉性奏武昌荊州諸郡縣旱潦民饑稅粮難徵今又該運米百餘萬石赴北京乞寬恤

上諭行在戶部尚書夏原吉曰國與民本同一體民既無食若復逼迫之是不卹民凡被災處稅粮皆令折收布鈔遠運之粮令於見有倉儲內運米

○宣德四年三月壬子四川安縣茶戶杜思聰訴本戶茶株枯槁人丁死亡積欠茶課郡縣責徵日急乞如例免雜役得專辦課

上諭尚書郭敦曰茶之利蜀人賴之不但為公家之用今有司以他役苦之則民不得盡力於此矣即令四川郡縣緩其徵茶戶當免徭役者皆免之又曰宋陳恕為三司使稍增茶課取利當時非之此事今任於卿歲課決不可增果虛耗則當減稅課但當從寬耳

○宣德五年二月癸巳勅行在戶部曰各處舊額官田起科不一租粮既重農民弗勝自今年為始每田一畝舊額納粮自一斗至四斗者各減十分之二自四斗一升至一石以上者減十分之三永為定例

○閏十二月丁未

上御奉天門諭行在戶部臣曰卹民必有實惠若惠民無

實非卹下之誠吡者郡縣間有水旱稅粮多欠積歲既久未能輸官有司催徵逼迫而民愈困四方奏逃亡遞賦者皆以此故朕聞之惻然其宣德三年以前民欠粮稅悉令折收鈔與布絹爾戶部定議務得其中無虧于民戶部議以十分為率三分折濶布三分折濶絹四分折鈔

上曰如此雖然但布絹濶幅者亦難得宜只隨民間所常用者依時價收之則民易辦庶幾民受實惠

○宣德七年三月庚申朔勅行在戶部曰近年百姓稅粮遠運艱難官田粮重艱難尤甚自宣德七年為始但係官田塘地稅粮不分古額近額悉依宣德五年二月二

十日恩例減免中外該管官員不許故違

○辛酉

上諭尚書胡濙曰朕昨以官田賦重百姓苦之詔減什之三以蘇民力此令務在必行書曰民惟邦本本固邦寧有子曰百姓不足君孰與足卿等皆士人豈不知此

○宣德九年五月乙未行在戶部奏昨江西宜黃縣耆民李崇政等言縣民連年遭疫死亡者多官田重租艱於納徵乞如舊例折納土產苧布以為民便

上曰舊例折布正以租重故也況今民多死亡何忍復徵來使生者重困乎宜從其言

弛利

○宣德元年三月丙辰行在禮部奏錦衣衛力士寗直言山西中條山產礬乞令有司採進

上曰礬何切於用使民耕則有粟充饑桑則有帛禦寒礬如山積何益饑寒乎小人之言不足聽也古之人君惟欲民富凡山澤之利皆弛其禁若礬可利民聽其自採

○宣德三年閏四月庚子廣東都司奏番禺縣有鉛沙縣民私取烹煉可得白金鉛錫請官開冶

上曰山澤之利民取之勿問冶不可遽開命巡按御史勘視至是御史何善奏發工匠取沙烹煉所得不償所費

上謂尚書夏原吉曰朕料鉛沙之烹所得無幾若果有銀利宜冶烹煉豈待今日彼小民或竊取以求毫末之利無足怪朕已宥之不問其令有司悉填坑洞國家之利不藉此民亦免逐末之弊

○宣德六年九月丙戌初河南民言嵩縣白泥溝地產銀鑛宜開官冶

上命主司鄭誠往同三司官覆勘於是誠等用人力二千七百工止得黑鉛五十斤銀二兩至是還奏

上曰小人獻利之言不可聽其罷之

○宣德九年六月甲戌行在工部尚書吳中言湖廣及山西蔚州產木山場宜禁民採伐

上曰卿為國計意甚厚但山林川澤之利古者與民共之

今不必屑屑其已之

崇儒

○宣德元年正月庚子朔孔顏孟三氏子孫十人來朝辭歸

上謂禮部尚書呂震曰朝廷待賢當厚彼皆聖賢子孫其給道里費又謂震曰孔顏孟三氏舊設教官訓其子孫必選端重有學行者爾以朕言諭吏部知之

○十月癸未襲封衍聖公孔彥縉來朝既退

上諭行在禮部尚書胡濙曰

先皇帝於其來朝親定賞賜蓋重聖人之道師其道則愛及其子孫今當加倍於是賜彥縉金織紵絲襲衣鈔羊酒等物

○宣德二年七月丁酉改翰林院侍講陳敬宗為國子司業
上曰侍講清華之職司業師表之任秩雖未其任則重亦
可謂儒者之榮矣
○宣德四年正月戊辰衍聖公孔彥縉欲遣人以鈔往福
建市書慮違行不敢自擅咨於尚書胡濙濙以聞
上曰福建刻書籍無禁先聖子孫欲廣購亦何必言審度
而後行亦見其能慎其令有司依時直為買紙摹印工
力亦官給之
○十月庚辰
上臨視文淵閣少傅楊士奇等侍
上命典籍取經史親自披閱與士奇等討論已詢以時政

從容咨訪者久之命中官出尚醖酒饌賜士奇等并賜
纂修實錄官士奇等叩首謝
上曰朕所以有道之治願治之主崇禮儒碩講求治道卿等
為朕所倚保與諸學士皆處秘閣朕躬至訪問冀有所聞
耳稍暇當復至
○宣德五年九月甲寅陞北京國子監博士汪泰許子璞
為翰林院檢討初監官考滿者但復職至是行在吏部
言泰等應復職
上曰國子監官有例復職因是優待儒者但他官九載俱
陞職監官獨不可陞乎亦陞其秩仍典教事其陞為翰
林院檢討仍理博士事又曰若教官有學術才識出衆
衆者尤當不拘資格拔擢勿謂儒者不可用
○宣德七年五月辛未
上聞少詹事兼侍讀學士王英母卒問尚書胡濙曰英母
亦應得賜祭及營葬否濙對曰儒制官三品父母皆受
封贈者官為營葬今英官四品其母受五品封
上曰儒臣吾所優禮者况非此母無此子其遣官賜祭仍
命有司治塋勿為例
興學
○洪熙元年七月己卯交阯布政司請除府州縣學正官
以董教事訓土人庶革夷俗復華風
上曰古稱立賢無方又曰有教無類況師者人之模範用

夏變夷莫先於此其令吏部選除
○十一月辛酉貴州鎮遠府奏本府新設儒學訓教生員
期有成效請給廩膳以養人
上曰邊郡開學教夷人若使自營口腹彼豈樂於為學凡
貴州各府新設學校未與廩膳者皆與之
○十二月戊辰貴州銅仁府知府周孝言本府新設儒學
廟堂齋舍未備生徒講肄無所欲發民創構未敢自擅
上曰遠方初開學校若無廟宇齋舍何以事祀飭變夷俗
命工部從其所言
○宣德二年四月己巳行在禮部奏天下歲貢生員考試
不中者發回原學肄業以待再試教官提調官如例責罰

上曰此輩在學若府縣官勤於提督教官勤於訓誨未必無成泰山之溜可以達石何况於人今上下偷惰虛度日月是以臨文不知所措循例責罰薄示懲耳宜令內外風憲官程督之考其勤惰明示勸懲庶幾教學有成國家得用

○宣德五年四月庚辰南京國子監司業陳敬宗奏先聖廟及太學六堂諸生齋舍皆損壞

上諭行在工部尚書吳中等曰廟學以尊禮先師教育賢才非細務其行南京工部即與修葺不可苟且

○宣德六年八月庚戌鎮守洮州衛都指揮使李達奏修孔子廟材木皆備惟少油漆膠丹乞於陝西官庫支給

上謂工部尚書吳中曰武將興學使其下人皆知尊禮孔子而務忠孝誠可喜之事其悉從之

育人材

○洪熙元年七月丙戌交阯各府州縣儒學選貢生員王憲等至京師

上諭行在禮部尚書呂震等曰交阯距京師萬里遠離親戚而來須是教養得宜彼方樂學可望其成材爾與學官宜知朕此意其衣服歲賜一如雲南之例

○宣德三年七月庚午行在六科給事中引奏監生王倫等辦事半年例應給賞回監讀書

上因諭倫等曰自古大賢君子通知古今然後能立功名垂久遠所以國家立法令爾等習詩書又令通政事宜各勉力不惟國家得人爲用爾亦能立身榮家顯祖宗矣倫等頓首而退

○十一月辛未

上退朝御文華殿召侍臣問曰國家恒欲人才足用官使得人而才每不足官或曠職何也侍臣對曰人才出自學校學校興不患無人才人才衆多則官得人矣

上曰今國家郡邑有學以育秀民京師有學以升其成才者而復命之歷事諸司考其才器之高下而用之立法可謂備矣然祖宗時咸稱得人聞比年生徒多不務學徒記陳言爲出

身之資及授以職訖無實用是蓋師範不得人也唐陽城爲國子師斥諸生之久不省親者於是人知孝宋胡瑗教授蘇湖置經義治事齋當時成就者多此政古人所謂師嚴而道尊道尊而官正侍臣對曰誠如聖諭

○宣德五年三月己巳命楊士奇楊榮金幼孜曰新進士多年少其間豈無有志於古人者朕欲循皇祖時例選擇俊秀十數人就翰林教育之俾進學勵行工於文章以備他日之用卿等可察其人及選其文詞之優者以聞於是士奇等選薩琦逯端葉錫陳璣林補王振許南傑江淵八人以聞

上命行在吏部俱改為庶吉士選翰林進學給酒饌房舍
月賜燈油鈔悉如永樂之例復命兵部各與皂隸
上又顧士奇等曰後生進學必得前輩老成開導之卿等
日侍左右無餘閒其令學士王直為之師常提督教訓
所作文字亦為開發改竄卿等或一兩月或三月一考
閱使有進益如一二年怠惰無成則黜之
○八月丙戌
上罷朝御文華殿學士楊溥等侍語及治民事
上曰民之休戚係乎庭官之賢否何術可盡得其人溥對
曰嚴薦舉精考課不患不得
上曰欲得賢才當厚教養之法教養有道人才自出若但

皇明寶訓　宣德三卷　九

責效於薦舉考課之間蓋求十一於千百也漢董仲舒
言素不養士而欲求賢譬猶不琢玉而求文采此誠知
本之論於今但當崇學重教

求賢

○宣德二年二月乙酉行在禮部尚書胡濙請以三月初
一日臨軒策士
上曰設科求賢國家大事昔之為君嘗有祝云願得忠孝
之人以資國用今朕之心亦如此濙對曰
陛下心存用賢且養之有素必有可以當
聖心者
○十月丙辰

上諭吏部尚書蹇義等曰書云萬邦黎獻共惟帝臣惟帝
時舉蓋天下未嘗無賢賢者亦皆願仕在乎人君舉用
之耳朕下詔求賢意亦誠切天下之大豈無若伊尹傅
說諸葛孔明者而皆不見舉比者一二大臣有所舉往
或既受職即以賄聞或以庸鄙曠位大臣所舉如此朕
何賴焉卿以進賢退不肖為職尤當為朕留意舉能其
官惟爾之能必使野無遺賢官無廢事然後副朕意義
等頓首受命
○宣德三年正月戊申朔州知州張復奏舉軍中子弟楊
鑑等有志操堪任使行在吏部言舊無舉武人子弟例
上曰古人出貧賤中任大事成大功者多有之安知軍伍

皇明寶訓　宣德三卷　十

中無才能者其召至京考察也
○宣德四年二月丁酉
上覽歐陽脩文至夢卜求賢之說顧侍臣嘆曰君臣相遇
豈偶然哉高宗恭默思道渴想賢輔未得說築傅巖繼
有致君澤民之志不能自達一旦得於夢寐間遂相與
講學論道而功被當時垂後世誠千載奇遇由此觀之
人君誠心求賢固無不得之理文王因田獵遇太公亦
豈非誠心相感蓋天佑國家必生賢哲為之輔弼高宗
思道之心蓋有格于天矣又曰有高宗之心然後可以
夢言有傅說之賢然後可以為相若漢文以夢得鄧通
光武識用王梁豈不誤哉

○宣德五年正月庚午
上諭行在兵部尚書張本等曰古人云惟賢知賢又曰舉能其官惟爾之能稱匪其人惟爾不任朕所舉拔指揮為都指揮者皆將領衆任事其令各舉二人以觀其才識如何舉不稱者罰之
○三月乙卯
上御奉天門策試舉人陳詔等一百人發策畢退御武英殿謂翰林儒臣曰朕於取士不尚虛文欲得忠鯁之士為用其間有若劉蕡輩能直言抗論朕哉所望朕當顧膚之於是賦策士歌以示諸讀卷官云
○五月乙巳行在兵部覆奏工部尚書黄福言宜令天下都司於所屬官員旗軍內每歲慎選智勇廉能一人推送來京都府會官從公試驗用之宜如所言悉令選舉
上曰此言誠是天下未嘗無才但患訪求未至耳然亦不可濫舉以塞責其令盡心訪舉勿有遺才蔽匿不舉者有罰濫舉亦不恕
○八月甲申
上罷朝謂行在吏部尚書郭璡等曰東漢之初竇融保河西以孔奮為姑臧長姑臧寵富饒奮獨以絜廉自守衆皆笑之誚其身處脂膏不能自潤光武知之及融率官屬入朝即擢奮為武都郡丞以旌之夫激揚清濁為治之道使清濁無別何以勸懲天下光武即位未幾舉卓

茂又舉孔奮東漢多循良吏此之由也今天下未嘗無廉絜士卿宜為朕甄別以聞朕當有以旌之若人有善而不知則為善者怠矣
○十二月戊辰
上諭行在吏部尚書郭璡等曰朕以用人之柄付卿卿當為朕擇才昨郡守多缺乃勞廷臣共舉古之人當斯任者必勤於訪問有得即錄之故官不乏才呂蒙正之夾袋度允文之材館錄是也自今留意璡等皆頓首
○宣德六年十二月丙申朔
上屢詔求賢慮尚有遺逸作招隱之詩以示大臣又自為之序其畧曰朕聞君子之學將以致於用也故其未仕則汲汲以明道道既明矣則汲汲以措之天下伊尹耕於莘以堯舜之道自樂然致君澤民未嘗忘也其後聖莫如孔子賢莫如孟子轍環天下亦欲行其道豈以獨善為高哉又曰士君子當以伊尹孔孟為法顧乃卷而懷之遯於深山窮谷之中與麋鹿為伍而廢人之大倫豈得為賢哉
○六月壬戌
上諭少師蹇義等曰朕嘗作招隱詩賜群臣以示求賢之切然古亦有招隱詩蓋彼欲招隱者與之俱遯朕則意在招徠賢者而用之使無久淹滯岩穴恐才德之士猶未悉朕意不肯輕出再賦七言招隱歌令以示卿等又

謂義等曰卿等為國重臣同朕欣戚特示觀之夫舉賢為國人臣之忠其必有以勉副斯意勿徒視為空言可也

○宣德七年八月乙未

上視朝罷召少傅楊士奇楊榮至掖前諭曰今春命京官三品以上舉方面郡守後又出舊作招隱衍蘭之詩以示意已踰半歲都不舉一人近因卿二人舉黎括等朕思今天下之廣豈果無人才但羣臣不以國家生民為心狃任性視朕言為虛文此由吏部之怠忽也其降勅責之

任官

○宣德元年正月庚申南京禮部左侍郎兼國子監祭酒

胡濙來朝

上謂吏部尚書蹇義曰昔

皇祖

皇考皆嘗言濙敬謹小心可用蓋亦朝廷舊人可罷其所兼官留於行在禮部

○四月癸酉行在吏部尚書蹇義等奏請選官

上從容諭之曰庶官賢否關國家之治亂掌銓衡者以進賢退不肖為職一事得人則一事理一邑得人則一邑安推之庶政達之天下無二致也朕嗣承

祖宗大統維新治理以安民生選賢任能尤為切要古人取士於鄉以其道藝著聞有素後世以言貌求其底蘊蓋亦難矣況篤實之士率多恬退便僻之才巧於進取非至公無以勝私非至明不能格物嚴選舉以遏冗濫精考覈以防矯僞毋俾小人貽患於民斯其善矣古之大臣以賢事君國家膺福蒼生受惠聲名流芳於永世卿等勉之

○七月辛亥召四川按察使陳璉至改南京通政使專掌國子監事璉儒者持憲非所長是以吏部請改用之

上既命之顧尚書蹇義等曰命官稱其才則不勞而職易舉向所用非所長矣今其庶幾乎然為天下賢士師表尤不易也

○宣德三年五月丙辰巡撫蘇松等處大理寺卿胡槩奏

浙江嘉湖杭三府税粮浩大府縣有治農官理辦粮税宜增布政司官一員以總之

上諭行在吏部臣曰税粮自是常賦國初以來徵斂輸運已有定制朕方裁抑冗濫豈得復設古語省事不如省官所奏不允

○十一月乙亥吏部言監察御史楊昺朱惠俱九年考滿昺練達政務惠政蹟未著

上曰考績黜陟所以示勸懲興事功果得其宜則能者益勸中才亦將自勉於是以昺為浙江僉事惠為太僕寺丞

○宣德四年正月壬申浙江布政司奏所屬缺府縣及雜職官百一十員

上諭吏部侍郎郭璡等曰庶官所理皆天下事郡縣親民事尤切要久曠可乎自今內外大小職事有缺皆須早除勿致廢事

○五月癸酉行在吏部尚書郭璡引中軍都督府經歷彭遠等及進士監生二百人擬除御史主事及郡縣正佐等官

上諭璡曰古人授官必量度才德之高下與職事之煩簡而授之庶幾能稱選事方谷於爾其更勉修厥職

○宣德五年正月乙丑行在吏部奏選官冗

上因與侍臣論前代官制

上曰省官安民之道唐虞建官惟百夏商官倍秦漢以下

視夏商官益增多何也侍臣對曰時世不同也

上曰唐虞三代事簡民淳不可比擬唐太宗定內外官七百三十員去古未遠亦足為法侍臣對曰然必由君心靜則事可簡事簡則官可省官省則民安矣若國家多事政務煩雜小人倖進冗食者多欲百姓免於煩擾難矣

上曰此誠確論清心者省事之本

用人

○洪熙元年七月戊子章丘縣訓導張居傑考滿當陞學者乞留

上命以為給事中因諭吏部尚書蹇義曰前代命官內外更踐近頗聞外間言仕者一為教官即老於學校有志於世用者多不樂就此職自今用人不得執一

○庚寅四川雅州學正何源言本雲南人以監生授學正不通經學難為師範願改他職

上諭行在吏部尚書蹇義曰非經明不可為人師雲南生固不通經量才授職則人皆效用官不廢事此亦初授之際失於酌量其改為土官衙門吏目彼知土俗亦得展布

○閏七月甲寅興州左屯衛軍范濟建言鈔法等八事

上欲用之行在禮部尚書呂震言濟故元進士洪武中嘗為廣信知府坐事戍興州今年已八十四矣

上曰呂望八十遇西伯何不可也國家用人正在取老成

者但不可處以煩劇耳命吏部以為訓導

○九月庚申初漢中府訓導李蕃上端本策於

仁宗皇帝

仁宗嘉之命召至是始至以為行在兵科給事中

上諭之曰古之人用其言則顯其身朕嘉爾故擢此職夙夜匪懈進思盡忠爾尚益加勉

○十二月庚寅

上與侍臣語及漢光武保全功臣不使之任吏事

上曰功臣固貴保全然天生賢才以為世用彼誠公輔之器國家推誠心倚任之待之以禮隆之以恩固無不保全者以其為功臣置而弗用亦過矣

○宣德元年九月辛亥亦馬剌等處女直野人刀兀等二
百餘人來朝貢馬命為指揮千百户等官
上因謂侍臣曰夷狄為患自古有之未有若宋之甚者若
究禍之本根蓋自熙寧至宣和五六十年小人用事變
易法度民苦征徭軍無紀律國家政事日陵月替遂為
夷狄所侮致有此禍高宗南渡政宜委任忠良恢復舊
疆既雪大耻乃復用小人力主和議為偷安之計以岳
飛之忠卒死秦檜之說小人之敗國家如此
○宣德二年七月壬寅
上諭吏部尚書蹇義等曰唐太宗嘗言用人當以德行學
識為本此語甚是今之所用多是進士監生彼讀書知

古必能務德行廣智識間有人才吏胥終亦少在要職
大凡用人正如工匠用木小大長短各當其宜然後能
成居室若用人不當何以成治功卿宜更加詳察有在
高位而德行學識未稱則改用之有在下位而德行學
識優長則進用之庶合至公而人莫敢不服
○宣德三年正月辛亥有舉范文正公十二世孫范希正
端敏誠篤才堪撫民者
上命行在吏部召用之因謂侍臣曰范仲淹嘗言士當先
天下之憂而憂後天下之樂而樂士君子皆當以此存
心
○宣德四年三月庚午

上退朝御左順門謂吏部尚書蹇義曰今日都察院奏雲
南按察司吏受賂洗改文案脫免有罪法當絞朕聞
太祖皇帝嘗言吏心術不正不可任用
聖見深遠今六部都察院政本之地所用之吏尤須擇人
苟有贓私必寘之法若九年考滿應授官者尤當考察
庶不濫用以病百姓
○宣德六年九月壬申
上退朝還宮與侍臣論漢唐諸君知人孰優或曰漢高帝用
蕭曹唐太宗用房杜皆稱得人
上曰太宗非漢高比也其論蕭何曹參王陵陳平周勃後
皆如所言太宗遺命李世勣最為失當漢高優矣自古

人君知人為難信哉
惜才
○洪熙元年七月丙戌以進士蔡子宜為訓導子宜永樂
六年以親老歸親終服闋七年不起及是遇赦始起吏
部劾其顧私忘公難以任用
上曰懷土人情之常非有大過且辛苦學問得成進士不
可終棄其授以訓導
○宣德元年十二月乙亥行在禮部奏兩京國子監生多
給假還鄉年久托故不來請遣人提問
上曰古云才難諸生未及仕先罹罪名即為終身之玷宜
量地方遠近定與限期如再於限外不來皆發充吏

○宣德二年八月庚申
上語吏部尚書蹇義等曰國家建學育才以資任用
祖宗以來得人為多比者各處考黜生員例應充吏有以
患病為詞者告乞再試彼既恥於罷黜必能悔過自新
又或是學業垂成不甘中棄者宜從所請然須令翰林
院嚴切考試庶幾人知所警自然向學
○宣德四年四月乙卯浙江上虞縣人李志道充軍死其
孫佩已中鄉試而衛追其補役尚書張本請依洪武中
事例開其軍伍俾讀書會試自效
上從之曰
祖宗立法如此正以作士氣成賢才朕遵承舊制又何愛
於一卒之用乎

○己丑行在吏部奏第二甲進士王懋應授從七品官其
兄嘗為御史以誤決死囚抵罪懋乃極刑家屬當罷不用
上曰士勤苦學問始登第一棄之可惜朕記憶
皇祖時一進士以極刑家當罷念其成才之難特命吏部
錄用此故事也其以懋為州判官
○宣德六年四月甲寅行在吏部奏求賢所舉官四十三
人例當會官考試中有南試海衛餘丁難與考例
上曰古人立賢無方耕釣之中有王佐才其可以軍丁棄
之命考試如例
○宣德七年三月庚申勑吏部曰唐虞之世罰弗及嗣自

洪熙元年五月以前犯罪典刑者已屢經赦宥其子弟
令果有才行文學者聽保舉選用惟犯謀反大逆典刑
者其子弟不在選用之例
○戊辰行在兵部尚書許廓奏比者武昌推官姜纂訴其
祖充五開衛軍已死其父老病戶無餘丁今五開數取
纂補役援洪武中例乞除免今覆勘是實
上曰
太祖皇帝於生員有成尚不忍棄況纂為官豈止一卒之
用其除之俾修職自效

嚴選舉

○洪熙元年閏七月乙丑

上諭行在吏部尚書蹇義侍郎郭璡等曰天下之治必賴
賢才古之大臣皆以進賢為首務卿等今居此任必當
為朕擇才若官得其人民安政舉卿等豈不流譽後世
昨觀在外考核方面一處有去一二人或三四人者至
於府州縣尤多或一州一縣全不稱職者如此用人豈
得民安政舉今後除授方面官及府州縣正官皆須慎
擇其人以稱朕委任
○八月乙酉行在吏部以天下教官多缺請如舊例推選
上謂尚書蹇義等曰今之人才多出學校若無明師訓誨
何以望其成才監生選除固是舊例須令祭酒司業及
諸學官務選經明行修之人不得濫舉

○丙申陝西按察使陳智奏舉咸寧縣丞黃繼等八人公
勤有才能
上謂行在吏部尚書蹇義曰用人須辨賢不肖不肖者必
退賢者必進智所言如詢察果實即擢任之
○九月乙卯行在禮部奏定科舉取士之額
上曰國家設科取士為致治之本其間貢非才蓋是有司
之過人既苟得遂啓倖心今解額已定果行之以公不
才者不得濫進自然人知務學其令各處凡考試官及
諸執事先須擇賢庶免冒濫
○十月丁亥都御史劉觀王彰李素奏舉才能之士前
應天府尹于濬等十餘人

上曰卿大臣所舉必當昔孫抃言吾輔政無功惟薦一二
臺臣無愧卿等必能知此復諭之曰古者除官則署舉
主姓名貪穢則連坐今亦當循此法
○宣德元年三月辛酉行在湖廣道監察御史謝瑛薦賢
奏牘誤書姓自陳改正
上謂行在吏部尚書蹇義曰古人奏牘皆存敬慎石慶書
馬字欠一點懼及死今薦賢不知其姓豈能知才經舉
如此豈稱御史之職其改外任遂為交阯知縣所薦者
亦不用
○十二月癸未吏部尚書蹇義等俱給事中彭璟等所舉
賢才姓名奏請取用

上曰近命京官舉賢欲得真才前日侍詔遼文進保曦濫
之人苟徇私意不顧公論人言惟賢知賢文進不才小
人故任妄如此今已皆罪之卿等自今更須詳審勿為
小人所欺
○宣德二年正月庚戌
上語行在吏部尚書蹇義等曰詔書求賢不問已仕未仕
近觀各處所舉亦有拔自民間天下之大豈無遺才皆
當召至考其所學試其所能然後命之以官君子小人
各以類進但觀所舉之賢否則舉主之賢否可知卿等
切須詳慎務得真才勿容濫舉
○六月甲戌

上諭吏部尚書蹇義等曰今之武職皆是勲舊子孫少諳
政事一切皆由首領官若能公心亦克有濟近有告科
歛害軍減剋月糧者蓋首領官多至吏胥除授卿等初
除之際必謂此小官不及精詳及其受罪而去軍士已
被其害以此言之不可不慎
○宣德二年二月己卯
上御奉天門諭尚書蹇義等曰比下詔求賢欲得實才為
用而所舉多非其人自今召至者引於內廷六部都察
院翰林院堂上官命題考試六科給事中監察御史錦
衣衛官監視理明辭達者用之否則罰其舉主
○四月癸未

上諭行在吏部臣曰唐堯用人猶曰試可乃已况於後世
更當詳愼朕下詔求賢四方薦舉來者甚衆卿等未嘗
考察豈能知其賢否而輒授以官欲官皆得人難矣今
未授者必會官考試取其可者用之已授官者俟考滿
至日試之如例試不中者黜之
○宣德七年四月己丑應天府奏請鄉試同考官乞命兵
部給脚力
上從之顧謂禮部尚書胡濙等曰考官取士但據文章不
悖經意即可充選然應舉之人皆憑學校有司保送其
人果孝弟忠信而又通今博古科目取之足為世用若
德行不修而徒有文辭亦終無益考官須是學問老成

心術正大之士不然亦能顛倒是非卿等宜申明朕意
亦使知愼
○宣德八年七月庚辰四川按察司副使朱與言言設科
取士
聖朝盛典洪武間考官必用經明行修之士比年有司多
舉親故去取不公今後考官必訪求文學老成之士
上命禮部從之顧謂侍臣曰朕亦聞在外舉考試官多出
私意蓋有伯樂然後有千里馬已無學識安能分別人
之高下賢才鮮有不為所枉矣

重守令

○洪熙元年六月乙卯肇慶知府孫豊滿九年當去軍民
樂其仁恕奏乞留之
上謂行在吏部臣曰郡得一賢守則一郡之人安古之龔
黃亦人耳人苟有志無不可及孫豊能得衆心可以為
賢宜允所奏使天下郡守皆如此人百姓豈有不安
○戊午安平縣丞耿福緣累以冗員當汰民懷其惠累奏
乞留之
上諭行在吏部臣曰州縣官愛民如子則民亦愛之如父
母若貪虐無道民視之如仇讎豈肯保留至於再三不
已其陞為平知縣
○七月辛未山東平度州同知王瑫以冗員去昌邑主簿
劉整以舊官代還民皆言其能恤民瘼戢吏弊請復其職

上諭行在吏部臣曰為人上者惟順民心古語民之所好
好之民之所惡惡之堯舜之治亦民好惡而已其悉從之
○閏七月庚子靖州知州張幹以舊官代還州民赴京訴
前知州貪刻幹廉勤乞留以惠民
上曰新知州可為君子其留之以慰民望又曰古人言靡
不有初鮮克有終若其慎終如始則愈善矣
○九月乙卯山東長清縣知縣薛慎以親喪服闋縣民相
率詣闕奏乞復慎長清吏部尚書蹇義以聞且言長清
別除知縣已久即如民所言又當易之
上曰必其不如慎故民求舊國家任守令但欲其得民心
苟得民心雖屢易何害

○宣德元年正月丁巳博野縣知縣陳哲以舊官代還縣
民詣于廷按御史言其有父母斯民之心乞留哲章聞
上諭吏部臣曰朝廷選用守令正在求民安耳哲能得民
心如此稱所用矣古人有言所欲與之所惡勿施其召
舊官還而令哲復任
○宣德二年三月辛丑
上諭西漢循吏其畧曰以一郡一邑之民付之守令者欲
其教養之而已教養之道農桑學校而已農桑之業修
則民足於衣食而遂其生學校之政舉則民習於禮義
而全其性如是足以為善治矣
○五月丙辰渾源州知州陳淵有罪當罷為民者數十人

皇明寶訓　宣德三卷　廿五

詣闕言淵愛民如子逃亡復業因備禦千戶陳貴縱軍
毀民室廬占民田地淵不忍民被害列奏貴罪為貴所
誣自淵離職民失所望乞復淵職
上諭吏部臣曰守令中未嘗無賢者往往為小人所傷法
司又不能別白是非枉直亦豈得無過其從民所言令
淵復職
○宣德五年七月癸亥
上視朝罷御左順門謂侍臣曰郡縣守令所使安民者若
賢否混淆無激勸則中才之士皆將流而忘返吏部以
進退人才為職亦未聞有所甄別何也因降勅申諭之
○十一月癸卯湖廣沅陵縣有惡虎為民患勅總兵官都

督蕭授等捕之
上因諭行在吏部尚書郭璡曰古之守令有善政者蝗不
入境虎自渡河今沅陵有虎患其有司之政可知即移
文戒飭之使之脩政弭患則固勝於人力也
○宣德六年正月庚辰蘇州知府況鍾奏長洲知縣徐亮
到任半年政事不理民失所望乞別除知縣代之
上諭吏部臣曰長洲劇縣須廉幹吏乃能治何以不量才
授任即選賢能者馳驛代之
○癸巳行在吏部言鎮江府知府同知蘇州府吳縣知縣
皆以貪去請用丁憂起復知府尤禑同知趙郁知縣宋
彬代

皇明寶訓　宣德三卷　廿六

上曰守令當用廉正有才能者毋拘拘循資格此數人既
可勝當從但舊官以貪黜去今所用勝彼則可不然徒
勞費無益

禮養臣

○洪熙元年七月戊寅行在吏部言四川永寧宣撫司經
歷張規等皆年七十之上不能任職
上曰七十致仕古今通典然亦有不聽去者以其尚可也
既皆聰明不逮留之何益聽致仕去以順人情
○宣德二年八月庚申監察御史嚴繼先言近吏部放遣
患病官還鄉例皆革去冠帶為民中亦有曾授誥勅封
贈父母者既非得罪輙去冠帶無以激勸後進敦厚風化

上謂尚書蹇義等曰以理去官與見任同今後會受誥勅
以老疾去者皆令冠帶還鄉
○宣德三年十月乙酉
上謂羣臣曰古者師保之職論道經邦寅亮燮理不煩以
有司之政今少師蹇義少傅楊士奇少保夏原吉太子
少傅楊榮皆
先帝簡畀以遺朕者而年俱高令兼有司之務非所以禮
之於是賜勅諭義士奇原吉榮曰卿等祗事
祖宗多歷年所忠謨讜議積效勤誠朕嗣統以來尤資贊
輔夙夜在念圖書始終蓋以卿春秋高尚職繁劇憂勞
待賢禮非攸當况師保之重寅亮為職不煩庶政乃副

倚毗可輟所務朝夕在朕左右相與討至理共寧邦家
職名俸祿悉如舊
○宣德四年八月戊寅翰林院學士沈度乞致事
上諭行在吏部尚書郭璡曰度誠謹
皇祖眷之殊厚今雖老精神未衰亦不可煩以事但令京
居食祿免朝參有召則入
○宣德七年三月辛巳南京國子監奏請給學官皂隸充
使令
上曰舊不與皂隸者以其非常參官然貴賤相承禮之常
分遞命兵部如例與之
諭臣下

○宣德元年七月甲午
上御奉天門諭兵部尚書張本等曰近來民有訴妄解充
軍者此乃有司之過彼意蓋謂朝廷所重在軍不知民
乃國家根本夫朝廷於軍民正如舟車任載不可偏有
輕重今後卿等須令有司審實軍則為軍民則為民毋
致妄冒違者必罪不恕
○宣德二年正月辛卯勅諭羣臣其略曰惟爾羣臣執德
以廉為要廉者發之公而政得其平諸人以仁為本仁
者施之厚而下得其所忠以奉國敬以勤事古之良臣
率由斯道其勗之哉
○六月乙亥直登聞鼓給事中以所受詞上聞

上因諭之曰朝廷慮刑獄有冤下情不能達故設登聞鼓
然前代置院設官託耳目於一人非兼聽廣覽之道我
國家命六科給事中輪直畢得其當爾等無畏權勢無
易孤弱惟其所言即時為達庶幾事無壅蔽幽隱畢聞
况給事中為朝廷近侍誠能效職當顯用爾無或阿比
以忝所任
○宣德四年八月丙子命工部右侍郎羅汝敬等往蘇松
浙江等處督運糧賦汝敬等陛辭
上諭之曰比來有司徵收多弊輸納違期今命爾等往督
之催科當戒苛刻持己當加廉慎無襲奸貪所為也
○宣德六年五月丁亥巡按四川監察御史王翺奏西安

衛官軍二百餘人隨都督陳懷至四川既支行糧原衛
又支月糧而丞無差遣請令還西安
上諭行在兵部尚書許廓等曰近來遣衛多奏缺官而此
輩乃偃閒無事若總兵官當有隨從四川未必無人古
之良將為國家立功名者必使人各盡其才而有志之
士亦不肯自暇自逸而安務得者小人事也遂勅懷盡
遣還原衛
○宣德七年六月丙辰御製官箴成以示百官
上諭之曰朕承大寶臨撫兆民實賴中外文武羣臣同心
同力以興起治功昔舜命九官十二牧皆孜孜訓諭虞
史書之夫以大舜為君皋夔稷契輩為之臣猶致儆如
此況朕菲薄敢不究心然遠臣既不得數見而人諭之

近臣雖朝夕相接亦不得數以言諭因取古人箴儆之
義凡中外諸司各著一篇使揭諸廳事朝夕覽觀庶幾
有儆然古之君臣有交儆之道凡在位君子有以嘉謨
告朕者尤朕所樂聞也箴凡三十五篇
戒飭臣下
○洪熙元年七月壬午遣鴻臚寺司賓署丞焦循播禮部
郎中頒詔朝鮮
上諭之曰朝鮮為國東藩世修職貢朕嗣承大統所宜詔
告爾爾將命當以禮自持用副任使其慎之
○閏七月癸卯
上諭尚書吳中等曰比聞工部差人催辦諸事多有暴酷
傷人事有不可已者亦當從容使人措辦若暴酷逼迫
為朝廷斂怨失人心矣宜詢察一二人痛治之以儆其
餘
○丙午行在吏部以內外官應給誥勅封贈為請
上從之諭尚書蹇義曰國家封贈之典所以勸勵百官勤
能修職顯親揚名豈不忠孝兼盡若縱盜貪婪贓廢職
業上負朝廷下辱父母非朕所望也
○丁未
上諭行在吏部尚書蹇義等曰前命御史考察在外有官
正欲任賢退不肖庶幾民受其惠近聞考察之官少能

着實但信偏言更不博詢其有勤於職業因理公務不
免施刑小人不喜誣為酷暴今輒罷退庸懦之官紀綱
不立人所狎玩或貪贓賄低首下氣依阿度日小人貪
其易與乃更保留如此不當孔子曰衆好惡必察焉宜
嚴戒飭之務盡至公毋使正人受誣小人得志如或不
當責有所歸
○宣德元年正月甲寅
上御奉天門諭羣臣曰前日御史奏通政秦川往湖廣督
賦受贓川大臣何得全無知識漢大司農田延年貪求
贓賄一旦敗露自殺身命為重財賄為輕此乃以至重
博至輕況贓物法當入官於己何益

太祖皇帝嘗言守倖如井泉井雖不滿日汲不竭川倖亦
不涛若清廉公正盡忠為國豈不長享富貴今至此罪
豈可容古人云禍福無不自己求之凡在官者當以此
人為戒羣臣皆頓首受命
○四月戊寅初
上以載籍所記前代外戚及臣下善惡足為鑒戒乃采其
事製外戚事鑒歷代臣鑒至是書成頒賜羣臣及外戚
諭之曰朕惟治天下之道必自親親始至於文武之臣
亦欲同歸於善然前事之不忘後事之師也故於暇日
采輯前代近戚及文武羣臣善惡之迹與其所得之吉
凶類為此書用示法戒其擇善而從以保福祿於悠久

○宣德二年正月丁未
上謂行在兵部尚書張本等曰昨有四川千户調除廣東
不欲赴官奏乞仍舊者朕不許古之忠臣惟上所使每
有征伐奉命即行今天下無虞調之廣東亦復何患乃
欲狥私自便豈是忘身狥國之人朕以其無知姑容不
問若再有此必罪不宥
○宣德三年五月庚辰
上出酒諭示百官時郎官御史以酣酒相繼敗或請遂禁
酒
上不從故作酒諭其文曰天生穀麥黍稷所以養人人以
麴蘖投之為酒周官有酒正以武法授酒材辨五齊之
名三酒之物以供國用書秬鬯二卣曰明禋詩既載清
酤賚我思成以享祀神則也厥父母慶洗腆致用酒以
事親也豈樂飲酒以燕臣下也酒醴維醹酌以大斗醴
酒有衍籩豆有踐燕父兄及朋友故舊皆其大者酒曷
可廢乎而後世耽嗜於酒大者亡國喪身小者敗德廢
事酒其可侑乎自大禹疏儀狄戒旨酒成湯至帝乙罔
敢崇飲文王武王戒臣下曰無彝酒曰德將無醉曰剛
制於酒孔子言不為酒困禮有一獻百拜然則酒曷為
不可有乎夫非酒無以成禮非酒無以合歡惟謹聖人
之戒而禮之率焉庶乎其可也
○宣德四年七月丙寅給事中賈諒張居傑言户部郎中

蕭翊等不理職務惟日挾妓酣飲命悉下之獄
上諭尚書夏原吉等曰飲酒人之常情朕未嘗禁但君子
當以廉恥相尚倡優賤人豈宜褻狎近頗聞此風盛行
如劉觀輩尤甚每赴人邀請輙以妓自隨故此輩傚倣
若流而不返豈不壞禮俗大臣者小臣之表也卿當以
朕此言徧諭之
○八月丁亥
上諭六科給事中曰朝廷置給事中所以出納命令封駁
章奏關防百司之弊而朝政闕失庶官賢否民情休戚
皆得言之非其他職事比也
祖宗時慎重用人其有敷奏詳明蒞事勤敏智識優長有

補於政治者皆不次用之朕嗣承大統朝夕於庶政修和
尚賴左右侍臣之助古之士君子力學養德得君而用
之莫不建功於時施澤於民流芳於後爾等受職有年
諳達憲章尚思勉仰之望夙夜在公廉勤新爲先正官
無廢事不惟國家有賴爾亦有聞於悠久其懋勉之
○十一月己巳
上御奉天門御行在刑部侍郎施禮等曰昨日大理寺奏
爾等遣吏送強盜赴寺審錄中道受財縱之逃逸於律
當絞朕已可其奏夫吏人心術已壞惟知利耳其中有
廉恥者百無一二爾等宜嚴飭之使知守法畏刑彼能
保身此亦省事今彼陷入死地非爾等寬縱之過乎當

皇明寶訓　宣德三卷　卌三

以爲戒禮等皆頓首謝
○宣德五年二月己卯行在光祿寺廚子吉言光祿寺臧
外夷供給之獘通政司以聞
上命行在刑部侍郎施禮鞫而罪之且諭禮曰光祿寺之
獘不止此
祖宗以來飲食供給皆有定規比聞擅自增減應給之人
畢不得凡得者率非應　給之人惟虛立案牘以掩人
目宜究治之因顧侍臣曰毋謂飲食細故然亦干大体
華元殺羊享士羊斟不與遂致喪師勾踐投醪於江與
衆共飲心感悅遂成伯業以此而論所繫豈輕
○八月壬申湖廣按察司奏五開衛指揮倪善趙興懷私

不和妨廢職務請皆治其罪
上諭右都御史顧佐令按察司俱治之謂佐曰同僚有兄
弟之誼當情意相孚可否相濟譬如操舟行車雖衆論
不齊但欲舟車可行而已何必爭競此輩皆膠於私意
以致妨廢職務若倉卒變有警不能協和何以濟事
故不可不治以示儆也
○宣德六年六月癸丑建昌府知府陳鼎以縣丞徐政率
里長供給飲食日費鈔五十貫貪饕害民執之械至京
上命付行在都察院治之顧侍臣曰飲食雖小事然廉節
君子務養大體不肯以口腹累人羊續者不可學耶
○七月丁卯行在刑部侍郎施禮奏強盜反獄請遣人四

皇明寶訓　宣德三卷　卌四

出擒捕從之仍命錦衣衛鞫其典獄官及司獄卒治罪
上諭禮等曰罪囚繫獄凡獄具輕重各有宜施審閑
太祖皇帝言仁於仁不仁於不仁強盜何足矜憫而待以
姑息今之逃如虎出柙人復被害矣此由堂上官縱施
故下人得以生弊推情論法爾亦當罪姑停俸治事必
俟盜獲而後與俸盜不獲爾罪不免
○八月癸巳朔
上御奏門諭都御史顧佐等曰各處體審官員本欲分別
賢否使人有所激勸近日累有奏陳言姦民摭拾其罪
誣言御史及方面官以好惡爲去留紛紛不已朕惟矯
詐者固多誣枉者亦未必無之卿等其以朕意申戒飭

之去取務合至公今後有徇私偏聽以枉為直以賢為
不肖者必罪不宥
○宣德八年二月乙酉以戊子祀
社稷預告
宗廟請
太祖皇帝
太宗皇帝配太常寺所進祝版誤書日月
上覽之促命改書召太常寺卿姚友直責之曰一歲之間
兩祭
社稷而於
祖宗前急忽如此豈是小過汝等皆授職有年正是官怠

於宦成自今宜常加致慎
○六月庚寅行在廣東道監察御史羅銓等劾奏刑部郎
中廖思温員外郎孟芳屢挐恣公堂侍郎吳廷用施禮
寬縱不言又不具奏
上命執思温芳鞫治召廷用禮諭之曰凡為官長當寬不
至縱嚴不至殘爾今縱矣刑部掌天下刑罰豈應其如
此繼今宜勉自餝勵
勵風紀
○洪熙元年十一月丁酉擢翰林庶吉士王瑾等為監察
御史
上諭之曰爾在翰林久故擢爾為御史爾亦知御史之職
乎正其身端其志振肅憲綱糾擊奸究及寬獄庶幾其
可或尸位素餐或擅威虐下或貪黷貨賄有玷風紀必
罰必黜不爾貸也
○宣德元年三月乙卯行在都察院奏引監察御史麿舟
等二十一人分往各布政司直隸諸府州照刷文卷
上諭舟等曰刷文卷以察奸弊正違錯須以清案無私為
本不然則是非黑白不能分別然又當安詳平恕勿事
煩苛爾等宜體朕意
○十月癸亥陞行在河南道監察御史張政為山西按察
使
上諭之曰今以一道憲綱付爾當謹守禮法以肅衆僚正

庶官事有當為者即為之務合至公勿有所循
○十二月癸酉陞行在貴州道監察御史林碩為浙江按
察使
上諭之曰浙江地大人衆有司未必皆賢軍民之中亦有
豪橫非理者必須紀綱修明法度整飭然後奸豪斂戢
善柔得安然後治人必先自治未有已不正而能正人
者爾其勉之碩頓首受命
○宣德二年二月甲申行在都察院奏遣御史往巡江西
浙江
上諭都御史王彰曰御史巡按當務大體先須清心寡慾
然後能明察庶事伸理冤抑興利除害若逞小才作威

稽此豈朝廷委任之意卿須戒飭之
○四月癸未廣東按察司初分四道役以所轄州縣多增
設廣州道而僉事仍舊至是按察司請增置僉事
上從之曰按察僉事分巡一道官吏廉汙民生休戚繫焉
宜慎擇人不可濫授
○宣德三年八月庚寅行在都察院右都御史顧佐奏監
察御史多缺臣訪舉進士鄧棨等十四人監生程富等
十一人聽選教官方端等二十人志操端謹堪任御史
上曰風憲固當用端謹者亦須有才猷方稱未可遽授此
職俱令於各道歷政三月爾察其言行考其賢否第為
三等朕將選擇而任之

○宣德五年五月壬寅行在都察院請差御史巡按福建
廣東
上命章杲陳汭因諭之曰御史出巡先須考察官吏官吏
守法然後百姓受福凡為惡有跡者易於懲治其有貪
暴虐民而強辯飾詐及外示善柔心實險惡者最要明
白究實若徇私廢公姑息容惡長奸使百姓受害
則爾罪均杲等頓首受命
○八月甲午行在都察院奏巡按江西御史劉伯大以同
行監生賈布虧價罪之監生告伯大枉道還家受人餽
遺請罪伯大
上從之因諭右都御史顧佐等曰古云無諸己然後非諸

人己身不正而欲正人得乎凡在風憲必以潔己為先
○宣德六年二月庚子命監察御史于奎往薊州等處緣
邊點閱戍守官軍
上諭之曰緣邊關口戍守己定所以須點閱者慮有怠縱
失於防閑爾為朝廷耳目官若知其縱弛而不舉或苛
細生事皆失其職奎頓首受命
○五月己巳初御史傅吉巡按江西布政使孟桓等俱率
官屬出郭迎候又陪朝王寧府官奏其違法
上命吉等自陳至是吉等皆服罪
上宥之諭都御史顧佐等曰風紀官先須守法乃能以法
治人今御史多輕薄少年不以禮法自治害人誠使苟

失迎送輒生事挫辱在外官亦不能自執禮法諂佞成
風其務示禁約違者悉罪之
○十月己亥
上諭行在吏部尚書郭璡等曰朝廷置御史託之耳目凡
政務闕失民生利病百官賢否皆得奏舉豈可以任匪
人比來有相朋比同流合汙者有依勢作威凌蔑良善
者甚至貪淫穢濁不可以言者如此何望其能舉職雖
以遜之自今必擇老成謹厚識達治體者以聞朕將試
用之又諭之曰在外按察司掌一道風紀亦宜慎選毋
任匪才

恤舊勞

○洪熙元年七月丙申山東鹽運司唐鑑故太子少保兼
兵部尚書鐸之弟
太祖皇帝選為散騎舍人累陞今職年老目青巡按御史
言其昏急不任事鑑亦以病自陳行在吏部言當免為
民
上曰聞鐸洪武中名臣鑑之進用蓋以鐸故今老疾無過
亦可見其循謹宜體
太祖進用之意俾冠帶致仕以全始終之恩
○八月壬申行在禮部右侍郎鄒師顏卒行在禮部尚書
呂震言其家貧不能歸喪
上曰朕聞其人清慎其卒可惜遂命給官舟載歸因謂左

右臣曰為官而貧可嘉今豈獨鄒師顏但朕未悉知耳
自今京卿於任皆做此例
○十月壬午
上諭行在三法司曰卿等所奏刑名多有軍職雜犯死罪
及應徒流者朕念其祖父立功或本身効勞艱難得官
一因愚戇遂致罪戾情有可憫但令於邊境充軍立功
其真犯死罪者不赦
○甲申行在兵部引奏故軍官子孫之當優給者
上從之諭尚書張本曰古之從軍死事者其孫養於羽林
蓋念前人之勞而憐其孤幼惟恐其失所今優養已有
定制聞比來亦有不能自給者爾兵部當如期給俸厚

加撫恤且時督武學訓誨使知道理長成襲爵庶幾得用
○宣德元年五月辛亥寧王權奏諸女將嫁未有第宅請
以都指揮吳幹等所居處之
上曰幹等皆
先朝舊臣其居處已久一旦奪之人必謂朝廷重私親輕
舊臣非所以示天下遂貽書王別擇閑曠之地以護衛
軍創造庶幾得宜
○七月乙卯行在兵部尚書張本以故官妻子優給事聞
上曰武臣生勤王事沒無資産所遺妻子寡弱與獨無子
者非得優給豈能自存今後若此者審覈是實即須奏
給更勿遲疑

○宣德二年十月丙子行在兵部奏隆慶右衛故百戶霍
玉無應襲子孫止一女十歲當如例月給米五斗俟其
適人則罷給
上從之因諭之曰
祖宗立法最為仁厚既不負前人之功亦不使其為無告
之人恩意曲盡矣凡若此等卿等當務推行
○宣德五年二月丙寅行在兵部奏各衛故總小旗幼男
今應給糧優養俟出幼補役
上從之因謂尚書張本等曰
祖宗立法徵勞必報如此類皆是仁厚之意雖萬世行之
可也本等頓首曰

陛下聖德恪遵成憲臣等敢不欽承
○閏十二月丙辰保安王志𤩽奏請以前陝西都指揮使
陳懐故宅為洛川縣王居第
上謂行在工部尚書吳中曰宗室之親朕豈吝惜但陳懐
功臣若尚有親屬居其中而遽奪之不可其令陝西三
司覆勘果空閑則與之
○宣德六年六月癸丑
上退朝御左順門謂兵部尚書許廓等曰人臣事君雖當
鞠躬盡瘁若老疾則當優待之都督郭志祁英楊傳今
皆年老有疾宜令致事閑居有子孫者令嗣職
○己未赤城備禦都指揮汪貴剋減軍士綿花入己法司

論應斬
上曰朝廷念邊軍寒故賜之彼若能愛恤軍士豈忍侵奪
使下人受苦殘忍不仁斬之非過但念其前勞姑宥死
令充為事官詣廣西聽總兵官山雲調使改過自効
○宣德七年二月癸丑命行在兵部清理貼黃
上諭之曰軍職貼黃
祖宗時最為重務蓋武臣百死一生致軍功得陞及子孫
不清理或有冒濫則有功者屏棄無功者反受利矣爾
等宜致詳慎不可怠忽

大明宣宗章皇帝寶訓卷之三終

大明宣宗章皇帝寶訓卷之四

光祿大夫柱國少傅兼太子太傅禮部尚書武英殿大學士臣呂　本　謹校
南京禮部祠祭清吏司郎中臣陳治本
南京兵部職方清吏司主事臣朱　錦　謹閱
南京工部虞衡清吏司郎中臣呂鳳高

備荒

○洪熙元年六月乙卯無為州奏州民艱食已給預備倉
粮濟之
上諭行在户部尚書夏原吉等曰預備倉儲正為百姓比
之前代常平最為良法若處處收積完備雖有水旱灾
傷百姓可無饑窘此

太祖皇帝良法美意卿宜編行天下申明舊典務存實惠
勿事虛文
○丙辰河南新安知縣陶鎔奏民甚艱公私無儲獨函關
驛頗有儲粮欲申明待報然後給濟然民命危在旦夕
已先借粮一千七百二十八石給民候秋成還官
上謂尚書夏原吉曰知縣所行良善朕聞近年有司不體
人情苟有饑荒必須申報展轉勘實賑濟失時知縣急
於濟人先給後聞是能稱任使卿毋拘文法責其專擅
○宣德三年四月辛未户科給事中宋徵言洪武中郡縣
所糴預備倉粮近皆廢弛宜下郡縣修倉徵收以備荒
歉

上謂行在戶部臣曰此
太祖皇帝備荒良策當百世行之今廢弛如此皆有司之
過宜即遣官巡視整理有慢令及欺弊者皆罪之
恤災異
○宣德元年六月戊子河南布政司奏安陽臨漳二縣蝗
上謂尚書夏原吉等曰近者有司數言蝗蝻此亦可憂姚
崇捕蝗終不為災但患捕之不早耳卿宜遣人馳驛分
督有司巡視但遇蝗生須早撲滅毋遺民患
○宣德二年八月戊辰
上謂尚書蹇義夏原吉等曰近者各處有司多奏水旱而
山西郡縣旱尤甚若禾稼不成其民何所仰給朕心懷

惓思所以弭災之道卿等當輔朕不逮以回天意若今
大雨民猶有望原吉對曰齊景公言善熒惑為之退舍
陛下憂民如此
天心悅鑒必有以副
聖意顧臣等不職實切惶愧皆頓首謝
○十二月丁丑
上謂行在戶部尚書夏原等曰今年陝西亢旱秋田無收
其軍屯子粒民間秋粮俱已蠲免比聞軍民之中多因
缺食流離豈可不恤其令有司開倉賑濟仍於南京運
絹五萬匹綿布十萬匹令陰平侯等用心拯救勿令失所
○宣德三年四月丙寅山西解州潞州奏天旱民饑多流
移他境者
上覽奏惻然謂尚書夏原吉曰比聞山西久不雨朕心不
安今果奏至其即遣人賑濟且撫綏其民無令失所又
曰聞旱災之地頗涸弭災之要修省在朕卿亦當敬謹
勉盡乃職
○六月癸巳
上諭行在戶部臣曰霖雨久不止水潦泛溢今城中薪芻
湧貴凡有運載入城者悉免抽分違者罪之
○七月丙辰順天河間真定保定等府及南直隸和州等
州縣各奏苦雨山水泛漲渰沒田稼
上召六部尚書蹇義等以奏示之諭之曰天降災祥在德

朕覽之慄然卿等皆當勉思恤民之道
○八月戊申
上巡邊駐驛三河縣縣官朝見
上諭之曰善撫百姓今年此處水潦為災宜以實聞當圖
優卹之毋妄有科擾朝廷授汝撫字之寄民不失所斯
汝能盡職否則有罰
○宣德四年九月丁巳山西萬泉縣丞王琦奏去年少雨
耕種無收今春至夏亦旱民多艱食
上以奏示戶部太子太師郭資進曰山西他郡縣未有奏
旱饑者當遣官察視
上曰旱潦之災天用儆朕有司所言勿用致疑即量免其

祖稅仍令有司善撫卹之
○宣德五年四月甲午易州奏蝗蝻生
上謂右都御史顧佐曰今禾苗方生宿麥漸茂而蝗蝻為
災若不早捕民食無望卽選賢能御史往督有司發民
併力撲捕務發撲之則易若稍緩之卽為害不細
○六月己卯永平等衛及河間府靜海等縣奏蝗蝻生尚
書郭敦請遣官往捕
上從之曰遣官之際亦須戒飭頗聞往年朝廷遣人督捕
蝗者貪酷害人不減於蝗卿等須知此弊是日晚出御
製捕蝗詩示敦等曰蝗之在患此詩備矣卿遣人往捕
當如救焚拯溺不可緩也

○宣德九年十二月庚申直隸揚州湖廣四川各府州縣
俱奏旱乾疾疫人民流亡
上聞之惻然謂尚書胡濙等曰上天降災非水則旱加以
疾疫民何以堪朕深憂懼卿等當勉圖匡濟有可以回
天意救民命者其悉以聞
卻祥瑞
○洪熙元年八月丁卯朔魯王肇煇遣長史進瑞麥尚書
呂震以為豐稔之應請上表賀
上曰近日畿內州縣屢奏水潦卿不聞乎朕方夙夜憂民
艱食若以此為瑞則山東一隅之民可當之如他處何
其止勿賀王所遣長史賫之還

宣德七年五月甲戌行在禮部尚書濙以山西進龍馬
駒請偕群臣上表賀
上曰二三年間水旱告災繼踵而來朕方日夕惕勵一獸
之異何救民饑而欲表賀其止之
○宣德八年閏八月辛亥蘇門答剌及諸番國來朝貢獻
麒麟象馬諸物
上受之行在禮部尚書胡濙以麒麟瑞物率群臣稱賀
上曰遠方之物朕非有愛但念其盡誠遠來故受之不足
賀也
武備
○洪熙元年九月壬子

上諭行在兵部尚書張本曰兵以禦侮當國家無事時正
須整肅士伍修舉兵政書曰張皇六師詰爾戎兵正此
之謂今內外衛所軍士徒具名數比遣御史給事中點
閱多有逃亡者爾職典兵事宜卽遣人追捕庶幾士伍
不缺
○宣德元年正月丁巳太師英國公張輔言在松操備官
軍凡緣邊諸衛及陝西等都司皆已遣還合於河南等
都司及直隸睢陽諸衛選調至京以時校閱
上曰然天下雖安不可忘武今國家無事正須訓兵練將
卿等當為朕留意
○七月丁未

上罷朝退御左順門行在兵部尚書張本等侍語及軍術
上曰昔
皇祖嘗言元末之時管軍武臣多務貪縱軍政不修隊伍
廢缺人問士卒安在則撫夾袋曰皆在於此蓋惟有其
名耳所以馴至大壞今得無復蹈此弊乎宜嚴謹飭令
監察御史按察司官以時點閘不可怠忽
〇十二月乙亥
上閱暇與學士楊溥語及治兵之道溥曰兵貴乎訓練有
方撫養得宜不患其不為用
上曰然養之厚則得其心練之精則得其用必其氣銳志
果而後可用若素不訓養一旦驅之矢石之間進退失

措何望有濟溥曰誠如
聖諭
〇宣德二年正月癸卯
上諭行在兵部尚書張本曰各處衛所官旗不能撫恤軍
士多致逃亡舊例皆有降罰朕寬待之限一年之內勾
補不完然後加罪卿宜用心考核如有不完必須降罰
古人云威克厥愛允濟若更因循則軍政必至廢弛不
可不用意
〇宣德四年八月辛卯有獻兵書者
上因與侍臣論用兵
上曰古之用兵者卿等試言其一二侍臣對曰昔趙括少

學兵自以天下莫能當及為將以四十萬衆敗於秦此
不知合變曹操得孫武之術及其破荆州乃驅北方之
人遠涉江湖以八十萬衆敗於吳此驕之過諸葛孔明
知古陳法以為足以取天下然相持數年魏人不敢決
戰而孔明亦不能成功用古法誠難矣
上曰霍去病不學孫吳而伐匈奴功嘗居多由是觀之用
兵制勝方畧存乎人又不在拘古法也
上又曰兵法世稱孫武止於彊霸曹操亦終不能取吳蜀
所謂桓文之節制不能敵湯武之仁義者是也
馬政
〇宣德二年十一月甲辰北京太僕寺官奏請遣官閱孳

生馬
上諭之曰馬畜於民間必寬民力而後可責成効國家立
法固有定規其孳生不及數者亦屢下令免償未嘗以
馬傷人蓋農民終歲勤動以營衣食又有償馬之費甚
可憫也爾等但率舊典以示勸懲民有貧難者宜寬恤之
〇宣德五年三月癸卯
上閱馬命武士調習之顧謂侍臣曰軍國之政馬為先務
今蕃虜固當懷之以恩亦不可不示以威古人云事事
乃其有備肆朕於馬政尤所用心侍臣對曰今馬蕃息視
祖宗時加數倍矣
上曰此皆

祖宗之澤但朕邊用成法不敢少怠耳

備邊

○洪熙元年八月乙亥遼東都司奏廣寧等十八衛修理衣甲請支綿布三萬四千餘匹行在工部尚書吳中請給其半

上曰邊軍守禦須仗甲兵彼衛身無甲則膽氣衰何以責其禦敵若甲仗堅利紀律嚴明士氣自振足以懾服寇戎修甲何可惜費其卽與之

○九月壬子陝西都司奏擬造鐵盔青甲萬副所用物料乞令布政司支官鈔買辦

上從之謂行在工部尚書吳中曰邊防國家重事其切用

者兵器兵器有備然後可以制敵古者郡國有庫兵京師有武庫今西陲極邊兵器安可無備其令遣官給其費毋科擾於民又謂中曰內外衛所軍器皆須遣人閱視凡損壞者官給物料悉爲修理

○宣德元年十二月壬申

上御奉天門謂侍臣曰今四夷順服邊境晏然古人嘗曰儆戒無虞又曰禍生於懈怠若守邊將士稍起怠心少失防閑將有意外之患遂遣璽書戒勵緣邊守將令宜心防守不可怠忽

○宣德二年五月辛丑巡按御史馮彬奏緣邊關隘黃石崖嶺芳口城垣未完戍守不備

上諭行在兵部臣曰邊關戍守當晝夜嚴謹豈可自謂無事便有怠心古之良將禦軍嚴肅雖在閑時常若臨寇故能永保無虞卿宜移文責問限日下完整稽遲者罪之

○宣德三年八月丁酉

上將巡邊太師英國公張輔等進扈從官軍之數

上曰朕此行豈爲田獵但以國家雖安不可忘武況邊境之民每及秋則憂虜患若在我有備虜何能爲患朕爲民故特田獵閱武遂飭邊備耳

○十一月壬戌巡按山東監察御史言遼東西長嶺遼賊入寇備禦都指揮李敏等提督不嚴請罪之

上諭行在都察院臣曰軍官備邊但守常法以保境安民

如能謹嚴豈有外患古之良將雖安閑之際常若臨敵不可少怠今失機皆由主將號令不嚴軍政不修所致其令御史治之如律

○宣德五年正月戊午勑都指揮韓鎮等領兵自永寧至懷來巡捕凡諸隘口屯堡烟墩務令整齊嚴謹有寇則乘機剿捕

上因謂侍臣曰今虜寇雖衰然鼠竊狗偷乃其常性惟邊防嚴密使彼無間得乘可也

○三月壬寅開平守將奏邊務數事

上采其可行者付所司施行因謂侍臣曰方今海內小康惟殘虜叛服不常古今制夷狄惟在守備若城堡堅固

粮餉充足士卒精練哨瞭嚴謹彼亦何能為患朕屡以此戒飭邊將但慮其因循玩愒今春氣漸深政邊民耕作之時一或農事防廢秋收無望仰給於轉輸則勞矣遂勅邊將嚴謹備

○宣德六年十月癸卯副總兵都督方政以新立龍門衛及龍門千户所器械旗鼓等物未備奏請給用且數以聞

上命行在工部如數給之諭尚書吴中曰兵甲堅利而後足以制寇不可不與然地利不如人和尤須戒勵主將善撫士卒人心既和以守則固戰則勝邊境可永無虞

○宣德七年九月庚午命將率兵巡警

上諭之曰今國家無事邊塞無警可以安逸然居安慮危

乃保邦之道况西北二邊虜常出沒今秋高馬肥宜預警備但師行須慎重無貪利輕進無肆殺戮申嚴號令整肅部伍堅利甲兵以振耀威武使虜懾服不敢侵掠而邊城亦固封守此良策也

○宣德八年七月壬申大同總兵官武安侯鄭亨奏虜寇入雅兒崖殺千户朱銘等掠官馬而去哨備都指揮僉事張淮及指揮蔡麟等皆怠慢失機請罪之

上勅亨曰虜乘間為寇殺官軍掠官馬豈獨下人之過亦是主將平昔姑息紀律不嚴所致自今宜加嚴謹張淮蔡麟等悉降充戴罪官令專職哨備如再失機處斬因語侍臣曰禦邊之道惟在得人漢匈奴率十萬騎入寇時趙充國將四萬騎屯邊郡單于聞之遁去以四萬騎而使單于知畏非充國總制有道乎亨性謹厚但過于寬故邊備屢有小失

任將帥

○宣德九年三月癸丑守開平指揮使杜福年老乞閑平千户楊洪等奏福居邊久練達兵務乞令仍守開平

上諭行在兵部尚書張本曰邊將在得人昔魏尚守雲中匈奴不敢近塞趙充國屯邊羌虜遠遁福練習邊事素得士心安可使就閑但當優待之耳遂以其子代令福為致仕官仍住開平協助都指揮唐銘等行事

○宣德三年五月乙亥以陝西都司都指揮使張麟老疾

命致事以其子泰為寧夏左屯衛指揮使領馬操練仍命麟往訓督之

上因謂侍臣曰古謂將門出將蓋子孫親見祖父所為自然諳練麟雖老素有材識使泰能似之固於國有用於家亦可長保富貴

○宣德四年三月甲子初四川青川守禦千户所百户倪讓以例不當襲職罷及番寇攻青川城讓與衆竭力守城敗賊有功總兵官都督陳懷以聞

上諭兵部臣曰韓整準齊國家委任而以貪淫玩寇不能立功若此者人安可棄之今復舊職使再立功

○宣德五年二月丁丑

上御奉天門謂侍臣曰武備國家重事今軍政不修實由將校之不職宜詳察其實以示勸懲遂遣勅諭各都司按察司巡按御史用心察訪務盡至公

○宣德七年三月壬午命故都督朱崇子震襲指揮使操練

上謂兵部尚書許廓等曰指揮使一衛之長才智過人方能稱任不可以後生少年處之姑令操練俟年二十以上觀其可任然後任之

諭將帥

○洪熙元年八月癸酉

上聞各衛頭目害新軍致其逃竄諭行在兵部尚書李慶曰凡為軍官少有廉潔不思軍士乃其富貴之本若

撫綏得宜人心悅服遇有征調易以立功高官厚祿自此而致今所為如此豈徒負國亦自害身爾兵部宜戒飭之

○宣德元年五月辛亥調晉府護衛官軍四千餘人赴大同備禦

上遣人諭武安侯鄭亨曰大同旱寒比他處為甚凡備禦將士離父母妻子而來所恃者主張耳非撫綏得所人何以堪郭子儀撫士卒如子弟所以成功名保富貴卿老成宿將當以此為念

○八月乙亥

上親征高煦駐蹕直沽南召諸將諭曰為將雖有智勇必資士卒乃能成功古之名將皆以恤士為本平日撫恤得其心臨敵之際必得其死力若素不能恤徒以威馭之緩急未必得用前已命兵部給從征官軍馬騾分載軍資昨見軍士多有負重者日晚始至營亦有困乏懸道傍者爾等略不加意但使人不知恤人豈為將之道其即以官給馬騾均分馱載以甦其力中有疾病者太醫院與善藥如果不能前進付所在官司調理

○宣德三年五月甲寅命後軍都督沈清總兵民運糧往宣府

上諭之曰軍民輓運道路險艱總其事者當加意撫恤使人不知勞而事易集可也若橫加箠楚逼取財物人心

懷怨已亦不安耳爾宜自慎及禁戒下人俾知朕意

○八月癸卯

上將巡邊召扈從諸將諭曰師行須預嚴紀律申號令衣甲必鮮明兵器必鋒利軍容必整肅毋縱士卒擾百姓為將馭卒須愛之如子弟卒事將如父兄矣古之名將皆與其下同甘苦故能得其心汝曹勉之

○丁未

上巡邊車駕渡潞河駐蹕虹橋召諸將諭曰朕深居九重豈不自樂但朝夕思念保民故為此行今日渡河道路所經皆水潦之後秋田無穫朕念民艱閔焉於心爾將士敢有一毫侵擾民者必殺不赦遂命錦衣衛遣官巡察

○宣德四年三月命都督郭義等督軍士牧馬
上諭之曰軍士無知多縱口腹之欲為民害朝廷待軍民
一體無有重輕卿等宜嚴約束況今耕種之時尤不可
縱恣蹂踐妨廢農業違者必治以法
○十二月丙戌
上命行在兵部於京衛選士卒通十萬隷五軍訓練因諭
成國公朱勇曰古人用兵雖有成法然以應變不窮為
奇蓋可教者坐作進退擊刺之方至於隨機制敵開闔
往來使人不可測度此在兵法之外卿等閒暇更當讀
書觀古良將方畧融會于心自然有得
○宣德六年十二月癸卯順天府固安縣械繫所獲強盜

張旺等三人至京未獲者尚十一人旺隆慶右衛千戶
餘皆武官家人
上命付行在都察院其未獲者令錦衣衛急捕召武臣諭
之曰國家優待武官皆有常祿死則祿及子何至為強盜
太祖皇帝嘗書守俸如井泉井雖不滿日汲不竭強盜雖
一旦苟得然當殺身豈如守常祿可長久爾等老成舊
人當嚴戒飭使守禮法若有犯致罪毋謂朝廷少恩衆
皆頓首而退
○宣德七年五月丙寅遼東總兵官都督巫凱請斬逃卒
二人之誘女直為寇者
上從之因勅凱曰人情豈樂從異類此必有不得已如為

將者能撫恤之動息以時溫飽得所雖驅之不去爾等
勉之
○九月己巳直隷隆慶衛指揮袁泰等奏保本衛指揮同
知李景為指揮使
上不從因召諸武臣諭之曰爵賞當自朝廷景若有功朕
豈吝此唐自中世以來威權不振河北將帥皆由軍中
所立所以漸至微弱此輩循欲效之耶為人臣但當盡
心竭力為國立功不患不富貴也
○宣德八年四月丙申勅
上以四川都司奏勅總兵官都督陳懷以備禦官軍量退
其軟弱還助運粮守城懷言諸處官軍已為三番猶有

番蠻出沒乞為三番調征官軍仍存操備
上謂行在兵部侍郎王驥曰松藩昔無多軍城池未嘗失
守番蠻亦不敢為非比年以來有總兵官鎮重兵鎮守
番蠻時時出沒豈不能撫禦之彼只利軍馬不多略不
思供給之難即遣人馳驛諭懷必如寧夏例不許飾辭
拒命若蠻寇復出責有所歸

恤將士

○洪熙元年六月庚申
上諭兵部尚書李慶等曰比聞陝西官軍調來京師操備
河南山西官軍調往陝西甘肅備禦交互往來甚是勞
費凡事當順人情若令陝西官軍就彼防禦河南山西

官軍來京祿備豈不兩便非徒省費亦人樂從爾兵部
宜速行之毋令疲于道路
○八月丙申
上諭兵部臣曰國家養軍士惟在撫恤有素得其心然後
得其力比聞各衛軍多逃亡皆由將領者不能存恤虐
用其力減尅其粮常以致飢寒切身無所告訴不逃何
俟如此國家何望軍士為用爾即榜諭武臣務存恤軍
士不許生事虐害
○九月乙卯給遼軍皮裘狐帽
上謂行在工部臣曰塞北苦寒未冬先雪士卒守關瞭望
晝夜勤苦使無衣禦寒其何以堪皮裘狐帽速遣人運

往給之開平大同諸邊衛皆循此例
○十月丁丑瞿塘衛指揮彭恭等奏本衛軍士月粮比因
造營減半月支五斗不足自贍今營造既止各衛粮多
已仍舊支給
上諭行在户部臣曰軍士資其用力豈當使食不足月支
一石國家舊制暫因事撙節安可為例今既罷工即俾
復舊仍會計天下各衛所粮儲凡士卒減支者悉全給
之
○壬辰巡按御史顧達奏鳳陽指揮蕭敬等尅減軍士月
粮
上謂侍臣曰古良將巡撫士卒足其衣食艱難則與同甘
苦貧困則給以私財今所為如此平日殘忍可知命刑
部速治之
○宣德元年正月甲寅陽武侯薛祿奏天城衛軍士守邊
者月粮折絹人一匹千户潘海每匹但給二丈餘皆入
己
上諭行在兵部臣曰軍粮一石折匹絹蓋優與之使人得
禦寒而朕猶慮其乏食今乃三分取其一但知利己豈
有恤軍之心其執付法司罪之爾兵部仍給榜邊衛戒
約
○二月甲戌陽武侯薛祿言宣府懷安永寧諸衛俱邊境
將士嚴守備又令採辦致多逃逸乞罷其役

上諭尚書吳中曰邊方軍士專務守備何以他役勞之柴
雖山谷有然運送甚艱宜有迴避者其即免之自今凡
差軍民必須計議得當而行不可輕率
○宣德五年正月丙寅
上御左順門謂行在兵部尚書張本等曰馬軍比之步軍
尤為勞苦蓋自備軍裝為難今後馬軍户內再免一丁
差役以助給之
○七月丙午行在户部奏山西陜西軍士冬布因支給不
敷應給綿布者一半折鈔陜西每匹三錠山西每匹五
錠例有不同
上曰布一疋價豈止三錠軍士艱難但當倍與之安可從

省其依山西例給來年預計蓄積盡給綿布
○八月癸酉副總兵都督方政奏獨石赤城鵰鶚備禦官
軍有患病者無醫治療
上諭行在禮部臣曰朕恒念邊軍勞苦況有疾乎其令太
醫院給藥遣醫士二人往邊半年一更
○九月都察院奏金吾衛軍上應得宣德三年四月冬夏
布至今年五月方給請治衛官稽緩之罪
上從之召武臣諭曰朝廷慮軍士貧難令及時給之會軍
官當先時舉行庶下人得用此輩安享俸祿上不體朝
廷之意下失衆人之望已命都察院罪之爾等當以軍
士為心勿踵斯弊國法不爾貸也

○宣德六年二月戊午行在刑部奏
長陵衛千户嚴忠詐取餘丁財物罪應徒
上從之曰朕念軍士艱難故免餘丁之役使資助之會軍
官其父母乃不能體此意而剝削之此豈有心卹軍小
懲大戒亦小人之福
○五月初各衛餘丁赴工而逃者例發口外充軍
上諭兵部尚書許廓曰朕素知軍士艱難嘗有命凡軍士
皆免餘丁一人差使俾得生理供給正軍所司不遵朕
言已是重役若又發遣充軍人何以堪止罰工一年其
有已發充軍者皆取回
○十月癸丑副總兵都督方政奏今調大同等衛軍士携
家屬往龍門衛戍守而郎中王良言口外氷凍軍士宗
屬且令勿往沮撓軍務乞罪之
上曰政急欲成蓋為國謀今天寒地凍軍士携妻子暴露
道途亦有可憫況新建衛所室未剏糧未備良言亦是
宜來春發遣遂命兵部移文諭政
○宣德八年五月戊午
上語兵部侍郎王驥曰昨爾奏遣官往南京各衛選取紀
錄幼軍來操練朕慮有子幼母老轉徙失所者其悉受
之令於南京守備襄城伯李隆處訓練
○宣德九年十二月丁未大同參將都指揮使曹儉奏夜
不收高政等艱苦請增其月糧

上謂尚書王驥曰古人餼廩稱事彼出死力而與閒居者
同食可乎其卽從儉言
保全功臣
○洪熙元年九月都察院奏廣西故都指揮葛森妾許氏
告總兵官鎮遠侯顧興祖不法事請逮治之
上曰大臣總兵在外欲其靖寇安民若果所為如此法亦
難容但朝廷當存大體豈肯輙信一婦人言而罪邊將
姑令自陳其實
○宣德五年五月癸丑公侯伯大臣奏應城伯孫傑以受
贓應流如例罰役贖罪
上從之顧謂侍臣曰君子務德小人畏刑彼以前人功勳

榮受爵祿當修德畏刑以圖保今不修德亦不畏刑乃以貪賍得罪將何面目視人罰俸薄示懲戒耳如能改過庶幾長久

○宣德七年九月丁卯

上命安鄉建平伯張安高遠印胳馬諭曰爾等藉前人功有爵祿未知稼穡艱難宜奉法循理保守富貴若不遵怨度恣行貪虐如孫銖所為必罪不宥

錄勳臣子弟

○洪熙元年九月癸亥行在兵部尚書張本奏引故官子弟除指揮千百戶鎮撫

上悉召前諭之曰爾祖爾父昔從我

皇祖征伐立功致有祿位廕及爾輩爾輩年少氣銳當思前人艱難得官慎守法度操習弓馬勉樹勳績則於前人有光亦不負朝廷任使爾不可得官後輙放肆違犯禮法朝廷公法不爾貸也

○宣德元年正月乙卯

上罷朝御左順門行在兵部尚書張本等侍語及世祿本曰唐虞之時賞延于世周文王時仕者世祿此皆先王用忠厚之意

上曰我國家待勳臣禮意尤厚

太祖皇帝開國功臣

太宗皇帝靖難功臣子孫世襲其爵年幼給全俸養之置武學教之稍長俾習武藝俟其成人然後任事著為令典視先王制尤備朕嗣位以來謹遵成憲功臣子孫咸錄用恪勤職業者亦多有之是皆

祖宗教養之功若其不念先世積累之勞不體朝廷優待之意則自暴自棄矣

上又曰古云世祿之家鮮克由禮驕淫矜誇將由惡終此由教之不至耳

○十月癸未行在兵部引奏再閱試中武官

上諭曰凡軍職在當精武藝亦當讀書知道理近來軍職子孫多不務此居閒無事惟思貪財好色縱酒博弈或剽竊書史以資談論妄自高大及至使令茫然無措貌

廢前人功業古之良將如趙充國郭子儀岳飛武事既精忠孝兼備所以流芳百世爾曹當以此為法莫以今日僥倖試中便自足也

○宣德三年正月戊申行在兵部奏請選武官

上曰是皆因父祖有功故錄用之比年以來軍官子孫安於豢養浮蕩成風試其武藝百無一能用之害軍不能撫恤有司但知循例銓除一旦有警何以得人

祖宗時置武學教之書且俾習騎射當襲職之時嚴加比試賞罰之法載在典章爾申明之務求實效庶幾人知勸懲

○二月吏部奏照磨等官四十人回部倒應辦事

上因問其中亦有才能出衆者否對曰皆中才有一劉顥
者洪武初誠意伯劉伯温曾孫
上曰伯温事
太祖高皇帝爲開國名臣今尚有後昔蕭何魏徵之後皆
見顯用亦以前人之故朕於顥豈惜一官處之即令復職
○四月丙辰英國公張輔奏各衛優給出幼并應襲子孫
及襲替多餘幼官宜遣官統領練習弓馬
上從之謂輔等曰射乃軍中長技古人多以此爲務大抵
操習勤則自精卿等教練當使熟於此是日
上視朝罷行在兵部尚書張本等侍語及操練事
上曰凡人學業須及早年若或過時終難成就況軍官子

孫尤宜諳練乃能保守禄位不廢前人之功朕已命優
給出幼及習替多餘幼官練操重念官下應襲子弟亦
須豫爲訓教宜皆令赴教場操練須要精熟勿致其惰
逸也
○五月丁丑
上御左順門諭行在兵部尚書張本曰昨日有總小旗子
孫併鎗不勝者十餘人奏乞再併朕已許之蓋此皆有
志之人能念祖父辛苦得之故雖小名分亦思繼承不
墜今有祖若父爲大官而子孫安於豢養不習武藝臨
事失措隳廢前人之功豈不爲此人所笑爾宜諭勉之
厚勳戚

○洪熙元年十月命閻顏爲教授教魏國公徐顯宗
上謂吏部尚書蹇義曰勲戚家有教官此
祖宗所定大抵勲戚子弟生長富貴不知艱難惟肆驕奢
蔑棄禮法往往隳前人之業故特選儒者教之中山王
開國元勲其家尤須擇老成有文章者
皇考在御惓惓督魏國公學其令顏日與講論俾知仁義
忠孝之道
○宣德三年二月丙子
上御奉天門謂左都御史劉觀等曰自昔功臣子孫安於
豢養雖承祖父爵位少有文武才能一旦委用多致狼
狽今公侯伯新襲者衆朝廷念其前人之功豈徒使之

長享富貴亦欲成其才器庶幾克紹前烈已令更番操
習武事然人情恐勞喜安若稍寬縱必至怠惰卿宜遣
剛正御史二人察視之有慢令不至者具以名聞
○五月以訓導李鳴鶴爲駙馬井源家學錄先是
上命吏部曰駙馬不務詩書通古今曉忠孝仁義之道必
至怠惰驕縱何以保富貴須使之親近儒生
先朝駙馬家有學錄與之講記經史訓飭禮義今擇端重
儒者與井源至是吏部言鳴鶴可用遂命之
○宣德四年二月癸未
上以太師英國公張輔爲國勲戚所宜優禮不欲煩以政
勅諭輔曰卿以親以賢祗事

祖宗多歷年歲忠存社稷功注國家逮朕纘承大統勤誠
輔弼元勲厚德巋然于今方當注倚之時矧居燮理之
任不煩以政乃理攸宜可輟中軍都督府事官職俸祿
悉如舊朝夕在朕左右相與究論軍國重務共寧邦家
卿其專精神明道德益弘啟沃之功用臻治平之效欽哉
○是日勑行在左軍都督府左都督張昇曰卿舅氏至親
而日理劇務不遑暇逸矧兵政之重吏或以欺謾連逮
不問則廢法問之則傷恩朕夙夜在念圖善始終可輟
左軍都督府事官職俸祿悉如舊庶稱朕優禮至親共
保富貴於無窮之意卿其體朕至懷欽哉
○宣德五年二月己卯巡按直隷御史白圭奏武定侯郭

玹曰令家人強奪民田指揮呂昇阿附玹又奪官軍屯
田千餘畝與玹請治玹等罪
上曰勲戚之家正當謹守禮法庶幾長享富貴乃敢縱恣
貪暴如此此非朝廷少恩玹姑宥之呂昇及玹家人寘
執而治之
○宣德六年十二月乙巳南京錦衣衛指揮徐景璜及其
弟千户景瑜得繫囚之逃者徑送北京守備襄城伯李
隆奏其違命不關白
上命都察院責景璜等罪俾戴罪還職景璜等有倍慢語
法司奏大不敬應斬
上諭羣臣曰朕念開國元孫之孫且

皇祖母族姪豈忍加重罪姑謫戍邊俾自懲庶幾保全之
道蓋二人皆中山武寧王孫也
○宣德八年五月勲衛陳昭坐同父寧陽侯懋欺官粮鹽
人已既宥罪罷閒法司請革其冠帶
上曰昭安於泰養習奢傲鄙以天寒命光祿賜勲衛酒肉
昭獨以不豐潔却之朕目睹之固知其非今罪今又以
貪黷得罪革冠帶良是但念勲戚姑與之令其省過用
保富貴
○宣德九年二月乙丑吏部言陽武侯薛祿孫詵襲祖爵
無追贈父母之文
上曰詵承祖廕天下豈有無父母之人今百官皆得封贈

父母而彼獨不與非所以示公也其與之
明賞罰
○宣德五年五月行在後軍都督府奏寧山衛指揮使李
昭毀城樓造私居占耕軍士屯田及剋軍粮
上諭都御史顧佐曰為治之道賞善罰惡而已其惡如此
不可不治即擒治如律
○九月庚戌
上臨朝謂尚書張本等曰昨觀都督山雲奏訪察廣西所
屬軍官其中能事者雖多然廉公而能者十纔一二貪
婪而能者八九蓋武夫悍將惟知好利不務潔己恤軍
保守各爵今當正其賞罰使廉能者加勉貪暴者知戒

庶幾軍政脩明遠人獲安

○十月丁亥

上巡邊駐蹕洗馬林晚御幄殿學士楊榮等侍

上問人君御世之權何者為重榮等對曰命德討罪二者是也

上曰二者天下之公器人君特主之耳若舜舉十六相誅四凶而天下悅服此以天下之好惡為好惡也齊威王封即墨大夫以萬家而烹阿大夫齊國大治此不以左右之好惡為好惡也故爵賞刑罰至公無私然後能服天下侍臣咸叩首曰誠如

聖諭

○宣德六年十月乙未甘州衛千户姚寧奏北征曲先與舍人王敬等俱先哨瞭倒皆陞賞其間指揮王傑等俱非哨瞭之數妄冒陞職未愜衆心

上謂兵部尚書許廓等曰陞賞之法所以酬前勞勉後效若有功不得則材勇之人怠無功而得則僥倖之心啟將來何以使人寧等所言宜令總兵官覆勘果當陞與否具實奏來務合至公無憚改過

○宣德九年十一月鎮守甘肅都督王貴奏肅州衛指揮胡麟等巡邏虜寇有功軍士李成戰死

上諭行在兵部臣曰有功必賞賞罰明則士氣振官軍有功者俱陞一級軍士戰死者以其子為總旗餘官軍悉賞如例

賞功

○洪熙元年七月辛未

上諭行在户部尚書夏原吉等曰比觀卿等所言天壽山營造軍匠月支粮賜旗軍所給比工匠差減勤勞既同而粮賞不一何以協人心孔子曰不患寡而患不均工匠旗軍其一例給之

○宣德元年七月丙辰行在兵部尚書張本奏昨陞都督僉事費𤩽為右軍都督府左都督及諸指揮千户陞擢者五十八人請如例附選

上謂本曰賞當功則人勸昔項羽於有功當封刻印刓忍不能予所以失人心今朕於報功酬勞不吝爵賞若有未當卿等亦須執奏計議可否而行

○九月癸卯封乳母李氏為奉聖夫人保母張氏為佑聖夫人其故夫皆贈都督僉事

上謂行在吏部尚書蹇義曰古人云無德不報李與張其勞皆多亦皆純實謹厚今兹之報非曰私恩亦出公義若其如王聖縱恣則朕不敢

○宣德五年三月壬戌三法司奏蘇州衛副千户張開源擒獲強盜例應陞賞緣開源先任百户已因擒盜得陞雖今有勞難再陞

上曰為強盜者皆輕生擒之亦犯危險況國家大信不可

失宜如例陞遂陞開源為正千户
○丁卯吏部奏主簿周顯差浙江至海寧縣獲強盜二十餘人例當陞賞然前無民官獲盜之例
上曰給榜定賞格正欲捕盜榜以令衆令以示信豈問軍民官邪其賞陞如例
○宣德七年正月甲申安定衛指揮同知果脱卜花從征曲先叛寇時為嚮導有所擒獲且招撫番人復業事平論功以斬馘為上而果脱卜花例不應陞自陳其指示之能招撫之功居多兵部尚書許廓執奏以為例不應
陞
上曰不聞蕭何發縱指示之功居諸將上乎彼為嚮導且有功何得不陞陞為指揮使仍賜勅嘉勞之

皇明寶訓　宣德四卷　二十八

褒忠節
○洪熙元年九月戊申監察御史尹崇高奏諸暨縣孟氏女蘊許嫁縣學生員蔣文勗未嫁文勗充貢入監為御史病卒蘊年纔二十號哭歸蔣氏執喪三年甘守苦節年已六十乞旌表其門
上謂行在禮部臣曰夫死婦守節世恒有之此女但許嫁能執婦禮守志不二可謂貞女人所難能者宜旌表以勵風化
○宣德元年三月己亥
上聞交阯又安知府琴彭守茶龍州叛寇攻城晝夜備禦粮盡援絶不屈而死特贈為交阯左布政使遣官賜祭且勅交阯布政司曰彭恪恭朝命堅持臣節畢力抗賊死不易心忠義之誠明如皦日朕懷憫夙夜不忘勅至即厚恤其家仍遣人護送其子一人來京官之
○宣德二年二月遣順天府官祭宋丞相文天祥
上曰人臣之義當務盡忠此人心如鉄石元君百方誘之降終不屈可謂萬世不磨若夏貴輩真犬彘不若矣禮部尚書胡濙對曰
陛下此言誠萬世公論
○宣德三年五月辛未贈交阯死節遼東都指揮等官李任等為都督同知等官初交阯布政使弋謙以任死節

皇明寶訓　宣德四卷　二十九

事聞
上惻然曰大丈夫為國固當殺身成仁舍生取義任等可謂無媿矣於是有褒贈之命
○宣德四年八月庚寅兵部尚書陳洽在交阯寧橋之敗洽被執不屈罵賊而死事聞
上惻然謂侍臣曰大臣以忠殉國一代幾人王通與賊連和陳洽罵賊而死使通與洽同志何至辱國朕用人之不明也贈洽榮祿大夫少保謚節愍
○宣德八年八月甲申江西吉安府知府陳本深言廬陵縣城南舊有忠節祠祀鄉先賢宋楚國文忠公歐陽脩忠襄公楊邦乂忠簡公胡銓蓋國文忠公周必大文節

公楊萬里信國公文天祥比來官屢更代事致因循號
鈌祀典乞舉行盛典勅有司每歲春秋致祭
上諭行在禮部臣曰褒崇忠節足以正人心厚風化此國
家先務其從所言令春秋祭祀命府官行禮仍命有司
以時備葺祠宇

體群情

○洪熙元年六月乙卯少師吏部尚書蹇義奏內外官吏
有坐罪遇赦即以親喪告丁憂者恐或挾詐難聽其去
上曰父母之恩莫大焉君子不逆詐宜悉聽其去若果懷
好事務治之未晚

○七月戊子故通政使賀銀之子洙

仁宗皇帝擢以鴻臚寺司賓署丞俾讀書太學至是自陳
母老病乞放回養母
上曰學者學為忠與孝也母老可使違養乎命禮部從之

○閏七月戊申行在中軍都督府奏監生馬聰歷事勤謹
欲如近例送監讀書以俟科舉出身
上謂行在吏部尚書蹇義等曰
先皇帝欲學者皆為實材故必令科舉出身以成遠大之
用然人才性有高下年有長少亦可各隨所宜今後歷
事勤謹有志科舉者聽令讀書餘如永樂舊例毋使淹滯

○丙辰行在禮部尚書呂震言光祿寺廚子李伍等俱告
年老有疾乞免役
上曰仕者有疾亦賜告老七十則令致事此輩執役之人
勞苦累歲老病豈可不恤其悉放還鄉

○八月丁丑貴州水德江長官張沂奏泰部符令民計口
納食鹽鈔貴州郡縣皆溪洞蠻民自耕以食商旅不至
無貨易鈔乞賜免納
上諭行在戶部臣曰貴州遐遠之地蠻民何由得鈔朕方
綏撫欲其安業若令納鹽鈔未必不至驚擾方面郡縣
皆不以聞卿等亦不慮及此官土乃能言之是土官能
恤民也其免之

○九月壬子石匠方真訴兄弟六人供役辛於京師惟真
與次兄令仍執役有母年八十居原籍嚴州乞免一人

還鄉侍養通政使司以聞
上顧工部臣曰此於天理人心如何爾曹亦皆有母矜其
即令一人侍母終身其一人亦令省母後還役

○十月甲申河南右布政使蕭省身自陳三年考滿例得
本身誥命若封贈父母必俟九年今臣父年八十餘矣
誠可憫之時乞俾臣誥命先授臣父俾得生霑榮命
上謂吏部尚書蹇義曰此孝子迫切之情其從之遂封其
父以省身之官

○十一月丙辰國子學正曾才魯言有母年七十餘居鄉
戶無丁男乞歸侍養
上顧行在吏部臣曰唐陽城為國子司業諸生不省親者

斥之既為師爭其從之
○十二月癸酉陝西行都司所屬衛卒送官駝二百七十
匹至京死者三十五有司以其失於飼養奏請罪之仍追
賠償官
上曰一駝價直數馬雖十卒不能償甘肅至京道路甚遠
其間豈無傷損而斃者不必罪亦免追償
○壬午直隸順德府唐山縣民武鳳訴父送夏稅絹赴京
中途遭盜劫縣官日夕杖責父償家貧急不能償乞姑
緩期限
上謂行在戶部臣曰民被盜非得已縣吏不思捕盜惟酷
刑責償子不忍其父之苦來訴情亦可矜即移文令有

司免其償而急捕盜
○宣德九年正月己酉行在前軍都督府都督韓僖奏守
衛西華門千戶路旺私擅下直請執付法司治之
上曰昔
皇祖憫恤守衛官軍凡有疾及父母家室有疾者許白所
管官下直此人得非有故乎命錦衣衛官訊之旺言有
父病不及告暫歸誠有罪
上曰都督劾之是而人情亦有當矜恤者姑宥之
○三月壬子太子太保陽武侯薛祿奏宣府臨邊重鎮洪
武中置六衛戍守後皆改調惟存宣府前一衛而左右
二衛今屯定州請令復還宣府

上謂行在兵部尚書張本曰定州畿內地以宣府兩衛屯
彼者永樂初權宜耳宜令復舊但兩衛軍士家屬不下
二三萬人屯處已久今遽徙之人情稍難俟秋分兩番
往來守備且俾預營廬舍一年後併以家屬行
○六月壬申蘇州衛指揮使何濟坐罪輸作畢當調衛自
陳有母年八十餘無他兄弟乞復原衛養母
上問兵部尚書張本曰濟以何事當調本對曰以市薪不如價
上曰市薪小過養母至情姑從之
○七月辛丑
上謂行在工部尚書吳中曰前日卿奏內官監欲取民間
幼丁學匠藝行移應天府選取五千人彼幼未諳事令

習技藝不能則必加督責其父母之心如何且人家誰
無幼子爾其體此心速止之
○庚申行在工部言工匠逃亡者赦後赴工過期請差官
追捕
上曰工匠久處京師有司不能存恤饑寒切身不免逃亡
赦後雖欲赴京道途之費豈能猝備況有遠在數千里
外者宜量地遠近寬立期限命本處有司起送赴京不
用差官煩擾且今京師無他營造工匠亦可省用徒多
聚無益也
○宣德二年二月癸亥
上謂行在吏部尚書蹇義曰昨日卿奏山西臨晉縣學生

自年纔十三入學五閱月御史考退發來充吏朕再思
之人非上智安能五月有成且未成童豈堪吏役朝廷
命官考績然陟亦待九年何况童蒙初學此不近人情
甚矣可發此生還學仍移文戒飭御史如再任意妄行
必黜罰之
○宣德三年三月丁未放免老幼殘疾軍民匠九百九十
二人先是有言工匠多老幼殘疾不堪役者
上諭行在工部尚書吳中等曰老幼殘疾不堪役者屢命
爾放免而仍一槩拘役有仁心者不如此其速閱驗放
遣至是始以名聞遂悉免之
○宣德四年三月己丑有紙匠訴云執役天財庫去家遠

日給為難通政司官以聞
上諭尚書郭敦曰官府但知役之而不知養之豈政理哉
凡工匠役內府者悉月給食米三斗
○四月丙戌行在兵部奏甘州前衛千户石安等送官馬
至京中途馬多死由不用心之故請送法司罪之仍追償馬
上曰人亦有病豈但馬若送馬人道病死者官司未必以
聞馬死不必罪亦不必償
○六月癸丑赤城官屯開平衛指揮方敏奏臣所守地正
臨極邊數有聲息遣人飛報及其回還行在兵部不與
廩給脚力道路艱難
上諭兵部臣曰飛報邊警豈是小事而令徒步以歸是不

違事體輕重自今悉如甘肅寧夏例與之
○九月己未行在兵部奏昨遣給事中往山東等處選補
帶操新軍赴京宿衛請處於親軍之中
上從之曰用人須令得所若身未得所何以責其効力宜
先令親軍衛分為定居止之處俾至即得安居不失所矣
○宣德五年三月辛亥成國公朱勇等奏操備官軍陝西
鞏階州者來京師甚遠請以陝西內地官軍易之又山
東內地官軍備倭海上沿海衛所却至京操備若此者
甚多彼此不便請通行兌換
上悉從之因諭勇等曰大凡用人必須審其便利則人樂
於趨事若不量度地里遠近人情難易既不便下人亦

有悞公務卿等宜速行之
○四月辛巳行在禮部尚書胡濙奏監生周琮省親還鄉
違限請逮治之
上曰人情固是戀土然亦有父母在不忍遽離者但移文
趣之
○宣德六年六月乙巳行在户部奏廣東瓊州府遣人賫
贓罰銀五兩四錢赴京進納
上諭行在户部曰瓊州府至京師計其道路之費比所進
加數倍所司何不體人情今後如此類者但令於所在
官庫收貯無以勞民
○七月癸未常州民陳浚以賢良舉至京奏臣兄弟三人

長濟任贊善次洽兵部尚書俱卒臣母唐氏已封太夫
人年八十乞歸侍養
上顧尚書郭璡曰洽死王事濟事
先帝亦博學今沒又以賢良舉非賢母無此三子其免沒
歸養母俾日用之未晚

大明宣宗章皇帝寶訓卷之四

大明宣宗章皇帝寶訓卷之五

光祿大夫柱國少傅兼太子太傅禮部尚書武英殿大學士臣呂　本謹校
南京禮部祠祭清吏司郎中臣陳治本
南京兵部職方清吏司主事臣朱　鍼謹閱
南京工部虞衡清吏司郎中臣呂胤昌

審刑罰

○洪熙元年七月乙未北京刑部工曹主事曹宗儒坐受
贓殺人等罪行在都察院奏事經赦而情犯深重
上命杖一百戍廣西因諭都御史劉觀曰五刑謂之天討
以其至公無私若以私意為重輕非天討矣爾法司能
以公存心而行之以忠厚亦可感召和氣為邦家之福

於爾亦有利焉若立心不公輕重任情枉及良善人將
歸咎朝廷鬼神監之亦非爾等之福如犯者情有可矜
罪有可疑爾懷顧慮不欲自斷者為朕言之當為裁決
○是日行在大理寺奏刑部都察院所問大辟重囚
上曰刑法非致理之本然有罪不治無以懲惡必得實情
則施刑者無愧受刑者無怨卿等最宜詳慎
○十月甲戌行在刑部尚書金純奏寶慶府知府李驥先
奏府吏犯法會赦免吏告驥受贓事亦在赦前驥嘗見問
上曰此當問非欲以罪加驥但事有當別向者驥吏告訐
未可輒信如所告實則驥不可復用虛即當治其挾私
妄告之罪以為小人之戒

○十二月辛未金山衛指揮魏保奏千戶蕭旻日事酗飲倭寇臨境調遣不至請治其罪

上諭行在刑部臣曰軍官職在禦倭寇至不應援不可宥即追至罪之又曰一人之言或好惡不出於公俟至必究其情實而後加罪

○宣德元年正月辛亥大理卿胡槩執松江土豪虐民者至京其中有殺人取財奪人妻女及老吏猾胥府縣不能制者

上以付行在都察院諭都御史劉觀等曰朕為天下主惟欲民皆得安夫安民之道必去害民者譬如治田有螟螣則嘉穀不成今此徒皆殘民蠹然更須詳審或情有可矜事有可疑亦當與辯所謂罰當罪則民服惟務至公勿有偏徇

○戊午行在大理寺奏猗氏縣民郭小生妻王骨都夜與姑同績仇人于八潛入小生室殺之而適小生父疑骨都私於隣人謀殺之執以告有楊恭者知于八謀首其事于八不服骨都被拷掠誣服獄上行在刑部不與辯將加刑骨都訴寃命文武大臣覆訊得誣狀時于八已死

上命釋骨都遂諭刑部官曰罪至死謂之極刑況妻殺夫尤為大惡法司於此不用心何所用心彼若不言必枉殺之矣仁人君子於一草一木不肯輕折何況人命朕數戒爾等須存欽恤之心何得仍有此事今姑容不問若再枉人如此豈得更容

○四月癸酉辦義勇右衛閤群兒等非強盜釋之

上諭左都御史劉觀曰昔隋煬帝令於士澄治盜但有疑似輒加考掠同日斬決二千餘人其中六七人者盜發之日先禁他所不勝楚毒亦自誣服有司明知不復執奏今非各人自言豈不寃抑而死是爾等皆士澄也宜戒約諸道凡治獄必察實情此事若已論決朕必不汝貸矣

○六月己卯四川都司械松潘等處力劫簇叛寇阿兀等二十餘人至京兵部請奏斬之

上曰叛寇固當誅況阿兀首惡法不可貸但番人語言詭異恐有詐偽又二十餘人或有協從者未可一槩加刑令三法司審實惟阿兀等十八人應斬餘皆協從

上命應斬者如律協從皆釋之

○七月乙巳溧陽縣民史英父子恃富暴橫毆殺其鄉人乃賄有司誣為叔盜又執其家屬禁錮之大理寺卿胡槩廉察得實械送英父子并受賄者二十餘人至京

上命都察院鞫之曰殺人必死不有宥但二十餘人中有無辜者宜推究情實庶不枉濫御史鞫之皆伏罪應死至大理寺審覆亦無異詞遂引奏

上召至前親問之當英父子死餘罰輸作以無罪釋者七人

○宣德二年五月丙午
上親慮囚雜犯死罪皆减就徒徒流笞杖論輕重罰工因
謂侍臣曰與其殺不辜寧失不經彼能因事改過即為
善良若怙終不悛終亦不免又嘗曰唐太宗號稱明君
除斷趾法禁鞭背而悔殺張蘊古帝王用刑不可不慎
○六月戊寅富峪衛故指揮使張海庶子李嫡官行在刑
部不能正嫡反得罪撾鼓訴冤始得白
上曰此刑部之不明也使其不撾鼓再訴則庶襲而嫡廢
如公義何遂諭三法司官曰凡聽兩造之辭必明必審
不明而枉直倒置人將謂朝廷用爾等不當而怨誹興
矣其可不慎

○宣德三年六月丁未
上退朝御左順門召三法司官謂曰近來在外有司多以
犯贓得罪此固小人重利輕身然其間亦有君子奉公
守法不徇私情奸宄之徒惡其不便於己裝飾誣之法
司昏懦不能辨理而自誣伏者亦有之矣凡人一被汙
陷子孫皆以為辱卿等切須詳慎是是非非勿有所枉
○十二月丙申巡撫浙江大理寺卿胡槩等械強賊手康
之黨三百人至京
上諭三法司官曰平康罪必不宥但一人之惡而累衆如
此其中豈無善良詿誤者卿等宜與之辨無罪者不可
濫刑有罪者不可倖免必須得實

○宣德四年三月己巳遵化衛總旗王彪妻蔣氏姑楊欲
取其奩具與己女不從姑疾蔣氏之不允積忿誣蔣毆
其喉欲加害使彪訟之行在刑部蔣當斬罪蔣屢稱冤
且引小姑及隣嫗為證事聞
上曰論獄不可縱尤不可枉彼欲殺姑姑女肯曲為解乎
遂召小姑隣嫗至皆言蔣實無殺姑意
上命釋之因謂行在刑部侍郎吳廷用等曰姑慈婦孝當
兩盡其道今以小忿而欲寘之死則不可其以此意諭
達之
○四月乙未
上退朝御右順門諭三法司官曰昨大理寺奏陝西軍卒

因盜一羊而殺人論罪當斬朕思一羊之直幾何而致
於殺人取之所得甚微而所喪甚重愚哉凡重獄中有
可疑者卿等更須詳審
○六月甲午吏部尚書郭璡奏文官有犯以納米贖罪例
徒流贓罪降一等
上曰例者所以權一時之宜豈可常行若久行之使貪汙
者益肆其志廉公者無所激勸其可乎今後文職官吏
犯贓罪俱依律仍命諭法司知之
○九月丙辰巡撫蘇松等府大理寺卿胡槩等械送土豪
至京皆以奸殺人奪人妻女田宅侵盜官糧等罪應死
上謂三法司官曰國家孜孜安民而豪猾害民如此非詒

以法良善何由得安然卿等更須詳審處置使之心服
○宣德五年四月乙亥行在三法司奏重罪應斬絞者十
七人
上取奏牘親閱之曰殺人者必死其中有誣告人致死者
比之操刃故殺宜有不同皆杖一百發戍遼東於是免
死者十人
○十二月丙戌行在大理寺奏舊例凡犯偷盜攬納等罪
皆充軍按律盜官物者當絞斬今例止罰役請皆從充
軍例
上曰斷獄須論情實若當重而輕則人易犯法當輕而重
則人謂不平宜從一例然尤須詳審勿致失當

○宣德六年五月己卯福建永春縣典史王頵章奏縣民
有深居山谷不供徭役抗拒官府者請發官軍捕之
上謂尚書胡濙等曰古賢守令德化所感有蝗不入境虎
渡河者豈有人而不可化者彼之抗拒必有其由而遽
欲加兵非道其令三司及巡按御史同往撫諭且察其
所由果民之頑獷亦具以聞
○七月癸未大興縣民張三驢以役事斂里人陳售頪財
物相毆捉曳售頪母抱未倅幼男奔救失足跌仆地傷
幼男首而死遂誣告三驢擊殺之行在刑部論絞罪三
驢不能自明事聞
上曰先月亦有一事類此嬰兒在懷抱非與鬬者安可擊
殺宜覆覈至是刑部逮其親鄰及傍見者皆云實跌傷
死非擊傷也遂論售頪誣人死罪未決當流三驢科斂
取財當徒以聞
上諭侍郎樊敬等曰爾等職司刑罰而往往輕率如此下
人受枉必多矣朕蓋慚見卿等卿等寧不自慚乎敬等
皆頓首
○八月乙巳海南衛千戶俞華奏臣與指揮黄璹捕寇臣
率兵徑進被寇突傷力戰乃退而璹不應援反以挫衂
告臣巡按御史欲加臣罪
上謂都御史顧佐等曰古語善用兵如率然謂首尾相應
蓋同力一心則功可成今前後不相應固是取敗之道

宜令御史與一明辯務盡至公
○庚申行在大理寺奏汾州民憾其伯祖以徭役委已又
捶撻之誣伯祖妖書誹謗事應斬
上曰正家當先正身彼為家長必所行有未善致不肖子
孫造誣今寘之死亦過但杖一百發戍遼東使為子孫
知所儆為家長者因此亦可以反思
○宣德八年十月乙亥釋蘇氏女死罪蘇氏嫁夫何儉與
父同居儉死將扶喪歸葬其鄉父利儉貲固不遣女恚
堅决不可奪父誣女詈己法司當以絞罪大理寺以聞
上曰彼送夫喪歸葬是理之正而父之所為皆非正亦不
聞女有非理言何以論絞治刑而昧理如此所枉必多

此女釋不問仍追財給女俾歸夫丧
○宣德九年三月戊戌右副都御史賈諒奏四川獲強盜陰海等一百三十一人審異者四十八人副總兵署都督僉事王瑜等奏淮安已獲強盜馬玉等四十五人俱服罪
上覽奏謂侍臣曰捕強盜必得實不可以累無辜於士隆誣執濫殺深可為戒今四川淮安之盜凡百餘人雖云服罪其中豈無枉者當令會官審實庶幾不冤遂勅諒及瑜等即與伸理不可誣飾以取己便
○六月庚戌浙江三司奏見監強盜當決不待時
上曰強盜當斬但不可使有冤漢誣殺一婦致旱三年遂

勅三司及巡按御史再會審果無冤則取決
○七月壬辰行在刑部右侍郎施禮奏昨請決重囚十四人有旨命再會官審覆今有詞者九人服罪者五人
上謂禮曰刑當罪則人不冤有詞者必有冤即再與覆勘務期其實然亦不可縱有罪服罪者皆如律臨決之際亦再審實勿令有冤朕已再三與卿等言若縱有罪殺無罪是卿等之咎不可不慎

恤刑

○洪熙元年十月辛巳金壇民有相告訐官司捕之而持兵拒捕傷人都察院以謀反論首從皆斬妻子為奴家產沒官其所在大赦前請旨裁決

上曰固當死但已經赦推其情則初因相告訐畏吏捕故逃捕急愈畏遂持刀拒抗此愚戇所為也殺之則可矜宥之則廢法姑全其生悉發戍邊衛
○宣德元年五月甲午諭三法司曰古者孟夏斷薄刑出輕繫仲夏拔重囚益其食所以順時令重人命也我
祖宗之時每遇隆冬盛暑必命法司審錄囚繫卿等皆
先朝舊臣嘗所聞知者朕體
祖宗之心敬慎刑獄冀不枉民命上格
天心今天氣當炎不分輕重而悉繫之非欽恤之道古人謂刑為祥刑以其用之至當足以召和氣福國家卿等當體此心即量情罪輕重而區別之務存平恕毋致深

刻
○六月壬午
上御奉天門諭三法司官曰朕夜來觀周書立政篇有云式敬爾由獄以長我王國此深有意味蓋能敬慎用刑不致枉濫則仁恩浹洽足以培固國本福祚豈不靈長今不必論勑驗但當以敬為主有虞欽恤正是此意卿等宜夙夜勿忘都御史劉觀等皆頓首曰臣等敢不祗服
○九月丁酉兵馬司引奏金吾衛軍婦遺火燒官民房舍當送法司治罪
上遂見其老遣問年幾何對曰八十餘矣且無子歎曰老

而有罪當贖况無子乎命釋之
○十二月丁卯勑法司决遣繫囚
上因謂少保夏原吉等曰昔堯舜之世民不犯法成康之時刑措不用皆是君臣同德故能致理如此朕德凉薄雖夙夜盡心而仁化未孚犯者益衆卿等宜勉力匡輔庶幾無愧古人書曰臣為上為德為下為民宜深存此意
○宣德二年七月丙申
上諭三法司官曰今盛暑朕與卿等深居静處猶覺可畏罪囚縲首枷繫熏蒸煩鬱寧得無病宜即檢勘有應罰役者即時發遣應奏者即具所犯來處置勿令久淹若或疾病死於無辜是為陰德之累卿等宜體朕意

○宣德三年七月甲戌
上御奉天門諭行在刑部侍郎施禮等曰京師人衆闘毆駡詈自是常事兵馬司擒獲皆送法司此等非有重罪宜即剖斷發遣今天氣炎熱豈可久淹或有因病而死即為枉殺無辜卿等宜深存惻隱之心毋枉人命
○十二月乙未行在刑部都察院奏决重囚
上命公侯伯都督尚書都御史同審覆諭之曰古者斷獄必訊於三公九卿所以合至公重民命卿等往同審覆毋致枉死太師英國公張輔等覆審還奏訴枉者五十六人
上命法司重與勘覈又勵之曰殺不辜者縱免人責難逃鬼誅不可不慎
○宣德五年十二月丁亥直登聞鼓給事中年當奏重囚二十七人以奸盗當决擊鼓訴冤切詳各犯臨刑畏死煩瀆朝廷不可宥
上曰登聞鼓之設正以達下情何謂煩瀆自今凡死囚擊鼓訴冤者必如例錄情詞以進令法司與辯若蒙蔽及沮遏罪直鼓者
○宣德六年正月丙戌直隷常州府知府莫愚言本府監繫強盗為從者二人皆從父兄行刼得財律應斬臣詢察其祖父皆以捕魚為業父兄行刼時年皆十二非能助盗令父兄皆死二人情有可矜

上謂行在刑部侍郎施禮等曰虞舜罰弗及嗣文王罪人不孥我
皇考嘗詔天下非謀反大逆父子毋連坐况事發時尚幼宜得寬宥命釋之
○六月丁未行在刑部奏錢成孫嘗與王忠相毆忠妻郭氏從旁救之誤墮所抱嬰兒傷腦死忠誣成孫踢殺論以絞罪大理審允具奏
上以為獄有疑令再鞫之具得實狀成孫得免死
上諭刑部侍郎樊敬等曰法司不體朕恤刑之心不以人命為重專用搒掠承伏人何得不冤其原問原審官吏俱罰根俸三月仍令刑移識之再犯不宥

正法

○洪熙元年八月丁丑皇城守衛百户李諒等怠於巡更
先晚稞於巡更簿内押字識字軍欲奏之指揮楊輔狀
繫之不得奏事聞
上曰帶刀夜巡所以防奸怠惰欺謾者可罪黨邪抑正者
尤可罪命悉付行在都察院治如律
○九月丙午御史戴誠奏太常寺贊禮郎吕得具買羊湖
州通取賄賂
上諭行在都察院臣曰國家重祭祀故犧牲諸物皆買於
民間令酬實價不許損民今假此以求賄賂人既興怨
神豈歆享就令御史治之

○宣德元年二月乙丑遼東義州備禦都指揮同知李信
挾私杖死指揮馬迅都察院逮問當斬
上曰草木雖微尚當愛惜人命至重豈可枉害況指揮朝
廷命官而都指揮以私忿殺之則虐士卒可知命如律
斬之
○三月戊戌羽林前衛指揮使陳廣貪酒暴横結亡賴為
盜殺人法司當以斬罪
上諭法司曰三品正官受禄不薄猶為盜殺人此其人可
知今内外軍職誰非功臣此而不誅是無法也其斬之
如律
○四月大理寺奏嘉興縣民以私忿殺平民一家七人侵
盜官粮千二百餘石强奪民田律當斬
上曰居下而敢肆惡如此是一鄉一豺虎也小民何以得
安命斬之家屬皆徙邊又曰朕非好用刑但扶植善柔
不得不爾
○宣德二年正月戊午行在兵部奏保定衛指揮使李嵩
等皆因攬納粮米當降官
上曰朕念武人得官甚難凡有過悞每曲意含容今嵩等
所為黄忄少妄作若又矜恕將無忌憚小懲大誡小人
之福其降罰如例
○四月莊浪衛百户張春無故毆軍人至死事聞
上諭都督府臣曰為將必善撫士卒古名將為士卒吮癰

故能得其死力身享富貴今㓂暴如此軍士何辜令都
司執而罪之
○九月戊戌行在大理寺奏汾州民粗知醫怒其鄉人求
他醫用呪咀術殺之法當斬
上曰醫術本在活人不能其術乃為邪術殺人然呪咀亦
豈能殺但其心當誅誅之如律
○十月己巳
上以松藩衛千户錢宏激變番蠻都指揮韓整等虐害軍
民失機悞事叛寇愈肆諭都御史劉觀等曰凡軍政不
肅由威令不行威令不行由己身不正朕於此豈可姑
息周世宗斬敗將七十餘人而軍聲大振所向克捷今

須遣廉正御史一人往問其實凡有罪者朕斷不容之
○宣德三年四月癸亥都察院奏大寧中衛百户劉勉嘗
軍操練受軍士賂縱遣還家又冐支其馬料又毆病軍
求財而誣奏其避操於律當斬
上曰朕常戒約軍士謂古良將能恤士卒所以能成功名
今其周悉撫綏無横加害此輩縱恶又復面謾豈可貸
也械置教場榜以示衆俊處究如律
○五月戊辰御史嚴暟等耽溺酒色曠廢職務又不朝參
事覺命三法司錦衣衛同鞫之皆引伏
上曰禮以待君子刑以治小人彼既放蕩無廉耻豈可復
以禮待遂命枷項以徇

○九月山東新城縣董諒奏岳景賢等四十一人欺公玩
法把持公事不納税粮乞懲治之
上謂行在户部臣曰祖宗之世立老人正如古鄉師黨正
以教小民訣小頌必須年高有德者爲之近聞此輩多
不出於推擇悉是以賄求充妄訐上官侵害下民以私
滅公無所不至誠如諒所言其令布政司治之以法庶
儆其餘
○十二月癸巳陜西副使胡永成奏岷州衛指揮千百户
龎敬等盜賣屬㳺等府秋粮應提問
上曰朕慮邊餉不足常切留心今奸弊如此軍士何所仰
給古云軍寒未炊將不言饑今但務肥已不恤士饑此

豈可用命悉治之如律
○宣德四年三月辛亥行在都察院右都御史顧佐劾奏
交阯道監察御史顧達巡按淮安考通判何正不稱職
遣正辱罵玷辱風憲請黜之
上諭行在吏部臣曰風憲官爲人所辱而甘受之不任可
知其改用之又奏撫州衛千户朱毓妄陳獲强盜求陞
賞今勘覆明白請治其罪
上諭行在兵部臣曰賞功朕未嘗吝但施不當則人懷僥
倖奸弊日滋矣毓不可恕
○壬子錦衣衛舍人張恕差江西取逃匠併家屬赴京恕
肆貪虐人以所居易銀與之不足固縶而撻其妻至死

又取其幼女事覺法司鞫問得實
上曰逃匠非有大罪肆毒如此鬼神不容其斬於市
○三月己巳行在大理寺奏山西陽曲縣典吏馬欽詐稱
母喪避事去律當杖於近例納米贖罪
上曰君子不忍死其親今此衆忠孝而虧矣杖之百謫爲
邊民
○四月乙未贓罰庫副使王斌竊庫物當斬
上曰君子近利而不沒於利乃爲可貴受命管庫以防盜
乃自爲盜實犯而死何辭命如律
○六月北安門守衛百户楊清奏昨夜一更初指揮李春
進題本臣遞至北中門守衛官不肯傳遞

上命取所進本取之諭行錦衣衛指揮王節等曰
祖宗成法朝罷外廷有事急奏者不問晨夜即具本進守
門者即為上達所以通警急絕壅蔽今敢若此不可寬
貸其執付法司罪之
○乙未大理寺奏萊州府學生程章姜辛誣告教授戚虎
抵罪章應絞辛應徒近例罰工應還學
上曰學者當務孝弟忠信兩人存心如此尚可教乎章依
律辛杖一百發戍極邊
○丙申登州衛指揮戚桂以操備科斂軍士綿衣萬七千
餘匹事覺山東按察司請治其罪
上從之諭右都御史顧佐等曰近聞軍衛科斂皆是減除

月糧是國家徒費糧而軍士不得食此輩上干國法下
失士心不可不懲
○庚子兵部等衙門議凡軍人犯罪應調者不拘地里遠
近仍調本都司極邊衛所餘丁發充軍
上曰法不可偏重若嚴于下而不嚴於上則下將有受其
害者管軍官亦須禁約庶幾公平於是法司議軍官若
害軍及抗拒上司不服差遣或因他事犯徒流者服裡
衛分調邊衛調極邊雜犯死罪依例降一等調用從之
○七月甲子御史沈閏受土豪金帛出其殺人死罪事覺
閏引狀法司奏律應絞但事在赦前應杖
上曰御史朝廷耳目受重賂縱死罪是耳目蔽矣豈可貸
其免杖發戍遼東邊衛
○癸亥行在金吾左衛將軍李春奏管隊指揮張三未經
奏請擅収王榮李冊為將軍令上直帶刀
上命行在都察院同錦衣衛鞫之諭之曰將軍侍朕左右
最係切要之人非經兵部奏請誰敢擅収唐太宗時長
孫無忌入閤忘解佩刀為是勳親得免今此輩何人而
擅令帶刀在朕左右必審問誰所指使縱是公侯大臣
亦不貸
○十一月武德衛指揮高山橫取軍士月糧事覺
上諭錦衣曰指揮月俸與軍糧厚薄懸絕挾勢橫取豈知
良將與下同甘苦之道命執付刑部治之

○宣德五年正月戊申山東文登縣僧明本等以妖言惑
衆欲為亂縣官執送京師
上謂侍臣曰道佛二教本欲離世絕俗養生治性其後乃
說禍福亦欲誘人為善而亡賴之徒往往以妄言遺禍
其付錦衣衛窮治之
○三月己未行在都察院奏北京國子監生許節等三人
公差往應天府受民白金於律當徒
上曰為士當謹義利之辨諸生尚未受官便汲汲求利若
使得位豈能卓然有立今太學諸生不少宜如律治之
以示警
○丁卯山西趙城縣知縣張東差役不公民有欲訴之者

柬執而杖殺之民妻又欲訴執而烙其肢體亦死法司
論以律當斬
上曰縣令民父母當愛民如子今以私意殺一家二人是
民賊也無故傷人畜産食人瓜果尚有罪况殺人乎斬
之如律
○四月山西參議王俊與沁州知州楊瑀判官游萃挾妓
飲酒又受瑀等銀絹巡按御史廉察以聞
上諭右都御史顧佐曰人無私欲乃能立事功一受私即
志屈氣餒豈能立事參議方面之臣所為如此豈能施
善政耶令御史治之如律
○五月壬子彭城衛指揮甘雨勾軍河南設詐取鎮平王

財減王馬儀賓家財行刑部論罪當絞
上曰禮蹴路馬猶有誅何况宗室朝廷至親令宗室家尚
受其害况細民乎小民肆無忌憚當死但更審覆勿令
有冤
○乙卯行在兵部奏山海一衛軍逃者二千餘人管軍官
有應降職者應罰俸者
上曰邊衛備禦全仗軍士將雖智勇絶出一人能禦幾賊
今一衛軍亡者過半賊猝至何以禦之如律罪之不可貸
○六月行在都察院奏宣府前衛指揮僉事王林守龍門
關不嚴守備私令軍士出境捕鹿為寇所傷寇因入也
殺掠人畜鞫訊明白律當斬

上曰朕常戒邊將雖無寇時亦常如寇在目前日夜儆備
此人不遵朕言集將校斬以徇
○七月壬子江西按察司奏橫海等衛千戶支莊等領旗
軍以公用為名斬伐袁州府分宜縣民納稅山木及奪
商人已買之木掠民家財震驚鄉村所得三萬餘根又
皆賣財入己請治其罪
上諭右都御史顧佐等曰朝廷既令廉戒官軍安分而違
犯者不已固是武人但知貪利亦由風憲之臣不能振
舉法度縱其無所忌憚其令巡按御史同按察司官鞫
治如律
○宣德六年正月庚辰河南按察司奏洛陽護衛千戶沈

能等受已獲強盜白金縱其逃還請罪之
上曰強盜譬諸豺虎共惡而殺之彼縱之是縱豺虎害
人命治之如律
○癸巳德清縣丞張壽以歛民財當徒解赴京匿上林苑
監丞鄭顯家都察院奏顯亦當罪
上曰觀近臣以其所為主顯庇貪人顯之為人可知併罪
之
○二月己亥棗強縣典史周宗本挾私杖殺皂隷御史任
祖壽受其馬減為因公事覺廉疏
上曰御史不能正直而與罪人交徇私枉法若相率成風
法度廢矣如律罪之以儆其餘

○戊申駙馬焦敬縱中使擅收官馬為御史劾奏
上曰駙馬貴戚豈少一馬而甘為小人之行命下錦衣衛
獄
○四月乙卯江西按察司奏贛州衛鎮撫劉福常以私事
干贛縣典史不從遇於路典不避以馬箠擊之當屬違法
上曰典史非衛屬官敢挾私凌辱況以箠馬者施諸人乎
武夫橫暴不可不懲命罪之如律
○丙辰敕應天府溧陽縣人錢成詐言子死復生云見李
老君謂其有福可圖大事成遂聚衆謀叛有司捕之不
獲襄城伯李隆以聞
上曰道家貴清淨絕嗜慾後來小人茍求利已詐長禍福

以誑惑愚民謂不忠不孝誦經皆得免罪愚民無知傾
心嚮之是以奸人多託以舉事前代禍亂不可悉舉今
此輩又欲為張角耶敕隆發兵捕之至是悉就獲械至
斬諸市
○五月丁卯行在都察院奏定州衛軍三人夜竊入城樓
盜鐵器遺燭燼延火藥燬城樓軍器請治罪指揮馮洪
等防守不嚴之罪
上曰愚人自取死不足惜但城樓器械皆軍民竭力所為
可惜也又將重有勞費向使衛官能嚴約束安致此失
悉執而罪之
○壬辰能仁寺僧孫納芒葛棘以遊方謁諸王又詐言奉

旨採察幾事遼王奏之法司論當斬
上曰出家為僧本欲絕去塵累乃造偽惑衆取財既犯國
法亦是其教之罪人大抵此輩愚夫多信嚮之不可不
治俟秋罪斬之
○六月戊午行在大理寺奏蘇州民有孫孫竊銀與人賭
博者又誘之使盡竊其祖所藏遂殺之以滅口棄屍水
中當斬
上從之因曰賭博大是惡事亡賴少年一迷而不反未有
不失身喪家者故家長於子孫必嚴訓戒使務實彼不
接於見聞則心不亂矣今死者亦是失教之過豈可不
戒又奏鎮江金壇縣主簿郝瑞怒吏王俊慢己因事撻

殺之又撻殺其父叔兄三人冀得息詞於律應絞淩遲
處死
上曰縣官以私忿殺四人惡無以加其論如律因曰當官
先以暴怒為戒誠是要語仕者所當務也
○九月丁亥總兵官都督劉廣奏秦州衛指揮于諒等宣
德三年調甘州操備至蘭縣逃歸從之三年到莊浪逃
歸請治其罪
上曰忠臣之赴國事當奮不顧身今禎不聽調則不知為
臣之義此而不治朝廷將何以使人命都察院執而罪之
○十一月辛卯陝西按察司奏漢中府缺知府同知王聚
置酒邀教授張廸及所屬知縣求薦已為知府請治其罪

上諭群臣曰此亦無耻甚矣士君子患無諸己誠有之人
將求我何俟於求人今卑辭下氣請托屬官舉之不思
得之何顔居其上廉耻道喪不可不懲命按察司併教
殺知縣悉罪之
○十二月甲午行在中軍都督府奏太倉衛指揮徐整以
運糧減除軍糧百餘石歸已當治其罪
上曰爾百家之口以足一人之欲比與士卒同甘苦者何
如罪之不貸
寬宥
○洪熙元年六月乙卯衡州猺民潘康生等相讎殺既而
首服又遇赦兵部尚書李慶請必正其罪

上曰蠻民相讎殺乃其習俗既能首服又經赦原便可寬
貸若復追論徃愆則沮自新之路非所以廣德其赦遣
復業若再為非必寘重法更以此意諭之使知改過
○宣德元年六月開平衛指揮同知方敏屯赤城交遞逃
軍不違人押送致有逃者論敏當杖降用
上曰朕嘗聞陽武侯言敏撫軍有方周知邊事今小過姑
宥之又曰朕每聞人有一善輙識之不忘凡有一才可
取未嘗以小過輕棄之不但敏也
○九月丁未行在禮部尚書胡濙奏比者
車駕東征大賚將士銀鈔監察御史沈潤等監給都督僉
事崔聚重給鴻臚寺丞何敏等違例多給運糧官軍應
賞鈔皆冒關銀當問罪追銀還官
上召濙至墀前密諭之曰朕以廉耻待人崔聚何敏朝夕
在左右若皆違銀彼復何施顔面姑宥不問其不應賞
銀而冒給者度今皆費用亦不必追沈潤等當是時繁
致誤亦姑宥之
○宣德三年三月戊申行在兵部引奏軍官比試武藝不
中者請加之罪
上曰此輩不思前人立功艱難平居懶惰不習所以臨事
失措凡人立軍功皆由勤於武藝懶惰有未能成者且
定限立回習熟若再試不中皆罪之
○宣德四年七月庚午都御史劉觀貪贓狼藉敗壞憲紀

其子輻交通刑部郎中許性御史嚴皚等過付贓私動
以千計
上初有聞猶以觀舊臣曲容及御史劾奏其父子之罪簡
得實狀然後發之法司論觀斬罪輻應流
上曰刑不上大夫觀雖不善朕終不忍加刑命以輻及其
黨皆謫戍遼東觀隨子居公議稱快
○宣德六年四月丁未御史劾奏四川總兵官都督陳懷
奪官軍屯田及借分等罪懷自首實謝過
上諭行在都察院臣曰懷武人不學之過姑宥之已而顧
侍臣曰朕嘗聞
皇祖言中山王國家元勳旦暮稍暇輙親儒生講說禮義

而謙巳下賢老而彌篤是以榮名令終今懷草坐不親
儒者不聞善言安得無過
○八月刑部奏遼東百戶張富糧玘從指揮皇甫斌巡邊
猝遇寇圍斌而富等皆走不救於律應斬
上曰姑宥其死皆杖一百降充軍俾立功如再失機必斬
不貸諭刑部曰古人有用敗將而成功者昔
皇祖亦為朕言使功不若使過今姑宥之
○宣德七年六月御史孫純刑部主事王鎮以監決重囚
誤斬首為凌遲法司論純等罪應斬
上宥之命罰役以贖既而諭侍臣曰凌遲本律之文命斬
首蓋出於朕一時之不忍然凌遲非過也故止令罰役耳

皇明寶訓 宣德五卷 廿四

○宣德八年正月丁丑監察御史給事中劾奏宣府總兵
官都督譚廣杖殺萬全都司經歷蕭翔又遣虛詞飾過
請正其罪
上曰漢大將軍衛青統兵在外將士有罪未嘗輕戮皆請
天子自裁時以為知禮蓋擅作威福良臣不為廣武夫
不學不達此道但念其守邊久效勤勞故宥之都察院
即封示此章俾之知警
○八月辛巳宥南京刑部右侍郎段民等罪初詔書言罪
囚除謀殺祖父母父母外餘寬減一等詔書未下民兄
以所鞫重囚付大理詳審奏請及詔下民不待報有犯
毆祖父母父母者一依寬減例發遣既而所奏者得旨
斷決乃復追還而逃遁已數人民具以聞
上曰書云予曰宥汝惟勿宥惟厥中漢唐之世律有未載
得引經為斷今詔書有未備者法司當量情輕重可寬
减者與寬減不可者當奏何得一槩釋之此不得中矣
遂命法司宥民等罪逃遁者令捕論如律刑科給事中
年富等執奏民等不當宥
上曰爾言果是但朕已宥之不欲反覆其封章示之使自
勵
○宣德九年十一月己卯行在刑部員外郎楊紹宗自陳
先任北京刑部主事時有朋友史彬為保定府推官因
上計吏饋臣胡桃後奸吏舉其事傾彬遂連及臣今臣

皇明寶訓 宣德五卷 廿五

坐是不獲受誥伏望
聖明矜閔
上曰用法當量情以朋友饋遺之微而終身受汙名過矣
命吏部與之誥

辨邪正

○宣德元年六月甲戌
上退朝御便殿翰林儒臣侍因進致治在用人之說
上曰易泰否二卦盡之矣君子進小人退上下情通斯謂
泰小人進君子退上下情不通斯謂否泰之時人君大
有為以成參贊功否之時君子退不可以有為求否泰
之端則在乎君子小人進退人君之用舍有關世道如

此豈可不慎但君子小人猝未易辨如朕所用有不當
者卿等亦宜直言勿隱
○宣德四年五月有建言治道而泛濫無要者
上因論爲治之要侍臣對曰爲政在人知人爲要
上曰知人固難然聽事聽言之際以理爲主君子小人亦
可辨天下即堯舜處之亦取善於人未必已見皆是人
臣有愛君之心隨事規正以利國家此君子也若不念
君德不卹國家阿意曲從以求容悅此小人也對曰知
人誠難言有似是而實非者
上曰然豈獨言哉於行亦然少正卯是已
○宣德六年三月丙寅

上御便殿儒臣進講畢
上曰泰誓曲盡君子小人情狀人君審乎此則好惡用舍
當矣後世若漢唐中葉小人倖位妨賢病國卒爲亂階
聖賢之言豈非萬世龜鑑
○九月丁卯河南府奏永寧縣稅課局舊任大使李時復
任新任大使劉廸當還吏部廸買請老人言其廉能於
上官乞留之事覺請治其罪
上從之因諭尚書郭璡等曰朕慮各處保官皆出公道今
觀此事人言不可盡信邪然君子小人操行不同亦不
可因此盡疑之古人言衆好必察衆惡必察卿等不可
不審

斥姦佞
○洪熙元年八月丙子交阯人阮克孝上言交阯有蚌蛤
珠之可得明珠爲希世之寶
上謂侍臣曰彼欲以諂媚希恩也凡人進言雖不當朕未
嘗拒此人語却妄誕左右有請罪之者
上曰但不聽之耳蠻民何足罪
○宣德元年三月丁巳龍江衛吏龍淵言鈔法阻滯乞禁
止民間毋以布米麥交易則鈔可通行
上曰布帛菽粟民所服食不可一日無者互相貿易以厚
其生豈可禁絶俗吏妄言可聽乎
○宣德二年十月己卯

上燕閒與少保夏原吉語及古人信讒事
上曰讒佞小人眞能變白爲黑誣正爲邪聽其言若忠究
其心則險是以帝王堲讒孔子遠佞人唐太宗以爲國
之賊朕於此等每切防閑若有其萌必杜絶之不使姦
言得入枉害忠良齊殺斛律光國遂以弱朕常非之汲
黯正直奸邪寢謀卿等所宜務也
○宣德四年三月壬子聽選官歐陽齊言舊任浙江永康
縣丞縣有山産銅礦宜發工匠烹鍊以充國用又言在
京工匠逃者一次的決令上工二次三次者宜刺字罰
工終身則有所懲戒
上諭行在工部曰此小人妄言求進其斥之

○宣德七年八月甲辰有建言云有堯舜禹湯文武之君而後有唐虞三代之治下至漢唐宋莫不皆由其君之賢明以致人安而其言不及於臣

上曰必君臣同德而後可以致治豈當專歸於君古人謂君爲元首臣爲股肱政以同體相資也言者謬矣遂斥之

退不肖

○洪熙元年六月乙卯浙江參議王和袁旻陝西按察司僉事韓善坐贓遇赦吏部奏擬復職

上曰士大夫當務廉耻古人不飲盜泉蓋惡其名三人者皆貪汙豈可復任方面悉罷爲民

○癸亥行在吏部奏浙江左布政使孫禹河南左參議王徽俱犯罪經赦例應復職然所犯者贓罪

上曰犯贓汙喪廉耻矣雖經赦宥豈可復居民上其皆罷爲民

○七月戊寅巡按湖廣監察御史賴異言布政司參議莊謙才及按察司府縣官多非其才宜加黜罰具以名聞

上命吏部如所奏降黜又諭之曰牧伯守令以承流宣化爲職任非其才下人受害爾吏部宜加意甄別毋忽

○宣德三年三月甲申行在吏部尚書蹇義等引奏擇退吏典人品鄙猥及曾犯贓私并不諳文移者二百餘人當罷爲民

上曰甄別賢否爲治之要此輩無益於用汰去誠是但慮今次所當汰者未必止此頗聞外間言古人戒用吏今日多用吏民之不安率由於此卿等不可不慎擇

○宣德五年正月庚午南京都察院考送貪汙官郎中黄玘等十七人懶惰不治事郎中陳懋等十四人至

上謂行在吏部臣曰官無大小皆務廉勤况郎中尤重此輩貪汙懶惰即如例降黜自今當慎擇人不可濫授

○宣德六年五月壬午行在刑部奏歷事監生彭本勸因受白金十兩罪當徒

上從之語侍臣曰士非廉潔正直不可用今未授官而使之學爲政已覬覦苟利尚可用乎

○十二月庚戌工部主事謝孝以陞職得罪行在吏部言孝已罰役當對品改除

上曰田野民無行人猶絶之此人尚可依品授官乎遂降典史

抑僥倖

○洪熙元年七月壬辰行在工科劾奏工部侍郎蔡信前已奏求南京來賓樓一所以居家人今隱而不言又請南京廊房十間貪冒欺詐宜寘之法

上曰小人務利何有厭足但今山陵方興其用姑宥之廊房亦不與

○十月戊子漳州衛千戶井斌初以外戚推恩爲錦衣衛

指揮坐罪降千户至是經赦乞復舊官
上曰貴戚豪横鮮不致敗如薄昭甯所不免其誠豪横多
矣強奪民田詐傳詔旨無所不至爲御史劾奏
皇考天地之量不寘於法但降黜之以全其生今尚敢希
恩求進邪法不可以私縱恩不可以倖得押赴漳州
○宣德元年三月丁酉正一嗣教真人張宇清欲求龍虎
山道人度牒而難於自奏行在禮部侍郎胡濙代爲之
請
上曰僧道給度牒
祖宗有定制無託人轉求之理朕不惜宇清惜其敎也爾
以朕意諭之

○宣德三年六月乙巳金吾左衛指揮同知傅廣自宮願
效用行在禮部以聞
上曰已有禁令此人身爲指揮尚欲何求而勇於自殘求
進若不畏死而勇於立功何患無高爵厚祿其付刑部
治罪
○宣德四年七月庚戌行在兵部奏錦衣衛帶俸百户黄
騰因匠藝得官今告老乞以子代
上曰武官皆由鄉難積累所以傳之子孫然自開國之初
從軍効勞今尚有爲旗軍者此以工藝一時蒙特恩果
何勞而欲世官不允

卻貢獻

○洪熙元年閏七月庚申守居庸關都督沈清遣人進黄鼠
上謂侍臣曰清受命守關當練士卒利器械固封疆朝廷
豈利其貢獻耶況黄鼠不足登爲俎取之徒勞人耳其
勑清謹守關城勿有所獻
○宣德元年二月癸亥朝鮮國王李裪遣陪臣尹須彌等
奉表貢方物謝恩先是朝鮮所獻方物有金銀龍頭盞
之屬
上諭侍臣曰朝鮮進貢頻數每有金銀器皿小國措辦必
艱宜止之遂勑裪曰金玉非爾國所產自今貢獻惟以
土物效誠而已裪感悦至是遣須彌等奉表謝
○宣德七年十一月辛未朝鮮國王李裪遣陪臣趙瑱金

王根等貢醃松菌及鷹
上諭行在禮部臣曰朝鮮貢獻頻數已非朕所欲今又獻
松菌及鷹菌食物也鷹何所用珍禽奇獸古人所戒可
諭其使自今所貢但服食器用之物若鷹犬之類更勿
進獻

屏異端

○宣德四年四月庚辰慶壽寺僧志了奏城西故有萬安
寺久廢請化緣於民重作之
上諭行在禮部尚書胡濙曰化緣者巧取誑奪以蠹吾民
不可聽
○五月乙丑行在工部尚書吳中言昨山西代州圓果寺

奏本寺是古跡道場爲國祝釐之所舊塔損壞乞役爲之
上曰卿欲藉此求福爭朕以安民爲福其止之勿勞吾民
○六月丁亥順天府眞元觀女冠成志賢等九人請給度
牒禮部言
太宗皇帝時命尼皆還俗今成志賢等亦宜遣還父母家
上命遵
先朝令仍嚴女婦出家之禁
○宣德六年九月辛未行在戶部言宛平縣民以果園地
施崇國寺請蠲其稅
上曰民地衣食之資乃以賜僧又求免稅甚無謂令亟以
還民

○宣德七年三月壬戌申嚴僧人化緣之禁
上謂都御史顧佐曰佛本化人爲善今僧人多不守戒律
務祖風往往以創寺爲名群聚佛像偏歷州郡化緣所
得財物皆非禮耗費其申明洪武中禁令違者必罪之
○宣德九年十二月丙午有僧自陳欲化緣脩寺祝延
聖壽者
上斥之既朝罷顧謂侍臣曰人情莫不欲壽古之人君若
商中宗高宗祖甲周文王皆享國綿遠其時豈有僧道
豈有神僊之說秦皇漢武求神僊梁武事佛宋徽宗道
效驗可見矣世之人終不悟甚可歎也
懷遠人

○洪熙元年六月癸亥尤刺部屬亦速不花等來歸禮部
奏定賞例
上曰遠人慕義舉家來歸撫之當厚本雅失理乃彼故主
今其妻亦遠來名分不同恩亦當異其別與好第宅於
是各賜金織襲衣綵幣銀鈔鞍馬有差
○七月壬午賜朝鮮使臣孟思誠等鈔幣襲衣
上因諭行在禮部尚書呂震曰遠國朝貢固有常分然我
祖宗以來待下素厚今朕即位之初凡事必循舊典勿失
遠人之心
○閏七月癸丑行在兵部奏在京居住韃官千戶也先不
花言初歸附時其子也先帖古里爲哈密忠義王所拘

今隨哈密使臣來朝乞給與侍養
上曰父子至親豈夷虜異情哉應給與之但令自哈密來
留之不遣彼將謂拘其使臣非待遠人之道令歸言於
忠義王遣之再來
○十一月乙未罕東衛土官指揮那那奏所屬番民負差
發馬多逃亦斤乞招撫復業
上謂行在兵部尚書張本曰此失於撫綏致其逃竄彼雖
悍獷我能安之則彼亦安矣其令總兵官貴戴等招撫
令歸無責其過舊所負差發馬悉免之
○十二月丁亥行在戶部奏忠勇王金忠歲祿宜米麥兼支
上曰彼挈家來歸待之宜厚且他無所營所恃者俸祿耳

來朝宜以時給之勿令不足庶稱
皇祖懷遠人之意
○宣德元年正月壬寅行在禮部奏請宴勞外夷朝貢使臣
上曰四夷賓服世所貴也其使臣今不遠萬里而來者皆
有慕於中國燕宴賜必豐庶昭朝廷優待之意
○三月乙亥勃泥國王遐旺之父在
皇祖太宗皇帝時舉家來朝及還沒於路因命遐旺襲爵
朝廷待之既優彼之忠誠迺篤今復遣使遠來可嘉宜
優賜之於是頒賜遐旺文錦金織文綺綵幣紗羅倍諸
番國
○六月癸亥朔遣使賜琉球國中山王尚巴志皮弁冠服
上謂禮部尚書胡濙曰遠夷歸誠固是美事特賜冠服亦
表異恩古人言招攜以禮懷遠以德朕與卿等尤當念之
○七月庚子白葛達國使臣和者里一私來朝貢遭風壞
舟貢物盡溺和者里一思至京請罪且請賜冠帶歸見
國王庶知其實造闕下可免罪責
上命禮部賜之冠帶俾附隣國貢舟還復進和者里一思
等諭之曰倉卒風水豈人力所能制歸語爾王朕嘉王
之誠不在於物自今惟賢爾誠足矣
○十月辛未遣使以五經四書及性理大全通鑑綱目賜
朝鮮國王李裪
上謂行在禮部尚書胡濙曰聖人之道與前代得失具在

此書有天下國家者不可不講閱裪勤學朕故賜之亦
使小國之民得蒙其惠亦朕心所樂也
○宣德二年九月丁酉緬甸以故宣慰使新加斯無繼嗣
請以大頭目莽得剌治其地行在兵部請下雲南三司
體審
上曰遠方蠻夷因人情而遂與之使兵寢民安亦撫夷之
道其即授為宣慰使不須再行體審
○宣德三年二月戊寅
上語尚書夏原吉曰書云民罔常懷懷于有仁蓋以能養
已也北虜不納失里自遠來歸亦欲求養於此今已死
其妻非能耕桑何以自給宜計其家口優養之毋令失
所

○宣德四年二月甲午亦馬剌兀者弗提屯河等衛指揮
亦里伴哥等遣人來朝奏言聆大軍至兀良哈諸衛皆
恐怖不自保
上慰諭之曰天道福善禍淫人君賞善罰惡一體天心豈
有私哉兀良哈有罪則朝廷討之豈肯濫及無罪爾等
但安分守法即長享安樂何用恐怖皆賜賚遣還仍降
勅撫安其衆
○九月癸丑掌岷州衛土官都指揮僉事后能奏土官例
無俸給臣父祖舊有田地房屋水磨今悉為人占據乞
令還臣以代俸祿

上諭尚書郭敦曰古者公卿有圭田免其租稅使耕以自
給今文武官皆有廩祿代耕而土官無俸固當給田土
况是其父祖舊業其即移文有司令悉還之
○宣德五年二月丙戌迤北和寧王阿魯台使臣阿都赤
等陛辭
上嘉阿魯台勤誠遣都指揮要者赤帖木兒齎勅同往賜
之金織文綺并所求藥因謂尚書胡濙等曰阿魯台歸
心朝廷實由
祖宗威德所致今以病求藥亦悉與之朕以至仁待人人
亦當識朕意濙對曰
陛下心同天地薄海內外無思不服譬諸草木皆戴生成

之恩矣
○宣德六年四月乙未有言阿魯台為瓦剌所逼率家屬
南奔請出兵擊之者
上曰此虜自永樂中歸附貢獻不絕未有大過今勢窮歸
義當矜憫但彼未嘗自言朕亦不欲勞中國之力以事
遠夷若又逼之於險豈仁者所為哉
○十一月乙亥遼東總兵官都督僉事巫凱上廣寧馬市
所市達官馬牛之數
上謂侍臣曰朝廷非無馬牛而與之為市蓋以其服用之
物皆賴中國若絕之彼必有怨心
皇祖許其互市亦是懷遠之仁

○宣德八年十一月乙酉賜朝鮮國王李祹五經四書大
全初王奏欲遣子詣北京國學或遼東學校讀書
上嘉之故賜之書且勅祹曰王欲遣子入學具見務善求
道之心但念父子遠違情不相舍兼山川隔遠氣候不
同或致不安不若就本國中務學之便也今遣書賜王
以為教子之資王其體朕至意
○宣德九年二月辛未蘇門荅賴國王弟哈利之漢朝貢
至京以疾卒
上謂行在禮部曰彼萬里來朝傾誠歸嚮今死當隆始終
之恩遂贈鴻臚寺少卿賜誥命官治喪葬給守冢户
○十一月己卯近臣自遼東還言外夷多以幼男女易米

於遼東者官軍得之他日往來交通泄漏邊事請禁止
上曰此必饑寒所迫致割愛以求活禁止必至失所勅遼
東總兵官都督巫觀等凡夷人有鬻男女者官給與直
男女悉送京師育之
馭夷狄
○洪熙元年七月辛卯遼東總兵官武進伯朱榮奏朶顏
衛指揮哈剌哈孫等朝貢不至請掩擊之
上曰古者馭夷狄來不拒去不追今雖不朝貢亦不敢擾
邊遽加以兵非懷柔之道遂勅榮曰馭夷宜寬用兵宜
審况虜多詐未可輕忽但整搠部伍謹慎隄備其來不
來不足計也

○八月戊辰陝西行都司土官都指揮李英討安定曲先
寇敗之安定王桑加兒失夾等躬詣闕請罪
上謂侍臣曰安定本畏兀兒之地我朝置衛設官以安集
其人待之素厚夷狄見利忘義今之敗實其自取然朝
廷馭夷叛則討順則撫彼能悔過歸誠朕何吝寬貸
○甲申行在兵部奏初思州思南土軍皆本處夷人聚則
為兵散則為民前宣慰田琛田宗鼎各奏設千户所令
二宣慰司已革罷土軍悉復為民獨思州思南二千户
所官尚存若仍存之則當聚兵使之率領不然亦請罷
之
上曰撫治蠻夷當循舊俗若再聚兵非靖安之計宜改除

之千户令歸舊衛所其本土頭目仍屬各長官司役或
用土兵令其率領
○十一月甲寅總兵官鎮遠侯顧興祖征剿廣西蠻寇以
斬首級之數來聞
上謂侍臣曰蠻民亦朕赤子其為患不已固當用兵但殺
之動以十數其間豈無脅從非辜者乎苟得良牧守如
賈琮刺交州開示恩信慰撫而降之安得殺傷之多如
此
○宣德元年正月辛丑
上謂行在兵部尚書張本曰比鎮遠侯奏廣西蠻賊韋公
旺已就戮其餘尚有未平者朕思蠻寇𠮷掠若所在官

軍制馭嚴密亦可無患致其猖獗皆因失於防閑今殺
戮既多亦可憐憫其未平者更令人招撫若不悛改然
後加兵亦未為晚遂勅鎮遠侯顧興祖遣人撫諭
○七月丁未鎮守山海都督陳景先奏比巡邊官軍至鮎
魚石關遇虜寇與戰敗之追殺殆盡獲其所乘馬以歸
上諭行在兵部尚書張本等曰虜好鼠竊但防守周密來
則擊之去則勿追保境安民此為上策宜戒景先等毋
貪小利
○宣德二年四月甲戌廣東三司奏瓊山縣黎寇平械首
賊王觀政等至京師
上命付行在刑部因謂尚書蹇義等曰蠻性雖難馴然好

生惡死之心則同若撫綏有道彼亦安肯自取殺戮今
之為變必有所激致之死地亦可矜憐宜嚴戒撫黎官
寬以馭之若生事激變國有常刑
○宣德四年四月辛巳廣西總兵官都督山雲討柳潯二
州寇并誅其從寇二千四百八十人梟首境上以徇歸
寇所掠軍民男婦四百四十六人以聞
上謂尚書張本等曰蠻性兇悍其死皆所自取今瘴癘之
時宜速令雲息兵有未服者遣人招諭若能順服亦可
寬貸
○七月己酉兵部奏湖廣保清軍民宣慰司同知副使僉
事皆缺請命流官往治之

上曰蠻夷之性難馴流官不諳土俗治之尤難必其同類
乃能相安其令都督蕭授就土人中擇其素有恩信衆
所推服可任用者具名奏來更令授從公選擇不可濫
舉
○宣德五年十月己巳巡按雲南御史杜宗言土官有犯
奏請提問而蠻夷情愚每犯則遷延避匿請如流官例
五品以上奏請六品以下即提問庶革奸弊
上以其奏示法司且諭之曰蠻夷不可以中國之治治之
琮所言過矣其循
祖宗成憲毋改
○宣德六年六月乙卯四川龍州儒學訓導田瓊言松潘

蠻叛服不常而山林深阻用兵實難宜遣官分守要害
使不得耕種彼既困乏擊之則易
上謂行在兵部臣曰此言雖似可採然天生此類其性固
殊為人君者但撫諭之使不為盜在此者不罹其毒在
彼者亦得安生此朕之心也其令總兵官盡心區畫務
在得宜
○宣德七年二月乙卯鎮守洮州衛都指揮使李達奏思
曩日簇番民眆舌㭭爾節強掠本簇人畜殺千户㭭爾
結臣令入番收馬請治其罪
上謂行在兵部臣曰番民殺部長是無上下之分不治則
紀綱隳矣當處之有道不廢法亦不激變乃為得宜爾

其以朕意諭之
○己未巡按貴州御史陳祚奏箄子坪生苗稉化累肆刼
掠請發兵四面攻之必可殄滅
上諭行在兵部尚書許廓等曰蠻人雖常刼掠若防守嚴
密安能為患何至便興兵殄滅天地生物虎狼蛇蝎何
所不有豈能盡滅之但當慎防而已且彼蠻夷亦好生
惡死宜令按及貴州三司差人撫諭使改過自新
○四月癸卯甘肅總兵官都督劉廣奏初韃靼脫脫不花
等二十餘户既降復叛今在鐵門關西請發軍掩捕
上諭兵部尚書許廓等曰虜性難馴朕以寬待之來者不
拒去者不追今以二十餘家輙欲興兵捕之所得幾何

徒自勞費保境安人要為上策爾移文令廣慎固封守
勿輕出兵
○十月辛亥八百大甸土官宣慰使刀招散遣人貢方物
且奏云波勤常以土酋土雅之兵來寇殺人掠財乞發
兵討之
上謂侍臣曰聞八百大甸去雲南五千餘里荒服之地也
波勤土酋土雅皆未嘗歸化朕豈勞中國之人為遠夷
役乎且夷性獷悍必兩有未善豈皆波勤之過宜降勅
慰諭使敦睦隣好保境安民
○宣德八年二月己亥行在兵部奏祉兒禪指揮伯蘭火
者等告宣德四年來歸時經沙州衛西番刼其人口四

百馬駝一千餘羊五萬乞追還
上曰事虛實未可知實而不理則失其向化之心不實而
理之將激怨遠夷勑總兵官都督劉廣究果有即令沙
州衛追還不然具奏區處
○六月丙午四川都司奏比以烏撒烏蒙二府土官知府
祿肥尼祿等爭地讎殺累遣行人章聰侯璡奉勑往諭
之皆悅服烏蒙耆老念其世親以所爭地十之三讓烏
撒永息爭訟
上顧左右曰蠻夷能讓亦是天理未泯特患訓諭不至耳
果能開誠布公何不可化
上巡邊獵于洗馬嶺諸將咨請于

上曰此外不百里虜人常至圍獵可出兵掩擊之
上曰彼不為患即已可不聽其圍獵乎諸將曰此輩豺狼
野心終不能保其不為邊患失今不圖後將悔之
上曰朕此來飭邊備耳非為捕虜且常遣人撫虜矣今掩
擊之是朕失信豈可為乎爾等固是為國之心但朕欲
存大信耳

大明英宗睿皇帝寶訓序

朕聞古昔聖王之有天下也撫世酬物莫安民生必有
令謨嘉猷善政善教以敷遺當時流播後世為子孫慎
守法此三代之君所以國祚靈長綿世數百者以前作
後述繼繼承承敬守世範之有自也仰惟我
皇考英宗法天立道仁明誠敬昭文憲武至德廣孝睿皇
皇帝英明天縱睿智夙成加以
聖學緝熙孜孜罔懈爰自沖齡嗣登
大寶於禮樂刑政之要典章文物之施咸斷自
宸衷歸有條理凡在廷在外所用惟賢非賢不用尊居天
位先後歷二十有二載雖中更多故然道足以濟之德

足以鎮之是以華夷歸戴海宇太平光崇
廟貌為本朝
英宗中庸曰惟天下至聖為能聰明睿智足以有臨也
皇考臨天下之德與至聖同功可謂盛矣哉乃者國史成
書爰命儒臣採輯
皇考言行政事之可師可法者以為寶訓總一十二卷嗚
呼先聖後聖其揆一也
皇考之位即
祖宗之位其德即
祖宗之德矣顧予小子受命繼新敢不因言以求其德因
德以求其心思以保天位于無窮者乎尚惟後之子孫

臣庶一體遵承以隆世守則三代所以久安長治之道不在乎昔而在乎今日矣詩曰不愆不忘率由舊章其斯之謂歟謹序於篇首

成化三年　月

大明英宗睿皇帝寶訓序終

大明英宗睿皇帝寶訓目錄

大明英宗睿皇帝寶訓卷之一

光祿大夫柱國少傅兼太子太傅禮部尚書武英殿大學士臣呂本等校
南京禮部祠祭清吏司郎中臣陳治本
南京兵部職方清吏司主事臣宋錄謹閱
南京工部虞衡清吏司郎中臣呂胤昌

敬天

○正統五年九月壬寅

御製觀天之器銘曰粵古大聖體天施治敬天以心觀天以器厥器伊何璿璣玉衡犹象天體衡審天行歷世更代吾四千祀沿襲有作其制寖備即器而觀六合外儀陽經陰緯方位可稽中儀三辰黃赤二道日月暨星運行可考內儀四游橫簫中貫南北東西低昂旋轉簡儀之作爰代璣衡制約用密疏朗而精外有渾儀反而觀諸上規下矩度數方隅別有直表其崇八尺分至氣序考景咸得懸象在天制器在人測驗推步靡或毫分昔作今述為制彌工既明且悉用將無窮惟君勤民事天首履民不失寧天其予顧政純於仁天道以正勤銘斯器以勵予敬

○十二月丁酉勅在京文武羣臣曰昨欽天監言明年正月朔日食凡九十一秒故事食不一分者不救護朕惟事天之誠雖微必謹敬天之變豈以微忽況茲歲始陽德方亨致災有由敢忘祇畏是日在京文武羣臣悉免

賀禮及期救護如制
○正統六年正月庚子行在禮部尚書胡濙奏本年正月
朔午刻日當食
皇上敬謹天戒預勅群臣救護如制至期天氣晴明太陽
正中無纖毫之虧此蓋
皇上至仁大德下及於民上格於天是以當食不食禮宜
慶賀
上曰此是
上天垂眷君臣當益加敬慎不可怠忽慶賀禮免行
○天順七年正月癸卯
上因足疾久不視朝是日以將大祀
天地誓戒文武群臣乃力疾視朝至期
上謂內閣臣曰朕足疾未愈欲自行禮但拜下艱於起令
人扶可乎對曰
陛下若能力疾行禮足見敬
天之誠扶何妨遂自行禮
聖孝
○正統元年閏六月壬午
上諭行在禮部臣曰
山陵祭祀衰戚存焉服飾華麗豈禮所宜朕自今後每祭
孝陵
長陵

獻陵
景陵行禮之日與百官俱具淺色衣服如洪武永樂例尚
書胡濙等頓首奉命
○天順二年正月己卯
上率文武群臣捧册寶尊
皇太后為
聖烈慈壽皇太后先是勅禮部曰
皇太后撫育朕躬君臨天下益有年矣暨朕居南宮上貽
憂危近者仰荷以
祖宗社稷為慮廢黜昏亂俾朕復承大統康濟天下其有
功於
宗社生民甚大宜上徽號以示尊崇用表朕誠孝之心於
是禮部具儀以聞遂行禮

○天順七年閏七月戊午勅諭文武群臣曰昔我
皇考臨御之日
母后胡氏自惟多疾不以躬承祭養重以無子固懷謙退
上表請閒讓位於我
母后孫氏
皇考已從所志就閒別宮其稱號服食侍從悉如舊厥後
母后胡氏遺榮慕道益尚清虛游優有年以至令終朕于
時幼冲不敢固違其志已尊謚為靜慈僊師而凡祭葬
之儀亦惟是稱皆所以成其志也朕今思之

母后之志雖成而為子之心終有未盡爾禮部宜會羣臣
仍議上
皇后尊謚令所司修葺陵寢如制蓋欲因其志之所安而
致尊崇褒顯於禮於情兩盡而無憾也
嚴祀禮
○宣德十年六月丁卯勅行在太常寺官曰朕惟祀神國
之大事廟宇壇壝惟修惟潔犧牲粢盛惟豐惟備珪幣
香祝薦獻之具樂舞之設咸用整飭惟爾之職凡典守
壇廟及諸執事爾恒戒警之俾存其誠以時共事彼或
不恭越禮廢事爾具以聞必斥去之爾尚祗潔一心昭
事

天心鬼神以迓禎祥上佑我國家下福我臣民惟爾稱位
亦保永久欽哉
○正統二年十二月丁丑行在禮部奏正統三年正月初
六日享
太廟
上御正殿受奏然是日值
宣宗皇帝忌辰例不鳴鐘鼓第視事西角門禮有不同請
裁之
上曰祭祀重事還宜陞殿餘悉遵永樂間例行之
○正統九年閏七月甲申勅禮部工部曰朕惟國之大事
莫先於事神古者帝王率用茲道我國家自
祖宗以祗事神祇載在祀典已有定制朕嗣承大統惓惓
於茲比聞天下嶽鎮海瀆及府州縣社稷山川文廟城
隍應祀壇廟歷年既久多為風雨損敝所司不能時加
修葺分巡憲臣亦罔加意甚至容人褻瀆致傷和氣爾
等其諭兩京及天下有司於應祀神祇壇廟久荒廢者
即設法備料修理工程大者酌量事宜以聞修完之日
擇人奉衛務在敬慎不許褻慢仍令風憲官按臨巡視
其有損壞不修及因修理害民者悉罪不宥
○正統十二年五月己酉命南京工部修歷代帝王本朝
功臣真武普濟祠山五顯嘉祐及漢壽亭侯晋卞忠貞
公南唐劉忠肅王宋曹武惠王元衛國忠肅公都城隍

十三廟俱於內庫支給物料
謹天戒
○正統四年六月戊戌勅諭公侯伯五府六部都察院等
衙門官曰朕恭嗣大統夙夜祗勤惟
天惟
祖宗付託之重不敢怠遑比年以來停罷一切徵歛除逋
負薄刑罰所冀四方咸遂生息今歲以來災沴數見京
畿尤甚自三月至五月亢暘不雨甚傷農麥五月中至
六月連雨不止河決隄岸渰沒田稼城中傾塌官民廬
舍亦有渰溺死者深用兢惕洪範咎徵皆由人事蓋朕
不德之所致也其聽納之弗審欤黜陟之弗戢欤政事

之臣有頗仄歟輔弼之臣失其職歟何灾異特甚循省
厥由用圖善道爾等皆與國同體豈當默默坐視而弗
思弗勉乎自今其體朕心以敬
天變人為心毋懈夙夜夫持廉戒貪者善身之本致公絶
私者善政之要勿謂可欺神鑒孔明勿謂無害天應可
畏欽哉勗哉往務善政庶幾以回
天意以固
宗社生民之福爾亦尚利哉
○七月癸酉勅南京守備襄城伯李隆參贊機務少保兼
戶部尚書黃福及六部都察院曰得奏言六月二十九
日大風之異朕用惕然夫南京國家根本之地天變若

斯所係非小卿等皆國家大臣休戚攸同宜致慎厥職
纖毫無忽審察奸宄杜漸防微文臣以安民為重武臣
以備兵為務念茲在茲夙夜罔怠凡有擾害軍民不便
之事悉條列以聞庶承
上天警戒之意
○正統五年三月己未勅南京守備襄城伯李隆參贊機
務兵部右侍郎徐琦曰得奏言二月二十二日夜風雨
之異朕惕然祗懼爾等亦宜體朕此心敬天恤人其江
上所損漕運人船既皆漂溺無存即令戶部驗數除豁
不許復有科徵各門所損吞脊獸牌等件悉令所司如
舊修理不許托此以重擾人故諭

○十二月己卯勅陝西鎮守巡撫巡按都布按三司等官
曰得奏知蘭縣地震城堡墩堠官民廬舍頹壓甚衆此
上示戒實由人事所召必非偶然勅至即遣人巡視凡
諸關堡及此農閒料工修築其被災之家量加賑恤毋
令失所仍具實來聞爾等皆國家大臣及耳目之官受
朕托一方軍民休戚之所係天戒若此厥有所由宜夙
夜修省詢察軍民利病思所以處置之用弭灾異以副
朕敬天愛民之心
○正統六年六月庚午行在禮部尚書胡濙等言今年四
月以來亢暘不雨蝗蝻為患揆之天意驗諸人事皆由
臣下才德疎庸政事缺失有乖陰陽之和所致乞令文

武百官自本月初七日為始齋沐思過仍令大臣於在
京各神廟行香及下道錄司慎選道流盡誠祈禱庶幾
少回天意
上曰應天以實不以文今上天降灾在修德以弭之豈區
區禱祠所能免也不必行
○壬午掌行在後軍都督府事太子太保成國公朱勇吏
部尚書郭璡等上章自訟以為灾沴之興實由臣等冒
昧所致伏乞
聖恩涵貸許令戴罪修省以圖自新其屬官中有不職者
臣等考覈奏聞在外官吏先令巡按御史考察然後遴
擇大臣徧歷詢訪務在官得其人軍民安業以上回天

意
上曰爾等宅心公私處事得失皆朕所素知但念爾等爲
朝廷重臣非有大故悉置不問奈何善不加修過不知
悔致踐物議之紛紛也繼自今宜革心改行以贖前愆
往歲遣令考外任官進退多有心今始行之其貪酷虐
害軍民者令御史三司官體實來聞
○正統九年十二月壬戌勑靖遠伯王驥等曰比聞甘肅
風變屢作實
上天昭示儆戒之意卿等受朕重托其與各總兵鎮守官夙
夜盡心經畫嚴謹瞭備益外虜窺伺之心無時或忘卿
其多遣間諜探其衆寡以爲戰守之計務在操練衆善

毋拘故常
○天順元年四月甲午勑諭五府六部都察院大理寺等
衙門曰朕新復位夙夜兢惕永惟致理之要在乎敬
天勤民然欲從事於斯而無失蓋必君臣同心而後可格
今天之災沴消弭未盡民之飢困拯濟未蘇是惟朕躬
之憂亦惟爾文武群臣之憂也其自今月初一日爲始
朕與爾群臣各致齋三日朕親露禱于
昊天上帝爲民請命朕又聞之應天以實不以文得民以
政不以言繼自今朕其恒自修省爾群臣亦共儆戒于
心慎懋于事凡有可以匡輔朕躬以安國家以便軍民
利所當興弊所當除者各從職掌明以條奏施行務底

實效毋事虛文庶幾君臣交修以盡敬
天之實勤民之責而得致理之要其尚之慎之
○六月己亥是日清寧酉刻大風雷雨驟從西北來發樹
壞屋須臾雨雹大如雞彈至地經時不化奉天門東吻
牌摧毀欽天監奏雹者陰脅陽也盛陽雨水氣熱而陰
脅之則轉爲雹占書曰凡雨雹所起必有愁怨不平之
事伏乞
皇上謹遵天戒修省寬恤天下刑獄
上覽奏畢諭群臣曰上天示戒固朕菲德不能召和亦爾
群臣不能盡職或刑獄冤濫所致朕自當修省爾群臣
亦當警惕内外刑獄有冤濫未伸者宜加寬恤該衙門

計議以聞
○七月丁卯勑諭文武群臣曰朕以菲德恭膺天命祗復
寶祚于今半年圖治雖勤應天無効乃天順元年七月
初六日承天門災朕心震驚罔知攸措意者敬事
天神有未盡歟
祖宗成憲有不遵歟善惡不分而用舍乖歟曲直不辨而
刑獄冤歟征調多方而軍旅勞歟賞賚無度而府庫虛
歟請謁不息而官爵濫歟賄賂公行而政事廢歟明奸
欺罔而阿附權勢歟群吏弄法而擅作威福歟徵斂繇
役之法太重而閭閻田里靡寧歟讒諂奔競之徒倖進
而忠言正士不用歟抑爲軍衛有司者闒茸酷暴貪冒

無厭而致軍民不得其所嘆凡若此者皆傷和致災之
由而朕或有所未明也今朕省愆思咎怵惕是存爾文
武羣臣既任朕肱耳目之寄當懷左右輔弼之圖況君
臣一體休戚惟均果有合行事宜必當直言無隱其或
躬蹈前非亦宜洗心改過嗚呼應
天者當以實政弭災者不事虛文朕與爾等尚懋敬之
勤儉
○天順五年四月乙未
上召內閣臣李賢等曰朕自復位以來每日五鼓初即起
拜天畢閱奏牘處分訖乃朝廟出視朝退朝
母后還宮復閱奏牘罷進膳飲食隨分未嘗揀擇衣服亦

隨便雖著布衣人不以為非天子也賢曰如此節儉益
見盛德上節儉則下民自然富矣又曰四書尚書朕嘗
讀遍知二典三謨真是格言帝王修身齊家敬天勤民
用人為政之道盡在其中賢曰願
陛下體而行之幸甚又言朕在宮中雖極熱不揮扇除寒
不近火賢曰
陛下聖質所稟堅厚體備中和之氣故能如此臣聞宋仁
宗亦然又言朕聞景泰不與大臣論治天下之道所以
天下常安先儒謂接賢士大夫之時多於君德大有益
上曰然
明斷
○正統七年正月戊寅山東東昌府通判傅寅進太極圖
說
上曰太極圖先儒解釋已詳明此說辟謬皆理宜斥之勿
使傳布以誤後學
○正統十二年五月癸丑監察御史李奎奏孔子之聖歷
代皆有褒贈國朝自
洪武以來
聖駕屢幸於辟雍祀典遍行於天下何獨孔子褒贈未有
增加乞勅翰林院參考古制定以萬世莫加之美謚
上曰孔子萬世帝王所尊功德難名雖累百言何足為重
不必增益

仁政
○宣德十年六月丁未命天下有司理瘞暴露朽骨先是
辦事官呂中言各處墳墓有係忠臣孝子賢人烈士今
多被盜發掘破棺取物有子孫者即為掩埋無者至今
暴露
上以先王仁及朽骨堅殊掩骼具有令典即令有司盡與
掩埋仍嚴禁以止發掘
○正統四年六月乙未
上以京師大水壞屋溺人命工部右侍郎邵旻都察院右
僉都御史曹翼同給事中擇京城內外高爽之地及各
廠房以居官吏軍民之無屋者戶部侍郎吳璽順天府

尹基濤存問被水之家給米一石溺死者加五百貫
○正統九年閏七月甲申勅諭都察院曰近聞各處軍民
往往發人墳冢爾等職憲風紀其嚴行各處巡按御史
及按察司督令各司府州縣官凡境內但有暴骨在田
野道路者悉令所在里老人等即時掩瘗仍嚴諭軍民
不許再犯違者罪之若該管官故縱不禁者聽風憲官
論罪不宥
○正統十年八月壬子山西按察司副使冠深奏潞州襄
垣等州縣今歲自春歷夏不雨民甚飢窘起運邊糧無
所從出乞將官庫所積銀帛依時價糴米上倉作今年
秋糧之數又各衛所軍士折糧鈔有二三年未給支者

是致衣食不給今豐贍軍需庫布絹九十餘萬收積年
久乞計價折作糧鈔給軍為便
上曰寬一分則民受一分之賜況軍士衣食尤當矜念着
其令三司官酌量行之務在處置得宜人不失所
○正統十三年正月癸巳勅南京守備豐城侯李賢等曰
已故曹國公李景隆家屬增枝等男婦大小三十八口
拘繫年久人情不堪茲特推恩悉加寬釋令於所居閒
住聽其出入生理其男女聽與軍民結婚嫁娶
○天順二年閏二月己卯勅鎮守懷來等處右參將都督
姚貴近有自口外還者言向者土木南山河南河北一
路陣亡官軍骸骨至今暴露朕聞之惻然于中爾即分

遣人盡收於僻地深瘞之毋怠
睦親
○宣德十年七月甲戌山西巡按御史及三司官奏晉府
千戶周禮出城詐稱晉祠行香實赴京奏事
上命晉王治其詐偽之罪王引咎自責
上復書曰比者御史三司言周禮擅啓門禁關防職所當
言於伯無與何必深自引咎尚冀安心坦懷以副朝廷
親親之意
○九月丙子書復慶王栴曰承諭校尉餘丁及護衛軍人
譚福海等赴京告府中調馬造甲之事朕惜獨其虛詐
已寘之於法矣曾叔祖為國至親素循禮法此非小人

所能離間萬冀勿以此介懷也
○正統四年七月癸亥行在戶部奏靖江王府輔國將軍
佐義及妻廖氏俱故所遺女年方八歲乞賜祿米養贍
上曰卹孤王政之大端況於懿親義當加厚歲與米三百
石
○正統五年十二月乙丑復韓王沖烒書曰承喻嬰疾未
痊慶賀之禮欲令開城王代行具見恭謹之心繼今一
應行禮皆如所喻叔祖宗藩至親夙著賢德國家所倚
重者惟善加調攝早見康和以副親親之念
○正統七年九月丙戌楚王季堄奏已故鎮國將軍季坩
祿米任支妻女無以養贍

上曰聖人一視同仁篤近舉遠況親親乎歲給與食米一
百二十石
○正統十一年九月己卯遼府庶人貴烚長子揰離其先塋
欲赴京自訴遼府及防守荊州衛官以聞
上命湖廣三司及巡按御史體之至是御史蔣誠等言長
子自以其男女年及成人居第狹隘貧無以卒日欲陳
訴乞恩
上曰貴烚初年
祖宗大法已謫爲庶人俾守先塋家孥隨住今御史言其
情如此朕甚憫之其即以書諭之王及勑荊州府衛令
審其男女成人者王府即與主婚配軍誠審之家給第
宅於荊州城內聽屬王府其官率防守如昔勿令交搆
皇明寶訓　正統一卷　十四
亡賴以速罪愆
○正統十三年九月庚寅書復岷王楩曰承諭第五子陽
宗王徽燇自知母子有罪擅出赴京意在捏詞陷害良
善等因具悉前者曾叔祖嘗諭府中蘇氏盜金銀與子
陽宗王追取未完蘇氏自縊子以蘇氏果私盜官物懼
罪而死乃其自取理無可惜故未奉報近得湖廣三司
官奏陽宗王乘一馬從五人歷寶慶至長沙欲討脚力
來京奏事已差人齎書止回不許來京果有事令人具
奏如彼到府曾叔祖宜推父母愛子之心以恩寬待不
必窮其前過斯見厚德蓋彼之母私取其物愧無所容

已致身死地彼惻其母復追其財是窮迫無奈故不稟
命私來伸訴亦情之不得已若再以法繩之彼何所榮
誠有傷於寬慈之道傳曰爲人父止於慈又曰父子不
責善責善則離曾叔祖其審以自處必重義輕財庶全
父子之恩副予親親之望
○天順元年二月庚戌唐王瓊炟新野王芝城相訐奏
上曰唐王新野王是親叔姪宜各盡恩義如何全不相顧
累來奏擾朕念親親之故俱不究問新野王既無人供
給令巡按御史三司官公同揀撥衛堪用旗軍三百名
與之原體勘官即將儀賓張鳳挨置之請奏來處治
○三月丙子奉書襄王瞻墡曰承諭具悉尊意所以惡祁
鈺之僭分而喜廷之復位及義當有陳言慰安二章初
皇明寶訓　正統一卷　十五
未曾達
皇太后所爲益祁鈺之所蔽匿也今已於祁鈺宮中檢而
得之親覽再三深見叔父忠愛之誠發於讜論抑邪扶
正防微杜漸無非爲
宗廟
社稷計推叔父之心即周公之心而此二章亦即金縢之
書之比也
皇太后聞之感嘆不已承卑祥雲捧日玉帶謹已領訖叔
父云欲親行朝覲本不敢煩遠來第念
先帝同氣至親惟叔父宗室至賢亦惟叔父於情於義不

可不重欲得一見以篤親親今遣人奉勅符及書迎翫
即時氣候清和宜從容就道宮眷世子郡王宜留藩邸
其當從行之人亦隨尊意帯来聆候其至惟叔父亮察
○辛卯書與趙王瞻塙曰得奏府中歲祿三萬石叅
皇祖仁宗所定而景泰減却二萬石致乏用度具悉王備
重惟叔祖簡王為
皇祖同氣至親功在帝室事異諸藩理當加厚祿米之減
予初不知乃今聞之良用感惻已勅所司撥還特此專
書馳報王其領之
○五月壬午敕襄陽衛指揮使司故群牧所為中千戶所
摘襄陽衛左所安陸衛右所全伍隸焉令禮部鑄印給

之先是襄王來朝
上雅敬王謂兵部臣曰襄王宗室至親賢德可重特與設
護衛以表朕褒進之意故有是命
○十月甲辰安化王秩炵奏母喪甫除次女虜施縣主復
歿家用艱窘乞有所賜以助喪儀
上曰王自有常祿今又極稱艱苦良由平日不能節用所
致於理似難濫與予但念親親誼重其命有司給銀三
十兩布三十疋絹二十疋以助縣主喪事
○丙辰鐸建文君子孫安置鳳陽勅文武群臣曰朕恭膺
天命復承
祖宗大統夙夜僶勉欲使天下群生咸得其所而況宗

室至親者哉矣念建庶人等自幼為前人所累拘幽至
今五十餘年憫此遺孤特從寬貸用是厚加賞賚遣人
送至鳳陽居住月給廩餼以安其生仍聽婚姻以續其
後庶副朕眷念親親之意先是
上召內閣臣問曰朕念建庶人宗室至親自幼拘幽至今
深可憐憫朕欲於鳳陽安置令其婚配自在衣食如何
對曰
陛下此舉真盛德之事
祖宗在天之靈實臨之不必疑也兵部尚書陳汝言聞之
入見曰鳳陽切近南京儻有謀欲立之坐於南京將如
之何

上曰果有天命任其為之汝言慙而退
○天順二年閏二月丁卯襄王瞻墡奏昨蒙
聖恩撥襄陽安陸衛二千戶所賜臣為護衛所但中間有
屯田子粒三千四十餘石仍在有司乞照例賜臣府中
用度
上以王為至親即與之
○天順六年七月癸卯致書祖姑含山大長公主曰朕每
念
皇高祖所生親王公主四十人而享有高壽者今惟祖姑
一人誠難得也近者承諭用度有缺朕心惻然特遣太
監藍忠齎送珠翠九翟特髻冠一頂白金三百兩鈔一

蔴貫各色紵絲十四紗十四羅十四生熟絹三十四表
至府中以表親親之意至可收領尚宜自愛以膺悠久
之福

重宗支

○天順二年閏二月丁卯勅宗人府曰朕惟玉牒所以紀
載宗支乃朝廷重事經年久遠未及增修爾宗人府即
會同禮部查照各王府自正統六年以後凡有襲
封及男女新生亡故等項逐一明白開寫中間如有未
備仍行各王府取勘回報以憑修爾其欽承毋忽

諭宗室

○宣德十年七月甲戌岷王楩奏請給符驗
皇明寶訓 正統一卷 卅八
上特與之復書曰符驗專為軍務及奏事馳驛而設靈
祖宜自收此惟遣人赴京則給與之須戒其毋藉此他
往而作奸也
○正統元年二月辛酉書復秦王志㙉曰所諭庶人尚炌
已到恐王墳園居住復令軍校輪流關防足見區畫之
密今以嫌疑為慮又欲都司布政司令人關防甚非所
宜且先王寢園豈容外人出入若尚炌仍不守法朝廷
別有處置叔但以親親為念待之以禮又何避嫌之有
○正統二年八月己卯寧夏總兵官都督僉事史昭等奏
慶王每值參將等官朝見必賜酒遲留出非度語且常
沮拙邊務縱容左右官民刺探遠近事情盡占靈州草

場放牧事當遣使不從正道反由綏德草地往還類此
非法者甚衆
上以昭言不可盡信然有當從者致書于王曰比聞寧夏
總兵鎮守等官朔望朝王必賜醉酒因悞邊事今後止
之綏德密邇虜庭府中遣使毋由此徑庶幾無患靈州
草場大路迤東宜與土達軍民放牧迤西從本府放牧
一如洪武永樂年間例
○正統五年二月辛卯致書晉王美圭曰往者河南王奏
欲往平陽侍養叔母懷簡王妃朕以書訊王令得報知
懷簡王妃薪米不乏宮人足備使令王亦時遣人問候
不至艱窘宜令西河王止養親毋不必更往平陽惟王
皇明寶訓 正統一卷 十九
亮之
○五月壬子書諭永壽王志埴曰得奏固疾嘗許三年皆
以六月十五日往南五臺觀音寺行香聽王如期詣彼
但境內之民實荒艱窘又當禾稼長育之時須戒飭從
行者勿擾民傷農則於賢德有光矣
○六月戊寅書諭靖江王佐敬并各輔國將軍曰朝廷封
建宗室祿米已有定制曩因王及各將軍每遇歲徵[illegible]
令火者等下縣不收本色加倍折錢民用訴告
先皇帝曲貸不問但諭令改過仍勅廣西布按二司巡按
御史但有再犯者執送京師無非欲其知所警也今按
察司奏輔國將軍贊億復令家人杜勝收興安等縣擾

來加倍折錢民何以堪且百姓乃
祖宗之百姓而如此虐害可乎已令按察司將勝等解京
處分繼今宜痛自警飭嚴戒下人謹守法度庶幾長保
富貴以副朝廷親親之意欽哉
○正統六年三月甲辰書諭靖江王佐敬曰朕惟國家封
建宗藩其禮制文移
祖宗已有定制子孫當世世遵守況同氣至親尤須篤恩
義相處用圖寧永比聞王與奉國將軍佐敏數相搆怨
不知何為又聞佐敏非禮妄為欲自來朝及各輔國奉
國將軍有事亦多專擅自行今遣勅戒飭佐敏不許來
朝并各輔國奉國將軍俱無違禮犯分此皆以於王至

親王宜推誠善待兩盡其道永敦和睦不可至生嫌隙
以傷大倫庶幾保守宗祀以副朕 親親之意惟王亮
之
○七月丁未貽書永壽王志埴曰比聞王偕弟以行香故
引火者官校四十餘人於南山五臺寺覩遊覽三宿于
外而防閑甚疎萬一為小人所侮非惟虧損令德其如
先王遺體何凡今諸王之出在禮有不可已者亦必先
期遣人馳奏今叔以遊覽輕出露宿不知自愛是皆惑
於左右小人之邪說繼今宜謹自防非親親厚不致此
言叔其亮之
○正統七年三月丁卯貽鄭王瞻埈書曰頃聞叔患風疾
已二次遣醫去視今聞叔疾增劇必醫者藥未退服左
右奉侍未至以致迨今未愈叔宜善自保愛定心安意
不可因小事輒生瞋惑勉進藥食叅遂痊安用副予親
親之望仍書諭王子祁鋕曰近聞叔王患疾宮中事無
統屬內官內使人等有擅撤出府中財物器皿及將錢
銀妄費爾為叔嫡長子今特命爾整治府中一切之事
須同母妃謹事叔疾勿致驚疑蚤晚勸進藥食不可頃
刻怠忽
○七月丙戌楚王季埱奏欲於昭園莊園立碑表揚先德
上從之復書曰此孝子慈孫當然之義叔文學邁衆且素
得於侍下目見者最詳且實宜自撰述或授事實於府

中儒臣俾之代述亦皆宜也
○正統八年八月庚寅書復慶王秩煃曰得奏安化王府
內使陳福等用言抗拒曾叔祖母已令巡按御史同陝
西按察司官執問府中內使陳珪護衛指揮劉璟係干
對人亦令提對明白庶幾人服其罪分封地方所司言
係
祖宗時封建子亦念叔祖與安化真寧二王同氣至親今
豈可以小忿遽欲分處又得所奏高安齋卿打草等情
及安化王亦奏前事俱命御史等官通行問理承奉李
玉裴冕姑免提問待御史等官奏來果有干礙再為處
治

○正統十年七月己丑書復真寧王秩煐曰承喻欲往韋
州祭掃先塋用展孝思一從所請然韋州近邊叔祖在
途宜加防慎禮畢即還尤宜戒飭從人毋擾害軍人民
等不為令德之累
○九月壬申書與秦王志㙉曰先因紀善陳彬等奏承奉
劉全等從吏不法事情已提全等至京命法司審實姑
聚其尤者言之山川壇奉神之所乃拆其獸吻修蓋厩
宇宜川王至親不容入府拜廟啓事儀衛為國貴戚發
塚開棺焚其尸體承奉副保王府內臣逼抑自縊紀善
輔導之官拔其鬚髮并侯介歐死軍餘四人次哄誘軍
民子弟自宮之類不可悉數劉全侯介皆國法所必誅
皇明寶訓 正統一卷 廿二
者餘悉從寬以全其生然全等恃恩玩法挾勢作威知
此未審王知否也不明知則為不明知之則為縱惡皆
於
祖宗有違朕念王宗室至親素稱恭謹茲必小人蔽惑所
致復覽奏章具見追悔至情今特置不問自今宜謹遵
祖宗大法恪履先王大道親近正人嘉納善言無惑於群
小無自蹈非義庶有光藩屏保國於悠久亦不致下人
指議此朕保全親親言出至愛其兵馬指揮劉鑑姑宥
其罪令回府中戒禮并內使郭縉等十一人俱貶罪遣
還以備使令均此奉報惟叔亮之
○天順四年閏十一月丁未書諭代王仕壥曰得奏遷地

狹隘欲將定安王博野王移居廐裡且分封定出自朝
廷移與不移難隨意便況府第蓋造未完先隰川王欲
同宣寧王去蒲州懷仁王欲去絳州昌化王路城王及
廣靈王長子皆欲不遷各徇其私紛擾不一已累勑切
責王豈不聞知而又以遷居為言是亦徇欲圖便而不
能安靜以俟朝廷之命也王宜自省并諭府中諸王令
候毋仍奏擾自取過愆專書以諭王其戒之
敘彝倫
○正統三年三月癸丑孔顏孟三氏子孫教授裴侃言天
下文廟惟論傳道以列位次闕里家廟宜正父子以叙
彝倫顏子曾子子思子也配享殿庭無繇子皙伯魚父
皇明寶訓 正統一卷 廿三
也從祀廊廡匪惟名分不正抑恐神不自安况孔子父
叔梁紇元已追封啓聖王創殿於大成殿西崇祀而顏孟
之父俱封公爵惟伯魚子皙仍為侯爵乞追封為公俾
顏孟之父俱遷配啓聖王殿庶名位胥安人倫攸叙又
言祭告孔子祝文稱王在天下則可在子孫則不宜乞
易惟王為仰惟我祖增深仁厚澤詔我子孫二句於爵
憲萬世之下
上是其言命行在禮部行之仍命翰林院議伯魚子皙封
號以聞
遵舊制
○正統四年十一月己未

皇陵祠祭署奏昔
太祖高皇帝清理鳳陽臨淮二縣土民三千三百四十二
戶編隸本署供給祭祀灑掃迄今存者三之二內有軍
籍一千餘戶有司時常清理拘解慮後供祭不敷乞如
洪武間欽免陵戶陳真保例存留免解
上曰
祖宗陵戶有洪武舊例戶兵二部其遵行之
○正統五年四月己未駙馬都尉石璟家人訴領璟銀鈔
借與軍衛取索不還乞爲追理
上命行在戶部校例言洪武舊制凡公侯內外文武四品
以上官不得放債永樂中亦嘗禁約今璟家人放債而

欲官爲追理於法有違
上命行在都察院執問懲治仍揭榜申明舊制嚴加禁約
其有權豪勢要仍前故違及有司聽囑同害百姓者俱
罪不宥
○六月辛卯河南固始縣學訓導舉人黃俊言
太祖高皇帝御製孝慈錄嘗頒布天下今四方學中鮮存
者乞仍侵印頒布令士民講誦以隆孝道
上曰朕觀孝慈錄所論仰
太祖聖見卓冠百王寔萬代不刊之盛典宜家傳而人誦
者禮部亟印頒之
○正統八年九月興平王尚榆奏臣長子志塽蒙恩賜一
品冠服乞併給與祿米供贍戶部言
皇明祖訓無郡王長子支給祿米例
上曰
祖訓所當遵守吾豈偷於懿親耶遂止不給
○正統十一年正月庚辰尼剌太師也先奏所遣朝貢羅
項國師剌麻禪全精通釋教乞大賜封號并銀印金襴
袈裟及索佛教中受戒合用五方佛畫像及鈴杵鐃鈸
纓絡海螺呪施法食諸器物事下禮部議以爲稽無舊
例請裁之
上曰朕撫御外夷一惟祖宗成憲是式今也先妄求既無
舊例豈可勉徇其勿與

○九月丁丑南京內官監奏本監舊有淨軍煎熬
上用白鹽今年老亡故者多請僉畿內民三十人補之事
下戶部言畿民煎鹽非舊制
上曰既非舊制奈何生事擾民不必僉補
○天順元年正月辛卯
上謂戶部兵部臣曰朕新復位凡百行事當遵
祖宗舊制各處巡撫提督等官是一時權宜添設今天下
已定邊境無事宜即將各官取回其各處邊備并軍民
事務令總兵等官理之事有不便及官有不法者從巡
按御史究治重者奏來區處並不許非法妄爲違者俱
重罪不宥

○天順二年九月甲辰勑荊王祁鎬曰爾奏要照母妃珠
冠乞博鬢與妃魏氏然
祖宗定制親王妃冠用九翟而無博鬢蓋博鬢惟
皇后及東宮妃得用中間有差等爾母妃冠有博鬢者
乃一時特賜豈可援以為例且以已妃欲上同於母似
此所為既無敬親之心又取僭竊之罪其無違禮制甚
矣所奏不允自後毋仍率意妄作以損令名
○天順三年四月己卯襄陵王冲烁奏臣母故欽蒙營塋
令將乞工匠年就衰老乞勑有司即以原修造工料為
臣及妃預為生壙則事易成功臣沒世之時免重勞人
力

上曰郡王預造生壙舊制所無不允
明禮
○正統五年九月庚子朔復晉王書曰所諭弟雲丘王欲
娶儀賓陳斌庶次女黃戩
太祖高皇帝筆削元之俗定制立禮姑舅不許為婚此雖
庶出姑實嫡母人其謂何書至可與本府及附近府衛
官員士民之家別選賢德者具名來聞庶免譏議王其
亮之
○正統七年三月丁亥楚王季堄奏第四弟明年十五歲
宜冠及受封
上曰禮三年喪君命不入於門今王母妃鄧氏薨逝曾未
彌月明年服尚未終求受封冊可乎不允
聽言
○正統九年四月乙酉江西道監察御史俞本等以天時
亢旱飢饉荐臻上陳三事其一黜貪酷官吏以召天和
其二選諳律刑官以聽獄訟其三擇明經師儒以育人
才
上納其言因諭吏部尚書王直等曰在廷羣臣務俾恪共
乃職在外布按二司官聽巡按御史舉劾府州縣官亦
令巡按御史同布按二司廉察有不職者具名以聞貪
酷病民者黜罷之刑名官選通律意者教官選有文學
者任之

○丙申巡按山東監察御史曹泰言今布政使即古之州
牧按察使即古之監司寔在外百官有司之長其任至
重且要近年是職有缺必令大臣會舉然所舉者或循
資格或涉親故多有不公乞加嚴選使諸憲得人則庶
官咸舉其職矣
上然其言因諭吏部臣曰自今布政使按察使務廉幹才
德俱優練達老成之人為之如徇私濫舉及容情不言
者必罪不貸
○七月丁巳廣西總兵官安遠侯柳溥奏廣西地方溪洞
險惡猺獞雜居府縣多無城池官軍哨守不敷況今有
司才賢者少不能撫卹夷民以致從賊為非乞連有司

之選寬逐民之徭免徵折粮銀兩以恤邊餉
上曰溥言良是今後廣西緣邊牧民官吏銓選務得其人
若有政績者不次擢用邊民徭役宜從寬卹折粮銀兩
戶部會議以聞
○天順元年五月乙酉廣西道監察御史楊瑄言直隸府
縣連年水澇民飢至於相食河間縣惟一鄉田在高阜
民種小麥日望收穫而忠國公石亨令閽者至彼立標
為界恃橫侵占知府王儉不恤民怨且阿附之真定府
饒陽縣田地堪耕者僅千餘頃而太監吉祥家人抑逼
有司令撥與耕若不嚴加禁革恐效尤者衆激變小民
乞命巡按御史覈勘但有侵占民田悉令退還庶幾民

獲安生
上曰民方困於艱食朕為之寢食不安為大臣在左右者
獨不能體朕意乎楊瑄敢言可嘉戶部其即移文巡按
御史覈實以聞
寬宥
○正統元年六月壬寅行在吏部尚書郭璡等言監察御
史邵宗歷任九年已經本院考稱送部令右都御史顧
佐等又作見任考宗法律不通宗不服乞辯
上以佐等顛倒是非特責戒之行在浙江等道監察御史
張鵬等又擿泒宗微過劾之
上曰佐等不循公道縣將不在任官員考退塞責今各道
御史又附會佐等其朋奸欺罔明矣姑記其罪再犯不
宥
○十二月戊寅宣府總兵官都督譚廣劾奏遊擊將軍都
指揮僉事楊洪先因危虜嗟功冒給總甲陶俊等陞賞
請治其欺玩之罪
上曰洪為下人所欺姑記其罪冒功之賞者即追奪之俾
長巡哨以警後來
○正統五年十月戊寅宥行在都察院右都御史陳智罪
先是山西按察使徐永達劾奏巡按御史顏繼酷刑擅
杖軍戕繼以此得罪降職智憾永達未有以發因監察
御史吳昌衍孫睿續往山西巡按令其搜求永達之過

二人俱以永達清正無所按劾智怒考昌衍不稱戢又
指摭睿微過奏稱調用二人不服各奏智前情
上察其實命昌衍復職於是六科給事中劾智挾私害人
作威凌下
上命行在吏部會官詳議以聞尚書郭璡等僉言智器量
褊淺操行刻薄不可以掌邦憲
上曰都御史糾正百僚邪慝而智乃以私憾枉害良善以
此悖謬尚何望其振綱紀肅憲度耶但念大臣姑屈法
宥之罰俸三月俾自改悔若乃蹈前失必不貸也
○正統六年十二月乙巳通政使司奏戶部侍郎王佐王
質移文字多差錯質又拜官未及謝恩即僉押文書請

治其罪

上命各官自陳具服

上曰爲大臣於事不謹何以率下今姑宥之若再不詳審必不貸也

〇正統十二年八月丙子欽差大理寺右少卿張驥奏直隸淮安等府邳州等衛地方飛蝗蔽野食傷禾稼蓋因府州縣衛所官先遇蝗蟲遺種之時不行尋掘燒毁及後復生又不嚴督打捕坐使滋蔓以遺民患宜治其罪

上曰各官玩事遺患固有罪衍然今歲災異頗多姑從寬宥再犯不恕

明刑

〇正統八年六月己酉兵部奏浙江海寧等衛所千百户旗甲姚端等犯絞斬徒杖等罪已先勅户部右侍郎焦宏提問群京發落今蒙赦宥應當免罪

上曰此俱是積年貪暴刁潑害人者難照常例寬免仍令連妻子解京發去邊衛聽調殺賊軍旗守墩瞭望親丁餘丁發口外衛分充軍但逃處死不宥

重恩典

〇正統二年七月丁未行在僧録司番漢僧官左講經帖納室哩等十七人援文臣例請給勅命行在吏部爲之言

上曰褒奬賢勞之典豈浮屠所得干不聽

〇正統六年十月癸酉總督雲南軍務兵部尚書兼大理寺卿王驥奏按察司僉事徐觀大理府知府賈銓楚雄府知府馮郁饋運有方芻粮不乏師實賴焉乞量陞擢以示褒嘉事下吏部尚書郭璡等言宜如所請陞之

上曰觀等誠有勞効候麓川平日超擢未晚且征南將士俱未叙賞不宜先陞餽運之官惟功事集而後叙功班賞則人孰不悦服朕於觀等非有吝也蓋思此耳卿等以爲何如璡等頓首謝不及

〇正統九年十一月丙申甘肅總兵官寧遠伯任禮奏陝西署都指揮僉事張通宋忠揚斌劉英俱邊年久多效勞勤乞實授其職

上曰軍職論功受賞通等姑仍舊俟有功時議之

〇天順二年十月丁巳鴻臚寺丁憂序班袁應驥以其故父尚寶司少卿忠徹所纂相書來進且言忠徹被事

太宗皇帝請難乞賜贈官葬祭

上曰忠徹無他能第以區區相術受知

太宗皇帝得累官職其爲榮幸亦云至矣所請不允

定令

〇正統三年三月戊戌

上諭行在兵部臣曰今後該調衛官員南京及江南直隸俱調北京附近衛所北京直隸并江北直隸山東俱調山海宣府等衛所山西河南俱調大同及延安綏德等

衛所陝西調甘肅寧夏衛所浙江江西調福建廣東衛
所湖廣調貴州四川衛所福建調廣東廣東調廣西四
川調雲南雲南廣西調貴州俱往沿邊衛所著為令
○正統十三年六月丁丑石樓縣主卒有司為造墳用地
五十三畝房九間永和王美墥復請益墳外地三十畝
增造具服等房
上以山西地土窄狹豈可過用以妨民田命王府自後墳
一字王地五十畝房十五間郡王地三十畝房九間郡
王之子二十畝房三間郡主縣主地十畝房三間著為
令
○正統十四年三月丁酉禮部尚書胡濙等奏

車駕詣天壽山躬修祀事文武羣臣人等進香初在正統
十年二百八十九炷以後每年有增今歲增至三千五
百七十五炷除公侯駙馬伯文官五品以上武官四品
以上幷近侍風憲官每香三炷宜如例賞鈔一千貫其
諸司屬官及將軍旗校辦事官吏軍民人等舊無進香
例俱難給賞
上曰諸司屬官及軍民人等以香來進亦足以見其尊敬
祖宗之誠何可沮之第當例宜損於前其人錫鈔三錠著
為令
崇儒
○宣德十年四月壬戌以元學士吳澄從祀孔子廟庭先
是湖廣慈利縣儒學署教諭事舉人蔣明奏先儒有功
於道學者皆得從祀近世之儒若元翰林院學士臨川
吳澄道尊孔子學述六經著書立言師表當世其功不
下於許衡既從祀澄當如之
上命行在禮部會官議於是少傅兵部尚書兼華蓋殿大
學士楊士奇等議曰澄自十歲得朱熹所著大學讀之
即知為學之要既而潛心語孟中庸遂大肆力於諸經
十五即有志聖賢之學專務踐履以道自任其所自勵
有勤謹敬和自新自修消人欲長天理克己悔過理一
等銘其教學者有學基學統等篇深究濂洛關閩之旨
考正羣經校定易書詩春秋正儀禮小戴記大戴記及

邵雍張載之書有易書春秋禮記纂言及易纂言外翼
皆所以啓大學之堂奧開來學之聰明傳之百世而無
繫也時朝廷屢起之乃就國子監丞稍遷司業一言不
合即自解去後屢徵雖起未嘗淹留進退之際卓然君
子蓋元之正學大儒惟許衡及澄二人故卒後皆謚文
正我
國家表章四書五經及性理之學凡澄所言皆見采錄其
發明斯道之功朱熹以來莫或過之今若升澄從祀允
愜公議
上以崇儒重道正在旌異先賢命禮部即行兩京國子監
及天下府州縣儒學一體從祀永為定制

○正統八年八月壬辰復宋儒周敦頤程顥程頤司馬光
朱熹子孫先是順天府推官徐郁言諸儒俱有功聖門
後世是賴宜即與子孫俾修祠墓
上命所司訪其後至是以聞
上曰我朝崇儒重道有隆無替今去諸儒未遠苟弗即其
子孫豈稱崇重之意然恩典亦不可濫其嫡派子孫宜
免差徭

興學

○正統五年六月甲午勅諭北京國子監祭酒司業等官
貝泰等曰夫太學者國家成賢育才之地昔我
祖宗臨御教之用之咸有定規朕嗣統以來一切庶政咸

循舊章諸司亦皆修職爾北京國子監官不務敬慎廢
弛學規玩愒歲月洪武永樂中六堂諸生咸有季試考
第高下以伸勸勵今南監尚循舊規北監廢而不舉此
非師長之惰慢乎尤有甚者惟利是與有入監數月或
一二年即得撥諸司辦事者有坐監十餘年不得出身
者又與諸司交通凡辦事一人有闕即被干求者得之
借曰為勢所逼何為不執以奏師之所行如此何以表
勵學者朕惟天地之量姑曲宥不問自今宜洗心滌慮
改過自新凡監學常規不許擅越如仍聽從囑託不奏
聞者必罪不宥繼今務明聖賢之道正己以淑生徒毋
背義苟利以壞名禍己如復不悛悔將無及

褒忠節

○正統六年閏十一月己巳洪武初翰林院待制王褘奉
命使雲南招撫前元宗室梁王會有倔彊拒命者欲以威
屈褘褘慨罵曰天既絕汝元命眷我
大明混一天下汝如爝火餘燼豈能與日月爭光我奉
上命必不為汝屈遂自刎至是義烏丞劉傑上章請加贈
諡乃賜誥曰為臣奉君命出疆能毅然守節捐軀以明
君臣之大義者雖死必有旌異之榮此風化之所繫帝
王之令典也爾褘事我
太祖高皇帝於混一海宇之初以博學高文膺職近侍制
作之美有光簡冊暨奉命往諭南詔懷忠秉義不屈而

死臣節凜然光明俊偉歷年已久雖沒不亡今特贈翰
林院學士奉議大夫諡忠文服此光榮垂休無斁

旌勤勞

○正統元年五月辛未陞巡按陝西監察御史曹翼為行
在都察院右僉都御史勅之曰爾在甘肅整飭邊務愛
撫軍士不畏權勢知無不言朕甚嘉之今特陞爾為行
在都察院右僉都御史賜織金紵絲衣一襲仍命爾於
甘肅等處提調兵備比較屯種務在區畫有方人不勞
擾凡有官吏酷害軍士占種田土者依法懲治爾宜益
勵廉勤以副朕旌擢之意欽哉

嚴考察

〇宣德十年七月戊戌命直隸懷寧縣知縣宋顯復任先
是巡按監察御史張清考顯闒茸不勝任顯訴冤狀復
命巡撫侍郎等官公察其實以聞遂復顯職論清之罪
上因諭行在吏部曰考察有司本欲去貪存廉以示勸懲
一或偏徇則所枉多矣卿等宜戒之
〇正統元年五月壬辰行在都察院右都御史顧佐等奏
考得監察御史傅誠毛宗魯邵嵩王濬胡正陳懋陶鏞
俱素行不立秦黻邵宗章梁李鐺俱法律不通張璘盧
琬張慶邵新俱老疾不任事
上命素行不立者爲民法律不通者降黜老疾者致仕
〇正統十年十月戊辰吏部右侍郎趙新言近者各處巡

按御史奉勅考劾司府州縣官多有任情黜陟未加精
詳以故被黜官起送到部率訴枉抑乞令本部重加審
察其堪任用者仍前復職或量材改用果不稱者如例
黜罰庶幾枉直有辨舉錯得宜
上曰已往考黜者不問今後各處送到老疾罷軟不勝任
者吏部堂上官從公審察果應黜者如例處置間有精
力才行堪用或素有政績者具實來聞毋容輕聽妄訴
徇私廢公爾等其慎之
〇正統十一年四月丁巳吏部言本部聽選官有奏要勅
大臣與御史考察天下方面守令緣近有旨令巡按御
史及布政按察司官詢察府州縣官其布政按察司官
從御史舉劾若再遣官未免勞擾
上曰朝廷考課已有定制今後凡考滿一日令該管上司考
察實行送吏部覆考見任者令風憲等官照近例考黜
果有治行超異者具奏俟考滿時量加陞擢務要黜陟
公明人知懲勸若考察官任情好惡顛倒是非俱重罪
不貸

慎選舉

〇宣德十年十月庚申
上諭行在吏部尚書郭璡等曰方面郡守九年考滿例當
陞用者卿等與大臣會議才果優者循例陞用不然只
令復職庶庸流不得以倖進
〇正統元年十二月甲申甘肅左副總兵都督任禮等奏

臣等擬於來春合兵勦賊緣賊人巢穴無常莫知所止
訪得爲事都督劉廣久歷邊事習知虜情乞暫釋之以用
爲嚮道
上以廣縱賊出入罪當誅竟不可釋甘肅官軍豈無知虜
者令禮等別委用之
〇正統五年十月乙亥陞行在山東道等衙門監察御史
李杲爲湖廣左參政郎中龔燧爲廣東左參政主事汪
訊評事陶成推官董敬俱爲浙江按察司僉事給事
李東郎中鄭安僉事侯興治中楊衡推官王英知州蕭
奇俱爲知府從行在吏部會官舉之也先是

上慮各官所薦或有浮躁之人夤緣假託而進命吏部
覈覆務循至公至是尚書郭璡等言各官所舉如御史
蕭濟等五人不協輿論
上曰書云舉能其官惟爾之能今舉當者擢用不當者舉
主罰俸兩月以愧其心且人臣以薦賢為忠雖今有推
選不薦及薦而未當者爾即以聞不可有所觀望塞默
以孤朕求賢圖治之意

大明英宗睿皇帝寳訓卷之一

大明英宗睿皇帝寳訓卷之二

光祿大夫柱國少傅兼太子太傅禮部尚書武英殿大學士臣呂　本謹校
南京禮部祠祭清吏司郎中臣陳　梁
南京兵部職方清吏司主事臣朱　錦謹閱
南京工部虞衡清吏司郎中臣呂鳴雷

擇近侍

○正統十年九月甲戌
上諭吏部尚書王直等曰給事中以封駁糾劾為職不徒
侍從而已故居是職非得行檢莊飭才識優長儀貌豐
偉語言端正者其曷克稱今後務慎其選毋視常輕畀
則言職得人有裨於治

○正統十三年五月庚寅吏科給事中張固言六科都給
右給事中多缺員乞選各科年深者以次陞補
上諭吏部臣曰給事中乃近侍之官凡朝廷政令得失軍
民休戚百官邪慝舉得言之況都左右給事中為之領
袖非識達大體者不可畀也今固乃欲循資而用之不
亦逾乎其寢勿行

謹名分

○正統十二年正月戊寅
上謂工部臣曰官民服式洪武以來皆有定制今聞無知
之徒有故違僭用交通工匠織繡蟒龍飛魚斗牛及違
禁花樣夫禮定服式所以明尊卑別貴賤也今僭用混

渝豈復有所謂禮爾工部其通諭之此後敢有仍蹈前
非者工匠斬家口發充邊軍服用之人亦重罪不宥

正憲綱

○正統四年十月庚子勅諭行在禮部都察院曰朝廷建
風憲任之耳目綱紀之寄所以肅百僚而貞百度也憲
綱一書肇於洪武厥後官制不同所宜因時改書而中
外憲臣往往有任情增益者我
皇考宣宗章皇帝嘗勅禮部同翰林儒臣考舊文而申明
之并以
祖宗所定風憲事體著在簡冊者悉載其中永示遵守而
益之以訓戒之言凡出臣下所自增者並削去之書成

先皇帝上賓未及頒行朕嗣位之初尤以風憲為重嘗勅
有司嚴選務在得人而憲臣復以憲綱為言朕今於
先朝所考定中益以見行事宜爾禮部即用刊印頒布中
外諸司遵守爾都察院其通行各道御史及按察司官
欽遵奉行敢有故違必罪不恕欽哉

卹典

○正統二年九月戊子朔遣官諭祭莊浪陣亡官軍莊浪
之捷雖大挫賊鋒而洮州等衛官軍被傷至死者亦多
上聞之既優恤其家而猶悼念之不置故有是命

○正統六年四月辛未行在光祿寺奏
宣宗皇帝有旨都督胡榮月俸之外特給白粳米五石今
榮已歿請已之
上曰朝廷優禮國戚豈間存歿榮雖歿其妻尚在如舊給之

○正統十二年八月甲子彭城衛指揮使馬麟奏臣父招
遠伯亮病故支過祿米四百六十餘石例該追官指揮
糧米
上曰亮嘗效勞於國家身雖歿而遽追其已費之祿豈待
功臣之體其免之

○天順元年九月甲子故山東右參政劉琪妻宋氏奏
太宗靖難時琪守北平城有功乞令其孫繼宗入監讀書
上曰賞延于世此帝王仁政之一端也琪既效勞先朝而
繼宗復有志于學宜允所請但出身務在科目不許援

入監先後例以倖進取

○天順四年三月甲辰武平侯陳友奏臣次男瑄以百戶
累功陞署都指揮僉事指揮使守備涼州征勦達賊歿
於鎮番瑄無子乞以臣幼男宏優給襲兄職兵部以例
應襲正千戶
上曰瑄能效勞歿於鋒鏑其與宏指揮同知優給

○天順六年五月壬寅戶部奏恭順侯吳瑾卒其所支祿
米多二百六十石宜還官
上以瑾死于賊特優與之

嘉忠孝

○正統五年二月丙戌少師工部尚書兼謹身殿大學士

楊榮乞還鄉祭掃先塋
上諭之曰卿為國老成人不可一日去朕左右但致孝於
其先此人子不自已之心而朕素所嘉尚者勉徇所請
畢事其即還朝毋緩
○正統七年二月乙卯致書楚王季埱曰國家以孝為治
以正彝倫敦風教用固化成臻于大順叔宗室懿親克
崇孝敬比因母妃鄧氏嬰疾幾危叔呼號籲天願以身
代躬侍湯藥不解帶者幾月母妃竟愈以謂叔之孝誠
所致命有司具聞叔謙抑再三朕深嘉之仰惟
太祖高皇帝封建楚國昭王莊王世有令德宗藩之賢楚
為首稱叔自襲封恭謹茂著玆復以孝聞諒足匹休前

人儀式宗藩詩曰孝孫有慶者福之謂也又曰孝子不
匱永錫爾類繼自今益廣是心以固藩屏不惟我國家
有無疆之休叔亦有無窮之聞
○正統十年十一月乙未陝西按察司副使陳巖先奉勑
赴陝西提督水利行至臨清聞母喪遂以勑付縣官奏
繳徑回原籍守制至是通政司奏巖不面白取旨擅自
奔喪宜治罪
上曰巖誠有罪然子聞母喪情迫於內亦不得已爾觀過
知仁其宥之
○天順元年十二月戊申陝西鞏昌衛指揮使种泰聞達
賊寇莊浪等處領率其弟姪六人自備鞍馬器械從征
以雪父恥報國恩
上嘉其忠孝特允之
○天順二年十二月戊辰吏部言西河王府教授田鐸訴
其嫡母老疾生母瞽廢子喪妻病孫獨無歸乞改附近
教職以便祿養
上曰仁政必先於煢獨勸忠莫切於教孝毋以例拘即允
其請授鐸寧陽縣學教諭

封功臣

○天順元年二月己未勑廣寧伯劉安曰昔爾父江事我
皇曾祖克奮忠勇為時虎臣寔啟廣寧之封爾安事朕克
繼厥志懋厥勳昨當天步之艱朕方在夜爾守大同乃

能捐軀赴難徇義忘生入不測之虜而效救主之忠古
云疾風知勁草板蕩識誠臣爾其庶幾矣特封爾為廣
寧侯食祿一千五百石子孫世襲錫之誥券以為爾榮
爾尚益秉忠誠慎終如始欽哉

諭臣下

○正統元年正月辛巳勑諭中外文武羣臣曰仰惟
天佑下民我
祖宗隆膺景命開創國家君臨四海建制百司簡任賢良
以安黎庶以副
天心紀綱法度罔不備具朕以眇躬嗣承大統思與天下
相安於無事夙夜敬承恭惟

宗成憲是遵亦惟爾賢良是賴咨爾羣臣各敬乃職各
勤乃事政令所出必明必允以求至當耳目所寄必詳
必慎以求至公理民者以民為心徭役必均賦稅必平
不奪其時不傷其財禁遏强暴惠鮮鰥寡衣食充足禮
讓興行斯爾之稱典軍者以軍為心察其饑寒恤其勞
毋縱貪刻毋私役使使屯種必時訓練必精撫綏得
宜政守備斯爾之稱朕體
祖宗奉
天保民之心一切不急之務悉已停罷惟爾羣臣尚體朕
心保養軍民國家長享太平之福爾亦保祿位於悠久
矣如或貪官廢事縱私背公為人患害者
祖宗成憲具在爾其欽哉

○二月乙卯勅諭襲爵公侯伯曰爾等皆由祖父秉忠效
誠事我
祖宗披堅執銳冒犯矢石艱難萬狀建立功勲獲膺爵祿
以傳子孫為子孫者當思前人致之之難而勉夫保之
之道若應城伯孫傑昔在
先帝時常經任使所至之處貪淫無耻屢罹刑憲朕念厥
祖之功特垂寬恕但令於國學讀書俾之遷善改過彼
乃不知感激反懷怨恨罪何逃焉孔子曰見賢思齊見
不賢而內自省爾等其視善者以為法不善者以為戒
講究兵畧精通武藝悉從成國公提督操習不許怠惰
稍暇宜究書史講明義理而篤行之庶幾朝廷將來得
爾之用爾祖父爵祿亦永遠不墜矣豈不垂芳名於無
窮哉其勉之敬之
○正統四年正月庚子勅諭天下朝覲官曰朕承
祖宗大統體天地之心以安民為務簡任賢良裁省冗費
期與臣庶同樂太平爾等受朕委任宜體朕心砥礪廉
耻崇尚循良撫輯軍民精勤庶務用熙乃績茲者六部
都察院六科等衙門劾奏爾等徇私背公曠官怠事按
之國典悉不可容朕惟人之才智有限保全為難特寬
宥之仍令復任繼今其益勵乃操勤乃事勉圖報稱以
諧厥職其或不悛負朕任使
祖宗之法具在必不爾私

○正統五年十二月庚寅勅南京守備及五府六部等衙
門官曰朕以南京
祖宗根本重地所係甚大朝廷簡拔爾等守備及任內外
官員分理庶務宜體朕心共圖康濟比聞城外濱江水
關隄岸日久日甚神壇公館至內徒所以致此寧無其
由或時政之有缺歟抑爾等官守者之匪臧歟往者有
盜持兵連劫公販私鹽而莫之敢問者有以弭盜為名
而越境虐人者官守者不能弭盜反以虐民又違理肆
情擅作威福挾制諸司或出入多用騎從淸肅道路甚
至秉轎婦女亦叱下轎或縱客家人子弟强取商人貨

物歎壓良善軍民被害為惡如此寧不致災自今爾等
宜守法奉公圖稱厥職以弭災咎毋挾私瞞父毋詹尺
取利廢戒家人並守國法庶幾鬼神佑爾長保祿位若
不遵朕言不有陽禍必有陰譴可不慎歟可不戒歟
○正統八年九月庚辰勅諭成國公朱勇鎮遠侯顧興祖
襄成伯李隆等曰朝廷揀練軍士蓋欲習武藝養銳氣
以壯國威禦外侮今聞爾等不加撫恤往往役使營私
借人應用是豈國家養兵之意亦豈朝廷委任之意哉
今姑貸爾罪自今以往非奉詔旨一夫不許擅役爾等
其洗心改過毋蹈前非以貽後悔
○十月壬午勅諭在京文武羣臣曰朝廷建置百官分理

庶有成績今者在京內外官員有彼此交通夤緣作弊
或畏勢要或貪賄賂遇有事務私相囑託以致文武銓
選不公刑獄輕重失當軍民被其役使或放富差貧勞
役不均或輸糧草輒有那移風憲官黨比不言論罪皆
不可容今姑宥不問繼自今素守禮法者益加謹畏以
保名節其有徇私玩法者即宜修省以圖自新毋為勢
要所挾毋為賄賂所誘毋相黨比以私滅公毋事阿附
以求僥倖毋柔懦詭隨有妨正道毋苟容邪佞有曠職
掌庶幾副朕委任永保名位敢有不知改悔仍蹈前非
者必治以重罪不宥蓋天道福善禍淫國家好人為善
惡人為惡有違朕言

祖宗之法具在必不貸也
○正統十三年九月庚子
上諭禮部尚書胡濙等曰宗室國之至親近聞內外官員
有以事至王府者多方需索以致窘迫自今使臣至者
止許待以酒饌餘物一毫勿與之若有仍前需索者三
司并巡按御史體實來聞不分內外大小官員人等正
犯處死全家發戍邊方其三司御史知而容隱者治以
重罪爾即移文各衙門官員人等一體知悉
○十二月丁丑先是工部右侍郎王永和修沙灣等隄以
冬寒停工且以河決自衛輝八柳樹口請勅河南修塞
上降勅責之曰八柳樹河決不由金龍口故道東流徐州

呂梁以益運河致妨漕運患及山東特簡命爾往董其
事冀在急卹其患預定其謀躬詢其源以副朕意乃輒
以天寒罷工且不聞修築之謀及躬親相度反以築塞
之工諉之與人不知朝廷所以委任爾之所以盡職者
何在必如爾言則事曷由成且治水有術當先其源其
源既塞其患即息雖河水洶湧非常流比然昔人多有
以人力勝之者先治八柳樹口然後及沙灣則易成功
苟治其末不事其源朕知春冬水小暫能閉塞夏秋水
漲必仍決溢今正用工之時其令山東三司築沙灣爾
即往河南督同三司等官躬視措置八柳樹上流如何
修塞金龍口等處如何疏通務在河由故道不為民害

仍先以爾等經畫方畧及合用軍夫物料之數具來聞
或爾不能獨理宜添重臣亦可奏來勿蹈前非自取罪戾
○天順七年四月庚申勅鎮守廣西左小監朱祥總兵官
泰寧侯陳涇右僉都御史吳禎等曰得梧州府知府秦
棄奏流賊攻破岑溪縣及鬱林州戕殺官民剽虜財畜
已令巡按御史逮治領軍官不能防禦之罪詳其所自
蓋由爾等平昔號令不嚴所致烏得無罪今姑宥不問
勅至爾等即同心比力督調官軍剋期勦滅前賊以贖
前愆如仍玩愒罪不爾貸
○九月甲戌勅巡撫廣東右僉都御史葉盛等曰朝廷付
爾等以鎮守巡撫之任政欲其防禦賊寇撫安人民今

爾等縱賊殺掠人民攻陷城池如蹈無人之境畧不究
心不知爾等在彼何為怠慢之罪姑置不究今勅廣西
總兵等官發兵與爾會勦務在同心協謀以圖成功以
贖前罪敢有彼此觀望禍及身家慎之慎之

兵政

○正統元年九月甲午分遣監察御史軒輗等十七人清
理天下軍政賜勅諭之曰朕惟武備國之重事所以禦
外靖內保衛生民
列聖相承咸重於茲而歷歲既久弊日滋甚軍或脫籍以
為民民或誣指以為軍戶本存而謂其為絕籍本異而
強以為同變易姓名改移鄉貫貪緣作弊非止一端推

厥所由皆以軍衛有司及里老人等貪賂挾私共為欺
蔽遂致妄冒者無所控訴埋沒者無從追究軍缺其伍
民受其殃今簡任爾等分行清理其清白一心嚴加考
覈擧而正之庶幾軍伍肅清武備修擧然行事之際尤
在詳慎毋苛毋慢事乃有成住懈厥誠庶副簡用
○天順元年八月丁未
上命兵部臣曰朕念遼東至甘肅一帶邊境人民每被虜
寇侵擾不得安業雖常調腹裏官軍更番操備然不諳
邊情用之無益今思近邊人民稟氣強勁膂力過人諳
鄙利害戎虜情偽素所諳曉不分軍民舍餘人等有願
與朝廷效力者許其自報收附近邊衛所寄管令做土

兵名色賞銀一兩給與鞍馬器械秋冬操練支與口糧
春夏務農住支本戶有稅糧者免徵五石仍除二丁供
給免其雜泛差徭該管頭目務加優恤如有事故不許
勾補軍還為軍民還為民糧差照舊後有長成壯丁照
例告報有功者一體陞賞爾兵部其即出榜沿邊各處
曉諭
○天順五年十二月辛巳先是太保會昌侯孫繼宗奏勅
同兵部尚書馬昂簡閱各營官軍至是昂等奏選定五
軍三千神機等營一等頭撥官軍十一萬九百有奇二
等次撥官軍十二萬六千有奇
上曰軍既選定其令總兵等官盡心提督訓練務在武藝

精熟仍須常加撫卹所司不得虐害
恤將士
○正統三年七月甲辰巡撫大同宣府行在都察院右僉
都御史盧睿言開平衛原害米一萬一千餘石今衛徙
獨石其米宜發軍運回備用又言山西行都司及萬全
都司所屬衛所新闢地畝先已報官徵稅今年久幹旗
丁多地少者日加墾闢地存人亡者日就荒蕪宜遣官
覆視其山岡沙礫不堪耕種及荒蕪之地悉蠲其稅新
闢地者徵之
上曰邊士艱苦不可重勞害米令征哨者就食於彼新闢
之地勿徵其稅其已徵稅而地荒蕪及不堪耕者悉蠲之

○正統五年四月戊戌口外永寧開平龍門等衛所軍餘
老幼各訴饑窘總兵官譚廣以聞
上欲以邊粮賑之行在户部言邊粮僅足備用且軍餘賑
濟無例
上曰軍餘亦人耳可視其困弗救乎其發懷來衛長安嶺
赤城堡倉豆賑之
○八月己卯行在户部尚書劉中敷等奏大同宣府今歲
豐稔請以綿布折旗軍月粮兩月
上曰邊士執戟豈暇耕乎雖豐稔亦給以米
○正統六年八月丁丑
上諭行在都察院臣曰朝廷優養士卒常給之衣食及時

練習以備用奈何為將士者不存恤或役以佃牧或接
以興販或役以治私第建祠廟積歲月不得少息其緣
邊士卒艱苦尤甚每操備屯種甫暇輒令之捕野味治
薪炭虐害多端又有勾至補伍者所隸官旗盡索其所
携以致貧窘復逃此豈朝廷優養之意此豈將領為國
之忠爾都察院其榜諭中外如有仍前為害者法司執
治無赦
○正統七年十一月辛酉參贊甘肅軍務僉都御史程富
奏舊制守城軍歲給冬衣布花下屯者不給今陝西諸
衛屯軍調甘肅備禦者有司仍以常例不給布花乞照
守城例給與

上曰甘肅極邊之地備禦又役之重者有司其即給之毋吝
○正統八年十二月戊子甘肅總兵官寧遠伯任禮奏今
成造軍器物料多非地產欲遣人詣湖廣地方採取緣
往返路遠且桑竹沉重乞令經過有司應付車輛接運
庶不誤事
上曰邊軍艱辛且操備是急豈可遠敝其力桑竹果無出
產本地豈無雜木採之成造但在堅固而已
○正統九年閏七月庚子
上退朝召各營總兵官及户部臣諭之曰在京操練官軍
辛勤宜加賞勞其馬隊官軍人賜銀二兩步隊人賜銀
一兩舍人幼軍餘丁人賜銀伍錢凡賞二十二萬餘人

共銀三十餘萬兩

○十二月己未勅諭在京各營官軍大小頭目人等曰國家兵備軍馬為重曩因軍士養馬多不盡心致有傾失特命於馬坊飼養即今天氣隆寒新正在邇朕憫念軍士辛勤悉令各還原處俟來春操練時月仍入馬房點視務在馬匹肥腯軍裝齊備違者該管官皆治罪不宥

○正統十年八月戊申靖遠伯王驥奏延綏安德旱災無收乞增備禦軍士月粮本色二斗戶部以供給艱難請循舊減支

上曰兵所以衛民正宜蓄其銳氣邊地雖旱軍士月粮不可少也俱增給之

○正統十一年正月癸未河南南陽衛指揮同知邢山奏本衛及直隷寧山等衛所旗軍見調延安綏德等處守邊備冬乞照在彼隻身旗軍例關冬衣布花鈔錠庶免寒凍之苦

上諭戶部臣曰彼旗軍遠赴邊塞防秋比之原在邊者尤加艱涉勞苦況冬天同受寒冷而給賜禦寒之需豈可有異宜從山所請與之

○十一月丁亥

上諭漕運總兵及各處巡撫官曰租稅出於民而漕挽以軍其勞苦甚矣該管官司不知存問復加侵擾以致失所者衆卿等當加意撫卹暴官污吏必寘之法務俾軍民得所粮餉充足其有利可興有害可除者具實以聞

○正統十二年正月乙酉大同總兵官武進伯朱冕奏去冬奉勅揀選屯軍教習征戰今東作將興恐不能執業請蠲其屯粮專務戰守事下戶部以為且耕且守古今通制軍士宜令春屯種冬守邊

上曰既皆其力當寬其稅宜從冕請屯田别撥有功之家俾足邊餉

○正統十四年三月癸卯

上諭戶部臣曰江西浙江運餉官軍勤勞已甚明年該運粮暫令布按二司委官提督各府縣粮長及殷實大戶代運赴京仍遣廉幹郎中二員督同催運毋令遲誤

○五月辛卯河南按察司僉事徐朝宗奏直隷興州左屯等二十四衛官軍餘丁指揮使楊昇等二萬一千六百四十員各侵種屯地三千四百四十餘頃不納子粒赦後不改正俱當速問并追地利備官

上曰官軍侵地規利法本難容但犯在赦前地已改撥然皆守邊操備之人姑宥之地利免追仍令朝宗榜諭各衛有不悛者不更貸也

○天順元年七月辛卯

上諭戶部臣曰遼東抵陝西中邊官軍勞苦殊甚其遣給事中并戶部官各六人分齎白金往勞之每人賜二兩務令均一戶部臣既受命退計用白金七十萬兩有奇

○天順二年四月戊辰命發遼東廣寧官庫銀布給開元
鐵嶺汎河海州廣寧等處土兵九百九人每人銀一兩
布一疋先是
上命自遼東至甘肅邊民有精壯願出力報效者募為土
兵收附近衛所給與銀布鞍馬器械秋冬操練支與口
粮春夏務農住支免其本户五石税粮二丁雜差以供
給之至是遼東都司以所募者来報故有是命
○十二月巳巳守備遼東金吾右等衛官軍以天寒乞衣
鞋工部援例請勿與
上曰此輩備邊千里外往来艱辛其與之不為例
戒將臣

○宣德十年十一月己巳勑遼東總兵官都督同知巫凱
等曰比得太監亦失哈奏擬將原賜奴兒干物件停貯
邊庫者給賞招来夷人已從之今爾等又言亦失哈復
自備并假貸官下財帛充賞是將以有限之財供無厭
之欲殊非制馭外夷之良策也爾等但宜作士氣謹邊
防使有備無患餘事不許擅行
○正統二年六月丙寅勑寧夏總兵官右都督史昭等曰
去冬達賊匿寧夏山後草枯馬瘠正殄滅之時也屢勑
爾等及都督將貴趙安合兵勦之爾等不遵朝廷之命
欲自為功適貴進兵而爾報云賊往亦集乃去致貴趍
趄不進及瞭賊起營馳報則緩不及事矣爾等雖云領
兵追勦去賊止一二程耳乃畏縮不前使賊得遁失此
事機今賊又犯唐来渠縱横刦掠實爾等之咎欲譴之
於下可乎廷臣論爾等罪不可宥其尚洗心滌慮圖以
自贖否則以軍法處爾無赦
○八月癸未勑獨石守備署都督僉事李謙曰朕以爾逮事
老成任以邊閫爾宜敬慎以圖報國比聞爾庸懦無為
城堡不脩軍士不練往往出言詭妄沮壞邊務又擅寘
庄田私役軍餘等事甚乖禮法論罪難宥今姑容爾改
過自新爾其省之
○十二月乙亥勑遼東總兵官都督巫凱等曰得奏戰守
方畧具悉卿等盡心然還言兀良哈三衛達子并海西

野人女直来朝不從戒諭且出悖言朕以卿等握重兵
鎮邊陲於這小醜不能以禮法制之况大敵乎若然則
所畫方畧將何所施古云非言之艱而行之艱卿其勉哉
○正統五年五月丙辰降雲南總兵左都督沐昂為都督
同知勑之曰昔我
祖宗之世爾父黔寧昭靖王鎮守雲南撫綏有方蠻夷率
服邊境用寧朝廷無西南之慮爾兄繼之亦克康靖皆
爾所見知也比者思任發侵暴鄰境蓋爾素乖術循制
馭之道馴致猖獗乃數請師討之朕以爾籌之必熟慮
之必當故命充總兵統衆十萬冀能成功豈意爾怯懦
無為行師失律夫兵貴神速雲南去麓川不為甚遠乃

逗遛彌月而進致賊得以從容為計窺覘虛實延致我師敗績辱國損威非惟負朝廷委任抑有忝爾父兄今守臣交章劾爾等踩吳亮等已下法司究治第念爾父兄之故曲加寬貸降爾職仍充總兵廷臣奏章封以示爾其深省之勉以自贖毋怠

○六月癸酉勅甘肅總兵官定西伯蔣貴等曰比因虜寇侵莊浪殺傷官軍已宥爾等怠命失機之罪但今察此寇部落以問今乃以地方瞭漢寇賊譎詐為詞夫為邊將寇至不知其來寇去不知所向其所設巡哨之人何用爾為將之道何在勅至爾等宜深思改過紡勵士卒毋狃於宴安因循情慢非分之恩不可再得其深省之

○正統六年正月乙丑

上諭行在都察院右都御史陳智等曰朝廷命將出師伐叛討罪紀律嚴明愛恤軍士責在帥領遵守號令勇敢立功効歸士卒師領世享官祿士卒歲支衣粮若遇征調全給俸粮又有盤纏口粮恩養如此不過為民除害令命總兵官定西伯蔣貴等統兵前往雲南征勦蠻寇以御史二員巡視操練緣途禁約為率領者若不守法度虐軍縱暴送總兵官處區處為士卒者若不遵號令侵擾百姓輕則同管軍官量責重則枷釘送總兵處斬首號令若御史知而不舉事發一體治罪爾都察院宜以朕意榜諭官軍經過去處咸使遵守

○正統七年十一月乙丑勅鎮守遼東總兵官都督僉事曹義等曰近者兀良哈要結女直野人入境剽掠此賊多有受我官職及賞賚者朝廷以其向化聽於近邊牧獵而彼乃因以為非爾等又皆姑息偷安致彼縱橫出沒如蹈無人之境失機損威如國計何論爾等罪皆不可宥今姑曲法貸之命僉都御史王翺往取爾等死罪招狀就令提督整飭邊務此賊孤恩悖德神人共怒尚其同心協謀設法挨捕以寧邊境毋以私廢公毋以小妨大毋縱目前以貽後患期於成功以贖前罪

○丙寅有宣府左衛軍為胡寇所掠脫歸者夜越猫山寨邊墻以入永平總兵官王彧以聞因劾指揮李海等守備不嚴之罪

上命巡按御史責海死罪狀罰俸半年仍令宣府總兵鎮守官查衛所蒙蔽不奏狀以聞

○十二月戊申勅鎮守遼東總兵官都督僉事曹義等曰近聞達賊入老鴉莊鋪獲鋪兵三人尋至吳家墳擄掠爾等領兵追之弗及朕惟爾等受朕重托統兵捕賊令賊入境正當設法追勦乃縱其擄掠而去徒擁兵衆無所擒獲所謂智謀勇略果安在哉其即具實以聞

○正統八年七月己卯

上勅太子太保成國公朱勇等曰頃者京城內外所獲盜賊多各營操備官軍蓋因爾等平日撫恤不至鈐束不

嚴管軍頭目剋減軍粮科歛財物以致軍士窘迫不得
已而相繼為盜爾等之罪姑恕不問繼自今把總管隊
及該衛所頭目不許私役一軍私歛一物敢有違者重
罪不宥爾等受朕委託操練軍馬本以禦侮安民而軍
士乃為盜賊其咎安在尚宜持廉秉公正身率下必使
宿弊盡革軍政肅清庶副委任
○十二月丁酉寧夏叅將都督僉事丁信等奏十一月達
賊千騎入境擄掠隨率官軍追及於打狼山擊敗其衆
獲馬匹械器并被掠人畜
上曰賊所入係信等守地而不能奮勇擒勦一人僅得馬
匹兵部其論信等自今仍前怠誤者必罪不宥
皇明寶訓 正統十卷 二十
○戊戌勑宣府大同獨石等處總兵官永寧伯譚廣等曰
今歲瓦剌使臣行李中多有盔甲刀箭及諸違禁鐵器
詢其所以皆大同宣府一路貪利之徒私與貿易者小
人交通外夷誅之誠不為過然屢勑爾等禁約今乃復
爾號令不嚴可知其自今申明禁令徧諭多人有踵前
非者一體治罪
○丙午勑提督遼東軍務左副都御史王翺總兵官都督
僉事曹義等曰曩因遼東兵備廢弛特命爾翺往彼整
飭然近者賊屢入寇未聞制勝之策今爾等又奏其欲
謀犯邊彼有忌憚敢如是乎爾翺其申明號令激勸將
士與總兵等官夙夜盡心以圖成功遇賊近邊出兵勦
殺有功有罪國有成憲
○正統九年八月丁未勑太保成國公朱勇等并五軍三
千神機等營曰朕念軍士艱窘命有司給銀兩以優恤
之而管軍頭目却以置備軍裝為名因而掊尅之爾等
略不禁戢甚者又假公事以科歛役操軍以種田撥厥
所由罪必有在已命御史察糾亟改前非毋貽後悔
○九月辛卯定西侯蔣貴擅管左哨馬步官軍操備
上未之知也因其上言乞祿史書辦
上曰軍馬重事非奉命不得與蔣貴何所受命而管左哨
成國公朱勇何故容之論法皆在所不宥第念大臣姑
從寬宥
皇明寶訓 正統十卷 二十一
○正統十一年十一月乙酉寧夏總兵官都督同知黃真
奏寧夏地臨極邊通賊路多官軍聚之則有餘分之則
不足况今偵報賊情殆無虛日請借慶府韓府軍馬三
千益臣協助守備會左叅將丁信亦以益兵為請章下
兵部議聞
上曰寧夏官軍不為不多又增選軍餘若能訓練自足調
用而真等乃每請益兵兵部其諭真等如法訓練官軍
預為攻守方略但怠弛誤事者不宥王府軍馬不必借
○天順元年二月戊午靖遠伯兵部尚書王驥等奏自正
統十四年以後各處奏報軍功多妄冒欺隱之弊對敵
陣亡無錢者棄而不錄退縮先逃有錢者却蒙陞賞乞

行總兵等究治
上曰卿等為國忠計言實有理但事已往朕今加恩於下
皆不必查究只令其為國盡力以贖前愆收後効卿等
仍識之後有報功若更不許似此冐濫遣者重罪不宥
○丙午鎮守延綏等處右都督王禎等奏榆林莊神木等
處達賊入境都指揮李懋等不合輕進與對敵陣亡臣
等率領官軍前去策應達賊聞知遁去
上曰王禎等不用心設策備賊以致失機誤事殺傷官軍
數多旣不輸情認罪却又掩敗稱功歸罪陣亡頭目令
且不問兵部即移文令殺賊贖罪其陣亡并被傷官軍
從實查勘職役姓名以聞不許仍前隱蔽

○七月己酉勅總兵官安遠侯柳溥等曰爾等皆以才能
托以軍旅重寄今虜近邊數月不退却乃擁兵以自守
不聞有制勝出奇之策三軍之衆豈無其人皆爾等蔽
賢之過也勅至宜博求羣策廣行召募庶臻成效以副
委任之意
○天順三年五月乙未南京守備魏國公徐承宗等以南
京安插夷人數多都督僉事高通獨員管束不及同保
南京右府都督同知吳良老成練達諳曉夷語乞令良
與通同管夷人事下兵部尚書馬昂等劾其附下市恩
之罪
上曰朝廷倚任承宗等守備乃敢徇私挾同妄薦匪人論

法本當治罪姑從寬宥令各具實以聞仍令承宗等推
保請曉夷語老成謹厚者二三人奏來處分
○八月壬戌勅南京守備魏國公徐承宗曰近聞爾持廉
秉公能恤軍士固為可取但用刑太酷軍職小過輙加
箠楚以致大小軍官咸生嗟怨甚乖守備之體勅至爾
即懲改凡軍職有犯俱送理刑處依律問罪庶幾事體
得宜如蹈前非朕不爾宥爾其慎之
○十一月甲辰勅鎮守大同太監陳瑄總兵官高陽伯李
文巡撫副都御史王宇曰得奏分守西路參將盛廣報
達賊三騎入境剽掠而去官軍不能追勦且達賊止三
騎尚爾畏縮倘遇賊衆何以成功已令巡按御史究治

廣然爾等平昔不嚴號令豈得無罪念今防邊之時姑
從寬宥其即整兵嚴備毋或疎虞并勅宣府甘肅涼州
寧夏延綏等處守臣一體備禦
○天順五年六月壬申兵部言頃者宣府新河口失機其
總兵等官陳友等宜治罪
聖恩寛宥令其自陳今乃浮詞掩飾仍乞治之以戒將来
上曰友等旣自輸情姑貸之爾兵部移文友等俾自警惕
繼今宜嚴慎隄備遇警即設奇斬獲倘若再失罪分之
恩不可數得
○辛卯先是昭武伯曹欽家人曹福来亦以迎駕功冐陞
錦衣衛百户常潛貿易於外郡欽慮其生事令福来妻

詐告福来病風出外錦衣衛具奏捕獲来即送官而欽
執福来於私宅非法箠楚幾死於是六科十三道連章
劾欽專擅請付法司究治
上曰爾等所劾良是曹欽擅作威福情何可容其以彈文
示之令從實具聞既而欽上章請罪
上曰欽身居伯爵掌管軍馬凡百行事尤當加慎何乃恣
意妄為略無忌憚論法固當究治但既輸情且貸之如
再不悛必罪不宥
○天順七年十一月丙子勅鎮守宣府太監王受總兵官
海寧伯董興等曰近得大同報韃子来遣使臣千餘来
進貢然前此累勅来令少遣使臣今愈增多豈其誠心

不過假此以生釁端耳若我邊謀勇士卒精強虜雖變
詐奚能為患爾其體朕此意整搠軍馬嚴謹瞭備如其
侵犯即相機勦殺毋畏縮以貽邊患并勅遼東代州延
綏寧夏紫荊倒馬偏頭各邊關守臣亦如之

弭災

○宣德十年四月丁卯勅諭行在禮部臣曰今當穀麥長
茂之時而畿甸之間天久不雨又聞遠近間有水澇蝗
蝻深軫朕懷宜遣大臣於在京廟觀祈禱仍分遣道士
詣天下嶽鎮海瀆用祈豐稔無稽無忽
○正統六年五月壬寅行在通政司右參議王錫奏近奉
勅往北直隷捕蝗訪得保定府新城縣知縣周義等於
撫民今六年任滿例應赴部乞暫留協同捕蝗
上謂行在吏部臣曰蝗為民患宵旰在心考課固不可廢
而民事尤所當急其從錫請
○正統七年七月己未勅諭寧夏總兵官都督史昭參將
都督僉事丁信參贊軍務右僉都御史金濂曰今得爾
濂奏今年四月以来寧夏緑山地屢震五月間風雷擊
玉泉營門此皆
上天示戒爾等皆朝廷重臣受朕一方之寄災異之来必
有其由或平日貪圖無厭倚勢掊剋或顛倒是非縱惡
戕善或横役軍士營幹家私或不公不法相為黨蔽有
一於此必致下人嗟怨召此災異勅至爾等即互相勸

戒省躬改過及詢察軍民利病思為處置務使各得其
所庶幾上弭天災副朕委任仍須戒飭守邊官軍嚴切
兵備以防不虞

賞賚

○正統元年八月丙寅勅甘肅參軍務兵部侍郎柴車僉
都御史曹翼等曰向勅爾等審勘甘肅官軍殺賊功次
即加陞賞比聞爾等取勘已明因挾私憾故緩其事人
皆咨怨是違古人賞不踰時之意勅至爾等即將有功
者依例陞賞庶激士氣使効力勦賊無得稽違
○天順二年正月甲辰總兵官定遠伯石彪奏達賊從安
邊營入境搶掠臣會同彰武伯楊信等統領軍馬前去

追勦斬賊首鬼力赤平章生擒賊人脫木兒特知院男
罙阿来等四十七名獲首級五百餘顆駝馬五百七十
餘匹
上勑彪等曰爾等能奮勇殺賊忠勤可嘉其生擒達賊幷
獲到駝馬盡數解京毋將好馬抵換隱蔽達賊首級沿
邊梟掛周賢增都督同知遣官祭葬李鑑等陣亡頭目
令有司給與棺衾殯殮奪下人口給發寧家驢騾牛羊
招主識認有功官軍明白造册以俟陞賞
○五月戊子前軍都督府都督僉事顏彪奏臣奉命帥軍
士赴山西鴈門關勦賊軍士艱難乞加賞賜户部議去
年赴陝西軍士皆賞銀一兩今赴山西者道近宜減半

給之
上曰臨邊之役欲其出死力以禦寇衛民若計道里遠近
而損益之非所以齊一其心志矣其給之如例

優大臣

○正統六年七月丁酉少保兼行在工部尚書吳中奏臣
以老病醫治未愈月支俸粮定為虛費乞住支
上曰卿事先朝累有勳績迨輔朕躬又效勤勞俸粮仍舊
支用庶稱朕優待老臣之意
○正統九年二月丙戌書諭少師兵部尚書兼華蓋殿大
學士楊士奇曰卿歷事我
祖宗嘉謨嘉猷實惟簡在暨朕嗣承大統卿以老成碩德
博洽問學弼贊政化裨益尤多比卿以疾違朕左右者
數月未有勿藥之喜朕心夙夜不忘書曰天壽平格知
卿之福壽宜未艾也兹特遣內臣往視幷賜賻養之資
復惟卿之子有違家訓干于國紀重以
祖宗之法拘縶之卿其以理自處勉進藥食早圖康復用
副朕注望之意卿其體念之

懲戒

○天順三年八月甲寅忠國公石亨上章自劾云臣姪彪
不才冒干天憲實臣素不能教訓所致請幷下獄以為
衆戒
上曰彪貪圖權利欺罔朝廷若不懲戒恐後愈肆朕遵
祖宗法度不敢有私特寘於法今彪已自伏罪於卿無與

不必介意
○十一月己巳
上賜內閣臣李賢第宅賢上章懇辭
上曰卿輔導有勞特賜近居以便宣召所辭不允

恤民

○正統元年二月己未勑南京守備太監王景弘等及襄
城伯李隆參賛機務少保兼户部尚書黄福曰朕夙夜
惓惓惟體
祖宗愛恤百姓之心一切造作悉皆停罷今南京內官紛
紛來奏欲取幼小軍餘匠夫指以不敷為名其實意在
私用俱不唯理勑至爾等益宜黽省凡事俱從儉約庶

副朕愛恤百姓之心
○四月庚子命行在禮部右侍郎王士嘉行在工部右侍
郎鄭昊行在都察院右副都御史陳鎰右僉都御史綦
穆行在大理寺左少卿程富巡視順天等八府賜之勅
曰今命爾巡各郡遇有蝗蝻生發隨即催督衛所州縣
起集人夫打捕盡絕毋致滋漫以貽民患往者差官捕
蝗不體朝廷恤民之心肆行箠楚民受酷害甚於蝗災
爾宜深戒務在設法使人不勞困禾不損傷庶副朕恤
民之意欽哉
○正統二年六月庚辰直隸鳳陽淮安揚州諸府徐和滁
諸州河南開封府類奏自四月至五月陰雨連綿河淮

泛漲民居禾稼多致漂沒人不聊生勢將流徙
上令行在都察院右副都御史賈諒及工部侍郎鄭辰往
視之賜勅諭曰今民困已甚卿等速往發廩濟之撫恤
得宜毋令失所河堤衝決相機築塞毋興大役重困吾民
○正統三年四月乙卯勅諭淮安揚州二府曰去年水潦
為災清河等縣民饑特甚朝廷雖嘗賑恤比聞尚多乏
食道路朕甚憫之勅至即發官廩驗口賑給凡爾長民
之官務須盡心存問處置得所毋因循坐視縱容奸宄
作弊必公必勤庶副朕惓惓恤民之意
○正統四年三月己酉
上御正朝頒詔大赦天下詔曰朕以眇躬嗣承大統仰惟
天眷之隆
祖宗創守之艱夙夜祗慎用圖政理以寧萬邦一切不急
之務悉已停罷尚冀群生樂業上協
天心切慮民情幽隱庶職未盡得人承流宣化有所未至
深歎于懷茲當春和萬物發舒吾民或有不得其所者
悉從寬恤以遂其生爾中外臣僚其體朕心各盡乃職
務求實效勿事虛文嗚呼天地以生物為心國家以養
民為政尚圖成績用底雍熙詔告臣民想宜知悉
○己未光祿寺奏南京內府
奉先殿并諸王公主墳園歲時祭祀安王宮春日遞供犧
見貯牲牢不敷請移文附近州縣買辦

上曰奉祀牲牢誠不可缺但不必取之於民惟令南京守
備官於內府給直平買之況歲不登民亦艱食安王宮
春日用以十分為率減其三分
○九月辛亥
上諭行在戶部尚書劉中敷等曰方今期欲天下百姓安
生樂業已嘗有詔處分近聞各處增置撫民官奉公愛
民者少生事擾人者多應否存留爾與各部都察院集
議以聞中敷頓首受命翌日議奏各司府州增官一員
未為冗濫不必取回恐來年布種之時逃移人民挾官
撫恤存之為便其有地僻事簡逃戶數少之處起送赴
部餘在任者仍聽巡撫巡按等官詢察有不用心撫恤

及生事擾人者奏罷為民
上曰善
○十一月丙午
上以旱潦相仍命山海至密雲地方軍民缺食者聽採取湖山榛栗紫魚蝦之類以自給仍戒權勢毋得專利為害
○正統六年四月癸巳
上諭戶部尚書劉中敷等曰預備之政本以為民今農事方殷民多艱食爾等急移文各處其預備糧儲已完者差去官即便回京未完者亦俟秋成從容整理民願輸粮以助賑貧若不願者不許威脅更須嚴約下人無令生事違者罪之不宥

○正統七年正月癸未命吏部左侍郎魏驥通政司右參議王錫大理寺右少卿賀祖嗣光祿寺寺丞張如宗大理寺左寺丞仰瞻往南北直隸各府捕蝗賜勑諭之曰朕念蝗蝻為患特命爾等分巡各處遇有遺種及早掘致如有生發隨即撲滅爾等必廉必勤用人之際務體下情均其勞逸不許自求安閑指使官負苟且行移以應故事於民不能有濟斯爾之愆如有貪暴不律及縱容下人擾害軍民則爾罪匪輕欽哉
○二月辛亥直隸河間府滄州知州上官儀奏本州連歲水澇蝗旱相仍民食艱之惟拾草子自給去歲官貸預備倉粮乞暫停徵以俟豐稔
上曰倉廩之積本以為民歉則給之俟豐而歛當如是也即從其請
○七月丙寅鎮守陝西都督同知鄭銘等言陝西歲凶民不聊生
上命戶部遣人馳驛往報之曰貧民速發廩濟之逋負官租官物悉暫停徵戶部鹽鈔盡行蠲免鬻子女者官為贖之解驛積弊已經蠲者除其數未經蠲而久役人典守者令易他物入官輪班匠役俟秋成赴京老病者復之盜賊不戢連坐所管官司不加意撫恤者坐以法
○十月庚子江西吉袁州二府各歲旱薄收其存留粮請折納銀布事下戶部覆勘以聞

上曰政貴便民民便而用自舒宜如所請
○正統八年七月乙亥山東水利場鹽課司奏場竈戶因蝗旱災傷賦役煩重棄家逃移者甚多拋下鹽課無從徵納乞為開豁見在竈戶乞優免差徭
上謂戶部臣曰優免竈戶
祖宗令典有司奈何不行其已逃竄者逋負額課並為停徵見在者不許泛差
○八月己亥巡撫南直隸工部左侍郎周忱奏應天鎮江常州三府天旱運河天乾斷禾苗枯死巡按御史孫鼎亦請勘實賑濟
上諭戶部臣曰朕體天恤民每聞四方來奏水旱心為惻

然况南京根本之地其可忽乎今旱若是民必困矣爾
等其速議處之
○正統九年閏七月癸卯
上以風雨過多勅戶部臣曰今歳南北直隷軍民被水灾
者甚多朕甚憫之爾戶部其令所司加意存恤無重煩
擾有缺食者賑之仍蠲其租及歳辦物料
○乙巳勅雲總兵官都督沐昂等曰得奏言銀坑年遠坍
塌即令軍民缺食用人採辦有妨也守然朝廷重在恤
人利非所計頃因言者以雲南罷散處軍資民食不給
欲因山川之利以資官民之用今爾等具言地利人情
如此所得不償所費朕聞之惻然勅至即如舊停止與

民休息爾等宜提督軍衛有司用心存恤軍士撫綏夷
民遇有缺食即設法賑濟不許纖毫剝削秏害違者即
加懲治重則具實奏聞爾等欽承之
○正統十年七月甲申浙江道監察御史黃裳言浙江紹
興寧波台州三府屬縣自去冬以來瘟疫大作男婦死
者三萬肆千餘口已蒙
皇上軫念生靈特遣廷臣詣彼祈祐矣然死者所負租稅
宜爲蠲免病與饑者宜加賑濟
上謂戶部臣曰準賦斂恤饑民實乃王政之急[illegible]即遣人
馳令布按二司官如裳言行之不可徒事虛[illegible]
○乙未巡撫河南山西大理寺左少卿于謙奏[illegible]者山西

陝西人民饑窘俱往河南地方趂食訪得懷慶河南二
府倉糧見有六十餘萬石乞糶與饑民依時價收鈔觧
京庶倉無紅腐之患民無餓殍之災
上謂戶部臣曰凶年減價糶以利民此古良臣爲國救荒
之長策也今謙爲朕舉行甚可嘉尚其馳報謙如所奏
行之毋緩
○十二月丁未巡撫山東大理寺寺丞張驥言曹縣地廣
民稠難於撫治請割本縣黃河南北岸土民十七里附
籍逃民二十三里爲曹州事下吏部戶部僉議以爲宜
上曰新附籍之民生業必艱其令有司用心撫䘏禁戢里
胥毋容擾害敢有違者俱治以罪

○正統十一年五月戊子河南布政司奏彰德府林縣田
地近太行山石厚土薄山水衝決不堪耕種者一千六
十五頃夏秋二稅賠納艱難戶部覆奏請暫停徵
上曰稅本乎田田既不可耕則稅何從出若復逼責之豈
恤民之道俟更造版籍時悉與除豁
○九月丁卯戶部奏內帑各色絹布不多請出白絹一萬
疋白布四萬疋令京民染色備用
上曰民可資其力不可傷其財當用物料悉官給之
○正統十二年七月甲午山東信陽場鹽課司竈戶奏本
場竈戶逃竄八百一十餘戶遺下鹽課俱令見在人陪
納負累艱難乞賜分割

上曰竈丁既辦已課復為逃户補納其何以堪悉停之
○正統十三年九月戊戌
上諭兵部臣曰朕自即位以來惓惓以奉天安民為心累
頒詔勅省刑赦罪輕徭薄賦凡可以寬恤軍民者無所
不用其心又戒飭官吏非奉朝廷明文一夫不許濫役
一毫不容擅科期在休息天下共享太平之福比聞沙
縣人民鄧茂七等聚衆為盜所司請發大軍勦捕朕雖
遣將調兵然猶慮其出於不得已必有激變之者屢遣
御史齎勅撫諭令茂七等果有悔禍之心躬於延平城
下輸情訴冤自求生路且乞免徭役三年御史張海等
以聞朕悉從之仍勅海等明正官吏激變之罪爾兵部

可備朕言揭榜曉諭俾其知國家以至仁育萬民以大
信布天下榜文至日不分罪犯輕重但能洗心改過即
日退散者俱貸其死仍免徭役三年凡逃年遞負悉免
追徵官吏人等敢有違詔侵害之者治以重罪如向首
鼠兩端或仍前結聚或迯匿山林必撲滅不赦
○正統十四年四月壬申
上謂禮部臣曰自歲首至今雨澤愆期穀種未布麥苗就
槁民事弗遂朕用惕然其遣官告祀
天地諸神祈降甘霖以甦吾民爾禮部仍分官祭告京都
應祀神祇合用祭物及百官齋戒禁屠諸事宜悉如例
○七月壬辰巡按四川監察御史李琮奏四川人民凋弊

兩京部派買採辦物料乞暫停免及差大臣存恤撫諭
上曰民方貧困凡事宜省採買物料即停止之巡撫官不
必差
○天順元年二月戊午勅刑部侍郎周瑄曰今命爾往順
天河間二府被灾州縣賑濟饑民凡事聽爾便宜處之
待春夏之交菜麥接熟民不艱食爾可具聞候報回京
朕之念民如饑在己爾必深體此意用心賑卹務施實
惠勿事虛文如違責有所歸朕不爾宥
○五月壬申
上諭户部臣曰比聞京城貧窮無依之人行乞於市誠可
憫恤其令在京二縣各於寬閑處設養濟院一所收養

之即令暫於京倉支米擇順便寺觀内煑飯日給二餐
器皿柴薪蔬菜之屬從府縣設法措辦有疾者撥醫調
治病故者給以棺木務使鰥寡孤獨之人得霑實惠仍
令五城兵馬司從實取勘當賑濟者即令送府不得濫
冒侵欺違者罪之
○己丑山東諸郡人民饑疫已發内帑銀賑濟有司奏報
不敷命再發銀三萬兩賑濟仍命户部詢訪灾重之處
今歲粮草盡與蠲免灾輕之處亦免起運俱存附近官
倉停止各府冬季採柴夫以蘇民困
○天順四年八月戊午
上諭户部臣曰今四方奏報水旱民多困苦朕甚憫焉卿

等其速移文巡撫巡按官覆視其災傷甚者租税悉除
稍輕者量蠲之民不能自給者發廩賑濟務俾得所
○天順五年六月辛卯
上以人民被災猶未蘇息而又調兵征西乃布寬恤之典
凡花木鳥獸粟版之類及追馬清匠刷卷等事悉皆停
止歇採柴一年省銀三十萬兩
○七月丁巳巡按河南監察御史陳璧等奏久雨河溢水
入汴梁城官舍民居漂沒過半公帑私積蕩然一空周
府宮眷并臣等各乘舟筏避于城外高處軍民死者甚衆
上惻然不寧亟命工部户侍郎薛遠往視勑之曰黄河衝
決爲患非小卿須多方設法消除此患築塞河隄務令

堅完仍巡視下流開通疏濬以洩城中積水尤先撫䘏
被災之家有缺食者於附近官廩出粟給之或勸諭富
家賑貸被災田畝蠲其租税官舍民居以次修理須求
患止息事安民安然後回京
惜民力
○正統六年十二月辛丑刑科給事中劉孚言國子監爲
教育天下英材之地近年殿宇雖嘗完美而堂舍尚皆
未備乞新其制
上謂侍臣曰孚言固是第宮殿落成已詔恤人力而復役
之何以示天下況今歲饑其俟豐稔時爲之
○戊午先是宜城王貴爚奏府居朽敝請工科修造
上以民艱不許令王自造至是復以祿薄工乏爲言
上曰百姓朝廷赤子饑寒之際復役其力王忍爲耶王其
令府中軍校以漸修之
○正統七年十月乙未書復襄王瞻善曰承諭欲營朝堂
及繕治居室但湖襄之間民敝已久今年以旱蝗來告
者相繼以故朝廷凡事省約未嘗輕勞一夫輕歛一物
叔素仁厚亦宜體念人情如房屋可居宜且停息如必
須繕理亦當酌量府中人力隨宜修治
○正統八年四月甲寅先是光祿少卿王賢及淮安府知
府彭遠皆請修淮安西湖挽舟提事下漕運總兵官武
興等請令旁近府州衛及湖廣江西出物料以給用

上許之至是泰州判官王思旻奏是役之興計其所費物
直白金不下萬萬餘兩比者旱澇不收人民饑窘財何
由出臣見朝廷建三殿二宮及文武公署不役天下一
夫今西湖隄無大關涉縱不修治不過挽舟遲緩而已
奈何以此困民請罷各處徵需事下工部言徵需不可
罷第可少減
上曰方今軍民艱難其毋樓之隄損壞者總兵官量度修
治物料已徵在官者令漕舟載至淮安未徵者已之敢
侵狀作奸必罪不宥
○正統十一年四月乙巳南京工部奏濬金水河及修午
門前東西兩廊并軌城外周圍直房其所缺材欲於四

川湖廣浙江等處市買
上曰方今民皆艱窘其缺材不必遠市姑俟四方應輸者
至及抽分司貯積既多然後修理
○正統十三年十一月丁未先是山東右叅議黎璉言山
東河南直抵江南地方軍衛有司多無城池縱有者亦
皆頹塞
聖明之世固無外虞然萬一有警何以保障乞勑該部通
諭所司時加修築
上從之至是山東饑請暫止其工
上謂工部曰山東未脱水患又遭歲饑人力豈堪即其諭
有司果臨邊要衝城池酌量修理否則皆罷之俟年豐

人和之日以聞
○天順二年二月癸巳工部奏修造寧王府宗廟承運殿
及諸屋宇共三百八十四間
上曰江西軍民艱難今有司陸續起造無促迫害事
○丙申初工部請造珉王府祭器樂器共二千五百七十
餘事雜料數萬
上曰百姓艱難令姑已之俟年豐造辦
○天順四年五月己亥先是蘇杭等處督造上用段疋七
千已完至是太監阮忍復奏遣內使常肖如上年事例
督造
上曰蘇杭等處高手人匠不多絲料有限况人民艱窘其
罷
○天順六年十月壬戌光祿寺以供用龍鳳花素甆器萬
餘事皆揭敝請勑工部移文有司成造
上曰成造已多何忍重勞民力其姑已之
恤物
○正統六年八月辛卯鎮守宣府右叅將都督僉事楊洪
奏官軍征戰走傷馬九十餘匹皆不堪騎操宜送萬全
都司作菜馬供給使客
上曰征戰走傷係有功馬匹若一槩宰殺於心何忍兵部
其移文總兵鎮守等官視驗有功者給與守城官軍收
養候倒死之日埋瘞

○正統十三年六月丙子巡按河南監察御史奏開封府
及汝陽縣蝗有禿鶖萬餘下食之蝗因盡絕禾稼無損
秋成可期
上曰禽鳥能除民害即禁民勿使捕之
任老成
○宣德十年正月辛丑勑户部尚書黄福曰朕嗣承
大位深惟南京根本重地守備必須嚴固卿歷事
祖宗四十餘年老成忠直厥績茂著今特命卿叅贊襄城
伯李隆機務撫綏兵民訓練軍馬凡百庶務同隆及太
監王景弘等計議而行卿其益竭乃誠益勵乃志以副
朕倚毗之重欽哉

○正統九年七月丁卯少保禮部尚書兼武英殿大學士
楊溥言臣歷事
列聖叨居顯秩今年踰七十筋力衰耗雖欲勉圖報稱而
力不逮伏乞允臣休致俾得全始終之節
上曰卿輔相老成朕所倚毗而優禮者其視事如故毋更
求去
○九月庚辰命南京國子監祭酒陳敬宗復任敬宗九年
秩滿至京以衰邁請休致吏部覆奏
上曰敬宗學行老成正宜模範後學未可以去其令復職
專委任
○正統十一年三月壬申浙江布政司右叅議吳昇言福

建盜礦諸賊出沒於浙江江西廣東諸境東捕則西遁
南搜則北竄若合而為一其患不小況三司官僚意見
各殊爲謀非己出輒多方沮格遂成姑息致賊勢滋蔓
乞斷自
宸衷命有識重臣付以閫外之寄嚴立法制必除兇惡章
下都察院奏宜從昇言
上命御史柳華往督福建浙江江西三司調兵勦之但推
姦縱賊必罪無赦
○天順元年二月丙辰戶部奏舊例漕運有總兵叅將二
員兼理後因無叅將添設差僉都御史一員今復召回
宜仍添叅將督運為便

上曰官何必備永樂間惟總兵一員僨運亦不悞事今只
令徐恭管理但遲悞即罪之
省差遣
○正統四年二月丁卯行在戶部奏山東湖廣并直隸淮
安等府俱差侍郎巡撫總督稅粮近以事去乞仍命侍
郎巡撫
上曰巡撫為民而設苟非其人適以擾之今朝廷既無科
差採辦之事稅粮自有措置官員不必侍郎巡撫
○正統十一年三月乙酉巡按直隸監察御史李奎奏直
隸永平府灤州等處去歲旱澇相繼秋成薄收即今告
饑者衆乞差巡撫官措置粮儲以備賑濟其浙江江西

湖廣無巡撫官處亦乞差官巡撫
上曰曩因朝廷無事罷各處巡撫官今若復添設未免多
事擾民不必行
○天順六年四月甲戌兵部言福建北直隸貴州廣西廣
東河南清軍御史顧儼等以三年例來京欲令各官仍
前清理
上曰兩廣師旅方殷御史不必去只令有司清理貴州軍
數甚少令雲南清軍御史兼之
重守令
○正統六年五月庚戌浙江杭州府知府陳復持已廉靜
爲政寬平使民信服以母喪去職耆老千餘人詣乞留

之其巡按監察御史及布政按察二司亦連章奏請
上問行在吏部尚書郭璡曰復為民牧果何如璡曰浙東
西未有過之者
上曰如此誠循吏也其令起復以康吾民
○正統七年二月丙辰巡按廣東監察御史張善言為治
莫急於安民安民莫切於守令守令得人則郡邑之民
安而天下治矣
皇上嗣登大寶以來急治求賢尤重守令之選令廷臣公
公舉郡邑往往得人今又罷薦舉縣令之制專委吏部
銓除故縣令舉職者少繼自今縣令有缺仍從六部都
察院通政司大理寺六科十三道及布政按察司巡按

御史提調學校僉事薦舉銓補其授職之後有貪墨不
律者連坐舉主如此則進賢之路廣濫舉之弊絕而長
治久安之道得矣
上覽奏召吏部臣諭之曰比因各官舉保知縣徇私者多
故專委爾吏部行之今不必紛更要在簡擇之精耳見
在任者移文按察司巡按御史嚴加體察有貪刻害民
者逮治之闒茸無為者具以聞朕自裁處
○正統八年六月甲申朔勅雲南大理府知府劉烈曰國
家惠養斯民慎選郡守無間遐邇况大理為雲南鉅郡
尤在得人今以爾廉平公正命長郡治爾宜體朝廷簡
拔之意益勵乃操益勤乃事表率官屬宣布德澤愛卹

吾民審度人情因俗為治利所當興弊所當革盡心盡
力必使一郡之民衣食充足禮教興行斯爾之稱所屬
官員果有貪淫不法蠹政害民情狀昭著者五品以上
具實奏聞其餘爾即提下差人解京其有罷軟老疾不
勝任者亦開具奏來察佐官及所在衛所官或倚恃豪
強非分害民者明指實跡奏聞一應公差之人但有生
事需索為民患者即舉問如例爾以風憲官陞任郡守
須寬猛得宜以安民為本毋依勢作威毋姑息廢法毋
為權勢所脅毋為姦頑所欺庶興政舉民安用稱任使
欽哉
○正統九年七月戊午巡按監察御史孫毓奏臨海等縣

民蔡順等千六百餘人訴稱掌黃岩縣事台州府通判
周旭鑑嚴明勤慎能鋤強植弱民安盜息鄰邑軍民亦
咸愛慕乞陞補知府吏部言於例難從
上曰知府會舉政欲得人今旭鑑能息盜安民雖鄰邑軍
民亦愛慕之非得人而何其陞為知府毋以例拘
○閏七月甲辰直隸河間府同知賓謨廉能公正撫字有
方民素愛之至是知府缺員所屬州縣連章奏保謨堪
陞任者民黃仲禮等又具績狀伏闕以聞
上諭吏部臣曰有惠政者必得民心今一郡民心既不釋
謨非有惠政何以得此其即陞為知府以慰民望
大明英宗睿皇帝寶訓卷之二

大明英宗睿皇帝寶訓卷之三

光祿大夫柱國少傅兼太子太傅禮部尚書武英殿大學士臣呂本謹校
南京禮部祠祭清吏司郎中臣陳治本
南京兵部職方清吏司主事臣朱錦謹閱
南京工部營繕清吏司郎中臣呂鳳當

育人才

○正統十二年二月甲寅
上諭禮部尚書胡濙等曰朝廷人材須要作養方獲實用
今命翰林院侍講等官杜寧裴綸劉儼商輅江淵陳文
楊鼎呂原劉俊王玉每日俱在東閣進學作文仍令學
士曹鼐陳循馬愉嚴督考試務期成效凡會講時輪流
經筵侍班治事

○天順元年十二月癸巳初國子監官生例在監十年然
後許令歷事出身及是兵部奏請選監生能書者不限
年月深淺送部寫本日滿選用於是祭酒陳詢言官生
在監者多善書乞通選之
上曰官生數多年幼必須作養而成今遽令出身非所以
成之也不聽

惜才

○宣德十年十一月庚寅擢儒士盧忠為直隸太平府儒
學訓導初忠以經明行修屬薦吏部驗忠軍籍無人補
伍具以聞
上命試其才學可取曰與其戎伍得人何如學校得師故
有是命

訓外戚

○正統九年閏七月丁亥命彭城伯張瑾惠安伯張琮均
分家產瑾琮俱彭城侯夫人童氏曾孫童氏乃
誠孝昭皇后母也初瑾祖昶襲彭城伯琮祖昇為都督
昭皇后以昇祿薄家產令與之多後昇封惠安伯兄弟與
卒瑾琮襲之琮仍求多分
上謂琮曰昔爾祖祿薄故多與之今爾兄弟俸祿相等產
當均分琮頓首服
○正統十二年二月壬寅勅諭府軍前衛指揮孫繼宗及

弟紹宗等曰爾等皆朕外親爰自
先朝以來洊膺顯爵正當飭身慎行表勵宗族用保終譽
邇者爾家人孫奉祖父子屢恃恩玩法恣肆凶暴毆人
至死法司鞫問明白請寘以重法朕念
聖母皇太后在上特推恩屈法寬貸姑令從戍邊衛俾其
追悔自新用蓋前罪朕嘗觀前代外戚族屬子弟憑藉
聲勢肆為暴橫卒致禍敗歷歷可鑒況我
祖宗法度嚴明善者必褒惡者必罰尤非前代可比爾等
自今宜洗心改慮務守禮分誡約族屬毋仍縱肆庶幾
永保爵祿副朕親親之意

振風紀

○宣德十年五月癸酉勅諭行在都察院及各處按察司曰朝廷設風憲所以重耳目之寄嚴綱紀之任凡政事得失軍民休戚皆所當言糾舉邪惡伸理冤抑皆所當務比之庶官所係甚重近年以來未盡得之或道理不明操行不立或法律不通行移不諳或逞小才以張威福或搜細過以陷善良甚至假其權位貪圖賄賂以致是非倒置冤抑無伸而風紀之道遂至廢弛自今監察御史有贓濫及失職者令都御史及各道御史糾舉黜退按察司官有贓濫及不稱職者令按察使及其同僚糾舉黜退仍令吏部今後初仕者不許銓除風憲凡監察御史有闕令都察院堂上及各道官舉保務要聞其實行以聞吏部當審察不謬然後奏除其後有犯贓濫及不稱職舉者同罪爾等其欽承毋忽

○正統五年十一月壬寅

上非論行在吏部尚書郭璡等曰朕聞南京刑獄不清紀綱不振豈與職臣僚偷惰致然耶爾吏部會群臣推舉以聞於是璡等言刑部尚書施禮都察院右副都御史朱與言俱老成若得有風裁者恭佐之庶能振舉百度推刑部右侍郎吾紳踈於法律宜調用

上然其言遂調紳於禮部行在都察院右僉都御史張純於都察院陞吏科都給事中鄭泰為刑部右侍郎因諭純曰南京國家根本重地今命爾往當恪恭乃職申明

[illegible]方命廢事邦憲具在必不爾宥

○正統七年十一月甲申勅諭三法司錦衣衛曰朝廷以紀綱為首御史職紀綱之任不可不慎擇也如監察御史時紀因差往陝西枉道回家及與長垣縣縣丞蕭節之妻緣交結挾勢娶民間女子為妾皆違禮法有玷風紀已付法司問罪自今爾等差官出外必精選知禮義廉耻明達大體無貪污淫穢之行然後遣之仍嚴加戒飭庶紀綱以正不辱朝廷之使命如所遣及在任敢有不遵戒飭違禮犯法者爾堂上官即具實舉奏以憑降黜若堂上徇情黨比以致賢否混淆曠職廢事并罪不宥

○正統十二年六月乙亥

上諭吏部臣曰御史朝廷耳目之官所以糾正群工肅清百度責任匪輕近聞有以爽人任是職者甚非遴選風紀之意自今毋得濫授有乖治體

保全舊臣

○天順元年正月辛卯吏部尚書王直陳疏乞致仕從之賜之勅曰卿以賢科高第發身我

皇曾祖考以至于朕踰五十年歷官翰苑佐典秩宗遂為冢宰宅心允臧處事惟慎雖經變故無改厥常忠清之操簡于朕懷蓋有素矣茲朕復正大位如卿老成方在倚毗而卿以衰病固辭弗已惟洗替臣求舊之義曷能

於而士大夫甘退之志不可拂是矜朕衷勉從卿請特
賜白金楮幣金織襲衣仍給驛舟送卿還鄉卿其體朕
至意頤養天和優游田里用享清平之福以臻遐永之
齡
○二月庚子工部尚書謹身殿大學士兼東閣大學士高
穀陳疏懇乞致仕從之賜之勅曰卿以智識文學軌經
事朕恭慎小心積有歲年今朕復正大位圖任經筵大
臣以緝熙聖學以寅亮天工而卿以老疾懇乞休致切
惟功成身退乃天之道故特賜允以遂卿情并賜白金
楮幣金織襲衣給驛舟以還鄉卿其承之

飭邊務

○正統元年八月甲戌勅都督蔣貴曰今命爾率領京兵
二千五百并往調遣閱甘肅精銳戰士五千去勦逆賊
爾宜嚴肅軍令違者以軍法從事又勅副總兵趙安領
洮岷等衛銳兵五千亦於緣邊哨捕仍令與爾商確或
分或合務相應援其尚并力協心用勤此寇
○十二月癸酉勅甘肅右副總兵都督同知趙安等曰守
備莊浪都指揮僉事魏榮奏欲將甘肅調來官軍摘三
千人及本衛調去上達官軍於莊浪哨守朕以防邊之
道須主將運籌如何爾徒擁兵衆亦奚以為近聞卿等
駐兵涼州去莊浪甚遠其與榮議之或益兵或仍舊準
卿為聽期於事集人安而已卿言欲將洮岷等六衛返
剩步兵存留涼州操守已勅都督任禮等如卿所言卿
其知之
○正統二年五月庚寅命行在兵部尚書王驥往理甘肅
邊務先是陝西都指揮劉永言甘肅兵冗餉匱詔下廷
臣議僉曰為今之計在簡精銳汰冗懦嚴訓練明號令
公賞罰廣屯田謹斥堠且耕且守以養威蓄銳宜令總
兵官計之
上以此事非大臣不足與計乃命驥往至是賜之勅曰邊
務國家大事而甘肅尤為要衝比者將非其人兵備廢
弛今特命卿往同總兵鎮守官會議戰守方略務一一
區畫允當聽卿便宜施行仍具奏聞卿國家大臣臨大

事其體朕心夙夜惓惓以副倚任之重
○六月壬戌勅行在刑部尚書魏源曰得奏令署都督僉
事李謙往獨石提督守備與遊擊將軍楊洪協和行事
具見爾之用心朕豈不欲爾日侍左右以匡政務第因
邊將恣肆非為特命爾巡視其任甚重爾尚深體朕心
凡事從長處置俾將士悅服邊方寧靜庶副委任
○八月戊寅與慶王栴書曰兹者甘肅總兵等官奏缺馬
騎操聞府中多馬可選取二三千或四五千交付總兵
等官給軍騎操即遣人齎價奉酬庶幾禦寇有備邊境
獲安足見王助國之意
○十月壬午勅宣府總兵官都督譚廣等曰比聞虜剌脫

嘶聚兵飲馬河又遣人交通兀良哈女直部今雖遣使來庭然虜情譎詐終不可測萬一猝來犯邊入境不知卿等所持以待之者何策所用以禦之者何人以戰以守必有成筭一一條陳告朕庶見卿等方畧

○十二月乙亥勑大同總兵官都督陳懷等曰鎮守延綏都指揮同知王禎械所俘賊徒朶羅歹等三人至京言兀良哈朶顏福餘等部落約四五百騎先屯東勝地方恐大同軍馬截殺欲引還及獲我邊軍詢知總兵官皆畏懦無為乃敢長驅而西既而禎入報賊復寇榆林庄及桃園墩被官軍追殺遁去朕慮此賊弗逞於西必窺伺於東卿其嚴督哨備多方勦除若擁兵坐視而不能

皇明寶訓　正統三卷　七

為邊境有無惜如賊所謂畏懦無為者矣卿尚勉之苟立懋功不吝厚賞

○正統四年六月乙酉勑總兵官都督同知王彧曰近聞兀良哈泰寧朶顏福餘三衛與瓦剌脫歡等交通屢遣使臣朝貢實欲覘我虛實茲已遣勑諭彼凡遇時節慶賀許遣頭目三五員或有警急雖非時節亦許遣一二人來奏報其餘貢獻悉令罷免今錄三衛大頭目職名示爾此後使臣非經大頭目差遣者悉聽勑回尤宜謹飭邊防以副委任之意

○九月丙午勑雲南總兵等官都督沐昂等曰麓川反寇恃其地險山峻狙詐百端切不可以為易圖而輕視之

務在同心協慮博采群策毋以人廢言毋以己妨衆務於成功以副委任

○正統五年十二月庚寅勑緣邊諸將曰今西北邊境雖頗寧靜然禦寇之道恃我有備以遏其侵犯不可謂無寇而忽其守備冬末春初正虜出没之時其各練兵秣馬以備不虞嚴督城堡墩臺謹慎瞭哨來則勦殺去則窮追庶幾不為所誘

○正統六年十一月己酉勑各邊總兵等官曰曩比得降虜言北虜計議待我使臣回日即攜其家屬於堆塔出晃忽兒槐地面潜住分兵兩路入寇脫脫卜花王率兀良哈東侵也先率哈密知院西入卿等宜戒飭將吏練

皇明寶訓　正統三卷　八

軍馬繕營壘多遣間諜以覘之堅壁清野以待之使其進不能戰退無所掠卿等其慎之

○正統十二年十月辛酉勑提督遼東軍務右都御史王翺等曰瓦剌也先以追捕仇人為名吞噬諸部往者既自北而西又自西而東今又東極海濱以侵女直女直自開國以來聽命中國一旦服屬也先是撤我邊海藩籬唇亡齒寒不可不慮也已勑女直衛分俾知隄備卿等亦宜嚴兵為備毋恃其不來恃吾有以待之來毋恃其不攻恃吾有所不可攻不來不攻尚須有待况其必來必攻者乎卿等其慎之

○十二月甲申甘肅總兵官寧遠伯任禮等奏比得哈密

使臣報瓦剌也先所部屯伯塔山猛哥不花子等乘其
出率衆襲之悉俘其人畜來還
上曰此輩互相殺掠也先既失志必欲報復其令甘肅延
綏總兵鎮守官嚴飭兵備晝夜防愼毋致踈虞
○天順七年九月癸酉勅松潘副總兵官署都督僉事盧
能曰近聞爾等親督官軍分為六路深入賊巢殺獲賊
衆足見克稱委任賊平之後如遇四川地方有警不妨
邊備即偕都御史陳泰往來撫捕爾其益自勉勵用圖
成功
理粮儲
○正統元年二月庚子勅太監李得令命爾與通政使李

暹提督在京太倉并象馬牛羊等房倉場及延視通州
直抵臨清徐州淮安等處一應倉粮爾宜用心革獘毋
令隱漏及下人生事虐害納户務在事妥人安庶副朕
之委任
○四月戊午勅行在都察院右僉都御史李儀令命爾巡
撫宣府大同提督屯種及各倉場粮草及沮撓屯種等
項者具實奏聞務俾粮廩充實軍不失所爾尤須公而
廉絜勤謹詳明毋暴毋刻庶副委任之重苟或不謹罰
及爾身悔將無及欽哉
○正統十一年六月壬寅户部右侍郎焦宏奏命驗視河
南陝西直抵甘肅一帶邊粮具各倉庫儲積之數以聞
上諭户部臣曰邊儲粮少之處即撥運備用庫金銀糴買
腹裡粮多之處令所司挨陳支給優養軍民設法區畫
無致腐爛
○正統十四年二月己巳命户部右侍郎儲懋往福建理
軍餉賜之勅曰比命將臣統率大軍往福建征勦叛寇
慮延平建寧駐兵之處粮食不敷今特命爾前去會同
三司查勘見存粮米有粮之家勸借設法轉運供給軍
食仍查各處歷年收貯餘財悉依時價買米供給其官
民人等有願出米三五百石以上助官者即具奏旌異
或有見問囚徒除真犯人命強盗外其餘願出米贖罪
者聽爾悉具數奏來量與免罪凡事在激勸有方然後

人心樂從爾其欽承之
○天順六年十月丁亥内閣臣言運船凍阻必誤下年粮
運宜即差官催趲除凍前到通州外其餘可到天津者
可到德州者俱就彼收貯以待下年帶運如此則船無
凍阻粮無虧欠
上然之命户部侍郎楊鼎等往理其事
重邊儲
○正統元年四月乙巳勅叅賛軍務兵部左侍郎柴車等
曰今達賊屢犯邊疆急用粮餉輸運艱難必須設法以
為經久之計比聞甘肅等處鎮守官占種田地侵奪水
利不納税粮軍士受害不可勝言勅諭爾等公同勘理

除量存與原種之人耕種足用外其餘俱撥與屯軍耕種辦納子粒不許徇私廢公自取罪愆

○正統四年二月庚戌勑豐城侯李賢鎮遠侯顧興祖兵部左侍郎鄭辰都察院右僉都御史丁璿曰今命户部於通州官廒支領粮料二百萬石分貯宣府大同以實邊儲特命爾等往來提督仍令宣府大同總兵鎮守官量遣見操及屯守官軍揍運在京官軍自通州抵懷來宣府官軍自懷來抵萬全大同官軍自萬全抵大同俟大同既足始及宣府其攢運如前爾等務在撫恤軍士區畫得宜俾人不知勞而事易集庶副朕之委任

○七月丁未行在户部奏總理永平山海等處粮儲行在通政司右恭議張隆係增置官今奉詔書當裁省遣行在吏部改用

上曰邊儲係軍國重務不可無專職總理俾隆仍莅其事其陝西山東河南山西四川湖廣沿邊及北直隸府州縣增置布政司恭政按察司副使僉事監督催收粮儲兼撫民者一體存留

○正統六年二月甲戌勑户部左侍郎徐晞曰茲命總兵官定西伯蔣貴總督軍務兵部尚書王驥等統率大軍往征麓川叛寇思任發已令總兵官都督沐昂鎮守地方兼督粮餉特命爾於南京湖廣四川貴州直抵雲南大軍經歷之地緣途整備芻粮以俟支用進兵之日仍

與僉都御史丁璿分督轉運朕以爾庶能勤慎故茲委任爾其夙夜盡心從長區畫務在人不知勞而粮餉給足欽哉

○正統十三年正月庚子勑通政司右恭議鄒來學曰畧聞薊州林南等倉山海等衛所永平等府州縣喜峰等關口收支粮草作弊侵欺者多屯田亦被豪勢侵占數隱有名無實遵化薊州鄢山之地產有榛實豪勢者亦據其利今特命爾往莅其地嚴加提督如有奸頑之徒怙終不改者拘問懲治爾宜廉潔公勤凡事從宜區畫務使兵民利便軍餉充盈庶副委託之重

○四月戊午命户部右侍郎焦宏督運軍餉賜勑諭之曰大軍征勦叛寇宜運積粮料以聽支用今命爾往雲南同總兵并三司官會議合用粮餉從宜區畫仍委廉幹官督運毋致誤事凡僉運軍民土人尤須善加撫恤不許管運頭目人等纖毫侵害致人嗟怨爾須廉慎公勤務俾粮道不絕事妥人安斯副重託欽哉

○正統十四年五月丁未遣禮部右侍郎王一寧往湖廣督運粮儲賜勑諭之曰比因貴州等處苗賊生發屢調官軍追勦近貴州布政司奏見收粮儲供給不敷請於湖廣運五萬石接濟今特命爾前去湖廣督令三司委官僱運仍先查附近府衛實在粮數或有不敷於官府支價糴買運去尤須嚴禁該管運粮官員撫恤人夫不

許剝削苦害違者逮問懲治其有不服差遣耽悞軍機
者即以軍法處治爾受朕簡命必夙夜經畫使人樂於
從事軍食不乏朕惟爾嘉爾其欽承之
○天順五年六月壬午勅通政司左叅議尹旻曰今因虜
寇侵犯陝西邊境遣將調兵往彼征勦然軍旅之行糧
餉為急必督運得人事乃有濟今特命爾前去提督都
布按三司及戶部委官先查軍行之處附近各府州縣
衛所皆在糧儲草束會計起運軍前供給或有不敷必
須設法措置合用官軍防護者須與總督總兵官計議
差撥毋致疎虞爾須戒諭所在官司撫恤軍夫挨次催
運不許作弊擾人敢有不服差遣因而妨廢糧運耽誤

軍機者俱以軍法處治爾受朝廷簡命務盡心經畫使
軍餉不乏斯稱委任若處置乖方責有所歸爾其勉之
慎之

屯田

○正統元年九月戊戌勅南京守備襄城伯李隆叅贊機
務少保兼戶部尚書黃福曰今命巡撫侍郎周忱兼提
督南京各衛所屯田爾等就與之一同提督比較務要
正餘未及數就作官軍月糧支用不數之數會計定撥
須用處置公平俾耕種以時毋致下人托此生事擾
爾等其欽承朕命毋怠
○正統六年三月戊戌先是

上諭大同宣府總兵官朱冕譚廣等曰大同宣府歲用芻
糧而屯田所入不及十一餘皆仰給於民今邊境寧謐
軍士優閑宜廣屯田以紓民力至是二邊奏增屯田旗
軍六千七百餘人歲增子粒四萬二千有奇省歲費二
十萬有奇
上聞而喜之
○正統十一年十一月庚辰陞雲南都司署都指揮僉事
·司韶專掌屯種賜勅諭之曰今命爾提督各衛官軍餘
丁屯種量其所收多寡徵納子粒其前官處置已當者
不許紛更有廢弛不便於軍民者須與總兵等官從宜
處置或有官豪之家占據屯田及私役軍餘沮壞屯種

者依法究問事重者奏聞區處爾受朝廷簡任須持廉
秉公愛恤軍士務使屯種有法倉廩充實斯爾之能如
爾不稱治罪不宥爾其欽承之

順民情

○正統八年八月丙申陞山西平陽府蒲州判官張鼐為
本州知州時知州缺員巡按御史布按二司為民奏保
鼐守法愛民宜陞用吏部言鼐等難允
上曰能得民心即良有司正當旌擢以為民牧者勸何鼐
等之有其從之
○正統九年四月乙酉直隸河間府交河縣耆民劉中等
伏闕奏保典史楊貴燕正勤能堪任知縣章下吏部尚

書王直等言貴以吏發身難勝民社之寄
上曰既有民人奏保宜順其情若拘以類則用人之路狹
矣成湯立賢無方所以治化隆盛卿等宜悉朕意
○六月壬寅山東濟南府歷城縣耆民張延齡等六十人
伏闕言縣丞熊觀持身廉謹政尚寬平吏民悅服今知
縣缺員乞擢觀補之事下吏部執以例不當從
上曰有司賢否觀民心向背可知民於令之去不加之意
而於丞拳拳保留如此人心好惡之天可以驗矣其從
之

察下情

○正統元年十一月丁未行在兵部右侍郎徐晞劾奏總

兵官都督蔣貴都指揮魏榮失機誤事俱宜究治
上曰貴受命甘州選兵莊浪有警彼何能及榮論罪難容
但以初犯姑宥之然莊浪密通涼州正䏔及都督李安
所隸今乃歸咎他人以飾已罪令具實以聞
○正統三年四月丁丑行在刑部尚書魏源等以兀剌達
使臣貢馬援遼東開原例以六事聞曰置馬市迓貢馬
輸供具嚴禁約擇通事設牙行
上曰馬市勞軍民不必置待遠人宜從厚貢馬不必迓供
具取給公帑錢勿擾吾民餘悉如議
○天順二年九月丙申鴻臚寺序班胡瑛奏右少卿楊宣
坐聽

聖諭且及宣親故以罪被遣至寺者為擇其械飲食之都
察院請收宣與理
上曰此瑛誣陷宣也不必收問其調瑛于外

謹出納

、宣德十年正月己亥
上諭內臣曰錢粮出納俱用清切兩等各監局官即將遞
年收受用度及見儲者具數以聞敢有纖毫隱瞞遺漏
必罪不貸

節財用

○宣德十年二月戊辰
上初即位有勑凡事皆從減省行在禮部尚書胡濙等議

欽天監曆日五十萬九千七百餘本省為十一萬九千
五百餘本太醫院藥材九萬八千一百餘斤省為五萬
五千四百餘斤光祿寺糖蜜菓品減舊數三之二漆造
醃臘雞鵞猪羊二萬七千隻子鵞二千隻酥油四千斤
盡行革罷廚役六千四百餘名揀選老疾者悉皆放回
湖廣江西等處薦新芽茶七千五百餘斤省為四千斤
在京各寺法王國師剌麻六百九十餘名減數存留餘
者令回原寺住坐放回雲南阿吒力朶兮薄五十餘名
取回木邦等處催辦金銀內官革去會同館辦事官南
北兩監監生入監年淺者放回依親讀書歲貢生員自
正統元年為始府學一年一貢縣學三年一貢

上悉從所議
○三月戊寅放教坊司樂工三千八百餘人先是勑行在
禮部曰兩京教坊司樂工過多虛費月粮何益於事其
擇堪承應者量留應用凡老病及不堪者悉發爲民至
是行在禮部具數以聞悉放之
○正統二年八月丙子勑諭尚膳監及光禄寺曰比聞進
宮中食物所用器皿扛索十還一二光禄寺不以奏尚
膳監不以言重復造用甚費財擾民今後凡進食物必
須即信揭帖備書器皿扛索之數與收領内官姓名尚
膳監如數還之有一不還即以奏聞敢隱瞞扶同者悉
坐以罪還勑宮中六尚司曰凡光禄寺進食所用器皿

扛索皆國賦與民力所給不可妄費今後悉照光禄寺
所具之數付尚膳監還之有誤損者奏聞註銷敢匿一
器一索以上皆治罪不恕
○正統十年十月庚戌山西大同府推官孫睿言瓦剌使
臣每年經過大同所費甚多比奉旨以本處税粮子粒
備筵宴飲食之費甚便軍民其進貢馬所用草籠麻鐵
等物常不下千百餘斤猶出自府衛乞亦如飲食之例
折辦
上曰税粮邊儲所重不可更費合用麻鐵其令山西布政
司及行都司量給官鈔於軍民殷富之家市之仍戒其
勿託此擾人

○天順三年九月癸巳司禮監太監福安奏切見内外衙
門累年成造各王府寶冊儀仗關用黄金數多官庫收
貯缺乏乞照永樂宣德年間差内外官員往西洋等處
采買及雲南等處產有并差發課程差人采辦進庫應
用
上曰采買不必行雲南等處金課想亦無多其以雲南歲
辦差發銀折金應用
馬政
○正統二年九月甲午勑行在兵部及三千神機五軍等
營曰比循歲例放馬於草場命爾等督軍士牧養爾乃
畧不究心以至飢損及至校閱之際一聞金鼓之聲輒

驚駭失次脫有警急何以應用兵部又不舉奏厥罪惟
均姑從寛貸今後草場放馬之時務要適其水草節其
飢飽每三日一演習之必閑其進止習其馳逐使人馬
相得不至辟易敢有仍前牧養不如法操習不以時者
必罪不宥
○正統十四年六月庚戌遣通政司右通政湯鼎光禄寺
寺丞張如宗往陝西四川運茶買馬賜勑諭之曰陝西
西寧等處番族番民以馬易茶特命爾等往四川會同
三司巡按官公同計議就於保寧等府酌量運茶八十
四萬三千六十斤至陝西界官司收貯仍往陝西會同
三司巡按官計議運至各茶馬司交收完日隨即具奏

差官前去收馬圖等務要公薦詳慎同心協力酌量人
情撫恤儧運或有不便之事具實奏聞區處仍嚴禁管
運茶課官吏人等勿令假公營私生事剝削致軍民不
安自取罪愆
修地志
〇天順二年八月己卯勑諭吏部尚書兼翰林院學士李
賢太常寺少卿兼翰林院學士彭時翰林院學士呂原
曰朕惟天下輿地之廣不可無紀載以備觀覽古昔帝
王率留意焉我
文祖太宗皇帝常命儒臣修之未底於成景泰間雖已成
書而繁簡失宜去取未當今命卿等析衷群書務臻精

要雖成
文祖之初志用昭我朝一統之盛以布天下以傳後世卿
等其盡心毋忽
斥諛佞
〇正統四年六月己丑陝西按察司僉事卜謙奏蘭州衛
并蘭縣數月不雨人民艱食適者明詔一下瑞雪普布
甘雨霑施此
皇上大德格天所致臣謹稽首稱賀
上曰小人貢諛不足信貧民艱食戶部仍令所司賑濟之
〇正統十三年八月乙卯先是
上以山東飢命罷修泰安州東嶽廟後知州陳罍乞以眾

年人奉神香錢備工料修造
上不允至是漕運參將湯節亦言其地不甚飢請如罍言
且言訖工乞御製碑文
上曰節欲媚神不知民困始甦可復勞耶其毋行香錢修
造任節為之
抑祥瑞
〇宣德十年九月庚寅四川龍州宣撫司以瑞麥來獻有
一莖六穗七穗者
上曰所在旱蝗相望獨此瑞麥何以免民之飢乎其令天
下自今凡若類毋獻
〇正統七年九月甲戌鎮守陝西都督同知等官鄭銘等

奏西安府并耀州產嘉禾一莖二三穗四五穗至數十
穗者凡三百餘本禮部尚書胡濙等以為豐年之瑞是
皇上至仁大德所致請率廷臣稱賀
上曰人君以天下為家今有司奏旱蝗者日相繼使嘉禾
誠足以兆豐年亦彼二地之慶耳如天下之飢民何其
止勿賀
卻貨利
〇正統二年二月壬申浙江市舶提舉司提舉王聰奏琉
球國中山王遣使朝貢其所載海巴螺殼亦宜具數入
官
上謂禮部臣曰海巴螺殼夷人所資以貨殖者取之奚用

其悉還之仍著為令
○四月壬午毛憐衛都督同知李撒滿荅失里等來朝貢
珠五百顆
上諭行在禮部曰先王盛時四夷之獻惟服食器用珠子
國用何益曩已諭緣邊總兵官凡諸夷來貢獻者不用
珍玩今撒滿荅失里乃攙貢珠本欲卻之第念遠人輸
誠姑酬其直毋以為例
禁非為
○正統十四年三月辛丑
上諭吏部尚書王直等曰近聞各處放回官吏人等多有
奸詐挾制官府欺害小民及因而誘人為非以致盜賊
皇明寶訓　正統三卷　廿一
生發爾吏部查禁約事例來聞直等悉疏永樂宣德禁
約例上之
上覽畢諭之曰放回官吏人等挾制有司交結害民者發
口外充軍有奸詐豪橫誘人為非因而聚衆劫掠鄉村
者本身梟首家屬發邊遠充軍爾吏部移文内外法司
衙門遍諭有衆使知所警
抑干請
○正統七年正月乙酉正一嗣教真人張懋丞奏先者蒙
將朝天宮東方丈賜臣為往來居止之所臣每還山令
道錄司左至靈黃嘉祐收管今嘉祐以疾去本宮道士
李希祖蕭處柔袁善經理乞各授一職令守此居庶幾

永無傾圮
上謂禮部臣曰守房擇一勤慎道流任之足矣奚以官為
懋丞蓋假此以售其私爾其勿聽
○正統十年八月己未錦衣衛校尉王子進等十二人奏
臣等俱蒙選於御馬監控馬年深乞照例授職
上曰此輩希求陞用兵部遣人押往大同備邊待有功陞
用之
○正統十二年閏四月己卯順天府帶俸經歷張忠自以
脩城有勞乞陞官
上曰陞賞出自朝廷豈臣下可干耶命收忠治之既而法
司論贖杖還職
皇明寶訓　正統三卷　廿二
上曰此何以戒干進者忠發身石匠其別官仍就原役
○天順七年九月庚申哈密忠順王母弩溫荅失里奏舉
必剌牙失里襲從父綽顏帖木兒國師職
上曰國師乃朝廷優待西僧職之重者非戒行精專未易
勝之彼必剌牙失里何人乃遽欲得是職乎第授以都
綱之職
杜倖進
○正統三年四月己卯北京國子監助教翁瑛男世資乞
入監讀書行在禮部尚書胡濙等以聞
上命從之既而謂濙等曰國學育賢之地豈宜濫進前此
乞恩入監者務俾科目出身勿容諸司歷事以圖僥倖

後有請者令入原籍儒學科貢於是京官子弟入監已
歷事者皆復監肄業
○天順四年四月戊申禮部奏舊例三品以上官子孫許
令入監近者故尚書古朴之孫約侍郎蘇儹之孫晟俱
援例以聞有旨不准今右副都御史韓福亦援例乞令
其孫景入監讀書未敢裁處
上曰國子監是育才之地不許濫進今後三品以上子孫
奏入監者俱不准
○天順七年閏七月庚申
上諭吏部臣曰文職蔭子本出于朝廷特恩近來往往干
求不已甚非簡賢任能之意今後文職病故及致仕者

子孫乞恩進用俱不宜允其著為令
戒貪
○天順三年二月庚寅謫鳳陽右衛指揮使毛鑑于大同
威遠衛鑑坐科斂財物律應絞例運炭還職兵部以其
貪虐請調衛為後來者戒
防患
○正統十年二月辛未勅諭西寧侯宋瑛寧陽侯陳懋尚
書金濂副都御史丁璿等曰朕今躬詣天壽山謁祭
祖宗陵寢特命爾等居守京城提督各門官軍嚴加關防
慎勿怠忽遂命公侯駙馬伯五府六部都察院等衙門
太師英國公張輔等扈從

○天順元年十二月庚戌勅鎮守宣府太監栢玉總兵官
武強伯楊能等曰朵顏三衛違貢自永樂以來俱從喜
峰口入近又有從宣府來者據此屬狼子野心蓋欲覘
探道路以逞奸謀自今務令仍從喜峰口入不得復經
宣府如違罪有所歸
○天順二年五月辛丑先是兵部尚書陳汝言阿順權官
將先送在廣東廣西福建雲南達官盡數取回物議沸
騰以為不便內閣臣李賢一日從容言于
上曰達人非我族類自古為中國患徙之遠方甚便況彼
住定以為樂土今復取回多不願來
上曰吾亦悔之但今已在途不可中止使有願去者從之

懲酷刑
○正統六年十一月乙未謫江西饒州府知府黃通理于
雲南廣南府先是通理坐杖人至死為怨家所訴遣治
至是遇赦當還職吏部以聞
上曰知府是牧民官當以仁愛存心今通理杖人至死仁
愛之心安在雖遇原例仍處以邊郡庶暴虐者知所懲
戒
○正統九年五月癸亥直隸巡按御史吳鑑案漕運官酷
虐軍士之罪
上命都察院治之且曰漕運官恣肆總兵官何不禁約其
檄責武興輩戒其不得仍此縱官虐人

○十月庚午勑大興縣知縣蘇敬怒耆老蕭永勸事不明
杖之至死永家訴于朝下刑部鞫問當罰役復職及是
役滿吏部請黜為民
上曰蘇敬為牧民官不施教化而專尚刑威杖人至死牧
民之心安在其論戍威遠衛以為嗜刑殘民者之戒

恤刑

○正統元年五月戊寅勑諭雲南都司布政司按察司巡
按監察御史曰爾等具奏會審過真犯死囚二十九名
朕已備悉其罪勅至再督官公同審實果無冤枉依律
處决蓋人命至重法貴當罪其中或有冤枉者即與伸
理明白當放者就發回復業不許狗私羅織其罪以取

已便爾等切宜體朕欽恤之心詳慎審録勿致下人誣
罔冤抑以取罪愆欽哉
○正統五年六月戊寅
上諭法司官曰今盛暑罪囚駢目就縶薰蒸煩鬱寧得無
病宜即檢勘情輕者依律發遣重者即具奏所犯來處
置勿令久淹法司具疏以聞
上命殺人及應死者俱如律其非真犯死罪者杖一百發
戍餘皆宥之
○正統六年四月甲午
上諭三法司臣曰今天下司刑官多非其人往往寘無辜
于法御等宜各於屬官內慎選廉明公恕四五員往詳
審之于是推選監察御史郎中主事寺正評事官二員
分往各處審録
○正統十三年四月辛巳
上以天氣向炎囚繫可憫勅三法司錦衣衛録見監一應
囚犯杖罪以下悉寬恤疎放雜犯死罪以下遞減三等
照例發落不許淹滯或有伸訴冤枉者即與辯理毋令
被誣其真犯死罪録情詞以聞
○天順三年二月丁卯都察院奏廣東守備高州都指揮
僉事林清嘗失机罪當斬已而有功
上曰有功以贖罪宥之

清鹽課

○正統元年九月癸卯命行在刑部右侍郎何文淵戶部
右侍郎王佐都察院右副都御史朱與言提督兩淮長
蘆兩浙鹽課賜勅諭之曰近聞兩淮長蘆兩浙鹽運司
及各場鹽課司官吏不遵成憲肆志貪饕縱容竈戶私
煎私賣及客商支給掯勒百端中間有名為巡捕而自
興販者有假託權貴而自燒煎者有詐冒客引而沿途
鬻賣者甚至聚徒集船排列兵器恣行兇惡者究其情
罪惡不可容今特命爾等與內臣興安等前去各處往
來提督務要從長處置俾鹽丁得所商販毋滯國課不
虧奸弊殄絶但有不便于民者具實以聞其沮撓鹽法
情犯深重者械送京師爾等須秉心公直為國經遠仍

嚴飭下人毋纖毫生事以逮罪愆欽哉

馭夷狄

○宣德十年十一月壬辰朝鮮國王李祹奏建州衛都指揮李滿住等稔惡不悛屢誘忽剌溫野人擾害本國邊境願行
天討以慰後來之望
上以勅復之曰此小寇耳不足煩師遠征王宜自飭兵備以慴之可也

○正統元年正月庚寅行在禮部尚書胡濙等奏赤馬剌衛指揮完者禿來朝貢方物言古州地面野人克里武哥伏塔卷欲赴京師但俟勅旨招撫

上曰帝王之待夷狄來者不拒何必招撫

○正統三年五月庚子行在兵部右侍郎鄺埜等奏鎮守大同參將石亨欲於官山設立界牌令北虜往來使臣并來降者停止於此赴墩報知驗其虛實以憑撫捕臣等竊惟
聖朝土宇之廣際天無外立界牌未當請立關干往來處為便
上曰哨備謹嚴何用牌與關耶命亨皆勿立但使臣來降者容加防衛若其為盜即勦滅之

○正統十一年十月乙巳鎮守大同太監郭敬奏也先軍衆往兀良哈恐回時人馬困乏遣人索粮接濟就欲與臣相見
上勅敬曰此虜狡黠恐其有異謀切宜嚴備設若虜使再至必欲相見宜應之曰我奉命守邊非有詔旨不敢擅離況我與太師皆朝廷臣子以心相契雖不相見即如面會或再言求粮宜應之曰邊境粮儲專備守邊非有
朝命亦合不敢擅支京師儲峙如山爾可自請仍令傳語也先曰朝廷聞太師與兀良哈讎殺已戒飭邊將勒兵切宜嚴禁部屬毋令近邊恐難分辨務在善辭應答毋啟邊釁

○正統十二年十一月癸丑考郎兀衛都指揮哥哈遣指揮撒赤哈奏言黑龍江諸部野人欲入朝貢乞以勅付

撒赤哈令諭其地招之
上謂禮部臣曰黑龍江去遼東路甚遠朕不能勞人以事遠夷其自願來朝者固不拒也爾等其以朕意諭之

○天順元年五月丙寅迤北太師孛來并阿哈剌忽知院以
上復位遣使臣皮兒馬黑麻來朝并奏欲將寶璽來獻
上以勅諭之曰先有爾處遣使臣進貢以通誠款朝廷寵信特命都督馬政等齎勅并綵段表裏重賜爾等豈期爾聽信小人變詐不一輒將馬政等四十九人拘留在彼及遣哈搭不花送哈銘等回又從中途殺搶官軍器械馬匹似此逆天道悖朝廷法不可容因此朕內外將

校咸奏欲整飭軍士聲罪致討朕體
上天好生之心不忍遽加殺伐今爾又遣使臣來奏說爾
等念我朝
太宗皇帝恩德欲将傳國寶來獻此意可嘉但此寶已失
其真雖真亦是秦始皇所造不祥之物堯舜做皇帝亦
不曾有此寶其時天下太平人民受福況我朝自有
祖宗真正之寶亦不用此其進與否任從爾便即今朝廷
良將徒卒林立其馬政等留之何損于我但益生爾邊
禍之釁耳爾處送至作孽者三人想同惡之徒不止此
今始還送爾處自殺之益朝廷惟體
天道行爾等敢順朝廷之心其誠與偽并所言之事或是

與非無不洞察已勅緣邊總兵官等按兵不動各守信
地今後爾等部落宜各自管束於境外荒遠水草去處
自在牧放存活其來進貢者毋濫率人衆願投降者備
例撫安之無故入境擄掠為害者即加勦殺特勅令爾
知之向為多遣使臣生事今不再遣就令原來使臣賫
領綵段表裏賜爾故勅
優遠人
○宣德十年二月癸卯遣郎中李約員外郎李儀往諭朝
鮮國王李祹曰朕初嗣大寶嘉與天下安于清静王國
朝貢一循舊制非常貢之物悉皆止之并賜祹金織文
綺綵絹等物

○三月癸酉放朝鮮國婦女金黑等五十三人還其國金
黑等自宣德初年取來久留京師
上憫其有鄉土父母之念特遣中官送回且諭其國王悉
遣還家勿致失所
○四月壬寅勅諭滿剌加國王西哩麻哈剌者曰王在先
朝率屬躬來朝貢已悉爾誠朕嗣承大統小大庶務悉
遵
祖宗成憲今已勅廣東都司布政司厚具廩餼駕八大櫓
船送王還國并遣古里真臘等十一國使臣附載同回
王宜加意撫恤差人分送各國不致失所庶副朕柔遠
之意

○六月乙卯勅諭福餘衛都指揮安出等曰昔爾等誠心
歸附我
祖宗置衛建官許於緣邊生理休息而免飢寒殺戮之虞
夫何爾等不知感恩乃縱部屬指揮頭目阿克土魁歹
小兒等屢至邊境剽竊馬牛殺傷軍卒邊將屢請加兵
朕體
上天好生之心不允所請特遣使賫勅往諭爾等其拘各
人悉追所掠之物送還遼東若恃頑不悛即繫赴京問
罪庶見爾至誠歸附之意
○七月庚午甘肅總兵官都督同知劉廣奏近差指揮把
台等賫勅往賜沙州衛都督困即來等礼幣并送回哈

容兒剌順寧王脫歡等處使臣道經赤斤罕東等衛被
番達賊寇刼掠綵幣馬駝器械請發兵征勦
上曰戎狄宜涵容之但勑其頭目令追獲原掠諸物給與
使臣護送出境其刼掠之罪悉宥不問
○十月乙卯鎮守遼東太監亦失哈等奏近者朶顔三衛
縱其部落數來擾邊乞舉兵征勦
上曰軍旅一出必害及無辜但勑諭三衛頭目使嚴加約
束毋取滅亡之禍
○正統二年正月庚戌廣西總兵官都督山雲等奏泗城
州土官知州岑豹攻奪利州知州岑顔地方并掠其妻
子財物雖朝廷屢遣官撫諭而負固不服增兵拒守乞

量調官軍勦之
上勑雲等曰蠻夷違命梗化罪固難容而朝廷興師動衆
事亦不易卿其更遣人諭之彼能輸欵即與自新如尚
稔惡不悛即加勦滅務俾事集人安以副委任
○四月己巳鎮守陝西都督同知鄭銘等奏西安左等三
衛安插番達官軍欲以調除為名移入河南偏僻地方
南陽汝寧等處分住
上勑諭銘等曰朕以此徒狼子野心非可以仁義誘化亦
非可以法度制馭若輕遷動必然生疑勑至爾等再議
可否仍密切察聽如果各安生業恒令管束官員關防
撫恤其或有強梁生事決不可容者具奏來聞

○五月癸酉命都督同知李撒滿荅失里仍掌毛憐等衛
事撒滿荅失里女直人祖阿哈出永樂中賜姓名李誠
善父莽哥不花累官至都督同知繼掌毛憐等衛及是
撒滿荅失里來朝自陳世受國恩欲在京効力
上嘉其忠誠錫賚有加以其世居塞外部屬相安仍令撫
綏其衆以扞邊圉賜勑諭遣之
○乙亥廣西總兵官右都督山雲奏柳州懷遠縣板江等
寨蛮寇韋潮振等一千七百餘徒嘯聚行刼恐滋蔓為
患宜調兵勦之
上勑雲曰治夷與中國殊其先遣人撫諭若肆恣不服勦
之未晩

○十一月壬辰命優恤交阯歸附官民先是交阯諒山府
廣源等州縣土官知州閉玄成頭目丁撍等率五百餘
人歸附
上命廣西布政司撥田給耕而廣西無閑田奏言湖廣民
稀地廣宜于彼給田造冊籍編里甲三年之後一體當
差
上曰遠人來歸當加存恤不必編里甲免其徭稅仍給二
年廩食其閉玄成等五人令吏部選用不願者勿強亦
給俸二年
○正統三年三月辛卯四川馬湖府舉人王有學以疾不
能會試過期始至例發充吏其本長官司貢馬乞宥其

罪
上曰夷人能讀書以捷科目此為可嘉免充吏令肄業太學
○六月已未雲南總兵官黔國公沐晟等奏麓川宣慰思
任發累侵南甸干崖騰衝潞江金齒等處
上勅思任發曰近者南甸等處皆奏爾侵占地方虜掠百
姓殺象馬害官吏掠官船守江口仍築山寨以絶往來
鎮守總兵等官以爾不遵法度屢請官軍問罪欲一皷
而撲滅之朕体
上天好生之心慮大軍一出不免傷及無辜雖人父母妻
子於心不忍遂特遣人撫諭爾能革心向化遵守法度
人民擄掠者釋之地土侵占者歸之則悉宥爾罪若怙
皇明寶訓 正統二卷 卌三
終不悛必興師征勦爾追悔無及矣
○八月戊辰命給浙江觀海諸衛新徙田田田月粮時歸附
田田田二百二人自涼州徙至浙江
上諭行在户部臣曰遠人不習水土宜復其役仍計口月
給米四斗賙之
○十月丁卯行在礼部奏榜葛剌國通事陳得清訴去家
年遠衰槖蕭索無以禦寒
上曰遠人當厚撫之其勿拘常例賜與綿衣及諸禦寒之
具
○正統四年八月乙未勅遼東總兵官曹義等曰今遼東
境外女直野人衛分多指進貢為由往往赴京營私且

當農務之時勞擾軍民供送今因其使臣田衛已遣勅
諭之如係遣報不拘時月聽其來朝其餘進貢襲職等
事許其一年一朝或三年一朝不必頻數其有市易生
理聽于遼東開原交易不必來京如仍數遣使爾等詢
察即令退回脱有違礙仍奏定奪庶幾不擾軍民亦不
失遠人歸向之意
○正統五年十月丙戌行在禮部言雲南麓川宣慰思任
發謀為邊患其所遣朝貢頭目陶孟忙怕等宴賚視常
例宜有所損
上曰思任發久蓄不庭之心肆為封豕之患已興師往討
之矣彼之朝貢豈誠心哉不過欲窺事机緩我師耳然
皇明寶訓 正統二卷 卌四
朕方以至誠治天下故不逆其詐不拒其來庶彼萬一
能有感化爾禮部其毋損常例賚之第不錫之宴以微
示意焉使彼知朝廷之明不為其所罔也
○十月乙丑勅諭朝鮮國王李祹曰得奏凡察等逃居建
州李滿住處其生釁擾邊朕即遣勅諭凡察等仍還鏡
城如其懷疑不還聽與李滿住同處但不許侵犯王之
邊境蓋以小人去就不足為輕重也今凡察等奏將率
衆還為王軍馬追逐搶殺内有一百七十餘家阻當不
放朕惟凡察疑懼不還此小人之心無足怪者而使其
父子兄弟夫婦離散情則可憫此或下人所為王不知
也勅至可遣人衆實果有所遺人民一百七十餘家即

遣去完聚如凡察妄言或其人在彼不欲去者王善加
撫恤俾遂其生亦用奏来
○正統六年二月癸未勑雲南總兵官都督同知沐昂及
雲南都布按三司巡按御史等官曰得奏言師宗州及
廣南府州賊徒阿羅阿思等糾合行刼蓋自去冬維摩
等州蠻寇作耗已勑爾等捕其餘黨今乃滋蔓如此延
玩之罪姑置不問勑至爾等即從長計議委的當官賫
前去招撫俾還本土悉宥前罪如梗化不服恃乎險
川之日即與兵部尚書王驥等計議相機勦戮務俾賊
寇屏息邊境安靜
○三月辛丑山東昌邑縣為事縣丞陶克敏奏臣交阯人

于黎利寇叛之際挈家来歸朝廷憫臣微劳命以官職
近者坐法當罷徒極邊伏望
聖恩俯垂矜惻
上曰遠人歸順不可繩以常法其令於通州為民
○正統七年九月丁卯永平等處總兵官都督同知王彧
等奏兀良哈三衛往往假以牧放射獵為名因而犯我
邊境今後遇有近邊者欲便勦殺以敗其計
上勑彧等曰三衛頭目亦有尊朝命不為非者豈容一槩
勦殺况田獵乃其衣食所關者乎卿等其念之
○十月甲辰福餘衛指揮卜台言與察罕地面貢使卜花
等偕至關以無信驗為守關者所止彼云久不朝貢不

知禁例今尚留關外以俟進止
上勑總兵官王彧等曰察罕遠在千里之外非附邊諸部
之比其使臣卜花如尚在關即審實發遣赴京今後凡
朝貢人使係衛所屬而無印信文字者照例止之其遠
方初至及往来希闊者不在此限不可槩行阻遏以失
遠人歸向之心
○正統九年正月丁丑建州衛都督僉事李滿住等奏本
衛指揮郎克苦等久逃高麗潛住去歲帶領男婦大小
二百二十餘口回衛甚飢寒乞加賑䘏
上謂戶部臣曰柔遠人乃治天下之大經也况克苦等久
亡他國今慕義回還可不賑䘏乎速令遼東都司量撥

粮米給濟
○四月丁亥甘肅總兵官寧遠伯任禮奏沙州及赤斤蒙
古衛各訴飢餓願借種粮下戶部議以夷人借粮無例
上曰春秋譏閉糴朕為夷夏主可視其人之困弗救乎其
所借粮宜量數與之
○六月壬午湖廣貴州二布政司奏苗民田禾被蟲鼠災
傷告欲伐山木并以土產方物變易米恐巡邏者遏抑
無以為生
上曰苗民皆吾赤子可坐視其飢寒耶戶部其即移文聽
其兩平交易禁戢軍士毋得生事激变仍勘附近有粮
之處量給賑濟務使各安其所庶副朕一視同仁之意

○十一月壬戌雲南總兵官都督沐昂等奏麓川頭目裴
換來歸領捕賊自効
上命其還守本土撫民捕賊俟有功陞賞自今凡來歸者
視此例
○正統十一年五月戊寅貴州思南府蠻夷長官司奏土
官衙門自古以來男婦婚姻皆從土俗乞頒恩命
上曰貴州土官衙門或有循襲舊俗因親結婚者既累經
赦宥置之不問亦不許人因事訐告継今悉令依朝廷
礼法如違不宥
○六月癸亥勅諭占城國王摩訶賁該曰近者安南國王
黎濬遣陪臣程真等朝貢到京奏王欺其孤幼纂巳侵

其升華思義四州今自正統九年以來王屢次率兵攻
圍化州殺掠其人畜財物王與安南俱受朝命封建年
久彼此疆域各有定界豈可興兵搆怨有乖睦鄰保境
之意古人云君子不以其養人者害人王自今宜深体
此意祗循礼分戢飭守邊頭目慎固封守毋仍恣肆侵
軼鄰境貽患生靈自取禍殃况天道福善禍淫自有常
理王其欽承之
○十月辛丑獨石守備叅将都督楊洪奏出哨官軍獲瓦
剌部屬三十人并馬匹弓箭等物
上勅洪曰此三十人者未見其有冦邊之迹宜寬待之遣
人送京

○天順元年二月戊午湖廣刺惹峝已故峝長向黑稍雖
次子刺惹施并姪麥昔等三人以罪發口外充軍其母
阿泰陳情納馬一匹以贖子罪事下兵部議土人犯罪
例該納馬二十匹今刺惹等三人止納馬一匹宜當增
加
上曰朝廷一視同仁念此遠人情有可矜不必增加馬匹
准他贖罪放回寧家
○天順二年六月乙亥命都指揮僉事武忠等管送山東
東昌等府住坐夷人赴南京安置勅諭忠曰山東連歲
水旱田禾不收薪米價貴特念降夷度日艱難故遣爾
等送赴南京有粮之處安置俾不失所爾其以此意諭

之廣其情樂於遷徙凡所經軍衛有司皆令應付舟車
給以廩食在途加意撫綏防閑如或疎虞及因有擾害
必爾罪不宥
○天順三年二月乙亥勅諭朝鮮國王李瑈曰近者邊將
奏報有建州三衛都督古納哈董山等私謁王國俱得
賞賜而回此雖傳聞之言必有形迹可疑且王國為朝
廷東藩而王之先代以來世篤忠貞恪秉禮義未嘗私
與外人交通何至於王乃有此事今特遣人齎勅諭王
王宜自省如無此事則已果有此事王速改之如彼自
來亦當拒絕諭以各安本分各守境土毋或自作不靖
以貽後悔在王尤當秉禮守法遠絕嫌疑繼承前烈以

全令名王其慎之
○天順四年二月乙丑給靈州千户所土官俸粮土官俱
夷人其先洪武間歸附不支粮但人給田百畝免納税
令其自置鞍馬騎操歲仍給冬衣布三匹綿花斤半後
漸有功歷陞千百户布花停給俸粮仍不支田禾亦薄
收至是屢訴貧困乞賜矜恤
上曰遠人當優待彼為軍時尚給賜布花今有功陞官反
不支俸豈理乎其如例給之

大明英宗睿皇帝寶訓卷之三

大明憲宗純皇帝寶訓序

朕惟理之在人一也斯民由之而不知賢哲明之而未
盡惟聖人氣質清明義理昭著本其躬行心得之餘以
任君師之責言行政事皆可師法載諸方册允為歟訓
此堯舜禹湯文武精一執中之傳立中建極之諭萬世
宗之而莫能外也欽惟
皇考憲宗純皇帝聰明拔萃
聖德天成爰自青宮講學於凡所性仁義禮智與夫格致
誠正脩齊治平之要無不深求蘊奧而體驗於身心日
用之間一旦纘紹大統
君臨天下擴而充之凡其誠敬孝養之見於事

天事
親恩愛寬恤之著於睦族撫下肅然而飭紀綱正法度謹
內外勤焉而宰萬幾辯邪正納衆善用以靈承于
天洪舒于民者莫非一心至理之所發於此見我
皇考協于克一之功足以遠探二帝三王之秘近增
祖宗列聖之光而子孫萬世之法程端有在矣是以一十
四年之間
功德治化巍然煥然予末小子恭承
大訓嗣守丕基痛念
皇考貽謀宏遠必有紀述已命儒臣纂成實錄三百九十
有三卷又采其尤著者輯為

寶訓十卷凡爲目六十三爲條三百九十三仰而觀之如星麗天而雲漢昭回光采溢目凡我子孫臣庶當加愼守之功各致遵行之力于以保治於攸久而濟世於隆平庶於
皇考之訓無愧也其敬之哉勗之哉故序

弘治四年八月初三日

大明憲宗純皇帝寶訓目錄

大明憲宗純皇帝寶訓卷之一

光祿大夫柱國少傅兼太子太傅禮部尚書武英殿大學士臣呂本謹校
南京禮部祠祭清吏司郎中臣陳治本
南京兵部職方清吏司主事臣朱鈺謹閱
南京工部屯田清吏司郎中臣呂兆同

聖學

○天順八年六月丁酉
上將開經筵命少保吏部尚書兼華蓋殿大學士李賢會舉講讀官以聞且賜勅諭勉勵之曰朕恭膺
天命繼承
祖宗鴻業君臨億兆負荷良艱永惟自古聖帝明王未有不資學問而能致天下於太平者朕嚮於茲將以八月初二日御經筵命爾太保會昌侯孫繼宗少保吏部尚書兼華蓋殿大學士李賢知經筵事吏部左侍郎兼翰林院學士陳文吏部右侍郎兼翰林院學士彭時同知經筵事太常寺少卿兼翰林院侍讀學士劉定之詹事府少詹事兼國子監祭酒司馬恂大理寺左少卿孔公恂翰林院學士柯潛萬安侍講學士李泰太常寺少卿兼翰林院侍讀孫賢劉珝牛綸左春坊左庶子兼翰林院侍講王與徐溥兼經筵官賢文時安泰賢珝綸日侍講讀翰林等衙門儒臣分直侍講夫帝王之道具載經書苟非講明何以措諸行事况朕臨御之初先務莫急

於此卿等宜端心竭誠相與講論務臻其極毋隱而弗
彰毋曲以徇好庶幾會而通之理足以溉朕心舉而措
之澤足以被天下如此朕斯無負
上天之命
祖宗之托而卿等亦無負於朕之所望矣欽哉
〇成化九年二月丁丑
上命儒臣考訂宋儒朱熹資治通鑑綱目盡去其後儒所
註考異考證諸書而以王逢集覽尹起莘發明附其後
既成
上命刻梓以傳親製序於卷首曰朕惟朱子通鑑綱目實
備春秋經傳之體明天理正人倫褒善貶惡詞嚴而義

皇明寶訓 成化一卷 二

精其有功於天下後世大矣顧傳刻歲久間有缺訛甚
至書法與所著凡例提要或有不同是以後人疑焉有
考證之作兩存其説終莫能定朕嘗深求其故矣蓋凡
例提要乃朱子親筆以授門人使據之以成書及書既
成再加筆削則隨事立文時有小異而大體終不出乎
勸懲之外豈可一一致疑其間昔者五經同異賴漢宣
帝命諸儒講論於石渠閣親稱制臨決然後歸一朕於綱
目斯有意焉特命儒臣重加考訂集諸善本證以凡例
缺者補之羨者去之事關大義若未踰年改元者依例
正之至若漢初紀年首冬惟景帝中後二年舊史誤列
冬十月于歲終朱子雖以傳疑而呂氏其餘書法與凡

例小異無大關涉者悉仍其舊盡去考異考證不使迷
傳所以免學者之疑成朱子筆削之志也考訂上呈具
如朕意綱目於是爲完書矣於戲是書所載自周秦漢
晉歷南北朝隋唐以及五季凡千三百六十二年之間
明君良輔有以昭其功亂臣賊子無所逃其罪而疑事
悖禮咸得以折衷焉俾後世爲君臣者因之爲鑒戒勸
懲而存心施政胥由正道圖臻于善治其於名教豈小
補哉然則是誠足以繼先聖之春秋爲後人之軌範不
可不廣其傳也因命繕録定本附以凡例并刻諸梓以
傳爰序首簡俾讀者知所自云
〇十一月戊申

皇明寶訓 成化一卷 三

上諭大學士彭時等曰朱文公通鑑綱目可以輔經而行
致宋元二代至今未備卿等宜遵朱子凡例編纂宋元
二史上接通鑑共爲一書

聖孝

〇成化四年七月戊午禮部尚書姚夔及在廷文武大臣
翰林院科道等官集議
陵廟禮制奏今
慈懿皇太后之喪與
皇太后千秋萬歲俱當合葬
裕陵
慈懿皇太后居左

皇太后居右配享
英廟禮亦宜然是乃天理人心之至也
上批答曰卿等所言固是正理但
聖母在上事有室礙朕屢請命未蒙俞允朕平昔孝奉
兩宮如一若因此違悖致有他虞豈得為孝今當於
裕陵左右擇吉地安葬崇奉如禮庶幾兩全卿等其體朕
意既而文武羣臣連上疏固請復跪伏文華門前以俟
必從而後已
上復懇請於
皇太后自巳至申稍見從遂出數奏同廟批答云卿等所
言皆合朕意合葬之禮蒙允行矣於是羣臣皆呼萬歲

而退
○成化十六年七月丁亥巡撫鳳陽等處右副都御史張
瓚奏欲以鳳陽一府今年供應物料及追陪馬匹暫停
以資中都新城外別築土城之費工部議其難從
上曰春雨秋霜人子履之尚興悽愴怵惕之心況鳳陽
祖宗陵寢所在新城既迫長淮屢有水患誠宜及時設法
修理今張瓚欲停止歲辦及馬價以資工費爾工部以
為不可然則事將已乎其令守臣支在庫官錢糧期興
工修築毋得遲悞
○成化二十年正月乙巳
英宗睿皇帝忌辰
孝先殿行祭禮
上退朝顧左右曰今早行禮之際追念罔極之恩感傷于
懷泫然淚下不能自已永惟
先皇奄棄天下臣民忽已二十年矣朕嗣守大業兢兢慄
慄恒懼弗克負荷無以慰
宗廟神靈今益當省身修德任賢圖治使四海無虞生民
樂業庶幾無愧天子之孝云爾
○成化二十三年三月丙寅
上勅禮部曰
皇太后撫育朕躬繼承鴻業二紀于茲海宇敉寧治化翁
遠復撫育皇太子進學成身克諧室家國本益固功德

隆重莫罄報酬宜上徽號以極尊崇用表朕寅敬之忱
爾禮部其擇日具儀以聞
○四月戊子
上恭上
皇太后徽號禮畢詔告天下曰朕惟自古帝王之孝親匪
惟養以天下而必尊以鴻名蓋所以表功彰德顯于今
而垂于後也情文咸具敢忘祇循恭惟
聖母皇太后夙贊
先皇茂隆內治誕育眇質纘紹丕圖迄今二紀
宗社奠安海宇寧謐寔皆
聖母深仁洪慈訓廸之所致也矧於皇太子勤劬長育明

底有成室家攸宜國本深固凡茲勲德超軼前古而尊
崇之禮尚未加隆朕心歉焉乃偕與羣臣顧臣工以今
月十七日謹奉冊寶上尊號曰
聖慈仁壽皇太后仰酬罔極之恩遠追帝王之孝禮既成
於家國澤斯溥於寰區於戲據古尊稱式廣親親之教
推令恤下敷布老老之仁詔告中外咸使聞知
謹天戒
○天順八年三月丁巳大學士李賢等言正月以來風霾
蔽天日黯無光宜修君德以消天變
上曰天道與人事相關而關於君身尤切朕當為卿等勉
之

皇明寶訓 卷 成化一卷 六

○五月丁巳京師大風雹大學士李賢勸
上遠嬖幸親近老成修德舉政
上曰朕嗣位未久天戒屢彰敢不敬畏爾臣下亦當加警
焉越數日降勑諭文武羣臣曰朕以菲德嗣承大統雖
在疚中而敬
天恤民之心未嘗敢忽然自即位以來天災屢見近於是
月初五日風雹大作飄瓦拔木此乃
上天垂戒之嚴朕深懼焉意者德有未修而政有未舉歟
心有未誠而治有未至歟抑爾羣臣怠慢不謹爾事有
乖上無以輔君德下無以惠生民歟自今各宜恐懼修
省恪恭乃事庶幾以回天意特茲告戒尚其毋忽

○成化元年五月戊午火星留守南斗越五日勑諭文武
羣臣曰朕以眇躬嗣承
祖宗鴻業代
天理物夙夜惟艱茲者
玄象示警朕甚懼焉永思厥咎罔知攸措用是減膳節
用齋心於便殿朕將親露禱于
昊天上帝引咎責躬修明庶政爾在廷文武羣臣皆佐朕
以行政者也上下一體休戚惟均其自今日為始各致
齋三日同加修省務各秉乃誠各恭乃職勵精治理毋
事因循為德為民必臻實效凡諸衙門有曾經具奏買
辦採辦物料于民間者悉皆停止其有營造亦暫停免

皇明寶訓 卷 成化一卷 七

過夏俟秋涼興工以便吾民於戲朕為
天之子爾羣臣與朕分治天職克謹
天戒理所當然自今有可以匡輔不逮者尚無有隱爾等
其欽承朕命毋忽
○成化三年七月己卯工科給事中黄甄等上言南京乃
祖宗創業之基邇者午門正樓為雷雨所損實
上天示警之意乞勑諭中外臣工同加修省因勑守備成
國公朱儀參贊機務兵部尚書李賓昏迷欺罔之罪請
擇能者代之
上曰上天垂戒非一二人所致朕當與文武大臣同加修
省儀等姑宥不治仍移文諭之既而監察御史丁川等

亦以為言且勸
上屛遠聲色親近書史及勤政等事
上以所言有理謂事未舉行者朕當勉之
○乙酉
上以南京雷震午門勑諭文武羣臣曰朕承天序守
祖宗大業夙夜圖惟求所以克享天心然望道未見治效
未著今年地載失寧乃六月十五日雷震南京午門天
之示戒可謂至矣詩云敬天之怒易云洊雷震以恐懼
修省朕用是齋心滌慮內求己過益中和未足以格高
厚誠敬未足以孚幽顯修齊治平之功未足以安中國
服遠人敢忘勉勵以弭災異咨爾在廷文武羣臣與朕

共天職其間有謀謨是資獻替是賴司銓衡以清庶位
均賦役以理萬民典禮以事神天治兵以靖華夷明刑
罰守章程掌風紀任言責與夫握將帥軍旅之權分鉅
細官守之寄者固或能守厥職矣然豈無竊位苟祿蔽
塞賢路以玷朕之任使者乎又豈無懷私徇利欲成谿
壑未達朕之聽聞者乎急而能勉過而能改知止足而
能退所與也以毗朕志以回天意以底於雍熙是為君
臣交修之道是日
上又勑諭南京文武羣臣曰朕惟
太祖高皇帝創萬世大業於南京所繫甚重乃今年六月
十五日雷震於午門天之示戒夫豈徒然朕用是敬以

修省戒飭在廷百執事勉修厥職以假穹聽咨爾南京
守備叅贊之臣屢致人言豈無所由盍各改厲以展來
效其餘百司庶府勿謂朕耳目所不及而隳廢其職守
以自勉背公徇私盈饜其所欲以自棄當言者勿謂時
不我從當事者勿謂上不欲用朕將稽其言之當理而
從考其事之成功而用焉典祀必恪神乃歆戎政必練
邦乃固賦入必慎民乃富屈抑必伸獄乃清無慢以取
謗無怠以忘職無掊尅以為能足國無酷擦以為能去
惡惟趨於大中至正以稱朕意惟天心其祐焉
○成化四年九月丙寅大學士彭時等以彗星見引咎乞
免

上曰上天垂戒朕自修省卿等皆職居輔導當講求缺失
修舉善政加惠軍民庶可以回天意豈可捨朕而去所
辭不允
○壬申
上勑諭文武羣臣曰朕嗣守丕圖惟天地眷祐是賴然弗
克正于心修于身近無以御于家邦遠無以寧于海宇
將奚以格高厚神祇乃今年八月癸巳京都地震九月
初以來彗星見北斗朕既齋心滌慮以改圖自新祇告
天地非徒言之固將躬行之爾文武諸臣輔朕猷為受
委託分職布任于中外者尚各警其怠忽因循之習革
其欺公徇私之弊堅其忠盡不移之操固其廉慎不污

之節告惟爾之功名無玷天將鑒之以不致罰朕將督
之撫世御宇不負所使朕之兵民民將由之以不失其
所邊圉強固而閭里殷富三光全于上九域安于下豈
非君臣同德之效歟爾文武群臣其圖利之
〇成化六年二月壬申
上勅諭文武群臣曰朕紹膺景運六載于兹夙夜靡寧圖
惟治理而自冬徂春災異荐臻雨雪不降朕慮民生弗
遂憂切于懷永惟災咎之徵必由人事感召豈朕德有
不敏而政多缺歟抑爾群臣分理庶政者因循怠緩弗
克竭誠盡公以輔朕之不逮歟循省所自咨各任其責
致交修之誠朕將親率爾文武群臣於二月二十八日
皇明寶訓　成化一卷　十
恭詣山川壇請禱
〇成化七年十二月庚辰大學士彭時等以星變上言正
心術謹命令親接見慎賞罰納諫諍勵官守六事
上曰具覽所言事皆切實朕自有處置卿等宜勉力佐朕
以副朕懷又明日英國公張懋吏部尚書姚夔并六科
十三道官俱以時政條奏
上曰卿等所言皆切時弊在內者朕自減省荆襄撫出流
民仍令項忠等撫原籍官司安插毋令失所在京抽分
每歲止遣御史一員織造蟒龍等段疋綵料且收貯在
官各營見操并守衛官軍將軍查數以報其餘所司即
舉行之

〇壬午望
上以星變避正殿徹樂明日大學士彭時等言天象垂戒
古今罕見外人不知
聖心憂勤竊謂寓此災變視如泛常未嘗降顏一接臣下
詢訪民情議論洶洶臣等欲於明早朝退詣便殿請見
一以寬
聖心一以息群議明日
上退朝御文華殿召時等見時等因陳時政當興當革數
事
上嘉納之
〇成化十一年四月乙未
皇明寶訓　成化一卷　十一
上以乾清宮門災告
奉先殿曰玆者弗戒于火致乾清宮門被火竊惟譴告之
來必有所自省躬含咎惕然於懷仰冀
尊慈俯賜矜憫轉禍為福永保康寧不勝惶懼懇祈之至
〇成化十二年七月乙丑
上於禁中祭告
天地曰臣以菲薄之資撫盈成之運顧政事之多缺致災
異之荐臻玆者京城內外有物夜出殘害軍民驚動閭
巷夫變不虛生必有所自意者或用度不節致傷民財
歟或土工繁興過勞民力歟或忠言不聞下情無由上
達歟或仁政不施而恩未能下究歟夙夜兢惕罔知所

措伏惟大造垂慈曲賜矜憫赦過宥罪轉禍爲祥俾妖
物潛消居人安妥臣當祗謹
天戒垂省愆尤斯維新于政令以圖報于大恩不勝懽懼
懇禱之至
○成化十五年九月甲戌南京守備成國公朱儀奏
孝陵大風拔木壓損城垣且殿宇歲久亦多頹壞
上曰風拔
皇祖陵寢樹木天變豈無爲乎朕祗畏天戒慄焉不寧其
令朱儀具以朕意祭告
孝陵仍垂行南京所司凡城垣壓損及年久頹壞者修葺
之

○成化十七年四月庚申勅諭文武羣臣曰朕嗣承
祖宗大統十有七年恒宵旰圖治求以上格穹蒼下安黎
庶無負付託之重奈自去冬以來陰陽愆期雨澤少降
朕心憂懼已嘗齋心露禱祭告神祇又遣官清理刑獄
用弭旱沴然而連日狂風大作塵霾蔽空豈朕與爾在
廷文武羣臣修省有未至耶凡事關朕躬者朕自究循
而行之不忘爾等佐予治理中間能修職者固有而曠
職者豈無爲勲戚輔導者或忠藎未殫獻謀未盡職司
銓衡錢穀者或黜陟未當徵歛不時職典禮樂兵戎者
或不能以和神人息邊患職與夫掌刑罰工役任風紀
言責握將帥戎柄以及鉅細官守之寄者豈各稱委任
而無竊祿者歟有一於此亦足以召災自今以後務須
痛加修省革其欺公徇私之弊懲其因循懈惰之習固
其廉慎不私之節庶乎各舉厥職以輔朕不逮而政事
修舉災沴可弭矣爾等其欽承之
○成化十八年閏八月甲午陝西西安府及徽州地震守
臣以聞
上曰地道失寧實由人事不修所致藩臣邊將皆佐朕以
奠安坤維者陝西重地且逼近邊陲而地動若此夫豈
無所感召歟其令各官殫心修禳以答災譴勿視爲常
事
○成化二十年正月壬辰

上以地震勅諭文武羣臣曰朕仰承
祖宗丕緒夙夜兢惕圖惟政理然治效未著地震京師
上天示戒可謂至矣朕齋心滌慮省愆修德所當自勵猶
恐事神治民安內攘外之道有所未盡爾文武羣臣與
朕共天職者其間豈無私勝公徼竊位苟祿怠事玩法
孤負任使以召致災咎者乎自今宜各痛加修省改過
自新懋稱厥職以副朕志以回
天意以底於治平庶盡上下交修之道爾等其欽承之
○成化二十一年正月丙戌勅諭文武百官曰茲者
上天垂戒災異迭見歲暮及今正旦有聲如雷朕甚驚懼
惟天道與人事相爲流通必人事乖違斯天道不順爾

文武百官皆與朕共天職者而五府六部都察院大理
寺通政司堂上官及六科十三道官付託尤重凡一應
弊政及有利於國家生民之事其各指實陳奏無或顧
忌朕當采而行之用回天意

敕太子

○成化十三年十二月己未刑科給事中趙良奏太子天
下根本所輔貴乎得人乞預求賢德忠良之士博習有
道之人使朝夕與居涵養德性講求治道綿
宗社億萬世無疆之休大與左衛指揮使周廣亦以爲言
禮部覆請
上曰一人元良萬國以貞預教太子實所以綿

皇明寶訓　成化一卷　十四

宗社而福生民也所言良是明歲其亟行之
()成化十八年十二月庚午
御製文華大訓序曰朕惟古昔帝王之有天下必立言垂
訓以貽子孫俾知修身出治之本聽言處事之要以承
基緒於無窮其豫教屬望之意何所不用其極哉稽其
教法若唐虞三代之具於書詠於詩見於禮記最詳且
密不可尚已秦漢以下寖以踈濶如唐帝範之編宋承
華要略之集或舉一而遺頗詳末而忘本視古豫教之
意有間矣肆我
太祖高皇帝儲君昭鑑錄
太宗文皇帝文華寶鑑及聖學心法

宣宗章皇帝帝訓四書垂示炳若日星與唐虞三代之意
實同一揆朕嗣統迄今十八九年仰賴遺訓餘休海宇
寧謐
宗社奠安是豈無所自哉顧念皇太子繼承甚重而身而
家而國而天下事機甚繁未可悉以口講而指示之乃
於萬幾之暇博閱載籍自孔孟濂洛諸儒之論述伏羲
神農黃帝禹湯文武以及漢唐宋諸賢君之踐履與我
祖宗之謨烈
皇考之戒飭凡有切於儲副今日之所學與夫異日之所
行採彙爲編名曰文華大訓以授皇太子其書綱凡四
曰進學曰養德曰厚倫曰明治目二十有四總論以撮

皇明寶訓　成化一卷　十五

其要分言以極其詳彙編又各有言以發其端而結其
終本末兼該先後交貫展卷之間修齊治平之道瞭然
在目俾朝夕觀覽知所造詣必問學日以充德業日以
廣帝王之度日以恢弘夫何患不能承
祖宗基緒傳於無窮也哉此朕是編惓惓屬望之心也
祖宗列聖之心也古帝王之心也嗚呼其熟玩而深體之
哉進學篇朕惟人不可以不學學也者所以學修齊治
平之道也昔堯舜禹湯文武皆汲汲焉以學仲尼亦皇
皇有所不暇在聖人尚如此故人生八歲入小學十有
五年入大學公卿大夫元士之子與凡民之俊秀皆然
況爲儲副則將有天下國家之寄者可不學乎古人論

學多矣有宋綱要旨焉取以為總論而學必稽古然後有得故進學之目先之以明典訓典訓之要在明義理義理吾性分之所固有而非自外來也我能明而知之則所以用力以求復其本然者自有不容已故窮義理次之然必親近師儒切磨講論庶其有所啓益而易為功故資啓益次之三代以降聖王不世出處士橫議百家紛然雜出乎其間以乘吾道者非一不有以辯而擇之能不惑者鮮矣故又次之以擇習尚焉夫博求古訓內反之於己外資之於人悅焉自勵而不貳於他岐如是而學有不進者未之有也學既進則以修身齊家酬酢天下之事而極參贊之功也何有嗚呼其念之哉眷

德篇朕惟人得天之理於心所謂德也是德也人孰無之而能不失焉者蓋鮮是以自古聖賢大學教人之法必拳拳以明德為言而大易取象於蒙作聖之功亦必自德始矧太子天下之本

宗社生民所繫可不以養德為先務乎然德之養不一也故總論其綱而其目則首之以端蓋天下衆善皆由此出不正其心則所存或奪於外誘之偏不端其志則所守必狃於他岐之惑雖欲勉強以進於善而德非其德矣然此特以養於內者言之彼外焉一言一動與夫衣服食飲之常皆吾心德之寓也苟有一之不謹則為德之累大矣故次之以謹言動慎服食焉夫德之造進有限而人之逸欲無窮或聲色玩好之來田獵遊觀之縱槃樂自恣侈靡弗約皆所以汩吾心喪吾德者尤不可不戒也故又次之以戒逸欲焉誠能自內以達外由精以及粗表裏交修無少間斷則人欲日消天理日著而吾心德之全體立矣全體既立則推而至於國家天下大用之行夫何適而不宜尚敘之哉厚倫篇朕惟人倫有五曰父子有親君臣有義夫婦有別長幼有序朋友有信即虞書所謂五典周書所謂五教戴記所謂五達道者或詳言之曰七教十義或略言之曰三綱四行或偏名之曰人文人紀皆不越此五倫而已此五倫者出於天性皆所當厚而父子長幼夫婦三倫尤所當厚也

目中所謂隆孝敬則父子親矣惇友愛則長幼序矣重內儀則夫婦別矣睦宗戚則親與序別之推俱備矣四者乃人倫之切於身行於家而治國平天下之本也此而薄焉則施之君臣朋友賓客與夫民物無有能厚者矣故曰其所厚者薄而其所薄者厚未之有也自古聖帝明王以及我

一祖四宗皆誠格於

郊廟敬行於師傅禮周於百官仁被於萬姓義感乎蠻夷戎狄惠及乎鳥獸草木以致久安長治後世莫有追配之者皆由先厚三倫而推之耳爾為儲副當希古帝王法我

祖宗以當天下重任也可不厚於人倫而先其尤當厚者
乎凡載於篇者其詳味而力踐之無忽無怠明治篇朕
惟古昔帝王之圖治罔不夙夜祗勤誠以天下之大萬
幾之繁繫乎一人甚重也苟非理明而素定于其中求
其事至而應之無失者亦難矣惟
天有成命我
祖宗受之以啟丕圖貽我後之人其日監在茲赫然猶
祖宗之時也敢不敬乎況庶政得失庶徵休咎應焉尤
天意之昭灼者也故欲明治道其要必自敬天命始敬之
所寓莫嚴於祀
天而尊

皇明寶訓　成化一卷　十八

祖配天之義
宗廟享祀之制莫不有告焉有報焉有祈焉下逮羣祀亦
猶是也其可責乎故嚴祀典次之近而朝廷天工之代
在羣臣也故擇人才待臣工次之遠而四方天之視聽
在民也故恤民隱次之臣民之賢率本乎教教化之行
必先乎養制禮以端其俗立樂以和其志此教之大方
也故崇教養正禮樂又次之至於聽納審則無壅蔽之
患而上下之情通賞罰公則無僭濫之惑而小大之心
服制財用則絕侈靡而經費有常飭兵戎則戒窮黷而
捍禦有備馭夷狄則廣威德之施而謹夷夏之辨此皆
制治宏綱臨御要道不可有一之不明也於是總論其

綱條列其舉目而措之如運之掌耳尚有撮講而深究
之哉書既成
上又題其後曰惟我
祖宗定制皇太子既立凡中外諸司政務須奏陳者率令
啓聞正欲其廣聞見而達治體也朕侍
皇考亦嘗奉
命出見羣臣預聞政理迨臨御以來競業圖回仰荅
上天篤佑與
祖宗
皇考付託肅然以承
郊廟之嚴凛乎而處臣民之上十有九年于茲蓋嘗因旱

皇明寶訓　成化一卷　十九

災而出禱于郊以星變肆赦海內尊
郊壇重奉大祀增籩豆樂舞尊禮先師廣進士之額試以
民事而後任之重務重老臣之歸優其月祿而復假之
力役加養濟窮民之廪開武學儒生之貢念民之荐饑
也內則減價而糶以周給外則遣官四出以賑濟慮獄
之不清也每盛暑而於兩京恤刑或間歲而於天下審
錄修文史而究武略飭內治以攘外侮戢墻僭竊底寧
邦家猶宵旰靡遑惟功業未茂德惠未周而治平之效
未臻也夫為治之道舉大綱者必挈其要振衆目者必該
其凡是編所述庶幾盡之汝與務學之暇尚究心焉用
副朕所以豫教之意也其念之哉

睦親

○天順八年正月庚辰襄王瞻墡奏近聞德王及重慶公主出居外府而郕府王妃尚爲住其間往來朝謁恐有未便宜遷於別所

上曰叔祖所言良是但郕王妃寡居孤女未嫁姑自西内遷居外第益

先帝盛德事也今若他徙恐致驚憂其勿徙

○九月戊辰郢府南漳郡主奏乞命其子周堈入國子監讀書

上曰南漳郡主係宗室之親其子周堈既有志讀書宜令入監照例出身

○成化三年二月庚子德王將之國以歲用米鹽等物一時難於措辦乞仍關用候莊田成收日停止

上允之令今歲撥與白熟粳米二百八十三石鹽歲與一百引馬草豆到府日爲始給五閱月内官内使於所在官司每月人給米四斗亦五閱月而止

○五月壬子寧府臨川王長子奠堉以罪降庶人幽閉于其祖獻王墳所久之奠堉奏身罹重罪誠所甘心但子女今俱長成同受禁錮非其罪也禮部以聞

上憫其情曰古者罪人不孥况宗室乎宜聽其子女與士庶之家婚配仍令有司量給財禮助之

○成化六年四月己未襄王瞻墡有疾

上命醫齎藥馳驛往療之

○成化十年二月壬戌晉王奏鎮國將軍美墻有母喪請以其歲祿量支本色爲喪費户部以爲無例

上曰送終之禮人子不得自盡則貽終身之悔美墻請祿米以供母喪雖無故事宜特從之其令所司全給一年

○成化十一年十二月戊子

上勅廷臣曰曩者朕叔郕王踐阼戡難保邦奠安

宗社亦既有年及寢疾臨薨之際姦臣貪功生事妄興讒構請去帝號

先帝尋知誣枉深懷悔恨以次抵姦于法不幸上賓未及

舉正朕嗣承大統于茲一紀每思先儒有言祖父有欲爲之志而未爲子孫善繼其志而成就之此所謂孝間以帝號之復質諸

聖母皇太后亦云此

先帝本意宜即舉行朕祗服慈訓敦念親親誕告在廷用成先志其郕王可仍舊皇帝之號所有尊謚禮部會議以聞務合人心毋乖典禮仍令所司修飾陵寢如勅奉行

○成化十三年十二月丙申户部郎中李埛然奏鳳陽水災官無儲蓄建吳二庶人初家眷十八口月給米二十五石今已故大半而所供如舊請量減之事下户部議

其言可從
上曰庶人所用乃
先帝欽給之數豈可輕減宜移文鎮守等官查審可否具
奏處分
○成化十五年十月甲申肅府汾川王貢銯以府第被災
三喪未舉請賜肅簡王截支祿米六月又伊府西鄂安
僖王鍜缺妃李氏王薨男幼未封乞歲祿年終停止
上曰朕于宗藩篤念親親之誼每事務從優厚今汾川王
及西鄂王妃俱乞給停支祿米以資喪葬之費覽其奏不
覺憮然其悉如所請給之
○成化十八年十一月己酉韓府樂平王奏懷悼二王皆
皇明寶訓 成化一卷 二十五
以無嗣而薨二王所遺妃各有米養贍今彰化王偕潞
進封韓王二妃之米例皆停免而韓王止養悼王妃懷
王妃遂至失所敢以請
上曰朝廷以仁治天下民間孤貧者尚有養濟之典况在
宗親而可委棄耶彰化王既進封韓國二妃義當同養
其即分祿米以養懷王妃毋令失所

重宗支
○成化元年二月乙未廣昌安僖王美堅生母劉氏奏王
生時嘗以從兄雲丘王第二子鍾鉚為嗣今王薨無嗣
請以鍾鉚襲封王爵
上曰過繼子封王無例鍾鉚仍准本封為鎮國將軍承廣
昌王祀
○成化十五年閏十月丁巳衡山恭惠王妃陳氏乞以衡
陽莊和王次子鎮國將軍豪郢為繼嗣且欲進襲王爵
上曰
祖宗舊制王爵至重前此未有以從子襲爵者朕何敢專
且豪郢既係衡山王姪同氣至親只以將軍承繼宗祀
管理府事何不可乎若從其請則是衡陽之子有二王
矣違
祖訓而狥私情朕不為也其已之
○成化十七年正月乙未慶懷王薨弟岐陽王邃塀襲爵
邃塀以其父秩煚乃慶靖王長子奏乞查處于是懷王
皇明寶訓 成化一卷 二十五
母妃孟氏奏邃塀紊亂宗派謀奪封爵事下禮部言靖
王子康王秩煃雖云第四係嫡出真寧莊惠王秩煚雖
居長乃庶生當時一日同受封爵及各子承襲已定正
統四年莊惠王奏奪封襲
英宗睿皇帝已嘗降勑切責乞遣勑諭王宜遵
祖宗定規永保祿位
上是其言既而邃塀復奏前事禮部乞下所司轉行該府
數檢啓王遵奉先勑毋再覬覦非分詔如所議行未至
而邃塀又奏岐陽王冒伯作父不無背義于是禮部言
自康王論之則岐陽以子繼父自懷王論之則岐陽以
弟繼兄揆之于義皆無不可

上以康王傳序已定而眞寧王累次奏擾降勑切責削祿
米三之一復以救援不行諫止命巡按御史逮問之
○六月辛亥晉王鍾鉉奏廣昌安僖王長孫奇澢年已長
成且故王原賜儀仗印冊尚在乞襲封王爵禮部覆奏
安僖王無子妃劉氏奏以兄子鍾鎁爲嗣乞封王爵以
無例止封鍾鎁爲鎭國將軍管王府事令其子奇澢止
應封輔國將軍
上諭晉王曰承襲王爵宜遵
祖宗成憲毋再煩擾廣昌王印其即遣人賫送來京

褒宗室

○成化十年二月己巳安昌王膺鏞父岷王得風疾侍湯

藥晨夕不懈岷王嘉之奏乞旌表禮部以無例聞
上特賜書奬諭曰國家以孝爲治凡臣庶孝行卓異者必
旌表之以風教天下以圖成大順況于宗室有能惇行
可無奬諭用勸將來耶叔性稟孝謹爰自幼齡因父王
嬰疾每朝夕侍側供奉湯藥迄今歲久益無懈怠朕聞
之嘉歎再三以爲孝乃天地常經人倫大本叔能惇行
令聞茂著寧不有光於宗室有光於國家乎詩曰永言
孝思孝思維則永言謂長念也又曰孝子不匱永錫爾
類類謂祚胤也繼自今常存此心益崇此道則不惟叔
可以儀式藩邦衍福胤于無窮而我國家亦有無疆之
休矣

○六月丁卯韓王偕灊奏曾叔祖襄陵王範址性至孝嘗
刲股剪髮以療母疾今年已七十有五爲祭掃猶躬自
負土培母墳哀慟誠切古所謂終身慕父母者王蓋有
之乞加奬諭以爲宗室子孫之勸
上特移書奬諭之曰覽韓王奏知曾叔祖高年至行嘉歎
再三夫孝人道大端人子親存能致孝養者固多至于
既歿而孝思不衰者鮮矣惟曾叔祖曩因母疾刲股剪
髮以進母疾良愈諒又盡力竭誠于體魄栖愍之所其
於事親終始之道兩無愧焉乎宗室不有光歟于風化
不有勸歟曾叔祖其益篤孝行以爲藩輔之式異日垂
名簡冊諒有在焉

○成化十七年八月己酉韓王偕灊奏臣曾叔祖樂平王
冲炵年踰七袠博覽羣書一言一動必效古先誠可爲
宗室式乞璽書褒崇庶有所激勸
上致書冲炵曰凡宗室中將軍中尉苟有一言一行可取
朕聞之猶且喜慶況曾叔祖篤志好學老而不倦嘉言
善行非止一端增光天潢爲法宗室足愜朕懷者哉兹
特賜書奬諭王尚當始終如一壯老一致俾諸爲惡獲
罪者景範變化悉歸于善非但可以寬朕之心而
祖宗在天之靈亦可以少安矣惟曾叔祖亮之
○成化二十年七月甲寅
上致書褒奬樂平王冲炵曰兹者韓王又奏稱曾叔祖年

高德邵善行昭彰朕聞之心甚嘉悅昔東平王有云為
善最樂夫處崇高之地不以富貴自淫惟以為善自樂
史冊書之後世以為美談今曾叔祖年躋耄耋樂于為
善宗室尊之國人式之足以增光本支而永隆藩輔其
賢于漢東平王也遠矣茲特致書褒奬其益善加調攝
順養天和以為親族楷範用副朕惓惓眷念之意惟曾
叔祖亮之
諭宗室
○成化三年四月己亥襄垣王仕壥第三子奪人妹為妾
且稱為次妃
上降勅諭襄垣王曰王府娶婦事當奏請妻妾名稱各有

等第今王之子强娶人女為妾擅名次妃悖于禮法寔
無礙争此皆不能嚴束所致王其切責之今還其女厥
無後悔
○五月丙子襄陵王冲炑奏所居平涼城隘地狹支庶日
繁不足以容乞徙居湖廣或江西建昌
上以分封已定不允遣書諭之
○成化六年五月丙午襄陵王冲炑奏虜入河套致煩朝
廷出師征討願率子孫及壻從總兵等官征勦用効微
勞
上以書復王曰比者醜虜潛住河套累犯邊疆朕憫生靈
之苦已命將出師征討矣茲得王奏願率子孫并壻從
兵効力勦除之此可見王有忠君愛國之誠憂時恤民
之意朕甚嘉焉但王以宗室至親名分尊崇難與總兵
等官同事況國家自
祖宗以來藩邦無從兵共討之例專書以復王其亮之
○成化十四年十月辛丑韓府漢陰王徵鋋無子臨薨時
其妃父周恂教以託言宮中有將育者至期密取他姓
子女養宮中王母妃平氏亦與聞其事既請封為恂姻
家所發恂凌遲處死冒封男女及平氏周氏俱賜自盡
追降徵鋋為庶人
上乃貽書各王府曰朕惟徵鋋乃韓憲王曾孫憲王實
太祖高皇帝之子

高皇帝奄有天下封建諸王藩屏國家以為千萬世不拔
之基豈意徵鋋祇因乏嗣顧戀房闈私愛輕信外人邪
謀致使其母暨妃下挹汙池之流上瀆天潢之派其得
罪於
祖宗豈小小哉身雖淪亡咎難容貸已革其封爵削其謚
號追廢為庶人用彰朝廷大法用慰
祖宗靈明以為將來警戒嗚呼昔人誠鄙春秋所誅而徵
鋋忍心害理一至于此
祖宗以來所未有也夫人聞之莫不憤怒況於朕乎況於
宗室乎尚恐各宗室親王未知其詳特命所司抄謄并
書備告親藩尚其亮之

戒飭諸王

○天順八年六月甲辰晉王鍾鉉保陞承奉副張泰等二十員為承奉正等官皆預定其職以聞

上以書戒王曰得奏欲以承奉副等官張泰等二十員陞授承奉正等職既已定擬職名復何奏請且陞除王府内官出自朝廷若遇員缺只宜具實并開相應者奏知以憑陞補王乃擅自定職泛濫陞除是何理也此必下人撥置今皆不准亦不究問特書戒王王宜自省今後行事當遵

祖宗法度毋得任情妄為庶可保全令名王其戒之慎之

○成化七年六月壬子鄭王祁鍈有罪

上降勅戒諭之曰朕惟

祖訓有曰王國文武官有能守正規諫助王保全其國者毋得輕易陵辱朝廷聞之亦以禮待况長史居輔導之首其所勸諫自當聽納豈有責辱之理且人之大倫莫重於君臣父子夫婦爾溺愛不明追咎前妃遂惡其子因長史等官勸諫屢行責箠是又悖

祖宗遺朝命其於三綱何如朕篤於親親尚慮爾一時過失未必終身迷謬特遣駙馬石璟賫勅戒諭爾宜深自警省教育世子不可偏聽讒言以搖奪之仍與選婚俾有繼嗣不然改名失德而於爵位抑恐難保爾宜深思熟慮毋貽後悔

○成化八年九月丙午代府鎮國將軍仕墍既坐罪削冠帶禄米遷住絳州靈丘王遜烇請宥其罪

上命靈丘王促之還仍戒其毋再違法且勅襄垣王仕壥曰爾先奏鎮國將軍仕墍謀害違法等情命官覈實止得其冒犯之罪亦在赦前其餘皆誣爾不自懲復以前事奏輒有不相容之勢此豈待弟之道哉惟兄能友愛其弟則弟必敬順其兄兄弟協和乃為盡道而交惡如此豈不有玷宗室哉朕已勑責仕墍俾盡弟道爾為兄者亦須篤念同氣加之恩愛毋以小憤而乖大義毋以一事之失而結終身之怨翻然改悔庶可保全令名王其慎之毋忽

○成化九年三月戊戌鄭府左長史江萬程等奏鄭王祁鍈疎薄世子屢諫不從懇移臣下

上命太監王允中英國公張懋賫勅往諭且諭允中等曰爾至可諭王若能改過遷善親愛世子禮待輔臣庶可永保富貴如或稔惡不悛將有不測之事爾便宜斟酌人情事勢隨宜處之允中等詣府宣諭勅旨并以

祖宗大法及國家親親之恩人倫父子之道曉之王遂具奏謝罪允中等亦奏鄭王稟性急躁喜怒不常且好飲酒世子性亦剛烈子道少盡是以父子相失今王雖改過難保將來宜徵世子至京讀書習知忠孝之道俾王月自省改庶得區處之宜

上曰鄭王既自言修身改過世子不必取來姑驗其親要
之實若此後不如所言朝廷別有處置仍移文長史啓
王知之
○成化十年十月己酉襄垣王仕壥居山西蒲州與子鎮
國將軍戌鋹所為多不法又與弟鎮國將軍仕墅不和
因誣奏其藏妖書等事命官往勘所奏皆誣
上乃賜勅切責仕壥曰得御史三司奏勘爾所奏事情皆
虛顯有誣陷之意凡爾身所自蹈者為兄則不仁為父
則不義違法敗倫有玷宗室揆以
祖宗大法當革爵閑住但念爾一時迷誤或出小人撥置
姑從寬貸特減去歲支祿米三之一俾示懲戒自後宜

痛自改悔躬率爾子各守禮法毋縱慾以乖人道毋徇
私以昵小人毋揑詞以陷同氣毋恃恩以慢國法庶可
保全令名永享王爵如或不聽法必有加雖悔何及
○成化十四年七月壬申趙王見潚先以有罪革冠服令
戴民巾讀書習禮至是其母妃懇為之請
上乃賜之勅曰往年皇親文武大臣合辭奏王悖禮犯法
之事難以悉數揆之
祖訓本當拘取來京降為庶人朕念親親特從輕典止革
冠服戴民巾讀書習禮俾圖自新今纔二載王母妃十
次乞恩謂王自知惶赧悔悟深切夫人有過貴乎能改
過而能改必遷於善特允所請復王冠帶仍當國事而

後王當聽信輔臣毋狎近羣小當仁民愛物毋非法虐
下當正大持身毋恣意淫戲當禮遇親族毋戕害骨肉
當鎮靜圖治毋驕擾軍民凡府中一應事務必遵成憲
必本天理必合人情然後斟酌而行庶幾祿位可保無
虞藩邦可保永昌矣不然禍仍逮身追悔無及
○成化十八年四月丙午晉府儀賓劉欽欲以東勝縣主
存日所貯折色鈔三萬貫并支祿米四百石暨其十八
年以後祿米內辭二百石以備救荒之用
上曰欽欲以常祿救荒顯是沽名因遣書晉王以戒飭之
曰欽之此舉有三失焉王府凡事皆當啓王而行茲欽
專擅妄為其失一也縣主既沒自有有司載日往支何

勞欽言其失二也山西連年饑饉朝廷西顧之憂無時
或已舉一方之徭役糧草悉停不徵措置鉅萬之銀物
尚慮救不足而欽纖芥之祿何濟欽意謂此舉上可以
動九重之知下可以得衆人之喜沽名釣譽炫耀夸張
其失三也此三失之外或有非義隱匿于中亦未可知
書至王即拘欽責以前失俾示戒懲令其改過自新安
分守常讀書窮理自有樂地何必為是矯激虛誇哉
○成化十九年六月乙亥寧化王府輔國將軍鍾鈜訐奏
山西左布政使李益貪淫諸罪遣官按之多誣鍾鈜乃
賂益左右俾證其事事上獨得益特身少謹亦宜坐罪
上曰人各有心曲直誠偽不能自掩鍾鈜飾詞害人又賈

求誣蹬此末俗姦人所為而宗室為之可乎降勑切責
俾知愧改益既無貪淫實情縱有小過不宜深責令贖
罪還職仍停其俸半年
○成化二十二年八月癸未鄭王祁鍈之子盟津王見濍
以罪革爵降為庶人
上以鄭王不能教子降勑切責曰見濍之稔惡伊誰之咎
蓋王與見濍親則父也尊則君也果能愛而知教之則
彼未必不可變惡而為善王乃不然既因寵愛其母驕
彼失教於前又因姑息於彼致令造猳於後況又不率
以正擅令宮人出外王所為若是彼見濍其肯心服乎
此正所謂身不行道不行於妻子也今後王當以正自

處以禮自防務篤天倫之誼廣義方之訓俾一府之内
閨門整肅家道雍睦父子兄弟不至於傷恩招辱斯可
以為宗藩之表率不然
祖訓具在朕何敢私
　遵舊制
○天順八年八月辛卯大學士李賢等言近科道官言舉
官須會內閣計議但
先帝有旨保官審因不必會同翰林院遵行已久宜仍不
預為是
上曰內閣儒臣所以輔朕裁處萬幾者如舉官論獄亦令
參與事有可否誰更商確卿等言是

先帝著令宜永遵守
○成化二年三月癸亥禮部尚書姚夔言近者南京參贊
機務兵部尚書李賓奏南京饑荒欲令各處生員及南
京文武官子弟納米入監切惟國學乃育材之地朝廷
所資以致治者恐不宜以貨為賢宜別為處置賑濟
上曰
祖宗設太學以教育賢材非由科貢者不得濫進今賓等
建議欲令官民子弟出錢穀以賑饑民補太學生古無
此比且天下財賦所出其途孔多學校豈出錢穀之所
哉禮部議是其勿許
○成化六年九月丁亥鎮守雲南黔國公沐琮言近奉詔

書土官襲替止令御史三司保勘多有不知夷情或聽
請囑以至土官爭襲或相讎殺乞仍舊例令臣與閫臣
處
上曰琮先世為雲南邊夷信服久矣今土官襲替琮不與
聞人將致疑其遵正統年間事例行
○成化七年十二月甲午庶人徽㸅女寶鑑以父幽閉歲
久乞宥免
上以徽㸅嘗結苗兵謀叛情罪深重宜禁錮終身蓋此乃
祖宗之法不可廢也
○成化十年三月癸卯趙王見灂奏祖簡王舊歲祿米三
萬石令臣襲封止給三分之一請如武臣世襲例增撥

原數户部議奏
祖訓親王祿米例止萬石其後有增給者乃出一時特恩
未敢定擬
上曰
祖宗既有定制難輒改變其勿許
〇七月庚申雲南總兵官黔國公沐琮請如鎮守兩廣總
兵官陳鋭事例節制雲南三司兵部覆奏謂琮世守雲
南與鋭事體不同若令節制事權太重唐之藩鎮可鑒
也哉三司遇事宜復設巡撫為便
上曰國朝建官之制文武相頡頏雖嘗覧勑總兵節制三
司乃一時權宜難以著令兵部議是巡撫亦不必設

〇成化十一年五月丙辰户部奏寶丘王長子壯𡐿未受
封其庶長男成殺次男成鑢成銅俱尚為輔國而所司
失於䟽封鎮國請為改正計其婚封至今幾十年多支
祿米亦當扣除
上曰封爵乃
祖宗舊制不可不正其濫支祿米亦當追奪但既往不咎
其勿復除
〇成化十二年十二月乙未巡撫遼東右副都御史陳鉞
奏乞賜勑執問都指揮以下官
上曰人臣不得專擅威柄雖有一時假以權宜者非
祖宗舊法也陳鉞欲請勑自都指揮以下徑行執治是欲

專擅威柄邪所請不允
〇成化十五年十一月壬寅襄王祁鏞奏乞追封故妃李
氏為襄王妃然與臣母妃靖氏封號無辯竊觀諸司職
掌命婦因子孫官爵封母并祖母者竝加太字議禮出
自朝廷乞如命婦制
上曰議禮雖出自朝廷但
祖宗舊制乃萬世臣子所當遵守者其敢擅增顧爭詩云
不愆不忘率由舊章王所請非舊章其已之
〇十二月壬子監察御史許進以各布政司鄉舉考試官
緣狥私情所聘多非其人乞如兩京例命翰林官為是
上諭禮部臣曰布政司鄉擧自聘主司乃

祖宗舊制行之已久許進何得具奏欲改之且科目選賢
國家重事若聘主司狥私作弊無往而不為惡利矣爾
其行各巡按御史并布按二司今後敢有作弊者令互
相糾擧或爾部中看詳體訪得其人必重治之
〇成化十六年五月壬辰禮部侍郎周洪謨言宋儒朱熹
所註釋五經四書間有承漢唐諸儒之誤者乞特勑儒
臣考訂
上曰五經四書漢唐宋諸儒註釋已詳具有源委永樂中
儒臣奉勑考訂纂修悉取其不悖本旨者輯録之天下
學者誦習已久周洪謨乃以一已之見欲再紛更事在
難行已之

○十二月己未吏科給事中王瑞等言比湖廣江西等處
巡撫等官各奏所部連年災傷民饑盜起請免有司明
年朝覲夫地方多事自宜設法拯濟何至故違舊制使
朝覲大典漸至廢弛今有司畏避考察而巡撫官輒徇
之殊為不當
上曰三年述職國家舊典豈可以一時一事廢之若徇所
司使各庇其屬天下官吏將藉以為辭雖有貪暴怠荒
者烏得而黜之給事中言是自後一如所奏嚴為禁戒
其令吏部知之
○成化十八年閏八月丁卯兵部劾奏南京留守前衛百
户高洪趙顒違例謀管屯田事請治其罪并如舊制定
以屯田官數

上曰國家做古屯田之法用戍卒耕守蓋寓兵於農意也
地之給其人者各有定業官之治其事者亦有定員行
之既久其法漸廢戍卒多役於私家子粒不歸於公廩
管屯者有積蓄之利而無差操之苦所以啓後來者之
謀也洪等宜加究治餘悉如爾兵部言
○成化十九年四月癸酉淄府遼山王幼塋以妃秦氏故
乞免遣内官致祭恐臣老子幼不能祗奉獲罪
上曰王府喪禮遣官致祭國之常典而王以不能祗奉獲
罪為辭豈以為厲己耶令所遣者成禮而已無他也王
其勿辭

○成化二十二年九月壬子襄王祁鏞奏郢梁二王宮櫬
正統間薨逝無嗣其寢園惟奉祠及軍校等守之乞命
本府長史司帶領庶得以時修其祀事
上曰二府奉祀及軍校皆
祖宗設立與長史無預不可從
○成化二十三年二月壬午遼府鎮國將軍恩鉄等欲各
以從人易校尉兵部以聞
上曰校尉之設所以為王儀衛將軍止用從人
祖宗之制各有定分豈可僭踰恩鉄等欲更換民校是非
分之求也止宜如例給與從人應役自今違例乞請者
不必覆奏

嚴祀典
○成化九年九月丙午永平府知府王璽奏伯夷叔齊廟
在府境内洪武中有司春秋致祭景泰中始廢今已重
建請賜廟額及祝文
上曰伯夷叔齊清節凜然大有功於名教宜特賜廟額曰
清節其令詞臣撰祭文有司以時致祭
○成化十九年四月乙巳巡撫陝西都御史阮勤奏陝西
有周公祠墓及漢諸葛亮宋范仲淹呂大忠兄弟祠俱
歲久頹壞乞修治并賜祭
上曰朕考祭法凡法施於民以勞定國者則祀之矧周公
制禮作樂通行萬世諸葛亮興復漢室范仲淹經略西

夏皆有功當時而呂氏兄弟得伊洛之傳又於名教有
禰者祠墓弗修祀禮廢墜量察法崇德報功之謂哉其
令有司各加修治於周公廟歲春秋二祭墓以二丁守
視亮仲淹及呂氏兄弟俱歲一祀之庶稱朕褒表先聖
先賢之意
○成化二十一年十月甲辰太常寺以
英廟惠妃節朔致祭并與
英廟賢妃位次祭品爲請
上曰惠妃位列賢妃之次冬至用素羞於槅前祭之
垂恩典
○成化四年四月己亥尚寶司卿朱奎乞以其子賓入國

子監讀書既得請矣科道官交章劾奎違例因上乞賓
于法
上曰蔭叙子孫此朝廷優禮大臣之典若槩而施之則名
器混淆無復差等奎秩不應蔭而乃朦朧奏乞論法當
治其罪姑宥之罷其子無令入監
○庚子户科給事中李森言在京三品以上子孫生於貴
族鮮克由禮乞停其入監之例
上曰先王之致仕者世祿京官任至三品以上蓋亦積歷
久而勞勤著矣朝廷錄其子孫一人入監固未爲過朕
祖宗明有故事今李森昧於古訓特論刻薄不體朝廷忠
厚之意朕所未諭但古者賞延於世所以報有功自今

三品以上官非歷任年久政績盡著者不許濫叙其子
孫庶幾人知所勸
○成化五年六月乙卯南京刑部尚書耿九疇子翰林院
修撰裕言先臣官行應得謚
上賜謚清惠因諭禮部臣曰謚法當時自有公論今後已
往者不得陳請
○成化二十一年十月庚辰故南京刑部右侍郎陳儼子
永援例乞爲國子監生
上不許且勅所司今後大臣子孫乞恩入監須審其父祖
歷任久而政聲著者方許奏聞
仁政

○天順八年三月戊午大學士李賢等言今天時有未和
者皆由陰氣太盛所致也自宣德至天順間選取宫人
數多其中不無嗟怨有傷和氣乞特賜簡閲留其有職
務及不願出者其餘願出并浣衣局婦女皆釋放寧家
此實前代聖帝明王盛德之舉
上曰卿言合朕意其亟行之於是放出宫人中外欣悦
○成化二年十二月乙丑禮部尚書姚夔等言今京城街
市多有疲癃殘疾之人扶老携幼呻吟悲號非徒足以
干天地之和而四夷朝使見之亦或將爲所議乞勅五
城御史拘審其有家者責令收管無家者收養
上曰無問老小男女有家無家及外來者順天府盡數收

入養濟院記名養贍毋令失所
○成化三年九月甲子巡撫宣府右僉都御史葉盛奏虜中走回男子例充勇士其不堪者發回原籍所司不知憐恤致彼復走虜中爲孼又民年高者所司例有養贍或給與冠帶榮身乞令軍衛高年者一體編及以均沾
恩典
上曰中國人不幸陷虜中既而來歸其情義可嘉民年至于八九十王政所當優者安有軍民之間盛言有理所司其詳議以聞
○成化九年正月辛酉順天府府尹李裕奏本府所屬州縣以去歲旱災秋麥未種欲委通判等官設法措置

上曰賑荒勸農救民相當皆王政首務其亟行之
○四月戊辰有言京畿內外多有棄屍道路者
上命巡街巡河御史嚴加禁約仍督所在埋瘞或勸義置館自相義助
○成化二十一年五月丙子太子少保都察院右都御史朱英奏比者京師流移之民聚集日多宜令順天等府縣并五城兵馬司月給米大口三斗小口一斗五升毋令失所
上曰京畿旱荒民不自保皆入城就食情實可矜若不有以賑卹之使進退無據將死于溝壑矣其如英議給與之

太明憲宗純皇帝寶訓卷之一　終

大明憲宗純皇帝寶訓卷之二

光祿大夫柱國少傅兼太子太傅禮部尚書武英殿大學士臣呂本謹校
南京禮部精膳清吏司郎中臣陳治本
南京兵部職方清吏司主事臣朱　錦謹閱
南京工部屯田清吏司郎中臣呂胤昌

寬宥

○成化三年七月甲子赤斤蒙古衛指揮敢班初數侵掠邊境邊將以計致之京師請安置遠方
上以奥狄不足較特寬宥之仍命譯者諭之曰爾等數擾邊陲按之國法在所必誅縱用輕典亦宜編置南徼以懲不庸今姑貸爾仍加優恤爾其體朕至意各安職業

以爲外禦若恃恩再犯決不輕恕
○成化五年七月乙巳建州左衛都指揮佟那和剌等奏乞命都督董山子脫羅李古哈納姪完者禿各襲其父伯之職事下兵部請裁處
上由虜酋背恩忘義罪當族戮今首惡已誅餘皆悔過向化朕體
上天好生之德悉加寬宥脫羅等既衆人奏保其授脫羅都指揮同知完者禿都指揮僉事令統束本衛人民依前朝貢再犯不貸
○成化十年七月丙子巡撫山東左僉都御史牟俸奏濮州所獲乘飢作亂賊首董現房勝其黨十餘人今皆瘐

死惟勝弟教依律擬斬今詳教初不同謀亦未嘗拒捕
止因同居連坐情實可矜
上曰民以飢荒欲倡亂有司不能撫治例以常律處死朕
甚憫焉同居者既不預謀宜宥其子杖而戍邊已死者
家屬財產悉宥勿籍
○成化十四年八月壬辰直隸永年縣民龔祥呂子良犯
私鑄銅錢罪論斬其親鄰俱言二人皆父母年老無他
兄弟侍養特以艱窘之故誤罹刑憲御史以聞都察院
議人緣艱窘犯法以為情有可矜則人爭相視傚何所
不為但所犯非常赦所不原而父母年老無人侍養又
律所載宜取旨裁決

○成化十九年二月丙子延綏右參將郭鏞與虜戰三里
塔擒斬有功是日別有虜犯其境大栢油川鎮守巡撫
等官請罪鏞於是鏞上奏自辯
上曰三里塔栢油川皆郭鏞分守之地顧此失彼其勢不
能兩全況既出戰與他閉門畏縮者不同設更罪之不
已甚乎姑從寬宥俾知感激庶可勵其異日立功之志
○七月乙未大同總兵官許寧等奏分守左參將劉寧左
監丞石巖自宣府移守陽和又二日虜犯其境亦俱失
機當罪兵部言二人移守甫及信宿罪難槩論
上曰兵部議是士卒非素所拊循則不識將意難以為用
寧等頃自宣府移守陽和甫二日爾號令未行威愛未

立部下之勇怯地利之險易俱未究知而因一挫即以
軍法定罪可謂不酌人情不較事勢而欲以服人心其
難矣俱貸之令勉圖後功以贖前罪
○十月丙子廣西右參將廣東都指揮同知歐磐初分守
柳慶冦至失利應坐充軍律至是鎮守等官盛稱其威
令大行及其他調度皆可稱道乞從輕處治以激勵邊將
上曰古人謂使功不如使過賞罰操縱自有權度所以鼓
舞衆志而使人樂於效命也歐磐既功可贖罪宜從守
臣之言姑宥之令復舊任悉心殺賊以圖後功
○成化二十年九月己亥哈密都督罕慎克復舊城特執
土魯番酋長哈哈褫送甘州至是請釋之

上曰脅從罔治古之法也矧在夷狄固當略之哈哈可遣
歸本國仍令傳諭其國王孫女阿黑察及大小諸酋自
後務睦鄰保族毋相殘以干國法
○成化二十三年七月甲辰鴻臚寺寺丞孫繩宣讀有誤
為御史所劾
上宥之且曰鴻臚寺官宣讀無大失者後勿劾
明斷
○成化元年十一月癸亥左軍都督過興鎮守廣西召還
道湖廣郴陽縣怒知縣李翰接應夫船不時令子得隆
率部卒執翰及其子釗榜掠無完膚俱死河下而興亦
以疾死于道翰妻入愬于朝事下法司差官勘實得隆

伏罪其母擊登聞鼓稱冤
上以其妄愬不聽命即誅之
○成化二年六月癸丑錦衣衛正千户陳珏㫄以畫藝得
官至是卒無子其姪錫請襲職兵部以非軍功請勿許
上曰官以酬功珏畫藝非軍功比况又無子一時暫假之
恩豈後世常行之典勿令襲是
○成化六年正月乙酉廵撫陝西都御史馬文升王銳各
奏去冬虜入延綏葭州保安等縣寨安邊等營殺掠
人畜焚燬室廬因劾守備都指揮陳英等閉門坐視守
堡指揮盛銘隋能等捍禦無策且言知州孟泰等不先
移民入堡亦當治罪

上曰州縣官不係統兵守備之任且方給軍需難於槩問
若邊將弛備之罪良由法令不振而然陳英等宜行廵
按御史究治其有功勞可贖者仍具實來聞
○四月丙子南京守備等官成國公朱儀等奏南京有盜
王阿童為盜二十餘年已經五犯皆以犯在赦前得免
今復被獲如仍擬杖犯恐益長其惡
上曰赦所以許人自新而小人乃倚赦為姦是豈可縱夫
辟以止辟虞周之刑也王阿童其審實處决今後問擬
竊盜仍以赦前後通論三犯其著為令
○成化十三年九月庚辰朶顔衛都督阿兒乞蠻等乞粮
上以其多詐不允

○成化十九年十一月辛丑廵撫山西右都御史邊鏞奏
國家西北藩籬先大同而代州鴈門次之今大同既宿
重兵而鴈門兵獨少可於代州立帥府設總兵如大同
之制兵部尚書張鵬覆議以為不必立
上曰將得其人雖一旅足為萬里之長城非其人雖重兵
不足為北門之鎖鑰其如兵部議已之
正風化
○成化五年四月乙丑御用監左監丞龍閏娶南和伯方
瑛妾許氏為妻事覺
上曰在昔帝王以内官給事内庭以其絶生道無外覩也
今閏在外娶妻何異常人其即離異閏仍送司禮監處

治之
○成化十一年十二月辛卯國子監祭酒周洪謨言洪武
間學規嚴整士風忠厚頃來大不如昔奔競紛紛欲壞
累朝循次撥歷之規且群造謗言宜加禁革
上曰太學者賢士之所關也今諸生所為若是則禮義蕩
然矣後將何賴禮部其申明洪武間學規備榜戒諭之
○成化八年九月甲辰通城王府儀賓郭成以父卒於寧
遠衛啟王欲奔喪不從乃潛歸湖廣按察司劾其罪
上曰聞親喪奔赴人子迫切至情有不容已者非有他過
其宥之
○成化十八年十一月乙巳廵撫河南都御史孫洪請禁

諸王府以親屬為婚姻
上曰婚姻人道之始禮之大者不可不謹矧藩府為朝廷
親屬宜為朕遵行以先天下著為令
○成化二十一年四月己未訓導鄭環言浙江温台處三
府人民所産女子慮日後婚嫁之費往往溺死殘忍不
仁莫此為甚乞令所司榜諭下都察院議此槩不獨三
府延及寧紹金華并江西福建南直隸等處亦然宜悉
榜諭如環言
上曰人命至重父子至親今乃以婚嫁之累戕恩敗義俗
之移人一至于此此實有司之責自後民間婚嫁雖查
務稱家有無不許奢侈所産女子如仍溺死者許鄰里
皇明寳訓　成化二卷　六
舉首發戍遠方
崇儒
○成化元年四月丁丑朔孔子五十六代孫克昫以子姪
繁衍日用不給乞竊田粗
上曰孔子有功於萬世其子孫在所優恤命有司蠲其粗
○成化四年二月辛亥六科給事中十三道監察御史皆
言掌太常寺事禮部尚書李希安發身道士不宜令預
經筵
上曰經筵之設所以講明道學關係甚重故侍從皆用文
學之臣希安既非儒流可罷侍班但令供禮官之職
○成化五年二月庚戌大學士彭時等以衍聖公孔弘緒
從宗侍青城京問理上奏弘緒貪淫暴虐依法提問固
所當然但望
皇上念先師扶世立教之功寛其桎梏特取至京議奏處
治盡律其八議弘緒正合應議之例
上曰宣聖子孫朕素所優禮今弘緒自罹于法殊玷家聲
卿等欲俾其散行就逮雖非所以處弘緒而於待孔氏
之道則得矣其須繫之
○成化十二年七月辛亥國子監祭酒周洪謨言孔子冕
服已用天子之禮宜增籩豆為十二佾舞為八則禮樂
相稱
上曰尊崇孔子乃朝廷盛典宜從所言其籩豆佾舞俱如
皇明寳訓　成化二卷　七
數增用仍通行天下悉遵此制
○成化十八年十一月壬戌顏氏六十一代孫翰林院
五經博士顏公鉉奏顏子廟缺人灑掃請如孟氏例撥賜
上曰國朝祀典二廟並隆孟氏既有廟户而顏氏獨無誠
為缺典其令有司如孟氏數給與之
○成化二十二年十一月乙卯禮部以博士顏公鉉請脩
顏子廟覆奏
上曰顏子孔門高弟道德可仰身先配享而家廟不脩可
乎其令有司以脩孔廟工役重為脩葺
興學
○成化元年三月丁巳

上視國子監躬謁先師孔子行四拜禮幸彝倫堂武官都
督以上文官三品以上及翰林院學士皆賜坐祭酒司
業坐講賜茶明日賜祭酒司業等官及孔顏孟三氏子
孫襲衣諸生寶鈔越三日賜祭酒司業及諸生勑曰朕
惟國家建學育才用圖治理儀文之備視古加隆而太
學乃聚教天下之士風化自是而出所關尤重肆我
祖宗列聖興崇表勵先後一心茲朕嗣統紀元之初式遵
成憲躬臨太學祗謁先師孔子勸勵師生顧惟經邦輔
治非學不能成德達才非教不可而進為之方舍六經
孔子之道奚法焉爾師生尚其勉率愼由善乃教端乃
學窮理脩身務臻其極庶幾四方覩然嚮風予一人攸

濟濟多士之效天下其永底于雍熙欽哉
○成化三年二月甲辰
上以
祖宗以來欽降國子監勑諭學規勸勵師生之道罔不周
備因命祭酒邢讓等募工鎸石樹太學中門外使師生
永遠遵守
○成化十五年正月己卯巡撫大同右副都御史李敏奏
令天下學校俱有樂以脩祭孔子大同雖邊方實總鎮
之所而樂獨缺乞照例頒降或容臣製造令諸生習演
奏用庶邊方之遠得以觀
聖化之美甲冑之士亦得以習禮讓之風

上曰國家承平百有餘年文教洽于遠迩大同雖邊方用
武之地諸生誦法孔子與内郡無異文廟脩祭可獨無
樂乎其亟令所司製造樂器俾本學生員習用之
○成化十七年二月癸酉巡撫雲南右副都御史吳誠奏
乞令土官衙門各遣應襲子於附近府學讀書使知忠
孝禮義庶夷俗可变而爭襲之弊可息仍禁約師生不
許索其束脩饋送禮部覆奏以為有益風化事在可行
如地遠年幼者督令開一社學延鄰境有學者以為之
師仍聽提學官稽考
上曰然雲南土官世脩職貢無敢違越但爭襲之弊往往
有之蓋雖由於政而未化於教也其令土官各遣應襲

子就學如巡撫官及爾禮部所言使蠻貊乖爭之風潛
消而華夏禮義之化遠暨顧不美歟
○成化十八年四月甲辰琉球國中山王尚真奏乞以其
陪臣之子蔡賓等五人於南京國子監讀書禮部按洪
武永樂宣德間例以聞
上曰海南遠夷嚮慕文教朕甚嘉之矧在
先朝已有舊制其令蔡賓等於南監肄業有司歲給衣服
廪餼毋令失所務俾通知中國禮義永遵王化
明禮
○成化十年七月甲戌遼王豪墭奏嫡長子恩鑡病故其
繼妃馮氏妾曹氏俱無所出宜令殉葬

上曰
先帝上賓顧命毋令後宮殉葬可以為萬世法況王府前
此未嘗有用殉者今遼王薨其子乃欲以其婦殉之何
其戾耶禮部其移文所司啟王勿用遂其婦別室毋令
失所
○成化十六年三月壬辰晋王鍾鉉為其嫡長孫表榮乞
袞冕章服
上曰冠服之制所以明尊卑辨等威所繫甚重
祖宗舊制親王世子冕服各有章數未聞世孫而有冕服
也將何給王所奏可寢之
○成化二十年六月癸亥禮部送雲丘王鍾鋋長女平陶

縣主欲選古弁郡弁君儀賓啟輅姪繡為儀賓所司以
縣主與郡君同輩行尊卑失序禮難成婚詔令改選而
王復累章陳乞不已
上曰婚姻禮之大節謹始正家之道莫先於此王既為女
擇配其可不論尊卑顧禮義而強欲曲成乎有司已嘗
辨奏猶不知改悔是益違
祖訓而不畏清議也可乎其依前旨改選勿仍執迷
定合
○成化元年正月癸酉鎮守獨石馬營等處奉御進保奏
獨石臨邊之地備禦官軍不可暫缺近以輕罪往往逮
至宣府繫獄恐猝有警急缺人守禦請自今軍中詞訟

必自下而上輕則委官鞫問重則親臨自理
上曰立法正不宜泥於常而忽於變恒有警急之地豈可
以常法處之其悉從所言著為令
○成化三年二月丁巳監察御史趙敔言内外風憲官出
巡遇機密事情及糾劾姦邪自書奏題本多不熟韻書
不免倩人代筆因而泄漏事機請自今重事仍依韻書
寫奏常事從便書寫許用題本
上命在外官宜如舊制其京官公差在外者宜依韻書若
有急切事情恐有漏泄許寫題本務使字畫真楷不許
草率
○成化十一年四月戊子琉球國使臣奏乞如常例歲一

朝貢禮部言去年彼國使臣至福建殺死縣民焚刼肆
惡宜降勑省諭并定以朝貢之期
上乃勑其王尚圓追究肆惡之徒依法懲治自後定為例
二年一貢所遣使臣止許百人多不過更加五人除國
王正貢外不得私附貨物并途次騷擾有累國王忠順
之意
○成化十五年二月甲午巡視倉場監察御史蔣昺言收
受錢粮實户部之事巡察姦弊乃御史之職憲綱事例
具有成規今户部尚書翁世資欲令御史與户部委官
同收有失大體為非宜
上曰粮草出納乃户部職掌舊例御史巡視所以糾察姦

弊此若令御史同事姦弊誰從而革之户部所言殊乖
事體可寢不行
○成化十七年二月甲午户部以京城内外私錢濫行舊
錢阻滞是致錢輕物貴不便於民雖嘗奏請禁約然愚
民貪利鼓鑄私販者益多請嚴加究治且定使錢通融
則例
上曰令後只許使歷代并洪武永樂宣德錢每八十文折
銀一錢能告捕私造者量賞及私販者官校用心緝捕
有知情容隱者咸究問見今揀錢枷項監問者姑宥之
○成化二十年十二月丁丑兵部以巡撫宣府僉都御史
秦紘言各邊鎮守分守内外官往往請以官舍自隨營

私作弊宜損其人數
上曰軍法莫先於戰下令各處隨行官舍既多容有姦弊
宜爲之制鎮守内外官止與五人分守等官與三人其
餘仍取還京著爲令
○成化二十一年二月乙卯兵部尚書張鵬等以陳言事
旨查京營及各處鎮守等官軍伴人數具奏裁處
上命京營提督内官與五十名掌營内官及各處鎮守内
外官二十名分守内外官十五名守備内外官十名餘
皆減革以充操備
○成化二十三年七月癸丑致仕右副都御史謝景奏請
勑考語命吏部言語已先具衆以禮致仕者宜在可與

上命與之且諭吏部曰自後誥勑須以奏允歲月填寫致
免前後牴牾
用人
○天順八年七月辛巳撫寧伯朱永薦甘肅總兵官定襄
伯郭登博通經史素多籌略征麓川鎮大同皆著勲績
宜膺大將之寄乞取回代臣總管神機營
上曰登宿將有重望用之於外誠不若用之於内卿能舉
以自代足嘉尚也遂召登還京
○八月辛卯六科給事中十三道御史皆言總督漕運左
副都御史王竑巡撫宣府右副都御史李秉可大用詔
下廷議尚書王翱大學士李賢等皆以爲然

上曰古之人君夢卜求賢今獨不能因輿論所予者而用
之乎王竑李秉廷議皆以爲可大用朕因而用之何必
夢卜耶竑可陞兵部尚書秉可陞都察院左都御史
○成化六年十一月癸未巡撫湖廣都御史楊璿奏房縣
流賊千百成群樹黄旗劫獄庫殺官軍欲調諸路兵進
討臣才不勝任乞命大臣素有威望曉暢軍務者總制
之兵部言都御史項忠户部尚書薛遠可任
上特命忠往
○成化十九年四月乙酉都察院奏試監察御史陸淵等
理刑勤能堪任風憲其刑名生疎者二人宜調別任
上曰御史之設所以肅百僚而貞百度也責任甚重所職

不止刑名一事爾等自今宜慎選老成有學行者用之
勿徒取其諳練刑名而已

聽言

○天順八年十月壬辰禮部以
皇太后誕辰建設齋醮會百官赴壇炷香行禮禮科都給
事中張寧等言其非宜
上曰爾等所言有理今後僧道齋醮不許百官行香
○成化元年正月庚午監察御史楊琅言
皇上即位之初大降明詔如罷花木鳥獸水陸品物之貢
是節嗜慾以厚民也罷浙江燒造甆器之役是薄自奉
以卹民也罷緝訪官校知其擅威福之以害民也罷各

處鎮守內外官知其憑寵靈以虐民也凡此皆
皇上恭儉仁恕之所行是以人心和于下而天心應于上
不誣也然作法非難守法為難謹始非難保終為難
皇上既作之於始矣願保其終
上曰御史言是朕當慎焉
○成化四年十二月庚子監察御史戴用言六事一勵實
行乞於經筵聽講之時義有疑難少垂辨析語涉治亂
深思體認及令講官日采古今故事或
祖宗寶訓數條進講講畢復留內閣大臣出諸司章奏商
榷可否如有重難事機兼召該部堂上官參議一公為
舉謂今兩京堂上官及方面官缺皆從吏部推舉朕知
人則皆從古為難宜照正統年間例會同內閣及在京
衙門堂上官推舉為當其餘曰精考察均爵賞弭盜賊
革宿弊疏入
上曰所言有理勵實行朕自處置今後兩京四品以上官
吏部具缺朕自簡除方面官照正統年間例保舉餘付
所司討議以聞
○壬子太監鄭同崔安往朝鮮冊封世子李晄為王既行
巡按遼東監察御史侯英言往年嘗遣翰林院官之有
學行者使其國今同安俱朝鮮人至彼未免卑屈恐虧
中國之體
上曰英所言良是今後賚賞遣內臣其冊封等禮仍選廷

臣有學行者充正副使庶不失中國大體而亦可以服
遠人之心
○成化六年五月甲辰
上欲於西山建佛閣六科給事中言天災迭見且歲荒民
飢不宜興此無益之工以傷治體
上曰歲荒民飢朕所深恤雖不得已之役猶當停免彼西
山佛閣何益於事其亟已之
○十二月癸亥戶科都給事中丘弘等言即今百姓艱食
而內苑有養禽獸支費粮內自如請釋放以省虛費且
言流民無家者所宜收養貧民不能買粮者粜給賑濟
上曰蟲蛾已減省矣其餘悉依擬行

厚勳戚
○天順八年十二月戊子安遠侯柳景等請復所裁祿如
其祖父之舊戶部以景等未有勳勞而妄乞增祿請治
其罪
上曰彼雖未有勳勞然皆勳臣之裔不給則已奚罪焉其
宥之
○成化二年五月庚辰定襄伯郭登自陳年老有疾求解
兵柄且無子乞退處南京依先塋預營兆域庶死有所歸
上曰朕以卿才識出衆故託以委任何用懇辭身後事朝
廷自有恩典毋為過慮惟盡心所事以副朕懷
○成化五年九月丁亥六科給事中十三道監察御史奏

會昌侯孫繼宗叨居戚畹掌握重兵又命其子璜理錦
衣衛事內外之權歸于一門非所以保全之也
上曰朕念
皇祖妣遺德故特用璜今爾等陳保全之道深得治理其
即罷之
○成化十七年十二月庚申
上勑吏部曰朕自繼統以來治道巨細一惟我
皇考攸行是循矧尊親而崇其所自其道可不以次舉之
哉贈慶雲侯周能夫人甄氏實我
聖母皇太后之母朕念
聖母教育恩德昊天罔極雖嘗推本所自而寵之然尊
崇之意尚歉然于懷茲循舊章加贈能為奉天翊衛推
誠佐理武臣特進光祿大夫右柱國太傅寧國公謚榮
靖甄氏為寧國公夫人庶有以昭重慶源而隆尊親之
誼矣
優大臣
○成化二年十一月丁丑太子太保兼吏部尚書王翱以
老疾懇乞休致
上曰卿德望老成為國柱石朕方倚毗以成用賢圖治之
功所請不允仍命醫日往視之
○成化三年三月甲午國子監助教李伸上言欲蔭大臣
之子下大臣議

上曰爵以待賢理不可濫教養之法義不可缺其今在京
三品以上官子孫各一人入監讀書如議行之
○成化六年五月辛丑刑部尚書陸瑜因其鄉人王銓請
囑奏下錦衣衛鞫治銓乃誣奏瑜不法事
上以其汚辱大臣特杖之百謫戍遼東鐵嶺衛既而瑜上
章求退
上曰事既明白卿宜勉力効用不准罷歸
○成化八年八月乙酉致仕南京吏部尚書魏驥以是年
正月卒遣官祭葬其子鴻臚寺序班完以驥遺言具奏
辭葬
上曰大臣不幸云亡朝廷賜卹典以為盡忠者之勸非但

為死者也今朕臨終遺言乃爾身之將死猶恐有勞于
民可謂純臣矣覽之良用惻然重違其志特從之
○成化十三年六月丁巳太子少保吏部尚書兼謹身殿
大學士商輅奏乞休致詔曰卿歷練老成朕方倚任但
自陳衰朽力求退休特兹俞允以遂優閒陞太保仍賜
勑給驛還鄉輅上章辭免太保之職詔復謂卿輔導有
年今乞休致特有此推不允所辭
○成化二十三年四月甲戌贈太師楊榮曾孫昂援例乞
為國子監生
上諭禮部臣曰仕者世禄王政之所先也楊榮歷事
先朝四十餘年有計安

社稷之功其子孫雖嘗蔭叙猶未稱朝廷報功之典宜令
昂入監讀書用示殊恩以為後來盡忠于國者勸
任老成
○天順八年三月戊寅大學士李賢以有投匿名文書欵
中傷之者奏乞解任
上曰卿歷練老成朝廷方切倚任小人造言無理朕已有
處置宜盡心輔導所辭不允
○成化二年四月己酉太保會昌侯孫繼宗以疾上疏乞
致仕
上曰卿老成國戚朝廷倚重雖有微恙不妨職任所請不允
○成化四年五月丁丑兵部左侍郎兼翰林院學士商輅
以災異乞罷
上曰朕知卿往年以非罪罷官特加簡用今何嫌疑輙求
退仕宜勉副倚毗所辭不允
養老
○成化七年八月丁卯監察御史梁昉言致仕南京吏部
尚書魏驥德望素著白首一節今年九十有八而福履
康寧近代罕有宜特加優禮
上覽奏嘉之特諭禮部曰尚書魏驥年及百齡兼有德望
朕甚嘉悅其即遣行人奉勑存問并賜羊酒仍勑有司
月給米三石贍其終身以表朕優老之意
○成化二十一年八月壬辰韓王偕㴋奏群牧所千户朱

政曾祖信年一百八歲而終祖全一百二歲父鏞八十
二歲俱正千户致仕一門同享高壽古今希有誠世之
上瑞國之休徵乞賜褒嘉以敦養老之禮表風化之盛
上曰老壽之人禮所宜厚矧在一門尤不易得有司宜勞
以羊酒進全階為宣武將軍賜米二石布二疋
褒忠節
○成化五年四月庚申故國子監祭酒謚文毅李時勉孫
顒奏請改謚加贈
上曰時勉在
先朝直言敢諫於忠無忝矣謚不足以盡之其謚忠文贈
禮部左侍郎如曹鼐例

○成化十五年二月甲寅南京禮部奏開國勳臣墳墓在
南京城外者歲久頽壞乞加脩治
上曰崇德報功國之重典開國諸勳臣出萬死以輔成大
業而爵土弗嗣已可憫念今墳墓頽壞而有司不加之
意其可乎工部其即命工修治無子孫者復其墓鄰一
人守護之
○成化十八年五月丁亥貴州慕役長官司奏故長官禮
福海妻適由年二十二以夫死非命守節五十餘年而
死乞旌表以勵夷風
上曰適由以蠻夷之婦而能守節蓋漸染中國禮義之化
所致雖其人已死難拘常例其特與旌表以為諸夷之勸

○七月癸未巡撫雲南右副都御史吳誠奏故翰林學士
謚忠文王禕在雲南抗節不屈而死土人壯其忠義已
立祠但不載祀典於禮為缺乞命有司每歲於死事之
日備物致祭以為忠義之勸
上曰禕在國初以文學事我
皇祖議禮制度與有功焉追使雲南執節以死尤有功於
世教其如所奏令有司歲於死事之日祭之
○成化十九年二月辛巳監察御史鍾同在景泰時以直
諫死
英宗復位追贈大理寺丞錄其長子起為國子監生至是
其妻羅氏復自陳貧窶乞以次子越入監
上曰同死於忠義
先皇愍之雖已蔭子未足以為忠義之報其弁賜越一命
仍勅有司月給羅氏米一石以終其身
○成化二十一年十二月壬寅福建武平縣奏本縣民王
宗安妻鍾一娘夫亡守節年已八十有九其子英妻鍾
妙賢亦守節三十八年禮部以一娘已老恐以例覆勘
而以婦死終不能沾恩乞先旌之妙賢則仍待覈實
上以姑婦一節可嘉命俱旌之不必覆勘
○成化二十三年二月辛卯桐城縣陶氏有婦三世四人
夫亡皆守節無二志有司以事聞
上曰朝廷旌表節義所以激勵風俗然通都大邑有司僅

舉一二雖所遺者多而亦可見全節之難也今陶氏一
家之內三世四婦相繼守節蓋有所視法而然誠天下
所罕有若其即旌表為四節之門不必如例覆勘

慎選舉

○成化二年正月己巳
上諭吏部臣曰今布按二司缺員數多令六部通政司大
理寺三品以上堂上官各舉所知二三員不限中外各
具其才行實跡弁注堪任二司正佐移文吏部仍會同
內閣從公定與職事曰後坐贓連坐舉主
○成化三年二月己酉禮部奏四夷館譯字教師馬銘違
例私收子弟教習番書以希進用宜罪之

上曰四夷館官員子弟見在既多禮部即會官考選精通
者量留餘送吏部改外任子弟俱遣寧家自後敢有私
自教習者必罪不宥
○成化七年十二月癸巳兵部尚書白圭等奉旨舉武臣
智勇可任將帥者以都督僉事劉能等五十人奏上
上是之命記其職名臨事舉用
○成化十七年正月癸巳禮部言二月初九日會試天下
舉人合用同考試官舊例易春秋禮記三經各二員書
詩二經各三員緣今書詩二經試卷加多乞每經各增
一員
上曰科舉取士務在得人使鑒別不精寧免其無濫進者
皇明寶訓　成化二卷　廿二
乎今詩書卷比前科加多而額數有限可每經增同考
試官一人庶得詳於校閱而人才無遺也
○十一月己卯貴州程番府知府鄧廷瓚奏本府新立學
校土官土人子弟在學者乞歲貢一人如選貢例
上曰朕以蠻夷率化既建學置徒比之內地但科舉之業
未可猝成宜歲貢生員一人俾觀我國光相勸於學以
稱立賢無方之意
○成化十九年五月壬辰兵部會總兵官英國公張懋等
校試天下所舉將才得指揮使文錦等請各陞用
上曰武臣憑藉世勲往往以驕縱敗德雖弓馬有不閑習
者況能操筆為策畧如文士乎懋等校試天下所舉將
才文事武備庶乎兼得其令如例擢職舉軍功等以風
勵天下俾遠方奇才知所向慕砥礪效用顧不於國有
益乎
嚴考察
○成化二十一年七月丁卯都察院以監察御史巡按滿
回者考稱上聞
上曰御史出巡往往有行事過當擅作威福不稱任使者
今後務嚴加考察不許徇情
○成化二十二年十二月乙未
上以天下諸司朝覲至京勑吏部曰朕惟致治在於用人
而用人係於銓選苟銓選不當則賢否混淆庶政何由
皇明寶訓　成化二卷　廿三
而脩民生何由而安曩者有司銓選者多或徇情以致在外
有司稱職者鮮災異之興民生之困職此之由茲當天
下諸司朝覲之期爾吏部會同都察院詳細詢訪嚴加
考覈其間果有操守廉潔幹濟勤能政務脩舉名實顯
著者具名來聞其有年老衰病罷軟無為素行不謹貪
酷殃民及陞任不協人望才力不堪繁劇者照例具奏
朕將旌別黜調之以示勸懲爾等須同衷至公戒否
允當以協輿論斯副朕修政安民之意欽哉
重守令
○天順八年十月丙申東鹿等縣知縣盛顒邵銅郭晃李
人儀先任御史以劾石亨坐貶在官撫字有方守臣請

起遷之以彰忠直
上曰顒等以直諫為權要所排又善於其職其悉予大郡
以為人臣奉職者勸
○成化二年二月己卯少保吏部尚書兼華蓋殿大學士
李賢等言州縣正官乃親民之職實係民之休戚備員
選補恐未能得人宜精加考選惟賢是用
上曰有司正官得人則庶事理而民受惠非其人則政務
隳而民被害矣吏部其精加選擇毋用匪人
○成化三年正月庚寅陞蘇州府知府邢宥為浙江布政
司左參政仍掌府事
上賜之勑曰國家之政重在安民比歲田野之民鮮得其

所究其所自蓋守令匪人或恣肆貪刻剝削無厭或闒
茸庸懦坐視民患相為掩蔽默不以聞致下情不得上
通上澤不得下施今以爾在府年久有守有為庶民咸
仰特陞前職仍付以郡寄夫方千里之民安危皆係於
爾宜體朕心以保養為務必使其衣食有資禮義有教
而察其休戚均其傜役興利除弊一順民情毋徒玩愒
毋事苟且毋為權勢所脅毋為姦吏所欺凡公差官員
人等有違法害民者即具實奏聞所屬官員人等作姦
害民爾就提下差人解京爾亦宜奉法循理始終不渝
庶副朕之委任
育人才

○成化十三年八月戊申兵部右侍郎馬文升奏武學教
授教官多缺生員亦少乞勑總兵提督官選各營武職
年二十五以下非係把總管操者及都督都指揮指揮
應襲子俱入武學肄業不妨操練二十五以上願入學
者聽又請行各處提調學校官選武官及戎家子弟三
十名入本處學習武藝又請選京官以罪罷黜為民而
諳練武事者為教官專委總兵一人同本部侍郎一人
朔望至學考校以行賞罰
上可其奏命吏部慎擇教官其罷黜為民者不必用
○成化十五年七月壬申故駙馬都尉梅殷玄孫純以舉
人會試下第入監會其父孝陵衛指揮使昇卒例應襲

職因自陳欲俟下科再試兵部言無例
上曰純勳戚之裔能有志科目其許之
諭臣下
○成化元年十月甲申都察院決囚失於覆奏被參請罪
上諭六部臣曰天工人其代之若事當行而緩於覆奏是
怠天也怠其可乎自今各衙門一應奏題旨意即明白
覆奏毋得稽緩五日內不覆奏者該科劾之
○成化七年四月庚戌右僉都御史徐廷章以巡撫甘肅
歲久仇怨者多乞調別
上曰巡撫官但行事公正何必論久近廷章所言乃適已
自便不允令盡心所事不許推避

○成化二十二年六月乙亥
上諭文武群臣曰朕惟人君圖治必先於得賢人臣輔治
必謹於奉法夫法者治天下之具得衆賢以奉法則治
功未有不成者我
太祖高皇帝創業貽謀百司庶務具有成憲
列聖相承守而弗失治化之隆遠邁前代肆朕繼統一惟
成憲是遵夙夜兢兢恒思得人輔理柰何歲月滋久文
恬武嬉往往有恣情玩法曠職僨事者形跡敗露朕已
寘法憲典尚慮爾文武群臣罔知警戒居重職者或私
勝公徼交通囑託引用非人以致殃及於軍民在下位
者或知小謀大貪緣行賄蹤求非分以致憤切於人心

此而不禁必將微微成風無耻不顧名節不立熟業無
聞祿位不保國家之治亦何所賴焉玆特降勅戒諭爾
等其各惕然脩省奉公守法勉副委任或內省有疚者
須痛自懲艾改過自新務期職脩政舉有利於軍民用
稱朕求賢圖治之意敢有執迷不悛仍蹈前非者
祖宗法度具在朕必不爾宥其戒之慎之
○甲午
上諭法司曰法司職典刑獄關係甚重必詳慎明允毋少
苟縱廢副委託近聞堂上并所屬官多怠玩不謹往往
遲去公署早回私家及問刑又多受囑容情觀望延調
事久不結甚至肆意出入人罪致使刑獄不公人心抑
鬱本當究治姑置不問今後務須各加省脩堂上官當
正己率下嚴督所屬勤於職業明慎用刑毋蹈前失敢
有不遵約束曠職作弊者指實具奏區處若容隱不聞
一體治罪
○成化二十三年五月丙辰
上以旱災勅諭文武群臣曰朕以涼德嗣守鴻圖夙夜憂
勤期臻治理柰
上天示戒亢旱踰時田苗枯槁民庶驚惶朕悲憫焉已曾
寬恤刑獄徧禱神祇而雨澤未降豈冤抑未伸財用未
節困苦未蘇而致然歟抑爾百官奉公守法之心懈而
罔上厲下之私勝歟玆朕省躬自飭節減用度蹤放宮

人及條示合行事宜令內外衙門從實舉行爾等其各
體朕心痛自脩省盡心職務必致實効以回天心以蘇
民困以紓朕憂憫元元之意
諭將帥
○成化二年三月壬戌征夷將軍都督同知趙輔贊理軍
務左僉都御史韓雍等破廣西大藤峽報捷
上降勅獎諭之曰此賊負恃險阻流毒三廣為日已久矣
爾等協謀奮武用兵有方安得成功如此之易朕覽捷
報實深嘉悅玆特降勅獎諭但山洞峻深全難平定倘
他日復聚必為民患爾等須計議長策務在處置得宜
永絕後患待他日寧靜之日即具奏班師有功官軍宜

從實開報以憑陞賞
○四月辛酉靖虜將軍撫寧伯朱永總督軍務工部尚書
白圭等奏剿襄捷且搬其賊首千斤劉以獻
上降勅諭之曰爾等分布官軍進逼賊巢四面攻擊賊衆
大敗元惡千斤劉就擒餘孽殄盡足見調度有方成此
平賊安民之功朕甚嘉悅但石和尚未見下落必是逃
匿他所此賊不除恐為後患宜多方設法搜捕之開報
前功務須從實官軍土兵可散遣者即便散遣毋坐費
供給困此一方如事皆安妥其即具奏班師
○成化十一年六月甲辰湖廣總兵官左都督李震等以
徭溪清水江等處苗賊攻掠乞統調京營及雲貴四川

南直隸兵會勦殄滅使無遺類
上曰蠻夷猾夏自古有之要在邊將羈縻得宜使不敢越
境為亂而已曷嘗以殄滅為快其令震等與四川貴州
廣西叅將土官人等各督兵民分屯要害以禦之仍相
度事機彼或肆行拒敵則加勦殺或聞風畏威則加撫
諭若將來賊勢果熾必欲統調官軍宜俟轉輸既足具
奏裁處
戒將臣
○成化元年正月戊午兵科給事中秦崇言方今虜陸
梁邊郊多壘正文武大臣戮力同心之日乞勅各處鎮
守巡撫官互相咨度俾計出萬全

上曰人各有長朝廷所以參用文武內外之臣以任邊寄
正欲其彼此相資可否相濟以共成王事耳苟或各懷
私妬護已之短沮人之長幾何不貽邊患大抵天下之
事同則成異則敗者皆然也戒其異而勉於同豈惟邊
將然哉
○成化六年正月乙亥左都督劉玉以奉命預飭軍馬聽
調西征乃奏言兵少
上以團營軍皆出精選今奏若此必有其由詔內外提督
等官陳狀於是撫寧侯朱永及玉等俱引咎自劾
上曰朕簡閱軍馬特委爾等提督訓練正欲兵精以備調
遣也何乃因循廢弛輙至於此玉等坐營平昔怠惰及

臨期卻稱兵馬不足論法本難容恕既引咎姑宥之仍
各慎乃事以副委託數有不足即與選補勿致有悞
○成化十九年正月丁酉分守大同東路左監丞楊雄左
叅將盧欽以私忿相訐奏
上降勅切責之曰爾雄言欽專恣爾欽言雄挾私法司議
爾等俱合逮治朕以西北重鎮急在用人姑從寬貸夫
天下之事和則成不和則僨今爾等承分守之託無事
之時矛盾如此倘遇警急豈不悞事今後務改過協心
濟理邊事以副委任若再蹈前非必罪不宥因通戒各
邊內外將臣務相協和濟事
○成化二十一年十一月癸酉英國公張懋等推舉五軍

營掌號指揮任忠將漢為署都指揮僉事
上曰
祖宗之制軍職必有功乃得陞近無功擬陞者累有禁例
今姑從恐請自後各營無得徇情舉保
惜才
○成化七年五月辛巳故翰林院學士呂原子中書舍人
憲乞應順天府鄉試刑科給事中芮畿謂憲以蔭授官
欲屈身就試不過為他日陞遷之地耳不宜許
上曰朕念憲儒臣之子有志科目特允所請不為例
○成化九年八月己巳尚寶司卿楊導言尚寶司官雖經
考績止陞本司吏部拘於近侍一槩循例不復舉用人

材淹滯無以自効乞令所司照諸近侍循例推舉吏部
覆奏以為難從
上曰古之王者立賢無方尚寶司官果有才堪政事者不
宜使之終老是職吏部其視諸司例舉用之
安民
○成化二年正月丁未
上諭兵部尚書王復等曰荊襄賊起命將征其間流民
聚集多有被賊驅迫獲害者恐其因此驚疑不得安生
朕甚憫焉亟與出榜曉諭俾知朝廷出兵勦賊乃為百
姓除害不必驚疑有能率眾生擒賊首或斬首來獻比
軍功加倍陞賞其有被賊脅從脫逃來歸者免其罪有
功一例陞賞朝廷以至誠待人決不失信毋或生疑累
及身家悔之晚矣
○成化十八年四月壬子撫治鄖陽大理寺右少卿吳道
宏奏自去冬來河南陝西山西北直隸流民又復扶老
携幼入荊襄境內潛奔入山皆由各官司不能安撫所
經軍堡巡司不加盤詰所致乞加禁約用示不虞戶部
因請以招撫多寡定為勸懲停俸提問三等賞罰以勵
所司議入
上曰荊襄流民向因區畫不早養成大患自命官撫定之
後屢降旨意校文曉諭禁約而道宏等又有此奏皆又
有司牧養無方巡警不職之罪也宜令各該地方守臣

招撫復業所招數少者悉如所擬停俸問罪其流民所
經之處所司嚴加究詰如仍前不阻遏者必罪不宥
○成化十九年八月丁卯兵部言虜寇大同等邊恐內地
兵民聞而驚疑宜遣官巡視
上命大理寺少卿侶鐘以往賜之勑曰近者山西虜報傳
至內地自涿易至真定人多驚疑其姦宄之徒又往往
乘機訛言惑眾結黨剽掠以致人心憂懼不知所從茲
特命爾往撫爾宜榜諭以虜已加防禦不足為患宜各
安生仍推究倡為訛言者重罪示眾其餘保障事宜悉
聽爾從宜處置以稱朕惓惓保民之意
惜民力

○天順八年十一月乙丑襄王瞻墡以造碑鑄鐘未畢工
奏請緩其成
上復書曰朕初即位與民休息一切不急之務俱從減省
已頒詔布大信于天下況茲二事亦非急務若勉循所
請不惟使朝廷失信於下恐亦無益於叔祖之盛德也
叔祖詩書明理素稱賢達正賴匡輔不遠以爽之兆民
尚其亮之
○成化七年七月乙亥巡撫延綏右副都御史余子俊奏
欲於延慶邊牆鏨山設險并築垣立墩為防守計乞撥
山陝丁夫五萬供役兵部以邊民疲敝難重勞之
上曰然設險守邊興工動衆當審度民力姑緩之

○成化二十一年五月丁巳廣東左布政使陳選奏近奉
詔則裁省貢獻掌市舶司事太監韋眷先所奏乞均徭
餘户六十人添辦方物者宜悉停免
上諭户部臣曰廣東近在風雹之變壞民廬舍死者甚多
海隅之民良可矜念貢獻方物既已減省添辦餘户自
今宜減半與之

恤民

○成化元年八月丁丑工部右侍郎沈義右僉都御史吳
琛巡視保定淮揚等處民瘼賜之勅曰朕惟國以民為
本民以食為天民有被災失所者拯卹救濟誠不可緩
今天雨連綿田土無收人民缺食不能安生特命爾等
往來巡視民瘼督同巡按御史及府州縣正官親詣被
災處所先發倉糧驗口賑濟若本處倉糧不足於附近
州縣借給或於殷實之家以禮勸借如賑濟糧盡仍宜
區畫接濟其被災之家一應科差稅糧量為減免缺少
牛種者為之措辦勸借官為給散令趁時播種仍嚴督
所司加意撫恤俾各遂生業不至失所有坐視民患及
貪酷罷軟者聽送巡按御史等官依律問罪廉正有為
者奏請旌擢軍職有犯輕則量情責罰重則奏聞區處
○十二月丁酉勅南京總督糧儲都察院右副都御史周
瑄曰比聞南京米貴人民艱食茲欲發糶平價以濟民
飢勅至爾同南京户部侍郎陳翌亟將倉糧四萬石糶

賣價銀收貯在官或倉糧不足可將兩京文官本色俸
米預賣一二年之數量時定價銀一兩米三石或二石
五斗按季分給糶賣之際務在斟酌得宜爾其盡心整
督以副朕愛恤下民之意
○成化二年五月己卯巡視鳳陽等處右副都御史林聰
以鳳陽等府災請寬追陪馬匹及孳生牛犢一年以蘇
民困清解軍匠宜俟豊年
上嘉其言皆救民急務悉從之仍令種牛每二年追犢一
○七月壬午司禮監奏請遣内官往浙江等處督造紙劄
給事中黃甄監察御史趙敔等言各處水旱相仍人民
飢困遣官督造恐重為煩擾

上特命止之惟勑所司督造而已
○成化三年三月己卯内承運庫會計歲用賞賜之費不
給請於浙江等處舊罷銀坑内如例採之事下户部覆奏
上以軍民困苦開辦之數但准天順二年例從省取之其
浙江福建二處各遣内臣一員往督其事四川雲南二
處但令鎮守内臣兼督之仍諭以勑書令無得擾害軍民
○四月壬寅
上念各處小民流移及邊備廢弛勑鎮守巡撫等官通行
查勘未復業人户并應給牛具種子與見在馬匹粮儲
數少者各從長設法區畫務使人民安業邊備足用
○成化四年九月庚申陝西守臣奏西安府諸州縣兵荒
皇明寶訓 成化二卷 卅四
請免有司明年朝覲
上諭吏部臣曰用兵之際征歛轉輸民困極矣有司宜加
意撫恤可從其請免之
○成化六年二月庚午命刑部左侍郎曾翬等分行天下
訪求君民利病考察官吏得失賜之勑曰朕自臨御以
來勵精圖治惓惓以保民為心而比歲水旱相仍民多
艱窘所在官司默不以聞致下情不得上通上澤不得
下施軫念及此良切朕懷今特命爾等巡視府縣奉宣
德意考察得失問民疾苦禁捕盜賊民有流移未復者
設法招撫飢窘無聊者量為賑濟無牛具種子者悉為
措給強暴害衆者嚴加懲治冤抑未伸者即與辯理従
役可省者省之科徵可停者停之務使人受實惠不致
失所仍考察諸司官員奉公守法廉明仁恕者以禮奬
勸貪酷害民者為民老疾罷輭誤事者致仕間住須察
民情好惡之公以為去留軍職害軍一體罷黜凡一應
軍務民情利所當興弊所當革者悉聽爾便宜處置干
礙地方重務宜具奏區處
○七月戊子
上以南北直隸及河南山東等處多水災民生艱窘命兵
部暫停御史印馬俟來年并印
○九月己亥
上諭户部臣曰京城米價踴貴民艱於食爾户部即發京
皇明寶訓 成化二卷 卅五
通二倉米五十萬石平價糶之每粳米一石收銀六錢
粟米一石五錢命侍郎陳俊同太監韋焕尚書薛遠總
其事仍差科道官分理之其文武官吏俸粮可預給三
月以平米價
○成化九年十二月戊寅兵部言北直隸山東河南等處
水旱宜停徵民間馬
上曰馬政固國家急務但歲歉民貧救死不贍奚暇得此
將安用馬兵部議是然尚未止此南直隸等處凡災傷
地皆暫停之
○成化十三年八月甲寅
上詔户部臣曰山東兗州及南直隸諸府州雨水為災民

甚飢窘朕甚愍之爾等其推擇郎中員外郎應能可任
者五員分往賑濟其有合行事宜斟酌以聞戶部以郎
中張文等五人名上并擬區畫鹽鈔納米冠帶節省夫
役廩給諸事
上皆可之且賜文等勅曰今特命爾督府州縣衛所官編
歷鄉村勘實丁口將預備倉粮照數賑濟或移借於有
粮州縣或勸借於殷富之家或用官錢糴買依時給散
災重之地該徵稅粮即為奏免戶口鹽鈔未徵者悉與
蠲除凡供應不可缺者移派於有收州縣災輕之地民
貧甚者亦量加賑給無牛具穀種者官為措辦或盜賊
生發督令擒捕所司有貪酷作弊者輕則示罰重則參

究如律俟明年麥熟民安盜息具奏還京
○成化十四年八月癸巳
上諭六部臣曰山東北直隸各府軍民災傷甚重爾等其
以該徵追粮草馬匹等項并一應差役當停止分豁者
具奏來聞再差各衙門能幹官與勑分往賑濟巡撫直
隸都御史汪霦速令回任江西亦被水災令南京刑部
右侍郎金紳領勑巡視
○成化十六年三月戊子
上諭禮部臣曰順天并直隸府州縣山東飢荒特甚朕憫
赤子饑殍流離不遑寢食其被災地方派納光祿寺一
應供用之物宜悉量為減省以蘇民困書曰民惟邦本

本固邦寧自今凡可以恤吾民者其悉以聞
○八月辛酉戶部奏順天府收養孤老歲給粮布多為人
侵欺乞命御史并本部委官督同有司查勘仍通行天
下巡撫巡按官一體禁治
上曰養濟院之設所以收養孤老無告之民蓋體天地好
生之德以盡人君司牧之責也何有司視為常事全不
加意奉行以致姦弊滋生京師如此四方之遠可知矣
其悉如戶部所言通行禁約務使朝廷德澤下流而顛
連之民皆沾實惠如有仍前怠忽者巡按御史奏聞處治
○成化十七年六月己未鎮守山西太監劉忠等奏平陽
等府州太原等衛所雨雪愆期麥禾無望乞暫停免該

輸柴炭掌後府事襄成侯李瑾亦以為言
上曰百姓足君孰與不足今山西民貧困如此其忍復令
供賦稅耶柴炭價銀雖國家急務可暫免秋冬二季以
俟年分仍徵之
○成化十九年七月壬子山西夏旱無麥害令以米豆代
納督粮者使每石加十之四五又勒收餘價納戶苦之
巡按御史陳英上言其弊
上曰山西連年荒旱夏麥無收令以米豆抵納夏稅所以
便民也奈何有司不體朝廷寬恤之意既加收數多而
又勒收餘價厲民甚矣其令夏稅無麥處正抵斗納米
并一應納完粮草俱不得追收餘價

○成化二十年七月庚寅巡撫陝西副都御史鄭時奏屬郡連年亢旱饑莩盈途乞暫停歲課物料以甦民困

上曰關中屢值凶荒民多死徙妻子兄弟尚不相保况望其供賦稅以資國用乎粮草逋負者既皆寬貸其歲辦物料宜暫停徵民之困苦庶可少紓矣

恤將士

○天順八年九月庚申黄州安慶南昌寧波衢州諸衛所運粮赴京值天旱運河淺澁盤剥費用耗米無存戶部累奏追徵

上曰軍士漕運遇天旱水涸盤剝艱難所虧耗米其免之勿追總督及催運官亦免其罪

○成化元年閏二月丁卯鎮守廣東太監陳瑄等奏兩廣精寧從征達軍思歸乞令分班赴廣操守脚力口粮有司供給

上曰賊未盡寧達軍豈可分班宜俱留聽調給與田屋差人并沿途應付口粮脚力送其家屬完聚令鎮守等官加意撫恤之兵部復言達軍家屬多在南北直隸境內創買田屋撥之人情不能不安土重遷乞遣官審問其不願者聽願者亦乞量與絹布以慰其心

上是之復曰今既有家業不願者聽其達軍從征日久艱苦仍令鎮守等官量給賞勞待賊平之日具聞

○成化三年二月己酉都指揮僉事駱忠奏見領官軍往遼東備禦內多係真定等衛下班人數乞照征進例給賞

上曰下班官軍遠去備邊人情不堪其各賞銀一兩不為例

○成化七年五月辛卯太傅會昌侯孫繼宗等奏京營軍士赴工役者萬餘况值炎夏疫癘盛行請令輪班更代以蘇人力

上諭兵部曰各處赴工官軍姑暫停止修理隄岸者令輪流更易務在亟成

○成化十七年十一月丁丑戶部奏漕運過期三月以上者官請戴罪停俸其總督平江伯陳銳副都御史張瓚參將都勝亦當坐以不嚴督之罪

上曰今歲河道阻滯其過期兩月以下者姑宥之銳等俱勿論

體群臣

○成化十年六月乙亥岷王音埑奏乳母張氏子羅觀謫戍柳州衛而張氏年老無子乞免其戍兵部言觀以罪謫戍難以私恩而廢國法

上曰羅觀母老失養情實可矜王以乳母故為之陳請亦厚之道也但國家之法朕不敢私姑放觀歸養親終之日仍令戍邊

○成化二十一年六月癸未

上諭通政司曰盛暑祁寒朝官侍衛人等難於久立今後

每歲自五月至七月十一月至次年正月止奏五事餘
仍舊
○成化二十二年三月壬申南京國子監琉球國官生蔡
賓等五人乞歸省親禮部為覆請
上曰昔陽城在太學諸生三年不歸省者斥之矧在遠方
外國豈可長留不遣其即歸本國以遂其定省之私

弭災

○成化三年五月壬申宣府大同及廣遠朔州俱地震
上勅諭鎮守巡撫等官曰地道屬陰陰者兵象夷狄象也
爾等所職者兵所當攘却者夷狄然兵備怠弛不修以
致夷狄侵侮無所顧忌咎不在爾等耶其勉補前過勿

貽後悔
○七月辛巳巡撫河南左副都御史王恕以開封等府蝗
傷禾稼言其地連年水旱加以荊襄盜起軍民勞困今
起運錢糧并買辦物料尤倍於往年何以支應因乞罷歸
上曰王恕不准罷歸所言事有可減省停止者該部斟酌
以聞
○乙酉
上以河南水旱相仍諭工部臣曰河南中州之地天災流
行民困若此宜有以寬恤之爾等原坐採辦之物其行
三司勘實凡被災州縣物料已徵者遣人解納未徵之
數暫行停止俟豐年完納

○成化五年十二月戊辰兵部尚書兼文淵閣大學士彭
時以隆冬雪少祈禱不應上疏言事
上曰朕不德不能感召天地之和以致雨暘不時冬令無
雪歲事甚有可慮朕雖省躬忱禱未獲嘉應今覽來章
所言良是宜悉行之庶民無怨咨和氣致祥以獲豐年
之慶
○成化九年四月戊辰總督河道刑部左侍郎王恕奏去
年自京師直抵揚州南北三千餘里水旱災傷民甚艱
食今歲雨雪少降狂風彌月土乾麥槁民不聊生三月
初四日山東地暗如夜乞詔廷臣講究所以弭災恤患
之策并祭告各處山川之神

上曰山東既災重民艱須行寬惠今年錢糧盡與蠲免順
天等府亦量減免於是特遣禮部左侍郎劉吉往祭告
東嶽泰山等神以祈雨澤
○成化十三年閏二月癸亥巡撫南直隸右副都御史牟
俸奏去年十一月南京大雷今春二月安慶府復有大
雪雷電之異宋儒程頤有云陰陽運動凡失其度皆人
為感之也伏望
皇上脩人事以弭天變仍勅內外群臣同心脩省勅六科
十三道備陳致變之由容賜采納措諸躬行俾見政乂
民安和氣充塞而災異可消矣
上曰陰陽愆忒雨雪雷雹不時皆政事不節所致深論忠

南京警戒尤切今欲脩政事求直言應天以實所司其
悉如此奏行之
○成化十四年十二月甲午
上諭户部臣曰今歲北直隷水災殊甚聞獻莿閘水門被
水衝其門扇至涿州則居民之淪没禾稼之漂流人畜
災困甚矣其田稅應免者可悉免之
○成化十八年四月辛酉
上諭禮部臣曰前者爾等言一春無雨恐夏麥不實秋禾
不生請命官祈禱朕以為立夏之後氣候蒸潤必有雨
澤而今亢旱愈甚朕心憂惶莫知所措其命英國公張
懋告

天地保國公朱永告
社稷襄城侯李瑾告山川
○成化一十一年正月庚寅以星變赦天下詔曰朕紹
祖宗大位撫御萬方思惟荷負之艱罔敢自逸自踰紀而
治効未著災沴迭興地道失寧天時亢旱土無所演朕
切憂惶齋心懇禱遣廷臣祭告山川桼歲竟不登而
河南山東畿内率多飢饉陝西山西尤劇至有棄恒產
室家不相顧者元元何辜罹此危阨朕為民主可忍缄
莫之恤耶累博采群議發内帑倉儲勑所司大小多方
賑濟期此孑人同歸樂土不意冬暮春初兩次星變有
聲朕愈兢惕載勑臣備陳時政得失采納而行用以弭

慰民望上答
天心况方春時和萬物發育祗承乾元資始之仁誕敷寬
恤之典於戲君以愛民為德懷保惠鮮之政當施臣以
輔治為忠還定安輯之務宜勉必上下極交脩之誠庶
穹蒼有昭格之効詔告中外俾咸知悉
明刑
○成化元年九月甲子監察御史方佑問竊盗三犯者二
人法當死其一人再犯遇赦一人則赦後再犯都御史
李秉以為雖名三犯而中遇赦宥必赦後三犯乃當坐
上曰估終者固當誅然既遇赦宥則前罪除矣如仍坐之
是未嘗赦也卿所議良是其著為令

○十一月壬申三法司會奏竊覩新頒詔條内開人命不
赦然人命有故殺故勘故禁闘毆弃尸去人衣服及威
力制縛人致死等絞斬罪該載不盡又十惡條内有徒
流杖罪問發運磚守哨等類未完滿者應否釋放及文
職官吏有犯貪淫事有顯跡固今除名然中有事發而
無實跡其於赦例應否宥免其邊遠為民者數内有年
久已成家業者請定自何年為始内外法司問究罪囚
已蒙赦宥其該追贓物多有未完伏乞
聖斷
上曰人命故殺者不宥其餘皆宥之犯在十惡者罪雖輕
亦不可宥官吏貪淫事無顯跡證佐者具奏裁處為民

者自天順元年為始於謫所成家業不願回者聽其犯
贓有追未完者悉免之仍命通行各處知會
○成化二年六月丁未大理寺卿王槩言指揮僉事徐盛
逼人致死畏罪脫逃近有例如是者即以衆證定罪蓋
欲以絕姦詐也但情有重輕今盛所犯頗輕若如例恐
失之濫
上曰致人於死地而又亡命以希免罪此正姦人也豈特
為濫仍如前例行之
○十二月辛亥監察御史董廷圭等言江西等處軍民往
往因細微之事肆為張大之詞用老疾之人規免越訴
之罪或冤人抱訴請必加之罪則刁詐乃不得售其姦

良善得以安其業法司議其言宜從
上命通行內外其果被誣枉而來訴者法司當與辨理勿
拘此例
○成化十三年三月癸未分守懷來奉御廖禮信部下軍
餘妄報妖言因及平人收繫甚衆時巡撫都御史殷謙
參將都督僉事周賢巡按御史何鑑并鎮守太監弓勝
總兵官都督僉事劉清副總兵都督僉事周玉指揮僉
事周隆尹昇亦皆扶同奏報事下都察院問擬妄報者
坐斬併請治禮等罪
上曰禮輕信小人致成大獄本當報問謙賢等不行審實
扶同奏報俱當究治但邊方用人之際姑宥之且謂法

司似此虛情不與辨理不知前此被枉者數何朕念人
命至重自後凡遇冤抑必從公推辯不顧忌嫌害無辜
○成化十八年閏八月乙未巡撫山西左副都御史何喬
新劾奏按察司僉事尚敬劉源滯囚之罪且請通行天
下禁約
上曰刑獄重事也周書曰要囚服念五六日至于旬時特
言未得其情者詳審不苟如此苟既得之不即結斷桎
梏縲絏拘繫其身往往有瘐死獄中者矣夫其人罪不
至死而死是刑官殺之也故律特著淹禁罪囚之條喬
新劾奏甚當其即究治二人仍令天下刑官皆知所懲
以副朕欽恤之意

恤刑

○成化二年六月丁巳
上以天氣炎熱勅三法司見監罪囚除真犯死罪外餘備
其獄辭來上毋令淹滯於是都察院上十有四人刑部
上百四十有一人
上命即如例發遣
○十月辛酉巡按河南監察御史械送逆賊劉通再從弟
姪男女三十三人并籍其財產上奏三法司錦衣衛會
審皆別居疎屬律不緣坐者
上曰族誅非聖世法此三十三人微會審則銜冤甚矣其
亟發寧家所籍財產悉還之

○成化四年四月丁巳
上以天旱不雨特降旨曰法司監問囚犯恐有冤枉宜從
寬恤爾司禮監太監徐浩可同三法司堂上官詳審之
其重囚并情罪有可矜疑及見枷號者具錄來聞徒流
以下即與疏放等發遣
○成化十七年四月戊辰勅諭三法司曰朕承
祖宗鴻業為天下萬民主惟法天道用刑以防姦惡以安
民生特簡命爾等典司刑獄冀各盡心職業用輔朕之
治理柰何中間或有聽斷茍且而鞫問不明或擬議迎
合而比附不當或任意妄為出入或狥私恣為重輕以
致人罹冤抑淹禁歲久怨讟繁興有傷天地之和朕念

及此情甚惻然已勅司禮監太監懷恩同爾等審錄滯
理之夫既往者悉不追究將來者豈不可痛自警省乎
今後爾大小官員務以欽恤存心明慎用獄不可輕忽
不可淹滯可矜疑者即與辯析有冤枉者即與伸理毋
過與姑息毋失於慘刻庶幾刑罰得中人心悅服足以
副朕治理用召天地之和矣倘不比之慮使刑罰枉濫
寃及無辜則國有常典罪可逃耶爾等其欽承之
正法
○成化元年正月甲戌
上以征兩廣所調番漢官軍及隨行吏士若不嚴加禁約
恐所過騷擾勅遣監察御史汪霖劉慶二人分道約束

有犯者聽收考重治仍械送總兵官號令示衆干連將
領具實劾奏區處
○成化六年二月己巳有自宮求進者二百六人禮部以
聞
上命姑宥其罪俱發回原籍當差不許投託王府勢豪潛
住違者論死隱匿之家發邊遠充軍仍出榜禁約後有
自宮求進一體治罪
○七月庚辰兵部奏近者京城內外強盜數十成群肆行
刼掠請嚴禁治之
上曰盜賊縱橫皆兵馬司及錦衣衛應捕官校不用心緝
捕所致已往姑恕復息緩縱容曠職廢事者降調邊方

能擒獲有勞者給賞
○成化十三年二月甲戌初樂安王奠壘奏寧王奠培樓
酷貪淫不軌等事命官勘實惟不軌涉虛至是仍會官
議擬坐罪
上曰寧王所為不為屢降勅切責乃不思改過而所為益
甚擬之
祖訓本當削爵為庶人念係宗支姑從寬典革去祿米之
半樂安王所奏重情不實革祿米三之一仍降勅切責
及書報各王知之
○成化十五年十一月丙戌廣西按察使張鸞朝覲後歸
家久不赴任為巡按御史所劾

上曰按察使之設所以司一方風紀當以身率先勸慎其
下猶有不率者况以怠慢導之乎張獻囊以朝覲至京
黜幽之典非不親見不以自懲乃復歸家眷戀私事久
不赴任所謂荒廢職務誠如御史所論其令致仕勿復用
○十二月丙午提督鄖陽等處大理寺右少卿吳道宏奏
荊襄流民其來實自河南今河南右參政蔡誌僉事韋
齡皆任撫民之寄不親詣其地以盡職業致流民潛入
荊襄宜治二人罪以為居官自圖安逸者之戒
上曰流民棄業而逃勢非得已若有司加意撫治亦可漸
復今河南方面官不親撫治非所以副增官專治之意
也其各治罪如律

○成化十六年六月癸丑皇親王源侵占民田事覺
上曰源侵所賜地仍給管業餘俱還官給民牧種家奴董
惡者二人俱杖五十械送原籍當差戶部即備榜通行
禁革
○十月丙寅晉府故鎮國將軍鍾鏕無嗣謀收其夫人張
氏弟婦之有娠者入府生子以為已子方山王鍾鍈為
扶同奏請賜名已而得封至是為人發其事且及王近
狎樂婦杖死無辜等罪命內外官勘報不誣
上降勅切責鍾鍈曰
高皇帝封建藩屏政欲子孫相承永享富貴柰何爾身居
王位貪淫酷暴又甘與異姓為骨肉得罪
祖宗貽羞宗室廷議僉謂紊亂宗支難以輕宥茲特革爵
王府祿米爾其怨天乎尤人乎尚其悔悟之
○成化十七年六月戊辰太子少保刑部尚書林聰等以
百戶張鑑所犯凶惡擬罪失出被責悶服罪
上曰朝廷用刑正以禁姦慝鑑凶惡如此爾等不依舊例
斷擬本欲置之於法姑宥之該司官停俸一月
○成化十八年五月壬午靈丘王府有將軍三人擅出平
陽府城於佛寺止宿言欲赴京奏事巡撫山東右副都
御史何喬新等以聞禮部覆議靈丘王既不鈐束又不
舉奏宜降勅切責本府教授及守城官亦宜治罪
上曰宗室擅出王府朝廷累有明禁將軍輩乃故犯之若

諸府效尤何可復制其本府教授并守城官令巡按御
史究治其罪以戒其餘
○閏八月甲午大同守臣奏八月中虜騎三騎入黃土墩
又三十餘騎入牛嶺殺掠人畜守瞭所鎮撫等官李寬
等既不能防禦而參將盧欽右少監陸闇又隱匿不聞
俱請治罪
上諭兵部臣曰虜入境內再肆殺掠纔數十騎耳寬等尚
不能禦使彼擁衆而來其將何以制之不寘于法無以
示戒欽闇宜即服罪顧乃隱匿不發冀得幸免是重其
罪也爾等宜行巡按御史俾究問其故彼將何說以自
解乎

○十一月甲辰廵按廣西監察御史言梧州等處地方猺
賊數入境殺掠人畜守備指揮張瀬丁端百户王勝許
銘俱不能禦敵分守左叅議唐盛分廵僉事蕭蒼陳璲
知府陳鐩亦各不能督屬隄備都察院擬罪以聞
上曰朝廷設布政按察官令分地廵守設知府令盡境而
治本以衛民保境也比年各處屢有失利罪止武臣而
不及藩郡以故視為泛常恬不知戒盛等四人可下廵
按御史逮治其罪若璲將失機自有常典瀬等三人俱
如擬發邊衛充軍
○成化十九年八月壬申降南京御馬監太監汪直為奉
御除威寧伯王越名安置安陸州革南京工部尚書戴

縉錦衣衛帶俸指揮吴綬職俱為民工部右侍郎張順
致仕越等皆附直取富貴已而事漸敗多見疎斥至是
科道復交劾直八罪請俱逮治
上曰直等結黨亂政欺罔弄權闗啟邊釁排擯正直引用
姦邪當置重典姑從輕處治乃降黜直等仍追奪越誥
劵編發其餘黨七人悉為民充軍
○九月壬辰妖人王臣任錦衣衛千户以妖術為太監王
敬所信任敬使蘇常等府及百户王完等十九人從行
大肆擾害至是有發其姦惡者
上曰人情常患於不能上達王臣等在外矯詐姦惡使東
南赤子重罹荼毒朕安得知之罪狀既露非重戮不足
以謝天下亟斬之仍梟首於被害州縣王敬充南京孝
陵衛淨軍王完等發開原肅州二衛充軍家屬隨住
○成化二十年三月壬子
上諭兵部臣曰迩來官軍工匠多有姦頑之人逃伍缺工
潛住京城内外已寛宥令一月内首俟者免罪其有違
犯不悛者令廵城御史錦衣衛官督同五城兵馬挨捕
初犯者杖七十再犯一百俱各還職役三犯者官軍押
發邊衛差操工匠枷項三月發從地方鄰佑容隱者一
體治罪不宥其即出榜諭之
○十一月壬辰萬全右衛百户常瑛先任錦衣衛從太監
汪直用事及罷西廠謫萬全欲邀功以希起用因紿巫

人劉德興通虜入寇事既不遂乃自搆妖言以誣德興
等十餘人皆謀不軌走報監督軍務太監張善善令左
右助瑛捕獲瑛加德興等毒刑有稍富者逐錄取其家
貲無不誣服善等以聞命官會鞫具獄皆誣宜反坐
上曰除惡務本梟者瑛罪宜當死朕已從輕謫調而瑛稔
惡不悛豈容再赦宜亟斬之仍梟首於被害處其黨
論罪有差被誣者皆釋之

大明憲宗純皇帝寶訓卷之三

光祿大夫柱國少傅兼太子太傅禮部尚書武英殿大學士臣呂　本謹校
南京禮部精膳清吏司郎中臣陳治本
南京兵部職方清吏司主事臣朱　錦謹閲
南京工部虞衡清吏司郎中臣呂沆當

明賞罰

○成化元年二月辛卯福建上杭縣賊閩永華攻破縣治知縣黄希禮不能禦而遁及永華被執乃言嘗賄希禮故縱之法司坐希禮罪死希禮遣人上京愬下巡按及三司以永華已誅言不可質恐誣良善有如希禮之愬

上曰此誠可疑書曰罪疑惟輕其宥希禮死但身為縣令不能以死守城君臣之義安在其謫戍邊衛以警偷生苟免者

○成化九年四月辛巳廣東新會縣民劉銘梁狗同往海康縣賣穀將還海康民吳礽與其弟金童挈家避冠附舟至新會止於銘家礽欲遠出傭工銘狗見金童妻莊氏色美屢欲犯之輒見拒二人乃謀與金童挈舟捕魚夜砍金童腦殺之投江中時江濱民有關道安者聞金童被縛叫呼欲趨救之不果而還及二人歸紿莊氏曰汝夫溺死矣莊氏號哭不已自是銘愈欲犯之而拒益力居數日忽有屍浮至銘門適莊氏出汲識其為夫屍也哭視之斫痕宛然始得其謀死狀顧力不能報仇乃先投其幼女於水即自投附其夫屍死焉已而三屍隨潮上下旋遶銘門不去其鄉鄰李逢春輩異其事為買棺收葬銘又乘夜潛發其屍棄之大海中於是其事稍傳於人而吳礽亦自外至乃訴于官儒生李啟李蕃及關道安等爭述莊氏節義并士人吊哭詩章同上事既發實刑部員外郎馮俊以審囚適至訪其事聞勘懲特為具奏

上曰賞善罰惡國之大政不可偏廢今一事而二義焉其令有司即誅銘狗仍梟首示衆而旌表莊氏後刑部尚書陸瑜等又奏李逢春輩收葬三屍誠為義舉今已遣發撫宜令有司即其處立石而大書其夫婦姓名以誌旌可垂示永久詔可

○成化十年三月丁酉工科給事中韓文自慶陽還奏勅辨驗得郎中張謹所勘總兵官劉聚等所報功次多虛

上曰此曹濫殺妄報功次本宜重罪但今虜賊既遁不為無功總兵恭將巡撫等官姑宥其罪報功得實者如例陞賞疑似難辨者不准亦不問殺幼男婦女者免遠調俱調發邊遠立功瞭哨五年虛多者停俸

○成化十三年八月壬戌東廠官校發雲南百戶左昇私事詞連通政司掌司事工部尚書張文質及他官錦衣衛鎮撫執文質繫獄左通政以掌印請

上始知之即命釋文質仍掌印而責問錦衣衛官於是指

揮使朱螘自陳伏罪
上曰螘不諳事體擅縶大臣當寘之法今既伏罪姑宥之
仍停俸三月
○成化十四年十二月癸巳兵部尚書余子俊言兩廣夷
民雜處叛服不常往緣鎮守巡撫等官頡頏不一故設
立總督之稱使上下協和易於控制比因朱英與總兵
官平鄉伯陳政爭坐逐革去總督之稱竊見英自受任
以來悉心所事招撫安靜大有成功今忽解去總督之
柄恐諸夷輕視反側復生且太監顧恒總兵官陳政亦
皆有功俱請裁處
上曰國家懸爵賞以待有功誠所不吝但不可以冒濫朱
皇明寶訓 卷 成化三卷 三
英顧恒陳政既有招撫勞効邊徼靖安英陞右都御史
仍總督兩廣軍務兼理巡撫恒政各賜綵段四表裏銀
三十兩降勑奬勵
○成化十七年二月癸丑四川都指揮僉事管立楊英守
備安岳衛等處失於防禦致蠻賊入境殺掠人畜財物
數多會添調官兵平賊而立等因有功至是兵部疏其
功罪以聞
上以其功不足贖罪宥死謫戍廣西邊衛家屬隨住
○十二月乙卯勑廣西叅將馬義毆貂進討八寨以捷聞
既而巡按御史戴中言既征之後賊猶縱橫且其間有
殺同行軍士以為首級而銀牌銀椀之賜已不貲矣其

所奏功宜勿錄
上曰朝廷念軍功之難未嘗吝惜官賞顧各邊將士不體
朕心往往有冒功希賞者今八寨報捷之後賊勢未衰
情弊已著雖從功疑惟重之典茲不復咎已往亦勿錄
其功惟死事之臣深可悼念其子孫廕職代役者可各
陞一級
○成化十八年閏八月丙戌巡撫陝西右副都御史阮勤
等奏洮州滿松等族番賊出沒殺掠人畜惟分巡指揮
馮瓛陳文鄭軍敗之其委守指揮張翰等皆怠忽事機
宜究其功罪以行賞罰
上曰御將之道惟明其功罪以行賞罰軍旅之間人心自
皇明寶訓 卷 成化三卷 四
無不服者使皆如瓛文輩勇敢禦敵賊何足殲而翰等
怠忽悞事如此兵部宜稽其籍務使賞罰明信以為勸
懲其賊黨方盛仍令巡撫大臣調兵勦殺無縱
○成化二十年十一月庚寅朶顏衛都督阿兒乞蠻遣其
弟影克孛羅送所獲北虜生口至京兵部譯審所獲乃
牧放之人為彼所掠與犯邊者不同
上曰夷虜以牧放為生追逐水草乃其常事既未嘗犯我
邊圉何罪之足誅宜編戍登州衛而賞孛羅以慰其勞
庶稱朕罪疑惟輕功疑惟重之意仍諭三衛入貢夷人
毋得貪功肆掠以啟邊患自今有冒功希賞者非惟賞
不濫及且加罰焉

兵政

○天順八年四月庚寅
上以晳武等十二營坐營協贊皆侯伯都督等官應軍令
不一勅太保會昌侯孫繼宗等曰朕惟國家以武備爲
重武備以練習爲先今於五軍神機三千營選拔壯勇
官軍一十二萬分爲一十二營各司侯伯都督等官坐
營團操特命爾等同太監劉永誠總管提督必須嚴紀
律整部伍堅利器械鮮明盔甲如法演習武藝以備調
用坐營官員不許虛應故事如有偏私違拗違犯號令
及科歛役占軍士者指實參奏黜罰其五軍神機三千
大營存留軍馬爾等仍照舊提督操練以備戰守尚其
勉副朕懷毋怠毋忽

○成化元年二月乙巳
上勅兵部尚書王竑曰邦國重務兵政爲先邇者雖選一
等軍士分十二營團操但選猶未精數猶未足今特勅
爾同給事中御史各三員會同各營總兵官委令把總
管隊官員悉取所選二等壯勇軍士籍報以憑簡閱補
充一等其一等中有罷弱者退入二等將吏人等敢有
役占隱匿不報者奏聞逮問爾等亦不許容情故縱責
有所歸於是竑會總兵官太保會昌侯孫繼宗撫寧侯
朱永誠等選各營軍士以次充補又黜把總等官八十
六人而別選補之仍諭令把總等官奉公守法毋役占

科擾軍士

○成化二年三月己酉南京吏科給事中王讓言南京皇
城衛卒多老弱器械俱朽鈍都督等官皆不乘馬且以
禁中之地爲蔬圃宜加禁治
上覽其奏謂兵部臣曰南京
祖宗根本重地法度廢弛一至於此爾等其移文內外守
衛官令簡衛兵修戎器以振揚威武禁中之地敢有勳
壁污穢者重罪之武職衰病不便鞍馬者令退任閑住
○成化三年二月甲辰六科給事中言邊城既屢有警京
營軍士強壯可用者多爲權勢役占乞勅剛正大臣檢
冊清理訓練聽用奏下兵部舉太子少保戶部尚書馬
昂右副都御史林聰

上既可之尋又命左給事中潘禮陳鉞恭預清理而內閣
臣陳文等復言必得內臣剛方練達如懷恩者與昂等
共事然後可以剗除宿弊
上從之乃勅昂等曰朕以京營軍士大率有名無實欲收
集部曲往赴邊鄙累旬日不能得數萬蓋總兵等官縱
之歸休役之私用其弊多端難以枚舉今特命太監懷
恩會同爾等清理除已調之數不與以見在軍士點閱
月以十五萬實數來上其有仍蹈前非隱蔽不報抗拒
不服聽爾會議處治清理之後仍別立良法以備調用
夫朝廷勞天下之民以養兵而耗天下之兵於姦弊兵

民日困姦弊日深及至有事之時爾等付之長嘆息而
已則局若今日爾等不避怨怒盡搜其弊源而窒塞之
以復我
祖宗特兵政之盛手簡任惟篤期於見効爾等其欽承朕
命後恩等以選過一等三營官軍得一十四萬三千九
百有九人具數奏上
上曰一等官軍數多仍分十二營操練兵部其會舉坐營
官以統領之仍推舉文武大臣各一員總督其事務在
得人
○成化八年正月乙丑兵科給事中梁璟等分點五軍諸
營操練官軍不至者一百八十有八人因劾坐營官新

寧伯譚祐等約束不嚴提督撫寧侯朱永等統馭無法
永等各條列差占逃故之數以聞
上曰朝廷以兵政付爾等俾時訓練方稱委任今點閘不
到者衆乃復多方破調法當究治姑宥之自後宜盡心
整飭再犯不宥
○成化九年四月壬午
上以武備懈弛乃御西苑命將官騎射勅諭總兵官撫寧
侯朱永等曰朕親閱公侯伯都督都指揮指揮坐營把
總等官騎射於西苑其間躬中四矢者英國公張懋等
僅四人中二矢者二十三人中一矢者九十九人餘皆
全不能中間又有止發一二矢者甚至馳驟失節不能

開弓發矢及墮弓於地者此皆爾等不嚴訓練之過朕
恐人才高下萬有不齊其最下者雖加訓練終於無成
使此輩總統部伍安能遞教軍士爾等其會議簡別察
其才力可向進者姑存留之其果不可進者罷黜以操
以警將來既而永等會同請罷京營把總都指揮指揮
李勝等四十六人
上又諭之曰此輩先皆爾等選補何不精若是自後有缺
務宜精選以補之
○成化十一年正月戊寅總兵官定西侯蔣琬奏乞會選
團營精兵每營二千以備征調兵部言兵已選定今又
為此未免紊亂宜令量選精銳別為一等仍于本伍操俟

上曰團營兵俱要精銳有老弱者即令該營選補不必更
分等第敢有挾耗役占者必罪之
○十月癸巳南京監察御史任英言南京軍士常操不息
往往逃竄宜照京營例更番為便
上曰練習士馬國家重事朕於嚴寒盛暑已憫其勞而休
息之使復更番恐益怠惰其仍令常操或遇風雨則免之
○成化十九年八月乙亥兵部以定西侯蔣琬言團營兵
數減耗請命內外官閱視
上因命太監懷恩與戶部尚書余子俊任其事仍賜之勅
曰國家兵備寄之三大營十二團營昨者虜酋侵掠大
同宣府朕命大將征勦揀選精銳旬日僅得萬餘蓋由

總兵等官縱之歸休役之私用或賄賂買閑應役權要
令特命爾等督同給事中御史按籍點閘除出征外敢
有隱蔽占恡不發聽爾等會議處治後恩等以所閱兵
數奏上
上復曰京營官軍點選以定自後內外提督等官務盡心
操備振揚威武痛革宿弊撫恤下人毋仍怠玩
○成化二十年十二月庚辰
上諭兵部曰團營之設本居重馭輕之計屢添官閱視恐
有遺缺而鎮守守備等官徇於請託往往奏請隨行脫
有緩急誤事非小自今不得復奏違者罪之

慎用兵

○成化十四年六月癸丑貴州總兵官都督吳經以晉定
等處蠻賊時出劫掠請發湖貴雲南兵擊之
上曰兵凶戰危豈可輕動蠻夷為患自古有之但在防禦
有術而已若大發兵恐首惡未得徒傷無辜況貴州山
箐茂密縱使兵至豈能得志乎其勅巡撫都御史陳儼
亟往相度事勢緩急應否調兵奏來處置
○成化十八年五月壬午巡撫四川右副都御史孫仁等
奏松潘疊溪茂州空心惡剗等寨番賊多擾要途劫掠
粮餉請發兵勦捕兵部以為已嘗剗其甚者再舉恐非宜
上曰兵猶火也不戢將自焚松潘賊已嘗勦戮其渠魁亦
知警矣若又興兵恣殺彼番寨殘服豈能盡殲乎貪功

以啟邊釁誠非所宜其令二人等乘兵威方振之餘遣
人撫諭果負固不服乃用兵勦之未晚也
○十一月癸亥甘肅總兵官王璽等奏罕東衛番賊糾衆
殺掠阿思等族且犯邊乞調兵勦捕
上曰罕東諸夷比嘗聽調協取哈密未有携貳之心今小
肆侵掠若遽加兵似失懷柔之義宜遣人往諭俾改過
自新如果負固不服亦止宜預兵境上使之畏威聽撫
為便
○成化十九年三月壬戌兵部覆議巡撫四川都御史孫
仁等奏火當壩卭部天全六番賈寺等寨番蠻糾聚為
亂宜命仁等統率官軍勦平之

上因賜之勅曰番蠻糾聚為亂爾恐將來釀成大患阻絕
粮道難於控守欲調漢土官軍萬人候瘴消之日攻勦
固從所奏然朕詳爾等言此賊又係截路不曾流劫鄉
村況所稱招討高文林楊芳輩有忠孝禮義等語若果
如此爾到彼即提兵壓境且勿輕動先遣人往宣朝廷
恩威殺伐利害令各招討土官并舍人省諭各寨將首
惡設法擒獻罪止其人免令地方受害諒必聽從如此
弭除邊患較之用兵勞費首惡未必能得徒傷無辜致
生他變者不其偉歟如蠻衆不肯聽從然後照該部所
擬進兵未晚也爾宜從長斡濟必公必慎毋惑群議務
使地方寧靜無意外之虞斯不負任使爾之功能亦有

在馬爾其欽哉
○七月丁未大同總兵官許寧等奏虜寇擁衆犯邊
上諭兵部臣曰向者邊報屢至虜情叵測已令京營總兵
整兵以俟今報甚急當刻期發兵然須愼重古人有云
臨事而懼此行師之法未可輕易也其仍遣人會寧等
覘視緩急以為進止庶兵不徒行糧不妄費進退指揮
一人往視之
○成化二十一年正月乙未巡按山西監察御史周洪奏
冀城絳陽城垣曲等縣飢民嘯聚為盜招撫不服宜發
兵捕之
上曰百姓迫於飢寒起為盜賊朕甚憫之其令鎮守巡撫

等官宣布朝廷寬宥之意明示有司撫馭之方悉遵詔
旨剋期限果有執迷不服然後相機擒捕之
漕運
○成化元年十一月丁未户部以所議漕運參將袁佑上
言事宜覆奏
上曰律條明開收受稅糧聽令納户親自行槩平斛交收
比來收糧者作弊多端且每石加耗米一尖不過五升
今軍官額明加一斗可見官攢人等侵害過多今後收
糧俱用平斛聽令旗軍行槩每石耗米五升二十斛加
與一石落地餘米旗軍自收不許隨斛上倉亦不許官
攢人等勒要囤基財物仍命張瓚等嚴加禁約敢有仍

前作弊許令巡倉御史參奏究問
○成化七年十月乙亥有言漕運阻滯者
上命刑部左侍郎王恕總理河道賜之勅曰京師糧儲仰
給東南漕運自平江伯陳瑄經理之後舊規廢弛糧船
阻淺轉輸延滯今命官分管河道爾總理其事往來巡
視提督但係平江伯舊規一一修復有便宜方略悉聽
爾斟酌施行限以三年務底成績爾其勉之愼之
馬政
○成化三年九月己丑禮科給事中侯祥等奏各府縣管
馬官既多非其人其太僕寺官有經年不至所隸者馬
政日益廢弛
上曰馬政務在得人今太僕寺丞員缺吏部宜慎選有司

廉能者授之
○成化六年三月壬辰兵部臣言近給事中建言欲暫停
止河南山東北直隸虧欠馬匹以待豐年
上曰京營各邊缺馬數多若必待豐年追補寧不誤事爾
兵部其行南北直隸并河南山東巡撫等官及南北二
太僕寺分管寺丞將該俵馬匹仍起俵備用其孳牧寄
養該追補者俱暫停止俟秋成追買還官
○成化十五年六月癸巳工科給事中劉昂等言京營牧
放馬多倒失者宜治監牧官罪
上曰牧馬官軍為弊多端法當究治姑宥之自後給事中

等官不必遣只令各營總兵等官照視不許徇私作弊
有虧馬政
重邊儲
○天順八年七月乙亥大學士李賢等言山西大同境內
天旱民飢邊警不絶乞勑巡撫官加意撫安隄備
上曰卿等慮是凡事當先有備則無患外寇猶邪氣邊境
飢則乘虛以入善攝生者正宜謹之
○成化四年二月丙辰
上勑户部臣曰各邊粮草不敷皆因塩法廢弛弊出多端
所致今後内外官員之家不許占中侵奪商利虧損邊
儲其两淮等處塩法今遣太監王允中僉都御史高明

整治爾户部還將興革利弊事宜逐一斟酌以聞
○成化十七年十一月甲申户部奉旨屆畫大同宣府粮
餉奏擬差官催督諸處頻年粮料未完者仍於山東幹
運萬五千石赴宣府山西一萬石北直隸順天等府二
萬四千石赴大同分撥各駐兵之處若粮缺則發官帑
銀糴之銀乏則借貸於富室又摘两淮塩課二十餘萬
引於二處開中以備供需
上是之命即遣官往與巡撫巡按官督催其幹運粮只於
宣府大同城内上倉民間銀物不必借貸
○成化十九年八月巳巳户部尚書余子俊言各邊倉庫
無儲雖内地亦然乞為區處之計且以生財之道其原

又在朝廷務本節用為言
上曰錢穀國之大計須預蓄於無事之時斯可給於有事
之日
祖宗時徵歛有藝貢出有經以天下之貢賦供國家之用
度沛然有餘而無窮今歲用之數益多而四方水旱頻
仍加以姦弊百出所入益寡一旦有事誠爲可慮務本
節用朕當自留意餘悉如爾户部所言行之
○成化二十一年三月戊申總督大同宣府軍務户部尚
書余子俊奏大同軍餉不繼請於通州倉幹運粟米十
四萬石京通二倉幹運豆六萬石以備支用事下户部
會大臣議宜借撥京營軍三萬名運粟米十萬石於宣

府每石給脚價銀四錢每軍日支行粮二升其豆則京
倉所儲亦少可召人中納每石價以太倉銀一两三錢
仍以两淮成化十九年中剩官塩四十五萬引有奇分
撥大同宣府中納
上命亟如議行乃遣户部員外郎鍾鏞主事原潔督運之
飭邊務
○成化二年三月巳未兵部郎中楊琚自延綏紀功還言
延綏慶陽二境東接偏頭關西至寧夏花馬池相去二
千餘里營堡踈遠戍兵稀少以致虜賊屢爲邊患今若
從偏頭關河西地名一顆樹起至寧夏黑山東西止增
築十三城堡七十三墩臺又以延綏一帶舊堡移從直

通與安邊定邊二營相對則不惟可以禦虜於外亦使
軍民得田於內實萬世防邊之長策也奏入
上曰楊璟所奏移堡防邊具有証據其言有理兵部即會
官議處以聞
○成化三年十一月丁卯提督遼東軍務左都御史李秉
與總兵官武靖侯趙輔等既奏建州之捷
上以遼陽城去鳳凰山甚遠而守備兵少宜取回往年調
去廣寧二千四百人操守又遼陽以東鴉鶻關等處皆
通虜大路以蓋州復州廣寧左屯三衛各摘二所官兵
每所推指揮二員統領仍增置驛道墩臺以便往來其
開原遼陽要地守將尤須得人副總兵裴顯令分鎮開

原諸處遊擊將軍韓斌分鎮遼陽諸處皆如秉輔所議
○成化四年正月庚寅巡撫大同宣府等處都御史王越
言兩路守將寇至輒自分彼此不相應援乞勑彰武伯
楊信都督顏彪等自今遇小寇徑自勦除大敵須合兵
防禦
上曰大同宣府皆通虜衝故命將屯兵俾相應援信等何
得自分彼此往者姑勿論今後敢有仍蹈前轍者必罪
不宥
○成化六年二月己巳右副都御史王越以先奉勑留兵
備延綏虜警至是引兵還至偏頭關兵部請治其擅回
之罪

上曰罪不必究宜令越等就屯宿彼中容通延綏有芻粮
之處酌量虜勢進討勿輒退避致悞事机
○成化七年七月丁丑總兵官撫寧侯朱永奏北虜已退
乞率軍回京及右都御史王越亦乞回大同兵部尚書
白圭以大將受命而出必務成功而還且虜變詐不測
恐乘秋復來何以禦之
上曰不然此時去秋暮尚遠京師至大同不遠無事頓兵
日費供億亦非良圖宜從永等言令且移駐大同宣府
俟有警調發
○成化八年八月丁丑兵部以西征將士未見成功議遣
廷臣一人往延綏等處咨訪行軍事宜

上以命兵科給事中郭鏜賜之勑曰比因虜賊入寇朝廷
已命將出師聞此虜六月間又來剽掠臨洮鞏昌平涼
之境時邊將擁兵坐視致令得利而去今七月間虜復
入自花馬池大掠環慶等處其時趙輔王越統兵已至
而諸將皆駐兵境上使總兵等官果能運謀設策併力
夾攻必可大捷儻又失此機會縱虜出入如蹈無人之
境則邊患何時已乎朕念地方騷擾生靈荼毒宵衣旰
食不遑寧處特命爾往彼咨訪地方虜情若何總兵叅
贊及統兵等官調度若何勇怯若何何人逗遛不進何
人坐失事機何人竭忠効力真有為國為民之心何人
推艱避難專為畏首畏尾之計今宜設何長策作何處

置其傳采群議星馳來聞
○成化九年九月壬子兵部以邊備日弛乞命巡撫等官
整飭
上乃勑巡撫遼東大同等處都御史彭誼鄭寧等曰沿邊
設備已有定規歲久因循不無懈弛勑至爾等宜徧歷
所屬邊關重加整飭軍馬缺乏即行選補兵甲損壞即
為修理城堡墩臺坍塌即令築塞完固着令墩軍時常
哨守若役占軍士委用非人以致軍旅不精守禦無備
者指實具奏管軍頭目自都指揮而下有貪懦無為者
從公罷黜別選材武智能者代之應逮問者就爾邊閫
區處以示懲戒凡弊可革利可興有益於邊者聽爾便

宜施行務秉公勤以副委任
○成化十一年正月己卯兵科奏甘肅諸夷諸處反側不
常近又傳說罕剌駐近哈密恐結構為患宜別推武職
重臣才望素著者往處之
上以重臣未可輕遣乃勑鎮守總兵巡撫等官曰近土魯
番使臣密議欲偵察中國事情盜夷人馬駝逃歸報速
檀阿力為寇掠計及欲焚城中草場竊計甘肅安插夷
人千餘且聞罕剌人馬切近哈密駐劄萬一內外勢合
猝難防範勑至爾等即熟思審處何法可以安其反側
何策可以消其後患務使樞機周密計慮萬全若難於
處置亦須馳奏別為之處爾等其欽承毋忽

○成化十三年七月己卯勑諭各邊鎮守巡撫等官朕惟
武備所以折衝禦侮衛國保民自古有國家者莫不恃
此以安茲者各處災異迭見加以戎虜逼近邊陲勑至
爾等從宜計議弭盜安民之術選將練兵之方凡可以
裨補軍務者條陳以聞務鑿鑿可行毋泛而不切
○成化十八年三月丙子巡撫雲南右副都御史吳誠奏
雲南東西二灃之水發源松華壩黑龍潭溉田數萬頃
每歲修築之費皆給官錢今御史甄瑩奏不許動支而
二灃水利則不可廢請以都司所收公田租需銀給之
戶部為請
上曰水利有司急務况雲南邊方舊積甚寡使田被水患

豈惟民食不給而軍需亦無從出矣用官物以預為隄
防有何不可其亟行之
○閏八月乙未朶顏衛夷人革克台來降言北虜亦思馬
因與三衛阿兒乞蠻等解仇連和欲至我邊抄掠
上諭兵部臣曰亦思馬因糾衆沙漠雄長諸部日夜謀畫
欲來犯邊久矣今復與朶顏三衛解仇結黨其志非小
秋高馬肥入寇之事難保其無縱彼不資他人兵馬彼
獨不敢為寇乎其勿以傳聞之言為不可信且戒緣邊
守臣務相嚴謹兵備無或少怠墮其計中以自取失律
之罪
○成化二十年二月壬申

上命太子少保户部尚書余子俊兼都察院左副都御史
總督大同宣府軍務兼督粮儲賜之勑曰大同宣府兵
政錢粮近多廢弛虛耗加以去秋虜寇大同兵民疲敝
今特命爾總督兩處軍務仍督粮儲各該總兵巡撫并
京營參將等官悉聽節制爾須隨宜駐劄以時按行兩
處邊方及延綏接界之處凡軍馬甲兵關隘粮草等務
聽爾便宜施行總兵以下官員不勝任者奏聞區處都
指揮而下不堪領軍者罷黜更代律應拏問者送巡按
御史及問刑衙門問理文職有犯方面官參奏處治餘
即拏問如遇賊情緊急爾即調度各路將官或調取都
境延綏等處官軍相機戰守臨陣之際但有退縮不前
不聽號令者以軍法從事然後奏聞

○成化二十三年二月甲申初遼東用兵增設遊擊將軍
二人佟昱駐廣寧羅雄駐遼陽各城精兵盡歸之而分
守備禦常患兵少至是缺參將巡撫都御史請於雄昱
中推舉一人而罷遊擊之官
上曰遊擊之設本為與師對陣一時之權宜若各擁勁兵
久聚不散而主兵顧少於義非宜其即以雄為參將所
統士卒各還城守

荒政

○成化七年七月乙未户部奏請推選風憲重臣二員巡
視京畿并令天下巡撫官及布按二司督府州縣脩舉

預備倉以備荒歉
上命副都御史楊璿往直隸順天等八府整理其餘重巡
撫官無巡撫官處則令司府州縣衛所正官務在隨宜
設法不許擾民其司府以下官有怠慢無成効者聽巡
按御史糾劾
○十二月辛未京畿雨水人民缺食監察御史言頃遣都
御史楊璿措置倉粮有司奉行不謹賑行勸借不便
上曰預備倉粮正為安養百姓宜遵勅旨斟酌下情從容
處置豈可一槩逼迫户部其即移文璿等知之
○成化二十年九月己酉巡撫山西僉都御史葉淇奏屬
府大飢餓莩無算請發太倉銀以備賑濟

上曰朕為天下生民主常恐一夫不獲其所今山西飢荒
民不聊生如此覽奏良用惻然其亟發京庫銀三萬兩
遣官齎付淇糴粮應用俟豐年徐議還官
○成化二十三年二月戊申巡按福建監察御史董復以
福州等府災傷乞存留本處勅借塩商銀以備賑濟户
部覆奏言陜西等處邊報未寧宜悉起運以充邊儲
上諭户部曰前日勑借塩商正所以備今日之用况小民
既知官府有積皆日夜嗷嗷仰給於此今盡取來寧不
缺所望耶宜暫留本處賑濟如或邊儲不足爾等當别
為之圖慎勿顧彼失此以輕一方民命也

防患

○成化十五年九月甲寅戶部奏江西累歲水旱災傷人
民飢窘恐盜賊竊發宜為之備
上曰江西地方歲荒相仍民窮盜起難保其無思患預防
經國大計鎮守巡撫等官其加意區畫賑濟毋令失所
○成化十八年二月壬寅鎮守山東太監常煥奏日照縣
諸處盜起潛入大山已成巢穴事下兵部議請增設巡
撫官
上曰民飢盜起事勢必然有司不能撫字於無事之時豈
可不防禦於有警之日其令巡按御史督三司等官責
限擒捕巡撫官姑不設
○閏八月辛巳廣東保昌縣有盜數百流刼江西大庾縣

居民事聞
上曰廣東蠻寇竊發屢勞勦捕自數年來其患稍息今復
踰嶺行刼以驚擾吾民使之不得安居樂業奔竄山谷
朕甚憐之兩省守臣其悉發兵追擊毋令滋蔓勿謂小
寇不足慮也
弭盜
○成化四年正月壬午提督兩廣軍務都御史韓雍奏官
軍屢敗賊徒黃公溙等於思恩府等處斬獲甚衆賊郴
廣地方歲飢餘寇散而復聚尤為可慮
上諭兵部臣曰雍既奏軍功又慮餘寇復聚功可賞也餘
寇復聚地方何由得寧爾等其速移文嚴責有功官軍

行賞責雍等督軍殄賊無狃於小捷遂弛兵備
○八月己酉
上以沿江鹽徒剽掠商旅行舟殺死巡江官軍勅錦衣衛
指揮僉事馮瑤往捕之勅曰濱江群盜糾集流亡初止
販鹽射利浸至奪貨殺人或連艘數十鉦鼓相聞馳突
風濤如履平地甚至一舟之衆敢殺官兵數千人南京
守備等官玩寇長姦日甚一日究其所以皆由儀真瓜
洲并白塔河東抵江陰通泰諸港泊壚市軍民雜處率
多囊盜為利或有賊黨給役官府因之偵伺機宜亦或
有巡捕官兵茹賄貪生縱盜自便弊源不塞弭盜何由
今特命爾率所屬緝事官校會同先遣都御史高明及

總督操江成山伯王琮等從宜議處期於盜息民安其
平民私販行旅夾帶不係刼盜人數自有關隘盤詰及
巡鹽御史管理不許官校一槩搜檢驚擾平民
○成化十二年正月壬戌福建鎮守等官奏延平府殘瘵
之餘盜復竊發
上曰弭盜安民正鎮守巡按三司等官急務宜盡心區畫
不得坐視如違坐罪不宥
○成化十六年十一月壬辰兵部尚書余子俊等言近者
京城內外強盜滋多蓋因風俗奢僭及閭巷惡少聚徒
賭博以致窮困為盜宜加禁治
上曰京師近地奢僭姦偽漸不可長有此情弊所司官校

何爲玩愒日久不爲緝訪宜亟畫謀擒捕仍遣官屬勒
寶邀冒有潜住者即行發遣隱蔽者並罪之
抑干請
○成化四年六月癸卯尚膳監太監潘洪奏乞中兩淮運
司存積餘塩五萬九千引
上曰朝廷存積塩課以待邊用
祖宗明有禁例食禄之家尚不可中况内臣乎内臣給事
内廷凡所以養生送死皆朝廷爲之處置固不必營利
以殖生况乃損國課以益私家乎其勿與
○成化十一年十月丁亥尚衣監太監姜玉奏乞故太監
鄭善所遺永年雞澤二縣地四百餘頃下永年府勘報

玉所乞者多民間納税之地但與善莊地相鄰耳
上曰善舊所種地今以賜玉其民間税地仍以給民俾各
耕種爲陪買官馬之用
○成化十五年十月甲申緬甸宣慰卜剌浪等奏留擒麓
川思任發及其妻子以獻榮許賜孟養地不得今思洪
發復欲奪貢賞地貢賞乃緬甸朝貢駐泊之所乞與緬
甸爲便且今所遣金齒衛軍餘李讓乞令爲冠帶把事
以備役使
上令兵部諭其使臣曰朝廷一視同仁無間華夷凡經敕
不再犯者俱不復治孟養貢掌是爾朝貢往來之所已
詔邊臣諭思洪發凡爾使經過不得阻滞矣李讓隸該

管官司專遣伴送往還勿令姦人擾奪規利爾其悉體
朕意毋得復有所望
○成化十八年十月己巳德王見潾爲其郡主乞粧奩
上曰郡主婚配例止給與冠服儀仗今王奏乞粧奩朕念
親親之恩非惜此小費也但今宗支蕃衍内府營造供
應之物日不暇給若復開此例各王府將比照陳請何
辭以郤之府庫財物所入有限又將何取以應之乎其
已之
○成化十九年正月甲寅成討温衛安直都督僉事康尼
以兩進海青乞陞職并賜蟒衣玉帶
上曰朕於遠物素所不寶但念遠夷効順故勉受之康尼

准陞一級視常賜外加綵段二表裏亦足以答其意矣
蟒衣玉帶胡可濫及其已之
○七月丁巳錦衣衛千户姚福員嘗請莊地不與至是復
請獻青二縣地户部奉旨看詳以福員妄請州民妄獻
不可再宥
上曰前代外戚奉法循理者上可以補助清化下亦能保
族宜家具載史傳以爲美稱福員以外戚受官享有禄
俸尚不知足又累次奏擾欲奪小民之産縱不畏國法
獨不爲保家計耶今姑再宥之投獻者可謫戍如例
革姦弊
○成化十三年正月壬戌大興左衛指揮使周廣奏近年

鈔法不行在京勢要戚富之家往往在於各布政司府州縣公行囑託其利十倍乞行禁約

上曰今後依勢賣鈔并有司聽從者重罪不宥令巡按御史糾舉以聞

○十一月戊子

上以天下諸司官吏朝覲至京姦詐之徒或緣私讎妄相告訐嚇騙財物及陰搆以事中傷善良大傷治體其朝覲官賢否不同朝廷黜陟自有常典亦不許與京官往來交通賄賂營求作弊命都察院揭榜通行禁約違犯者案治以罪

○成化十四年正月丁亥

上諭都察院臣曰京通二倉并各場糧草俱國用所係近各衛監支官多不守法度私立大小把總名色不肯依期放支故為刁蹬遷延以致軍士到倉日久不得關支其貪婪委官通同官攢人等以斛面高低為名就中扣除者有之軍吏人等指以替應為由於內就戒者有之及關糧到倉十不得七以致軍士多飢窘失所及有官旗舍餘人等倚勢用強攪擾倉場需索財物者似此姦弊非止一端事覺之日從重處治巡視御史及管糧委官坐視不理者一體治罪其出榜禁約之

禁非為

○天順八年正月戊寅

上諭都察院臣曰朝廷行事一遵

祖宗成法除姦革弊悉從公道不逞之徒不便己私往往造言生謗甚至寫匿名帖子揭於內府及京城內外捏其姓名明言傷害沮撓朝政敗壞風俗莫此為甚爾都察院即出榜嚴加禁約如有不悛前非仍投匿名文書者許諸人首出緝拿赴官皆處以死首者緝拿者視捉獲強盜事例陞賞

○成化十年五月戊申

上諭都察院臣曰囂囿愚民捏造妖言扇惑人心屢犯刑憲雖以榜禁而冥頑之徒不改前非犯者愈衆宜申明禁例再揭榜示衆今後官吏軍民僧道人等但有收藏

妖書勘合等項限一月以裏盡行燒燬與免本罪敢有仍前捏造收藏傳用惑衆者許諸人赴官首告正犯處死全家發烟瘴地面充軍首告得實之人量給官錢充賞優免雜泛差役三年

○成化十三年九月壬申監察御史許進言文武官及旗校吏人有犯罪為民并冠帶閑住立功充軍者多匿京師或妄訴寃枉或貪緣請託議論時政謗毀朝臣無所不至請一切逐之有旨此輩潛住京城造言生事非止一端錦衣衛并巡城御史其督同兵馬司推究姓名發遣還家如更容隱俱重罪不宥

○成化十六年五月庚子戶部言攬納稅糧之弊請移文

天下有司嚴行禁約

上曰稅粮國用所急小民竭力以供上用乃為無藉之徒包攬遷延逋負之數動數十萬計有司食朝廷之祿任民社之寄漫不加意其罪甚矣爾户部其嚴行禁約遇負者責限追完治罪如例有司受囑怠事者悉停俸以俟完報

○成化十八年七月癸未泰州民李文昌上疏言自稱曾遇異人授以鉛汞鍊銀之術

上命中官監試之凡五閲月竟不就

上曰文昌不務安分妄為欺罔錦衣衛其杖之五十發回原籍令所在官司嚴加鈐束

○成化二十一年三月乙未錦衣衛軍斳璽奏京城內外遊來姦惡之徒日則在街行兇害人夜則荒淫賭博及為人報復私仇為害多端強竊盜賊多起於此乞令五城等官緝捕為便都察院覆奏

上諭之曰昔漢郭解一豪俠之雄耳武帝因公孫弘之言殺之以懲不逞論者謂其有關治體今群惡少相倚為姦恐將來效尤者無所不至宜榜禁之仍令保伍自相覺察有怙終不悛知而不告者各治以罪

○十二月戊子京城外有居民業玘等發人墓取髑髏及頂骨以為葛巴剌碗并數珠假以為西番所產乘時市利愚民競趨之所發墓甚衆至是緝事者聞于朝番僧嘗買以進者皆逋去獲玘等送刑部鞫治得其黨俱坐罪如律

上曰律載發墓其罪皆死況此輩取人髑髏市於左道以邀厚利其視支解之罪相去幾何其即誅之錦衣衛仍嚴加緝捕

伸冤抑

○成化元年二月己丑監察御史趙敔言往年尚書于謙等為石亨等誣陷害榜示天下冤抑無伸其後亨等不一二年亦皆敗露實天道好還之明驗今陳循俞士悅等前後俱蒙恩宥獨正統十四年虜犯京城賴于謙一人保固其功不小而已冤死矣餘亦可憫乞敕回前

榜曾死者贈官遣祭存者復職致仕或擇其可用者取用

上曰自昔奸究之徒不誣人以惡則不能甚人之罪不甚人之罪則不能大己之功朕在青宮稔聞謙冤蓋謙實有安社稷之功而濫受無辜之慘比之同時駢首就戮者其冤尤甚所司其如御史言亟行之

○成化二年四月戊申命故都督同知范廣子昇襲父原職遼東寧遠衛指揮僉事天順初被石亨誣害以死謫其子昇戍廣西邊衛至是廣妻訴冤

上曰廣驍勇為一時諸將冠中外共知姦臣欲張大其功乃以計殺之可令其子嗣廣原職以昭其枉

○成化五年五月辛丑故太子太保吏部尚書蕭譓自毀

大學士王文子戶部主事宗奭奏臣父與故少保兵部
尚書于謙俱被石亨等挾私誣陷以死今謙已蒙朝廷
昭雪賜祭獨臣父未蒙卹典
上命賜以祭其文曰爾歷長憲臺廉能素著迨遷館閣秩
位益隆頃罹誣搆事久乃明追念前勞宜申卹典並特
遣祭尚克歆承

戒貪

成化六年正月癸卯刑科給事中虞瑤等勘報巡撫四
川右副都御史汪浩鎮守都督芮成相訐事
上命法司會官廷鞫浩坐因公杖死二十餘人成縱子索
取部內金銀等物當浩罪贖杖為民成還職帶俸

上以浩酷暴杖死人命數多免贖責戍獨石衛成貪財無
厭降一級帶俸差操
○成化十九年二月丙子都察院奏文職官有犯聽許財
物問發為民者其人援有復職例奏辯按律官吏凡犯
貪淫俱罷職役不敘今其人犯贓雖未入己貪污已著
槩擬復職亦非政體所宜宜如考覈素行不謹者令冠
帶閑住
上曰居官以廉潔為本一犯贓污清議所棄況能逃於國
法乎彼聽財物與受而入己者雖若不同然已心許之
矣不必論其迹也槩使復職固失之縱若令冠帶閒住
亦未足以為貪墨者之戒必仍發為民如律意為是汝
司其遵行之

懲酷刑

○成化三年正月庚寅巡按直隸監察御史康驥奏長垣
縣丞宋鑑主簿李謙因失盜一事之疑故勘三人致死
一人簽疾適遇恩宥亦宜編之軍伍為戒
上曰朝廷恩例雖寬而鑑謙酷暴特甚誠有不當原者其
各杖一百發大同邊衛充軍家屬隨住
○三月壬午監察御史朱賢巡按福建其同年進士黃景
隆適丁憂居家有姻家訟田賢怒杖之死者五人事連
景隆俱逮至京刑部擬賢罪當徒景隆以下罪有差
上以賢殘酷命贖罪除名為民景隆調外任

綏絕

○成化十三年十月戊申苦峪谷旁近赤斤罕東二衛屢
相仇殺寄住都督罕慎等孤窮無援朝廷恐其不能自
立乃敕甘肅都督僉事王璽於苦峪築城復立哈密衛
令罕慎等居之且賜以布帛米糧分給田土及牛具穀種
○成化十八年四月癸丑甘肅總兵官都督同知王璽等
奏哈密城久為土魯番所據都督罕慎寄居苦峪城
臣等近以計離土魯番之黨且召赤斤罕東二衛會罕
慎兵克復其地罕慎始歸
上曰罕慎等卧薪嘗膽志成功克復故國其事可嘉赤
斤罕東諸衛能排難解紛底戮守望相助之義而我邊

臣王璽等撰運謀以助其役於興滅繼絕之道亦有
合馬其各賜勑獎勵仍賞差來人鈔各千貫
優遠人
○成化三年正月癸未禮部奏遼東通關并驛遞於入貢
夷人待之失宜致有嗟怨恐生邊釁
上曰然其移文薊州永平等處鎮守巡撫等官令各嚴飭
守關官軍及驛遞衙門凡遇夷人入貢務待之以禮其
供用之物亦宜周備毋簡略所貢之物聽其自勸毋責
備必使夷人感恩懷惠庶盡朝廷柔遠之意
○成化九年八月壬申故四川順慶府知府阮遷干子廸
珪奏臣父遷干以交阯歸附入有功陞知府以老致

仕寄籍宣城縣而卒今乞授臣一職養贍以免流離失
所事下吏部難之第請行宣城免其徭役以示優䘏
上曰遷干自交阯來歸有官勲以沒其子自陳孤寓流落
有可矜者宜特授官縣丞使食其祿不事事以稱朕柔
遠之意
○成化十一年七月庚申遼東總兵官歐信等奏朶顏等
三衛虜酋乞開廣寧馬市如舊例兵部謂此虜為北虜
滿都魯所驅近邊故求市易以濟其急耳
上曰馬市久罷不許果彼為北虜所迫暫令於近邊三四
百里外屯駐虜退即還故地
成化十二年十二月己丑兵部侍郎馬文升言遼東諸

夷朝貢者宜厚其宴待以恩懷之
上曰宴待諸夷本柔遠之道所以尊隆國體起其瞻仰非
但飲食之而已必器具整齊品物豐潔始稱今後筵宴
并酒飯處令光祿寺堂上官視之仍以禮部官一員督
察敢有不遵者併治以罪
○成化十七年二月丙寅朝鮮國王李娎奏本國三方受
敵近又被野人侵擾每歲許貢弓角五十不足於用乞
依先年事例收買不拘額數
上許每歲增買百五十副
○成化十九年四月壬申朝鮮國王李娎請封長子㦕為
世子

上既許之且諭禮部臣曰娎敬事朝廷與他國不同宜厚
賜與且降勑諭之曰有爵土者莫不為長世之圖立嫡
長所以係群情之望今特封爾長子㦕為朝鮮國王世
子朝廷之命王其承之諸邦之器世子其主之知天地
之分不可踰益循事上之誠知繼體之道不可忽罔替
彝禮之訓若是則本愈固邦愈隆國王享福寧有窮耶
○成化十九年十二月丁丑從滿剌加國正副使軍民二
十八人皆被風破舟漂至安南國國王黎灝給廩具舟
遣使送還事聞
上曰安南國王資送漂流軍民回還誠敬可嘉速令廣東
布政司移咨令王知之

馭夷狄
○成化元年二月辛巳迤北虜酋奏欲朝廷遣使
上復書諭之曰自天地開闢以來地方各有界限人民各
以類聚我中國居四方之正必有大德聖人然後上膺
天命為中國君主撫治人民統御四方子孫能守先業
者多傳世永遠若以力竊奪者天命不與終莫能久我
太祖高皇帝受
天明命承中國帝王大統主宰天下世世相傳人民仰戴
朕嗣
祖宗大統視天下萬世為一家凡百政事悉遵
太祖高皇帝成憲今爾欲中國遣使往來洪武間舊無事

例正統中雖嘗遣使反失和好天順初非不遣使擾邊
如故
英宗皇帝深自悔悟遂不復遣朕遵
祖宗之意不敢有違蓋欲兩處和好久遠不失非有他故
爾宜順天道敬朝廷每年差人朝貢朝廷如例優賞不
肯虧薄與爾共享太平之福彼此番聲永久特書以答
其亮之
○乙酉禮部言朵顏等三衛往來進貢路由喜峰口去年
因附迤北使臣來朝欲要厚賞朝廷待以常禮處之別
館彼皆失望今歲來朝孛來恐失朵顏等衛人心乃代
為奏求厚賞

上勑孛來曰我
祖宗以來四方朝貢使臣管待賞賜輕重厚薄俱有定例
不可增減況朵顏等三衛曩時無所依倚我
祖宗特加憐憫設立衛分授以官職俾近邊住牧每年朝
貢俱從東路進入管待賞賜有例不缺今都督朵羅干
等不遵舊例却差人與爾等同來若朝廷不加分別不
惟違我
祖宗舊例抑且不見厚爾使臣之意因此只照舊例難以
更改特諭爾知之
○成化二年九月戊寅朵顏衛右都督朵羅干遣使臣傳
報夷情且奏求印信帳房并不限朝貢人數

上乃賜之勑曰爾三衛皆我
祖宗所立授以官職衛我邊境爾之前人歲時朝貢無有
貳心爾等正當繼前人之志感恩圖報却乃隨從毛里
孩為非抑不思昔有從也先作歹者今安在哉爾等年
年來朝受賞賜陞官職誰與爾耶今既改悔差人來朝
并奏報事情特從寬貸仍賜表裏以答爾意并准爾所
奏歲時差人朝貢每衛許放百人須以本衛印信文書
為照爾等今後宜以也先等為戒以爾前人為法各守
境土防護邊疆勉於為善竭誠報國庶幾永享太平之福
○十二月丁未迤北瓦剌太師阿失帖木兒所遣使臣平
章哈三帖木兒等不由大同入貢乃挾朵顏三衛人從

喜峰口入
上以進北使臣既混同三衛入貢只以三衛常禮待之命
三帖木兒等意不平通事諭之始大悟上番書伏罪
上以虜使既服罪仍以本等禮待之過分求討則不許至
是辭
上乃賜勅諭阿失帖木兒曰自爾祖朕歡以來遣人朝貢
有常時往來道路有定處未嘗牽引他夷混取賞賚朝
廷亦待之不疑所以和好長久無有敗事爾宜遵前人
家法以修舊好何乃不依時月既差使臣兀納阿等糾
同卜剌罕衛來朝未及兩月又遣使臣哈三帖木兒等
同朵顏衛不依故道竟從東路入貢況卜剌罕朵顏俱

是我朝設立衛分彼之朝貢自有常例今爾與故糾引
而來甚非所宜爾今後當順天道致朝廷體爾前人所
為每年冬月遣使來朝不過三四十人仍由大同舊路
進入則事無猜疑人不紛擾朝廷得以專意款待以篤
爾之世好庶幾永享太平之福
○成化三年正月丙子虜酋毛里孩遣使求入貢因言其
黨自相讎殺之故
上諭兵部曰夷情陰譎未可輕信恐欲假詞以緩我邊備
此正兵法所謂無約而請和者謀也遂降勅鎮守總兵
等官脩武伯沈煜等令各嚴兵固圉以待來朝則納之
入寇則禦之

○壬辰
上以虜酋毛里孩欲求入貢以為可疑諭總兵官會昌侯
孫繼宗等曰毛里孩渡河而東以侵大同聲言欲求入
貢然倔強桀驁似無誠心今欲選一宿將統御團營精
兵五萬以俟調遣果孰可任其事者其所選兵五萬果
可足用與否卿等世受高爵首總兵樞豈但優游寵樂
不與國同憂耶其為朕摅忠盡策從公推讓孰可居中
以調度孰可領兵以靖邊感惟卿等所欲自効竚俟來
聞後五日繼宗等因舉撫寧侯朱永謀勇可任宜令佩
印充總兵官都督劉聚鮑玖可充左右參將領京營馬
步官軍三萬以往仍乞賜楊信等與永會及合大同宣

府軍馬俱聽永調用
上曰毛里孩雖云欲來朝貢其實欲緩我師兵備不可不
嚴朱永且令率官軍二萬以往京營軍馬宜速整十五
萬聽調策應各營軍頭目毋得因循舊習虧損國威如違
祖宗之法具在朕不爾宥
二月丁酉毛里孩三上書求入貢
上遣通事詹昇齎勅獎諭之曰朕受
天命承
祖宗大業為天下主內華外夷皆朕赤子也弗率循治化
者有懲之而無終拒絕焉服則舍之且待以仁恩爾毛
里孩昔年嘗來廷矣昨者忽擾我邊陲今又悔過歸誠

累求朝貢在邊諸將俱厲兵秣馬以待奏功在廷文武亦謂宜從邊將之言朕以天覆九有爲心特允爾衆命通事指揮使詹昇賫勅諭爾勅至爾即率領部落送虜邊外戒令守法安靜住牧所遣朝貢使臣無得過三百人亦須戒令遵依我邊將約束毋得在途恣肆夫好生惡殺者天之道朕之所奉以子民也爾能仰體朕心朕將錫福於爾俾永享太平之樂豈不美歟

○四月丁酉哈密忠順王既死國絶其下毋離法等請立其外孫都督同知把塔木兒繼之而王母弩溫荅失力不可謂王族弟阿兒察當立命都指揮李珍往處其事以阿兒察畏避不居而還至是其下復申前請

上用廷臣議權從之降勅諭之曰爾哈密自我

祖宗以來設衛分王管束人民以捍我邊方今忠順王不幸絶故王母獨存嗣之無人人民失所朕以爾爲王之親又審受朝廷之職特從衆請陞爾爲右都督別給銅印掌管城池三年之後如事安民安國人親信別行處置今賜爾金織衣一襲就令毋離法兒等賫去至可領之

○巳亥

上以遼東有警勅諭考郎兀等四十四衛都督撒哈良等曰爾女直諸衛乃我

祖宗所設世授爾以官職積年朝貢所得賞賜亦已厚矣正當感恩圖報以全臣節今乃縱其部下犯我邊境邊將屢請起調大軍直擣爾境朕念爾人民俱是朝廷赤子其間有善有惡不可槩行誅戮特廣天地之量姑置不究仍降勅示爾爾宜效順天道深體朝廷好生之德戒諭部屬令其革心向化改過自新即以原掠人畜一一送還以贖前罪自今依時朝貢永享太平之福若仍長惡不悛大軍一出追悔不及爾其欽承朕命毋忽

○戊午虜酋毛里孩等因遣使朝貢奏欲遣報使

上不允賜以勅曰爾等尊敬朝廷遣使朝貢朕甚嘉悅已於來使賜以宴賞比諸夷有加凡所求請量爲給與朕於爾厚矣所以然者奉天命爲華夷主當廣如天之量以容受之今爾等欲求朝廷遣使固是美事但使臣不

能盡得其人或反因之構起兵端況我

祖宗原無此例近年雖遣不克慎終今不可効尤爾等能効順每年來朝朕不爾拒切宜戒約部屬勿侵擾我邊庶彼此安樂共享太平之福

○癸亥建州左衛女直都督董山等以聽招撫來朝貢

上以山等嘗縱部落犯邊遂召集諸夷於闕下諭之曰爾等俱係朝廷屬衛世受爵賞容爾在邊住牧朝廷何負於爾今却縱容下人糾合毛憐等處夷人侵犯邊境論

祖宗之法本難容恕但爾等既服罪而來朕體天地好生之德姑從寬宥今爾還衛務各改過自新戒飭部落毋仍前爲非所掠人口搜訪送還不許藏匿若再不悛必

興師問罪悔將何及其省之念之於是諸夷皆頓首輸服
○五月癸巳董山等來朝賜宴其部下指揮有出嫚罵語
及搶奪館驛者詔切責之既而給賜畢山與其黨李
古納答二人復求索蟒衣玉帶等物皆令與之至是辭
歸通事署丞王忠奏山等且揚言此還仰糾合海西野
人竊發語無忌憚乞遣官同臣防送
上因賜山等勑曰爾之先世僻居荒野後為部落所逼遂
來投順我
祖宗憐爾失所賜與近地設衛授官世世不絕或效勞進
貢陞賞宴勞俱有定例我之所以加恩於爾者不為不
厚而爾之所以享有室家之樂官爵之榮數十年間部
落爾約束鄰封不敢輒加以兵是誰之賜歟爾既不圖
報効乃敢悖逆天道寇我邊境朝廷不即出兵征勦特
遣人勑諭令改過自新爾等既以來朝所有往愆悉置
不問今爾等歸宜曉諭部下洗心改過亟以所掠人畜
送還還有外人糾合為非有能擒斬首告者論功陞賞
必不爾惜如執迷不悛大軍征勦悔無及矣爾等其省
之省之
○八月庚子董山等歸至廣寧總兵官武靖侯趙輔宣勑
云令歸所掠人口山等即逞凶肆詈與其黨各持刀刺
傷人輔令左右擒之其黨多被格殺餘皆就擒繫事聞
上命副總兵王瑛等統兵赴之仍勑毛憐海西以離其黨

大約謂山等赴京朝貢朝廷待之加厚豈其各虜懷毒
順從陰懷不軌意圖內外應援似此譎詐反覆神人共
怒天地不容不得已遣將率師往正其罪重念爾等素
守臣節令又遣人隨都督武忠來朝自今建州三衛逃
虜或使人誘引爾等為非或奔竄潛處藏匿爾即盡數
拘執送來若能統率爾衆與我大軍相應彼此夾擊赴
期勦戮則朝廷大加賞賚必不爾吝其省之圖之
○十二月戊午朝鮮國王李瑈遣其陪臣高台弼等來奏
所獲建州賊屬
上命厚賜瑈并台弼等且勑瑈曰董山等世受國恩以為
藩衛近者陽為朝貢之名陰行盜邊之計朕宥之而飭
肆不悛已用兵致討惟王世守禮義忠於國家王宜閉
塞關隘以杜其奔逃之路更能遣兵相應伺便而殄之
則彼之梟首尤易而王之功愈茂忠愈彰矣朕豈無以
報王我勉樹勳名時不可失
○成化七年五月庚子安南國王黎灝遣使來訴占城之
罪兵部以灝貪心罔極陰謀吞併宜賜勑戒諭以杜其姦
上乃降勑曰爾安南與占城俱受朝廷爵土世修職貢為
中國藩屏豈可搆怨興兵自相攻擊春秋責備賢者爾
宜安分循理解怨息爭克盡睦鄰之道仍禁邊臣啟釁
端為吞併計其占城事情待彼使來詳察得實別有戒
諭朕代天理物一視同仁不忍爾兩國人民橫罹兵禍

特玆戒諭爾示至懷爾其欽承毋忽
○成化八年九月丙午安南國使臣阮德貞朝貢還
上令賚勅諭其國王黎灝曰比者占城國奏稱爾國於成
化七年二月間攻破其城執其國王暨親屬五十餘人
并刼其印焚燬室廬殺虜老稚不計其數朕以單詞未
可深信令得王所奏情詞各異但王國與占城勢力大
小不侔辯說若彼先啟釁端是不度德量力固為不義
若王無故柔彼小釁輒興忿兵凌弱暴寡亦豈得為義
乎勅至王宜略其小失益惇大義悉還所虜人口戒飭
邊吏無生事邀功興兵構怨旋致報復自貽伊戚厥幾
天鑒孔昭永享令名欽哉

○成化九年四月丙戌兵部奏土魯番逞强阿力併吞哈
密挾制鄰境不可不為之備
上勅甘肅鎮守等官悉心隄備仍勑赤斤蒙古等衛曰近
者土魯番悖逆天道欺凌哈密忠順王毋寡弱無嗣侵
奪其城池搶掠其人民財畜又欲誘脅爾等歸附暴虐
僭妄莫此為甚且爾西番與哈密為唇齒之邦世受朝
廷爵賞為中國藩屏土魯番雖來朝貢終係遠夷爾等
豈出其下哈密因無統束一時為彼侵擾爾有統領何
患於彼但唇亡齒寒不可不慮爾等宜於鄰境互相結
約各保境土遇賊侵犯即併力截殺勿聽其哄誘搶刼
若速檀阿力尚在哈密不去爾等尤宜量度勢力會合
精兵驅剿出境一以伸討賊之義一以施睦鄰扶弱之
仁而於爾地亦免後患矣事成之日朝廷重賞不吝爾
等其知之
○成化十年八月丁亥雲南守臣奏廣南府富州與安南
所屬宣光等處接境今彼以追捕嘯聚為詞輒調夷兵
越境攻掠邊寨驚散居民請戒諭
上乃降勑曰今得雲南鎮守總兵官奏王國所屬宣光衛
保樂州軍民黃韋馬等嘯聚為姦所司調兵追捕輒過
廣南鎮安二府境界因而攻刼邊寨驚散人民已差撫
諭回還朕惟姦民竊發法本難容而越境為虐理亦當
戒以今雲南兩廣鎮守總兵等官督同三司各守境土

以備不虞若遇前賊接我邊方即擒送本國毋得容隱
王其體朕至意尤須切戒宣光保樂衛急捕前賊以靖
地方不許輒調夷兵越境侵擾庶彼此生民各得安居
無有後患王其欽承之毋忽
○十月己丑兵部奏都督同知李文自哈密回言哈密城
池尚未克復安定王子亦未必能來彼地人民無統之
者宜勑都督罕慎暫往苦峪掌管人民
上乃勑罕慎曰今特命爾掌管哈密人民暫於苦峪等處
住劄仍令乜克力指揮脫脫不花等協謀守護畜養銳
氣以圖復功俟安定王子至日更為處置若速檀阿力
罔知改悔仍肆侵擾朝廷自有處置爾其欽承毋忽

○成化十一年正月癸酉土魯番使臣赤兒米即等奏已
得哈密城池及苑剌奄檀王人馬一萬又收捕曲先并
亦思渴頭目倒剌火只乞遣官通道往來和好
上曰迤西頻年入貢道路無阻不須遣官速檀阿力果能
誠心奉貢朝廷不計前過仍以禮待之其令通事以朕
意諭其使
○二月丙申土魯番使臣赤兒米即等奏與赤斤蒙古有
隙乞差官護送還國又言速檀阿力王雖得哈密城池
旋已自悔令各願留使臣家屬於甘肅為質請勅歸諭
其王以所得哈密金印獻還于朝仍求通好兵部以其
詞多文飾且非出其王本意難以遽信

上曰速檀阿力若能退還哈密地方朝廷自有厚賞其使
臣令甘肅鎮守等官差人護送還國毋使失所仍勅速
檀阿力曰近爾國使臣來朝多有願留京師及近邊居
住者朕再三省諭之不聽其留爾國使臣吐訴真情以
謂海西一帶赤斤蒙古諸番俱於哈密有連為其國殘
破各懷愁恨恐護送軍馬出境而回必為所害以此願
留甘肅朕思
祖宗設立哈密城池於中國無益實為爾迤西開通道路
俾各處朝貢使臣往來得以住劄今乃無故興兵占據
其曲在爾朕體天地之量不與深較但爾使臣所奏有
可矜憫特俯從之勅至王能翻然改悔退出哈密城池

[illegible]還王母金印則已往之事朕一切不問後來朝貢許
之如初諸番知爾效順必釋讎解怨使臣回還可以保
全此實爾國無窮之利爾其圖之無貽後悔
○成化十四年十月壬辰雲南總兵官黔國公沐琮等奏
廣西府土官知府昂貴與彌勒州千戶長龍判等互相
讎殺不服撫捕
上諭兵部臣曰昂等構亂之初使守土之臣因俗而治必
不稔惡至此顧乃推託隱蔽以致邊夷效尤莫能禁止
宜移文併勘凡其境內讎殺事情如此類者降勅鎮守
巡撫等官分委官屬躬親處畫不竟者毋輒更代三司
府衛以下職官未停俸者俱令停俸

○成化十五年十月丙申
上命朝鮮國王李娎出兵夾擊建州女直賜之勅曰朕誕
膺天命君主華夷施惠行仁乃朕素志興兵動眾豈所
願為柰何建州女直逆天悖恩累寇邊陲守臣交請剿
戮朕念彼中亦有向化者爰遣大臣撫諭聽其來京謝
罪悉越常例陞賞管待而歸曾未朞歲賊首伏當加者
復糾醜類侵犯我邊已命將率領精兵刻期征勦王宜
遣兵應援賊有奔竄至國境者必擒而俘獻之逆虜既
除則王敵愾之功愈茂報酬之典朕必不爾靳也
○成化十七年六月壬子勅安南國王黎灝曰朕恭膺天
命嗣守大位以天下為一家視萬民猶一體一言一事

未嘗有梯于天爾國雖殊方萬里朕不以爲遠而忽之
祖嵗傳聞王與兵攻殺老撾又欲征進八百朕謂王之
所以順天者詩書禮義同於中國豈應有此心竊疑之
爰命守臣移咨于王茲覽王奏云差頭目追捕逃竄琴
公等必無攻殺老撾之舉又云八百地之所在且不知
況欲往征之則前言乃傳者之誤耳雖然試與王卒言
之書不云惠迪吉從逆凶蓋天與人相爲流通吉與凶
季乎順逆夫交阯民天民也老撾民亦天民也若果如
前所云無故而戕天之民是逆天矣自古焉有逆天而
保其無凶禍者哉繼今王宜安靜守常欽畏天道恪秉
藩臣之禮允迪睦鄰之誼非特老撾在所當睦凡與王

國接壤者皆在所當睦也若以兵強國富越境而侵之
天之視聽自我民其厭有不旋踵者王其深省之
○九月壬申滿剌加國使臣端亞媽剌的那查等奏成化
五年本國使臣微者然那入貢還至當洋被風漂至安
南國與其儕從俱爲其國所殺其餘黥爲官奴而幼者
皆爲所宮又聞安南據占城池欲併吞滿剌加之地本
國以爲皆王臣未敢興兵與戰適安南使臣亦來朝
端亞媽剌的那查乞與廷辯兵部以爲往事不必深校
宜戒其將來
上乃因安南使臣還諭其王黎灝曰爾國與滿剌加俱奉
正朔宜脩睦結好藩屏王室豈可自恃富強以干國典

以貪天禍滿剌加使臣所奏朝廷雖未輕信爾亦宜痛
躬思祗畏天守法自保其國復諭滿剌加使臣曰自古
聖王之馭四夷不追咎于既往安南果復侵凌爾國宜
訓練士馬以禦之
○丁酉復勅安南國王黎灝曰朕奉天子民溥海內外咸
圖安輯俾各得所以溥一視之仁矧爾安南與占城二
國自秦漢而下皆中國郡縣距京師非遠曩者占城奏
爾興兵虜其國王奪其土地朕甚憫之兩降勅令爾歸
其所獲以敦大義而爾復奏云虜獲男婦已發回本國
又云境土既定豈可侵爭朕信之不疑今占城古來差
人請封詢其所以始知其地俱被爾國占據其逃遁者

不過五之一爾審若此則是爾陰逞吞併之謀陽稱睦
鄰之名廓大義者果若是耶朕所以諄諄勅爾者非私
厚占城也欲爾體朕一視之仁睦鄰恤民爲兩國生靈
福耳爾猶若罔聞知獨不視爾先世與占城報復往迹
乎明鑑伊邇爾國耆老尚悉其當詳當審思之古稱有
道之國以德不以力爾自受封以來不但侵奪占城近
又殺滿剌加進貢使臣黥其從人爲奴鄰封構怨控訴
交至爾自以爲福否耶夫畏天保國事大恤小賢哲者
所爲爾何不此之圖也勅至宜念輔車之勢篤鄰好之
誼盡還占城古地世守宗祀不至隕絕不惟兩國生靈
免罹兵禍而爾令聞垂諸簡冊子孫世享休澤于無窮

無其深體之毋貽後悔
○十月癸卯禮部奏海外諸國及西域番王朝貢者於所
過驛傳需索無厭
上乃勅各國王曰日者海外諸國及西域番王等遣使臣
朝貢沿途多索船馬夾帶貨物裝載私鹽收買人口酗
酒逞兇騷擾驛遞非禮違法事非一端所過官司累疏
陳奏欲依國法治之則念其遠人欲不治之則中國之
人被其虐害今特降勅開諭繼今以後王遣使臣必選
曉知大體謹守禮法者量帶傔從嚴加戒飭小心安分
毋作非為以盡奉使之禮以伸納款之忱俾奉使者得
以保全供應者得免煩擾豈不彼此兩全哉

○成化十八年四月癸丑琉球國中山王尚真復乞不時
進貢謂小之事大當如子之事父禮部言其意實欲假
進貢之名以規市販之利宜不聽其所請
上乃賜勅諭之曰朝廷定爾國二年一貢之例事已具前
勅該不再言但臣之事君遵君之勅可也屢違勅奏擾
可乎子之事父奉父之命可也屢方命陳瀆可乎所以
固拒者非為惜費蓋二年一貢正合中制朕所以恤小
之意實在此王其欽遵之毋事紛更
○八月己酉雲南總兵官黔國公沐琮奏指揮潘祺還自
老撾死於孟艮所持宣慰怕雅賽緬字公文述交人攻
掠之事甚急又謂車里欲附交阯而八百亦報交人已
襲老撾孟伴等處而祺所從軍士楊旻乃謂皆不可信
事下兵部謂夷言多詐固難俯從然遠人赴愬亦當示
以懷柔之意宜行文琮等移文老撾撫安瘡痍勿啟邊
釁八百車里勿懷貳心琮等是後遣人亦宜慎擇
上曰前代視蠻夷讎殺以為其黨破壞為中國利朕甚不
然交阯老撾諸夷服屬中國有年朕視之皆如赤子救
急解仇此中國體也其令琮等遣人諭之俾各守境土
睦鄰保民為是而所遣者尤宜慎擇其人如兵部議
○成化二十一年五月戊午巡撫遼東都御史馬文升奏
奏泰寧衛都督脫脫孛羅之弟搜失得數年以來屢能
擒斬北虜有所俘斬已而北虜誘之歸附復拒而不從

迹其忠順似亦可嘉今宜因其求請量授一職以為來之
上曰中國人有能敵愾自効者皆不吝賞以酬其勞搜失
得以夷人能敵殺北虜一心內附若廢賞不及何以為
勸順者勸乎可授泰寧衛正千户使籍朝廷之威部署
其下以為東藩之助